Dante Alighieri, geboren zwischen dem 18. Mai und dem 17. Juni 1265 in Florenz, ist am 14. September 1321 in Ravenna gestorben.

Um 1320 entstand die *Divina Commedia*, die Dantes Namen unsterblich machte. Das Gedicht, eine Vision des Lebens der Seelen nach dem Tod, schildert dieses in den drei Reichen des Jenseits, der Hölle (*inferno*), dem Fegefeuer (*purgatorio*) und dem Paradies (*paradiso*). Jedes dieser Reiche wird in 33 Gesängen beschrieben, so daß das Ganze mit der Einleitung als dem ersten Gesang 100 Gesänge von zusammen 14233 Versen umfaßt. Aber nicht nur dieser äußere Aufbau, dem die nach mittelalterlicher Auffassung heiligen und vollkommenen Zahlen drei und zehn sowie deren Potenzen neun und hundert zugrunde liegen, macht die *Divina Commedia* zu einem *poemo sacro*.

»... kraft seines großen Gedichts kann Dante Alighieri als der Vater der italienischen Schriftsprache gelten. Es überragt noch heute schlechthin, was vorher und nachher aus derselben italienischen Sprache ans Licht gebracht wurde.« Karl Vossler

insel taschenbuch 2863
Dante
Die Göttliche Komödie

DANTE

DIE GÖTTLICHE KOMÖDIE

Deutsch von

Friedrich Freiherrn von Falkenhausen

Mit einem Nachwort von Manfred Hardt

Insel Verlag

insel taschenbuch 2863
Erste Auflage 2002

Hinweise zu dieser Ausgabe am Schluß des Bandes
Vertrieb durch den Suhrkamp Taschenbuch Verlag
Satz: Hümmer GmbH, Waldbüttelbrunn
Druck: Nomos Verlagsgesellschaft, Baden-Baden
Printed in Germany

1 2 3 4 5 6 – 07 06 05 04 03 02

DIE GÖTTLICHE KOMÖDIE

DIE HÖLLE

Erster Gesang

Mittwegs auf unsres Lebens Reise fand
In finstren Waldes Nacht ich mich verschlagen,
Weil mir die Spur vom graden Wege schwand.
Wie hart ists, ach, von diesem Walde sagen,
Wie wild und rauh und dicht sein Dickicht droht:
Dran denken nur macht noch aufs neu mich zagen!
So bitter ists, daß bittrer kaum der Tod.
Doch heißts vom Heil, das dort ich fand, beginnen,
Ist noch von andrem Fund zu reden not.
Kann, wie ich einging, kaum mich mehr entsinnen,
So war ich voller Schlafes da zur Stunde,
Als ich vom wahren Wege wich von hinnen;
Doch weil am Fuß von einem Hügelrunde
Ich anlangt', als zu Ende jenes Tal,
Von dessen Grauen mir das Herz so wunde,
Blickt' ich empor und sahe schon im Strahl
Des Wandelsternes seine Scheitel prangen,
Der rechten Weg uns weiset allzumal.
Da legte sich ein wenig, was mit Bangen
Des Herzens See geschwellt die Nacht entlang,
Die so in Angst und Nöten mir vergangen.
Wie, wer der Meeresbrandung sich entrang,
Am Strande, keuchend noch, sich rückwärts wendet
Und starrt in des Gewoges wilden Drang,
So hat mein Sinn den Blick zurückgesendet,
Ein Flüchtling noch, zu jenem Engpaß wieder,
Den Weg, den kein Lebendiger vollendet.
Als ich dann ausgeruht die matten Glieder,
Gings ob der öden Halde fort den Pfad,
Fest stets den Fuß am Boden, der darnieder.

Da sieh: wo grad der Steig der Steile naht,
Ein Panther! Höchst behend und leicht von Lenden
Prunkt' er in bunt gefleckten Felles Staat.
Nicht aus den Augen wich er, allerenden
Den Weg mir sperrend, daß hinab zum Grunde
Ich mehr als einmal mußt' am Ende wenden.
Es war die Zeit der ersten Morgenstunde,
Die Sonne stieg herauf, mit ihr der Stern,
Der sie geleitet, da zur ersten Runde
So hehre Zier entsandt die Huld des Herrn;
Und guter Hoffnung, wie im bunten Felle
Das wilde Tier auch prahlte, traut' ich gern
Dem holden jungen Jahr, der Morgenhelle –
Doch so nicht, daß die Furcht mich losgegeben,
Da jetzt ich einen Löwen sah zur Stelle.
Ich sah ihn kommen, hoch das Haupt erheben,
Grad auf mich los, in seines Hungers Wut
So grimmig, daß die Luft mir schien zu beben.
Auch eine Wölfin, trächtig von der Glut
Jedweder Gier, so schiens, die hagren Weichen –
Manch einen plagt' ihr Lechzen bis aufs Blut –,
Sie machte starrend mich vor Furcht erbleichen,
Daß ich, von ihres Blickes Dräun entsetzt,
Schon gar verzagt, den Gipfel zu erreichen.
Wie dem geschiehet, den Gewinn ergetzt,
Kommt einst der Tag, da zum Verlust sichs neiget,
Daß all sein Sinn sich härmt und grämt zuletzt,
So ich, da sich so friedelos bezeiget
Das Tier, das, nahend, Schritt für Schritt, das schlimme,
Hinab mich drängte, wo die Sonne schweiget.
Da ich zur Tiefe floh vor seinem Grimme,
Stand mir vor Augen einer, stumm, als sei
Versiegt ihm, die so lange schwieg, die Stimme.

Erblickend ihn in dieser Wüstenei,
  Rief ich ihn an: »Wer du auch seist, ob Schatten,
  Ob Mensch, erbarme dich und steh mir bei!«
»Nicht Mensch; ich wars«, entgegnet' er; »es hatten,
  Lombarden von Geblüte, Mantua
  Zur Heimat, die mich zeugten, beide Gatten.
Der unter Julius, spät, das Licht ich sah,
  Ich lebt', als Rom August gehorcht, dem Guten,
  Da falschen Göttern Ehre noch geschah.
Ein Dichter war ich, sang vom hochgemuten
  Anchisessohne, der von Troja kam,
  Als Ilions Größe sank in Feuersgluten.
Doch du? Was schaffst du hier in Nacht und Gram?
  Was steigst du nicht hinan, wo aller Wonnen
  Ursprung und Quell, zum Berge wundersam?«
»O, bist du denn Virgil, bist du der Bronnen«,
  Rief ich, in Ehrfurcht neigend mein Gesicht,
  »Draus so voll Macht der Rede Strom geronnen?
Du, aller Sänger Ehre, Preis und Licht,
  Vergilt die Liebe nun, mit der ich wachte
  So manche Nacht, versenkt in dein Gedicht!
Mein Meister bist du, der, nach dem ich trachte;
  Dir dank ich all mein Dichten, einzig dir
  Die edle Kunst, die mich zu Ehren brachte.
Sieh, das hinab mich drängt, das wilde Tier:
  Hilf mir von ihm, gepriesner Weiser! Wehe,
  Erbeben jede Fiber machts in mir.«
»Ein andrer Weg ist, den ich dir ersehe«,
  Versetzt' er, der mein Zagen sah und Weinen,
  »Daß dieser Wildnis deine Seel entgehe.
Sie, wider die du Hilfe rufst, läßt keinen,
  Die Unholdin, des Wegs vorüber hier
  Und scheucht und hetzt zu Tode, die's vermeinen.

So schlimm ist ihre Art, daß nichts die Gier
  Ihr stillen mag, und konnte Blut sie lecken,
  Lechzt ärger denn zuvor das Ungetier.
Viel andre gatten sich mit ihr und hecken
  Noch immer mehr – bis daß der Rüde naht,
  Der ihr ein Ende machen wird mit Schrecken.
Der rafft nicht Land und Schätze: weisen Rat
  Und Minne wird und Tugend er begehren;
  Wo Vlies bei Vliese, keimt die edle Saat.
Der hebt dein Land aus tiefer Schmach zu Ehren,
  Für das Camilla starb und Turnus fiel
  Und Nisus und Euryalus, die hehren;
Der hetzt von Ort zu Ort und wird am Ziel
  Das Ungetüm zur Hölle wieder senden,
  Allwo der erste Neid begann sein Spiel. –
Nun will und mein' ich, deine Not zu wenden,
  Daß du mir folgst, und will dein Lenker sein
  Und führ dich an des ewigen Reiches Enden.
Da hörst du die Verzweiflung, siehst die Pein,
  Die weiland abgeschiedne Geister leiden,
  Darinnen um den andren Tod sie schrein.
Siehst jene, die in Gluten sich bescheiden,
  Getrost in Hoffnung, sich zu ihrer Zeit
  Am Lichte mit den Seligen zu weiden.
Und willst du noch zu deren Höhn Geleit,
  Ist eine Seele dort, wo ich muß weichen,
  Des würdiger denn meine, dir bereit.
Denn der da droben herrscht in jenen Reichen,
  Läßt keinen, weil mein Sinn Ihm nicht gefront,
  Eingehn in Seine Stadt durch meinesgleichen.
Dem All gebeut Er; dort ists, wo Er thront;
  Wo seine Stadt, Sein Stuhl, der hehre, stehen –
  Wohl dem, der dort in Seiner Gnade wohnt!«

»Mein Sänger«, rief ich da, »o hör mein Flehen!
Bei jenem Gotte, den du nicht erkannt:
Hilf dieser Not und ärgrer mir entgehen,
Führ mich zu denen, die du mir genannt,
Daß ich Sankt Peters Pforte und die Buße
Der Sünder schau, die so in Qual gebannt!«
Da ging er, und ich folgt' ihm auf dem Fuße.

Zweiter Gesang

Der Tag ging nieder, und im Abendscheine
Fand alles, was sich plagt auf Erden, Rast
Von Tages Sorg und Müh. Nur ich, der eine,
Ich ging ans Werk und nahm auf mich die Last
Des Weges wie des Leids: Das soll nun zeigen
Mein Geist, der alles ohne Fehl gefaßt.
Helft, Musen! Genius, wolle dich mir neigen;
Und du, mein Geist, der, was ich sah, bewahrt,
Tu jetzt den Adel kund, der dir zu eigen!
»Der du mich führst«, begann ich, »meine Art
Schau an, o Sänger, ob sie's kann bestehen,
Bevor du mir vertraust zu solcher Fahrt.
Silvius' Erzeuger, sagst du, ward ersehen,
Verweslich noch, ins Reich der Ewigkeit
Leibhaftig, wachen Sinnes einzugehen.
War Er ihm hold, dem alles Übel leid,
Gedenkend, wer und was zum Heil der Welten
Von ihm noch ausgehn sollt' an Herrlichkeit:
Nicht unwert darf ihn drum der Weise schelten,
Ihn, der dem ewigen Rom erwählt zum Ahn
Und seinem Reich in höchsten Himmels Zelten!
War beides doch – das ist gewiß kein Wahn! –
Als heiliger Sitz gegründet, den zum Throne
Des großen Petrus Folger sollt' empfahn.

Die Fahrt, die du besangst, bracht ihm zum Lohne
  Erleuchtung, und so ward ihm Sieg zuteil,
  Und dann dem Papste Mantel, Stab und Krone.
Desselben Weges ging nach langer Weil
  Das auserwählte Rüstzeug, sich im Glauben
  Zu stärken, der den Weg erschließt zum Heil.
Doch ich? Wie komm ich hin? Wer solls erlauben?
  Ich, der Äneas nicht noch Paulus bin?
  Nicht ich und keiner kann mich würdig glauben.
Der Schritt, so schwant mir, wagt' ich ihn dahin,
  Wär tollkühn – besser, als ichs weiß zu sagen,
  Du Weiser, weißt du ja, wie mir zu Sinn!«
Wie wer verwünscht, was er gewünscht, sein Wagen
  Und Wollen wandelnd, da ers wieder wägt,
  Bis er des Wagens gänzlich sich entschlagen,
So ich, im Dunkel dort; der Sinn, der frägt
  Nach Wie und Wenn, ließ den Entschluß verblassen,
  Der zu Beginn so rasch sich eingeprägt.
»Konnt' ich, was du mir sagtest, recht erfassen«,
  Des Hochgemuten Schatte sprachs zu mir,
  »Hat sich dein Mut von Angst betören lassen;
Scheut mancher doch, im Schritt gehemmt von ihr,
  Zurück vom Werk, das rühmlich unternommen,
  Wie wohl, geblendet, nächtens scheut sein Tier.
Daß du den Banden magst der Furcht entkommen,
  So hör, um was ich kam und was ich eben,
  Da Sorge in mir keimt' um dich, vernommen.
Bei denen weilt' ich, so im Zwielicht schweben,
  Als eine selige Frau mich rief, so reich
  An Huld, daß ich sie bat, Befehl zu geben.
Ihr Auge leuchtete dem Sterne gleich,
  Mit ihrer Stimme, wie aus Engelsmunde,
  Begann zu reden sie, gelind und weich:

›Vieledle Seele Mantuas, die zur Stunde
Noch rühmt die Welt und rühmen wird so lang,
Wie dieses All mag schwingen seine Runde!
Mein, nicht des Schicksals Freund, auf seinem Gang
Durch öde Halden fand er Weg und Stege
Verlegt, daß Schreck ihn umzukehren zwang;
So weit schon, fürcht ich, irrt' er ab vom Wege –
Solch eine Kunde ward im Himmel mir –,
Daß ich zu spät mich ihm zur Hilfe rege.
So geh! Mit deinem Worte, so voll Zier,
Und allem, was da not zu seinem Frommen,
Hilf ihm, daß ich getröstet geh von hier.
Bin Beatrice, die dich schickt, bin kommen
Daher, wohin zurück sich sehnt mein Sinn,
Und Liebe gab mir ein, was du vernommen.
Tret ich vor meinen Herrn und Schöpfer hin,
Ich sag ihm, was ich weiß, zu deinem Preise.‹
Sie schwieg, da sprach ich, der ihr Bote bin:
›Herrin der Tugend, die aus irdschem Gleise
Die Menschheit über alles hebt allein,
Was rings umfaßt vom engsten Himmelskreise!
So hoch beglückts, dir zu Befehl zu sein,
Daß, wär er schon erfüllt, die Frist mich reute:
Kein Wort mehr brauchts, mich deinem Dienst zu weihn.
Doch sag, wie kam es, daß dein Fuß nicht scheute
Den Weg herab in dieser Tiefe Grund
Aus Höhn, dahin dich heimzukehren freute?‹
›Verlangt dich, daß all dies so klar dir kund‹,
Versetzte sie, ›so will ichs bündig sagen,
Warum ich furchtlos komm in diesen Schlund:
Vor solchem Feind nur muß die Seele zagen,
Der ihr zu schaden Waffen hat und Macht;
Wo's daran fehlt, da hat sie nichts zu wagen.

Mich hat der Herr in Gnaden so bedacht,
  Daß euer Elend nimmer mich berühret
  Noch diese Glut mich sengt, die hier entfacht.
Ein' hohe Frau im Himmel ist, die spüret
  Mit jener Not Erbarmen, und so bricht
  Des Urteils Strenge, das der droben küret;
Sie rief Lucien vor ihr Angesicht
  Und mahnte: ›Dein bedarf in schwerer Stunde
  Dein Vielgetreuer, sieh, vergiß sein nicht!‹
Die aller Härte feind im Herzensgrunde,
  Lucia, eilt' und kam zu mir, wo ich
  Bei Rahel weilte, der vom Alten Bunde:
›Du wahres Lob des Herrn‹, so rief sie mich,
  ›Du hilfst ihm nicht, der so sich dir ergeben,
  Daß er den Schwarm des Pöbels mied um dich?
Hörst du sein Weinen nicht und siehst sein Leben
  Von Tod bedroht in jener Wogen Drang,
  Die wild gleich Meereswogen sich erheben?‹
So flink war keiner, seit die Welt im Gang,
  Sein Glück zu machen, Nöten zu entrinnen,
  Wie ich, da solche Rede mir erklang:
Ich stieg von meines seligen Sitzes Zinnen,
  Vertrauend deinem Wort, das, so voll Zier,
  Dir wie den Hörern Ehre muß gewinnen.‹
Sie sprachs, und da sie wiederum von mir,
  In Tränen nun, ihr strahlend Auge kehrte,
  Zu eilen noch beflißner ward ich ihr.
Ich kam zu dir, wie sie's von mir begehrte,
  Entriß dich jenem Untier, dessen Wut
  Zur seligen Höh den kurzen Weg dir wehrte:
Wie nun? Was zauderst du? Was zagt dein Mut?
  Wo blieb dein Wagemut und dein Vertrauen?
  Was jagte dir so bange Furcht ins Blut,

Da solche drei, so hochgelobte Frauen
Um dich besorgt im Himmelreiche sind
Und so viel Heil mein Wort dich lässet schauen?«
Wie Blümlein, die zur Nacht im eisigen Wind
Verwelkt sich schlossen, nun im Sonnenlichte
Aufrichtend öffnen ihre Kelche lind,
So meine Kraft, die eben ganz zunichte:
Voll guten Mutes ward mein Herz hinfort,
Und ich begann, getrost von Angesichte:
»O du Erbarmerin! Mit Hilf und Hort!
Und du, der voller Huld, noch kaum empfangen,
Befolgtest ihr Gebot, ihr wahrhaft Wort:
Du wecktest mir im Herzen solch Verlangen,
Den Gang zu gehn, mit deinem Trostbescheide:
Nun folg ich meinem Vorsatz ohne Bangen!
Auf denn! Nun gilt ein Wille für uns beide,
O du mein Führer, Herr und Meister mein!«
Ich sprachs, und da er ging, zu Qual und Leide
Den steilen Weg der Dornen schlug ich ein.

Dritter Gesang

»Durch mich gehts hin zur Heimstatt aller Plagen.
Durch mich gehts hin zur ewig langen Pein,
Durch mich zum Volke, das von Gott geschlagen.
Mich schuf mein Schöpfer, um gerecht zu sein;
Göttliche Allmacht, höchste Weisheit waren
Am Werk, mit erster Liebe eins in drein.
Vor mir war nichts Erschaffnes, was an Jahren
Nicht ewig: selber währ ich ewiglich.
Laßt, die ihr eingeht, alle Hoffnung fahren!«
Die Worte, dunkler Farbe, sahe ich
Ans Haupt geschrieben einer Pforte stehen:
»Hart, Meister«, sprach ich, »ist ihr Sinn für mich.«

Drauf er, wie wer ins Innre weiß zu sehen:
»Hier heißt es alles Argwohns dich entschlagen,
Und alle Bangigkeit laß dir vergehen!
Wir sind am Orte, wo in seinen Plagen
Das Volk du sehen sollst – ich sagt' es dir –,
Dem nimmer will das Heil des Schauens tagen.«
Drauf seine Hand auf meine legt' er mir,
Und hellen Blicks, daran ich mich erbaute,
Führt' er mich ins verwunschene Revier.
Dort hallten Seufzer, Weh- und Schreckenslaute
Schrill durch die Lüfte, die kein Stern erhellt,
Und weinen mußt' ich gleich, weil so mir graute.
Schreckliche Stimmen, Sprachen aller Welt,
Wutschreie, Wehgeheul, bald dumpf, bald gellend,
Dazu das Dröhnen, wenn ein Faustschlag fällt,
Ein Tosen gabs, das rings ohn Ende schwellend
In dieser Lüfte Urnacht umgeschwungen,
Als raste Windsbraut, Sand im Wirbel schnellend.
Und ich, dem Graun die Schläfe noch umschlungen:
»Meister, was ists, davon mein Ohr erbebt?
Und wer sind sie, die so von Pein bezwungen?«
Drauf er: »Was solche Klageweis erhebt,
Die Jammerseelen sinds in ihren Wehen,
Die ohne Schimpf und ohne Lob gelebt;
Mit jener Engel Chor gesellt sie gehen.
Dem Schalksgesinde, die, Empörer nicht
Noch Gott getreu, für sich nur wollten stehen.
Die Himmel spein sie aus, sonst trübts ihr Licht;
Noch mag die tiefe Hölle sie ertragen,
Daß nicht den Argen Ehre gar geschicht!«
»Ach«, frug ich, »daß sie so erbärmlich klagen,
Was haben Schweres, Meister, sie zu leiden?«
Drauf er: »Ich will dirs kurz und bündig sagen:

Sie haben keine Hoffnung, abzuscheiden.
So schmählich ist ihr Leben, daß in trüber
Umnachtung jedes andre Los sie neiden.
Kein Ruf von ihnen dringt zur Welt hinüber,
Gerechtigkeit mißachtet sie und Gnade.
Sprich nicht von ihnen! Schau und geh vorüber!«
Und um mich blickend, sah gleich einem Rade
Ich eine Fahne kreisen, wie im Flug,
Als gäb es nimmer Rast auf ihrem Pfade;
Und hinterdrein, da kam in langem Zug
Viel Volks daher – mein Treu, mir ahnte nicht,
Daß je so viel des Todes Hippe schlug.
Der Schatten manchen kannt' ich am Gesicht
Und sah auch ihn und kannt' ihn, dessen Zagen
Feigherzig auf das Höchste tat Verzicht.
Da konnt ich gleich und für gewiß mir sagen,
Daß dies der Niederträchtigen Sippe war,
Die Gott wie seinen Feinden mißbehagen.
Dies elend Volk, von je des Lebens bar,
War nackt und bloß, und grausam stachelnd hetzte
Von Bremsen sie und Wespen eine Schar.
In Striemen floß davon ihr Blut; das netzte,
Getränkt mit Tränen, ihr Gesicht und rann
Hinab zum Fluß, wo's ekle Würmer letzte. –
Und weiter schaut' ich aus und sahe dann
Viel Volks an eines breiten Stromes Rande
Und bat: »Nun lehr mich, Meister, sag mir an,
Wer diese sind, welch Muß sie da zum Strande,
Zur Überfahrt so hastig scheint zu jagen,
Wenn ichs im Dämmer recht zu sehn imstande?«
Und er zu mir: »Bescheid wird deinem Fragen,
Wenn uns zur Rast ans Ufer voller Gram,
An Acherons Gestad, der Fuß getragen.«

Mein Auge schlug ich nieder da voll Scham,
  Und sorgend, daß es ihm zuleid geschehe,
  Sprach ich kein Wort, bis ich zum Flusse kam.
Da sieh: ein Schiff! Und wie ichs kommen sehe,
  So lenkts ein Alter, weiß von Haar und greis,
  Der rief: »Weh euch, verworfne Seelen, wehe!
Nicht hoffet je zu sehn das Paradeis;
  Hinüber bring ich euch zum andern Strande,
  In ewige Finsternis, in Glut und Eis!
Und du, lebendige Seele dort am Lande,
  Heb dich hinweg von denen, die da tot!«
  Und da er mich nicht weichen sah vom Rande:
»Such andern Weg und Port, ein ander Boot,
  Nicht dieses hier, zur Lände dich zu tragen:
  Für dich zur Fahrt tut leichtre Fähre not!«
Mein Führer drauf: »Laß ab, dein Herz zu plagen,
  O Charon! Droben will mans, wo das Wollen
  Vollbringen ist. Da gibts nicht mehr zu fragen!«
Die zottigen Wangen ruhten, und sein Grollen
  Bezwang des trüben Pfuhles Ferge jetzt,
  Dem um die Augen Flammenräder rollen.
Allein die Seelen, bloß und mattgehetzt,
  Sah ich verfärbt und hört' ihr Zähneschlagen,
  So hat sein grimmes Dräuen sie entsetzt;
Sie fluchten Gott, dem Schoß, der sie getragen,
  Der ganzen Menschheit, Samen, Zeit und Ort,
  Da sie gezeugt und sahn die Sonne tagen;
Und dicht zusammen drängt sich alles dort,
  Laut jammernd an des schlimmen Ufers Rande,
  Das jedes harrt, der weicht von Gottes Wort.
Charon, der Dämon, mit dem Feuerbrande
  Des Auges winkend, schart sie an der Lände;
  Wer säumt, den treibt ein Ruderschlag zum Strande.

Wie, eins ums andre, um die Sommerwende
Die Blätter fallen, bis der Erde dann
Der Waldbaum wiedergab all ihre Spende:
So Adams schlechter Same: Mann für Mann
Warf auf den Wink sich von des Bordes Schwelle,
Gleich Vögeln, lockt des Voglers Pfiff sie an.
So schifft der Nachen durch die dunkle Welle,
Und eh die ersten ihm entsteigen dort,
Drängt hier bereits ein neuer Schwarm zur Stelle.
»Mein Sohn«, klang gütig nun des Meisters Wort,
»Was je in Gottes Zorn dahingegangen,
Aus allen Landen strömts an diesen Ort.
Und was so jach hinüberzugelangen
Sie spornt, ist göttliche Gerechtigkeit,
Die also in Begehren kehrt ihr Bangen.
Nie setzt hier über, wem Gott Gnade leiht;
Und greint' um dich der Fährmann so, der wilde,
So weißt du, wes dir zeuge solcher Neid.«
Er sprachs; da hub das nächtige Gefilde
Zu beben an, daß heut mich, dems geschehen,
Noch Angstschweiß badet, schauts der Geist im Bilde;
Das Land der Tränen sandt ein Sturmeswehen,
Durchblitzt von roten Strahles Feuerbrand,
Daß ich, dem Hören gleich verging und Sehen,
Hinsank, wie wen der Schlummer übermannt.

Vierter Gesang

Den tiefen Schlaf im Haupt mir brach mit Krachen
Ein Donnerschlag, daß ich zusammenfuhr,
Wie wen man mit Gewalt erweckt zum Wachen.
Auf rafft' ich mich und sandte auf die Spur
Mein Auge, das erholte, rings im Runde
Zu forschen, wo ich sei auf nächtiger Flur.

Am Rand fürwahr mich fand ich ob dem Schlunde
Des Jammertals, das donnernd widerhallt
Von Schreien ohne Zahl in seinem Grunde.
Tief, dunkel wars, voll Nebel, der sich ballt;
Zur Tiefe tauchend, konnt in all den Weiten
Nicht Raum mein Aug erkennen noch Gestalt.
»Hier laß zur blinden Welt hinab dich leiten«,
Sprach der Poet, und seine Wang erblich;
»Ich will der erste sein, du machst den zweiten.«
Gewahrend sein Erblassen, zaudert' ich:
»Wie kann ich, wenn dich selber graut, den einen,
Der stets mein Hort war, wenn mein Glaube wich?«
Doch er zu mir: »Die Not, die drunten weinen
Die Seelen macht, die malt auf mein Gesicht
Dies Mitleid, das wie Zagheit dir mag scheinen.
Gehn wir! Der Weg ist lang. Versäum uns nicht!«
So ging, so führt' er mich zum ersten Kreise,
Zu dem die Wand des Abgrunds niederbricht.
Da tönt nicht Weinen: Seufzer nur, die leise
Die ewige Luft durchzittern, wehn im Wind;
So, als ich lauschte, hört' ich ihre Weise.
Die Trauer ohne Qual tut so gelind,
Die alle dulden, die dort gehn und stehen
In großen Scharen, Mann und Weib und Kind.
Der gute Meister sprach: »Was hier zu sehen,
Wer diese Geister sind, das fragst du nicht?
So sollst du wissen, eh wir weitergehen:
Nicht Sünder sinds; doch ob getreu der Pflicht,
Nicht konnte ihr Verdienst zum Heile dienen,
Wo Taufe, deines Glaubens Tor, gebricht.
Und lebten sie, noch eh der Christ erschienen,
Sie dienten Gott nicht so, wie er gebot –
Ich selber, sieh, bin einer ja von ihnen.

Der Fehl allein ward unsrer Seele Tod,
  Und dieses nur, daß wir in Sehnsucht leben
  Und sonder Hoffen, das ist unsre Not.«
Das hat ins Herz mir scharfen Stich gegeben,
  Denn manchen wußt ich hoher Ehren wert
  Bei ihnen, die in diesem Vorhof schweben.
»Sprich, Herr, sag, Meister«, hab ich da begehrt,
  Auf daß Gewißheit mir des Glaubens tage,
  Der allen Irrtum überwinden lehrt,
»Kam keiner denn durch sein Verdienst, o sage,
  Noch fremdes je von hier zur Seligkeit?«
  Und er durchschaute die verhüllte Frage
Und sprach: »Hier weilt' ich eine kleine Zeit,
  Da sah ich einen Allgewaltigen kommen,
  Gekrönt vom Siegesglanz der Herrlichkeit.
Urvaters Schatten hat er mitgenommen,
  Abels und Noahs; Moses nahm er an,
  Der die Gebote gab und hielt, den frommen;
Erzvater Abram, König David dann,
  Israel samt dem Vater, seinen Samen
  Und Rahel, die er sich so schwer gewann.
Sie und noch viele rief er, und sie kamen
  Zum Heile; keine Seele sah sein Licht,
  Das wisse, ehe sie den Ruf vernahmen.«
Wir säumten, da er sprach, im Wandeln nicht
  Und querten all den Wald: den Wald, will sagen,
  Der Geister, deren Schwarm ringsum so dicht.
Noch gings nicht weit, seit mir mein Traum verschlagen,
  Da sah ich vor mir einen Feuerbrand
  Im halben Rund die Nacht besiegend tagen.
Ein wenig weiter war es hin, doch fand
  Ichs nah genug, schon so viel zu erkennen,
  Daß, wer da weilte, hoch in Ehren stand.

»O du, den Kunst und Weisheit Meister nennen,
Wer sind sie, denen Ansehn so gegeben,
Sie von der Andren Weis und Art zu trennen?«
Und er zu mir: »Ihr Ruhm in jenem Leben
Macht auch im Himmel sie der Gnade wert,
Der ihnen gönnt, sich also zu erheben.«
Derweil erscholl ein Ruf mir: »Kommt und ehrt
Den hohen Sänger! Der von uns gegangen,
Sein Schatten wiederum zurück uns kehrt.«
Dann sah ich, als die Worte mir verklangen,
Vier hohe Schatten uns entgegengehen,
Die Mienen heiter nicht noch grambefangen.
Der gute Meister sagte: »Kannst ihn sehen,
Der dort, das Schwert in Händen, kommt einher,
Vor jenen drei'n als Oberherr zu stehen?
Der höchste aller Dichter ists: Homer!
Ihm folgt Horaz, der Meister der Satire,
Zu dritt Ovid, Lucanus hinterher.
Weil mir der Name ziemt, der auch der ihre,
Der eben wie aus einem Munde klang,
Tun Ehre mir, und tuns mit Fug, die viere.«
Mitsammen sah ich so vom hehren Sang
Die edle Schule jenes Meisters gehen,
Der über alle als ein Aar sich schwang.
Erst hört' ich den noch jenem Rede stehen,
Dann grüßten sie mich hold mit Hand und Munde,
Und lächelnd hats mein Meister angesehen.
Noch größre Ehre tat mir ihre Runde,
Da ich, in ihrem Schoße aufgenommen,
Der sechste ward in so erlauchtem Bunde.
So gingen wir zum Licht, das dort entglommen,
Mit manchem Wort, davon zu schweigen gut,
Wie dazumal das Reden mochte frommen.

Wir kamen an ein stolzes Schloß: in Hut
  Von sieben hochgetürmten Mauerringen
  Umwehrts ein Wässerlein mit klarer Flut.
Wie festes Land durchschritten wirs und gingen,
  Ich und die Weisen, ein durch sieben Pforten,
  Wo Auen uns mit frischem Grün empfingen.
Mit ruhig ernsten Blicken sah ich dorten
  Sie gehn, voll Würde Mien' und Angesicht,
  Die Stimmen sanften Klangs, von wenig Worten.
So gings zu einer Höhe frei und licht
  Den Hang hinan, und alle sahn wir droben
  Sie miteinander, uns vor Augen dicht.
Da wies man mir die Geister, hoch zu loben,
  Auf schwellend frischem Grün: daß mirs geschah,
  Des fühl ich selbst im Innern mich erhoben.
Ich sah Elektren mit den Ihren, sah
  Darunter Hektor und Äneas stehen;
  In Wehr, mit Adlerblick stand Cäsar da;
Ich sah genüber mit Penthesileen
  Camilla, hab Latinus unter ihnen,
  Den König, mit Lavinia sitzen sehen;
Ich sah den Brutus, der vertrieb Tarquinen,
  Lucretia mit viel edlen Römerfrauen
  Und sah allein und abseits Saladinen.
Dann, als ich um ein kleines hob die Brauen,
  Sah ich den Meister aller Weisen da
  Im Kreis der Denker sitzen: Alle schauen
Sie auf zu ihm, ihn ehren alle; nah
  Vor andren ihm erkannt' ich Sokrates
  Und Plato; Thales, Heraklit ich sah
Samt Anaxagoras, Diogenes
  Und Demokrit, dem Zufall schien der Schlichter
  Des Alls, sah Zeno und Empedokles;

Auch Dioskorides, den wackren Sichter
   Der Arten, Orpheus konnt ich, Tullius sehn.
   Linus und Seneca, den Sittenrichter;
Sah Ptolemäus und Euklid, Galen,
   Hippokrates und Avicenna dort
   Und Averroës, der Glosse Meister, stehn …
Wie soll ich alles künden? Fort und fort
   Bedrängt mir Sinn und Denken solch Erleben,
   Daß immer wieder mir versagt das Wort!
Vom Bund der sechse blieb ein Paar, wie eben:
   Auf andrem Weg aus jener Stille führt
   Mein kundiger Lenker mich in Sturmesbeben,
So komm ich hin, wo man kein Licht mehr spürt.

Fünfter Gesang

So stieg vom ersten ich zum zweiten nieder
   Der Kreise; faßt da mindren Raum der Ort,
   Hallt um so lauter Weh und Jammern wider.
Schreckbar steht Minos, zähnefletschend, dort.
   Jedwedes Schuld, der kommt, erforscht er, richtet
   Und weist ihn, je wie er sich gürtet, fort.
Wenn ihre Beichte, sag ich, ihm verrichtet
   Die mißgeborne Seele und die Wahl
   Er traf, der alle Sünde kennt und sichtet,
Welch Höllenort ihr taugt, schlingt sovielmal
   Den Schweif er um die Lenden, wie zum Schlunde,
   Wohin er sie verbannt, der Stufen Zahl.
Zuhauf umringt der Schwarm ihn Stund um Stunde:
   Vor seinen Richterstuhl tritt Mann für Mann
   Und spricht und hört und muß hinab zum Grunde.
»Der du zur Herberg kommst der Qual«, begann
   Minos zu mir, da er mich wahrgenommen,
   Und hielt im Tun des furchtbarn Amtes an,

»Schau, wem du traust; bedenke wohl dein Kommen!
  Weit ist die Pforte. Willst du's darauf wagen?«
  Mein Führer drauf: »Was soll das Schrein dir frommen?
Nicht kannst du ihm den Schicksalsgang versagen:
  Da droben will mans, droben, wo das Wollen
  Vollbringen ist; da gibts nicht mehr zu fragen!«
Nun ward die Weise laut der Jammervollen,
  Nun langt' ich an, wo rings, daß mirs gegrauset,
  Endlosen Weinens Wehelaut erschollen.
Verstummt ist hier das Licht; der Raum erbrauset,
  Laut brüllend, wie das Meer im Sturme tut,
  Wenn Widerwind, die Wogen peitschend, sauset.
Die höllische Windsbraut treibt, die nimmer ruht,
  Die Geister um, es quält sie ohn Erlahmen
  Mit Stoß und Schleudern ihres Wirbels Wut;
Und wenn dem Felsgeklüft sie nahe kamen,
  Da tönt das Heulen, Jammern, Weheschrein,
  Da lästern sie der Gottheit hohen Namen.
Kund ward mir, daß verdammt zu solcher Pein
  Die Fleischessünder, die da blind willfahren,
  Vernunft mißachtend, dem Gelüst allein.
Wie um die Zeit des Frosts ein Flug von Staren
  In breitem, dichtem Schwarme schwirrt einher,
  So weht der Wind hier die verdammten Scharen:
Hinauf, hinunter gehts, die Kreuz und Quer,
  Ohn aller Hoffnung Trost in solchem Ringen
  Auf Ruh, auf Pein auch nur, die minder schwer.
Und wie die Kraniche ihr Klaglied singen,
  Wenn sie in langen Reihn am Himmel ziehn,
  So sah getragen ich von Sturmesschwingen
Die Schatten kommen, die so kläglich schrieen,
  Und fragte: »Meister, wer ist dieser Hauf,
  Der so gepeitscht von nächtigem Hauch muß fliehen?«

»Die erst' im Zuge dort«, versetzt' er drauf,
 »Von dem du Kunde willst, war vieler Zungen
 Gebieterin voreinst im Weltenlauf;
Die so von sündiger Sinnenbrunst bezwungen,
 Macht' ein Gesetz, das ihr Gelüst erlaubt,
 Die Schmach zu tilgen, die ihr Fehl bedungen.
Es ist Semiramis, von der man glaubt,
 Daß Ninus sie Gemahl und Folgerin.
 Ihr Reich heißt heut den Sultan Oberhaupt.
Die nächste ging in Liebesgram dahin,
 Treulos Sichäus' Asche; in der dritten
 Sieh dort Kleopatra, die Buhlerin;
Sieh Helena, um die so viele litten,
 Sieh Held Achill, der, wie sein Herz entbrannte,
 Mit Amor seinen letzten Kampf gestritten;
Sieh Paris, Tristan ...« Mehr als tausend nannte
 Und wies sie mir mein Lehrer mit der Hand,
 Die Liebe her ins Reich der Schatten sandte.
Als ich die Namen, altersher bekannt,
 Von all den Fraun und Rittern hörte sagen,
 Erbarmt' es mich, daß fast der Sinn mir schwand.
»Ach, Meister«, bat ich, »gerne möcht ich fragen
 Die zwei, die da selbander wehn im Wind
 Und die so federleicht er scheint zu jagen.«
Und er: »Hab acht, wenn sie uns näher sind.
 Dann, bei der Minne, die sie treibt mit Flehen
 Beschwöre sie, so kommen sie geschwind.«
Kaum fegte sie heran des Sturmes Wehen:
 »Ihr armen Seelen, wenn euch keiner wehrt,
 O kommet«, rief ich, »Rede uns zu stehen!«
Wie wunschbeflügelt, wenns ein Ruf begehrt,
 Aus luftigen Höhn, weit ausgespannt die Schwingen,
 Ein Taubenpaar zum süßen Neste kehrt,

So lösten sie, zu uns sich herzuringen
Durchs Graun der Lüfte, sich aus Didos Hut –
So wußte sie der Liebe Ruf zu zwingen.
»Du huldreich Wesen, das so mild von Mut
Heimsuchend naht in unsrer Nacht uns Armen,
Die wir den Grund getränkt mit unserm Blut:
War gnädig uns der Herr der Welt, mit warmen
Fürbitten wollten wir dein Heil erflehn,
Weil du mit unserm Elend fühlst Erbarmen.
Was du uns fragst, wir werden Rede stehn,
Und was ihr sprecht, wir öffnen euch die Ohren,
Wenn nur, wie jetzo, schweigt des Windes Wehn.
Am Seestrand liegt die Stadt, die mich geboren,
Wo samt dem Heergeleit, des er sich freut,
Der Po sich seines Friedens Port erkoren.
Liebe, die edlem Herzen rasch gebeut,
Lockt' ihn mit meiner Reize Blütentrieben,
Die mir entrissen, so, daß noch michs reut!
Liebe, die keinem, der geliebt, zu lieben
Erlässet, hat ihm so mein Herz entfacht,
Daß ihr, du siehst, noch hier Gewalt geblieben.
Liebe hat einen Tod uns zwein gebracht –
Den Mörder läßt Kaïna nicht entrinnen!«
Das war es, was ihr Wort uns kund gemacht.
Vernehmend dieser Seelen kläglich Minnen,
Neigt' ich das Haupt und hielt den Blick gesenkt,
Bis mich der Dichter frug: »Was mußt du sinnen?«
Und ich drauf: »Wehe, wie's mein Herze kränkt!
So süßes Sinnen, solch allmächtig Sehnen,
Zum Pfad des Jammers hats den Schritt gelenkt!«
Dann hub ich an und wandte mich zu denen
Und sprach: »Dein Weh, Francesca, läßt vor Bangen
Mich weinen, mitleidvoll, um dich und jenen.

Doch sag mir, wes sich Minne unterfangen,
  Wie fügte sie's in süßer Seufzer Zeit,
  Daß kund euch ward ihr schüchternes Verlangen?«
Und sie nun: »Keinem, ach, wird herbres Leid,
  Als wem beglückter Tage Bild erscheinet
  Im Elend. Der dich lehrt, der weiß Bescheid!
Doch wenns so liebreich deine Frage meinet,
  Wie unsrer Liebe erster Keim erwacht,
  So will ich tun, wie wer da spricht und weinet.
Wir lasen einst, auf Kurzweil nur bedacht,
  Wie Lanzelot sich wand in Liebesbanden:
  Allein war ich mit ihm, ohn Arg und Acht.
Beim Lesen kams, daß sich die Blicke fanden,
  Und mehr als einmal blich die Wang uns beiden,
  Doch eines machte Will und Wehr zuschanden:
Vom Lächeln lasen wir, wie dran sich weiden
  Die Blicke, wie ers küßt, der Buhle hehr, –
  Da küßt' auch mich, den nichts von mir kann scheiden,
Erzitternd küßte meinen Mund auch er ...
  Galeotto war das Buch und ders erdachte!
  An jenem Tage lasen wir nicht mehr ...«
Die arme Seele sprachs, die andre brachte
  Kein Wort hervor und schluchzte, daß mein Sinn
  Vor Mitleid schmolz und ich zu sterben dachte;
Und wie ein Toter fällt, so fiel ich hin.

Sechster Gesang

Kaum daß mir das Bewußtsein wiederkam,
  Das vor der Pein, die jenes Paar geschlagen,
  Mir schwand, da Mitleid ganz den Sinn benahm:
Rings um mich her nun sah ich neue Plagen
  Und neu Geplagte, wo ich ging und stand,
  So weit nur allerseits mein Blick getragen.

Im dritten Kreise steh ich, wo ins Land
  Kalt, schwer und heillos, ewig kommt geflossen
  Ein Regen, unablässig, unverwandt:
Schnee, trübe Wasser, grobe Hagelschloßen,
  Aus nächtigen Lüften strömt es aufs Gefild,
  Das Pest haucht, wo die Schlammflut sich ergossen.
Der Zerberus, das Untier grausam wild,
  Bellt jeden an, der kommt, aus dreien Kehlen,
  Daraus nach Hundeart sein Kläffen schrillt.
Schwarz trieft sein Bart, glutrot die Lichter schwelen,
  Mit Tatzen krallenscharf, den Bauch geschwollen,
  Packt, schindet, vierteilt er die armen Seelen.
Wie Hunde heulen die im Regen, rollen
  Sich hin und her, bald jenes Glied, bald dies
  Als Schirm emporgekehrt, die Jammervollen.
Uns witternd riß die Mäuler auf und wies
  Die Hauer Zerberus, der Höllendrachen,
  Und blieb kein Haar in Ruh an seinem Vlies.
Mein Führer aber reckt', ihn stumm zu machen,
  Die Hand, rafft' Erde auf, und Fäuste voll
  Ihm schleudert' er in die gefräßigen Rachen;
Und wie ein Hund, der kläfft, vor Hunger toll,
  Wenns ihm gelang, ein Maul voll Fraß zu stehlen,
  Ruh gibt, dieweil sein Schlund nur schlingen soll,
So schwiegen Zerberus' unflätige Kehlen,
  Des Dämons, der da quält mit seinem Kläffen,
  Bis taub sichs wünscht, das Ohr der armen Seelen.
Hin über sie, die schwer die Tropfen treffen,
  Die Schatten, gings: mit Füßen trat ich da
  Ihr Nichts, das Menschenleib weiß nachzuäffen.
Lang lagen allesamt am Boden ja:
  Nur eines raffte rasch der Schattenwesen
  Sich auf zum Sitzen, da's uns kommen sah.

»Der du zur Fahrt durchs Höllenrund erlesen,
So du's vermagst«, begann er, »kenne mich!
Bist droben doch, eh ich verwest, gewesen.«
»Die Plage, die du leidst«, erwidert' ich,
»Entrückt dich meinem Sinne wohl; ich meine,
Niemals von Angesichte sah ich dich.
Doch sprich, wer bist du, der zu solcher Peine
Gesandt an diesen Ort, der so voll Leid?
Mags härtre geben, schnöder dünkt mich keine!«
Und er drauf: »Deine Stadt, so voller Neid,
Daß wahrlich schon ihr Maß am Überlaufen,
War Herberg mir in heitren Lebens Zeit;
Ciacco gefiels euch Nachbarn mich zu taufen;
Um schnöde Gaumensünde muß ich dir,
Du siehsts, in dieses Regens Flut ersaufen.
Und bin die einzig arme Seele hier
Mitnichten! Alle sind in gleicher Plage
Um gleiche Schuld!« Er sprachs und schwieg zu mir.
Und ich zu ihm: »O Ciacco, deine Klage
Drückt schwer mein Herz, daß michs zu weinen zwingt;
Doch in der Stadt des Haders – weißt du's, sage,
Wohin es ihrer Bürger Zwist noch bringt,
Ob wer noch redlich dort. Und sag: Was nährte
Die Zwietracht, deren Wut uns niederringt?«
»Blut fließt, wenn lang genug der Hader währte!«
Versetzt' er. »Grausam treiben die vom Wald
Die Gegner aus; doch eh sichs dreimal jährte,
So kommen sie zu Falle, und gar bald
Bringt dessen Macht, der heute noch verschlagen
Euch hinhält, jene andren zur Gewalt.
Hoch werden sie und lang die Stirne tragen,
Und schwer liegt auf den Gegnern ihre Hand,
So heiß ihr Grimm, so bitter ihre Klagen.

Gerecht sind zwei, doch keiner will im Land
Sie hören: Stolz, Neid, Habgier sind die Brände,
Davon die Herzen allesamt entbrannt!«
So ging sein kläglicher Bericht zu Ende.
Und ich zu ihm: »Eins hätt ich noch begehrt;
So gönne mir noch eines Wortes Spende:
Tegghiaio, Farinata, uns so wert,
Arrigo, Jakob Rusticucci, sage,
Und Mosca und die sonst, was recht, geehrt:
Wo sind sie? Laß michs wissen, denn die Frage
Bedrängt das Herz mir, ob des Himmels Süßen
Sie kosten, ob der Höllen bittre Plage.«
Und er: »Die sind, wo schwärzre Seelen büßen.
Sie zieht die Wucht noch andrer Schuld zum Grunde.
Dringst du so tief, so magst du dort sie grüßen.
Doch kehrst du einst zum holden Erdenrunde,
Sorg, bitt dich, daß man mein gedenken kann.
Mehr sag ich nicht, noch geb ich sonst dir Kunde.«
Sein grader Blick ward scheel, sah noch mich an,
Doch neigte gleich sein Haupt sich, und hernieder,
Wie all den Blinden, sanks zu Boden dann.
Sprach da mein Führer: »Der ersteht nicht wieder,
Bis die Posaune einst des Engels schallt.
Erst wenn ihr Richter zürnend steigt hernieder,
Sein traurig Grab sucht jeder sich, Gestalt
Und Fleisch und Bein von neuem anzulegen,
Und hört den Spruch, der ewig widerhallt.«
So, langsam durch den schnöden Wust, da Regen
Und Schatten sich vermengen, schritten wir,
Vom künftigen Leben redend unterwegen.
»Meister«, so fragt' ich, »schärft die Marter hier
Sich wohl am großen Richttag, oder sehret
Sie minder, oder bleibts wie eh mit ihr?«

Und er zu mir: »Bedenk, was dir gelehret:
Daß, je vollkommner eines, um so mehr
Sein Wesen spürt, was wohltut und beschweret;
Und mag Vollkommenheit auch nimmermehr,
Die wahre, dies verdammte Volk erringen,
Hernach solls mehr doch gelten denn vorher.«
Im Bogen weiter unsres Wegs wir gingen,
Mehr redend, als dem Liede kündbar scheint,
Bis wo's hinabgeht zu den untern Ringen:
Da sahn wir Plutus stehn, den grimmen Feind.

Siebenter Gesang

»Pape Satan aleph, Pape Satan!«
Ließ Plutus seine rauhe Stimme hören;
Doch Mut mir machend, hub der Weise an,
Dem alles kund, der edle: »Nicht betören
Laß dich die Furcht! So schrecklich seine Macht,
Nicht kann er dir den Gang zur Tiefe stören.«
Zum Antlitz drauf, das wilder Grimm entfacht,
Sich wendend, rief er: »Höllenwolf, gib Frieden!
Friß in dich selbst, was solche Wut dir macht!
Nicht ohne Fug ist unsre Fahrt hienieden:
Da droben, wo schon Michael gerochen
Den frevlen Übermut, da wards beschieden.«
Wie jäh zum Knäuel, wenn der Mast gebrochen,
Ein Segel sinkt, das erst der Sturm geschwellt,
Fiel hin das Ungetüm, da er gesprochen.
Zum vierten Ringe, drauf er niederfällt,
Gings weiter so den Hang hinab der Plagen,
Der alle Schuld umschließt der ganzen Welt.
Gerechter Gott! Wer häuft nur, laß mich fragen,
Was da von neuer Müh und Pein zu sehn?
Wie muß so hart uns unsre Sünde schlagen!

Wie ob Charybdis stets im Wirbelwehn
Sich Well an Welle bricht im Widerpralle,
So muß sich dort das Volk im Reigen drehn.
Weit mehr sah ich denn anderwärts, und alle
Sie wälzten Lasten mit der Brust heran
Von hier und dort und schrien mit lautem Schalle
Und stießen aufeinander, Mann an Mann,
Und wandten sich und riefen wechselweise
»Was raffst du!«, »Was verschleuderst du!« sich an.
Dann wieder rückwärts gings im finstren Kreise
Und beiderseit zum abgewandten Eck,
Und riefen aber scheltend ihre Weise.
Dort angelangt, kehrt jeder auf dem Fleck
In seinem Halbkreis um zu neuem Streite;
Und ich, dem fast das Herz zermalmt der Schreck,
Frug: »Meister, wer sind diese? Sinds Geweihte,
Die dort ich sehe, bitte, sag mirs an,
All die Geschornen, uns zur linken Seite?«
Und er zu mir: »Sie alle, Mann für Mann,
Sie waren scheelen Geistes dort im Leben,
Der nie kein Maß im Aufwand halten kann.
Klar zeigt sichs, wenn sie ihr Gekläff erheben,
Wenn, angelangt an eins von beiden Malen,
Sie scheidet ihrer Laster Widerstreben.
Die waren Pfaffen, mit dem Haupt, dem kahlen,
Darunter Päpste, deren Habsucht gar
So außer Maße giert, samt Kardinalen.«
»Ach, Meister«, sagt ich, »unter ihrer Schar
Wohl sollt ich welche kennen, mehr denn einen,
Der da befleckt mit diesen Lastern war.«
Doch er zu mir: »Nein, das ist eitles Meinen!
Vom schmutzigen Fehl, der wahres Gut verkannt,
Besudelt, sind sie kenntlich hier für keinen.

Von Prall zu Prall gehts ewig hierzuland;
  Vom Grab erstehen diese da, geschoren
  Am Haupte, jene mit geschloßner Hand.
Schlimm geben, schlimm behalten schied die Toren
  Vom Heil und stürzte sie in diesen Zwist.
  Wie der mag tun, kein Wort sei drum verloren!
Sieh, Sohn, wie kurz die Lust an Gütern ist,
  Die von Fortunas Huld verwaltet werden,
  Drum so die Menschheit rauft zu jeder Frist!
So viel an Gold es gibt und gab auf Erden,
  Nicht einer der geplagten Seelen hier
  Schaffts Ruh von ihren Mühen und Beschwerden.«
»Meister«, bat ich, »noch eines sage mir!
  Fortunen nennst du, die in ihren Klauen
  Die Güter hält der Welt: was ists mit ihr?«
Und er drauf: »O der Blindheit, die zu schauen
  Euch wehrt, ihr Toren, die von nichts ihr wißt!
  Sieh nun, was ich dich lehre, zu verdauen.
Er, dessen Weisheit ohnegleichen ist,
  Schuf mit den Himmeln Lenker, sie zu leiten,
  Daß Kraft und Licht, so wie ers gleich bemißt,
Von dem zu jenem strahle allerseiten.
  Ingleichen setzt' er Wach und Oberhut
  Für alles, was da glänzt auf irdschen Breiten,
Auf daß von Stamm zu Stamm, von Blut zu Blut,
  Weit über Menschenwill und -witz im Gange,
  In stetem Umlauf bleibt das eitle Gut.
So kommts, daß ein Geschlecht in Hoheit prange,
  Das andre darben muß, wie's ihr gefällt,
  Die heimlich lauert wie im Gras die Schlange.
Kein Wissen ist, das Widerpart ihr hält.
  Sie plant und richtet, lenkt, wie sie's entschieden,
  Ihr Reich, wie jene Götter ihre Welt.

Ihr Auf und Ab gibt nimmer Ruh noch Frieden;
Notwendigkeit beflügelt sie: gar bald,
Gar oft folgt wechselnd Los auf Los hienieden.
Sie ists, die allzeit, grade, wo es galt,
Sie hoch zu preisen, ward ans Kreuz geschlagen,
Die man von je zu Unrecht schmäht' und schalt.
Sie aber lacht und hört nicht, was sie sagen;
Froh, wie die Erstgeschaffnen insgemein,
Dreht sie ihr Rad in seligem Behagen. –
Doch komm! Nun gehts hinab zu größrer Pein.
Schon sank der letzte Stern, der aufgezogen,
Dieweil ich kam; nicht taugts hier säumig sein!«
So querten wir zum andren Rand den Bogen,
Ob einem Quell, der siedet und zu Tal
In steiler Klamm ergießet seine Wogen.
Dunkler denn Purpur war des Wassers Strahl,
Und im Geleit der trüben Welle klommen
Wir einen Steig hinab, gar rauh und schmal.
Von sumpfigem Pfuhl, dem Styx, wird aufgenommen
Das traurige Gewässer, wie's den grauen,
Unholden Felsenhang herabgekommen.
Und ich, der stille stand, mich umzuschauen,
Sah im Morast dort welche, nackt und bloß,
Mit Schlamm bedeckt und grimmverzerrt die Brauen;
Die gaben sich mit Fäusten Stoß auf Stoß,
Mit Füßen auch, mit Kopf und Brust und rissen
Sich Fetzen Fleisches mit den Zähnen los.
Der gute Meister sprach: »Nun magst du wissen,
Mein Sohn: die Seelen solcher siehst du hier,
Die Zorn bezwang; und in den Finsternissen
Der Tiefe stöhnen andre, glaube mir,
Davon hier oben rings die Sprudel quellen.
Wohin du blickest, sagts dein Auge dir.

In Schlamme steckts und stöhnt: ›Uns war im Hellen,
  In hold durchsonnten Lüften trüb zu Sinn,
  So ließ die Brust der Qualm des Mißmuts schwellen;
Nun trauern wir in Nacht und Moder hin ...‹
  So gurgelt dumpf das Lied in ihrem Schlunde,
  Denn kein vernehmlich Wort gedeiht darin.«
So zwischen Moor und Fels, in weiter Runde
  Umgingen wir des trüben Pfuhles Rand,
  Vor uns die Brut, der Schlammflut troff vom Munde,
Bis ich an eines Turmes Fuß uns fand.

Achter Gesang

Lang – fahr ich fort im Liede –, lang bevor
  Zum Fuße wir des hohen Turms gekommen,
  Zogs unsren Blick zum Zinnenkranz empor.
Zwei Flammenblitze sahn wir dort entglommen,
  Und fernher ward der Wink zurückgesandt,
  Weit, daß es kaum mein Auge wahrgenommen.
Zu ihm, der aller Weisheit Meer, gewandt,
  Sprach ich: »Was sagt dies Licht? Was gibt das zweite
  Zur Antwort? Und wer schürt den Feuerbrand?«
Und er: »Was kommen soll von jener Seite,
  Bärg's nicht der Wrasen jenes Pfuhls derweil,
  Schon sähst du's auf der trüben Wogen Breite.«
Kein Bogenstrang beschwingte je den Pfeil,
  Daß so geschwind er durch die Lüfte schnelle,
  Als ich ein Schifflein kommen sah in Eil,
Ein kleines, auf uns zu durch Flut und Welle,
  Gelenkt von einem Fergen ganz allein,
  Der rief: »Bist, sündige Seele, du zur Stelle?«
»Phlegyas, Phlegyas, was soll das Schrein?«
  Rief mein Gebieter. »Hier vergeudst die Stimme.
  Nur für die Fahrt hinüber sind wir dein!«

Wie wer in Zorn entbrennt, gewahr, daß schlimme
Enttäuschung trügerisch ihm angetan,
So Phlegyas in stumm verbißnem Grimme;
Mein Führer aber stieg hinab zum Kahn
Und hieß mich folgen, und als ich darinnen,
Da schien es erst, als ob er Last empfahn.
Kaum waren wir, ich und mein Führer, drinnen,
Schoß, das mit keinem so, den's je getragen,
Die Flut gefurcht, das alte Boot von hinnen.
Wie so den toten Pfuhl entlang wir jagen,
Rief einer, voller Schlamm, und kam mir nah:
»Wer bist du, der du kommst vor deinen Tagen?«
Und ich drauf: »Komm ich, bleib ich doch nicht da!
Doch wer bist du, so greulich anzuschauen?«
»Ein Heulender«, sprach der, »du siehst es ja.«
Und ich zu ihm: »Im Heulen magst und Grauen,
Verfluchter Geist, hier liegen ewiglich!
Dich kenn ich, trieft dirs gleich von Stirn und Brauen.«
Ans Boot mit beiden Händen krallt' er sich,
Und dräuend mußt' ihn fort der Meister jagen:
»Fort! Zu den andren Hunden packe dich!«
Doch mir, den Arm um meinen Hals geschlagen,
Küßt' er das Antlitz: »Heil ihr, deren Schoß,
Empörte Seele, dein Gebild getragen!
Der war im Leben dort an Hoffart groß,
Kein Gran von Güte ziert sein Erdenwallen,
So läßt die Wut den Schatten noch nicht los.
Wie mancher heißt dort König, groß vor allen,
Der Säuen gleich hier stecken soll im Kot,
Da grause Flüche ihm als Nachruf schallen!«
Und ich: »O könnt ich, Meister – dem wärs not! –,
Könnt ich im Dreck ihn untertauchen sehen,
Eh noch am Land uns ausschifft unser Boot!«

Und er zu mir: »Dir soll genug geschehen,
Noch eh du drüben siehst das Ufer ragen;
Solch Wunsch muß wahrlich in Erfüllung gehen!«
Alsbald so sah ich einen Schwarm ihn plagen
Von denen aus dem Schlamme, bis aufs Blut,
Daß Gott ich heut noch Lob und Dank muß sagen.
»Philipp Argenti!«, »Auf ihn!« schrie die Brut,
Daß sich die Zähn ins eigne Fleisch gebissen
Des tollen Florentiners Geist vor Wut.
Dort ließ ich ihn, will nichts mehr von ihm wissen.
Doch drang ins Ohr mir jetzt ein Wehgeschrei,
Daß spähend ich die Augen aufgerissen.
»Sohn«, sprach der gute Meister, »nahebei
Liegt hier die Stadt nun, Dis genannt, mit Scharen
Von argen Bürgern, schlimmer Kumpanei!«
»Ach, Meister, deutlich kann ich schon gewahren
Im Tale drinnen«, sagt' ich, »die Moscheen.
Brandrot, als wenn sie grad im Feuer waren.«
Drauf er zu mir: »Vom ewigen Feuer stehen,
Das dort sie anglüht, all in rotem Schein:
So kannst in Höllentiefen hier du's sehen.«
Nun liefen wir die tiefen Gräben ein,
Die rings den gottverlaßnen Ort umfangen;
Die Mauer schien von Eisen mir zu sein.
In weitem Bogen sie umkreisend, langen
Wir an, wo uns der Ferge schreit ins Ohr:
»Hier ist der Eingang! Fort, an Land gegangen!«
Da sah ich mehr denn tausend nun am Tor,
Vom Himmel abgestürzt, die schrien wie Tolle:
»Wer ist es, der dem Tode kommt zuvor
Durchs Reich des Totenvolks, das grauenvolle?«
Mein kundiger Meister aber macht' ein Zeichen,
Daß er geheim mit ihnen reden wolle.

Da, um ein kleines, schien die Wut zu weichen:
»Komm«, riefs, »allein! Daß jener fort sich macht,
Ders wagt, in unser Reich sich einzuschleichen!
Find' er allein zurück, wo unbedacht
Des Wegs er kam: laß sehn, obs ihm gelinge.
Du bleibst, der her ihn wies ins Reich der Nacht!«
Denk, Leser, ob getrost und guter Dinge
Ich dieser höllischen Worte Klang vernahm!
Nie dacht' ich zu entrinnen dieser Schlinge.
»Mein teurer Führer, der mich wundersam
Wohl siebenmal mit frischem Mut versehen,
In Not mir und Gefahr zu Hilfe kam,
Laß«, rief ich, »nicht so hilflos hier mich stehen!
Laß flugs, wird uns das Weitergehn verdacht,
Selbander unsre Spur zurück uns gehen!«
»Mut«, sprach der Herre, der mich hergebracht,
»Nichts hemmt den Schritt, den jetzt wir mit Verlaube
Des Höchsten tun: zu groß ist Seine Macht.
Hier harre mein; dir speis und stärke Glaube
Und gute Hoffnung den verzagten Sinn:
Nicht laß ich dich der Unterwelt zum Raube.«
So läßt er mich, der Vater, gehet hin,
Der teure, und ich steh, das Haupt voll Fragen,
Denn Ja und Nein, sie stritten sich darin.
Nicht hört' ich, was er ihnen mochte sagen,
Doch währt's nicht lang, da sah ich, Mann für Mann,
Ins Tor die Feinde um die Wette jagen:
Sie sperrtens hart vor meinem Herrn sodann;
So stand er draußen vor den Burgverhauen,
Kam schweren Schrittes nun zu mir heran.
Den Blick gesenkt, bar allen Muts die Brauen,
Kam er, und stöhnend sagt' er vor sich hin:
»Wer wehret mir, die Burg des Wehs zu schauen?«

Zu mir dann: »Weil so unwirsch mir zu Sinn,
  Erschrick drum nicht; ich muß den Sieg erstreiten,
  Was immer sich zur Abwehr regt darin!
Nicht neu ist ihr Erdreisten; schon vor Zeiten
  Geschahs an minder tief verborgner Pforte,
  Die noch, entriegelt, muß die Flügel breiten;
Du sahst zu Häupten ihr die Todes-Worte;
  Schon diesseit stürmt herab die steile Bahn
  Er, dem kein Führer not von Ort zu Orte
Und dem der feste Platz wird aufgetan.«

Neunter Gesang

Das Weiß, das Furcht mir malt' auf meine Wangen,
  Als ich den Führer wiederkehren sah,
  Drängt' ihm ins Innre gleich sein flüchtig Bangen;
Gespannt, wie wer da lauschet, stand er da,
  Trug doch das Auge nimmer in die Weite
  Durch Nacht und dichten Dunst, der fern und nah.
»Und dennoch, siegen müssen wir im Streite«,
  Sprach er, »wenn nicht ... doch solchen Helfers Macht ...
  Oh, wie verlangts mich, daß er uns zur Seite!«
Wohl merkt' ich: was er zu Beginn gedacht,
  Verhehlt' er; anders, als er angefangen,
  Hatt' er zu Ende seinen Spruch gebracht.
Allein nicht minder macht' es drum mich bangen:
  Mehr, als er meinen mocht', in seinem Mund
  Bedrohlich die zerstückten Worte klangen.
»Steigt je zu dieses grausen Trichters Grund
  Vom ersten Range einer, wo statt Plagen
  Euch einzig sehret eures Hoffens Schwund?«
Ich frugs, und Antwort gab er meinen Fragen:
  »Gar wenigen der Unsern das geschieht,
  Den Weg zu gehen, den ich jetzt muß wagen.

Zwar einmal war ich hier, vom Hexenlied
  Erichthos, der Entsetzlichen, beschworen,
  Das heim zum Leibe noch den Schatten zieht:
Nicht lang des Fleisches bloß, drin ich geboren,
  Nach einer Seele aus Judeccas Schlund
  Hieß sie mich eingehn hier zu diesen Toren.
Das ist der tiefste, rabenfinstre Schrund,
  Zufernst dem Himmel, der das All läßt schwingen;
  Sei denn getrost, des Weges bin ich kund!
Der Pfuhl hier, draus so arge Dünste dringen,
  Umgürtet rings im Rund die Stadt der Pein,
  Da ohne Streit kein Einlaß zu erzwingen …«
Er sprach noch mehr, doch fällts mir nicht mehr ein,
  So zog mich nach des Turmes Zinne droben
  Mein Auge, die da glüht' im Feuerschein.
Bluttriefend beieinander, hoch erhoben,
  An Wuchs und Haltung Weibern gleich, so standen
  Die höllischen drei Furien stracks dort oben.
Giftgrüne Hydern ihren Gürtel banden,
  Als Haupthaar Nattern sich den Unholdinnen
  Und Vipern um die Schläfen dräuend wanden.
Und er, dem wohlvertraut die Schaffnerinnen
  Der Königin im Reich der ewigen Pein,
  Sprach: »Siehe da die grimmigen Erinnen!
Die linke ist Megära von den drein;
  Tisiphone inmitten, und am Ende
  Rechts heult Alekto …« Damit hielt er ein.
Sie schlugen, sie zerkrallten Brust und Hände,
  Schrien gellend alle drei, so daß ich hart
  Vor Schreck mich drängt' an meines Sängers Lende.
»Medusa«, riefs, und nieder jede starrt,
  »Komm, ihn zu Stein zu wandeln! Schmach und Schade,
  Daß Theseus' Einbruch nicht gerochen ward!«

»Kehr um! Das Auge zu! Daß Gott dir gnade!
  Zeigt Gorgo sich und hält dein Aug ihr stand,
  Schauts nimmermehr der Oberwelt Gestade.«
Der Meister sprachs, hat selbst mich umgewandt,
  Ließ sich an meinen Händen nicht genügen
  Und schloß die Augen mir mit eigner Hand.
Ihr, deren Geist sich nicht vom Schein läßt trügen,
  Schaut, welche Lehre unterm Schleier sich
  Der Reime birgt, die sich so seltsam fügen!
Schon brach es los, ein Tosen fürchterlich,
  Daß Bord um Bord erbebte, wie's mit Toben
  Her über jene trüben Wogen strich,
Nicht anders, als wenn Sturmwind sich erhoben,
  Der, ungestüm vom Widerstreit der Glut,
  Im Walde rast, unwiderstehlich droben
Die Äste knickt und rafft mit Schleuderwut,
  Und staubaufwirbelnd fährt dahin der jähe,
  Daß Wild und Herden fliehn in sichre Hut.
Mein Auge gab er frei und sprach: »Nun spähe
  Geschärften Blicks der Urflut Schaum entlang
  Dort, wo der Qualm am dicksten braut, der zähe!«
Wie, vor der Natter wohl, der Feindin, bang,
  Im Teich die Frösche fliehn nach allen Seiten,
  Bis alles scheu sich duckt am Uferhang,
So sah ich tausend der Vermaledeiten
  Vor einem flüchten, der die Furt hindann,
  Die stygische, trocknen Fußes schien zu schreiten.
Den Dunst vor seinem Antlitz dann und wann
  Zu scheuchen, schwenkt' er eine seiner Hände,
  Als föcht' ihn nichts von andren Nöten an.
Ich merkte wohl, daß ihn der Himmel sende,
  Und sah zum Meister auf: der hob die Hand,
  Daß ich mich vor ihm neigt' und stille stände.

O mein, wie blickt' er streng, von Zorn entbrannt!
Zur Pforte schritt er, schlug mit leichter Gerte
Die Flügel auf, da war kein Widerstand.
»Verruchtes Volk! Vom Himmel Ausgesperrte!«
Klangs von der Schwelle dort des Grausens her.
»Woher der Trotz in euch, die Herzenshärte?
Was setzet ihr dem Willen euch zur Wehr,
Dem nie kein Gran des, was er will, entwunden?
Schon mehr als einmal büßtet ihrs so schwer!
Was frommts, der Schickung trotzen? Trägt die Wunden
Davon bis heute doch – denkt wohl daran! –
Eur Zerberus, an Kehl und Kinn geschunden.«
Zurück den Pfad des Schlammes kehrt' er dann,
Gönnt' uns kein Wort, wie wer auf seinen Wegen,
In andrer Sorgen Haft und strengem Bann,
Kein Acht hat, was vor Augen ihm gelegen;
Und wir, getrost nach solchem heiligen Worte,
Wir hoben nun den Fuß, der Stadt entgegen.
Hinein gings, sonder Fährde, durch die Pforte,
Und ich, begierig, was der Augenschein
Mir zeigen möcht an solchem festem Orte,
Send, als ich drinnen, rings ins Land hinein
Den Blick; und allerwegen muß ich schauen
Gefilde voller Marter, Schuld und Pein.
So wie bei Arles, wo sich die Wasser stauen
Der Rhone, wie bei Pola, wo den Strand
Quarnero spült, die Mark von Welschlands Gauen,
Wie dort von Gräbern rings gewellt das Land,
So hier, vom einen bis zum andren Ende,
Nur daß weit bittrer war, was jetzt ich fand;
Denn um die Särge lohten Feuerbrände,
Und alle glühten heiß in deren Flammen
Wie Eisen, schmiedens grad des Meisters Hände.

Die Deckel waren aufgetan mitsammen,
Und grimmes Jammern drang daraus hervor,
Das Schwergeplagter Qualen mußt' entstammen.
So fragt' ich: »Meister, wer ist dieser Chor?
Wer macht sich, eingesargt in jenen Schragen,
Kund durch so kläglich Stöhnen meinem Ohr?«
»Irrlehrer sind es«, hört' ich drauf ihn sagen,
»Und ihre Jünger, Ketzer aller Art;
Mehr als du glaubst, hat Grab für Grab zu tragen.
In jeder Gruft liegt gleich und gleich gepaart,
Und mehr und minder glühts in diesen Malen.«
So wandt' er sich zur Rechten, und die Fahrt
Ging fort: die Zinnen hier und dort die Qualen.

Zehnter Gesang

So, zwischen Mauerring und Martern mitten
Hindurch, den Richtsteig geht er mir voran,
Der Meister, und ich folge seinen Schritten.
»Du Hort der Tugend, der mich leiten kann,
Wie dirs gefällt, durchs Sündenrund zu gehen,
Still mein Verlangen«, bat ich, »sag mir an:
Die in den Särgen ruhn, kann man sie sehen?
Wohl seh ich all die Schragen ohne Zahl
Noch aufgedeckt und niemand Wache stehen.«
Und er zu mir: »Die werden allzumal
Verschlossen, wenn von Josaphat sie kehren
Mit ihrem Leib, der droben blieb im Tal.
Diesseit ward samt dem Meister, den sie ehren,
Den Jüngern Epikurs die Liegestatt,
Die Tod der Seele wie des Leibes lehren.
So wird hier innen dein Verlangen satt
Des, was du fragst, und auch, was du verstohlen
Begehrst und was dein Wort verschwiegen hat.«

»Mein guter Führer«, rief ich, »unverhohlen
Sei dir mein Herze! Kurz nur wollt' ich sein,
Wie du's, nicht eben nur, mir anbefohlen.«
»Der lebend kommst zur Stadt der Flammenpein
Und sprachst, o Tusker, so voll Ehrfurcht eben,
Halt an, so dirs gefällt, vor diesem Stein!
Es hat fürwahr das Leben dir gegeben
Mein' edle Stadt – man kennts an deinem Wort –,
Der überlästig wohl ich ward im Leben.«
Also aus einer jener Laden dort
Scholl plötzlich eine Stimme, daß in Zagen
Ich enger mich geschmiegt an meinen Hort.
Der rief: »Schau um! Was ist dir? Dort im Schragen
Sieh Farinata, draus er grad erstand.
Vom Gurt an siehst ihn frei der Glut entragen.«
Mein Auge schon den Blick des seinen fand:
Brust reckt' und Stirn er, hoch, in stolzer Steile,
Als spräch er Hohn der Höll und ihrem Brand.
Und vor ihn hin schob durch der Gräber Zeile
Des Führers Hand mich gar behendiglich:
»Kein Wort zuviel!« so mahnt' er mich in Eile.
Zu Füßen seines Sarges sah er mich
Ein Weilchen an, und schier verächtlich fragte
Er dann: »Wer waren deine Väter? Sprich!«
Ich, zu willfahren gar beflissen, sagte
Ohn alles Hehl ihm alles, Wort für Wort;
Da hob die Braun ein wenig der Geplagte:
»Die sannen, grimme Feinde, fort und fort,
Mir, meinen Ahnen, meinem Bund zu wehren!
Zweimal drum scheucht' ich sie von Ort zu Ort.«
»Wie weit versprengt, sie wußten heimzukehren«,
Gab ich zurück, »sooft sie's zwang zu fliehn!
Schwer fällts, die Euren solche Kunst zu lehren.«

Da, neben jenem, bis zum Kinn erschien
  Ein Schatten überm aufgedeckten Rande, –
  Mich dünkt, er hob sich eben bis zum Knien.
Der späht' umher, als wollt im Höllenbrande
  Er sehn, ob nicht ein andrer neben mir;
  Und als nun all sein Hoffen ward zuschande,
Da sprach er weinend: »Führt zum Kerker hier,
  Dem blinden, deines Geistes hohes Streben:
  Wo ist mein Sohn? Was kommt er nicht mit dir?«
Drauf ich: »Von selbst nicht komm ich; er, der eben
  Dort harret, führt mich her, und seinem Werte
  Wollt' Euer Guido wohl Gehör nicht geben.«
Sein Wort und, die er litt, die Strafe lehrte
  Mich, wer er sei: so konnt' ins Angesicht
  Ich gleich Bescheid ihm tun, wie ers begehrte.
Auf einmal stand und fragt' er: »Wollte nicht ...?
  Wie sagtest du? So lebt er nicht mehr? Sage:
  Trifft nicht sein Auge mehr das süße Licht?«
Und als er merkte, daß ich auf die Frage
  Ein wenig zögert', eh das Wort ich fand,
  Sank er zurück und kam nicht mehr zutage.
Er, dem zulieb ich mich hieher gewandt,
  Verzog nicht eine Miene: grad den Rücken,
  Den Nacken steif, der Hochgemute stand.
»Daß solche Kunst den Meinen nicht will glücken«,
  So hub er wieder an, »will meinen Mut
  Noch härter als dies Lager hier bedrücken.
Doch eh noch fünfzigmal entbrannt in Glut
  Der Herrin Antlitz, die wir hier verehren,
  Erfährst du selbst, wie schwer die Kunst sich tut.
Und hoffst du, heim zur süßen Welt zu kehren,
  Sag, warum muß in Satzung und Gedingen
  Dies Volk so schnöd dem Recht der Meinen wehren?«

Drauf ich: »Das Blutbad läßt, das grause Ringen,
Das rot die Arbia färbte, bis zur Stunde
In unsrem Tempel solch Gebet erklingen!«
Sein Haupt mit Seufzen wiegt' er; sprach: »Im Bunde
Mit andern kam ich da, kam nicht allein;
Und nie, weiß Gott, wenn nicht mit gutem Grunde.
Doch ich allein, als alle insgemein
Gewillt, Florenz zu tilgen von der Erden,
Trat offenen Visieres für sie ein!«
»Ach, soll denn Eurem Samen Friede werden,
So löset«, bat ich ihn, »den Knoten mir,
Der mich verstrickt in Zweifel und Beschwerden.
Vernahm ich recht, so scheints, als sähet Ihr
Voraus, was erst die Zeit soll mit sich bringen,
Doch anders haltet Ihrs mit Heut und Hier?«
»Wie Alterssichtige sehn wir von den Dingen,
Was ferne liegt«, versetzt' er; »so viel Licht
Läßt uns der Höchste noch ins Auge dringen.
Kommts näher, ist es da, wird unsre Sicht
Zuschanden gar: wo nicht aus andrer Munde,
So wissen wir vom Tun der Menschen nicht.
So magst du denn ermessen, daß zur Stunde,
Wo sich zuletzt der Zukunft schließt das Tor,
All unser Wissen geht in uns zugrunde.«
Da, weil die Schuld mich drückte von zuvor,
Bat ich: »So wollt ihm, der da hinsank, sagen:
Noch geht sein Sohn in der Lebendigen Chor.
Und war ich stumm vorhin auf seine Klagen,
Das war – tuts ihm zu wissen –, weil ich sann
Ob dem, was jetzt Ihr löstet meinem Fragen.«
Schon rief der Meister mich zu sich heran,
Drum bat ich rasch den Geist, mir zu bekennen,
Wer ihm Gefährte sei in diesem Bann.

»Mit mehr denn tausend«, sagt' er, »muß ich brennen:
  Da drinnen liegt der zweite Friederich,
  Der Kardinal und mehr, als ich mag nennen.«
Er barg sich, und die Schritte wendet' ich
  Zum alten Dichter, weil im Sinn mir nagte
  Die Rede, die so feindlich klang für mich.
Er ging voran, und so im Gehn er fragte:
  »Was ficht dich an?« Drauf, wie er mich hieß,
  Bescheid ich folgsam seiner Frage sagte.
»Was wider dich sich da vernehmen ließ,
  Bewahrs im Sinne«, mahnte mich der Weise,
  »Doch nun« – den Finger streckt' er – »merk auf dies!
Stehst du vor ihr, im holden Strahlenkreise
  Der schönen Augen erst, die alles sehn:
  Von ihr wird kund die deines Lebens Reise.«
Den Fuß zur Linken wandt er, und wir gehn,
  Der Mauer ab-, der Mitte zugewendet,
  Den Steig zum Abgrund hin, der widrig Wehn
Von seinem Pesthauch schon heraufgesendet.

Elfter Gesang

So kamen wir zu hoher Klippen Borde,
  Wo Felsgetrümmer, rings getürmt im Rund,
  Zum Pferch herniederstürzt noch schlimmrer Horde.
Dort duckten wir – solch Stank entstieg dem Schlund –
  Uns hinter einen Deckstein, der gerade
  Am Weg vor einem mächtigen Grabmal stund;
Und sah ich eine Schrift auf jener Lade:
  »Papst Anastasius berg ich, den auf Erden
  Photinus weggelockt vom rechten Pfade.«
»Allhier muß unser Abstieg säumig werden,
  Bis sich dem Mißduft baß gewöhnt der Sinn;
  Nicht achtet er dann fürder der Beschwerden.«

Der Meister sprachs, und ich: »Laß uns Gewinn
Draus ziehn, daß nicht umsonst die Stunden fließen!«
»Sieh«, sprach er, »wie darauf bedacht ich bin.«
»Mein Sohn«, begann er dann, »drei Kreise schließen
Hier, Stuf um Stufe, diese Felsen ein,
Gleich denen, die wir jetzt dahinten ließen.
Verdammter voll ist jeder von den drein:
Nun hör, daß Schaun hinfort dir mag genügen,
Wie und warum sie dort gesellt in Pein.
Jedweder Bosheit Ziel, die Gott muß rügen,
Ist Unbill; und was darauf zielt, das kränket
Den andern, sei's gewaltsam, sei's durch Trügen.
Trugsünde, weil sie nur der Mensch erdenket,
Ist Gott verhaßter; tiefer wird in Pein,
In härtre drum, wer Arglist sann, versenket.
Gewalttat füllt den ersten Kreis allein.
Doch läßt an dreien sich Gewalt begehen;
Drei Ringe drum schließt dreigeteilt er ein.
An Gott, uns selbst, am Nächsten kanns geschehen
Und dem, was ihnen eigen; merke gut,
Untrüglich wirst du's dann erwiesen sehen.
Totschlag und bösliche Mißhandlung tut
Gewalt dem Nächsten; räubrisch Beutelschneiden,
Verwüsten, Sengen seinem Hab und Gut.
Mordbuben drum und die an Qual sich weiden,
Zerstörer läßt und Räuber insgemein
Der erste Ring, in sondren Haufen, leiden.
Auch an sich selber und an das, was sein,
Kann Hand man legen; drum so spürt im zweiten
Der Ringe unfruchtbarer Reue Pein,
Wer selbst aus eurer Welt sich stiehlt vorzeiten,
Dem Spiele frönt, verschleudert Hab und Gut,
Um Tränen sich statt Freude zu bereiten.

Der Gottheit tut Gewalt, wer Lästrung tut,
  Im Herzen leugnet, wer samt ihren Gaben
  Mißachtet die Natur in frevlem Mut.
Des engsten Ringes Schandmal also haben
  Sodom, Cahors und die mit Herz und Mund
  Gott frech verachten, in die Stirn gegraben.
Arglist, dran jegliches Gewissen wund,
  Kann trügen, die vertraun, und kanns im Stande,
  Da kein Vertrauen heischt ein sondrer Bund.
Die von der letzten Art reißt nur die Bande
  Der Liebe, die Natur gewebt, entzwei;
  So nistet denn im zweiten Kreis die Schande
Der Heuchler, Simonie und Zauberei,
  Betrüger, Schmeichler, Kuppler, Fälscher, Diebe
  Und Unflats solcher Art noch mancherlei.
Die andre Art vergißt samt jener Liebe,
  Die von Natur, noch die, auf deren Feld
  Besondre Treue sprießt aus eignem Triebe.
Der engste Kreis, die Mitte drum der Welt,
  Wo Dis, der grause, thront und sie verzehret,
  In ewigem Banne die Verräter hält.«
Und ich: »Klar, Meister, wie mans nur begehret,
  Strömt dein Bericht, der dies Verlies so gut
  Als die drin hausen, unterscheiden lehret.
Doch sag mir: die im Schlamm der trüben Flut,
  Die Windsbraut wirbelt, die da peitscht der Regen,
  Die scheltend sich begegnen so voll Wut,
Trifft sie desgleichen Gottes Zorn, weswegen
  Hält sie im Banne nicht die Stadt, die glüht?
  Wenn nicht, was sind sie dort in Pein gelegen?«
Und er zu mir: »Was schwärmt doch dein Gemüt
  Aus der gewohnten Bahn? Mich dünkt, es kehre
  Dein Geist sich ab, um andres schon bemüht!

Gedenkst du nicht mehr deiner Sittenlehre,
Wie's da von jenen Sinnesarten heißt,
Den dreien, denen Gott im Himmel wehre?
Ausschweifung, Bosheit, blöd vertierter Geist?
Daß Ausschweifung Gott minder müsse kränken
Und mindrer Rüge drum sich wert erweist?
Erwägst du recht dies Wort und willst bedenken,
Was das für Volk, das droben Buße tut
Jenseit der Mauern, so die Stadt umschränken,
So siehst du wohl, warum sie von der Brut
Der Bosheit hier getrennt und im Gerichte
Sie Gottes Hammer trifft mit mindrer Wut.«
»Du Sonne«, rief ich, »Heilkraft dem Gesichte,
Dem trüben! Labst mich so, daß Zweifel schier,
Von dir gelöst, beglückt gleich hellem Lichte!
So laß zurück mich gehn ein Stück mit dir:
An Gottes Gabe soll Gewalt begehen
Der Wucher? Sieh, den Knoten löse mir!«
»Weltweisheit«, sprach er, »lehrt, die sie verstehen,
In manchem Spruch, daß ihren Lauf Natur
Aus Gottes Geist und Wirken sich ersehen;
Und fragst dein Buch du vom Naturreich nur,
Da findst du bald schon nach den ersten Seiten,
Daß eure Fertigkeit ihr auf der Spur,
Wie sich vom Meister läßt ein Schüler leiten,
Nach Kräften folge: Gottes Enkelin
Dünkt so die Kunst mich eurer Fertigkeiten.
Aus der und jener – lies, was zu Beginn
Bei Mose stehet – soll der Mensch zum Leben
Die Notdurft ziehn und jeglichen Gewinn;
Wucher, der andren Wegs dahin will streben,
Verschmäht Natur und die ihr Folge tut,
Dieweil er andrer Hoffnung hingegeben. –

Doch folg mir jetzo: eilen dünkt mich gut:
Am Himmelsrand empor die Fische schnellen,
Und wo der West herweht, der Wagen ruht.
Fern ist der Steig zu dieses Felsens Schwellen!«

Zwölfter Gesang

Wild, wo's den Fels hinabging, war die Stätte
Und wild desgleichen, was allda sich fand,
Daß jedem Blick davor geschaudert hätte.
Dem Bergsturz gleich, der, ob gebebt das Land,
Ob seinen Halt verlor das Felsgewände,
Diesseit Trient der Etsch begrub den Strand –
Vom Gipfel, wo es losbrach, bis zur Lände,
Der ebnen, liegt in Trümmern rings die Fluh,
Drin wohl, wer droben steht, den Abstieg fände –,
So stürzte dort der Fels dem Abgrund zu,
Und auf der Trümmerhalde höchstem Rande
Lag ausgestreckt das Untier, das die Kuh,
Die falsche, einst empfangen, Kretas Schande;
Schlug, uns gewahrend, selbst die Zähne sich
Ins Fleisch, als sprengt' im Innern Wut die Bande.
Mein Seher aber droht' ihm: »Sicherlich
Vermeinst du, dieser sei Athens Gebieter,
Der dort auf Erden traf zu Tode dich?
Pack dich, du Ungetüm! Mitnichten zieht er
Mit deiner Schwester Rat bewehrt zu Feld;
Er kommt zu schaun; auf eure Strafen sieht er.«
Wie wenn der Stier, vom Todesstreich gefällt,
Die Fessel bricht und, ohne Kraft, zu stehen,
Sich nur noch bäumt und hin und wider schnellt,
So mußt' ich jetzt den Minotaurus sehen.
Und er, der Kundige, rief: »Nur fort mit Hast!
Weil er in Wut, ist Zeit, hinabzugehen.«

So stiegen wir hernieder ohne Rast
  Den Trümmerhauf, und mancher Felsblock regte
  Sich unter meines Fußes neuer Last.
Ich ging in Sinnen, und er sprach: »Bewegte
  Dich dies Getrümmer, von der Wut bewacht
  Des Untiers, der ich jetzt den Fallstrick legte?
So wisse: als ich letzt den Weg gemacht
  Zum Höllengrund, war diese Wand, wo heute
  Der Felsen klafft, noch nicht herabgekracht;
Doch sicher wars nicht lang, wenn recht ichs deute,
  Eh jener kam, der Dis, dem Höllenhund,
  Im obren Kreis entriß die große Beute:
Da bebte schütternd bis zum tiefsten Grund
  Das Tal des Grauens, daß ich wähnt', es spürte
  Der Liebe Macht das weite Weltenrund,
Die mehrmals, heißt es, schon das Chaos schürte.
  Da war es, daß auch hier an unsrem Pfad
  Und sonst des Felsens alter Bau sich rührte.
Doch schick zu Tal den Blick: Der Blutstrom naht,
  Drin sieden die, so ihre Hand erhoben,
  Daß sie Gewalt an ihrem Nächsten tat.«
O blinde Gier, tollwütigen Zornes Toben!
  Wie schnöde schwemmst du hier in Ewigkeit,
  Die du durchs kurze Leben spornst da droben!
Ich sah, im Bogen säumt' ein Graben breit
  Den Plan, als kränzten rings ihn seine Wogen,
  Sah ihn, wie ers gesagt, der mir Geleit;
Und zwischen Flut und Fels, mit Pfeil und Bogen,
  Eins hinterm andern, trabt' ein Trupp einher:
  Zentauren, wie sie hier auf Jagd gezogen.
Als sie uns sahen, hielt das ganze Heer,
  Und ihrer dreie lösten sich in Eile
  Vom Schwarme, Bogen kampfbereit und Speer;

Und einer rief von fern: »Die ihr die Steile
  Herab dort steigt, wo strebt zur Pein ihr hin?
  Gebt Antwort, steht – sonst grüß ich mit dem Pfeile!«
»Wart«, sprach der Meister, »wenn ich bei euch bin,
  Dem Chiron dort, ihm will ich Antwort geben;
  Zum Unheil war dir stets so jach der Sinn!«
Stieß drauf mich an: »'s ist Nessus, der sein Leben,
  Betört von Dejaniras Schöne, gab
  Und Rache aus sich selbst gewußt zu weben;
Inmitten steht und blickt zur Brust hinab
  Der große Chiron, der Achill erzogen;
  Dort Pholus, den sein Jähzorn bracht ins Grab.
Zu Tausenden umschwärmts die blutigen Wogen,
  Und reckt ein Schatten höher sich darin,
  Als seine Schuld erlaubt, so schnellt der Bogen.«
Wir kamen zu den flüchtigen Rennern hin,
  Und einen Pfeil nahm Chiron, strich zur Seite
  Den Bart mit seinem Schaft, zurück vom Kinn,
Und als er so den riesigen Mund befreite,
  Zu den Gefährten sprach er: »Saht ihr da
  Die Steine rollen, wo er tritt, der zweite?
Von keines Toten Fuß das je geschah.«
  Er, den ich bis zur Brust, wo beide Wesen
  In eins verschmelzen, just ihm reichen sah,
Mein Hort sprach: »Wohl, er lebt! Ich ward erlesen,
  Den Schlund der Nacht zu weisen ihm allein.
  Not führt ihn her, nicht Kurzweil ists gewesen.
Die so zu neuem Dienst mich kam zu weihn,
  Kam hoch her, wo sie Halleluja singen,
  Und Schächer, traun, ist keiner von uns zwein!
Doch bei der Macht, die mich hieher hieß dringen
  Und führt so rauhe Wege meinen Tritt:
  Gib, uns zu führen und zur Furt zu bringen,

Der Euren einen zum Geleit uns mit,
Der diesen mag auf seiner Kruppe tragen,
Denn durch die Luft geht nur der Geister Schritt.«
Zur Rechten wandte, Nessus dies zu sagen,
Sich Chiron: »Geh als Führer mit den zwein
Und weichet aus, wo andre Streiftrupps jagen.«
So gings mit sicherem Geleit zu drein
Den roten Sud entlang, darin mit Grauen
Ich gellend hörte die Gesottnen schrein.
Ich sah sie drein versenkt bis an die Brauen:
»Tyrannen warens«, hob da Nessus an,
»Mit blutiger Hand und raubgewohnten Klauen!
Sein grausam Tun beweint hier Mann für Mann:
Dort Alexander, Dionys, der Jahre
Des Grams Sizilien schuf, der Erztyrann;
Die Stirne dort mit rabenschwarzem Haare
Ist Ezzelin; Obizzo d'Este dort
Der Blonde, den – die Wahrheit ists, die bare –
Sein schlimmer Sohn gefällt durch Meuchelmord.«
Zum Dichter wandt ich mich; der sprach: »Hier gehen
Mir andre vor; laß ihm das erste Wort!«
Bald drauf blieb der Zentaur vor solchen stehen,
Die wir aus dieses Siedesprudels Brand
Hervor schon bis zur Kehle ragen sehen.
Er wies mir einen, der beiseite stand:
»Der war es, der in Gottes Schoß erschlagen
Ihn, dessen Herz noch träuft am Themsestrand.«
Dann sah ich welche aus den Fluten ragen
Mit Kopf und ganzer Brust, und dieser Brut
Manch einen kannt ich wohl aus Erdentagen.
So wurde seicht und seichter stets das Blut,
Bis nur die Füße noch im heißen Bade:
Da war die Furt für uns durch diese Flut.

»So, wie du bis hieher längs unsrem Pfade
Den Sudquell ebben sahst«, sprach Nessus jetzt,
»So, glaube mir, senkt dort hinüber grade
Entgegen sich der Boden, den er netzt,
Stets tiefer, tief, bis sich der Ring, wo eben
Du Tyrannei sahst stöhnen, schließt zuletzt.
Etzeln, des Erdballs Geißel einst im Leben,
Trifft dort des Herrn gerechtes Strafgericht,
Pyrrhus und Sextus; Tränen läßts daneben,
Von ewiger Glut erpreßt, ins Angesicht
Rainer Cornetos, Rainer Pazzos rinnen,
Die aller Straßen Schrecknis, wie man spricht.«
So, durch die Furt zurück, trabt' er von hinnen.

Dreizehnter Gesang

Eh Nessus jenes Ufer konnt erreichen,
So langten wir in einem Dickicht an,
Da Wegs und Steges keine Spur noch Zeichen.
Nicht grün: von düstrem Braun das Laub daran;
Nicht schlank: verkrümmt und knorrig Stamm und Äste;
Nicht Früchte: giftige Dornen wuchsen dran.
So rauh, so dicht hat kein Gestrüpp zum Neste
Das Wild, das flurenscheue, von der Flut
Der Cecina bis an Cornetos Feste;
Hier nistet der Harpyien ekle Brut,
Die, krächzend künftigen Unheils Klagelieder,
Die Troer scheucht' aus ihres Eilands Hut.
Die Schwingen breit, am Riesenrumpf Gefieder
Mit Menschenhals und -antlitz, scharfen Klauen,
So ächzt es vom verwunschnen Baum hernieder.
»Hör, eh du tiefer eindringst in dies Grauen«,
Der gute Meister sprachs, »du schauest hier
Des zweiten Kreises Weichbild, wirst es schauen,

Bis dich empfängt des grausen Sands Revier.
Tu denn die Augen auf! Hier sollst du sehen,
Was Lügen traun du straftest, sagt' ichs dir.«
Wehklagen hört' ich rings und Seufzer wehen,
Doch derer, die so taten, sah ich keinen,
Drum ganz verwirrt im Sinne blieb ich stehen.
Er meinte, mein' ich wohl, ich möchte meinen,
Von solchen, die verborgen unsrer Sicht
Dort im Gesträuche klinge solches Weinen;
Sprach drum der Meister: »Wenn ein Zweiglein bricht
Dein Finger hier von dieser Dornenhecken,
So wird der Wahn, den jetzt du hegst, zunicht.«
Da hob ich meine Hand, sie auszustrecken,
Und brach vom größten Strauch mir eine Rute:
»Was knickst du mich?« schrie der gekappte Stecken.
Und dunkel ward sein Stumpf von schwarzem Blute,
Hub wieder an: »Was tust du wehe mir?
Lebt nicht ein Hauch von Mitleid dir im Mute?
Wir waren Menschen, sind nun Bäume hier.
Doch mehr Erbarmen sollten deine Hände
Uns weihn, wenn Seelen selbst von Schlangen wir!«
Als ob ein grünes Scheit in Flammen stände
Zur einen Hälfte, daß es tropft und zischt
Vom Winde, der entweicht, am andren Ende:
Also entquollen Wort und Blut gemischt
Dem Strunke, drum ich fallen ließ voll Grauen
Das Reis und stand, wie wem der Mut erlischt.
»Konnt er mir glauben, was er jetzt muß schauen,
Gekränkte Seele«, fiel mein Seher ein,
»Und meinem Liede rein aufs Wort vertrauen,
Nie legt' er Hand an dich! Nur weil der Schein
So wider mich, verlockt' ich sein Begehren,
Zu tun, was jetzt mir selbst Gewissenspein.

Doch sag ihm, wer du warst, und neu zu Ehren,
  Als Sühne, bringt er dich auf Erden dort,
  Wohin ihm noch beschieden heimzukehren.«
Der Stamm drauf: »Lockt mich so dein süßes Wort,
  Nicht schweigen kann ich; laßt es denn geschehen,
  Spinn ich der Rede Garn noch weiter fort.
Ich bin, der beide Schlüssel hielt zu Lehen
  Zu Kaiser Friedrichs Herzen, und so zart
  Öffnend wie schließend wußt ich sie zu drehen,
Daß keiner sonst sein Siegel ihm bewahrt;
  Und Treue hielt ich rühmlich-hehrem Amte,
  Hab Schlaf mir drum und Herzblut abgespart.
Die Metze, die kein Auge, die verdammte,
  Von Cäsars Throne ließ, die Pest dem Land,
  Der Höfe Gift, die Herzen all entflammte
Sie wider mich; und die von ihr entbrannt,
  Die Hoheit zu entflammen sich erfrechten,
  Bis Ehr und Glück in bittres Leid gewandt.
Mein Sinn, verstört von der Verzweiflung Mächten,
  Im Tode wähnt' er zu entgehn der Schmach,
  Und Unrecht tat ich wider mich Gerechten.
Bei dieses Baumes Wurzel! Nimmer brach
  Ich meinem ruhmeswürdigen Herrn, dem hehren,
  Ich schwörs, die Treue, die ich ihm versprach!
Darf euer einer heim zur Welt denn kehren,
  So bring er meinen Nachruf, der vom Stich
  Noch immer wund des Neides, dort zu Ehren.«
Er hielt ein wenig inne. »Nun, so sprich!«
  Hieß mich der Dichter. »Nütze dir die Stunde!
  Frag, nun er schweigt; wonach verlanget dich?«
Und ich zu ihm: »Frag du mit eignem Munde,
  Wovon du meinest, daß mirs dienen kann,
  Ich könnt es nicht, so brennt des Mitleids Wunde.«

Drum er aufs neu: »Soll freundlich dieser Mann
Dir tun, gefangner Geist, was dein Verlangen,
Laß dirs gefallen denn und sag uns an:
Wie bleibt in diesen Knorrn die Seele hangen?
Und weißt du's, sprich: Aus solcher Glieder Haft
Macht einer je sich los, der drin gefangen?«
Da ging ein Sausen aus mit großer Kraft
Von jenem Stumpf, ward dann zur Stimme wieder:
»Ich sags euch bündig«, klang es aus dem Schaft.
»Trennt sich vom Leib die Seele, die der Glieder
Gewahrsam trotzig selber sich erschlossen,
Schickt Minos sie zum siebten Schlund hernieder.
Zum Walde kommt sie da herabgeschossen,
Und ohne Wahl, wo's ihr Geschick erkor,
Beginnt sie wie ein Weizenkorn zu sprossen.
Sie wächst zum Reis, zum Waldesbaum empor.
Und die Harpyien, die am Laub sich laben,
Machen ihr Schmerz und ihrem Schmerz ein Tor.
Einst rufts auch uns hin, wo der Leib begraben,
Doch nicht, um anzutun sein altes Kleid:
Was selbst der Mensch sich nahm, soll er nicht haben.
Hier schleppen wir ihn her; im Wald voll Leid,
Am Strauche bei dem Schatten muß er hangen,
Dem einst zur Last er war bei Lebenszeit.«
Wir lauschten noch dem Strunke voll Verlangen,
Im Wahn, er woll' uns andres mehr noch sagen,
Als Lärm und Rufe plötzlich uns erklangen,
Wie wenn ein Schütz auf seinem Stand das Jagen
Heran hört kommen, hört den Keiler nahn,
Den Lärm der Meute und die Zweige schlagen.
Und siehe da: zu unsrer Linken sahn
Wir nackt, geschunden, zwei im Sturme fliehen,
Die knickten Busch und Zweig auf ihrer Bahn.

»Nun komm, komm, Tod!« hat vorne der geschrieen,
Der andre aber, dem es allzu lang
Zu währen schien: »So rasch, sich zu verziehen,
War, Lano, nicht dein Fuß im Waffengang
Beim Toppo!« Drauf, als müßt' er sich verschnaufen,
Mit einem Strauch er sich zum Knäuel schlang.
Da, hinterher, kams durch den Wald zu Haufen,
Hündinnen, schwarze, gierig, rasch im Hetzen,
Gleich Rüden, die der Koppel just entlaufen;
Sie schlugen dem, der dalag voll Entsetzen,
Ins Fleisch die Zähne, schleppten stückweis fort
Der so zerfleischten Schmerzensglieder Fetzen.
Es nahm mich bei der Hand mein treuer Hort
Und führte mich zum Strauch, der, ach, vergebens
Aus blutigen Schrammen weint' und sprach das Wort:
»Daß ich dein Schild im Wahn des Widerstrebens,
Jakob von Sankt Andrä, was frommts dir jetzt?
Trag ich die Schuld denn deines Lasterlebens?«
Drauf über ihn gebeugt, der so zerfetzt,
Virgil: »Wer warst du, der aus so viel Wunden
Du Worte hauchst der Pein, mit Blut genetzt?«
Und er zu uns: »Die ihr hieher gefunden,
Der schnöden Unbill Zeugen just zu sein,
Wie man vom Leibe mir mein Laub geschunden,
Am Fuß des Jammerbaums o sammelts ein!
Ich war von jener Stadt, die statt des alten
Johann den Täufer wählt' als Schutzwardein;
Drum läßt all seine Kunst zu Leid ihr walten
Der erste – wär am Brückenbogen nicht
Des Arno seines Bilds ein Rest erhalten:
Vergebne Mühe wars, wenn neu ans Licht
Aus Schutt und Asche Bürgertreu sie brachte,
Darin sie lag seit Etzels Strafgericht ...
Ich wars, der sich sein Haus zum Galgen machte.«

Vierzehnter Gesang

Von Liebe für mein Heimatland gedrungen,
Rafft' ich die Blätter, wieder drein zu kleiden
Ihn, dessen Stimme heiser schon geklungen.
Nun kamen wir zur Grenzmark, wo sich scheiden
Der zweit' und dritte Ring; da wies fürwahr
Gerechtigkeit ein schrecklich Spiel uns beiden.
Das neue Graun zu künden scharf und klar,
Sag ich, wir nahten einem Heidelande,
Des Bette jedes grünen Wuchses bar.
Der Wald der Schmerzen kränzt' es, wie zum Bande
Sich um ihn selbst der schlimme Graben wand;
Dort hemmten wir die Schritte, hart am Rande.
Der Boden war ein dürrer, tiefer Sand,
Von Art nicht anders, als ihn einst im Leben
Der Kriegerschritt von Catos Fuße fand.
Rache des Herrn! Wie muß vor dir erbeben,
Wer immer lieset, was an Not und Pein
Sich jetzo meinen Augen kundgegeben!
Viel Seelen sah ich, Haufen groß und klein,
Nackt allesamt und jämmerlich am Weinen,
Doch ungleich schien ihr Los bestimmt zu sein:
Rücklings am Boden lagen lang die einen,
Still, hingekauert hockt' ein andrer Hauf,
Noch andre waren rastlos auf den Beinen.
Das war die größte Schar, die so im Lauf;
Weit weniger sie, die in der Qual gelegen,
Doch tat ihr Mund sich mehr zu jammern auf.
Und übers Sandmeer, wie auf Alpenwegen
Aus stiller Luft der Schnee, mit leisem Flug
Fiel dichter Feuerflocken heißer Regen.

Wie Alexander auf sein Heer beim Zug
  Durchs heiße Inderland sah Feuer fallen,
  Das flammend bis zum Boden niederschlug –
Den Grund zu stampfen drum gebot er allen
  Den Seinen, baß zu löschen solchen Brand,
  Eh sich zur Flamme all die Funken ballen –,
So senkte ewige Glut sich auf den Sand,
  Der, wie der Schwamm vom Feuerstein am Ende,
  Den Schmerz zu doppeln, selber gar entbrannt.
Ohn Ausruhn ging der Tanz der armen Hände:
  Sie zuckten hin und her, bald hier, bald dort
  Abschüttelnd immer wieder frische Brände.
»Der alles du bezwingest, starker Hort,
  Bis auf das Teufelsvolk, das uns entgegen
  Am Eingang fuhr«, so nahm ich nun das Wort,
»Wer ist der Große, der, da vorn gelegen,
  Voll Stolz sich krümmt, nicht achtend, wie's hier loht,
  Als macht' ihn noch nicht mürbe solcher Regen?«
Drauf jener selbst, der, wie um seine Not
  Ich meinen Führer frug, vernahm die Frage:
  »So wie im Leben bin ich noch im Tod!
Wie seinen Schmied auch Jupiter noch plage,
  Der dem Ergrimmten schuf den scharfen Strahl,
  Von dem ich fiel am letzten meiner Tage,
Und ob in Ätnas schwarzem Schmiedesaal
  Er einen nach dem andren plagt mit Bitten:
  ›Hilf doch, Vulkan! Hilf, Guter, noch einmal!‹,
Wie einstens, da bei Phlägra sie gestritten –
  Er treffe mich mit seiner Allgewalt:
  Nie freu die Rache ihn, die ich erlitten!«
Da rief mein Führer, und es hat gehallt,
  Wie nimmer seine Stimm' ich noch vernommen:
  »O Kapaneus! Macht noch dein Trotz nicht halt?

Das muß dir als geschärfte Strafe frommen!
  Macht keine Pein wie solche Tollwut dir
  Die Sühne doch für deinen Grimm vollkommen.«
Dann, mildrer Miene, wandt er sich zu mir
  Und sprach: »Der sieben einer wars, die Theben
  Berannt: er schmähte Gott, will ihn noch hier
Verachten, scheints, und keine Ehr ihm geben.
  Doch, wie ichs sagte, wohlverdientes Pfand
  Ist in der Brust sein trotzig Widerstreben.
Nun folge mir, doch hüt dich, auf den Sand,
  Den glühenden, die Füße schon zu stellen,
  Halt immer scharf dich hier am Waldesrand.«
In Schweigen gingen wir, da sah ich quellen
  Ein Rinnsal aus dem Wald – noch starrt das Blut
  Mir ob der blutigen Röte seiner Wellen.
Wie aus Viterbos Sprudel rinnt der Sud,
  Draus Sünderinnen schöpfen um die Wette,
  So wälzt' es durch das Sandmeer seine Flut.
Zu Steine worden war des Baches Bette,
  Die Ufer beide, seitlich auch der Rand:
  So sah ich, daß zum Durchlaß hier die Stätte.
»Was immer dir gewiesen meine Hand,
  Seit wir zum Tore dort hereingekommen,
  An dessen Schwelle jeder Einlaß fand:
Kein Wunder hat dein Auge wahrgenommen
  Gleich diesem Bache, der die Funken hier
  Allwege löscht, die über ihm entglommen.«
So klangen meines Führers Worte mir.
  Drum bat ich, mir die Lage zu bereiten,
  Danach er weckte solche Wißbegier.
»Öd«, sprach er, »liegt im Meere drauß, im weiten,
  Ein Land, heißt Kreta: schuldlos war die Welt
  In seines ersten Herrschers Hut vorzeiten.

Ein Berg steht dort, der Ida, einst im Zelt
Frischgrünen Laubs sich freuend muntrer Quellen,
Verödet wie ein Bau nun, der verfällt.
Ihn kor, in treue Hut ihr Kind zu stellen,
Zur Wiege Rhea; Lärmen und Geschrei,
Sein Weinen baß zu hehlen, ließ sie gellen.
In diesem Berg steht aufrecht, groß und frei
Ein Greis. Den Nil im Rücken muß er halten
Und schaut gen Rom, als obs sein Spiegel sei.
Von lautrem Golde ist das Haupt des Alten,
Die Brust und Arme sind von Silber fein,
Von Erz dann alles bis hinab zur Spalten;
Abwärts von da gut Eisen; nur allein
Der eine Fuß, der ist von Ton, der rechte:
Drauf ruht er, mehr denn auf dem andren Bein.
Die Schichten all, das Gold nur nicht, das echte,
Zerspellt ein Riß: von Tränen ists ein Bronn,
Die höhlen dort den Fels, und durch die Schächte
Da strömt, was so zusammenrinnt, davon
Und bildet niederstürzend hier im Schlunde
Den Acheron, den Styx und Phlegethon.
Dann strömts durch diese Klamm zum tiefsten Grunde,
Speist den Cocytus; wie's mit dem bestellt,
Siehst dort du selbst, so schweig ich sein zur Stunde.«
Und ich zu ihm: »Rinnt so aus unsrer Welt
Hernieder dieser Bach, wie mag es kommen,
Daß wir ihn hier erst sehn auf diesem Feld?«
Drauf er: »Ein Rund ist dies, du hasts vernommen;
Und ob du gleich, zur Linken stets gewandt,
Zur Teufe weit hier schon herabgeklommen,
Hast du's noch nicht umkreist von Rand zu Rand;
Drum darfst nicht staunen, wenn im Niedersteigen
Dein Auge sieht, was ihm noch unbekannt.«

Und ich: »Wo, Meister, wird sich Lethe zeigen?
  Wo Phlegethon? Von einem zeigst du hier
  Den Ursprung – willst du ganz vom andren schweigen?«
»Was du auch fragst, mich freuts«, versetzt' er mir;
  »Doch gibt auf eines, was dir Sorge machte,
  Des roten Wassers Sud die Antwort dir.
Auch Lethe sollst du sehn, nicht hier im Schachte,
  Da droben, wo die Seelen gehn zum Bade,
  Wenn Reue ihrer Schuld Vergebung brachte.«
»Zeit wird es«, sagt' er dann, »auf neuem Pfade
  Vom Buschwald abzubiegen; folg mir gut!
  Weg beut, vom Brand verschont, des Bachs Gestade,
Denn über ihm erlischt jedwede Glut.«

Fünfzehnter Gesang

Nun trägt das feste Ufer uns von hinnen,
  Vom Qualm des Bachs beschattet, der von Glut
  Kein Fünklein läßt auf Well' und Dämme rinnen.
Wie, vor der Brandung bang der Meeresflut,
  Schutzdeiche baun von Brügge gen Zuidsande
  Die Flamen, dran sich bricht der Wogen Wut;
Wie Paduas Bürger tun am Brentastrande,
  Zu schirmen Burg und Weiler im Revier,
  Eh Chiarentana Tauwind spürt im Lande:
Dem gleich gebildet schienen diese mir,
  Nur daß sie nicht so hoch, so mächtig baute,
  Wers auch gewesen, dieser Meister hier.
Dem Aug entschwunden, obs auch rückwärts schaute,
  Lag schon der Wald im Rücken uns so weit,
  Daß ihn zu finden nimmer sichs getraute:
Da, uns entgegen, kam, den Damm zur Seit,
  Ein Trupp von Seelen; wie im Abendgrauen
  Sich zwei beäugen um die Neumondzeit,

So starrten alle her, uns anzuschauen,
Und blinzend, wie ins Öhr der Nadel zielt
Ein alter Schneider, krausten sie die Brauen.
Und von dem Schwarm, der so nach uns geschielt,
Kannt einer mich und rief: »O welch ein Wunder!«,
Indes am Saum er mich des Kleides hielt.
Ich wandt' auf sein Gesicht, verbrannt wie Zunder,
Mein Aug, als er den Arm erhob zu mir;
Und als die Züge, ob versengt jetzunder,
Sich nicht mehr hehlten meiner Wißbegier,
Da streckt' ich meine Hand nach seiner Wange:
»Ach, Herr Brunetto«, rief ich, »seid Ihr hier?«
Und er: »Mein Sohn, vergönn es, daß so lange,
Wie dort der Schwarm ein wenig geht voran,
Bruno Latini dich geleit' im Gange.«
Drauf ich: »Das bitt ich Euch, sosehr ich kann!
Und wollt Ihr, setz ich hier mit Euch mich nieder,
Steht ihm, mit dem ich geh, die Weile an.«
»Ach, wer ein Nun hier ruhet«, sagt' er wieder,
»Muß liegen hundert Jahre festgebannt,
Derweil die Feuersglut ihm sengt die Glieder.
Geh nur voran, ich fasse dein Gewand;
Rasch bin ich meinem Trupp dann, der mit Klagen
Um ewige Pein dort hingeht, nachgerannt.«
Nicht durft' ich mich zu ihm hinunterwagen
Vom Wege, doch ich hielt das Haupt gesenkt,
Wie's Ehrfurcht beugt, und er begann zu fragen:
»Welch Glück, welch Schicksal hat dir das geschenkt,
Daß du herabkommst vor der letzten Stunde?
Und wer ist dieser, der den Schritt dir lenkt?«
»Da droben auf dem lichten Erdenrunde,
Eh meine Jahre voll«, beschied ich ihn,
»Da hatt ich mich verirrt in einem Grunde.

Erst gestern früh entrann ich; da erschien
  Der dort, als ich zurück schon wollte weichen,
  Und läßt zur Heimat diesen Pfad mich ziehn.«
Und er zu mir: »Folg deines Sternes Zeichen!
  Dann, sah ich recht im lichten Leben dort,
  Wirst ohne Fehl den Port des Ruhms erreichen.
Ja, nahm so frühe nicht der Tod mich fort,
  Dir, dem ich so den Himmel sah gewogen,
  Den Weg zum Ziele bahnt' ich, auf mein Wort!
Doch die von Fiesole zu Tal gezogen
  Und nach Geschröf noch arten und Gestein,
  Dies Volk des Undanks, tückisch und verlogen,
Wird um dein Rechttun ewig feind dir sein;
  Und das mit Fug: inmitten saurer Schlehen
  Wie könnten süße Feigen denn gedeihn?
Ein altes Wort heißt Blöde, die nicht sehen,
  Dies Volk, das Habgier, Neid und Hoffart sticht;
  Hüt dich, mit ihren Bräuchen umzugehen!
Viel Ehren sind, die dir das Glück verspricht,
  Drum hungern dein die Partner alle beide,
  Doch solchen Schnäbeln taugt solch Futter nicht!
Das Vieh von Fiesole, auf eigner Weide
  Mags heuen doch! Nur daß den Edelschoß,
  Den Sproß aus Roms geweihtem Samen meide
Sein Zahn – wenn einer seinem Mist entsproß
  Aus deren Stamme noch, die einst geblieben,
  Als seinen Ring dies Nest der Bosheit schloß!«
»Ach, wär erfüllt«, versetzt' ich, »was mein Lieben
  Für Euch erfleht, Ihr wäret vom Gefild
  Der Lebenden bis heute nicht vertrieben!
Treu wahrt Eur gütig teures Vaterbild,
  Mit Herzweh nun, mein Sinn, den dort im Leben
  Ihr Tag für Tag zu lehren wart gewillt,

Wie sich der Mensch zum Ewigen soll erheben.
Wie des ich Dank Euch zolle, lebenslang
Soll davon Zeugnis meine Zunge geben!
Was kund Ihr tut von meinem Pilgergang,
Ich merk und wahrs, bis sie mir will erscheinen,
Die dies zu deuten weiß und andren Sang.
Doch dessen seid gewiß: bin ich im reinen
Mit dem Gewissen nur, so halt ich stand,
Wie's auch mit mir das Schicksal möge meinen!
Nicht neu ist meinem Ohre solch ein Pfand;
Mag, wie sie will, ihr Rad Fortuna drehen
Und schwingen seinen Karst des Bauers Hand!«
Da, ob der rechten Schulter, wandt im Gehen
Rückwärts der Meister sich und sah mich an.
»Recht merken«, sagt' er, »heiß ich recht verstehen!«
Doch Zwiesprach noch mit Herrn Brunetto spann
Im Gehn ich weiter; wer in seiner Runde
Nach Ruf und Ansehn kundbar, fragt' ich dann.
Und er zu mir: »Von manchem lohnt die Kunde;
Von andren will mir Schweigen baß gefallen,
Denn alle nennen währte manche Stunde.
Sie waren, daß du eines weißt von allen,
Gelehrte, Pfaffen, groß und angesehn,
Vom gleichen Fehl befleckt im Erdenwallen.
Priscianus muß im Zug des Jammers gehn,
Auch Franz Accorso; wär auf solche Schande
Dein Auge lüstern, sähst du leicht auch den,
Den einst der Knechte Knecht vom Arnostrande
Zum Bacchilion gesandt, an dessen Bord
Sein schändlich geiles Fleisch er ließ im Sande.
Von andren mehr noch sagt' ich; doch dem Wort
Wird jetzt ein Ziel gesetzt wie meinem Schritte.
Seh neuen Qualm schon überm Sande dort:

Was kommt, nicht duldets mich in seiner Mitte!
Sei dir mein ›Schatz‹ empfohlen. Dort allein
Noch leb ich. Das ist alles, was ich bitte.«
So wandt er sich, schien einer mir zu sein,
Der zu Verona will den Wettlauf wagen
Ums grüne Tuch, und nicht der Letzte, nein,
Der vorne, der den Preis davon muß tragen.

Sechzehnter Gesang

Schon war ich, wo den Gießbach man mit Brausen,
Als obs im Bienenkorb das Summen sei,
Zum nächsten Ringe hört herniedersausen,
Als eilend sich im Lauf der Schatten drei
Von einem Trupp getrennt, der in der Flammen
Qualvoller Traufe drunten zog vorbei.
Sie kamen auf uns zu und schrien mitsammen:
»Steh, der du wahrlich, deine Tracht ist Kunde,
Aus unsrer Stadt, dem Lasterpfuhl, mußt stammen!«
Weh mir! Wie gräßlich sah ich Wund an Wunde,
So alt als neu, den Gliedern eingebrannt!
Den Schmerz noch spür ich, denk ich dran zur Stunde.
Aufhorcht' auf ihren Ruf, und hergewandt
Zu mir das Antlitz, sprach mein Lehrer: »Weile!
Viel Ehr gebührt den dreien dort im Sand.
Ja, wäre nicht das Feuer, dessen Pfeile
Der Ort hier schnellt, ich sagte: besser dich,
Fürwahr, als jene kleidet solche Eile.«
Da still wir standen, stimmten jämmerlich
Ihr altes Lied sie wieder an und schlangen,
Dicht vor uns angelangt, zum Ringe sich.
Wie, nackt, gesalbt, sich Ringer, eh sie rangen,
Umkreisen, Griff und Vorhand zu ersehn,
Um dann mit Stoß und Schlägen anzufangen,

So sah ich jene dort im Kreislauf gehn
  Und alle drei nach mir die Köpfe recken,
  Daß stets entgegen Fuß und Hals sich drehn.
»Ach«, bat der eine, »mag dies Feld der Schrecken,
  Mag unser brandig wundes Angesicht
  Mißachtung uns und unsrer Bitte wecken,
Laß deinen Sinn den Ruf, der für uns spricht,
  Erweichen! Sag, wer bist du, daß lebendig
  Dein Fuß die Hölle schürft und zagest nicht?
Er, dem du in die Spur der Ferse ständig
  Mich treten siehst, stand höher, als er da
  Dir scheinen mag, geschunden, nackt, elendig!
Der edlen Waldrad Enkel war er ja,
  Mit Namen Guidoguerra; viel im Leben
  Im Rat und mit dem Schwert durch ihn geschah.
Der andre, der im Sande stampft daneben,
  Tegghiaio Aldobrandi ists, der dort
  Den Rat, der beßren Dankes wert, gegeben.
Ich, der gekreuzigt hier am gleichen Ort,
  War Jakob Rusticucci: Schuld vor allen
  Hat mein Gespons, das schlimme, auf mein Wort!«
War ich gefeit vor jenes Feuers Wallen,
  Hinab zu ihnen riß mich mein Verlangen,
  Und sicher ließ mein Meister sichs gefallen;
Doch wär ich ganz in Flammen aufgegangen,
  Und Furcht bezwang den Drang der Freundlichkeit,
  Die mich so sehnlich trieb, sie zu umfangen.
So sagt' ich: »Nicht Mißachtung, Herzeleid
  Weckt mir im Innern, was ihr müßt ertragen,
  Und lang wirds währen, eh mirs heilt die Zeit.
Grad hört' ich ihn, der mein Gebieter, sagen
  Ein Wort, das Männer mich erwarten ließ,
  Wie ihr es seid, an diesem Ort der Plagen.

Bin eures Blutes; stets mit Stolze pries
Und hört' ich preisen eures Namens Ehre
Und wie man rühmlich eure Taten hieß.
Aus Bitternis zur süßen Frucht ich kehre,
Die mein wahrhaftiger Führer mir verheißt;
Doch erst zur Teufe führt mein Weg, der schwere.«
»Soll deine Glieder lange noch der Geist
Dir lenken«, sagt' er drauf, »soll nach dir strahlen
Das Licht des Ruhms, der deinen Namen preist:
Sag, ob in unsrer Stadt, wie's Brauch dermalen,
Noch Zucht und Mannheit heimisch heutzutage,
Ob ganz und gar sie dort hinweg sich stahlen?
Wilhelm Borsier, der da mit unsrer Plage
Gefährten geht, seit kurzem hier in Haft,
Bekümmert uns so sehr mit seiner Klage.«
»Landfahrend Volk samt Schätzen, rasch errafft,
Heckt' Übermut und Hoffart, wie's zur Stunde,
Florenz, dir schon so bittren Jammer schafft!«
Ich riefs und hob die Stirn zum Himmelsrunde.
Wie wer der Wahrheit starrt ins Angesicht,
So starrten sie sich an bei dieser Kunde.
»Kommt dirs zum andren Male teurer nicht«,
Klang ihre Antwort, »Rede wem zu stehen,
Wohl dir, der frei so von der Leber spricht!
Doch wenn du heimkehrst, wieder dort zu sehen
Die holden Sterne, heim vom nächtigen Ort,
Und dich zu sprechen freut: ›Nun ists geschehen!‹,
Sorg, daß man droben uns noch gönnt ein Wort!«
Da brach ihr Reigen ab, und dünkten Schwingen
Die Füße mich, so hastig riß sie's fort.
Eh noch ein Amen endet im Verklingen,
Entschwanden sie, und nach der Stunde Gang
Schiens Zeit dem Meister, daß wir weitergingen.

Ich folgt' ihm, und wir gingen noch nicht lang,
Da hörten wir so nah den Strudel schallen,
Daß kaum vernehmbar mehr der Stimme Klang.
Wie jener Fluß, der erste unter allen,
Die ostwärts Monviso vom Apennin
Zur Linken eignen Weg zum Meere wallen –
Sie heißen droben Stilles Wasser ihn,
Bis er des Namens dann, zu Tale brausend,
Los bei Forlì wird im Vorüberziehn –,
Wie der erdröhnt, die Klamm herniedersausend
Am Berg Sankt Benedikts in jähem Fall,
Wo's Obdach geben sollt' und Schirm für tausend,
So hörten wir des dunklen Wassers Schwall
Im Absturz donnern durch die klüftigen Wände,
Daß bald mein Ohr betäubt vom Widerhall.
Mit einem Stricke hatt ich meine Lende
Gegürtet, da des Panthers Krallen drohten,
Daß er das Tier im bunten Fell mir bände;
Den löst' ich, wie's mein Führer mir geboten,
Und reicht' ihn jenem dar, zum Knäuel rund
Im Kranz geschlungen und verknüpft zum Knoten.
Er wandte sich zur Rechten mit dem Bund,
Und übern Rand hinaus in weitem Bogen
Hinunter warf ers in den tiefen Schlund.
»Welch neues Wunder wird herbeigezogen«,
Sprach ich bei mir, »durch solch ein neues Zeichen,
Dem so des Meisters Blicke nachgeflogen?«
Wie heißt sichs hüten doch vor seinesgleichen,
Die nicht die Tat nur sehen, deren Sinn
Im Innern die Gedanken kann beschleichen!
Er sprach zu mir: »Des ich gewärtig bin,
Gleich kommts herauf und stellt sich, was dein Denken
Geahnt, vors Auge dir leibhaftig hin.«

Wenn Wahrheit schmeckt nach Lüge, soll verschränken,
So fest sichs tut, die Lippen männiglich,
Daß unverdient nicht Spott und Scham uns kränken;
Doch hier gilt Schweigen nicht. Laß schwören mich
Bei dieses Liedes Reimen, solls erbauen,
O Leser, noch, wenn Jahr um Jahr entwich:
Auftauchen sah ich, sah durchs Nebelgrauen
Der Lüfte rudern eine Ungestalt,
Ein Wunder dem Beherztesten zu schauen!
So steigt wohl auf, wer grad des Ankers Halt
Zu lösen tauchte, ob er sich am Steine,
Ob sonst am Meeresgrunde festgekrallt:
Reckt so sich hoch, so zieht er nach die Beine.

Siebzehnter Gesang

»Sieh mit gespitztem Schweif das Untier dort!
Das hält kein Berg, Gewaffen brichts und Wälle.
Schau, was die Welt verpestet fort und fort!«
So hub mein Führer an und wies die Stelle,
Wo's landen sollt' an jenes Abgrunds Rand,
Nicht weit vom Ende unsrer Felsenschwelle.
Das ekle Bild des Truges kam ans Land,
Mit Haupt und Rumpfe übern Bord, den niedern,
Den Schweif allein zogs nicht hinauf zum Strand.
Sein Antlitz war das Antlitz eines Biedern,
So wohlgesinnt von Aussehn; Rumpf und Bauch
Ein Schlangenleib samt allen andren Gliedern;
Zwei Tatzen hatt es, bis zur Achsel rauch,
Und war gemalt mit Ringlein und mit Schlingen
Sein Rücken, Brust und beide Flanken auch.
Mehr Farben kann aufs Tuch kein Türke bringen,
In Grund und Muster kein Tatarenkleid,
Noch mocht Arachnen solch Geweb gelingen.

Wie Barken wohl am Ufer stehn, halbscheid
  Im Wasser, halbwegs draußen auf dem Lande;
  Wie sich auf deutsches Flußwild zum Gejaid
Der Biber ansetzt, also lang am Rande
  Das höllische Ungeheuer hingestreckt,
  Der, felsig, säumte das Gefild von Sande.
Ins Leere, schlängelnd, war der Schweif gereckt
  Und steil die giftige Zange, die das Ende,
  Skorpionengleich bewehrt, emporgebleckt.
Mein Führer sprach: »Ein Stück hinüber wende
  Sich unser Schritt, zum Ungetüm, das dort,
  Das arge, sich gelagert an der Lände.«
So gings hinab zur Rechten und so fort
  Zehn Schritte noch, vor Sand und Feuerregen
  Gar wohl uns hütend, längs dem Klippenbord.
Und wie wir hingelangen, wo's gelegen,
  Da seh ich welche weiter vorn im Sand
  Am Abgrund sitzen, der uns gähnt entgegen.
Der Meister sprach: »Daß Wissen und Verstand
  Dir völlig sei von diesem ganzen Ringe,
  Geh, siehe, wie's mit denen dort bewandt.
Doch faß dich kurz; ich, bis du rückkehrst, bringe
  Dem hier Bescheid und will ein Wort ihm sagen,
  Daß seiner Schultern Kraft er uns verdinge.«
So mußt' ich mich zum letzten Vorsprung wagen
  Des siebten Kreises noch, ich ganz allein,
  Wo diese Rotte saß in ihren Plagen.
Aus ihren Augen brach der Strom der Pein,
  Es zuckt die Hand, bald vorne, bald im Rücken
  Vor Funken Schirm und glühendem Sand zu sein.
Nicht anders machens Hunde, die sich jücken
  Mit Schnauz und Pfoten, sommers, wo sie's sticht,
  Wenn Flöh sie beißen, Bremsen oder Mücken.

Als etlichen ich späht' ins Angesicht,
Drein sehrend Feuer fiel auf Stirn und Wangen,
Erkannt' ich keinen, doch entging mir nicht:
Am Halse hatt' ein Täschlein jeder hangen,
Kennbar an Farb und Zeichen sonderlich,
Dran weidet' aller Blick sich voll Verlangen.
Und wie, zu schaun, ich nahte, sahe ich
Auf gelber Börse blau ein Zeichen stehen,
Das einem Leun an Mien' und Ansehn glich.
Dann, als ich weiter ließ die Blicke gehen,
War da ein' andre, rot wie Blut, die ließ
Ein Gänslein, weißer noch denn Butter, sehen.
Und einer – eine trächtige Bache wies
In Blau sein Säckel weiß – hüb an mit Fragen:
»Was tust du hier in dieses Schachts Verlies?
Pack dich! Du lebst ja noch, so laß dir sagen:
Bald sitzt zu meiner Linken neben mir
Mein Nachbar Vitalian in dieser Plagen.
Bin unter all den Florentinern hier
Von Padua; ständig dröhnt mein Ohr, wenn neckend
Sie rufen: ›Komm, du aller Ritter Zier,
Bring's Täschel mit drei Böcklein?‹« Zähnebleckend
Wies er die Zunge, zog sein Maul verquer,
Wie's Rinder machen, sich die Nase leckend.
Und ich, in Sorge, säumt' ich allzusehr,
Möchts ihn verdrießen, der mich trieb zur Eile,
Nahm Urlaub von dem schwergeplagten Heer.
Ich fand den Führer, der aufs Kreuz derweile
Des Ungetüms sich schwang und sprach zu mir:
»Stark sei und herzhaft jetzt! Nun gehts die Steile
Hinab auf Leitern so wie diese hier:
Ich nehm die Mitte, sitz du vor mich nieder,
Dann tut der Schweif da nichts zuleide dir.«

Wie wem vom kalten Fieber eben wieder
  Die Nägel blau und schon vom bloßen Sehn
  Des Schattens Zittern fährt in alle Glieder,
So ward mir, da mir dies Gebot geschehn;
  Doch Scheu vor seiner Mahnung hieß michs wagen:
  Vor wackrem Herrn muß wohl ein Knecht bestehn!
»Tu deinen Arm um mich!« so wollt' ich sagen,
  Da ich des Greuels Bug bestieg, doch kam
  Kein Wort hervor, wie ichs gemeint, vor Zagen.
Er aber schlang, der oft schon wundersam
  Mich schirmt' in Fährde, da ich aufgesessen,
  Um mich den Arm, der fest in Hut mich nahm,
Und rief: »Auf, Geryon, und weit bemessen
  Den Bogen! Sacht hinab zum Fuß der Wand!
  Der neuen Bürde darfst du nicht vergessen!«
Rücklings, so wie ein Nachen stößt vom Land,
  Glitt er hinaus, doch als er recht im Zuge,
  Da hat er sich im Flug herumgewandt.
Dorthin, wo erst sein Haupt war samt dem Buge,
  Streckt' er den Schweif, ihn schlängelnd wie ein Aal,
  Und mit den Pranken rudert' er im Fluge.
Mehr Angst litt traun nicht Phaëthon einmal,
  Als er den Zaum verlor und Feuer fingen
  Die Schwelln, wo's heut noch glimmt im Himmelssaal,
Nicht Ikarus, der schmelzend Wachs die Schwingen
  Entfiedern fühlt' und Vaterstimme »Halt,
  Fehl gehst du!«, der Unselige, hörte klingen,
Als ich, der, rings von leerer Luft umwallt,
  Rund um mich her kein Stäublein fand zu sehen
  Als nur des Untiers greuliche Gestalt.
Sacht, sachte scheint es schwimmend hinzugehen
  Und kreist und senkt sich, doch ich spür es nicht,
  Im Antlitz nur und unterwärts ein Wehen.

Schon hört' ich unter uns, zur Rechten dicht,
Des tiefen Wassersturzes schrecklich Brausen,
Und Augen neig ich nieder und Gesicht;
Da fiel mich ärger denn zuvor das Grausen
Des Abgrunds an, und zitternd duckt' ich mich,
Denn heulen hört' ich, Funken sah ich sausen;
Und was ich nicht gesehn, nun sahe ich
Das Niedergehn und Kreisen: an den Plagen,
Die nahten, allerenden, schauerlich.
So machts der Falk, den weit sein Flug getragen,
Eh Federspiel ihn oder Vogel lockt,
Daß »Weh, du sinkst ja!« muß der Falkner klagen;
In hundert Kreisen senkt er sich und hockt
Sich lässig hin, der erst im Flug so schnelle,
Dem Meister ferne, tückisch und verstockt.
So ließ sich Geryon nieder auf der Schwelle,
Am Fuß der Felswand, scharfgezackt und steil,
Und ledig unsrer Last schoß er zur Stelle
Von dannen, wie vom Bogen schnellt ein Pfeil.

Achtzehnter Gesang

Ein Ort in Höllen ist, heißt Übelbuchten,
Ist ganz aus Stein, an Farbe weit und breit
Dem Eisen gleich wie seines Ringwalls Wuchten.
Dem schlimmen Plan inmitten, tief und weit,
Klafft eines Brunnens Schacht; von diesem Schlunde
Und was darinnen, meld ich seinerzeit.
Den Ring dann teilen, der da bleibt, der runde,
Vom Schachte bis zum Fuß der Felsenwand,
Zehn Schluchten, eingeschnitten dort im Grunde.
Wie sich die Stätte ansieht hierzuland,
Wo eine feste Burg zum Schutz der Wälle
Ein Graben um den andren rings umspannt,

So war das Bild zu sehn an jener Stelle;
Und wie nach solcher Gräben Außenbord
Zugbrücken sind von jedes Burgtors Schwelle,
So strichen über Dämm' und Schluchten fort
Felsrippen von dem Fuß der Wand zur Mitten
Abbrechend allzumal im Schachte dort.
Hier fanden wir uns, als herab wir glitten
Von Geryons Bug; zur Linken bog nun ein
Der Dichter, und ich folgte seinen Schritten.
Rechts sah ich neuen Jammer: neue Pein
Und neue Peiniger; im ersten Schlunde
Schien alles voll von solcher Not zu sein.
Nackt gingen dort die Sünder auf dem Grunde;
Die diesseit bis zur Mitten uns entgegen,
Mit uns, doch schnellern Schritts, die andre Runde;
Wie mans des riesigen Pilgerheeres wegen
Im Jubeljahr, daß jeder Durchlaß fand,
Zu Rom am Brucken hielt mit Weg und Stegen:
Am einen Bord, die Stirn zur Burg gewandt,
Gings gen Sankt Peter; nach dem Berge lenkten
Den Schritt die Waller all am andren Rand.
Und zwieseit, wo sich schwarz die Klippen senkten,
Sah Teufel ich, gehörnt, mit Peitschen lang,
Die grausam sie auf Kreuz und Schultern schwenkten.
O weh, wie da die Fersen bracht' in Gang
Spornstreichs der erste Schlag! Da harrte keiner,
Daß zwei-, dreimal die Geißel einer schwang.
Dieweil des Wegs ich ging, zog ihrer einer
Den Blick auf sich; den hab ich schon gesehen,
Sagt' ich mir gleich, nicht unkund bin ich seiner!
Ins Aug ihn recht zu fassen, blieb ich stehen,
Mit mir mein Führer, der mir mildiglich
Erlaubt', ein Stückchen Wegs zurückzugehen.

Zur Erde neigte – hehlen wollt' er sich –
Sein Haupt der Sträfling, doch was konnts ihm taugen?
Ich rief: »Du mit dem Blick zu Boden, sprich!
Bist, so dein Aussehn nicht ein Trug den Augen,
Venedico Caccianimico ja:
Wie kommst in solche beißend scharfe Laugen?«
»Ungern gesteh ich dirs«, versetzt' er da,
»Doch zwingt dein Wort, das hell, wie mirs geklungen,
Der Welt gemahnt, da einst das Licht ich sah.
Ich wars, der in Schön-Gisela gedrungen,
Bis dem Marchese sie zu Willen war,
Was immer Schnödes raunen böse Zungen.
Nicht wein' ich hier allein; füllt eine Schar
Doch aus Bologna diesen Ort der Plagen,
Und zwischen Savena und Reno gar
Nicht so viel Zungen gibts, die sipa sagen.
Bedenkst du unsre Gier nach Geld und Gute,
So brauchst du keinen Zeugen drum zu fragen.«
Noch sprach er, als ein Teufel mit der Knute
Ihn strich und schrie: »Mach, Kuppelpelz, dich fort!
Ist dir nach feilen Weibern noch zumute?«
Bald wieder langt' ich an bei meinem Hort,
Und wenig Schritte weiterhin, da schoben
Sich Klippen übern Schlund von unserm Bord.
Leicht gings hinan, und auf dem Grat dort oben
Zur rechten Hand uns wendend, schieden wir
Von jenen Kreisen nun, den ewigen, droben.
Doch als wir standen, wo es unter mir
Sich auftat, die Gestäupten durchzulassen,
Da sprach zu mir mein Führer: »Warte hier,
Ins Auge jene Sünder dort zu fassen,
Die von Gesicht du nicht gesehn, weil letzt
Gleichwegs mit uns sie liefen ihre Gassen.«

Vom alten Brückenbogen sahn wir jetzt
Am andren Rande uns entgegenjagen
Den Zug, den gleicherweis die Geißel hetzt.
Der gute Meister, eh ich konnte fragen,
Sprach: »Sieh den Großen, der da kommt für sich,
Wie in der Pein er schreitet ohne Klagen;
Von Ansehn hier noch, schau, wie königlich:
Held Jason ists, der herzhaft und verschlagen
Von Kolchis mit dem Goldnen Vlies entwich.
Nach Lemnos hatt' ihn dann sein Schiff getragen,
Als ohne Scheu und ohn Erbarmen dort
Die Weiber alles Männervolk erschlagen.
Mit Winken trog er da und Schmeichelwort
Hypsipyle, die Maid, die Frauen und Maiden
Betrogen allesamt beim Männermord;
Ließ schwanger sie allein zurück beim Scheiden.
Die Schuld verdammt ihn hier zu dieser Pein,
Ingleichen wird gerächt Medeas Leiden.
Die mit ihm gehn, verübten insgemein
Dergleichen Trug. So mags vom ersten Schachte
Und denen, die er quält, genug denn sein.«
Zum zweiten Damme schon der Pfad uns brachte,
Der schmale, der, ihn kreuzend, auch dem Rund
Des nächsten Bogens ihn zur Achsel machte.
Da hörten wimmern wir im andren Schlund
Und durch die Nüstern schnaufen und mit Händen
Sich selber klatschen die auf seinem Grund.
Vom Dunst der Tiefe wuchert' an den Wänden
Ein Schimmel dorten, der, dem Aug ein Graun,
Ein Graus der Nase, klebt' an allen Enden.
Tief klafft der Grund: es konnt ihn nicht erschaun
Das Auge, eh des Bogens Joch erklommen,
Wo sich zuhöchst die Klippen auferbaun.

Und dorther sah ich, als wir hingekommen,
Im Graben drunten Leut' im Kote stecken,
Der schien aus der Kloake hergenommen;
Sah drunten, da ich umschaut' aller Ecken,
Kotstarrend einen Kopf, dran, ob der Wicht
Pfaff oder Laie, keiner konnt entdecken.
Der rief: »Was bist du so auf mich erpicht,
Mehr als auf all der andren wüst Gebaren?«
»Weil du«, versetzt' ich, »trügt nicht mein Gesicht,
Du, den ich schon gesehn mit saubren Haaren,
Alessio Interminei bist,
Drum such ich dich vor andren zu gewahren.«
Den Brägen schlug er sich: »Die schnöde List
Des Speichelleckens, dran nicht satt gefressen
Sich meine Zunge, taucht mich hier in Mist.«
»Schau noch voraus ein wenig«, sprach indessen
Mein Führer, »bis dein Blick zu guter Letzt
Die dort ins Antlitz trifft, die wie besessen
Am eignen Leib die kotigen Nägel wetzt,
Das schmierige Weibsbild mit den struppigen Haaren:
Jetzt hockt sie hin, steht auf den Füßen jetzt.
Thaïs, die Hure, ists, die listerfahren
Zu ihrem Buhlen sprach, als er sie frug:
›Weißt du mir großen Dank?‹ ›Ei, wunderbaren!‹ –
Nun sah sich unser Aug hier satt genug.«

Neunzehnter Gesang

O Simon Magus und die seinen Pfaden
Ihr folgt, Elende, die in eurer Gier,
Was Tugend nur darf freien, Gottes Gnaden
Um Gold und Silber ihr verkuppelt, hier
Muß die Drommete jetzt von euch erschallen,
Denn in der Klüfte dritter hauset ihr!

Wir waren, wie zur nächsten Gruft wir wallen,
  Schon dort, wo mittenein in ihren Schacht
  Des Brückenbogens Klippen niederfallen.
Weisheit des Herrn! Wie schaltet mit Bedacht
  Durch Erd und Himmel bis hinab zum Schlunde
  Des Bösen so gerecht doch deine Macht!
Ich sah die Bord' entlang und auf dem Grunde
  Loch dicht an Loch im graulichen Gestein,
  An Umfang alle gleich und lauter runde.
Nicht enger mochte keins noch weiter sein
  Als die, so Standort für die Täufer waren
  Zu Sankt Johann, dem schmucken Tempel mein.
(Solch eins zerschlug ich, als vor wenig Jahren
  Drin zu ertrinken einer lief Gefahr.
  Sei's hier bezeugt, daß alle sie's erfahren!)
Aus jedem Schlunde ragt' ein Füßepaar,
  Die Beine bis zur Wade überm Rande
  Des Spalts, darin versteckt der Sünder war.
Die Sohlen flammten all im Feuerbrande,
  Es zuckt der Knöchel Nerv in wilden Wehen,
  Daß Taue leicht er sprengt' und weidne Bande.
Wie wirs am ölgetränkten Dochte sehen,
  Wenn züngelnd drüberhin die Flamme loht,
  So sah ichs dort vom Hacken zu den Zehen.
»Wer ist es, Meister, der in seiner Not
  Noch grimmer zuckt als alle rings im Runde
  Und den die Flamme leckt mit heißrem Rot?«
Ich frugs, und jener: »Soll ich dich zum Grunde
  Den Hang, den niedren, dort hinuntertragen,
  So gibt er selbst von Los und Fehl dir Kunde.«
Und ich: »Wie dirs gefällt, soll mirs behagen!
  Du bist mein Herr, du weißt, wie unverwandt
  Mir gilt dein Wille, weißt, was nicht zu sagen.«

So gings zum vierten Damm und linker Hand
 Zum engen Schlund hinab, wo in den Steinen
 Ein Loch beim andren war von Wand zu Wand.
Aus seinem Arme ließ er nicht den meinen,
 Der gute Meister, trug zum Spalt der Qual
 Mich hin, wo der so weinte, mit den Beinen.
»Wer du auch seiest«, bat ich, »der, ein Pfahl,
 Das Oberste zuunterst, steckt im Grunde,
 Vermagst du's, arme Seele, sprich einmal!«
Da stand ich wie der Beichtmönch, wenn vom Munde
 Des Mordgeselln, der köpflings steckt im Sand,
 Ein Rufen Aufschub heischt der Todesstunde.
Er aber schrie: »Kommst heut schon hergerannt?
 Kommst du so schleunig, Bonifaz, schon heute?
 So log um Jahre, was geschrieben stand!
Bist du so bald schon satt der reichen Beute,
 Darum die hehre Frau du erst betört,
 Die dann zu schänden deine Gier nicht scheute?«
Mir ward wie einem, der da reden hört
 Und nichts begreift und dasteht wie auf Kohlen
 Und weiß die Antwort nicht, die sich gehört;
Da sprach Virgil: »So sag ihm unverhohlen,
 Du bist nicht, der er glaubte, daß du seist!«
 Und ich antwortete, wie mir befohlen.
Doch schrecklich wand die Füße da der Geist,
 Mit Jammerstimme, stöhnend dann zu sagen:
 »Was willst du denn, daß du mich reden heißt?
Plagts so dich, wer ich sei, daß, mich zu fragen,
 Die Felswand dort herab du klommst zu mir,
 Das Pallium, wisse, hab ich dort getragen.
Der Bärin echter Sohn, so voll Begier,
 Die Bärenbrut zu mästen, steckt' ich droben
 Brav Gulden in den Sack – mich selber hier!

Mir unterm Haupt steckt mancher, der dort oben
Den Weg der Simonie mir ging voran,
Fest in des Felsens Spalt hineingeschoben.
Dort muß ich selbst hinab, langt jener an,
Für den ich dich genommen, als mein Grüßen
Mit allzu hastigem Fragewort begann.
Doch längre Frist schon mit versengten Füßen
Steck ich hier häuptlings fest, als er, entflammt
Die Sohlen, eingepfählt dereinst muß büßen;
Denn nach ihm wird, um schnödre Tat verdammt,
Ohn Fug und Recht ein Hirt von Abend kommen,
Der ihn und mich in tiefre Tiefen rammt.
Ein neuer Jason ists; wie wir vernommen
Im Makkabäerbuch, daß der am Throne
Des seinen, ist er Frankreichs Herrn willkommen.«
Weiß nicht, wars allzu dreist, aus solchem Tone
Ein Lied ihm singen, wie ich tat und sprach:
»Sag an, was heischt' an Schätzen, sich zum Lohne,
Von Petrus unser Herr wohl allgemach,
Als er die Schlüssel legt' in seine Hände?
Fürwahr, nur dies begehrt' er: ›Folg mir nach!‹
Und als Matthias nach des Argen Ende
Sein Amt erlost: nicht Silber nahm noch Gold
Sankt Peter noch die elf dergleichen Spende.
So bleib, wo nach Verdienst dir Lohn gezollt!
Wahrs wohl, was schlimm errafft, was dreist noch eben
Dich wider Karl gemacht, den Sündensold!
Ja, müßt ich nicht Gehör der Ehrfurcht geben
Vor jenen hehren Schlüsseln, die du dort
In Händen hieltest, dort im lichten Leben,
Ich brauche wahrlich noch ein härter Wort,
Denn eure Habgier macht die Völker weinen,
Die Gute tritt und hilft den Bösen fort.

Euch, arge Hirten, muß der Seher meinen,
  Da er das Weib, das ob den Wassern saß
  Und mit den Königen hurte, sah erscheinen:
Von deren sieben Häuptern man uns las
  Und die mit zehen Hörnern war bewehret,
  Eh so der Zucht ihr Ehgemahl vergaß.
Aus Gold und Silber macht ihr Gott! Was lehret
  Ihr andres als der Götzendiener Schar?
  Nur daß sie einen, hundert ihr verehret!
Oh, welches Unheil, Konstantin, gebar –
  Nicht deine Taufe, nein, die Morgengabe,
  Dran erstmals reich der Heilige Vater war!«
Solch Lied ihm sang ich; aber der im Grabe –
  Zwackt' ihn Gewissensbiß, tats grimme Wut? –,
  Mit beiden Sohlen zuckt' er wie im Trabe,
Den Meister, glaub ich, dünkt' es recht und gut;
  Beifälliger Miene lauscht' er dem Willkommen,
  Den wahrhaft ich gezollt mit freiem Mut.
Er hat in beide Arme mich genommen,
  Stieg, da er fest mich an die Brust gedrückt,
  Den Pfad hinan, da er herabgeklommen,
Trug nimmermüd, ob über mich gebückt,
  Zum First des Bogens mich, der Kluft und Hürde
  Vom vierten Damm zum fünften überbrückt.
Dort setzt' er sänftlich nieder seine Bürde,
  Sanft, denn der Felsengrat war steil und schmal,
  Daß Ziegen selbst der Anstieg sauer würde;
Von dort erschloß sich mir ein andres Tal.

Zwanzigster Gesang

Von neuer Pein muß neuen Sang ich singen,
Denn von dem Volke, das zur Tiefe fuhr,
Soll dieses ganze Lied, das erste, klingen.
Zum Spalt, der dort sich auftat, dacht ich nur
Hinabzuspähn, zur Kluft, in deren Schlunde
Von Tränen schwamm des Wehes jede Spur;
Und kommen sah ichs drunten auf dem Grunde,
Stumm, weinend, Schritt für Schritt das Rund hin wallen,
Wie hier bei uns ein Bittgang macht die Runde.
Und als auf die und den mein Blick gefallen,
Schien zwischen Kinn und Brustbein sonderbar
Der Wirbel mir verrenkt bei ihnen allen:
Herumgewandt zum Nacken ganz und gar
War ihr Gesicht, und mußten rückwärts gehen,
Dieweil nach vorn die Sicht benommen war.
Kann sein, daß Gliederlähme so verdrehen,
So um und um ein Menschenbild mag kehren,
Doch glaub ichs nicht und hab es nie gesehen.
Soll deinem Lesen Früchte Gott bescheren,
Denk selber nach, o Leser, ob sich da
Mein Auge wohl der Tränen mocht' erwehren,
Als unser Ebenbild ich nun, so nah,
So schnöd entstellt und ihres Auges Weinen
Den Spalt der Hinterbacken baden sah!
Ja, dort ans Riff gelehnt, an harten Steinen,
Da weint' ich; drum, der mir Geleit gegeben:
»Zeigst du dich auch als jener Toren einen?
Mitleid muß sterben hier, soll Frommheit leben!
Wer könnte schwärzrer Frevler sein als die,
So Gottes Richterspruche widerstreben?

Empor das Haupt, empor! Schau hin und sieh
Den dort, dem einstens sich vor Thebens Zinnen
Die Erde aufgetan, drum alles schrie:
›Wohin, Amphiaraus? Weichst von hinnen?‹
Doch weiter sank und sank er bis zum Schachte,
Wo Minos steht, der keinen läßt entrinnen.
Schau, wie zur Brust er seine Schultern machte:
Muß rückwärts blicken, rücklings gehn die Bahn,
Der allzu weit vorauszuschaun gedachte!
Tiresias siehe, der auf Thebens Plan
Gestalt getauscht, als Haupt er da und Glieder
Verwandelnd Weibs- statt Mannsgeschlecht empfahn;
Erst mußt' er die verschlungnen Schlangen wieder
Mit seinem Stabe schlagen, da gewann
Er sich zurück, was eines Manns Gefieder.
Der an die Brust ihm lehnt den Rücken an,
Ist Aruns, hatt' in Lunis Berggeländen,
Wo zum Gereut Carraras Ackermann
Heraufkommt, zwischen weißen Marmorwänden
Sein Höhlenhaus, wo über Meer und Land
Und zu den Sternen Umschau allerenden.
Und die, wo du's nicht siehst von unsrem Stand,
Mit den gelösten Flechten deckt die Brüste,
Die, was am Leibe rauch, uns abgewandt,
War Manto, die, umirrend manche Küste,
Im Lande Ruhe fand, das mich gebar.
Hör, was ich davon dir zu sagen wüßte.
Als ihres Vaters Lauf vollendet war
Und Bacchus' Stadt die Knechtsfron lernte kennen,
Durchschweifte sie die Welt so manches Jahr.
Am Fuß der Alpen, die's von Deutschland trennen,
Droben im schönen Land Italia,
Da liegt ein See, den sie Benacus nennen.

Aus mehr denn tausend Quellen staut sich da,
Was rings umspült Penninos Felsbasteien
Von Garda bis gen Val Camonica.
Inmitten ist ein Ort, da könnte weihen
Veronas wie Trients und Brescias Hirt,
Wer auch des Weges käm von diesen dreien;
Und prächtig thront, gewappnet und geschirrt,
Trotz bietend Bergamos und Brescias Stahle,
Peschiera dort, wo flach das Ufer wird.
Da muß entströmen, was mit einem Male
Benacus' Schoß nicht fassen kann, und rinnt,
Ein Fluß, durch grüne Fluren dann zu Tale;
Und wie zu fließen nur die Flut beginnt,
Heißts Mincio, nicht Benacus, bis am Ende
Nah bei Governo sie den Po gewinnt.
Doch eh noch lang ihr Lauf, trifft blache Lände
Die Woge, wo sie sich zum Sumpfe breitet,
Drin sommers Seuchen braun die Sonnenbrände.
Dort, als die Hexe ihres Weges schreitet,
Sieht Land sie liegen mitten im Morast,
Von Menschen leer, vom Pfluge nie bereitet.
Da machte sie mit ihren Knechten Rast,
Trieb ihre Künste, keiner Seel Geselle,
Und lebt' und ließ der Glieder leere Last.
Die Nachbarn dann ringsum ersahn die Stelle,
Daß gar ein fester Platz da mußte sein
Des Sumpfes halb, der rings umgab die Schwelle;
Sie baun die Stadt auf ihr entseelt Gebein,
Und Mantua hieß mans, ohn ein Los zu fragen,
Nach ihr, die dort gelegt den ersten Stein.
Mehr Volks war dorten denn in unsren Tagen,
Eh Pinamont den Unverstand betört
Des Casalodi, listig und verschlagen.

Merks wohl, wenn anders, als du hier gehört,
Vom Ursprung meiner Stadt du hörst berichten,
Daß keiner Lüge Trug die Wahrheit stört.«
Und ich: »Dein Wort muß jeden Zweifel schlichten.
Solch Zutraun, Meister, weckts, daß fürder mir
Verlöschte Kohlen sind, was andre dichten.
Doch sag mir noch von diesen Pilgern hier,
Wenns einer wert nach seines Namens Klange,
Denn einzig danach trag ich Wißbegier.«
Da sprach er: »Jener dort, dem von der Wange
Auf die gebräunten Schultern wallt der Bart,
War, als von Mannsvolk Griechenland auf lange
So leer, daß kaum in Wiegen mans bewahrt,
Ein Seher, wies samt Kalchas Zeit und Stunde
In Aulis, daß man kappt das Tau zur Fahrt.
Eurypylus sein Name war. Die Kunde
Gibt euch mein hehres Lied; dir ists bekannt,
Kennst Wort für Wort du doch aus meinem Munde.
Der dort so schmal von Lenden, jener Fant
War Michel Scotus, einst in jedem neuen
Trugspiel der Zauberei gar wohl bewandt.
Sieh Veit Bonatti, sieh Asdente; freuen
Möcht er sich jetzt, wenn nur nach Ahl und Draht
Der Sinn ihm stand – zu spät ists zum Bereuen!
Sieh dort das Vettelvolk, das Haft und Naht
Und Spul und Spindel ließ, um wahrzusagen,
Mit Wachsbild Hexenwerk und Kräutern tat ...
Doch komm nun; Kaïn hat den Dorn getragen
An unsres Halbrunds Marken, in die Welle
Schon taucht er, wo Sevillas Türme ragen.
Und gestern nacht erst schien der Vollmond helle.
Sein Strahl, besinne dich, ward dir zum Heil
Im tiefen Wald an mancher finstren Stelle.«
Er sprachs, und weiter schritten wir derweil.

Einundzwanzigster Gesang

Von Brücke so zu Brücke gings voran
Mit manchem Wort, davon sich spart die Kunde
Mein Lied, und hielten auf dem Scheitel an,
Hinab zu Übelbuchtens nächstem Schrunde
Zu schaun, zu neuen Weinens eitler Qual,
Und seltsam finster fand ichs auf dem Grunde.
Wie zu Venedig, draußen am Kanal,
Des Winters, manch ein leckes Schiff zu teeren,
Das Pech, das zähe, kocht im Arsenal;
Alsdann, weils nicht mehr schiffbar auf den Meeren,
Macht der sein Fahrzeug neu, der dichtet Flanken,
Die langer Fahrten müd zum Hafen kehren;
Am Heck, am Buge hämmern sie die Planken,
Der schnitzt sich Ruder, jener Taue flicht,
Flickt Segel, die an Fock und Klüver schwanken:
So sott, nach Gottes Rat, durch Feuer nicht,
Von Pech ein dicker Brei in jenem Schlunde,
Das ringsumher die Ufer überpicht.
Ich sahs, doch nichts darinnen rings im Runde,
Nur Blasen, die der Sud hervorgebracht,
Und wie sichs bläht' und wieder sank zum Grunde.
Dieweil ich stand und lugte, rief: »Hab acht,
Hab acht!« mein Führer, hat an sich gerissen
Vom Fleck mich, wo ich eben Halt gemacht.
Ich wandte mich, wie wer zu schaun beflissen,
Wovor er flüchten muß: die Zuversicht
Lahmt jäh der Schreck, und so im Ungewissen
Schaut er und säumt im Schaun zu flüchten nicht:
Und einen schwarzen Teufel sah mit Grauen
Den Fels ich stürmen, uns im Nacken dicht.

Weh mir, wie grimmig war er anzuschauen!
  Die Flügel breit, leichtfüßig wie der Blitz,
  Wie herben Dräuens wies er seine Klauen!
Und auf den Schultern saß, die hoch und spitz,
  Ein Sünder, den er, fest an beiden Beinen
  Des Fußes Nerv umkrallend, hielt im Sitz.
Von unsrer Brücke rief er: »Seht hier einen
  Der Ältesten von Sankt Zita; taucht ihn ein,
  Ihr Grimmetatzen! Ich hol mehr der Seinen
Aus diesem Nest, da sind sie so gemein,
  Sind käuflich allesamt, bis auf Bontur;
  Für Geld macht dort ein jeder Ja aus Nein!«
Er warf ihn ab, und übers Felsriff fuhr
  Er flugs zurück, wie, losgekoppelt grade,
  Kein Hofhund hetzt auf flüchtigen Diebes Spur.
Der sank; verkrümmt enttaucht' er seinem Bade;
  Doch, unterm Joch versteckt, die Teufelsbrut
  Schrie gleich: »Hier schenkt kein heilig Antlitz Gnade!
Hier schwimmt sichs anders als in Serchios Flut!
  Laß keinen Zipfel aus dem Pech uns blinken,
  Sonst spürst du gleich, wie unser Haken tut.«
Und packten ihn mit mehr denn hundert Zinken:
  »Versteck heißt hier das Spiel! So fische doch
  Im trüben, wenn dirs glückt im Untersinken!«
So läßt das Fleisch im Kessel, hebt sichs noch
  Im Sieden, mit den Gabeln niederdrücken
  Durch seine Küchenjungen Meister Koch.
Der gute Meister sprach: »Nun heißts im Rücken
  Dich solchen Riffes, wo's dir Schutz gewährt,
  Tief, daß dich keiner sieht, zur Erde bücken.
Hab keine Furcht, was mir auch widerfährt
  Ich weiß Bescheid allhier; in solchem Streite
  Werd ich ja nicht zum ersten Mal bewährt.«

So schritt er übers Joch nach jener Seite.
Doch als er kam zum sechsten Damm, war Mut
Und sichre Stirn ihm not als Weggeleite.
Wie Ungewitter, wie mit wilder Wut
Die Hunde losgehn, wenn sich, anzusprechen,
Ein armer Schlucker naht und zieht den Hut,
So sah ich unterm Joch hervor sie brechen,
Die Piken alle wider ihn gefällt:
»Laßt euer keinen«, rief er, »sich erfrechen!
Bevor ihr eure Haken nach mir schnellt,
Tret einer vor, und hat er mich vernommen,
Pflegt Rats, ob ihr zu spießen mich bestellt.«
»Geh«, riefen alle, »Höllenschwanz!« Zu kommen
Macht' einer Miene; jene blieben stehn,
Der aber murrt' im Gehn: »Was kanns ihm frommen?«
»Glaubst, Höllenschwanz, du würdest hier mich sehn«,
Sprach da mein Meister, »glaubst, ich könnt' entgegen
So sichren Schritts all eurer Wehre gehn
Ohn Gottes Willen, ohne Schicksals Segen?
So laß mich ziehn! Der Himmel heißt mich hier
Als Führer gehn auf diesen rauhen Wegen.«
Da losch der Übermut, und kleinlaut schier,
Bei Fuß den Haken senkend, zu den Seinen
Sich wandt' er: »Ungeschlagen laßt ihn mir!«
Mein Führer drauf zu mir: »Der in den Steinen
Dich ganz zu Boden duckst der Brücke dort,
Komm jetzt hervor, komm her und scheue keinen!«
Auf sprang ich, eilt' hinan zu meinem Hort;
Doch auf mich ein nun all die Teufel drangen,
Daß Angst mir kam, sie brächen uns ihr Wort,
So sah ich einst das Kriegsvolk voller Bangen,
Mit Freigeleit zwar, aus Caprona ziehn,
Da sichs von so viel Feinden sah empfangen.

Mit ganzem Leibe schmiegt' ich mich an ihn,
  Den Führer mein, und wandte nicht die Blicke
  Von ihrer Miene, die nicht gut mir schien.
Die Haken fällten sie: »Soll ins Genicke
  Ich eins ihm geben?« frug ein Wicht. »Nur zu!
  Und triff ihn«, schrien sie, »wo's ihn weidlich zwicke!«
Doch jener Teufel wandte sich im Nu,
  Mit dem mein Führer Zwiesprach erst gepflogen,
  Und mahnte: »Ruhig, Raufebold, gib Ruh!«
Zu uns dann: »Wo des Wegs ihr kommt gezogen,
  Auf dieser Rippe gehts nicht weiter mehr,
  Denn ganz in Trümmern liegt der sechste Bogen.
Tragt ihr voranzukommen noch Begehr,
  Den Damm hier geht; nahbei ragt ob dem Schlunde
  Ein andres Riff, das wegbar noch, die Quer.
Gestern, fünf Stunden wars nach dieser Stunde,
  Vor zwölfmalhundertsechsundsechzig Jahren,
  Da brach der Weg herab ob jenem Schrunde.
Gleich send ich welche hin von meinen Scharen,
  Zu spähn, wer etwa Luft zu schnappen sann.
  Geht mit, sie sollen sänftlich mit euch fahren.«
»Auf, Trutzhahn! Vorwärts, Hatzsporn!« so begann
  Der Aufruf. »Packan, her auf deinen Platz!
  Und Stachelbart, du führst die Zehntschaft an.
Dazu noch Drachenzahn und Bärentatz,
  Saurüssel mit den Hauern, Kratzekralle,
  Und Flatterpelz, und Speikatz auch, der Fratz!
Spürt scharf den Siedeleim entlang, ihr alle!
  Geleitet sicher sie zum nächsten Grat,
  Der heil hinüberführt zum andren Walle.«
»Weh, Meister«, klagt' ich, »das ist böser Rat!
  Laß ohne dies Geleit, allein uns gehen;
  Ich miß es gerne, weißt du selbst den Pfad.

Siehst du denn nicht, der alles sonst gesehen,
Wie unheildrohend sie die Zähne blecken
Und augenzwinkernd beieinander stehen?«
Drauf er zu mir: »Das soll dich nicht erschrecken!
Laß fletschen sie nach Lust; den Sündern drinnen
Im Pech gilts, die geschmort im heißen Becken.«
Den linken Damm gings hin, doch zum Beginnen
Bleckt' ihrem Obmann jeder gleicherweis
Zum Gruß die Zunge, eh er zog von hinnen;
Und als Trompete brauchte er den Steiß.

Zweiundzwanzigster Gesang

Wohl sah ich Ritter schon zu Felde ziehn,
Zum Angriff wie zur Heerschau sich bereiten,
Sah, wie sein Heil ein Fähnlein sucht' im Fliehn;
Sah, Aretiner, rings durch eure Breiten
Streifzüge wohl und Spähertrupps im Gange,
Sah Lanzenstechen auch und Ringelreiten,
Bald mit Drommeten, bald bei Glockenklange,
Nach Trommeln und nach Zeichen von Bastein,
Auf fremde Art und wie's bei uns im Schwange;
Doch auf den Schall so seltsamer Schalmein
Nicht Fußvolk sah ich je noch Reiter schwenken
Noch Schiffe nach Gestirn und Feuerschein.
Fort gings, zehn Teufel vorn, den Zug zu lenken –
O schlimm Geleit! Doch gehts zur Kirche gleich
Mit Heiligen, gehts mit Zechern in die Schenken.
Ins Pech nur späht' ich, dieser Kluft Bereich
Erforschend, wie's bewandt in allen Stücken
Mit ihr und den Gesottnen dort im Teich.
So wie den Schiffer mahnt, mit rundem Rücken
Der Flut enttauchend, der Delphine Schar,
Zu bergen seine Bark vor Wetters Tücken,

So wies von Zeit zu Zeit die Schultern dar
Ein Sünder, in der Pein sich zu erlaben,
Und tauchte, eh ein Blitz vorüber war.
Und wie man Frösche sitzen sieht im Graben,
Das Maul nur aus dem Wasser vorgestreckt,
Drin Rumpf und Füße sie geborgen haben,
So lauschten die Verdammten, halb versteckt,
Ringsum; doch kaum kam Stachelbart gegangen,
War alles in den Sud zurückgeschreckt.
Nur einen sah ich – heut noch machts mich bangen! –,
Der säumte, wie wohl sitzen bleibt am Strand
Ein Fröschlein, wenn die andren all entsprangen;
Kratzkralle aber, der am nächsten stand,
Zog mit dem Spieß an den verpichten Haaren
– Der Otter sah er gleich – den Wicht an Land.
Mit Namen wußt ich schon, wer alle waren:
Ich hatt' es, da ihr Führer sie erkor
Und sie einander riefen, wohl erfahren.
»Mit deinen Krallen, Speikatz, komm hervor!
Und alle Haut vom Buckel ihm gerissen!«
So schrien die Gottverfluchten all im Chor.
Und ich: »Kanns sein, o Meister, laß uns wissen,
Wer der Unselige sei, der in die Hand
Der Widersacher fiel, die so verbissen.«
Mein Führer, als er ihm zur Seite stand,
Befragt' ihn gleich, woher er sei: »Geboren«,
Versetzt' er, »bin ich in Navarras Land.
Die Mutter hat mir Herrendienst erkoren,
Weil solchem Taugenichts sie mich gebar,
Der sich und all sein Hab und Gut verloren.
Dann, als ich König Thibalds Diener war,
Des Guten, macht' ich fleißig hohle Hände:
Den Zoll im heißen Bad hier zahl ich bar.«

Saurüssel, dem zum Maul an jedem Ende
  Wie Schweinen je ein Hauer bleckt' heraus,
  Zeigt' ihm sogleich, wie der das Fell ihm schände;
Zu schlimmen Katzen, wahrlich, kam die Maus!
  Doch Stachelbart, den Arm um ihn geschlagen,
  Rief: »Halt! Zurück! Noch laß ich ihn nicht aus!«
Zum Meister wandt er sich: »Mußt rasch ihn fragen,
  Verlangt von ihm noch mehr zu wissen dich,
  Eh ihm die andren gehn an Kopf und Kragen.«
Virgil drum: »Weißt du nicht Lateiner, sprich,
  Bei den Verdammten, die im Pech dort stecken?«
  Und er: »Von einem grade trennt' ich mich,
Der aus dem Nachbarland, im heißen Becken.
  Ach, säß ich doch mit ihm in Sicherheit!
  Da sollten Haken nicht noch Klaun mich schrecken.«
Doch Bärentatz rief: »Jetzt wirds aber Zeit!«
  Und gab ihm mit der Hellebarde einen,
  Der riß ein Stück vom Arme, groß und breit;
Auch Drachenzahn zielt' unten nach den Beinen:
  Da wandte sich rundum ihr Zehentmann
  Und schaute bösen Blickes auf die Seinen.
Kaum fingen sie sich zu befrieden an,
  Als rasch zu jenem, der auf seine Wunde
  Noch starrend stand, mein Führer schon begann:
»Wer wars, dem, wie du sagst, zur bösen Stunde
  Du Abschied gabst, zum Strand hinaufzuschwenken?«
  »'s war Fra Gomita«, lautete die Kunde,
Der von Gallur, Gefäß von allen Ränken,
  Der Feinde seines Herrn hielt in der Hand
  Und ihnen tat, was all ihm gern gedenken:
Nahm Geld, und ›kurzerhand‹, so nannt's der Fant,
  Ließ er sie laufen, trieb auch sonst noch viele
  Durchstecherei, im großen, nicht für Tand!

Herr Michel Zanche ist ihm dort Gespiele
Von Logodor; heißts von Sardinien schwatzen,
Kommt ihre Zunge nimmermehr zum Ziele.
Ach, seht, was schneidet der für grimme Fratzen!
Mehr sagt' ich, aber der da, fürchte ich,
Macht eben Miene, mir den Grind zu kratzen.«
Herum zu Flatterpelzen kehrte sich,
Der wild die Augen rollt', ihr Altgeselle
Und rief: »Verdammter Vogel, packe dich!«
»Wollt ihr sie sehn, sie hören?« hob da schnelle
In seiner Angst der andre wieder an;
»Lombarden, Tusker bring ich euch zur Stelle!
Nur müssen diese einen Schritt hintan,
Die Grimmetatzen, stehn, sonst schreckt die Meinen
Ihr Strafgericht; hier sitz ich nieder dann,
Und sieben schaff ich her für mich, den einen,
Wenn ich nur pfeife, so, wie's unser Brauch,
Wenn wir uns lüften hier auf diesen Steinen.«
Sein Maul hob Packan: »Heda, merkt ihr auch«,
Rief er und schüttelte den Kopf, »die Tücke?
Hinabzuspringen denkt er sich, der Gauch!«
Drauf der, das Hirn voll lauter Schelmenstücke:
»Ja, tückisch! Freilich bin ichs, allzusehr,
Wenn ich so schnöd die Meinigen berücke!«
Doch Meister Trutzhahn hielt sich jetzt nicht mehr,
Rief, allen andren da zum Trotz: »So springe
Du nur! Nicht im Galopp gehts hinterher,
Noch überm Pech erhascht dich meine Schwinge!
Hinab! Der Strand sei Schild uns; laß doch sehn,
Ob dir, dem einen, mehr denn uns gelinge!«
Hör, Leser, neues Spiel nun: alle zehn,
Sie wandten sich zum andren Rand, vor allen
Er, der so trotzig wollte widerstehn.

Den Augenblick ersah der Schelm; die Ballen
Zu Boden stemmend plötzlich schnellt' er sich
Und sprang, und so entschlüpft' er ihren Krallen.
Die eigne Schuld gab jedem einen Stich,
Meist ihm, durch den sie um den Fang betrogen;
Auf schwang er sich und rief: »Schon hab ich dich!«
Umsonst! Nicht schneller als die Ängste flogen
Die Flügel: der fuhr nieder in den Schlund,
Der mit dem Bug empor in steilem Bogen.
Nicht anders taucht auf einen Schlag zum Grund
Die Ente, kommt der Falk herabgeschossen,
Und er kehrt um, vor Unmut grimm und wund.
Hatzsporn, in heller Wut ob solcher Possen,
Stürmt' hinterdrein im Flug. Daß der entrann,
Erpicht auf Händel, gönnt' ers dem Genossen;
Und als entschwunden ihm der Gauner dann,
Wies dem Gefährten er die scharfen Krallen,
Und überm Graben ging es Mann an Mann.
Doch der, ein Wildfang-Sperber, ging mit allen
Zehn Fingern ihm zu Leib, bis alle zwei
Sie mitten in den Siedetümpel fallen.
Zum Schlichter wurde flugs der heiße Brei,
Doch weil die Flügel ganz mit Pech begossen,
Wars mit dem Fliegen aus und ganz vorbei.
Vier Mann hieß Stachelbart, dens baß verdrossen,
Von seinem Trupp zum andren Ufer fliegen
Mit Piken all, und schleunig kams die Sprossen
Zur Stelle hier wie dort herabgestiegen,
Um mit den Haken sie, die in der Schwemme
Verkrustet und gesotten, herzukriegen.
Wir aber ließen sie in dieser Klemme.

Dreiundzwanzigster Gesang

Einschichtig, schweigend, einer hinterm andern,
 Ohn unser Weggeleite gingen wir,
 Wie Mindre Brüder ihre Straße wandern.
Äsopens Fabelmärlein, wo er dir
 Von Frosch und Maus erzählt, nach jenen Streichen,
 Davon wir Zeugen, lags im Sinne mir.
Kein Ei fürwahr kann mehr dem andren gleichen
 Als dies und jenes Stück, vergleichst du Gang,
 Beginn und Ende recht und merkst die Zeichen.
Und wie denn eins das andre heckt, entsprang
 Ein neu Bedenken alsogleich dem einen,
 Das machte mich, den Zagen, doppelt bang:
Genarrt muß sich von uns dies Pack erscheinen,
 So sagt' ich mir, und hats noch Spott zum Schaden,
 Das muß sie grimmig wurmen, sollt' ich meinen.
Wird ihre Bosheit so mit Grimm geladen,
 Hetzt uns die Rotte wie kein Hund fürwahr,
 Bis er ihn packt, den Hasen, ohne Gnaden!
Schon fühlt' ich, wie zu Berge stieg mein Haar,
 Und stand und lauschte rückwärts, angstbeklommen:
 »Rasch, Meister«, bat ich, »birg uns vor Gefahr!
Die Grimmetatzen fürcht ich; ach, sie kommen,
 Gewiß, sie sind uns schon im Nacken dicht,
 Mir ist, als hätt ich eben sie vernommen!«
Und er: »Wär ich ein Spiegel, schneller nicht
 Dein äußres Bildnis könnt' ich wiedergeben,
 Als ich dein Innres sehe, hell im Licht.
Was du gedacht, fuhr durch den Sinn jetzt eben
 Mir selbst, von Ansehn ähnlich und Gestalt;
 Aus beidem wußt' ich einen Plan zu weben:

Fällt sanft der Hang zur Rechten, daß zum Spalt
Der nächsten Kluft der Abstieg da zu wagen,
Der Hetze, die dir schwant, entgehn wir bald.«
Kaum konnt' er seinen Plan zu Ende sagen,
Als ich, ganz nah, sie kommen sah, geschwind,
Die Flügel ausgespannt, uns zu erjagen.
Schnell faßte mich mein Führer, wie ihr Kind
Die Mutter packt, die Feuerrufe wecken
Und sieht die Flammen, die schon nahe sind –
Mehr um den Sohn als um sich selbst in Schrecken,
Stürzt sie hinaus, bevor die Zeit sie fand,
Mit ihrem Hemd die Blöße nur zu decken –,
Und rücklings warf er sich vom Bord der Wand
Den steilen Felsenhang hinab zur Stelle,
Der dort umschränkt des nächsten Grabens Rand.
Kein Gießbach kam so reißend von Gefälle,
Das Mühlenrad zu treiben, je geflossen,
Den Schaufeln nah, auf seines Rinnsals Schwelle,
Wie er die Halde dort herabgeschossen,
An seine Brust, fürwahr, wie einen Sohn
Mich drückend, nicht wie seinen Fahrtgenossen.
Kaum faßt' er unten Fuß, als jene schon
Zu Häupten uns am Hügelrand erschienen:
Doch nimmer schrecken konnt' uns jetzt ihr Drohn;
Denn Vorsehung des Höchsten wehret ihnen,
Vom fünften Schacht zu weichen, über den
Er sie gesetzt, als Schergen dort zu dienen. –
Da drunten sahn wir eine Runde gehn,
Geschminkt die Wangen, schleppend ihre Schritte,
In Tränen, matt und kraftlos anzusehn.
Sie trugen Kutten all von sondrem Schnitte,
Kapuzen, tief herab ins Angesicht,
Wie's bei den Mönchen dort zu Köllen Sitte:

Von außen goldig, blendend hell im Licht,
Inwendig Blei; die waren Stroh daneben,
Die Friedrich manchen anzog, an Gewicht.
O schwere Last, solch Kleid fürs ewige Leben! –
Zur Linken gingen wir, mit ihnen zwar,
Der Klage lauschend, die sie all erheben,
Doch unter ihrer Last die müde Schar
Schlich sacht voran, so daß mit jedem Schritte
Uns neu Geleite Seit an Seite war.
»Schau um im Wandeln«, tat ich drum die Bitte
An meinen Führer, »wer wohl kundbar dort
Durch Namen oder Tat in ihrer Mitte.«
Und einer, der vernahm mein tuskisch Wort,
Rief hinter uns: »So bleibt ein wenig stehen,
Die ihr so rennt durchs nächtige Dunkel fort!
Leicht mag dir, was dein Wunsch, durch mich geschehen.«
Mein Führer wandte sich: »Halt an so lange,
Mit jenen gleichen Schrittes dann zu gehen.«
Ich tats und sah nun helle Hast im Drange,
Bei mir zu sein, am Auge zweien an,
Die Last und Weges Enge hemmt' im Gange.
Mit schiefem Blicke hat, als sie heran,
Das Paar mich lang in Schweigen angesehen,
Bis einer dann zum andren so begann:
»Der lebt, man siehts an seines Odems Wehen;
Und sind sie tot, welch Freibrief gönnt den zwein,
Ohn unsres Chorrocks Bürde hier zu gehen?«
Zu mir sodann: »O Tusker, der zur Pein
Der Heuchler kommt, verarg uns nicht die Frage
Und gib Bescheid, wer du dich rühmst zu sein.«
Und ich darauf: »Ich ward und wuchs im Hage
Der stolzen Stadt am schönen Arnostrand
Und komm im Leib, des Kleid von je ich trage.

Doch wer seid ihr denn, denen unverwandt
Das Leid ich niederträufeln seh die Wangen?
Und welche Pein birgt funkelnd dies Gewand?«
»Ach«, sprach der eine, »die so goldig prangen,
Sind Blei, die Kutten, Zentnerlasten schier,
Drum ächzt die Waage so, daran sie hangen.
Vom Lustigen Orden Brüder waren wir:
Ich Catalan, er Lothar, Bolognesen,
Selbzweit, wo einer bräuchlich, er mit mir
Als Friedenshüter deiner Stadt erlesen,
Und beim Gardingo siehst du noch zur Stunde
Die Zeichen, was für Friede das gewesen.«
»Eur Leid«, begann ich, »Brüder ...«, doch im Munde
Erstarb das Wort: gekreuzigt sah ich einen
Vor mir an dreien Pfählen auf dem Grunde.
Er zuckt', als er mich sah, an Arm und Beinen,
Schnob stöhnend in den Bart, und Catalan,
Da ers gewahrte, sprach: »Den auf den Steinen
Hier angepflöckt du siehst auf unsrer Bahn,
Er riet den Pharisäern, besser richte
Man einen, ehs um alles Volk getan.
Nun liegt, wie du ihn siehst von Angesichte,
Quer übern Weg er, nackt, und wer ihm naht,
Läßt spüren ihn, wie schwer er von Gewichte.
Sein Schwäher auch und die vom Hohen Rat,
Sie alle leiden Pein in diesem Schlunde,
Die Israel gesät so schlimme Saat.«
Virgilen sah ich staunend ob der Kunde
Vor jenem, der so schnöd, aufs Kreuz gespannt,
In ewigem Banne dalag auf dem Grunde.
Drauf an den Bruder hat er sich gewandt:
»Wenns euch erlaubt, gefall euch, uns zu sagen,
Ob nicht ein Ausweg dort zur rechten Hand,

Wo beide wir den Aufstieg könnten wagen
  Und müßten nicht der schwarzen Engel Macht
  Zu Hilfe holen, uns hinaufzutragen.«
Und er drauf: »Näher, als du wohl gedacht,
  Streicht hier ein Felsenriff vom äußern Runde,
  Das all die grausen Klüfte überdacht;
Nur hier in Trümmern liegts, im offnen Schrunde,
  Da steigt ihr übern Schutt den Bord hinan,
  Den böscht er, hoch sich häufend auf dem Grunde.«
Mein Führer stand, das Haupt gesenkt, und sann:
  »Gar übel, wahrlich, riet uns der Berater,
  Der dort die Sünder spießte!« sagt' er dann.
»Schon zu Bologna hört' ich«, sprach der Frater,
  »Viel Arg vom Teufel und vernahm das Wort,
  Ein Schalksknecht sei er und der Lüge Vater.«
Mit großen Schritten ging der Meister fort,
  Umwölkt den Blick, als trübte Grimm sein Feuer;
  So schied auch ich von den Beladnen dort,
Der Spur der Füße nach, die mir so teuer.

Vierundzwanzigster Gesang

Im jungen Jahr, wenn ihrer Locken Pracht
  Schon unterm Wassermann die Sonne spreitet
  Und schon der Gleiche nahen Tag und Nacht,
Wenn übers Feld der Reif das Abbild breitet
  Des weißen Bruders – doch von Dauer nicht
  Ist, was sein Pinsel über Nacht bereitet:
Dann geht, weils ihm an Vorrat schon gebricht,
  Der Landmann aus und schaut – und schlägt die Glieder,
  Sieht er so weiß die Flur im Morgenlicht;
Er kommt nach Haus, geht jammernd auf und nieder,
  Wie wer nicht weiß, was tun, der Unglücksmann,
  Geht nochmals hin, und Hoffnung kehrt ihm wieder;

Denn anders sieht nach kurzer Frist sich an
Der Erden Antlitz, und er nimmt den Stecken
Und treibt die Lämmer auf die Weide dann …
So machte mich der Meister erst erschrecken,
Da so umwölkt ich seine Stirne sah;
So rasch gabs Balsam, das Gebrest zu decken.
Denn als den Trümmern wir der Brücke nah,
Hat holden Blicks er sich zu mir gewendet,
Wie einst, am Fuß des Hügels, mir geschah;
Dann breitet' er, der spähend ausgesendet
Den Blick und Rates mit sich pflog in Eile,
Die Arme, die mir Hilfe gleich gespendet.
Wie wer ans Werk geht und erwägt derweile,
Als schaut' er allezeit den Weg voran,
So hob er mich auf eines Felsens Steile
Und spähte schon zum nächsten Block hinan:
»Da«, sagt' er, »findest Halt du weiter oben,
Doch erst erprob es, obs dich tragen kann!«
Kein Weg für die in Kutten war das droben,
Da wir mit Müh von Griff zu Griff geklommen,
Er, der so leicht, ich schier hinaufgehoben!
Ja, war nicht minder hoch zu unsrem Frommen
Als jener drüben unser Hang, wer weiß,
Ob er – ich wäre nie zum Ziel gekommen.
Doch weil in Übelbuchtens ganzem Kreis
Zum tiefsten Schacht hinabsinkt das Gelände
Und drum in all den Klüften gleicherweis
Hier ansteigt, jenseits abfällt das Gewände,
So hatten schließlich Fuß wir doch gefaßt
Am Rand, wo jener Trümmerhauf zu Ende.
Der Atem war mir aus der Lunge fast
Hinweggesaugt, und weiter konnt ich nimmer,
So setzt' ich mich, kaum angelangt, zur Rast.

»Tu ab die Trägheit!« sprach Virgil. »Wer immer
  In Federn, unter Pfühlen säumt, erfuhr
  Vom Licht des Ruhmes nie den holden Schimmer;
Und ohne Ruhm läßt seines Lebens Spur
  Der Mensch auf Erden grade wie im Meere
  Der Wellenschaum, wie Rauch in Lüften nur.
Steh auf denn, setz der Mattheit dich zur Wehre
  Mit festem Mut, der siegt in jeder Schlacht,
  Macht ihr euch frei von eures Leibes Schwere.
Was hilfts, daß du entstiegest diesem Schacht?
  Weit längre Stiegen gibts noch zu ersteigen.
  Verstehst du mich? So nimm mein Wort in acht.«
Da stand ich, recht bei Odem mich zu zeigen,
  Mehr, als ichs war, vom Boden auf und bat:
  »Geh nur! Schon fühl ich Kraft und Mut mir eigen.«
Fort ging es übers Klippenjoch den Pfad,
  Der eng und unhold war, getürmt von Steinen,
  Und steil, wie keinen noch mein Fuß betrat.
Im Gehen redet' ich, nicht matt zu scheinen,
  Und eine Stimme hat sich da erhoben
  Im nächsten Schacht, ein wortlos wirres Greinen.
Weiß nicht, was sie gesprochen, ob ich droben
  Am Joche gleich des Brückenbogens stand,
  Doch schien, der sprach, vor Ingrimm so zu toben.
Ich bog mich nieder, doch vor Dunkel fand
  Mein lebend Auge nicht hinab zum Grunde,
  Drum bat ich: »Meister, laß von unsrem Rand,
Vom Grat hinab uns gehn zum nächsten Runde;
  Ob hier ich lausche, kann ich nichts verstehn,
  Ich schau und sehe nichts in diesem Schlunde.«
»Bescheid geb ich dir nicht denn im Geschehn«,
  Entgegnet' er; »so ziemliches Verlangen
  Muß in Erfüllung ohne Worte gehn.«

So stiegen wir hinab der Brücke Wangen,
  Wo sie am Bord des achten Dammes hängt:
  Da konnte ganz die Kluft mein Blick umfangen.
Und in der Tiefe, schrecklich dicht gedrängt,
  Sah ich in Haufen Schlangen aller Lande,
  Daß heute, denk ich dran, das Blut mirs sengt.
Nicht rühme Libyen sich mit seinem Sande;
  Zeugt Nattern der und Ringler, Otternbrut,
  Pfeilschlangen, Vipern – nimmer, samt dem Strande,
Daran sich bricht des Roten Meeres Flut,
  Samt ganz Äthiopien heckte solche Haufen
  So giftigen Gewürmes seine Glut!
Durch solch Gezücht des Grauens sah ich laufen
  Angstvoll die Nackten, die kein Schlupfloch fanden
  Noch Wundersteines Schutz, sich zu verschnaufen.
Von Schlangen waren sie verstrickt, die banden,
  Das Kreuz durchbohrend, rücklings Hand an Hand,
  Da Kopf und Schweif sich vorn zum Knoten wanden.
Und sieh, auf einen, dicht an unsrem Rand,
  Fuhr eine Natter los, hat ihn durchstochen
  Da, wo der Hals ihm auf den Schultern stand;
Und eh das Amen einer noch gesprochen,
  Ging er in Flammen auf und brannte licht
  Und sank in Asche gleich mit Haut und Knochen.
Kaum lag er so am Boden, so zunicht,
  Da ballte sich von selbst der Staub, und wieder
  Stand selbst er da vor unsrem Angesicht.
So melden uns der großen Seher Lieder,
  Daß Phönix stirbt und wieder wird geboren,
  Trägt er ein Halbjahrtausend sein Gefieder:
Von Korn und Kraut die Kost hat er verschworen,
  Hat Weihrauch sich zur Speis und Spezerei
  Und Nard und Myrrhn als letztes Nest erkoren.

Wie wer da fiel und weiß nicht, was es sei,
Was plötzlich ihn zu Boden konnte strecken,
Ob Starrkrampf, der uns lähmt, ob Hexerei,
Wie der, erstanden, um sich starrt, vom Schrecken
Noch ganz verstört, der so ihn übermannt,
Und stöhnt und staunt, das Wunder zu entdecken:
Also der Sünder, als er auferstand –
Wie streng, o Herr, ist deiner Allmacht Walten,
Wie schrecklich züchtigt rächend deine Hand!
Mein Führer fragt' ihn, wer er sei: »Vom alten
Etruskerland«, entgegnet' er, »nur eben
Schneit' ich herab in diese schlimme Spalten.
Nicht menschlich führt' ich, nein, als Vieh mein Leben,
Maulesel ich, Hans Fucci! Herberg dort
Hat, wert des Viehs, Pistojas Stall mir geben.«
Und ich zum Meister: »Laß ihn so nicht fort!
Frag ihn, um welche Schuld er hergekommen,
Der kund als Bluthund mir, an diesen Ort.«
Zu mir wandt Aug und Sinn, der das vernommen,
Der Sünder, hehlte nicht mehr seine Schande
Und sprach, von bittrer Scham die Wang entglommen:
»Daß du mich finden mußtest hier im Stande
Des Elends, drin ich stecke, wurmt mich mehr,
Denn als ich kam ums Leben dortzulande!
Nicht weigern kann ich dir, was dein Begehr.
So tief mußt' ich hinab, weil ich beraubte
Das Heiligtum, an Prunkgeräten schwer;
Und fälschlich wards gebüßt an fremdem Haupte.
Doch daß dich nimmer, was du sahst, soll freuen,
Wenn Heimkehr dir das nächtige Reich erlaubte,
Tu auf dein Ohr und hör die Kunde dräuen!
Erst treibt Pistoja seine Schwarzen aus;
Dann in Florenz kehrt alles sich zum Neuen:

Mars schickt vom Magratale Nebelgraus,
  Aus dem sich finstre Wetterwolken ballen,
  Und wütend wird in wildem Sturmgebraus
Auf Camp Piceno Schlachtenlärm erschallen;
  Jach spaltet das Gewölk sein Wetterschlag,
  Der schwer aufs Haupt dann fällt den Weißen allen!
Das sag ich dir, daß dichs gereuen mag.«

Fünfundzwanzigster Gesang

Als er am Ende, rief, die Händ erhoben,
  Die Feige weisend gleich mit allen zwein,
  Der Dieb: »Da hast du's, Gott, dir gilts da droben!«
Von nun an mußt' ich freund den Schlangen sein;
  Ich sah um seinen Hals sich eine schlingen,
  Als sagte sie: ›Kein Wort nun mehr, halt ein!‹
Die Arme schnürt' aufs neu mit ihren Ringen
  Ein' andre, die sich vorn zum Knoten wand,
  Daß keinen Ruck zustand er konnte bringen.
Weh dir, Pistoja! Säumst du noch, den Brand
  Zu zünden, daß dein Bau in Asche falle?
  Die dich gepflanzt, beschämt ja deine Schand!
Die Höllenkreise hin, die finstren, alle
  Sah wider Gott ich keinen so empört,
  Nicht den, der einst gefällt auf Thebens Walle. –
Er floh, von dem kein Wort ich mehr gehört;
  Es folgt' ihm ein Zentaur: »Wo ist der Wilde?
  Wo ist er?« schrie er, ganz von Wut verstört.
So viel Gewürm birgt, glaub ich, das Gefilde
  Kaum der Maremmen, als er auf sich trug
  Vom Kreuz bis wo er ward zum Menschenbilde,
Und auf den Schultern mit gespreiztem Flug
  Saß hinterm Haupt ein Drache, der spie Feuer,
  Daß Glut dir, wo er naht', ins Antlitz schlug.

Der Meister sagte: »Schau das Ungeheuer!
 's ist Cacus, der in Bächen oft das Blut
 Am Aventin verströmt' im Felsgemäuer.
Nicht wo die Brüder traben, hält er Hut,
 Weil er vom nahen Weidefeld entführte
 Mit Diebestrug der Herden reiches Gut.
Ein Ende machte dann, wie's ihm gebührte,
 Herkules' Keule seiner Dieberei,
 Gab hundert ihm, davon nicht zehn er spürte.«
Indes er sprach und jener flog vorbei,
 So kamen unter uns entlang den Graben,
 Eh beide wirs gewahrt, der Geister drei.
Erst als sie laut uns angerufen haben:
 »Wer seid ihr?«, riß der Märe Garn, und dann
 Warn sie's allein, auf die wir Achtung gaben.
Nicht kannt ich sie; allein wie's dann und wann
 Der Zufall fügt, nannt einer unversehen
 Mit Namen einen andren und begann:
»He, Cianfa, wo mag der nur wieder gehen?«
 Und auf den Mund den Finger legt' ich mir,
 Dem Führer winkend, achtsam still zu stehen.
Säumst du zu glauben, Leser, was ich dir
 Nun sagen muß: kein Wunder! Immer wieder
 Mir, ders doch selber sah, mißtrau ich schier.
Weil ich nach ihnen blickend hob die Lider,
 Schnellt sich ein Wurm, sechsfüßig, auf den einen
 Und schmiegt sich fest an alle seine Glieder;
Den Leib umschlang er mit den mittlern Beinen,
 Indes die vordren Arm gepackt und Hand,
 Im Biß die Wangen pressend an die seinen.
Die hintren um die Schenkel fest gespannt,
 Streckt' er hindurch, inmitten beider Flanken,
 Den Schweif, der übers Kreuz hinauf sich wand.

So fest umspinnt den Baum mit seinem schwanken
Gezweig der Eppich kaum, wie um die seinen
Sich flugs des Ungeheuers Glieder ranken.
Sogleich, wie heißes Wachs, an Arm und Beinen
Verschmolz und mischt's die Farbe miteinand,
Daß keines, was es war, mehr konnte scheinen,
Wie auf papiernem Blatt dem Feuerbrand
Ein Braun vorangeht, noch zu unterscheiden
Vom Schwarz, indes bereits die Weiße schwand.
Es staunten her, es schrien die andren beiden:
Sieh! Sind das zwei? Ists einer? O du mein,
Agnel, was mußt du für Verwandlung leiden!«
Schon ward ein Haupt aus zweien, da in ein
Gesicht zwei Mienen ineinander gehen,
Darin das Wesen sich verlor von zwein;
Zwei Arme aus den vieren nun entstehen,
Und Rücken, Bauch und Bein samt Fuß gewinnen
Gestalt von Gliedern, so man nie gesehen.
In nichts schien alles Vorige zu zerrinnen,
Nicht zwei, nicht eines das verkehrte Wesen:
So schweren Schrittes, schleppt' es sich von hinnen. –
Wie übern Weg, wenn uns beim Ährenlesen
Des Hundssterns Hitze sticht, von Hag zu Hage
Die Eidechs huscht, als wärs ein Blitz gewesen,
So fuhr ein Schlänglein jetzt mit einem Schlage,
Hitzig und schwarzbraun wie ein Pfefferkorn,
Zu Leibe den Gefährten seiner Plage.
Just da, wo unsrer ersten Nahrung Born
Im Mutterleib, durchbohrt' es ihrer einen,
Dann, ihm zu Füßen, streckt' es sich da vorn.
Der Wunde staunt' es an, Laut gab er keinen,
Stand gähnend da, daß er vom Fieber schien,
Von Schlaf befallen, mit geschloßnen Beinen.

Er starrte auf die Schlange, die auf ihn,
Aus seiner Wunde und aus ihrem Rachen
Ging Qualm hervor und mischte sich im Fliehn.
Laßt nur Lucanen Wesens davon machen,
Wie schlimms Nasidius und Sabell geriet:
Er schweig und hör die Mär von diesem Drachen!
Von Kadmus, Arethusa schweig Ovid!
Ich neids ihm nicht, daß jenen er zur Schlangen,
Zum Quell die Maid verzaubert hat im Lied:
Nie hat er sich zu wandeln unterfangen
Zwei Wesen Stirn an Stirn, daß beider Sein
Den Tausch der Stoffe willig eingegangen!
So ging es, Zug um Zug, bei diesen zwein:
Zur Gabel ward der Schlangenschweif gespalten,
Dem wunden Manne wuchs da Bein an Bein;
Die beiden Füße samt den Schenkeln ballten
Sich aneinander, daß in kurzer Zeit
Kein Mal mehr war, wo sie zusammenhalten.
Und die Gestalt, die sie verloren, leiht
Des Wurms gespaltner Schweif; aus seiner Decken
Ward weiche Haut und hart des andren Kleid.
Ich sah in Achselhöhlen sich verstecken
Zwei Arme, sah des Untiers Füßepaar,
Wie jene schrumpften, sich, das kurze, strecken.
Zum Glied, das Männer bergen, sonderbar
Flochts dann in eins die hintren von den Beinen;
Der Sünder teilt' in zwei das seine gar.
Dieweil der Rauch in neue Farben einen
Und andren hüllt, den Scheitel dem mit dichter
Haarfülle kleidet, dem entblößt den seinen,
Stand dieser auf, und jener fiel, die Lichter,
Die tückischen, stet einander zugewandt,
Darunter jetzt sie tauschten die Gesichter.

Breit zu den Schläfen zogs, der aufrecht stand,
Wo, was an Fleisch zuviel war, aus den Wangen,
Die glatt zuvor, die Ohren ausgesandt;
Was vorn noch übrig, nicht zurückgegangen,
Ward Nase im Gesicht und schwellte dann
Die Lippen, bis sie Fülle recht empfangen.
Der dalag, spitzt voraus sein Maul, der Mann
Und zieht ins Haupt die Ohren, wie's nur eben
Der Schneck mit seinen Hörnern machen kann.
Die Zunge, schlicht, zum Reden ihm gegeben,
Er spaltet sie; die andre schließt den Spalt;
Der Rauch versiegt und schwindet im Entschweben
Die Seele, so verkehrt in Tiergestalt,
Ist zischend durch die Schlucht dahingeschossen,
Der andre spie noch hinterdrein und schalt;
Wandt' ihr die neuen Schultern dann: »Die Gossen
Hindurch mag bäuchlings nun, wie mirs geschehen,
Sich Buoso winden!« sagt' er dem Genossen.
Hab wandeln so Gestalt und tauschen sehn
Im siebten Zwinger. Haltet mirs zugute,
Will irr auf neuer Bahn der Griffel gehn!
Ob wirr mein Blick und wirblicht mir zumute,
Sie flohen nicht so stet mir abgewandt,
Daß ich, als säh ich ihn in Fleisch und Blute,
Nicht Puccio noch, den Hinkefuß, erkannt:
Von jenen drein, die letzt ich sah erscheinen,
Den einzigen, der sich nicht verwandelt fand.
Der andre war, der dich, Gaville, macht weinen.

Sechsundzwanzigster Gesang

Freu dich, Florenz! Wie groß bist du, wie weit
 Spannst du die Schwingen über Land und Meere!
 Auch höllab klingt dein Name weit und breit.
Fünf deiner Bürger fand ich unterm Heere
 Der Diebe: Schächer, daß die Scham mich nagt,
 Und wahrlich, dir auch bringt es wenig Ehre!
Doch wenn im Morgentraum die Wahrheit tagt,
 Dann spürst du bald – von andren nichts zu sagen –,
 Was Pratos Haß dir nur zu wünschen wagt.
Und träf es schon, hätts nicht zu früh geschlagen:
 O wärs geschehn, da's einmal doch muß sein!
 Je älter, um so schwerer werd ichs tragen. –
Fort gings, und wo das schrofige Gestein
 Uns Stufen bot, als wir herabgeklommen,
 Stieg an mein Führer, zog mich hinterdrein.
Doch als den Weg wir längs dem Grat genommen,
 Einschichtig, durchs Geklipp den Fels hinan,
 Wär ohne Hand kein Fuß vorangekommen.
Da kränkte sich mein Herz, und denk ich dran,
 Was ich gesehn, wirds immer neu gekränket,
 Und strenger zügl ich noch den Geist fortan,
Daß er mir nicht, von Tugend ungelenket,
 Hinstürme, daß nicht stört mein eigner Neid,
 Was Sternengunst, was höhre Macht mir schenket.
So wie am Hügel ruhend um die Zeit,
 Wenn, die das All in ihrem Lichte weidet,
 Nicht lang ihr Antlitz birgt im nächtigen Kleid,
Wenn Schnaken tanzen und die Fliege scheidet,
 Glühwürmchen drunten schwärmen sieht im Grund
 Der Landmann, wo er pflügt und Trauben schneidet:

Also von tausend Flammen glüht' im Rund
Ringsum die Kluft, die achte; so von droben
Erfand ichs, kaum daß sich erschloß ihr Schlund.
Wie der, um den die Bären Rache schnoben,
Elias' Feuerwagen sah im Fliehn,
Da steil die Rosse sich gen Himmel hoben –
Nicht konnt er mit dem Blick verfolgen ihn,
Sah weiter nichts als nur ein Feuerflammen
Gleich einem Wölkchen durch die Lüfte ziehn –,
So fuhren durch des Grabens Schlund mitsammen
Sie hin, und ihren Raub ließ keine sehen:
Barg einen Sünder jede doch der Flammen.
Ich blieb zu schauen auf der Brücke stehen,
Weit vorgereckt, und packt' ich nicht den Stein,
So stürzt' ich, ob mir auch kein Stoß geschehen.
Und der mich also sah, der Führer mein,
Sprach: »In den Feuern dort die Geister weben;
Die Glut, die jeden sengt, hüllt jeden ein.«
»Gewißheit, Meister, hat dein Wort mir geben«,
Gab ich zurück, »doch schwante mirs schon ehe,
Daß dem so sei, und fragen wollt' ich eben:
Wer ist im Feuer, das ich kommen sehe
So zwiegespitzt, als obs vom Leichenbrand
Eteokles' und seines Bruders wehe?«
Erwidert' er: »Da sind in Qual gebannt
Ulyß und Diomedes, gleich mitsammen,
Zur Sühne wie zur Sünde Hand in Hand.
Ums Roß der Tücke seufzts in dieser Flammen,
Das jene Bresche brach, die Ausweg bot
Dem edlen Schoß, dem Roma sollt' entstammen.
Da wird die List beweint, die noch im Tod
Um Held Achill läßt Deidamia klagen,
Auch fürs Palladium straft sie solche Not.«

»Ach, können in der Glut ein Wort sie sagen«,
Sprach ich, »so bitt ich, Meister, bitt dich wieder
Und bitt dich tausendmal: Laß mich sie fragen!
Laß hier mich harren, sei mir nicht dawider,
Bis die gehörnte Flamme sich will nahn.
Sieh, wie mein Herz sich neigt zu ihnen nieder!«
Und er zu mir: »Dein Wunsch ist wohlgetan,
So lob ich ihn und will dirs nicht verwehren,
Doch halt die Zunge still, laß mir die Bahn!
Mir ist ja wohl bewußt, was dein Begehren,
Und leichtlich mag dein Wort in Übelsinnen,
Denn Griechen warens, ihren Mut verkehren.«
Dann, als die Flamme näher kam da drinnen
Und Zeit und Ort ihm günstig schien zu sein,
Hört' ich den Meister dergestalt beginnen:
»Ihr, die in einem Feuer brennt zu zwein,
Hab ichs um euch verdient in meinen Tagen,
Hab ich Verdienst um euch, ob groß, ob klein,
Da dort im Lied ich sang die hehren Sagen:
Bleibt stehn, und euer einer sag mir an,
Wohin ihn seine Todesfahrt verschlagen.«
Der alten Flamme größtes Horn begann
Mit leisem Knistern alsobald zu beben,
Wie Windeshauch sie flackern machen kann;
Als wärs die Zunge selbst, die Laut will geben,
Wiegt's hin und her die Spitze, brachte gar
Der Stimme Laut hervor und sagte: »Eben
Schied ich von Circe, die mich Tag und Jahr
Nah bei Gaëta für sich hehlen wollte,
Das ungetauft noch von Äneas war:
Nicht Sohneshuld, nicht Ehrfurcht, die ich zollte
Dem alten Vater, nicht der Liebe Pflicht,
Dran sich Penelope getrösten sollte,

All das bezwang die Glut des Strebens nicht,
Das in mir war, die ganze Welt zu kennen
Und was, so Gut als Böse, da geschicht.
So ging aufs offne, hohe Meer das Rennen
Mit einem Kiel, mit jener kleinen Bande,
Die nichts im Leben von mir konnte trennen.
Die Ufer beide sah ich, Land um Lande,
Bis Spanien, bis Marokko, meerumwallt
Die Inseln alle nächst Sardiniens Strande.
Ich war und die Gefährten müd und alt,
Als uns zum engen Schlund der Kiel getragen,
Wo noch, von Herkules gesetzt, der Halt
Dem Schiffer dort gebot, die Male ragen.
Schon ließen wir Sevilla rechter Hand,
Und links dahinten Ceutas Küsten lagen:
›Ihr Brüder!‹ sprach ich, ›habt des Westens Strand
Erreicht mit vielen tausend Leibsgefahren:
Wollt ihr nicht nützen, was am Grabesrand
Den wachen Sinnen noch verbleibt an Jahren,
Der Sonne nach, auf Kundschaft nun bedacht,
Vom Land, das ohne Menschen, auszufahren?
Seht eure Abkunft an! Seid nicht gemacht,
Hienieden wie das blöde Vieh zu leben:
Auf Mannheit und auf Wissen habet acht!‹
Den Fahrtgenossen schärft' ich so das Streben
Mit solchem kurzen Spruch zu solchem Zuge,
Daß keiner, wollt' ichs selbst, mehr Ruh gegeben.
Und, mit dem Heck gen Ost, zum tollen Fluge
Beflügelte die Ruder unser Mut,
Nach Backbord immer steuernd mit dem Buge.
Vom andren Pol sah aller Sterne Glut
Das Auge schon der Nacht, sah unsren sinken.
Der nimmermehr enttaucht der Meeresflut.

Fünfmal erlosch, um fünfmal aufzublinken,
  Der Mondesscheibe Licht, seit wir im Lauf
  Zum Ziele, das so glorreich schien zu winken:
Da taucht' im fahlen Dunst der Ferne auf
  Ein Bergeshaupt; noch keines sah ich ragen
  In solcher Höh zum Himmel schier hinauf.
Wir jauchzten; rasch verkehrte sichs in Klagen!
  Vom neuen Lande kam ein Wehn und Wallen
  Und hat des Schiffes Schnabel hart geschlagen:
Dreimal im Wirbel mit den Wassern allen
  Kreist's um sich selbst; dann stieg das Heck, der Bug
  Taucht' in die Flut, wie's droben dem gefallen,
Bis über uns das Meer zusammenschlug.«

Siebenundzwanzigster Gesang

Schon lohte steil und still und sprach nicht länger
  Die Flamme, war von hinnen schon gegangen,
  Dieweil ihr Urlaub gab der teure Sänger,
Da blieb mein Blick an einer andren hangen,
  Die nach ihr kam, an ihres Wipfels Strahl
  Verworrner Laute halb, die draus erklangen.
Wie des Siziliers Stier, den dessen Qual
  Zuerst ließ brüllen – recht ist ihm geschehen –,
  Der ihn gefeilt; wie der ein jedes Mal
Mit dessen Stimme, der drin litt die Wehen,
  So brüllte, daß er selber, ob von Erz,
  Die Schmerzen schien, die bittren, auszustehen:
So, weil versperrt der Ausweg allerwärts,
  Ward erst zur Sprache noch des Feuers eben,
  Was aus der Flamme tönte, Wort und Schmerz.
Doch da's am Ende droben Raum gegeben,
  Da hörten wir, indes die Spitze sich
  So, wie die Zunge drinnen, schwang mit Beben,

Sie sagen: »Du, den jetzt ich grüße, sprich,
Der du lombardisch sprachst und sagtest: ›Renne
Nur weiter itzt; nicht heisch ich fürder dich‹ –
Scheint dirs, als ob ich mich zu spät besänne,
Laß dich nicht reuen, Rede mir zu stehn.
Reuts mich doch selber nicht, und sieh, ich brenne!
Fährst grad zur blinden Welt, wie wir dich sehn,
Herab aus Welschlands wonnigen Gehegen,
Daher ich mit mir schleppt' all mein Vergehn:
Sag, hat Romagna Krieg? Spürts Friedens Segen?
Dort aus den Bergen stamm ich, die vom Joch,
Wo Tibers Ursprung, gen Urbin gelegen.«
Ich stand hinabgeneigt und lauschte noch,
Da rührte mich mein Führer an der Lende:
»Sprich du jetzt«, sagt' er, »der ist Welscher doch!«
Drum ich, bereit zur Antwort schon, behende
Und ohn Verzug zu reden so begann:
»O Seele, du verborgne, dort! Kein Ende
In deiner Heimat nahm und nimmt fortan
Im Herzen ihrer Zwingherrn je das Streiten;
Doch offne Fehde traf ich just nicht an.
Ravenna steht, wie's stand seit alten Zeiten:
Polentas Adler deckts mit dem Gefieder
Der Schwingen, die sich über Cervia breiten.
Die Feste, wo der Franken blutige Glieder
Sich türmten, da so lang sie standgehalten,
Sieht sich in Hut der grünen Pranken wieder.
Verrucchios Rüd – der junge samt dem alten,
Die tückisch dort Montagna schon gefällt –
Braucht noch den Fang, wo er gewohnt zu schalten.
Lamones Burg läßt wie Santerns Gezelt
Von jungen Leun im weißen Nest sich leiten,
Ders heut mit dem, mit jenem morgen hält.

Und sie, der Savio spült des Burgwalls Seiten,
Wie zwischen Berg sie liegt und flachem Grund,
Schwebt zwischen Freiheit noch und Dienstbarkeiten.
Nun aber bitt ich: sprich und tu dich kund!
Sei spröder nicht denn andre, soll da droben
Dein Name währen auf dem Erdenrund.«
Nachdem das Feuer prasselnd erst geschnoben,
Wie's seine Weise, schwenkt' es hin und her
Die Spitze, draus ein Hauch sich dann erhoben:
»Dächt ich, es hörte mein Erwidern wer,
Der jemals kehren mag zum Erdenrunde,
Kein Zucken gäbs in dieser Flamme mehr;
Doch weil noch keine Seele diesem Schlunde,
Hört' ich die Wahrheit, lebend je entrann,
Drum, sonder Scheu vor Schande, geb ich Kunde.
Ein Kriegsmann war ich, nahm den Strick sodann;
Das, glaubt' ich, würde meiner Seele frommen,
Und sicher schiens, daß ich das Heil gewann,
Wenn nicht der Erzpfaff – mags ihm schlimm bekommen! –
In alte Schuld mich wieder stürzt' aufs neu;
Wie und warum, das hast du bald vernommen.
Ich war in meinen Taten, meiner Treu,
Dieweil ich droben Fleisch und Bein getragen,
Wie's mir die Mutter ließ, mehr Fuchs denn Leu.
Jedweden Schleichwegs kundig, wohlbeschlagen
In allen Listen, spann ich sie so fein,
Daß alle Welt davon gewußt zu sagen.
Doch als ich an der Wende mochte sein
Des Alters, wo's dem Menschen ziemt zu sorgen,
Daß still er Taue zieht und Segel ein,
Da ward, was lieb, mir leid, von heut auf morgen;
Voll Reu bekannt ich, nahm das Ordenskleid,
Und – weh mir Armem! – bald war ich geborgen.

Der neuen Pharisäer Haupt, im Streit
  Mit denen dort am Lateran gelegen –
  Nicht Türken, Juden nicht, da fehlt ihr weit!
Nein, lauter Christen hatt' er sich entgegen,
  Davon nicht einer Handel trieb im Lande
  Des Sultans noch vor Acri zog den Degen –
Nicht seines Amts, nicht heiliger Satzung Bande,
  Nicht meines Strickes achtet' er da mehr,
  Der auszehrt, wo er gürtet die Gewande:
Wie Konstantin vom Berg Soracte her
  Sylvester rief, den Aussatz ihm zu heilen,
  So trug er da nach meiner Kunst Begehr.
Sein Hoffart-Fieber heilen, Rat erteilen
  Sollt' ich ihm nun, doch schwieg ich mit Bedacht,
  Klang doch sein Wort wie Trunkner irres Geilen.
Drauf er: ›Dein Herz sei ohne Arg! Hab acht:
  Ich sprech dich los im voraus. Sollst mich lehren,
  Wie Palestrina wird zu Fall gebracht.
Du weißt: erschließen kann ich und verwehren
  Den Himmel; darum sind der Schlüssel zween,
  Die minder hoch mein Vorfahr hielt in Ehren.‹
Durch so gewichtige Sprüche konnts geschehn,
  Daß mirs am schlimmsten schien, wenn ich geschwiegen,
  Und sagte: Wäschst du mich von dem Vergehn,
Mein Vater, rein, dem jetzt ich muß erliegen,
  Sieh: viel versprechen, wenig halten kann
  Auf hohem Stuhl dir helfen obzusiegen.
Sankt Franz kam, da's mit mir zu Ende dann;
  Doch einer von den schwarzen Cherubinen
  Rief: ›Weg die Hände! Rühr ihn mir nicht an!
Der muß hinab zu denen, so mir dienen,
  Dieweil zum Trug er riet: seit jenem Rat
  Am Schopf ihn halt ich, bis sein Tag erschienen.

Nicht wird erlöst, wer nicht bereut die Tat,
Noch kann man wollen und zugleich bereuen:
Das widerspricht sich, schau, wie Krumm und Grad!‹
Weh mir, wie schreckt' ich auf, als er mit Dräuen
Mich packt' und höhnte: ›Gelt, du ahntest nicht,
Daß ich solch Logicus? Ja, meiner Treuen!‹
Er schleppte mich vor Minos' Angesicht;
Der schlägt den Schweif sich achtmal um die Lende
Und beißt hinein vor grimmer Wut und spricht:
›Verdammt zum Fraße für die Feuerbrände!‹
Bin drum hieher, wo du mich siehst, verbannt,
Geh so verhüllt und gräme mich ohn Ende.«
Da seine Märe so geendet, schwand
Die Flamme klagend hin, dieweil mit Wogen
Ihr spitzig Horn sich bog und flackernd wand.
Wir gingen übern Grat zum nächsten Bogen,
Ich und mein Führer, drunter, in der Bucht,
Zoll zahlt, wer sich aufs Haupt herabgezogen,
Zwietracht entzündend, der Vergeltung Wucht.

Achtundzwanzigster Gesang

Wer, selbst in schlichter Rede, gäb in Treue
Bericht, was jetzt ich sah von Blut und Wunden,
Erzählt' ers wieder gleich und stets aufs neue!
Unmächtig würde jede Zung erfunden,
Zu kurz von Atem unser Sinn und Wort,
So Ungeheuerliches zu bekunden.
Wenn all in eine Reih gestellt, die dort,
Wo schicksalsreich Apuliens Felder liegen,
Grausam gefällt im blutigen Männermord:
Durch Trojas Enkel, in den ewigen Kriegen,
Da – Livius schreibts und weiß es – jene Beute
Der Feind an goldnen Ringen konnt' ersiegen;

Samt denen, die's nach harten Schlägen reute,
Daß Trotz sie boten Robert Guiscards Heere,
Und jene, deren Totenbein noch heute
Bei Ceperan man liest, wo feil die Ehre
Apuliens ward, auf Tagliacozzos Grund,
Wo Alard siegt', der Alte, sonder Wehre;
Und wenn verstümmelt der und jener wund
Die Glieder wiese: nimmer möcht' es gleichen
Dem Greuel, den da wies der neunte Schrund.
So klafft kein Faß, dem aus den Fugen weichen
Die Dauben, als ich einen sah, zerhauen
Vom Kinn bis dahin, wo man Wind läßt streichen:
Zum Knie hing sein Gedärm; man sah mit Grauen
Herz, Leber, Lung, den eklen Schlauch zuletzt,
Der, was man einschlingt, muß zu Kot verdauen.
Dieweil ich auf ihn starrte, ganz entsetzt,
Sah er mich an, rief, mit den Händen beiden
Die Brust aufreißend: »Schau, wie ich zerfetzt!
Schau, welche Wunden Mahomet muß leiden!
Vor mir geht Ali, weinend, von den Braun
Gespalten bis zum Kinn von scharfer Schneiden.
Ein jeder war, den hier du kannst erschaun,
Sämann von Zwist und Hetzerei im Kleide
Des Fleisches: jetzt drum selber so zerhaun.
Ein Teufel, der uns solches tut zuleide,
Dort hinten steht; wenn wir die Bahn hinwieder
Der Qual umkreist, fällt seines Schwertes Schneide
Aufs neu auf jeden unsrer Rotte nieder;
Denn eh wir wieder ihm vorübergehn,
Sind allemal geheilt die wunden Glieder.
Doch wer bist du? Bleibst ob dem Bogen stehn
Und gaffest? Aufschub hoffst du wohl der Plage,
Die dir auf deine Beichte ausersehn?«

»Nicht Tod«, beschied mein Meister seine Frage,
 »Noch Sünde führt ihn her zur Marter hier;
 Auf daß ihm Fülle der Erkenntnis tage,
Muß ich, der tot, durchs höllische Revier
 Hier unten ihn von Kreis zu Kreis geleiten –
 Wahr ist es, wie ichs sage, glaube mir!«
Viel hundert hielten in des Grabens Breiten,
 Da sie's gehört, vergessend ihrer Pein,
 Nach mir zu schaun, vor Staunen an im Schreiten.
»Sag Fra Dolcino denn, der du den Schein
 Der Sonne magst in Bälde wiedersehen:
 Will er in Kürze nicht mein Folger sein,
So rüst er Vorrat, eh noch Schneeverwehen
 Zum Sieg dem Novaresen helfen kann,
 Der ohne dies ihn teuer käm' zu stehen!«
Das kündete mir Mahomet noch an,
 Den einen Fuß erhoben schon zum Schritte,
 Setzt' ihn zu Boden drauf und schritt hindann.
Ein andrer, dem durchbohrt des Schlundes Mitte,
 Dem eins der Ohren fehlt' und an den Brauen
 Die Nase war gekappt mit scharfem Schnitte
Und der mit jenen staunend stand zu schauen,
 Der tat vor ihnen auf den Spalt der Kehle,
 Ganz überströmt von roten Blutes Grauen,
Sprach: »Du, der nicht verdammt um Schuld und Fehle,
 Den ich schon droben sah, im welschen Land,
 Trügt Ähnlichkeit nicht täuschend meine Seele:
Pier Medicinas denk, wenn heimwärts fand
 Dein Fuß zum holden Plan, der sich vom Grunde
 Vercellis senkt gen Marcabò zum Strand.
Herrn Guido gib und Angiolello Kunde,
 Den Edelsten zu Fano: Trügt uns nicht
 Der Blick ins Künftige hier im Höllenschlunde,

So werden sie vom Schiff gestürzt und dicht
Vor Schloß Cattolica ertränkt, verraten
Von einem Zwingvogt, einem Bösewicht.
Nie sah Neptun so schnöde Freveltaten
Von Zypern bis Mallorca noch geschehen,
Nicht durch Argiverhand noch durch Piraten!
Der Schalk mit einem Auge, dem zu Lehen
Die Stadt, die dieser, der hier mit mir geht,
Wohl wünscht, er hätte nimmer sie gesehen,
Zur Zwiesprach lädt er sie; doch nicht Gebet
Und nicht Gelübde tut mehr not den beiden,
Wenn dann die Windsbraut von Focara weht.«
Und ich zu ihm: »Soll ich von dir bescheiden
Die droben, weise mir und sag mir an:
Wer ists, dem solches Sehn schuf solches Leiden?«
Da faßt' er mit der Hand den Nebenmann
Am Kiefer, riß den Mund ihm auf und sagte:
»Hier dieser ist es, der nicht reden kann!
Er wars, der Cäsarn mahnte, der Verjagte,
Daß, wer gerüstet, sich zum Schaden harrt,
Den Zweifel so erstickend, der noch zagte.«
O wie verschüchtert Curio da gestarrt,
Nun ihm, der einst so dreist war, Rat zu spenden,
Die Zunge aus dem Hals geschnitten ward!
Und einer, der gestutzt an beiden Händen,
Hob in die finstre Luft die Stümpfe grad,
Daß strömend Blut sein Antlitz mußte schänden,
Und rief: »Gedenk auch Moscas, der den Rat:
›Wer wagt, gewinnt‹ – ich Unglücksmann! – gegeben;
Das war den Tuskern schweren Unheils Saat.« …
»Und deiner Sippe«, rief ich, »gings ans Leben!«
Da, Leid zu Leide häufend, sah ich wund
Und gramverstört von hinnen ihn sich heben.

Ich blieb, den Schwarm zu mustern dort im Schlund,
Und sah, was ich zu melden müßte zagen,
Alleinig, ohne andrer Zeugen Mund;
Doch mein Gewissen heißts mich kühnlich wagen;
Das ist ein gut Geleit: kanns wohl bestehen,
Mag frei das Herz in solchem Harnisch schlagen!
Weiß Gott, ich sah und glaub es noch zu sehen:
Ein Rumpf kam ohne Kopf! Gleich andren hier
Im Zug des Jammers sah ich so ihn gehen.
Hatt' in der Hand, wie eine Leuchte schier,
Das abgehaune Haupt am Schopfe hangen;
Das sah uns an und sagte: »Wehe mir!«
Sich leuchtend mit sich selbst, kam er gegangen,
War zwei in einem, einer wars in zwein –
Wie's sein kann, weiß, der so ihn hält gefangen!
Da grad er unterm Bogen kam herein,
Sah ich den Arm mitsamt dem Haupt ihn heben,
Daß nah uns sollten seine Worte sein;
Die waren: »Sieh die bittre Pein, der, Leben
Noch atmend, du die Toten kommst zu schauen,
Sieh, ob es größre kann denn diese geben!
Und wisse, daß du's andren magst vertrauen:
Bertran de Born bin ich, der üblen Rat
Dem jungen König mich vermaß zu brauen:
Verhetzte Sohn und Vater! Ärgres tat
An Absalom und David nicht, verschlagen,
Ahitophel mit giftiger Stacheln Saat.
Konnt ich, was so verknüpft, zu trennen wagen,
Muß nun getrennt – weh mir! – von seinem Keim,
Der hier in diesem Stumpf, mein Hirn ich tragen.
So zahlt Vergeltung, was ich tat, mir heim.«

Neunundzwanzigster Gesang

Die Menge Volks, die gräßlich vielen Wunden,
So trunken hatt's mein Auge schier gemacht,
Daß es zum Weinen gerne Rast gefunden.
Doch sprach Virgil: »Was gaffst in diesen Schacht?
Was hat dein Blick der Schatten dort im Grunde,
Der schnöd verstümmelten, allein nur acht?
So standst du ja vor keinem andren Schrunde.
Bedenke, willst du zählen, die da gehen:
An zweiundzwanzig Meilen mißt die Runde.
Schon muß der Mond zu unsren Füßen stehen;
Kurz ist, die jetzt uns noch vergönnt, die Frist,
Und viel zu sehn, was du noch nicht gesehen!«
»Erwogst du«, sagt' ich, »was die Ursach ist,
Daß so ich spähte, hättst du wohl gelitten,
Daß hier mein Fuß das Weitergehn vergißt.«
Mein Führer war derweil vorangeschritten,
Ich, weil ich Antwort gab, kam hinterdrein
Und fuhr nun fort: »In dieser Geister Mitten,
Im Schacht, da so mein Auge starrt' hinein,
Muß, dünkt mich, einer meines Bluts beweinen
Die Schuld, die drunten lohnt so herbe Pein.«
Sprach da der Meister: »Nicht um diesen einen
Zerbrich, fürwahr, den Kopf dir fürder mehr.
Hab acht auf andre Not, laß ihn der seinen!
Am Fuß des Bogens sah ich ihn vorher:
Geri del Bello rief es ihn; von drinnen
Reckt' er nach dir die Hand und drohte schwer.
Dir aber nahm gefangen all dein Sinnen
Der weiland Burgherr just von Autafort,
Und sahst nicht her, und so ging er von hinnen.«

»Mein Führer«, sagt' ich da, »der blutige Mord,
Den der Genossen solcher Schmach zu rächen
Noch keiner kam, empört ihn fort und fort;
Und darum, mein' ich, ohn ein Wort zu sprechen,
Ging er dahin; so fühl ich schärfer noch
Um ihn den Stachel jetzt des Mitleids stechen.«
So redend kamen wir zum Brückenjoch,
Wo grad sich weist des nächsten Schlundes Grausen
Und bis zum Grund, wär lichter solch ein Loch.
Als nun ob Übelbuchtens letzter Klausen
Wir standen, wo der Laienbrüder Chor
In Sicht uns sollte kommen, die da hausen,
Da schnellt' unendlich Wehgeheul empor
Mit Pfeilen, dran von Mitleid scharf die Schneiden,
Daß mit den Händen ich verwahrt mein Ohr.
Wie wenn Maremmen und Sardiniens Heiden,
Vom Chianatale jegliches Spital
Von Juli bis September all ihr Leiden
In eine Gruft entleerten, so viel Qual
War hier gehäuft und wie verfaulter Glieder
Pesthauch entquoll ein Wrasen diesem Tal.
Zum letzten Damm hinab nun stiegen wieder
Vom langen Grat wir, stetig links gewendet,
Und schärfer drang mein Blick zur Teufe nieder,
Wo sie, der nie ein Trug den Blick geblendet,
Des Höchsten Schaffnerin, Gerechtigkeit,
Die Fälscher straft, die hier sie hergesendet.
Nicht kläglicher war sicherlich das Leid,
Dran ganz Ägina hinsiecht', anzusehen,
Als so voll Gift die Lüfte weit und breit,
Daß alles Lebende mußt' untergehen
Bis auf den kleinsten Wurm, und Imsensamen
Aufs neu die alten Völker ließ erstehen:

Wie wirs für wahr aus Dichtermund vernahmen,
So sahn im finstren Schlund die Geister wir,
Die Hauf bei Hauf in Siechtum da verkamen.
Dort auf dem Bauche, auf dem Rücken hier
Lag einer überm andren, auf den Händen
Kroch mancher durch das traurige Quartier.
Schrittweis, in Schweigen ging ich, die Elenden
Betrachtend und belauschend, die, zu stehn
Unmächtig, da sich streckten allerenden.
Und aneinander lehnen sah ich zween,
Wie Pfann an Pfanne, wärmt man sie am Herde,
Scheckig von Grind vom Kopfe zu den Zehn.
So sah ich keinen Stallknecht seine Pferde
Noch striegeln, ob auch sein Gebieter warte,
Ob satt, der spät muß wachen, der Beschwerde:
So flink, als über ihrer Leiber Schwarte,
Weils keine Lindrung sonsten für die Wut
Des Juckens gab, der Nägel Schneide scharrte.
Und ihre Krallen schabten bis aufs Blut
Den Schorf herunter, wie des Messers Klinge
Dem Fisch, dem breitgeschuppten Brassen tut.
»Der mit den Fingern dich die Schuppenringe
Zu lösen mühst«, begann, der mir Geleit,
Zu ihrer einem, »und sie brauchst als Zwinge,
Soll dir zu solchem Tun in Ewigkeit
Der Nägel Waffe taugen, magst mir sagen:
Sind dort Lateiner drinnen, wo ihr seid?«
»Lateiner sind wir zwei, die so in Plagen«,
Versetzt' er weinend, »just du siehst vor dir.
Doch wer bist du, der kommt, nach uns zu fragen?«
Mein Führer drauf: »Ich bin, der diesen hier
Von Kreis zu Kreis geleitet, ihm, der lebend,
Zu weisen dieses höllische Revier.«

Da sprengt's den Knäuel, und den Blick erhebend,
Starrt' her samt allen, die's ihn hörten sagen,
Auf mich das Paar, an allen Gliedern bebend.
Er aber sprach, den Arm um mich geschlagen,
Der gute Meister: »Frag, was dir gefällt!«
Und ich, da's ihm gefiel, hob an zu fragen:
»Soll euer Name nie auf jener Welt
Aus Menschenwissen schwinden und in Jahren
Lebendig bleiben unterm Himmelszelt,
Sagt, wer ihr seid, wer eure Väter waren!
So schnöd auch eure Pön und widerlich,
Habt keine Scheu, mir euch zu offenbaren.«
»Bin von Arezzo; mich ließ Alberich
Von Siena brennen«, sagte ihrer einer.
Doch was mein Tod, nicht hierher bracht' es mich.
Wohl sagt' ich jenem – spotten wollt ich seiner –,
Ich könnt im Flug mich in die Lüfte heben;
Und er, in Neugier groß, an Witze kleiner,
Verlangte solche Kunst zu sehn, und eben,
Weil ich kein Dädalus, ging er durch den,
Der ihn als Sohn gehalten, mir ans Leben.
Allein zur letzten Kluft von allen zehn
Verdammt' um Alchimie, der ich ergeben,
Mich Minos' Spruch, der nimmer fehl darf gehn.«
»Hats je ein Volk wie Sienas wohl gegeben«,
Fragt' ich den Sänger, »das so eitel war?
Fürwahr, die Franken selbst sind nichts daneben!«
Darauf der andre aus dem grindigen Paar,
Der solches hörte: »Stricca ausgenommen,
Ihn, der im Aufwand Maß hielt so aufs Haar!
Und Niccolò, von dem zu Nutz und Frommen
Das Nelken-Festgericht die Welt empfahn
Im Garten, da solch Same aufgekommen;

Den Orden auch, drin Caccia von Ascian
  Den Weinberg und der Forsten ganze Breite
  Und Abbagliato seinen Witz vertan.
Doch daß du's weißt, wer so dir steht zur Seite,
  Gehts wider Siena: faß ins Auge mich
  Scharf, daß mein Antlitz auf die Spur dich leite;
Capocchios Schatten, siehst du dann, bin ich,
  Der Schwarzkunst übte, Truggold mir zu schaffen.
  Kenn ich dich recht, besinnst dich sicherlich
Auf mich, auf der Natur getreuen Affen.«

Dreißigster Gesang

Zur Zeit, als Juno Thebens Sippe grollte
  Um Semele, was grausam all ihr Blut
  Noch ein- und andermal verspüren sollte,
Ward Athamas gepackt von toller Wut,
  Schrie, da sein Weib er sah, der Knaben einen
  Auf jedem Arm: »Spannt Netze, daß die Brut
Ich greifen kann, die Löwin samt den Kleinen!«
  Und mit erbarmungsloser Kralle faßt
  Den ersten er, Learchen, an den Steinen
Die Gliederchen in wilden Schwunges Hast
  Ihm zu zerschmettern; drauf sich in die Fluten
  Die Mutter warf mit ihrer andren Last.
Und als dann Trojas Stolz, des hochgemuten,
  Fortuna streckt' in Staub und miteinand
  Das Reich und seinen König ließ verbluten
Und Hekuba, elend, in Feindeshand,
  Polyxena so kläglich fand als Leiche,
  Tot ihren Polydor am Meeresstrand,
Da fiel in Raserei die Schmerzensreiche
  Und bellte wie ein Hund; so hatt ihr da
  Den Sinn verstört ihr Leiden ohnegleiche.

Doch solche Tollwut nimmer Theben sah
  Noch Troja wider Tier und Menschen toben,
  Wie dort von zweien Schatten nun geschah.
Die kamen bleich und bloß herangestoben,
  Mit Zähnen um sich schnappend wie die Schweine,
  Wenn man ins Feld sie läßt aus ihrem Koben.
Sich auf Capocchio stürzend, schlug der eine
  Die Zähn ihm ins Genick und schleift' ihn fort,
  Der mit dem Bauch geschürft des Bodens Steine.
Der von Arezzo, bebend stand er dort:
  »Hans Schicchi«, sagt' er, »ists, der, ganz von Sinnen,
  Uns so verheerend, rast von Ort zu Ort.«
»Ach, willst du jenes andren Zahn entrinnen«,
  Bat ich ihn, »laß, von ihm Bescheid zu geben,
  Dich nicht verdrießen, eh er ganz von hinnen.«
Und er zu mir: »Die Myrrha wars im Leben,
  Die weiland Sünderin, die mehr als Fug
  In Liebe ihrem Vater war ergeben.
In fremder Scheingestalt, mit Trug und Lug
  Sich hehlend, hat sie sich mit ihm vergangen;
  Wie jener, der da flieht, mit frechem Trug,
Um seines Marstalls Krone zu erlangen,
  Buoso Donat gespielt, sich Rechtens gar
  Sein Testament zu machen unterfangen.«
Als meinem Blicke schwand das tolle Paar,
  Des Grimm so schreckenvoll vor mir gewaltet,
  Sah ich mich um in der verworfnen Schar.
Und einen sah ich da, der war gestaltet
  Wie eine Laute, wollt' er kappen lassen
  Den Leib von da an, wo der Mensch sich spaltet.
Die Wassersucht, die so zu plumpen Massen
  Entstellt die Glieder durch verdorbnen Saft,
  Daß Kopf und Wanst nicht mehr zusammenpassen,

Ließ gähnen seine Lefzen ganz erschlafft,
Wie Hektischen zum Kinn herab die eine,
Die andre in die Höh vor Dürsten klafft.
»O ihr«, sprach er zu uns, »die sondern Peine –
Weiß nicht, warum –, hier geht durchs Jammertal,
Schaut an dies Elend, merkt, warum ich weine:
Seht Meister Adam, der nach seiner Wahl
Genüge hatt' im Leben und zur Stunde.
Ach, um ein Tröpflein Wasser lechzt in Qual!
Die Bächlein, die vom grünen Hügelrunde
Des Casentin zum Arno niederrinnen,
Ihr Bett sich grabend kühl im feuchten Grunde,
Ihr Bild steht mir ohn Ende vor den Sinnen,
Und nicht umsonst: mehr dörrts mich als die Sucht,
Die dieser Wangen Fleisch mir zehrt von hinnen.
Gerechtigkeit, die streng mich nimmt in Zucht,
Sie braucht die Flur, wo ich gefehlt, die holde,
Zu peitschen meiner Seufzer bange Flucht.
Dort liegt Romen; da fälscht' ich ja vom Golde
Mit unsres Täufers Stempel Schrot und Korn,
Drum mir das Feuer droben ward zum Solde.
Ach, säh ich Guidos Geist in Gottes Zorn
Und seiner Brüder Seelen hier sich plagen!
Den Anblick gäb ich nicht um Brandas Born.
Der eine ist schon hier, so hört' ich sagen,
Das hier die Runde macht, das tolle Paar –
Was hilfts mir, der in Fesseln so geschlagen?
Ja, wär ich so behend, daß hundert Jahr
Genug, um einen Zoll voranzuschreiten,
Ich machte längst mich auf den Weg fürwahr
Und sucht' ihn hier im Schwarm der Maledeiten,
Mißt elf der Meilen gleich die ganze Reih
Und mindstens eine halbe in der Breiten.

Durch sie bin ich in solcher Kumpanei:
  Sie stifteten mich Gulden an zu schlagen,
  Darin gut drei Karat nur schlechtes Blei.«
»Wer sind die beiden«, fragt' ich, »die in Plagen
  Dir rechter Hand gelegen Seit an Seit,
  Dampfend wie nasse Händ an Wintertagen?«
»Ich fand sie«, sagt' er, »als ich hergeschneit
  In diesen Spalt; die wechseln nie die Lage
  Und liegen, dünkt mich, so in Ewigkeit.
Die da hob wider Joseph fälschlich Klage,
  Der andr' ist Sinon dort, der griechische Gauch:
  Sie qualmen so von hitzigen Fiebers Plage.«
Der andre, dens zu wurmen schien, daß auch
  Ihn selber so bescholten sein Geselle,
  Schlug mit der Faust ihm auf den prallen Bauch.
Wie eine Trommel klang es; doch zur Stelle
  Schlug jenem Meister Adam ins Gesicht,
  Und nicht gelinder, seines Armes Elle
Und rief: »Ob mir der Glieder schwer Gewicht
  Gleich jede Regung hemmt, mein Arm ist immer
  Noch locker, traun, und taugt zu solcher Pflicht!«
Drauf der zu ihm: »So rüstig war er nimmer,
  Als du ins Feuer gingst; beim Münzenschlagen,
  Da rührtest du ihn so und wohl noch schlimmer!«
Und jener Dickwanst: »Magst die Wahrheit sagen;
  Doch so wahrhaftig war dein Zeugnis nicht,
  Als Wahrheit heischt' in Troja jenes Fragen!«
»War falsch«, versetzte Sinon, »mein Bericht:
  Du fälschtest Bild und Schrift; die eine Lüge
  Büß ich, du mehr als sonst ein Höllenwicht.«
»Meineidiger«, rief er, dem so ungefüge
  Der Bauch sich blähte, »denke nur ans Pferd!
  Daß alle Welt es weiß, sei dir zur Rüge!«

»Und dir der Durst, der deine Zunge sehrt«,
Schrie da der Grieche, »und die Eiterjauche,
Die solchen Wall von Wanste dir beschert!«
Der Kipper drauf: »Du sperrst nach eurem Brauche
Dein Maul nur auf, um Ungebühr zu schwatzen:
Denn hab ich Durst und Wassersucht im Bauche,
Sengt Hitze dich, dir schmerzt dein Kopf zum Platzen,
Und gilts Narzissens Spiegel abzuschlecken,
Wirst nicht erst lange hinterm Ohr dich kratzen.«
Ich stand voll Neugier horchend auf ihr Necken,
Als mir der Meister rief: »Gaff nur so fort!
Nur wenig fehlt, so magst du Rüge schmecken.«
Als ich von ihm vernahm solch strafend Wort,
Sah ich ihn an, in Scham erglüht die Wangen,
Die mir im Sinne umgeht fort und fort.
Wie einer, der, von schwerem Traum umfangen,
Sich träumend wünscht, er träume, und aufs Haar,
Was ist, als wär es nicht, ersehnt mit Bangen,
So ich, der keines Wortes mächtig war
Und, weil ich mich entschuldigen will, in Gnaden
Bereits entschuldigt bin, eh selbst mirs klar.
»Von größerm Fehle reicht, dich rein zu baden«,
Sprach mild der Meister, »mindre Scham ja hin;
Drum magst du allen Harms dich nun entladen.
Denk immer, daß ich dir zur Seite bin,
Gerätst du sonst von ungefähr an Leute,
Die so wie die sich zanken; denn der Sinn
Wär niederträchtig, dens zu hören freute.«

Einunddreißigster Gesang

Die gleiche Zunge wars, die erst mich stach,
Die Glut in beide Wangen mir zu jagen,
Und selber Balsam mir gereicht hernach.
So hört' ich von Achillens Lanze sagen
Und seines Vaters, daß ihr eigner Stahl
Die Wunden heilte, die sie selbst geschlagen. –
Den Rücken wandten wir dem Schlund der Qual
Und querten, die fürbaß wir schweigend gingen,
Den Rand, der rings umsäumt das Jammertal.
Nicht wußte weit voraus der Blick zu dringen –
Nicht Tag wars völlig dort, nicht völlig Nacht –,
Doch gellend hört' ich nun ein Horn erklingen.
Sein Hall hätt' einen Donner stumm gemacht,
Und seinem Wege folgend, ihm entgegen,
Nahm nur dies eine Ziel mein Aug in acht.
Nicht als im Feld so jammervoll erlegen
Des großen Karl geweihter Heeresbann,
Klang Rolands Horn so schrecklich allerwegen.
Als eine Weil ich lugte, schien mir dann,
Als sei'n viel hohe Türme da zu schauen
»Wie heißt die Stadt dort, Meister?« hub ich an.
Und er zu mir: »Du strebst im Dämmergrauen
Schon allzu weit voraus, drum fügt es sich,
Daß deine Einbildung irrgeht im Blauen;
Am Ziele wirst du sehn, wie wunderlich
Den Sinn die Ferne trügt; so mag dirs frommen,
Spornst selber du zu rascherm Schritte dich.«
Drauf, liebreich, hat er meine Hand genommen
Und sprach: »So wisse, eh wir weitergehen,
Daß nicht zu fremd dirs, wenn wir hingekommen:

Nicht Türme, Riesens sinds, die du gesehen,
Und reihn sich um des Brunnenschachtes Rand,
Drin allesamt sie bis zum Nabel stehen.«
Gleichwie, wenn Nebel, sich zerteilend, schwand,
Das Auge nach und nach begreift im Schauen,
Was erst gehehlt der Schwaden dicke Wand,
So, wie dem Rand, des dichten Dunstes Brauen
Durchdringend, ich mich nahte mehr und mehr,
Wich meine Irrung, und mir wuchs das Grauen.
Wie rings mit Türmen ob der Mauerwehr
Montereggion sich krönt an allen Kanten,
So türmten um den Bord des Brunnens her
Sich halben Leibs die schrecklichen Giganten,
Die noch, wenn donnernd er vom Himmel spricht,
Jupiter ruft und dräuet den Gebannten.
Vom einen sah ich schon das Angesicht,
Sah Schultern, Brust, ein gut Teil Leibes ragen
Und beide Arme längs den Rippen dicht:
Recht tat Natur, der Kunst sich zu entschlagen,
Die solch Gezücht erschaffen, und der Wut
Des Mars sotane Schergen zu versagen!
Schafft Elefanten sie und Walfischbrut
Noch sonder Reue, kann ein Blick uns lehren,
Daß sie gerechter dran und weiser tut:
Nur da, wo Geistes Wehr und Waffe mehren
Den Bund von Übermacht und Böslichkeit,
Kann solcher Kraft sich keiner mehr erwehren.
Dem Pinienzapfen schien mir, lang wie breit,
Vor Roms Sankt Peter sein Gesicht zu gleichen,
Und Glied für Glied von gleicher Mächtigkeit.
So hoch ja überm Bord, der von den Weichen
Bis zu den Zehen, als ein Schurz, ihn deckt,
Ragt' er empor, daß bis zum Schopf zu reichen

Drei Friesen sich vergebens lang gereckt:
  Denn was ich sah, maß dreißig gute Spannen
  Bis da, wo uns die Mantelspange steckt.
»Rafel mai amech zab almi«, begannen
  Die ungefügen Lippen da zu schrein,
  Von denen nimmer sanftre Weisen rannen.
Darauf mein Führer: »Halt ans Horn dich fein
  Und mach dir damit Luft, will Grimm dich zwacken,
  Du blöde Seele, oder andre Pein!
Such nur am Hals; du findest um den Nacken
  Den Riemen, der die Riesenbrust umflicht,
  Verstörter Geist, und daran kannst du's packen!«
Zu mir drauf: »Selbst verklagt er sich, der Wicht.
  's ist Nimrod, dems die Welt verdankt, dem Toren,
  Daß heut sie nicht mehr *eine* Sprache spricht.
So laß ihn stehn! Kein Wort an ihn verloren,
  Denn jede Zunge klingt ihm so, wie dir
  Die seine tönt, die fremd für aller Ohren.«
Links wendend längren Weg nun machten wir
  Und fanden dann auf Bogenschusses Weite
  Den nächsten, wilder noch und größer schier.
Weiß nicht, wer ihn zu binden wohl im Streite
  Sein Meister ward, doch lag sein Arm in Banden,
  Der linke vorn, im Rücken ihm der zweite;
Fünfmal um seinen Leib geschnürt, umwanden
  Ihn einer Kette Schlingen, fest gestrafft,
  Vom Hals herab, so weit er frei gestanden.
»Der Freche wollt' erproben seine Kraft
  Am höchsten Jupiter«, sprach mein Geleiter.
  »Das ist es, was ihm solche Löhnung schafft.
Ephialtes hieß er, war gewaltiger Streiter,
  Als Furcht den Göttern die Giganten machten.
  Nie regt den Arm er, den er schwang, nun weiter.«

Und ich: »Kanns sein, so möcht ich mir betrachten,
Daß kund dem Auge, was da lehrt die Kunde,
Briareus gerne noch, den ungeschlachten.«
Drauf er: »Antäus siehst du hier im Runde,
Ganz nah, der spricht, darf ohne Fessel stehen
Und setzt uns ab im tiefen Höllenschlunde.
Zu dem, den du willst sehn, ist weit zu gehen,
Gebunden ist er, diesem gleichgestalt,
Nur grimmer noch von Antlitz anzusehen.«
Nie sah ich mit so schrecklicher Gewalt
Erschüttern hoher Türme Bau ein Beben,
Als jähen Rucks sich schüttelt' Ephialt:
Da bangt' ich wie noch niemals um mein Leben,
Und hätt ich seine Bande nicht gesehen,
Mir hätte schon die Furcht den Tod gegeben.
Wir kamen allgemach im Weitergehen
Bis zum Antäus; der kam überm Schacht,
Fünf gute Ellen bis ans Haupt, zu stehen.
»Du, der im Tal des Schicksals, wo die Schlacht,
Da mit den Seinen Hannibal geschlagen,
Scipio zum Erben seines Ruhms gemacht,
An tausend Löwen schlugst; der, wie sie sagen,
Standst du den Brüdern bei im Heldenstreite,
Für Gäas Söhne Sieg davongetragen:
O laß uns dort hinab die Felsenleite
Und nimms nicht quer; setz nieder uns im Grund,
Wo starr vom Froste des Cocytus Breite.
Neig dich hernieder, zieh nicht schief den Mund.
Nicht heiß uns Tityos, nicht Typhon fragen!
Hier diesem ist, was euer Sehnen, kund:
Er kann von deinem Ruhm auf Erden sagen,
Denn sieh, er lebt und wird gewißlich alt,
Ruft ihn die Gnade nicht vor seinen Tagen.«

So sprach der Meister. Jener alsobald
Reckt' aus die Hand und packt' ihn mit den Zangen,
Davon Alcid schon spürte die Gewalt.
Virgil indes, da er sich fühlt' umfangen,
Rief mich heran: »Hierher, ich fasse dich!«
Drauf er und ich zu einem Bund uns schlangen.
Wie Garisanda dem, der über sich
Sie hangen sieht, wenn ihrem Hang entgegen
Darüberhin ein Wolkensegel strich,
So dünkt' Antäus mich, der ihn sich regen
Und niederneigen sah, und da zur Stunde
Wär lieber ich gewallt auf andren Wegen.
Doch sänftlich nieder setzt' er dort im Schlunde,
Der Luzifer samt Judas schlang, die Last,
Verweilte nicht hinabgebeugt zum Grunde
Und reckt' empor sich als im Schiff der Mast.

Zweiunddreißigster Gesang

O hätt ich Reime, heiser, hart und rauh,
Wie's für das Grauen ziemt in jenem Schlunde,
Auf dem sich türmt der Hölle ganzer Bau,
Noch weiter schöpft' ich aus und bis zum Grunde,
Was ich erlebt. Die hab ich nicht, und zagen
Muß drum ein jedes Wort in meinem Munde.
Das ist kein Werk, ums nur im Scherz zu wagen,
Kund tun den tiefsten Grund vom ganzen All,
Für Zungen keins, die ›Pappa, Mamma‹ sagen.
So helfe mir der Chor, der Thebens Wall
Amphion bauen half, auf daß dem Wesen
Nicht ungleich töne meines Liedes Hall.
Ihr, die vor all dem Schandvolk auserlesen
Für diesen Ort, von dem zu reden Pein,
Wärt lieber Schaf' und Zicklein ihr gewesen!

Schon unterm Fuß des Riesen, weit hinein
  Nach jenes finstren Brunnenschachtes Mitte
  Stand ich und starrt' empor die Wand von Stein.
Da hört' ich rufen: »Acht auf deine Schritte,
  Daß deiner Brüder jammervoll Gesicht
  Du nicht zerstampfst mit deiner Sohlen Tritte.«
Drum wandt ich mich und sah zu Füßen dicht
  Und vor mir einen See, der schien vor grimmer
  Gewalt des Frostes Glas mir, Wasser nicht.
So dichte Hülle webt den Wogen nimmer
  Der Donaustrom in Östreichs Winternacht,
  Der Don nicht unter eisiger Sterne Flimmer,
Wie dort sie war; und stürzten in den Schacht
  Tambernic oder Pietrapanas Firne,
  Es hätte kaum am Rande nur gekracht!
Wie, überm Wasser nur mit Schnauz und Stirne,
  Die Frösche quaken, wenn in Nächten heiß
  Vom Ährenlesen träumt die Bauerndirne,
So steckten, fahl vom Froste, dort im Eis,
  Bis wo die Scham uns färbt, die armen Sünder,
  Mit Zähnen klappernd nach der Storchenweis.
Die Stirn gesenkt hielt jeder; wie die Münder
  Des Frostes Zeugen, war, das tränend rann,
  Das Auge ihres Herzenskummers Künder.
Ich blickt' umher, sah mir zu Füßen dann
  Zwei, deren Haupthaar sich in eins verwoben,
  So dicht stand beieinander Mann an Mann.
»Ihr, Brust an Brust dort, sagt, wer wart ihr droben?«
  Ich frugs, da reckten sie den Hals empor,
  Und als sie so den Blick zu mir erhoben,
Da troff ihr Auge, innen feucht zuvor,
  Und ihre Lider, die von Tränen schwammen,
  Verschloß der Frost, von dem ihr Naß gefror.

So pressen Holz an Holz nicht Eisenkrammen;
Drum, wie zwei Böcklein prallten Stoß auf Stoß,
So packte sie die Wut, die zwei zusammen.
Und einer, seiner beiden Ohren bloß
Vom Frost, rief, nieder stets den Blick geschlagen:
»Was weidest du dich so an unsrem Los?
Willst hören, wer die beiden sind? Es lagen,
Wo der Bisenzio niederrinnt, die Lehen,
Ererbt aus ihres Vaters Albrecht Tagen.
Ein Schoß trug alle zwei. Magst suchen gehen
Durch ganz Kaïna: keinen wirst du mehr,
Ders so verdient, im Gallert kleben sehen!
Nicht jenen, dem von König Arturs Speer
Ein Stoß so Brust als Schatten gleich zerspellte,
Focaccia nicht noch ihn, der in die Quer
Mit seinem Kopfe meinem Blick sich stellte
Und Sassol Mascheron mit Namen heißt:
Bist du ein Tusker, weißt du, was er gelte!
Und daß du's, ohne lang zu fragen, weißt,
Camicion Pazzi war ich, und ich schaue
Aus nach Carlin, daß der heraus mich reißt.« –
Nun sahn wir tausend Fratzen, braun und blaue
Vor Frost – darum ich heut und all mein Leben
Vor Lachen, die zu Eis erstarrt, mich graue!
Fort gings, der Mitte zu, wo alles Streben
Jedweder Schwere einet ihr Gewicht,
Und von dem ewigen Froste mußt ich beben.
Obs Willkür, Schickung, Zufall, weiß ich nicht:
Hinwandelnd durch die Häupter stieß ich einen
Mit meinem Fuße derb ins Angesicht.
»Was trittst du mich?« hub jener an zu greinen.
»Kommst du zu schärfen nicht die Rache mir
Für Montapert, was quälst du unsereinen?«

Und ich: »O Meister, harre mein allhier,
Bis der Bescheid mir gibt auf eine Frage;
Dann heiß mich eilen, wie du willst, mit dir!«
Mein Führer stand, und jenen, der mit Klage
Und Fluchen noch im Zuge, fragt' ich da:
»Der du so schändlich schmälst, wer bist du, sage?«
»Wer bist denn du, der durch Antenora
Hintappt«, rief er, »und einem prellt die Wangen?
Zu arg, wenn du noch lebtest, wär es ja!«
»Ich lebe«, sagt' ich, »trägst du des Verlangen,
Daß man dich nenne, frommt dir mein Bericht,
Drin bei den andren mag dein Name prangen.«
Und er zu mir: »Just das begehr ich nicht!
Heb dich hinweg, hör auf, mich hier zu plagen!
Weißt schlecht, wie uns man nach dem Munde spricht!«
Da faßt' ich seinen Schopf, packt' ihn am Kragen
Und rief: »Du mußt! Sonst bleibt dir nicht ein Haar,
Du sollst und mußt mir deinen Namen sagen!«
Doch er zu mir: »Ich sag nicht, wer ich war!
Und raufst du gleich mich kahl, ich zeig mich nimmer,
Kommst auf den Kopf mir zehnmal ärger gar!«
Schon um die Faust sein Haar gewunden, schlimmer
Und schlimmer, Strähn und Strähne, beutelt' ich
Ihn, der nun bellte, weggewandt noch immer:
Da schrie's von vorn: »Was hast du, Bocca? Sprich!
Ists nicht genug, wenn dir die Kiefer schlagen,
Daß du noch bellst? Welch Teufel reitet dich?«
»Jetzt«, rief ich, »brauch ich weiter nicht zu fragen,
Verräter du, verruchter! Dir zur Schande
Will ich Bescheid von dir, wahrhaftigen, sagen.«
»Pack dich!« versetzt' er. »Schwatz nach Lust im Lande
Vergiß nur den nicht, kehrst du heim zur Welt,
Dem jetzt so flink gelöst der Zungen Bande.

Er muß hier weinen um französisch Geld.
›Den von Duera sah ich‹, magst du sagen,
›Dort, wo die armen Sünder kaltgestellt!‹
Und wenn sie nach den andren hier dich fragen:
Hast den von Beccheria dicht bei Fuße,
Dem ging es zu Florenz an Kopf und Kragen.
Hans Soldanier pflegt, glaub ich, dort der Muße
Samt Ganelon; auch Tribaldello tut,
Der nachts Faenza auftat, mit ihm Buße.«
Schon ließen wir dahinten jene Brut,
Da traf ich zwei, vereist in einem Schragen,
So, daß des einen Haupt des andren Hut.
Wie Hungernde vom Brot die Kruste nagen,
Sah ich den Obren ins Genick den Zahn,
Wo Hirn und Hals sich eint, dem andren schlagen.
Nicht anders hat in seines Grimmes Wahn
Tydeus in Menelippus' Schlaf gebissen,
Als der an Schädel, Haut und Hirn getan.
»Der durch so viehisch Zeugnis du beflissen,
Ihm Haß zu zeigen«, sagt' ich, »den du frißt,
Laß mich, auf diesen Pakt, die Ursach wissen:
So du ihm gram mit gutem Grunde bist,
Will ich dir, kenn ich euch und eure Fehde,
Vergelten, daß mans droben nicht vergißt,
Dorrt mir im Mund nicht die, mit der ich rede.«

Dreiunddreißigster Gesang

Der Sünder hob den Mund vom grausen Mahle
Und trocknet' ihn mit Strähnen Haares dann
Vom Haupt, dem hinten er zermalmt die Schale.
»Du willst, ich soll erneuen«, hub er an,
»Gram und Verzweiflung, die das Herz mir brechen,
Noch eh ichs sage, denk ich nur daran.

Doch sät mein Wort die Saat, die, mich zu rächen,
Schmach dem Verräter trägt, an dem ich nage,
Magst du mit eins mich weinen sehn und sprechen.
Nicht weiß ich, wer du bist, noch wie vom Tage
Herab du kommst; doch hör ich reden dich,
Gilt, daß du Florentiner, keine Frage.
So wisse denn: Graf Ugolin war ich,
Erzbischof Roger der; nun laß dir sagen,
Weshalb ich solcherweis ihm nachbarlich.
Wie ich mit Ränken, tückisch und verschlagen,
Gefangen ward und starb durch diesen da,
Dem ich vertraut, nicht brauch ichs dir zu klagen.
Doch was du nie gehört, was keiner sah,
Wie graus mein Sterben, sollst du jetzt erfahren;
Weißt dann, ob Unbill mir von ihm geschah!
Schon wies im Käfig, der seit jenen Jahren
Nach mir bis heute Hungerturm benannt
Und der noch andren Häftling soll verwahren,
Mir Mond um Mond ein enger Spalt der Wand:
Da hatt' ich einen Traum, der mir vom Grauen
Der Zukunft riß den Schleier rascher Hand.
Der hier schien, Herr und Meister, auf den Auen
Des Berges Wolf und Welpen nachzusetzen,
Der Lucca den Pisanern wehrt zu schauen,
Mit Rüden, hager, wild, geübt im Hetzen;
Gualanden samt Sismondi und Lanfranken
Hieß er dem Troß sich an die Spitze setzen.
Nach kurzem Jagen schienen matt und sanken
Der Alte wie die Jungen, und es drangen
Fangzähne ihnen, scharfe, in die Flanken.
Wach wurd' ich, eh die Sonne aufgegangen,
Und hört' im Schlafe wimmern meine Kleinen,
Die bei mir waren, und nach Brot verlangen.

Rührt dichs noch nicht, so gleicht dein Herz den Steinen!
  Denk, was ich ahnend schon im Innern sah,
  Und weinst du nicht, warum noch willst du weinen?
Sie waren wach schon und die Stunde nah,
  Da's sonsten Brauch, uns Speise aufzutragen,
  Doch jeder bangt' ob seines Traumes: Da
Hört' ich die Pforte unter uns verschlagen
  Zum Turm des Grauens, sah ins Aug hinein
  Den Knaben, ohne nur ein Wort zu sagen.
Ich weinte nicht, so ward mein Herz zu Stein.
  Sie weinten, und mein Anselmuccio fragte:
  ›Was ist dir, Vater? Blickst so starr darein.‹
Noch weint' ich nicht, und keine Antwort sagte
  Ich diesen ganzen Tag und bis zum Tauen
  Des nächsten Morgens, der auf Erden tagte.
Doch als das Frühlicht kargen Strahl ins Grauen
  Des furchtbaren Kerkers sandte und in vier
  Gesichtern ich mein eignes mußte schauen,
Biß ich vor Jammer beide Hände mir;
  Sie aber sprangen auf, im Wahn, mir schneide
  Ins Herz der Hunger und ich tät's vor Gier,
Und riefen: ›Vater! Minder tät's zuleide,
  Wenn uns du solches tätest: nimm, was dein,
  Dies arme Fleisch, du gabst es uns zum Kleide!‹
Ich zwang mich, nicht zu mehren ihre Pein,
  Blieb stumm, stumm den und andren Tag wir alle.
  Was, harte Erde, schlangst du uns nicht ein?
So kam der vierte Tag in unsre Halle,
  Da warf sich Gaddo lang zu Füßen mir:
  ›So hilf doch, Vater!‹ rief er noch im Falle.
Dort starb er. So wie du mich siehst vor dir,
  Sah ich sie fallen drauf an beiden Tagen,
  Die drei, eins nach dem andren. Taumelnd schier

Und blind schon tappt' ich ringsum, wo sie lagen,
Und rief sie, noch zwei Tage, seit sie tot.
Dann, was kein Schmerz tat, tat des Hungers Nagen.«
Er sprachs, und queren Blicks in seiner Not
In den elenden Schädel schlug er wieder
Den Hundezahn, der Knochen malmt wie Brot.
Weh, Pisa, dir, du Schandmal aller Glieder
Des schönen Landes, wo das Si erklingt!
Säumt Nachbar-Rache, soll zum Strand hernieder
Capraja samt Gorgona sturmbeschwingt
Vor Arnos Münde rücken, dort zu ragen:
Ein Damm, bis all dein Volk die Flut verschlingt!
Magst du den Grafen Ugolin verklagen
Ob deiner Schlösser um Verräterei:
Wie durftest so ans Kreuz die Kinder schlagen?
Brigata, Uguccione: sprach sie frei
Nicht schon ihr zartes Alter, neues Theben!
Und die mein Lied schon nennt, die andren zwei? –
Fort gings, wo qualvoll ich im Eise kleben
In schlimmer Haft ein ander Volk nun sah,
Aufwärts gewendet, nicht hinab wie eben.
Dem Weinen wehrt das Weinen selber da:
Gehemmt im Auge, kehrt die Pein nach innen,
Die Marter dem zu schärfen, dems geschah.
Denn gleich, sobald die ersten Tränen rinnen,
So ballt sichs, und wie Gitter von Kristall
Füllts unterm Wimpernsaum die Höhlung drinnen.
War schon in jener eisigen Lüfte Schwall
Dem Antlitz jegliches Gefühl entwichen,
Gerad, als hätt ich Schwielen überall,
So war mir doch, als käm' ein Wind gestrichen,
Darum ich frug: »Wer, Meister, macht dies Wehn?
Ist nicht hier unten jeder Hauch beglichen?«

Drauf er zu mir: »In Bälde sollst du stehn,
  Wo dir dein Auge selber gibt die Kunde,
  Und siehst den Grund, daß dieser Wind muß gehn.«
Und derer, die verharscht im eisigen Schrunde,
  Rief einer uns: »Verworfne Seelen ihr,
  Die ihr hinunter müßt zum tiefsten Schlunde,
Vom Auge löst den harten Schleier mir,
  Daß ich die Pein im Herzen mag verhauchen,
  Eh wiederum gefriert dies Weinen hier.
Und ich drauf: »Willst du mich als Helfer brauchen,
  Sag, wer du bist; befrei ich dich dann nicht,
  So will ich bis zum Grund des Eises tauchen.«
»Bin Bruder Alberich«, gab er Bericht,
  »Der mit den Früchten aus dem bösen Garten,
  Der Datteln hier im Tausch für Feigen bricht.«
»Ists wahr«, frug ich, »daß sie dich schon verscharrten?«
  Und er zu mir: »Weiß nicht, wie's jetzt bewandt
  Um meinen Leib, der droben mußte warten.
Oft fällt hierher an Ptolemäas Strand –
  Das ist ihr Vorrecht – schon die Seele nieder,
  Eh Atropos die Schere nimmt zur Hand.
Und daß du williger noch meiner Lider
  Verglaste Tränen aus dem Angesicht
  Mir schabest, wisse denn: In dessen Glieder,
Des Seele so wie ich die Treue bricht,
  Fährt gleich ein Teufel, fürder drin zu walten,
  Bis ganz zu Ende brennt ihr Lebenslicht.
Sie selbst fällt in den Brunnen hier, den kalten:
  So geht wohl auch der Leib noch oben um,
  Des Schatte hinten Winterrast muß halten;
Kamst eben du herab, so weißt du drum:
  Herr Branca d'Oria ists; seit in der Plage
  Er hier verstrickt, ging manches Jahr herum.«

»Ei«, rief ich, »hältst du mich zum Narren? Sage!
Herr Branca d'Oria lebt ja noch; er spricht,
Ißt, trinkt und schläft, trägt Kleider, Tag für Tage!«
»Noch langt' im Schacht der Grimmetatzen nicht«,
Versetzt' er, »wo das zähe Pech am Sieden,
Michael Zanche an, da ließ der Wicht
Den Teufel dort im Leib, draus er geschieden,
Desgleichen einer, der ihm anverwandt
Und der ihm half, den Blutsverrat zu schmieden.
Nun aber recke nach mir aus die Hand,
Tu auf mein Auge ...«, doch ich ließ ihn bitten;
Und ziemend wars, daß er so schnöd mich fand.
O Genua, die aller Zucht und Sitten
Du abgesagt, du aller Laster Thron!
Was wirst du nicht vertilgt aus unsrer Mitten?
Der Deinen traf ich mit dem schlimmsten Sohn
Romagnas einen, der um solch Vergehen
Die Seele badet im Cocytus schon,
Da lebend droben noch sein Leib zu sehen.

Vierunddreißigster Gesang

»Vexilla regis prodeunt: es wehn
Des Höllenfürsten Wimpel uns entgegen!
Schau«, sprach mein Führer, »ob du's schon magst sehn.«
Wie fern im Wind, wenn Nebel allerwegen,
Wenns nachtet über unsrem Erdenrund,
Du eine Mühle siehst die Flügel regen,
So glaubt' ich einen Bau zu sehn jetzund,
Doch hinterm Meister mußt' ich mich verstecken
Vor Windeswehn: kein Schlupfloch bot der Schlund.
Schon war ich da, wo ganz – ich reims mit Schrecken –
Durchschimmernd, Splittern gleich im Glas zu sehen,
Mit Haut und Haar im Eis die Schatten stecken.

Die einen liegen lang, die andren stehen,
  Kopfüber und kopfunter, mancher stand
  Gar krumm gebeugt, das Antlitz auf die Zehen.
Am Ziel, da's an der Zeit der Meister fand,
  Mir den zu zeigen, den in Himmelsheeren
  So schön vor allen schuf des Schöpfers Hand,
Schob er mich vor, zu dem mich hinzukehren:
  »Da«, sprach er, »siehe Dis! Du bist am Ort,
  Wo du mit festem Mut dich magst bewehren.«
Frag, Leser, nicht, wie mir die Kehle dort
  Verschnürt, das Blut gefror in Angst und Beben!
  Wie sagt' ichs? Leerer Schwall wär jedes Wort.
Ich war des Todes nicht und nicht am Leben:
  Sag selbst, wie, los von beiden, mir geschah,
  Wenn dir ein Fünklein nur an Witz gegeben.
Mit halber Brust dem Eis entragte da
  Der Fürst des Qualenreichs – eh gleich' ich Riesen,
  Eh seinem Arme gleich ein Riese sah!
Ermiß nun, welch Gebild sich mir gewiesen,
  Wie ungeheuerlich das Ganze gar,
  Des Rießenmaß zu Gliedern stimmt wie diesen!
Wenn er so schön wie jetzt ein Greuel war
  Und wider seinen Schöpfer hob die Brauen,
  Stellt wahrlich alles Bösen Quell er dar.
O welch ein Wunder sah ich, welches Grauen:
  An seinem Haupte der Gesichter drei!
  Eins vorne: rot wie Blut wars anzuschauen;
Die beiden andren zwieseit nahebei,
  Ob jeder Schulter eins, und wo die Flechte
  Des Kammes steht, berührten sich die zwei:
An Farbe glich das linke dem Geschlechte,
  Das von den Quellen kommt des Nilstroms her;
  Fahl, zwischen weiß und gelblich schien das rechte.

Zwei Flügel sprießen unter jedem, schwer,
  Wie zu Gesicht sie solchem Vogel stehen:
  So sah ich nie kein Segel auf dem Meer.
Sie haben Federn nicht, sind anzusehen
  Wie die der Fledermaus, und nimmer ruht
  Ihr Flattern, daß davon drei Winde wehen.
Davon gefror zu Eis Cocytus' Flut.
  Aus drei Paar Augen weint er; mit den Tränen
  Trieft Geifer auf drei Kinne, rot von Blut.
In jedem der drei Rachen, die da gähnen,
  Zermalmt er einen Sünder, peinigt immer,
  Wie auf der Brake, drei mit seinen Zähnen.
Dem vordren war rein nichts ihr Biß; weit schlimmer
  Schien mir im Kreuz der Krallen Griff zu sein,
  Der ließ von Haut ihm da kein Fetzlein nimmer.
»Der«, sprach der Meister, »in der größten Pein,
  Judas Ischariot war der im Leben,
  Des Kopf im Schlund, dem draußen zuckt das Bein.
Kopfunter hangend von den zwein daneben
  Ist Brutus der im schwarzen Maul: Sieh her,
  Wie er sich windet, ohne Laut zu geben;
Cassius der andre, der so gliederschwer –
  Doch sinkt die Nacht, und Zeit wärs nun, wir gingen,
  Denn nichts fürwahr blieb uns zu schauen mehr.«
Den Arm um seinen Nacken mußt' ich schlingen,
  Und Zeit und Ort ersah er: da gespannt
  Und breit genug sich aufgetan die Schwingen,
Die rauchen Flanken packt' er mit der Hand,
  Ist, Strähn um Strähne, dran herabgeklommen
  Just zwischen Zottenfell und Eisesrand.
Doch als wir an den Hüften angekommen,
  Wo im Gelenke sich die Schenkel drehn,
  Da kehrt' er um, mit Müh, die Brust beklommen,

Und dort das Haupt, wo eben noch die Zehn,
Ans Fell sich krallt' er, wie wer aufwärts klimme:
Zurück zur Hölle, dacht ich, sollt' es gehn!
»Halt gut dich fest!« klang keuchend seine Stimme
Wie müden Mannes. »Über solche Stiegen
Heißts nun entgehn so argen Feindes Grimme.«
Durch einen Felsspalt mußt er dann sich schmiegen,
Und auf den Rand da draußen setzt' er mich
Und kam mir sichren Trittes nachgestiegen.
Ich hob den Blick und glaubte sicherlich
Luzifer so, wie ich ihn ließ, zu sehen –
Und sah ihn mit den Füßen über sich!
Wie michs verwirrte, mag das Volk verstehen,
Das blöde, das nicht einsieht, welche Mitte
Ich überschritten, da mir das geschehen.
»Steh auf«, gebot der Meister, »viele Schritte
Ist unser Weg noch lang und schlimm die Bahn;
Halbwegs erklomm der Tag der Stunden dritte.«
Kein Festsaal war es, der uns aufgetan,
Nur eine Höhle, roh vom Fels geschichtet,
Die, rauhen Grundes, karges Licht empfahn.
»Meister«, bat ich, da ich mich aufgerichtet,
»Eh daß ich mich entreißen mag dem Schlunde,
Sag mir ein Wort, das meine Zweifel schlichtet:
Wo blieb das Eis? Wie kann der dort im Grunde
So köpflings stehn? Vom Abend wie so schnelle
Zum Morgen lief die Sonne ihre Runde?«
»Jenseits der Mitte wähnst du, an der Schwelle
Dich noch, wo jenen, der durchbohrt die Welt«,
Sprach er, »den schlimmen Wurm, ich packt' am Felle!
So stands, solang ich abwärts mich gestellt;
Als ich mich wandte, durch den Kern wir drangen,
Dahin, was schwer, von allen Enden fällt.

Das andre Halbrund hält dich jetzt umfangen,
Der großen Feste gegenüber schon,
Wo Todes starb, der ohne Sünd empfangen
Und ohne Fehl gelebt, des Menschen Sohn.
Die niedre Kuppel, drauf du stehst, die runde,
Judeccas Kehrseit ists, der wir entflohn.
Sinkt dort der Abend, ist hier Morgenstunde;
Und er, des Fell als Leiter war zur Hand,
Steckt grad noch wie von Anbeginn im Schlunde.
Diesseit vom Himmel fiel er, und das Land,
Das hüben damals ragte, barg vor Schrecken
Sich in des Meeres weitem Flutgewand.
Auf unser Halbrund kams; was seinem Becken
Diesseit enttaucht, ließ wohl, vor ihm entflohn,
Die Kluft hier, rückwärts sich emporzurecken.«
Ein Raum ist drunten, zieht von Satans Thron
So weit wie seine Gruft sich in die Länge,
Dem Aug unkennbar, kenntlich nur am Ton:
An eines Bächleins Rauschen, das die Enge,
Die's in den Fels gehöhlt, in sanftem Hang
Herniederrinnt durch vielgewundne Gänge.
Einschlug mein Führer den geheimen Gang,
Zur Welt mit mir, der hellen, heimzukehren,
Und stiegen, er voran, ich zweiter, lang,
Ohn irgend Rast noch Ruhe zu begehren,
Bis daß ein Rund mich sehen ließ von ferne
Die Zeichen, die der Himmel trägt, die hehren:
Und wir entstiegen ihm, zu schaun die Sterne.

DAS FEGFEUER

Erster Gesang

Zu beßrer Fahrt nun spannt, das sich dem Graus
So unbarmherzigen Meeres konnt' entringen,
Die Segel meines Geistes Schifflein aus;
Und von dem andren Reiche will ich singen,
Wo zur Entsühnung darf die Seele gehen
Und würdig wird, zum Himmel sich zu schwingen.
So laßt vom Tod, Ihr Musen, auferstehen,
Ihr heiligen, denen ich geweiht, den Sang;
Laß höher nun, mein Lied geleitend, wehen,
Kalliope, die Töne, die so bang
Die Ärmsten, denen Elsterfedern sprossen,
Vernahmen, da Vergeltung droht' ihr Klang.
Von reiner Lüfte Klarheit rings umflossen,
War bis zum Himmelssaum das sanfte Blauen
Des morgenländischen Saphirs ergossen,
Und neu ward meiner Augen Lust am Schauen,
Da ich dem Hauch entrann der Todesnacht,
Der Aug und Brust beklemmt mit seinem Grauen.
Der schöne Stern, der Liebesglut entfacht,
Ließ lächeln hell den Ost und macht' erbleichen
Das Licht der Fische, das mit ihm erwacht.
Rechts wandt' ich mich, nach jenes Poles Zeichen,
Und sah vier Sterne, jedem Aug entrückt,
Seit unser Erstlingspaar dort mußte weichen.
Der Himmel schien von ihrem Glanz entzückt.
Wie bist du, wehe, so verwaist, da nimmer,
Du finstrer Nord, dies Leuchten dich beglückt!
Da ich den Blick gewandt von ihrem Schimmer,
Zum andren Pol zu schauen, wo der Schein
Des Himmelswagens schon verschwand für immer,

Sah ich, mir nahe, einen Greis, allein,
Mit einem Blick, der Ehrfurcht mußt' erregen,
Wie nur ein Sohn sie kann dem Vater weihn.
Lang wallt' herab der Bart ihm, allerwegen
Gemischt mit Silberfäden wie sein Haar,
Das zwiegeteilt auf seiner Brust gelegen.
Im Strahl des heiligen Viergestirnes war
Von lichtem Glanz sein Angesicht umfangen,
Als säh ichs in der Sonne, leuchtend klar.
»Wer seid ihr, die der ewigen Haft entgangen
Stromauf den blinden Fluß?« Er sprachs, und leise
Bebt' ihm der Flaum, der würdige, seiner Wangen.
»Wer führt' euch her? Wer leuchtet' eurer Reise,
Daß ihr entronnen seid der tiefen Nacht,
Die ewig schwarz im Schlund der Höllenkreise?
Verlor der Bann des Abgrunds so die Macht?
Will denn der Himmel seinen Ratschluß wenden,
Daß mir Verdammte nahn auf meiner Wacht?«
Da faßte mich mein Führer, und mit Händen
Und Wort und Winken hieß er mich mit Knien
Und Brauen ihm den Zoll der Ehrfurcht spenden.
Sprach dann: »Von mir nicht komm ich. Mir erschien
Vom Himmel eine Frau; auf deren Flehen
Hilfreich mit meinem Schutz geleit ich ihn.
Doch heischt dein Wille, klarer noch zu sehen,
Wie's um uns steht, wahrhaftigen Bericht,
Darf nimmermehr der meine widerstehen.
Hier dieser sah den letzten Tag noch nicht;
Doch war er ihm so nah, vom Wahn verblendet,
Daß wenig fehlt', und ihm erlosch das Licht.
Ich war zur Rettung, sagt' ich, ihm gesendet,
Und ihn zu retten, gabs nicht Weg noch Stege
Als den, auf dem ich mich hierher gewendet.

Die Sünder all ihm wies ich auf dem Wege;
Jetzt will ich ihm die Geister weisen gehn,
Die, sich zu läutern, hier du hast in Hege.
Lang wär die Kunde, wie die Fahrt geschehn!
Von droben kam, zu dir ihn zu erheben,
Die Kraft, daß er dich hören mag und sehn.
In Gnaden gönn ihm Einlaß! All sein Streben
Ist Freiheit: was sie wert, das weiß fürwahr,
Wer für dies Gut, das teure, ließ sein Leben!
Du weißt es, dem der Tod kein Schrecknis war,
Als du in Utica das Kleid ließt fallen,
Das einst am großen Tag erglänzt so klar!
Nicht brichts den ewigen Bann, wenn wir hier wallen,
Denn dieser lebt, und mich hält Minos nicht:
Mit deiner Marcia weil' ich in den Hallen,
Wo ständig ihrer keuschen Augen Licht
Dich anfleht, heilig Herz, eur Band zu schlingen.
Bei ihrer Liebe! Neig uns dein Gesicht!
Laß uns durch deine sieben Reiche dringen,
Und deiner Liebe Gruß, wenns nicht verwehrt,
Daß drunten man dich nennt, will ich ihr bringen.«
»Solang ich drüben, war mir Marcia wert«,
Entgegnet' er, »war meiner Augen Weide;
Zulieb ihr tat ich, was ihr Herz begehrt.
Jetzt, da der Fluß der Pein uns ward zur Scheide,
Nicht darfs mich rühren mehr; als ich ihn ließ,
Erging der Bann, der ewig trennt uns beide.
Doch weilt, die dich entsandt, im Paradies,
So magst du solches Schmeichelwort dir sparen.
Genug, daß sie dich also bitten hieß!
So geh! Und eh ihr mögt zum Berge fahren,
Sollst gürten ihn mit schlichtem Binsenhalme
Und wasch den Ruß ihm von Gesicht und Haaren;

Denn keinem Aug, umflort von Dunst und Qualme,
Geziemt zu schaun aus Paradiesesland
Den ersten Boten, der da trägt die Palme.
Rings um der Insel allertiefsten Rand,
Da drunten, wo die Welle brandet, schießen
Aus feuchtem Schlamme Binsen auf am Strand.
Kein ander Kraut kann da, dem Blätter sprießen,
Kein Holz gedeihn, weil keins dem Wogendrang
Sich schmiegen mag im Hinundwiderfließen.
Zurück geht nicht mehr hier der Weg entlang;
Die Sonne, die nun aufgeht, will euch zeigen,
Wo leichter ihr gewinnt des Berges Hang.«
Er sprachs und schwand, und mich aus tiefem Neigen
Aufrichtend, hielt ich an den Führer mich
Ganz dicht und blickte auf zu ihm in Schweigen.
Und er begann: »Mein Sohn, nun wende dich
Und folge meinen Schritten, abwärts immer
Senkt diese Halde bis zum Strande sich.«
Das Morgengrauen scheuchte schon der Schimmer
Des Frührots vor sich her, und fernher drang
Herauf des Meeres blitzendes Geflimmer,
So gingen wir den öden Plan entlang,
Wie wer, verirrt, der ihn vergebens däuchte,
Zurück zum Wege wieder geht der Gang.
Als wir nun waren, wo die tauige Feuchte
Kämpft mit der Sonne und im Schutz der Wände,
Wo's schattet, zögernd wich der Tagesleuchte,
Da breitete der Meister seine Hände,
Indem er leise durch die Gräser strich,
Und ich, gewahr, was seine Huld mir spende,
Hielt die betränte Wange flehentlich
Ihm hin, und helle macht' er meine Lider,
Und was sie trübt' im Dunst der Hölle, wich.

Dann ging es zum verlaßnen Strande nieder,
 Der keinen Bug noch sah die Woge spalten,
 Dem Rückkehr ward zum Port der Heimat wieder.
Dort gürtet' er mich nach dem Rat des Alten –
 O Wunder! Wo er pflückte, wuchs es nach,
 Sich augenblicks von neuem zu entfalten,
Das Kraut der Demut, das er für mich brach.

Zweiter Gesang

Es rührte schon der Sonne lichter Rand
 Den Horizont, des Mittagskreis den Bogen
 Zum Scheitel über Zions Zinnen spannt;
Und gegenüber stieg aus Ganges' Wogen
 Die Nacht und kam, die Waage in der Hand,
 Die wachsend sie verliert, heraufgezogen:
Drum safranfarb bereits, wo ich nun stand,
 Vor Alter glänzt' Auroras holde Wange,
 Die weiß und rosenrot zuvor entbrannt.
Wir standen noch am Strande, wie wer lange
 Zuvor sich seinen Weg bedenkt und geht
 Mit Wunsch und Willen, eh der Fuß im Gange:
Und sieh! Wie Mars oft, eh der Frühwind weht,
 Sank er im West zum Meeresspiegel nieder,
 Rotglühend hinter dichten Dünsten steht,
So strahlte mir – o säh ichs einstmals wieder! –
 Ein Licht, und übers Meer hin flogs heran,
 Wie keine Schwinge schnellt ihr Fluggefieder.
Ich blickte fragend meinen Führer an,
 Und als ich wieder drauf mein Auge richte,
 Schiens heller schon, und größer ward es dann.
Nun strahlt' es beiderseits in weißem Lichte –
 Ich sah nicht, was –, und auch am untern Rand
 Kam weißer Schimmer mählich zu Gesichte.

In Schweigen alleweil der Meister stand,
Bis in dem ersten Weiß sich Flügel zeigen;
Doch als er nun den Fergen recht erkannt,
Da rief er: »Eile, dich in Staub zu neigen!
Sieh, Gottes Engel: falte deine Hände!
Siehst solche Boten nun herniedersteigen.
Sieh menschlich Werkzeug ihn verschmähn, als stände
Kein Ruder ihm, kein ander Segel an
Als nur sein Flügelpaar zur fernsten Lände.
Schau, wie so steil sich reckend himmelan
Die Lüfte teilt das ewige Gefieder,
Das nie, wie Erdenflaum, sich wandeln kann!«
Nah kommend nun und näher strahlt' er wieder,
Des Himmels Flügelbote, lichtrer Helle,
Daß in der Näh ichs nicht ertrug und nieder
Mein Auge senkte. Und sein Schifflein schnelle,
Das leichte, ließ er ans Gestade gleiten –
Das furchte kaum mit seinem Kiel die Welle.
Auf seiner Stirn den Glanz der Seligkeiten,
Am Heck der gottgesandte Schiffer stand,
Und mehr denn hundert Seelen ihm zur Seiten.
»Da Israel zog aus Ägyptenland«,
Den Lobpsalm sangen sie und bis zum Ende
Mit einer Stimme alle miteinand.
Noch hob er, segnend mit dem Kreuz, die Hände,
Drauf warf hinab zum Strand sich Paar für Paar,
Und er stieß ab, rasch, wie er kam zur Lände.
Die dort zurück am Lande blieb, die Schar,
Blickt' in die Runde, landfremd, wie mich deuchte,
Wie wer da lauter Neues wird gewahr.
Rings schnellte Pfeile lichten Tags die Leuchte
Des Himmels, die vom Mittagskreise grad
Mit flammendem Geschoß den Steinbock scheuchte,

Da hob zu uns die Stirne auf und bat
  Der neuen Pilger Schar: »So ihr imstande,
  Zum Berg zu gehen, weiset uns den Pfad.«
Virgil darauf: »Ihr wähnet hierzulande
  Des Ortes wohl uns kundig? Just wie ihr
  Fremdlinge sind wir selbst an diesem Strande;
Nur eben, eh ihr kamet, kamen wir,
  Auf andren Wegen, rauh und streng zu gehen,
  Daß Kurzweil uns bedünkt das Klimmen hier.«
Die Seelen, die an meines Odems Wehen
  Gewahrt, daß Lebenshauch mich noch durchdringt,
  Sie blieben blaß vor Staunen vor uns stehen;
Und wie den Boten, der den Ölzweig bringt,
  Um Kunde zu empfahn, in dichtem Schwalle,
  Sich drängend ohne Scheu, das Volk umringt,
So starrten mir die heilsgewissen alle,
  Die Seelen ins Gesicht, vergessend schier
  Die Heiligung von ihrem Sündenfalle.
Und aus dem Schwarme sah ich nahen mir,
  So sehnsuchtsvoll, mich zu umfahn, die eine,
  Daß gleichen Sehnens Drang mich zog zu ihr.
O Schemen, wirklich nur dem Augenscheine!
  Dreimal mit Armen wollt' ich ihn umfangen,
  Dreimal statt seiner Brust drückt' ich die meine.
Wohl malte Staunen sich auf meinen Wangen;
  Drum lächelt' er, dieweil er rückwärts wich,
  Und vorwärts drängend kam ich nachgegangen.
Von ihm zu lassen, bat er sänftiglich;
  Da kannt ich ihn und bat ihn, nach Gefallen
  Zu harren, Rede mir zu stehn, auf mich.
Und er: »Wie dort im Fleische du vor allen
  Mir lieb, so lieb ich dich, von ihm befreit.
  Gern wart ich. Doch warum mußt du hier wallen?«

»O mein Casella, daß ich einst bereit
Zur Wiederkehr, muß diesen Gang ich wagen«,
Sagt' ich; »doch was nahm dir so lange Zeit?«
Und er: »Nicht darf ich über Unbill klagen,
Wenn er, der aufnimmt, wen er will und wann,
Die Fahrt mir mehr als einmal abgeschlagen:
Sein Wollen hält gerechter Will in Bann.
Jetzt freilich nimmt er, seit drei Monden grade,
Jedweden, wer da will, in Frieden an.
Auch mich, der damals harrte, zum Gestade,
Wo Tibers Flut in Salz taucht, hingewandt,
Auch mich nahm jetzt er auf in seiner Gnade.
Zur Münde dort er nun den Fittich spannt,
Dort sammelt stets sich, was beim letzten Gange
Nicht niederfährt zum acherontischen Strand.«
Und ich: »Wenn nicht die Lust am Minnesange
Und seine Übung neue Pflicht dir wehrt,
Der oft mein Herz gestillt mit seinem Klange,
O tröste meine Seele, die, beschwert
Mit Fleisch und Bein, gewagt, hier einzudringen,
Und sich in solcher Bangigkeit verzehrt!«
»Minne, die mir im Sinn ihr Wort läßt klingen ...«,
Begann er so holdselig, daß seither
Im Innern stets mir tönt sein süßes Singen.
Der Meister, ich, der Pilger ganzes Heer,
Wir standen freudevoll um ihn im Kreise,
Als läg' uns sonsten nichts am Herzen mehr;
Andächtig lauschten alle seiner Weise –
Da sieh, der Alte! »Säumige Seelen ihr,
Was ficht euch an?« so rief der würdige Greise.
»Was soll die Lässigkeit, das Rasten mir?
Zum Berge, auf, der Hülle los zu werden,
Die Gott zu schaun dem Blicke wehret hier!«

Wie Tauben auf der Weide, die in Herden
Voll Ruhe Körner picken oder Saat,
Still, ohne die gewohnten Trutzgeberden,
Wie die, wenn irgend, was sie fürchten, naht,
Im Nu die Atzung lassen, weil dem Drange
Gewalt ein übermächtig Drängen tat:
So sah ich lassen jene Schar vom Sange
Und, wie wer flieht und weiß noch nicht, wohin,
Enteilen gleich, hinan zum Bergeshange.
Nicht säumiger war unsrer Flucht Beginn.

Dritter Gesang

Dieweil die andren jähe Flucht versprengt
Dahin und dorthin über das Gebreite,
Bergan, wohin Gebot der Pflicht sie drängt,
Hielt ich mich an des treuen Führers Seite –
Und ohne ihn, wohin auch wandt' ich mich?
Wer gab zur Höh des Berges mir Geleite?
Er selber, schiens, er haderte mit sich:
O des Gewissens, also stolz und strenge,
Dem solch gelinder Fehl so herber Stich!
Als nach der Hast, die allzeit ins Gedränge
Die Würde bringt, sein Fuß dann kam zur Ruh,
Da tat, befangen erst in seiner Enge,
Mein Sinn sich auf, daß ich dem Gipfel zu,
Von Wissensdurst gedrängt, mein Auge wandte,
Wo flutenttaucht zum Himmel ragt die Fluh.
Der Sonne, die im Rücken rot mir brannte,
Zerriß vor mir mein Schattenriß den Schein,
Da Schirm mein Leib dem Strahl, den sie entsandte;
So wandt' ich mich, denn Sorge schuf mir Pein,
Ich sei im Stich gelassen, da die Breite
Ich so beschattet sah vor mir allein.

Allein mein Hort: »Was argwöhnst du? Zur Seite
Dir bin ich«, sprach er, ganz mir zugewandt.
»Vertraust du nicht, daß treu ich dich geleite?
Wo jetzt der Abend sinket, liegt im Sand
Die Hülle, drin ich Schatten warf, bestattet:
Kam aus Brundisium an Napels Strand.
Nicht staune drum, wenns hier vor mir nicht schattet,
So wenig, wie ums Licht der Himmel droben,
Wo eins dem andren stets den Weg verstattet.
Qual läßt in Glut und Frost die Macht dort oben
Dergleichen Körper leiden; doch für keinen
Hebt sie den Schleier, der darum gewoben.
Tor, wer da hofft, mit Menschenwitz und -meinen
Auf Seiner Wege unermeßner Bahn
Ihm nahzukommen, der da Drei im Einen!
Laßt, Sterbliche, genügen eurem Wahn
Am Wie! Denn so ihr alles solltet wissen,
Nicht brauchte dann Maria zu empfahn;
Und die ihr fruchtlos sehnend saht beflissen,
Ihr Sehnen wär gestillt, das ihren Sinn
In Ewigkeit nur sehrt mit Bitternissen.
Von Aristoteles und Plato bin
Ich Zeuge des und andren mehr ...«, in Schweigen
Die Stirne senkend, gramvoll ging er hin.
So kamen wir zum Bergesfuß. Da steigen
So steil empor die Felsen, daß behende
Zu klimmen sich umsonst die Kniee zeigen.
Die kühnsten, wildsten Steige, die man fände
Von Lerici bis gen Turbia: Stiegen
Sinds, zahm und sänftlich gegen diese Wände!
»Wo mag nun so der Hang herab sich schmiegen,
Daß klimmend«, sprach mein Hort und hielt dort an,
»Hinauf kommt, wer nicht Flügel hat zu fliegen?«

Und während er die Blicke senkt' und sann,
Den Weg hinauf bei sich zu überlegen,
Und an den Schrofen rings ich starrt' hinan,
Da kam zur linken Hand, kam uns entgegen
Von Seelen eine Schar, doch sah man nicht,
So langsam ging ihr Schritt, den Fuß sie regen.
»Heb auf, o Meister«, sagt' ich, »dein Gesicht!
Hier kommen welche, die auf unser Fragen
Uns Rat wohl geben, wenn er dir gebricht.«
Auf blickt' er, wie befreit zu mir zu sagen:
»Gehn wir entgegen, kurz sind ihre Tritte.
Und Wurzel laß, mein Sohn, dein Hoffen schlagen!«
Wir waren noch, da wir an tausend Schritte
Voran getan, so weit, als mit der Hand
Ein guter Schleudrer wirft, von ihrer Mitte,
Da, ans Gestein gedrängt der hohen Wand,
Stand alles still, zuhauf, so wie hienieden
Anhält zu spähn, wer lugen will ins Land.
»Ihr Wohlvollendeten! Bei jenem Frieden«,
Begann Virgil, »der eurem ganzen Heer,
Erwählte Seelen, sicherlich beschieden,
Sagt, wo der Berg sich senkt und minder schwer
Der Anstieg: Zeit verlieren macht Beschwerde,
Je mehr bewußt dem Menschen, um so mehr.«
Wie Schäflein, kommt aus ihrem Pferch die Herde,
Erst eins, dann zwei und drei, die andern stehen
Und senken ängstlich Stirn und Blick zur Erde,
Und ganz, wie sie's das erste machen sehen,
Tun alle, stutzt es, drängen sie heran,
Einfältig, unbewußt, warums geschehen:
So von der Herde, die das Heil gewann,
Sah ich die Vorhut nahn; mit züchtigem Schreiten,
Bescheidner Miene kam ihr Häuflein an.

Doch als die vorn zu meiner rechten Seiten
  Das Licht am Boden unterbrochen sahn
  Und meinen Schatten auf den Fels sich breiten,
Da stutzten sie und wichen aus der Bahn
  Ein wenig hinter sich, und unbesehen
  Von all den Folgenden wards nachgetan.
»Ohn euer Fragen will ich euch gestehen:
  Was ihr da seht, ist sterblich Fleisch und Bein,
  Drum lischt das Licht, wo seine Füße gehen.
Nicht nehms euch wunder! Glaubt ihr, dies Gestein
  Dort zu erklimmen hätt er unternommen
  Ohn Heilskraft, die der Himmel muß verleihn?«
Also der Meister, und die Schar der Frommen
  Rief winkend mit dem Rücken ihrer Hände:
  »Kehrt um, geht uns voran, wie wir gekommen!«
Und einer sprach: »Wer du auch seiest, wende
  Im Weitergehn dein Angesicht und schau,
  Ob je du mich gesehn vor meinem Ende.«
Ich wandte mich und blickt' ihn an genau:
  Blond war er, schön, von adligem Gebaren,
  Doch spaltet' ihm ein Hieb die eine Brau.
Fremd nannt' ich mich, in Ehrfurcht, seinen Jahren;
  Da sprach er: »Sieh!«, und oben ließ er mich
  Auf seiner Brust ein Wundenmal gewahren
Und lächelte und sprach: »Manfred bin ich,
  Konstanzens Sproß, der Kaiserin. Zum Port
  Der Heimat kehrend, geh, das bitt ich dich,
Zu meiner schönen Tochter, die den Hort
  Siziliens und Aragons gebar,
  Und sag ihr Wahrheit, sagt mans anders dort!
Von zweier Todeswunden Streiche war
  Mein Leib gefällt, da bracht' ich meine Seele
  In Tränen Ihm, der gern verzeihet, dar.

Viel sind und furchtbar meines Fleisches Fehle,
Doch lang der Arm, den Gnade fort und fort
Dem Reuigen reicht, daß er sich ihr befehle.
Ach, wenn doch besser, wie's geschrieben dort,
Er, den mir auf die Fährte Clemens hetzte,
Cosenzas Hirte, las in Gottes Wort!
Noch läge mein Gebein, das unverletzte,
Am Brückenturm bei Benevent im Sand,
Im Schutz des Mals, das lastend man ihm setzte!
Nun wests, dem Reiche fern, an Verdes Strand,
Vom Regen naß, von Windsbraut umgetrieben,
Seit bei gelöschten Lichtern ers verbannt.
Doch bannt ihr Fluch nicht so das ewige Lieben,
Daß nicht sein Segen wiederkehren kann,
So nur ein Reis von Hoffnung grün geblieben.
Wer freilich Todes stirbt im Kirchenbann,
Der muß, bereut er gleich vor Lebensende,
Für jedes Jahr, das so im Trotz verrann,
Hier draußen dreißig stehn am Fuß der Wände,
Will fromm Gebet ihm solchen Harrens Pflicht
Nicht kürzen. Siehe denn, was Trost mir spende!
Konstanzen, meiner treuen, tu Bericht:
Gib ihr Bescheid, wie du mich hier gesehen
Und welch Verbot den Gang uns wehrt zum Licht.
Groß Heil von jenen dort kann uns geschehen!«

Vierter Gesang

Wenn, sei's von Lust ergriffen, sei's von Leid,
Der Kraft in uns, die solches kann empfinden,
Die Seele ganz und ungeteilt sich weiht,
Scheint ihr für andren Drang der Sinn zu schwinden.
(Das straft sie Lügen, die an ihrem Teile
Der Seelen mehr in uns entzündet finden.)

Hörst oder siehst du, was auf Zeit und Weile
  Mit aller Macht die Seele an sich rafft,
  So rinnt die Zeit, und spürst nicht, wie sie eile.
Was darauf merket, ist ein' andre Kraft
  Der Seele, die der ersten ganz ergeben,
  Und waltet jene frei, liegt die in Haft.
Das mußt' ich, lauschend jenem Geist, erleben,
  Den staunend ich vernahm. Wohl fünfzig Grad
  Konnt unterdes die Sonne sich erheben,
Doch merkt' ichs nicht, bis wir dem Ziel genaht,
  Wo alle riefen, wie aus einem Munde:
  »Da seht, wonach ihr fraget, euren Pfad!«
Manch breitern Schlupf sperrt mit dem Dornenbunde,
  Den seine Forke rafft, des Bauers Hand,
  Wenn sich die Traube bräunt auf seinem Grunde,
Als jenen Spalt, da wir empor die Wand,
  Eins hinterm andren, dort uns mußten schmiegen,
  Selbzweit, da sich die Schar hinweggewandt.
Zum Gipfel von Bismontava, die Stiegen
  Bis nach San Leo, bis gen Noli nieder
  Gehts alleweil zu Fuß – hier hieß es fliegen!
Der Sehnsucht-Schwingen flüchtiges Gefieder
  Zog mich dem Führer nach mit Allgewalt,
  Der Licht mir schafft' und gab mir Hoffnung wieder.
So klommen wir hinan den Felsenspalt,
  Und, hier wie dort bedrängt von seinen Wänden,
  Mit Hand und Fuß am Boden sucht' ich Halt.
Doch als wir oben, wo die Schrofen enden,
  Den Saum erreicht, des freien Hanges Neige:
  »Wohin denn, Meister«, frug ich, »jetzt uns wenden?«
»Nur keinen Schritt zurück!« versetzt' er. »Steige
  Mir immer nach, nur gradeswegs bergan,
  Bis einer nahet, der den Weg uns zeige!«

Dem Blick unnahbar, stieg der Gipfel an
Und jäher, als der Pfeil von Bogens Mitte
Zum Drehpunkt des Quadranten weist hinan.
Matt war ich, rief zu ihm mit banger Bitte:
»Schau, teurer Vater, um! Hier bleib ich liegen,
Allein hier bleib ich, hemmst du nicht die Schritte.«
»So weit, mein Sohn, noch magst empor dich schmiegen«,
Sprach er und wies dicht über mir ein Band,
Das rings umfing die Flanke, wo wir stiegen.
Das war ein Sporn mir; alle Kraft gespannt,
Klomm ich zu ihm hinan, der mein Geleite,
Bis unter meinem Fuß des Simses Rand.
Wir saßen nieder, wandten nach der Seite
Gen Morgen uns, von dann wir aufgestiegen:
Erfreut den Blick doch solche Schau ins Weite!
Erst sah ich drunten die Gestade liegen,
Blickt' auf zur Sonne dann, und linker Hand
Mit Staunen sah ich ihre Pfeile fliegen.
Wohl sahs der Sänger, wie ich unverwandt
Den Wagen angestaunt des Lichts, die Stelle,
Wo zwischen uns und Mitternacht er stand.
»Dem Spiegel hier«, sprach er, »von dessen Helle
Die unten wie die droben Licht empfahn,
Wenn Kastor ihm und Pollux Weggeselle,
Noch näher sähst du seine Runde nahn,
Davon der Tierkreis strahlt, den beiden Bären,
Wich' er nicht gar aus seiner alten Bahn.
Stell dir im Innern vor, dir zu erklären,
Wie das an diesem Berge mag geschehn,
Daß er und Zion auf zwei Hemisphären
Sich gleichen Horizonts genüberstehn;
Liegt drum die Bahn, wo Phaëthons Entgleisen
So übel ihm bekam, von dort gesehn,

Auf diesen zu, muß dort hinaus ihr Kreisen
Von hier zu sehen sein; das wird aufs Haar,
Wenn scharf er hinblickt, deinem Sinn sich weisen.«
»Gewiß, o Meister«, sagt' ich da, »so klar
Sah ich noch nie, wie jetzt ichs kann erkennen,
Was meinem Sinne schier ein Rätsel war:
Den in der Meßkunst sie den Gleicher nennen,
Himmlischen Umschwungs Haupt- und Mittelkreis,
Der Sonn und Winter allezeit muß trennen,
Liegt hier für uns, des mir dein Wort Beweis,
Gen Nord so weit, wie jenerseit ihn streichen
Die Juden sahn, den Landen zu, die heiß.
Allein gefällt dirs, wüßt ich gern ein Zeichen,
Wie weit der Weg. Den Gipfel seh ich ragen
So hoch, daß ihn die Blicke nicht erreichen.«
»So ist des Berges Art«, hört ich ihn sagen,
»Daß streng der Anstieg zu Beginn am Fuße;
Je höher, um so linder Müh und Plagen.
Deucht drum so sänftlich dir der Weg der Buße,
Daß, wie stromab sichs fährt auf sichrem Kiel,
Gemächlich du ihn wandeln kannst in Muße:
Dann bist du schon an dieses Weges Ziel,
Da magst du ruhn von deinen Mühen allen.
Mehr sag ich nicht, doch sag ich nicht zuviel.«
Er sprachs, da hört' ich eine Stimme schallen
Ganz nahe unsrem Sitz: »Von eurem Gang
Zu rasten mag euch früher schon gefallen.«
Wir wandten alle zwei uns nach dem Klang
Und sahn zur Linken einen Felsblock ragen,
Den unser keiner noch gewahrt bislang;
Und als wir nahten, sieh, dahinter lagen
Im Schatten welche, wie, zur Ruh zu gehen,
Man wohl sich streckt in lässigem Behagen.

Und einer, ganz entkräftet anzusehen,
Saß und umarmte seine beiden Knie
Und hing den Kopf beinah bis auf die Zehen.
»O mein Gebieter«, rief ich, »komm und sieh:
Wer Trägheit Schwester nennt, scheint hier noch rege;
Solch Faulpelz, traun, wie dieser wär er nie!«
Er sah uns an, als ob er überlege,
Sprach, übers Knie den Blick nur hergewandt:
»Da du so rüstig denn, geh deiner Wege!«
Darüber hatt ich, wer er war, erkannt,
Und ob es mir den Odem noch verschlagen,
Ich ruhte nicht, bis ich zur Seit ihm stand.
Er hob zur Not den Kopf, um mich zu fragen:
»Hast wohl gesehen, wie die Sonne dort
Zur linken Hand dir lenket ihren Wagen?«
Sein träg Gebaren und sein karges Wort,
Sie machten lächeln mich; so sagt' ich heiter:
»Nicht bangt, Belacqua, mich um dich hinfort;
Doch sprich: Was hockst du hier? Harrst auf Begleiter?
Wie? Oder treibst du's nur, wie lebenslang
Dein Brauch gewesen, hier noch immer weiter?«
Und er: »Was, Bruder, frommt der rasche Drang?
Mich läßt ja doch nicht, der da wahrt der Pforte,
Der Engel Gottes, ein zum Sühnegang.
Die Reue spart' ich bis zum letzten Worte;
Muß draußen nun, sooft ichs sah im Leben,
Erst kreisen sehn den Himmel, hier am Orte,
Wenn hülfreich nicht Gebete sich erheben
Aus frommen Herzen – fehlts am Gnadenstrande,
Was frommt mir eins, dem kein Gehör gegeben?«
Schon stieg der Sänger mir am Felsenrande
Voran und sprach: »Nun komm! Im Mittag steht
Die Sonne, sieh, und an Marokkos Strande
Mit leiser Sohlen Tritt die Nacht schon geht.«

Fünfter Gesang

Die Schatten ließ ich stehn, und unverwandt
Folgt' ich des Führers Spur, da hört' ich einen,
Der, mir im Rücken, weisend mit der Hand
Uns nachrief: »Seht den Untren! Mir will scheinen,
Als leuchtet' es zu seiner Linken nicht,
Und wie Lebendige steht er auf den Beinen.«
Beim Klang der Worte wandt ich mein Gesicht
Und sah nach mir allein sie starrn und staunen,
Wie doch an mir sich brach das Sonnenlicht.
»Was ficht den Sinn dir an? Welch eigne Launen«,
Sprach da der Meister, »hemmen deinen Schritt?
Was macht dirs aus, was hinter dir sie raunen?
Laß doch die Leute reden! Komm nur mit!
Steh wie ein Turm, dem nie die Zinnen wanken,
Wie hart sein Haupt der Sturmwind auch bestritt!
Denn wo Gedanke sprudelt auf Gedanken,
Kommt weiter man vom Ziel, weil einer da
Im Schwung den andren hemmend bringt ins Schwanken.«
Was sollt' ich sagen als ›Ich komme‹? Ja,
Ich sprachs, von Rotglut angehaucht die Wangen,
Dank der sich manche Schuld vergeben sah.
Derweil kam weiter vorn ein Trupp gegangen
Von Seelen, jene Halde dort entlang,
Die Vers für Vers das Miserere sangen;
Als die gewahrt, daß mich kein Strahl durchdrang
Des Sonnenlichtes, klang gedehnt und leise
Ein langes Oh ..., darin verhallt' ihr Sang.
Und eilend wider uns aus ihrem Kreise,
Botschaftern gleich, zu fragen, kamen zween:
»Laßt wissen, wer ihr seid, was eure Weise.«

Der Meister aber: »Mögt nur wieder gehn
  Und denen, die euch abgesendet, sagen:
  Fleisch ist und Bein der Leib, den sie gesehn.
Stehn seines Schattens halb sie dort in Zagen,
  So deucht mich, mags genug der Antwort sein.
  Tut Ehr ihm an, es soll euch Früchte tragen!«
Nie sah so jach durch Lüfte klar und rein,
  Wenns nachtet, glühnder Dünste Strahl ich fahren,
  Durch Sommerwolken nicht im Abendschein,
Wie sie herumgewandt und droben waren,
  Dort mit den andren nach uns umzudrehn
  Im Lauf wie zügellose Reiterscharen.
»Da kommts in Haufen, und dich anzuflehn«,
  Begann der Sänger, »drängts heran in Eile:
  Geh deines Wegs und hör sie an im Gehn!«
»O Seele«, riefs im Kommen, »die zum Heile
  Im Leibe wallst, darin du kamst ans Licht,
  Verhalte deinen Schritt doch eine Weile!
Schau, kam dir unser keiner zu Gesicht,
  Daß er mit Botschaft dich hinübersende ...
  Ach, warum eilst du? Ach, was harrst du nicht?
Wir starben allesamt durch Mörderhände
  Und waren Sünder unser ganzes Leben.
  Da schien das Licht des Himmels uns am Ende,
Daß wir bereut und unsrem Feind vergeben
  Und schieden, Gott versöhnt, vom Lebenstag,
  Ihm, den zu schauen unsres Herzens Streben.«
Und ich: »Wie euch ins Aug ich schauen mag,
  Kann ich doch keinen, den ich kannte, sehen,
  Doch taugt, Erwählte, euch, was ich vermag,
Sprecht! Treulich, bei dem Frieden, solls geschehen,
  Dem Frieden, den auf solchen Führers Spur
  Von Welt zu Welten ich muß suchen gehen!«

Und einer sprach: »Wenn guten Willen nur
Dir nicht verhält des Unvermögens Schwäche,
Traun deiner Huld wir alle sonder Schwur.
So bitt ich, der allein, vor allen spreche:
Siehst du das Land, das zwischen Carlos Lehn
Und der Romagna breitet seine Fläche,
Zu Fano sei mir hold mit deinem Flehn!
Laß beten dort für mich mit frommem Munde,
Daß ich die schwere Schuld mag sühnen gehn.
Dort stamm ich her, doch traf die Todeswunde,
Daraus mit meinem Blut mein Leben rann,
Wo ich mich sichrer wähnte, auf dem Grunde
Der Stadt Antenors. Der mir Arges sann,
Weit mehr, als Fug und Ursach ihm gegeben,
Mir grollend, der von Este tat mir an.
Ja, flüchtet' ich gen Mira nur, da eben
Wir überfallen nächst Oriacos Schloß
Noch könnt ich dort, wo Odem weht, dir leben.
In Sumpf geriet ich, sah verstrickt mein Roß
In Schlamm und Schilf und fiel, und dort zur Erden
Ein See aus meinen Adern sich ergoß.«
»Ach«, rief ein andrer, »soll erfüllet werden
Dein Sehnen nach der Höh: erbarme dich
Hilfreich des meinen in so viel Beschwerden!
Von Montefeltro war, Buoncont bin ich
Und muß, die Stirn gesenkt, mit jenen gehen,
Denn Gianna nicht und keiner sorgt um mich.«
»Wars Zufall, sag, ist dir Gewalt geschehen,
Die dich so weit entwegt von Campaldin«,
Frug ich, »daß keiner je dein Grab gesehen?«
Drauf er: »Am Fuß durchströmt das Casentin
Ein Wasser, das man Archiano nannte,
Und ob der Klause quillts am Apennin.

Bis dorthin, wo's den Namen abtut, rannte
Zu Fuß ich, flüchtig, mit dem Blut der Wunde
Das Blachfeld tränkend, die am Hals mir brannte,
Da losch mein Blick, da fiel ich, und im Munde
Starb mit Mariens Namen mir das Wort,
Und nur mein Fleisch allein blieb dort im Grunde.
Wahr sprech ich; sag du's den Lebendigen dort!
Mich faßte Gottes Engel; sonder Weile
Rief aus der Hölle der: ›Nimmst mir ihn fort?
Gibt dir ein Tränlein, das ihm half zum Heile,
Über sein Ewiges, Himmlischer, Gewalt,
So fahr ich anders mit dem andren Teile!‹
Wohl weißt du, wie in Lüften Dunst sich ballt,
Der feuchte, der dann niederströmt als Regen,
Stieg er zur Höh, wo's eisig weht und kalt:
Der Böse, Böses sinnend allerwegen,
Mit Listen, kraft der Macht, die ihm verliehen,
Gewölk und Sturmwind wußt' er zu erregen.
In Nebel hüllt' er gleich mit Tages Fliehen
Von Weitmatt bis zum hohen Joch hinan
Das Tal, ließ Dunst den Himmel überziehen;
Die trächtige Luft zerfloß in Wasser dann,
Der Regen fiel, und was der Grund vom Nassen
Nicht eingeschluckt, in Schlüft und Gräben rann;
Zu Bächen strömt's zusammen, wälzt' in Massen
Zum königlichen Strome sich hernieder,
So reißend, daß kein Bett sie konnte fassen.
So fand und schwemmte meine starren Glieder
Zum Arno mit der wilde Archian
Und löste auf der Brust das Kreuz mir wieder –
Ich schlugs, da Todesschmerz den Leib durchrann –
Und warf ans Ufer, wälzte auf dem Grunde
Und wühlt' in Schlamm und Schutt den toten Mann ...«

»Ach«, nahm dem zweiten Geist das Wort vom Munde
Ein dritter, »kehrst du wieder heim ins Weben
Der Welt und ruhtest aus von langer Runde,
Gedenke mein, der Pia, der das Leben
Siena gab, ders die Maremme nahm –
Er weiß es, der mir seinen Ring gegeben,
Als mich, die Witib, er zu freien kam!«

Sechster Gesang

Wenn's Würfelspiel zu Ende, bleibt zurück
Mißmutig, der verlor, erprobt verdrossen
Von vorne wieder, Wurf für Wurf, sein Glück;
Dem andren folgt die Menge dicht geschlossen:
Der zupft ihn hinten, der läuft ihm voran,
Der, ihm zur Seit, empfiehlt sich dem Genossen;
Er hält nicht still, hört den und jenen an,
Und wem die Hand er drückt, der läßt ihn laufen,
Bis er des Schwarmes sich erwehren kann.
So ging es mir in jenem dichten Haufen;
Bald dem, bald dem mich neigend, mit Gebot
Und mit Versprechen mußt' ich los mich kaufen.
Da waren von Arezzo: der, dem Tod
Ghino di Taccos blutige Hand gegeben,
Und der ertrank in wilden Jagens Not;
Da sah die Hände flehend ich erheben
Friedrich Novello und von Pisa den,
Der euch Marzuccos Großmut ließ erleben.
Graf Orso sah ich, hab auch sie gesehn,
Die Seele, die, sie sagt's, durch Haß geschieden
Und Neid vom Leibe, nicht um ihr Vergehn:
Petrus von Brossa mein' ich, – mag hienieden
Sich hüten wohl die Dame von Brabant,
Daß drum kein schlechtrer Platz ihr dort beschieden!

Da ich von all den Schatten los mich wand,
  Die nur um andrer Flehen alle flehten,
  Zu kürzen ihren Weg zum Gnadenstrand,
Begann ich: »Sagst du, Leuchte der Poeten,
  Nicht irgendwann, das könne nie geschehn,
  Daß je des Himmels Ratschluß beugt ein Beten?
Und eben das ist, was sie hier erflehn.
  So wär ihr Hoffen eitel? Oder, sage,
  Konnt ich, was du gesagt, nicht wohl verstehn?«
»Was meines Wortes Sinn, liegt klar am Tage«,
  Sagt' er, »und sie trügt doch ihr Hoffen nicht,
  Erwägt gesunder Sinn nur recht die Frage:
Nicht beugts das Recht ja, das der Höchste spricht,
  Erfüllt mit eins die Liebesglut der Frommen,
  Wofür genugzutun der Büßer Pflicht.
Und wo der Spruch gefällt, den du vernommen,
  Dort freilich sühnet keine Schuld das Flehn,
  Weil kein Gebet von dort zu Gott mag kommen.
Doch hüte dich, so auf den Grund zu gehn
  Dem Zweifel ohn Erleuchtung von der einen,
  Die Licht schafft zwischen Wahrheit und Verstehn.
Begreifst du's? Beatrice will ich meinen:
  Auf dieses Berges Gipfel wird sie dir
  Lachenden Augs, die Selige, erscheinen.«
»O mein Gebieter«, rief ich, »eilen wir!
  Schon fühl ich minder meine Glieder lasten,
  Und sieh, des Berges Gipfel schattet hier.«
»Wir gehn, so weit wir können, sonder Rasten«,
  Versetzt' er, »weil uns scheint das Tageslicht,
  Doch anders geht es, als du meinst zu hasten:
Eh du am Ziel, scheint dir ins Angesicht
  Aufs neue, die sich eben hinterm Hange
  Dort birgt und keinen Strahl an dir mehr bricht.

Doch sieh dort eine Seele, die uns lange
  Allein und abgesondert blickt entgegen;
  Die weist uns wohl zurecht auf unsrem Gange.«
Wir nahten ihr. Wie stolz und überlegen
  Dich sah ich, Seele aus Lombardenblut,
  Langsam und würdevoll das Auge regen!
Sie sprach kein Wort, ließ mit gelaßnem Mut
  Uns kommen, nur das Auge aufgeschlagen,
  Dem Löwen gleich zu schauen, wenn er ruht.
Virgil doch trat herzu, bat, ihm zu sagen,
  Wo hier zum Berg der Anstieg leicht und nah;
  Doch keine Antwort gab sie seinem Fragen;
Frug ihn nach Land und Leben. »Mantua ...«
  Begann mein teurer Führer, – ehs verklungen,
  War, den ich so in sich versunken sah,
Von seinem Sitz, der Schatten, aufgesprungen:
  »Sohn Mantuas! Sordell bin ich genannt,
  Dein Landsmann!« Und sie hielten sich umschlungen. –
Herberg des Jammers, mein geknechtet Land!
  Schiff ohne Steuermann in Sturm und Wogen,
  Nicht Herrin mehr der Völker: Haus der Schand!
Wie kam die edle Seele da geflogen,
  Den Landsgenoß zu grüßen, nur vom Klang
  Des süßen Mutterlautes angezogen!
Heut lebt dir keiner sonder Zwist und Zwang,
  Heut würgen die sich, die mit *einem* Bande
  Ein Wall und eines Grabens Wehr umschlang.
Schau um an deiner Meere weitem Strande,
  In deinen Busen schau, ob Friede freut
  Ein Fleckchen noch, Unselige, deiner Lande!
Was taugt der Zaum, den Justinian erneut,
  Da ledig nun dein Sattel, dich zu leiten?
  Die Schmach wär ohne ihn gelinder heut!

Weh euch, die ihr im Sattel ließet reiten
  Den Kaiser, selber himmelwärts gewandt;
  Bedachtet ihr, was Gott euch hieß, beizeiten!
Seht, wie der Renner außer Rand und Band,
  Der keinen Sporn gespürt, seit nach den Ringen
  Des Halfterzaums gegriffen eure Hand!
Albrecht, du Deutscher! Ach, du läßt ihn springen,
  Der so unbändig rast in blinder Wut,
  Statt dich in seines Sattels Bug zu schwingen!
Gerecht Gerichte fall auf all dein Blut,
  Neu, unerhört, von hoher Sterne Warten,
  Weit sichtbar schreckend deines Folgers Mut!
Du und dein Vater, weh, die euer harrten,
  Ließt ihr im Stich in eurer Ländergier,
  Bis so zur Wüste ward des Reiches Garten.
Komm, sieh Monaldi, Filippeschi hier,
  Montecchi, Capulet, Mann ohne Sorgen:
  Die schon in Trauer, die verzagend schier!
Komm, grausam Herz, komm, sieh, wie sie sich sorgen,
  Und rett aus ihrer Not die edlen Deinen:
  Siehst dann, wie Santafior so wohl geborgen!
O komm und siehe deine Roma weinen!
  Verlassen, Witwe, ruft sie Tag und Nacht:
  »Willst du dich nie, mein Kaiser, mir vereinen?«
Komm, siehe, wie das Volk sich liebt! Und facht
  Denn nichts dein Mitleid an, was wir ertragen,
  So komm, die Schmach zu sehn, die dirs gebracht!
Hast Du – verzeih mir, höchster Gott, mein Fragen –
  Uns Dein gerechtes Auge abgewandt,
  Du, der für uns ans Kreuz allhier geschlagen?
Wie? Oder wards zur Prüfung uns gesandt
  Aus Deiner Weisheit Abgrund, uns zum Segen,
  Doch unerforschlich unsrem Unverstand?

Rings von Tyrannen starrt es allerwegen:
  Wird ein Marcell doch jeder Bauernknecht,
  Der Aufruhr kommt und Rotten zu erregen …
Du, mein Florenz, getrost! Nicht dein Geschlecht
  Kann dies mein Rügewort zu treffen wagen;
  Dank seinem Witz behälts ja immer recht.
Manch Herz mag für Gerechtigkeit noch schlagen,
  Doch, gut zu treffen, zielt es mit Bedacht;
  Dein Volk muß vorn sie auf der Zunge tragen.
Manch einer schlägt die Bürden aus der Macht;
  Dein Volk kann solche Sorge nie beschweren:
  »Mir her!« rufts ungefragt, eh sichs bedacht.
So freue dich! Wer wollte dirs verwehren?
  Dir, die so reich, so friedvoll, stark an Geist –
  Sprech ich nicht wahr? Der Ausgang wird es lehren!
Athen und Sparta, deren Recht man preist,
  Als hätt' ihr Bürgersinn den Kranz gewonnen,
  Sie ahnten kaum, was wohl zu hausen heißt,
An dir gemessen, die so fein gesponnen,
  Daß um Novembers Mitte schon dich reut,
  Was im Oktober eben frisch ersonnen!
Wie oft schon, seit du denken kannst, bis heut
  Hast du Gesetz und Ämter, Münz und Sitten
  Gewechselt, deine Glieder selbst erneut?
Magst in dich gehn und um Erleuchtung bitten!
  Denn sieh, du bist, wie wer im Fieber liegt
  Und, weils auf seinem Pfühl ihn nicht gelitten,
Im Krampf sich wälzt und hin und wider biegt.

Siebenter Gesang

Da sie Willkomm in Zucht und Freundlichkeit
Drei-, viermal sich aufs neu geboten hatten,
Begann Sordell: »Sagt ihr nun, wer ihr seid!«
»Eh noch zum Berg hier pilgerten die Schatten
Der Seelen, wert, das Licht des Herrn zu sehen,
Ließ Octavianus mein Gebein bestatten:
Ich bin Virgil. Ich meid um kein Vergehen,
Um Glaubens Mangel nur des Himmels Licht.«
So hört' ich Rede meinen Führer stehen.
Wie wem ein Wunder plötzlich kommt in Sicht,
Darob er staunt und glaubt und zweifelt wieder,
So bei sich sprechend: ›Ist es? Ist es nicht?‹,
So stand der dort, dann senkt' er seine Lider,
Und ehrerbietig neigt' er, wie's mit Fleiß
Ein Jünger tut, ihn zu umfahn, sich nieder.
»Ruhm der Lateiner du, den zum Erweis
Sich unsre Zunge kor, wie hold sie singe!
Du meiner Heimat ewiger Ehrenpreis!
Woher die Gnade, daß dein Gruß mir klinge?
Bin wert ich deines Wortes, tu mir kund:
Von Höllen kommst du? Sag, aus welchem Ringe?«
»Von Kreis zu Kreise kam ich aus dem Schlund
Der Qual hierher; mich lenkte Macht von oben«,
So sprach er, »und mit ihr komm ich jetzund.
Kein Tun, nur was ich nicht tat, wehrt mir, droben
Zu schaun, das du ersehnst, das hehre Licht,
Zu dem ich, ach, zu spät den Blick erhoben.
Ein Ort ist drunten, wo's durch Qualen nicht,
Nur trüb von Finsternis, da klingt kein Weinen,
In leisen Seufzern nur die Klage spricht.

Dort weil' ich mit den Kindlein, mit den kleinen,
Unschuldigen, die da fraß des Todes Zahn,
Eh von der Schuld sie rein, der allgemeinen;
Mit denen, so die Weihe nicht empfahn
Der heiligen Tugenden, der drei, sonst allen
Vertraut und fehllos wandelnd ihre Bahn.
Doch weißt und kannst du's, gib uns zu Gefallen
Ein Zeichen, wie zur Pforte, zum Beginn
Des Sühnegangs den schnellsten Weg wir wallen.«
»An keine Statt«, sprach er, »gebannt ich bin.
Darf rundum, darf empor die Schritte lenken;
So weit ich kann, geleit ich dich dahin.
Doch siehe da: es will der Tag sich senken,
Und steigen läßt sich nicht zu nächtiger Stunde;
Da taugts euch wohl, auf gute Ruh zu denken.
Ein Häuflein Seelen birgt sich rechts im Grunde;
Dahin will ich dich führen, steht dirs an,
Und freuen magst du dich an ihrer Runde.«
»Wie denn«, versetzt' er, »wer zur Nacht bergan
Will steigen, weshalb wär er nicht imstande?
Weil man ihm wehret? Weil ers selbst nicht kann?«
Und mit dem Finger macht' ein Mal im Sande
Sordell und sprach: »Sieh her: Nicht diesen Strich
Mehr überschrittst du, ging der Tag zu Rande!
Nicht weil ein ander Ding dir hinderlich
Als nächtige Finsternis auf deinem Gange;
Da läßt die Kraft das Wollen gar im Stich;
Leicht kämst du dann noch tiefer, gingest lange,
Dieweil der Horizont verhält den Tag,
Hier in die Irre rings am Bergeshange.«
Drauf mein Gebieter, staunend schier: »So sag
Den Weg uns an, dahin uns zu geleiten,
Wo, wie du meinst, mit Lust man weilen mag.«

Wir gingen noch nicht lang nach jener Seiten,
  Als ich den Berg, wie Schluchten hierzuland
  Sich auftun, klaffend sah die Flanke spreiten.
»Dort«, sprach der Schatten, »wo zur Bucht die Wand
  Sich wölbet, laßt uns hingehn und die Helle
  Des neuen Tags erwarten miteinand.«
Nicht steil, nicht eben wand ein Pfad zur Schwelle
  Sich jenes Tals, zur Flanke, wo talein
  Mehr denn zur Hälfte schwand des Rands Gefälle.
Gold, Scharlach, indisch Blau und Silber fein,
  Bleiweiß und Ebenholz ohn Fehl und Male,
  Smaragd auch, frischen Bruchs, der edle Stein,
Sie leuchten nicht so hell wie dort im Tale
  Blumen und Gras, sie bleichen vor der Pracht
  Der Farben wie der Mond im Sonnenstrahle.
Nicht, daß Natur hier nur den Maler macht, –
  Da atmeten vieltausend süße Düfte
  Ein Duften, nie gekannt und nie erdacht.
»Salve regina«, schallte durch die Lüfte
  Der Sang der Seelen, die, wo's keiner sah,
  In Grün und Blumen saßen im Geklüfte.
»Verlanget nicht«, sprach der von Mantua,
  Der uns Geleit, »im letzten Sonnenstrahle
  Euch hinzuführen unter diese da.
Vom Borde konnt ihr hier mit einem Male
  All ihr Gebaren sehn und Angesicht,
  Weit besser denn bei ihnen selbst im Tale.
Der dort zu Häupten, in ihr Singen nicht
  Die Stimme mischend, sitzt mit stummem Munde,
  Als müßt' er trauern um versäumte Pflicht,
War Kaiser Rudolf, der Italias Wunde,
  Die tödliche, zu heilen war imstand –
  Lang währts, bis wieder schlägt des Retters Stunde!

Der, dessen Blick ihm Trost, gebot dem Land,
Des Quellen mit der Moldau ihr Gewässer
Zur Elbe und mit ihr zum Meer entsandt;
's ist Ottokar, in Windeln wahrlich besser
Als Wenzel je, sein Sohn, im Bart gediehn,
Der Knecht der Üppigkeit, der müßige Fresser!
Der mit der Stumpfnas, der zu Rat muß ziehn
Ihn, der so gütig blicket, ernst und lange,
Starb, als die Lilie ihm verblüht im Fliehn.
Schaut, wie die Brust er schlägt; und seht, wie bange
Aufseufzend bettet jener andre fest
Und schwer in seine hohle Hand die Wange!
Vater und Schwäher sinds von Frankreichs Pest;
Sie wissen um sein schmutzig Lasterleben,
Das ist der Kummer, der sie seufzen läßt.
Der Gliederstarke, der sich dort daneben
Dem mit der Adlernas gesellt im Lied,
War angetan mit jedem edlen Streben;
Und wahrlich: blieb, den hinter ihm man sieht,
Der Jüngling nach ihm Herrscher auf dem Throne,
So erbte Manneswert von Glied zu Glied.
Nicht so die andren! Erbten Land und Krone
Jakob und Friederich, der beßre Rest
Des Erbes ward nicht dem, nicht jenem Sohne.
Wie selten dringt vom Stamm doch zum Geäst
Die Tugend! So will Ers, der sie kann schenken,
Denn Er ists, der sich drum erbitten läßt.
Des Worts, so gut wie Peter, mag gedenken,
Der mit ihm singt; noch muß in bittrem Grame
Samt der Provence Apulien drum sich kränken.
Sein Sproß ist so viel schlechter denn der Same,
Als über Margrets und Beatrix' Gatten
Den ihren rühmt Konstanze, seine Dame.

Seht Englands Heinrich, fern den andren Schatten,
Den König, sitzen, den vom schlichten Leben,
Dem beßrer Sprossen Nachwuchs kommt zustatten.
Und den ihr unten seht den Blick erheben,
Graf Wilhelm ists, um den noch früh und spat,
In Alessandrias Gewalt gegeben,
Heut Canavese weint und Monferrat.«

Achter Gesang

Es war die Stunde, die von Wehmut schwellen
Zur See die Herzen macht und sehnlich schlagen,
Des Lebewohls gedenk der Trautgesellen;
Da Heimweh läßt den neuen Pilger zagen,
Hört er der Abendglocke fern Geläut
Ums Licht des Tages, der verscheidet, klagen.
Da sah ich, den zu hören lang erfreut,
Der Seelen eine an, die stand am Ende,
Wie mit der Hand zu lauschen man gebeut.
Sie faltete, sie hob die beiden Hände,
Den Blick gen Ost, als ob den Herrn sie preise:
Nichts andres ist, in dem ich Frieden fände!
»Te lucis ante ...«, kams andächtig leise
Von ihren Lippen mit so süßem Klingen,
Daß mich mir selber ganz entrückt die Weise.
Und fromm und lieblich fielen dann mit Singen,
Das Lied beschließend, all die andern ein,
Dieweil am Himmelsrund die Augen hingen.
Nun, Leser, schärfe wohl das Auge dein!
So zart ist hier der Schleier, daß zum Wahren
Hindurchzudringen muß ein leichtes sein.
Als in Erwartung sah ich nun die Scharen
Der edlen Kämpen dort gen Himmel schaun,
Bleich, schweigend, voller Demut im Gebaren.

Und sieh: hernieder fuhr aus Himmelsaun
Ein Engelpaar, das Flammenschwert zu Handen,
Das vorn gestumpft, die Spitzen abgehaun.
Grün waren sie wie Lenzlaub von Gewanden,
Die, wo ihr grüngefiedert Flügelpaar
Im Rücken sproßte, flatternd sie umwanden.
Der eine blieb zu Häupten unsrer Schar,
Der andre jenseit auf dem Randfirst stehen,
Daß alles Volk in ihrer Mitte war.
Wohl konnt ihr Haupt ich noch, das blonde, sehen,
Vom Antlitz aber glitt der Blick mir ab,
Wie wem von Übermacht Gewalt geschehen.
»Sie kommen aus Mariens Schoß herab,
Ein Hort dem Tal«, begann Sordell. »Die Schlange,
Die bald hier nahet, wehren sie uns ab.«
Unwissend, wo des Weges, späht' ich bange
Ringsum und barg, erstarrt zu Eise fast,
Im Schutz der trauten Schultern meine Wange.
Sordell drauf: »Zu den hohen Schatten laßt,
Sie anzusprechen, jetzt hinab uns gehen;
Gar wohl willkommen seid ihr dort zu Gast!«
Drei Schritte warens, bis wir drunten stehen,
Und einen sah ich dort, der starr auf mich,
Als sucht' er mich zu kennen, nur gesehen.
Es war die Stunde, da der Tag erblich,
Doch zwischen seinem Auge und dem meinen
Der Schleier bald, der erst sie hüllte, wich;
Er eilt' in meine Arme, ich in seinen:
»O Nino, edler Richter, wie michs freut,
Dich nicht zu sehn, wo die Verdammten weinen!«
Kein herzlich Grüßen hat uns da gereut:
»Wie lang ists«, frug er, »seit du durch die weiten
Gewässer kamst zum Bergesfuß, bis heut?«

»Ach, durch das Reich der Qualen mußt' ich schreiten!
Kam heute früh; bin noch im ersten Leben,
Doch wall ich hier, mir jenes zu bereiten.«
Da solches ich zur Antwort ihm gegeben,
Wich er zurück, mit ihm Sordell, und stand,
Wie wer vor jähem Augentrug muß beben.
Der sah Virgil an, jener, rückgewandt
Zum Nachbarn, rief: »Auf, Konrad! Komm, das Zeichen
Zu sehn, das Gott in Gnaden uns gesandt!«
Zu mir dann: »Schuldest du so ohnegleichen
Ihm Dank, der seines Willens letzten Grund
Uns birgt, wo ihn kein Ahnen kann erreichen,
Laß, so du heimkehrst übers weite Rund
Des Meers, mein Kind Giovanna für mich flehen,
Wo stets erhört der Unschuld reiner Mund.
Die Mutter ließ die Treu sich wohl vergehen,
Da sie vom Haupt die weißen Binden tat;
Bald sehnt sie sich danach in bittren Wehen!
Da seht ihr, wie sich, eh ihr euch versaht,
In Weibes Sinn der Liebe Glut verzehre,
Nährt Druck sie nicht und Äugeln früh und spat.
Nicht ziert die Viper, drunter Mailands Heere
Zu Felde ziehen, ihren Leichenstein,
Wie drauf der Hahn Galluras käm zu Ehre!«
So sprach er, und sein Antlitz strahlt' im Schein
Gerechten Eifers, der bei seinesgleichen
Mit Maße glüht im Herzen echt und rein. –
Mein Auge hing verlangend an den Zeichen
Des Himmels droben, wo ihr Gang so sacht,
Wie nah der Nabe trägt des Rades Speichen.
»Was nimmst du«, frug mein Führer, »dort in acht?«
Und ich: »Die Fackeln, jene drei dort oben,
Von denen hell entbrennt des Poles Nacht.«

Drauf er zu mir: »Hinüber sank von droben
Das Viergestirn, das früh dir schien so hell;
An seine Statt sind diese nun erhoben ...«
Noch sprach er, als ihn an sich zog Sordell
Und vorwärts weisend seinen Finger streckte:
»Sieh, unser Widersacher«, sagt' er schnell.
Da, wo kein Schutzwall jene Talschlucht deckte,
Kroch eine Otter, jene sicherlich,
Die Eva bot, was, ach, so bitter schmeckte!
Durch Gras und Blumen sie, die arge, schlich,
Leckt' ab und an, den Kopf zurückgebogen,
So wie ein Tier sich putzt, den Rücken sich.
Weiß nicht zu sagen, wie sie aufgeflogen,
Die Himmelsfalken, weil ichs nicht gesehen,
Nur wie sie hergestürmt auf Windeswogen;
Und kaum vernahm des grünen Fittichs Wehen
Der Wurm, als er entwich; das Engelpaar
Wandt' um im Fluge, Wache noch zu stehen.
Der von dem Richter aufgerufen war,
Der Schatte, hatt' in all des Kampfes Toben
Im Auge mich behalten immerdar.
»Soll jener Leuchte, die dich weist nach oben«,
Begann er, »guter Wille allzeit wahren,
Was not an Öle bis zum Schmelz da droben,
Sag an, ob Neues du, das wahr, erfahren
Vom Magratale und vom Nachbarland,
Wo ich ein großer Herre war vor Jahren.
War Konrad Malaspina dort genannt
(Der Alte nicht, doch seines Bluts), den Meinen
In Liebe treu, die reiner hier entbrannt.«
»O«, sagt' ich, »Eurer Gaue sah ich keinen,
Allein wer kennt sie nicht? So unbelehrt
In ganz Europen fänd' ich wohl nicht einen!

Der Ruf, der Eures Hauses Namen ehrt,
Rühmt Euch, die Herren, rühmet Land und Leute;
So weiß Bescheid, wer nie dort eingekehrt.
Des Ruhms, den Schwert und Goldschatz stets erneute –
Ich schwörs, so wahr zur Höh mich führt die Gnade! –,
Nicht mangelt sein Eur edles Haus bis heute.
Erlesner Art und Zucht, gehts einzig grade
Auf rechter Bahn, und wie die Welt mißleite
Ihr schuldig Haupt, es meidet üble Pfade.«
»Geh«, sagt' er, »eh ins Lager, dessen Breite,
Mit allen den vier Füßen gleich beschritten
Der Widder, siebenmal die Sonne gleite,
Wird solcher guten Meinung Gunst dir mitten
Ins Haupt gehämmert, und mit Nägeln drauf,
Die fester noch als Menschenworte kitten,
Hemmt nicht die Vorsehung den Weltenlauf!«

Neunter Gesang

Tithons, des alten, Buhle wand sich kaum
Aus ihres Trauten Arm, mit Silberstreife
Verbrämend allbereits des Ostens Saum,
Die Stirne strahlt' ihr von demantnem Reife
In jenes Tiers Gestalt, das, kalt von Blut,
Den Menschen trifft mit wohlbewehrtem Schweife;
Und zwei der Schritte, die empor sie tut,
Tat schon die Nacht und senkte das Gefieder
Im Zug des dritten da, wo wir geruht:
Da sank ich, schlummerschwer die Augenlider –
Denn Adams Bürde trug ich und sein Kleid –,
Wo wir selbfünft vereint, im Grase nieder. –
Zur Stunde, da in früher Morgenzeit
Ihr klagend Lied die Schwalbe läßt erklingen,
Als läg ihr noch im Sinn ihr altes Leid;

Da los vom Fleisch, entfesselt aller Schlingen
  Des Denkens, unser Geist sich kann erheben
  Schier göttlich auf der Traumgesichte Schwingen:
Da sah im Traum, zum Stoß bereit soeben,
  Ich einen Aar, die Schwingen ausgespannt,
  Die goldgefiederten, am Himmel schweben.
Und ich, so träumte mir, ich selber stand,
  Wo Ganymed, entrückt zur Götternähe
  Des höchsten Rats, dem Blick der Seinen schwand.
Ob, hergewöhnt, nur hier nach Raub er spähe,
  Dacht' ich bei mir; ob, der zum Fang erhoben
  Die Krallen, andre Wildbahn gar verschmähe.
Da schoß, der eben noch gekreist dort oben,
  Hernieder wie ein Blitzstrahl, fürchterlich,
  Riß mich empor zum Feuermeeer da droben.
In Flammen lodernd sah ich ihn und mich,
  Und also sengte, den der Traum entfachte,
  Der Brand, daß aufgeschreckt mein Schlummer wich.
So schreckt' Achill empor, als er erwachte,
  Nicht ahnend, wo er sei am fremden Ort,
  Wie auch sein Auge rings die Runde machte,
Da ihn aus Chirons Hut an Skyros' Port
  Die Mutter schlafend auf dem Arm getragen,
  Wo Griechenlist ihn fand und führt' ihn fort:
Wie michs, da ich die Augen aufgeschlagen,
  Aufschreckte, daß die Wange mir erblich,
  Wie einem, der zu Eis erstarrt vor Zagen.
Allein mit meinem Horte fand ich mich,
  Zwei Stunden stand die Sonne hoch im Blauen,
  Und übers weite Meer mein Auge strich.
»Laß du«, sprach mein Gebieter, »dir nicht grauen!
  Sei gutes Muts, wir stehn am guten Ende;
  Spann alle Kraft, nicht wanke dein Vertrauen!

Zum Reich der Buße kamst du: Sieh die Wände,
Die's rings umhegen, sieh den Eingang hier,
Wo sich zu spalten scheint das Felsgewände.
Vor Tag, im Morgengrauen, als in dir
Vorhin die Seele drunten auf der Aue
Noch schlummert' unter bunter Blumen Zier,
Kam eine Frau: ›Lucia‹, sprach die Fraue,
›Bin ich; laßt mir den Schläfer, die zum Port
Den Weg ich ihm zu ebnen mir getraue.‹
Sordell blieb mit den andren Edlen dort;
Dich nahm sie auf, und mit dem neuen Tage
Stieg sie bergan; ich folgt' ihr fort und fort.
Hier ließ sie dich; den Eingang dort zum Hage
Wies noch ihr schönes Auge, und sie schwand,
Zugleich dein Schlummer auch mit einem Schlage.«
Wie wer aus Zweifeln zur Gewißheit fand
Und, weil der Wahrheit Licht ihm aufgegangen,
Aus Ängsten sich in Zuversicht ermannt,
So ich; und da mich frei von Sorg und Bangen
Mein Führer sah, so stieg er an zum Ringe
Des Felswalls, und ich folgt' ihm voll Verlangen.
Sieh, wie zu höhern Höhn mein Lied sich schwinge,
Und staune nicht, wenn drum in höherm Chor
Fortan, o Leser, Vers und Reim erklinge!
Wir kamen näher, standen bald davor,
Und wo sich erst ein Spalt nur wollte zeigen,
Wie Mauerrisse, sah ich nun ein Tor;
Drei Stufen drunter, zu ihm anzusteigen,
Verschiedner Farbe, sah ich, sah dort oben
Den Pförtner dann, der noch verharrt' in Schweigen.
Und als ich mehr und mehr den Blick erhoben,
Sah ich, das Antlitz blendend hell entbrannt,
Ihn sitzen auf der Staffeln höchster droben.

Ein Schwert, ein bloßes, hielt er in der Hand,
So strahlengleißend, daß ich stets aufs neue
Umsonst mein Auge nach dem Glast gewandt.
»Was wollt ihr? Wo ist er, der euch betreue?«
Begann er. »Bleibt da stehn und sprecht zuvor!
Habt acht, daß euch der Aufstieg nicht gereue!«
»Vom Himmel eine Fraue«, so beschwor
Sein Dräun der Meister, »kundig hier am Orte,
Wies eben uns: ›Geht ein, da ist das Tor.‹«
»Und recht zum Heil euch leiten ihre Worte!«
Sprach huldreich nun der Pförtner. »Geht denn hin
Und steigt die Stufen an zu unsrer Pforte.«
Von weißem Marmelstein war zu Beginn
Die erste Staffel; blank, daß ihre Glätte
Mein Spiegelbild mir zeigte, wie ich bin.
Die zweite hielt dem Ebenholz die Wette,
War brandgeschwärzt und rauh, als wenn in Glut
Es längs und quer den Stein geborsten hätte;
Die dritte, deren Wucht auf jenen ruht,
Schien aus Porphyr von flammend rotem Scheine.
Wie aus der offnen Ader spritzt das Blut.
Drauf hatte beide Sohlen, auf dem Steine
Der Schwelle thronend, Gottes Engel stehen;
Die schien mir ein Demant von lichter Reine.
Hinan zog, willig, wie ich war, zu gehen,
Mein Führer mich und sprach: »Demütiglich,
Daß er den Riegel öffne, mußt du flehen!«
Und zu den heiligen Füßen flehentlich
Warf ich mich hin, das Herz ihm zu erweichen,
Doch an die Brust, dreimal, erst schlug ich mich.
Er nahm das Schwert, schrieb auf die Stirn das Zeichen
Des P mir mit der Spitze, siebenmal;
Sprach: »Schau da drinnen, daß die Male bleichen!«

Wie Asche, wie der Staub der Grube fahl
War sein Gewand an Farbe. Aus dem Kleide
Zog er hervor die Schlüssel, zwei an Zahl.
Von Gold war der, der silbern. Alle beide,
Den weißen dreht' er, auch den andren dann,
Mich zu befrieden, in des Schlosses Scheide.
»Versagt der Schlüssel einer,« hub er an
»Dreht ohne Fehl sich nicht im Schloßgewende,
Ist keiner, der dies Tor erschließen kann.
Weit köstlicher ist jener; Meisterhände
Heischt dieser, daß er schließt, und weisen Rat,
Denn der ists, der den Knoten löst am Ende.
Sankt Peter gab sie mir. Im Auftun bat
Ers lieber zu versehn als im Versagen,
Fallt mir zu Füßen nur, der vor mich trat.«
Das heilige Tor dann hat er aufgeschlagen,
Sprach: »Gehet ein! Doch wer sich umschaut, seht,
Der muß vors Tor zurück, das laßt euch sagen!«
Und als nun in den Angeln, drin sie geht,
Die Flügel, schwer von tönendem Metalle,
Der hochgeweihten Pforte sich gedreht –
Nicht sperrte so und dröhnt' in mächtigem Schalle
Tarpejas Tor, da man zu weichen zwang
Marcell, den wackren, und geleert die Halle.
Ergriffen lauscht' ich gleich dem Donnerklang,
Und ein Tedeum, schien mir, hört' ich singen,
Mit süßem Klange hold vermählt den Sang.
Was so ich hörte, wollt' aufs Haar mir klingen,
Wie wenn zur Orgel singt der Sänger Chor
Und bald das Wort die Klänge fast verschlingen,
Bald aus den Klängen taucht das Wort empor.

Zehnter Gesang

Da hinter uns die Schwelle lag zum Tor,
Das unsre böse Lust des Tritts entwöhnte,
Denn krummen täuscht für graden Weg sie vor –
Wohl hört' ich, wie ins Schloß sein Flügel dröhnte,
Doch schaut' ich um, wie hätt ich Grund gefunden,
Der mein Gewissen, so beschwert, versöhnte?
Auf stiegen wir im Fels durch Spalt und Schrunden,
Und hin und wider, wie die Well am Strand,
Die flieht und naht, war unser Pfad gewunden.
»Klimmkünste heischts, bald rechts, bald linker Hand«,
Begann mein Führer, »an des Felsens Wangen
Sich anzuschmiegen, wo nur weicht die Wand.«
Nur schrittweis gings voran; zur Ruh gegangen
War schon des Mondes Sichel, als am Ende
Aus jenem Nadelöhr ans Licht wir drangen.
Doch als wir droben auf der freien Lände,
Da, wo sich aufgetan der Felsenschrund
Und wo zurücke weicht des Bergs Gewände,
Ermattet ich und keins des Weges kund:
So blieben wir auf einem Plane stehen,
Noch öder als ein Weg durch Wüstengrund.
Vom Saum, der frei uns ließ ins Leere sehen,
Zum Fuß der Wand, die steil uns starrt' entgegen,
Wars dreier Manneslängen weit zu gehen,
Und wie mein Blick die Schwingen mochte regen,
Zur Rechten wie zur Linken schien dies Band
An Breite gleich den Abhang zu umhegen.
Noch rührten wir uns nicht von unsrem Stand,
Als ich gewahrt, die rings, so weit ich spähe,
Unnahbar stieg empor, die Felsenwand,

Von weißem Marmelsteine war die jähe,
Geziert mit Bildwerk, daß sich Polyklet,
Daß gar Natur davon beschämt sich sähe.
Der Engel, der, so manches Jahr erfleht,
Den Friedensgruß auf Erden hier bezeiget,
Daß uns der Himmel wieder offen steht,
So wahrhaft, so holdselig hingeneiget
Stand er da vor uns in den Stein gehaun,
Daß keiner für ein Bild ihn nahm, das schweiget.
Sein Ave *klang*: geschworen hätt' ichs traun!
Denn sie auch war, die uns den Hort entriegelt
Der höchsten Liebe, dort im Bild zu schaun,
Und war in Blick und Haltung rein gespiegelt
Die Antwort: ›Sieh, des Herren Magd bin ich‹,
So treu, wie man in Wachs ein Abbild siegelt.
»Nicht an dem einen nur erbaue dich«,
Gebot der holde Meister – an der Seite,
Wo wir das Herze tragen, hatt er mich.
So schickt' ich meine Augen denn ins Weite,
Und hinter Unsrer Frauen Konterfei,
Jenseit, wo er mir stand, der mein Geleite,
Gewahrt' ich eine neue Schilderei,
In Fels gemeißelt; nah sie anzuschauen,
Schritt ich hinüber, an Virgil vorbei.
Im gleichen Marmelstein war ausgehauen
Das Stiergespann, die heilige Lade da,
Die ungebotnen Dienst uns macht zum Grauen;
Viel Volks vorweg; in sieben Chöre sah
Ich sie geteilt zum Singen – obs geschehen?
Ein Sinn verneint's, der andre sagte ja;
Desgleichen um des Weiherauches Wehen,
Das dort im Bild zu schauen, zweifelnd stritt
Auf Ja und Nein das Wittern mit dem Sehen.

Vorm Heiligtume ging im Reigentritt
 Der Sänger, hochgeschürzt, der Bußgesänge,
 Nicht Fürst, doch mehr, da er voran ihm schritt;
Und gegenüber, eine Frau voll Strenge
 Und Unmut, schaut' aus prächtigem Palast
 Vom Fenster Michal nieder aufs Gedränge.
Ich hob den Fuß nach solchen Schauens Rast,
 Um näher vor das nächste Bild zu stehen,
 Das hinter Michal strahlt' in weißem Glast.
Da war des Römerfürsten Ruhm zu sehen,
 Des hohe Tugend Sankt Gregor bewegte,
 Da hehren Sieg gewann sein brünstig Flehen:
Trajans, des Kaisers; an den Zügel legte
 Die Hand ein' arme Witfrau seinem Roß,
 Betränt, als ob sie bittren Kummer hegte.
Von Rittern rings ein Kreis ihn dicht umschloß,
 Und hoch im Wind umwehten, wo sie ritten,
 Auf goldnen Bannern Adler ihren Troß.
Und sie, in all der stolzen Krieger Mitten,
 Die Ärmste, schien zu flehn: »Komm, Herr, zu rächen
 Den Tod, den, mir zuleid, mein Sohn gelitten!«
Und jener: »Warte mein«, schien er zu sprechen,
 »Bis ich zurück bin.« Aber sie, wie einer,
 Den Schmerz der Ehrfurcht Schranken läßt durchbrechen:
»Herr, kehrst du nicht?« Und er: »So tuts statt meiner,
 Der dann mir folgt.« Doch sie: »Was hilft es dir,
 Tut andrer Treu, was du versäumt, statt deiner?«
Drauf er: »Sei denn getrost! Die Pflicht allhier
 Erfüll ich, eh ich darf von hinnen gehen:
 So wills das Recht, und Mitleid heischts von mir.«
Er, dessen Augen nimmer Neues sehen,
 Er wars, der so zur Schau das Reden brachte,
 Uns unerhört, weils niemals hier geschehen.

Weil ich entzückt die Bilder mir betrachte
Der Demut, schon des Meisters halb allein
Anschauens wert, des hohen, der sie machte:
»Sieh«, raunte der Poet, »da kommts herein!
Doch schweren Schritts; ein ganzer Hauf! Die lehren
Zur Stiege wohl, zur Höh den Weg uns zwein.«
Es säumte nicht, zu ihm sich hinzukehren,
Mein Auge, das zu schauen noch bereit,
Um Neues zu erspähn, wie's sein Begehren.
Nicht werde dir dein guter Vorsatz leid,
O Leser, hörst du jetzt und macht dich zagen,
Wie Gott hier zahlen läßt die Schuldigkeit!
Nicht, welcher Art die Marter, mußt du fragen;
Bedenk ihr Ziel. Bedenke, wie's auch gehe,
Nicht dauern übers Weltgericht die Plagen.
»Meister«, sagt' ich, »was dort ich kommen sehe,
Sieht nicht nach Menschen aus; ich weiß nicht, wie –
Ganz irre wird mein Blick, was ihm geschehe!«
Und er zu mir: »Es krümmt zu Boden sie
So tief die schwere Bürde ihrer Plage;
Mein Auge selber hatte Not um die.
Doch späh nur scharf, und zu entwirren wage,
Was unter Steinen dort kommt hergeschlichen!
Schon siehst du, wie die Brust ein jeder schlage.«
O stolze Christenleut, ihr Jämmerlichen,
Die, blöd an eures Geistes Augenlicht,
Der Spur vertraut, die rückwärts doch gewichen!
Seht, sind wir nicht Gewürm? Geschaffen nicht,
Den engelgleichen Falter auszutragen,
Der nackt und bloß emporschwebt zum Gericht?
Was läßt den Hochmut solche Wellen schlagen?
Wie Falter seid ihr, eh sie sich entfalten,
Gewürm, doch ohne Wandlung, laßts euch sagen! –

Wie, Dach und Wölbung stützend, man Gestalten
Wohl auf dem Simse hocken sieht von Stein,
Die bis zur Brust gekrümmt die Kniee halten –
Unwahrhaft selber, schafft es wahre Pein
Dem Mann, ders sieht –, so sah ichs dort an ihnen,
Als ich mit Fleiß erforschte, was sie sei'n.
Ob mehr, ob minder sie verkrümmt erschienen,
Je wie die Last auf ihrem Rücken schwer:
Auch des Geduldigsten geduldige Mienen,
Sie sprachen weinend: ›Ich vermag nicht mehr!‹

Elfter Gesang

»Du unser Vater, der im Himmel bist,
Allgegenwärtig, doch in Wohlgefallen
Ihm hold, der Deiner Schöpfung Erstling ist!
Geheiligt sei Dein Name und bei allen
Erschaffnen Deine Macht, daß Lob hienieden
Und Dank gebührend Deiner Huld erschallen.
Dein Reich, Herr, komme und mit ihm sein Frieden:
Kommts nicht zu uns, mit unsrer Macht allein
Zu ihm zu kommen, ist uns nicht beschieden.
Dein Wille, wie ihm Deiner Engel Reihn
Lobsingend dienen, also auch auf Erden
Laß ihm die Menschen ihren Willen weihn.
Laß unser täglich Manna heut uns werden
In dieser Wüstenei, da ohne Dich
Wir rückwärts gehn, so jach wir uns geberden.
Und wie auch wir verzeihn, was freventlich
Uns kränkte, sieh nicht an, was uns gebührte,
Und unsre Schuld vergib uns gnädiglich.
Laß unsre Tugend nicht, die leicht verführte,
Versuchen mehr den alten bösen Feind,
Erlös uns von den Flammen, die er schürte!

Nicht für uns selbst ist, lieber Herr, gemeint,
  Weil nicht mehr not uns, was zum Schluß wir bitten,
  Nein, denen gilts, die noch der Tag bescheint.«
So, sich und uns um Wegheil betend, schritten
  Dahin die Schatten unter ihrer Last,
  Wie der sie spürt, den nachts der Alp geritten;
Ungleich beladen, matt zum Sinken fast,
  So machen sie im ersten Ring die Runde,
  Bis allen Erdendunstes Spur verblaßt.
Klingt solch Gebet für uns da Stund um Stunde,
  Was kann hier tun für sie zu Dank und Preise,
  Wer guten Willens ist, mit Hand und Munde?
Laßt helfen uns, daß sie, vom Staub der Reise,
  Von ihres Erdenwallens Mal befreit,
  Auffahren, rein und leicht, zum Sternenkreise! –
»Soll euch Erbarmen und Gerechtigkeit
  Entlasten, daß die Schwingen bald zu regen
  Ihr zum ersehnten Fluge tüchtig seid,
O weiset uns, wo zu den Staffelstegen
  Der nächste Pfad, und gehts auf beiden Seiten,
  Sagt, welcher minder steil von beiden Wegen;
Drückt ihn die Bürde doch, den ich soll leiten,
  Von Adams Fleische, daß bergan zu gehn
  Er wider Willen säumig wird im Schreiten.«
So sprach er, dem ich folgte; nicht zu sehn
  Vermocht' ich, wer ihm Antwort drauf gegeben,
  Allein die Worte konnt ich wohl verstehn:
»Zur Rechten längs dem Rande kommt hier neben
  Uns her, da findet ihr die Stiege, schlicht,
  Daß wohl hinaufgelangt, wer noch am Leben.
Ach, wehrte mir die Wucht des Steines nicht,
  Der mich den stolzen Nacken zwingt zu neigen
  Und beugt so tief zu Boden mein Gesicht,

Nach ihm, der lebt und hehlet sich in Schweigen,
Ob ich ihn kenne, späht' ich, daß er sich
Barmherzig dieser Bürde mag erzeigen.
Lateiner, mächtigen Tuskers Sproß war ich –
Weiß nicht, ob sein sie noch bei euch gedachten –,
Wilhelm Aldobrandeschi zeugte mich.
Mein altes Blut, der Ruhm der Ahnen machten
So dünkelhaft mich, daß, vor Hochmut blind,
Ich mich vermaß, sie alle zu verachten,
Die doch mit uns von *einer* Mutter sind;
Mein Tod wars: Siena weiß davon zu sagen,
Zu Campagnatico sagts jedes Kind.
Humbert bin ich; ward nicht allein geschlagen
Für meine Hoffart, ach, es hat ihr Wahn
Auch all den Meinen schlimme Frucht getragen.
Hier muß ich diese Bürde drum die Bahn
Hinschleppen, bis ich, ders versäumt im Leben,
Hier, bei den Toten, Gott genuggetan.«
Die Stirne senkt' ich, ihm Gehör zu geben,
Und unterm Block, der schwer ihn bog zur Erde,
Sucht' einer – nicht, der sprach – sein Haupt zu heben
Und sah und kannt' und rief mich, mit Beschwerde
Den Blick erhebend, bis er mich ihm wies,
Der tief gebeugt ich ging mit ihrer Herde.
»O«, rief ich, »bist du denn nicht Oderis?
Ruhm Gubbios, Ruhm du deiner Kunst wie keiner –
Illuminieren heißt mans in Paris.«
»Ach, Bruder«, sagt' er, »lichter lacht und feiner,
Was Francos Pinsel malt, des Bolognesen!
Sein ist nun aller Ruhm, im Schwinden meiner.
So billig, glaub mir, wär ich nicht gewesen
Bei Lebtag, da mein Herz vor Eifer schwoll
Nach Ruhm und Ehre, die's zum Ziel erlesen!

Für solche Hoffart zahlt man hier den Zoll!
Und wär auch hier nicht, hätt ich mich bekehret
Zu Gott nicht, eh das Maß der Sünde voll.
O eitler Ruhm, der Menschenkünste ehret!
Wie kurz doch grünt dein Laub, wenn aufs Entfalten
Nicht Zeiten folgen, roh und unbelehret!
Jüngst wollte Cimabue das Feld behalten
In Malerkunst, heut preiset jedermann
Den Giotto, und es lischt der Ruhm des Alten.
Ein Guido just dem andern abgewann
Den Dichterkranz; wohl mag den Tag schon sehen
Er, der vom Nest sie beide jagen kann.
Ist Erdenruhm doch wie ein Windeswehen,
Das hin und wider weht und tauscht die Namen,
Wie sich sein Hauch nach Ost, nach West mag drehen.
Was bleibt, ob greise Glieder dir erlahmen,
Ob Tod dich rafft, da noch gelallt dein Mund,
Von deinem Ruf, eh tausend Jahre kamen,
Die von der Ewigkeit ein' kürzre Stund
Als einer Wimper Zucken von der Reise
Des Himmels, der am längsten rollt sein Rund?
Der vor mir da so sachte schleicht im Kreise,
Von ihm scholl ganz Toskana! Kaum noch zag
In Siena raunt man heut von ihm und leise,
Wo er ein Herre war, da jenen Schlag
Der grimme Kampfzorn von Florenz empfangen,
Das einst so stolz und Metze heutzutag!
Wie Grases Grün ist eures Namens Prangen,
Das kommt und geht und bleicht im Sonnenlicht,
In dessen Strahl es sprossend aufgegangen.«
Und ich zu ihm: »Was Wahrheit aus dir spricht,
Dämpft, recht in Demut, meines Stolzes Regen.
Doch sag: Von wem mir kündet dein Bericht?«

»Salvani Provenzan«, sagt' er dagegen,
»Der ists und büßt hier, weil er seine Hand
Auf ganz Siena sich vermaß zu legen.
So geht er um, seit er ins Grab gesandt,
Geht ohne Rast; mit solcher Münze zahlen,
Die dort zu keck, die Zeche hierzuland.«
Und ich: »Bleibt, wer an seines Lebens Malen
Erst Reu gemacht und Leid, da drunten stehen
Und steigt er nicht empor zu euren Qualen –
So ihm Gebet nicht hilft mit frommem Flehen –,
Bis einmal noch ihm schwand die Lebenszeit,
Wie ward dann ihm vergönnt, hier einzugehen?«
»Im Glanz«, versetzt' er, »seiner Herrlichkeit
Stellt' er sich frei, auf offnem Markte, mitten
In Siena hin, ließ alle Scham beiseit
Und hat, dem Freunde Lösung zu erbitten
Aus Carlos strenger Haft, um diesen Preis,
Was jeden Tropfen Bluts empört, gelitten.
Mehr sag ich nicht, und dunkel ists, ich weiß;
Doch währts nicht lang, bis deine Markgenossen
Dichs deuten lehren, traun, mit allem Fleiß!
Ihm hat solch Tun die Schranken hier erschlossen.«

Zwölfter Gesang

Gleichwandelnd, als im Joch zwei Stiere gehn,
Mit ihm, der so beladen, eine Weile
Noch ging ich, weils mein Lehrer ließ geschehn,
Bis mir der teure rief: »Nun laß ihn, eile!
Mit Segeln fördre jeder, wie er kann,
Und Rudern hier sein Schifflein, sich zum Heile.«
Da reckt' ich, wie's zum Wandeln taugt dem Mann,
Den Nacken, hielt den Sinn mir gleich darnieder,
In Staub den Hochmut beugend, was ich sann.

Ich rührte mich, und willig folgt' ich wieder
Des Meisters Schritt, und beide zeigten wir,
Wie leicht und wie behende unsre Glieder.
Und zu mir sprach er: »Schau zu Boden hier!
Dir frommt zu sehn, was deiner Sohlen Bette,
Denn siehe, deinen Weg erleichterts dir.«
Wie auf der Abgeschiednen Ruhestätte
Ihr Abbild, wie sie leibten, pflegt zu tragen
Der Grabstein, daß es ihr Gedächtnis rette –
Denn stets aufs neue reizt, um sie zu klagen,
Der Stachel des Erinnerns, das allein
In fromme Seelen seinen Sporn will schlagen –,
So sah ich bildgeziert (nur daß den Schein
Dort höhre Kunst getreuer weiß zu wahren),
So weit als Weg es vorspringt, das Gestein.
Sah diesseits ihn, den, aller Engelscharen
Fürnehmsten, Gott erschuf im Weltenrund,
Im Wetterstrahl vorn Himmel niederfahren;
Sah Briareus genüber, wie er wund
Vom Pfeile lag der Himmlischen darnieder,
In Todesstarre wuchtend auf dem Grund;
Sah Mars und Pallas, sah den Gott der Lieder,
Bewehrt noch, um den Vater stehn und schauen
Auf der Giganten hingestreckte Glieder;
Sah Nimrod, wirr schon, auf Sienars Auen
Umschaun nach seines Übermuts Genossen
Am Fuß des Riesenwerkes, das sie bauen.
O Niobe, wie sah ich dich zerflossen
In Tränen dort, da sterbend um dich lagen,
Sieben und aber sieben, deine Sprossen!
O Saul, wie mußt' ich da dich sehn: erschlagen,
Gefällt vom eignen Schwert auf Gilboa,
Das Regen mied und Tau seit deinen Tagen!

Arachne, Törin, wie verstört ich da
Dich, halb schon Spinne, auf des Webichts Fetzen,
Drein Unheil du dir wirktest, sitzen sah!
Rehabeam! Nicht dräuet mehr Entsetzen
Dein Bildnis; schreckensbleich trägt dich davon
Ein Karren, eh sie aus dem Land dich hetzen!
Es wies der Felsengrund, wie teuren Lohn
Die Mutter für das Unheils-Goldgeschmeide
Alkmäon rächend zahlen läßt, ihr Sohn;
Wies Sanherib, wie seine Söhne beide
Ihn überfallen in des Tempels Hut
Und tot er blieb von ihres Schwertes Schneide;
Wies Cyrus' Fall, wie Tomyris in Wut
Sein Haupt gehöhnt, das Beute ihr geworden:
»Der Blut du lechztest, trink dich satt am Blut!«
Wies auf der Flucht dann der Assyrer Horden,
Nach Holofernes' Tod aufs Haupt geschlagen,
Samt den Trophän nach solchem Männermorden;
Ich sah, wie Trojas Mauern wüste lagen:
O Ilion, wie jammervoll, wie klein
Wies dich das Bild, das da der Stein getragen!
Wer mag des Stifts, des Pinsels Meister sein,
Die so Gestalt und Miene wiedergeben,
Daß Kenneraugen staunen macht der Schein?
Die Toten tot, lebendig, die da leben –
Wers wahrhaft sah, sah's besser nicht als ich,
Der hinschritt, ohne meinen Blick zu heben.
So bläh nur, Evasbrut, und brüste dich!
Trag hoch die Stirn, laß ja den Kopf nicht hangen,
Zu schauen, wie dein Fuß vom Wege wich! –
Mehr hatten wir vom Bergesrund umgangen,
Und höher sah ich schon die Sonne stehn,
Als sichs mein Sinn gedacht, in Schaun befangen:

Da rief, der wachsam, ohne umzusehn,
Mir stets voranging: »Heb nun auf die Lider!
Nicht Zeit ist mehr, so träumend hinzugehn.
Sieh dort! Ein Engel, der zu uns hernieder
Im Fluge lenkt; und sieh, von ihrer Pflicht
Kehrt ja des Tages sechste Magd schon wieder.
In Ehrfurcht neig ihm Haupt und Angesicht,
Daß gnädig er uns weist zu höherm Kreise:
Schau, nie mehr tagt dir dieses Tages Licht!«
Zu wohl war ichs gewohnt auf dieser Reise,
Daß er gemahnt, zu nützen Stund und Zeit,
Als daß mir fremd geklungen solche Weise.
Das schöne Wesen nahte, weiß das Kleid,
Das Antlitz gleich dem Stern im Himmelsreigen,
Der flimmernd strahlt in Morgenherrlichkeit.
Er breitete die Arme, und im Neigen
Die Flügel breitend, sprach er: »Kommt herein!
Nah ist die Stiege, sänftlich nun das Steigen.
Gar spärlich stellts auf diesen Ruf sich ein.
Müßt ihr, die doch zum Himmelsflug beschieden,
Von jedem Hauch zu Fall zu bringen sein?«
So führt' er hin, wo sich die Wände schieden,
Und wie die Stirn mir fächelnd angeweht
Sein Fittich, hieß er hingehn mich in Frieden.
Wie's rechter Hand bergan zum Kirchlein geht,
Das über Rubacont herab sieht schauen
Sie, die so schön in treuer Obhut steht;
Wie dort des Anstiegs Steile, wohlbehauen,
Die Stufen zähmen, die gefugt in Zeiten,
Da Handschrift noch und Eichmaß war zu trauen,
So war gestuft, der hier in jähem Gleiten
Vom nächsten Ringe niederstürzt, der Hang;
Doch streift die Felswand man zu beiden Seiten.

Kaum wandten wir uns hin, da tönt' ein Sang:
»Selig, die arm im Geiste ...« Keine Worte
Tun kund, wie dieser Stimme Singen klang.
Wie anders tönts an dieser Felsen Pforte
Als dort in Höllen: hier grüßt Liederchor,
Wehklagen wilden Grimms am andren Orte!
Die heiligen Stufen stiegen wir empor,
Und weitaus leichter kam ich mir als eben
Auf ebnem Wege jetzt im Steigen vor.
So frug ich: »Meister, sag, was will das geben?
Welch eine Bürde ist von mir gewichen,
Daß mühelos ich schier den Fuß kann heben?«
Drauf er: »Wenn jene P, die, bald erblichen,
Auf deiner Stirn noch stehen, so wie jetzt
Das erste schon, erst ganz hinweggestrichen,
Zwingt guter Wille deinen Fuß zuletzt,
Daß du ihn nicht nur ohne Müh wirst regen,
Daß er das Steigen gar zur Lust sich schätzt.«
Da tat ich so, wie wer auf seinen Wegen
Am Haupte trägt, was selbst er nicht erkannt,
Bis andrer Winke Argwohn ihm erregen;
So hilft ihm zur Gewißheit denn die Hand:
Die sucht und findet, muß den Dienst versehen,
Den da zu tun das Auge nicht imstand.
Zur Stirn, gespreizt, die Rechte hieß ich gehen;
Drauf fand sie von den Malen, die mir da
Der mit den Schlüsseln eingrub, sechs nur stehen.
Und mein Geleiter lächelt', als ers sah.

Dreizehnter Gesang

Zu Häupten blieben wir der Stiege stehen,
Wo wiederum solch Einschnitt kerbt die Seite
Des Berges, der entsühnt, die ihn begehen.
Ein Sims umfängt den Kegel dort, der zweite,
Gleichwie der erste, nur daß rascher sich
Zum Bogen krümmt des Ringes mindre Weite.
Kein Mal ist dort, kein Bildwerk grüßte mich;
Schlicht war der Weg, der, wie die Flucht der Wände,
Dem fahlen Felsgestein an Farbe glich.
»Wollt' einer warten, bis er Führer fände«,
Sprach der Poet, »so sorg ich, unsre Wahl
Möcht' allzu lange säumen hier am Ende.«
Zur Sonne dann gewandt des Auges Strahl,
Schwenkt' er die linke Schulter um die Mitte,
Sich wendend auf dem rechten Fuß zumal.
»Du, dem ich mich vertrau beim ersten Schritte
Auf neuem Wege«, sprach er, »süßes Licht,
Du lenke, wie's hier frommt, uns Schritt und Tritte!
Du wärmst das All, ihm leuchtet dein Gesicht;
Dein Strahl muß stets der Führer sein zum Heile,
Wenn andre Weisung nicht dawider spricht.«
So weit, als wohl hienieden eine Meile,
So weit schon gingen wir, und weil zum Gehn
Der Wille freudig war, in kurzer Weile.
Da hört' ich Geisterstimmen, ungesehn,
Mit Wort und Gruße, voller Huld zum Mahle
Der Liebe ladend, uns entgegenwehn:
»Sie haben keinen Wein im Hochzeitssaale!«
Rief schallend, die zuerst entlang gewallt,
Und hinter uns erklangs zum andren Male;

Und eh sie in der Ferne ganz verhallt,
  Rief eine zweite im Vorüberjagen:
  »Ich bin Orest!« und machte auch nicht halt.
»Mein Vater, was für Stimmen ...?« wollt' ich fragen.
  Da sieh, die dritte schon, die's unterbricht:
  »Liebt, die euch Leides tun!« so hört' ich sagen.
Sprach da der Meister: »Dieses Rings Gericht
  Muß über Neidesschuld die Geißel schwingen,
  Und Liebe ists, die drum den Strang ihr flicht.
Nicht so der Zaum: da, mein' ich, hörst du's klingen
  Vom Widerpart, noch eh wir unsren Gang
  Hier bis zur Pforte der Vergebung gingen.
Doch blicke nur recht scharf den Weg entlang,
  So siehst du vorn auf unsrem Felsenbande
  Sie alle sitzen längs dem Bergeshang.«
Da tat mein Aug ich auf, und dort am Rande,
  Vorauf nun spähend, konnt ich Schatten sehen,
  Dem Steine gleich an Farbe die Gewande.
Und näher kommend, hört' ich schon im Gehen:
  »Maria, bitt für uns!«, zu Petrus da,
  Michael, allen Heiligen hört' ich flehen.
So harten Sinnes gibts auf Erden ja
  Nicht einen, glaub ich, daß sein Herz Erbarmen
  Nicht übermannt um das, was jetzt ich sah.
Denn als ich nah und Mien' und Art der Armen
  Mir kenntlich ward, da preßte bittres Leid
  Aus meinen Augen gleich den Tau, den warmen.
Der härnen Kutte glich ihr schlechtes Kleid;
  Der lehnt' an jenes Schulter, an den Ecken
  Der Felswand alle, dran sie aufgereiht.
So sieht man Blinde, die, nach Brot zu strecken
  Die dürftige Hand, am Gnadenorte stehn,
  Eins übers andre ihre Häupter recken,

Daß Mitleid eilends rühre, die sie sehn;
Nicht nur vom Klang der Worte, ihre Mienen
Sinds, die nicht minder kläglich für sie flehn.
Und wie die Sonne Blinden nie geschienen,
So will den Schatten, die ich dort erspäht,
Kein Strahl des Himmelslichts als Leuchte dienen.
Denn allen war das Auge fest vernäht
Mit Draht, wie wirs am Wildfang-Sperber sehen,
Wenn der Unbändige Lehr und Zucht verschmäht.
Mich dünkt' es Unbill, sehend anzugehen
Sie, die nicht sahn. Zu meinem Rate schlug,
Dem weisen, drum mein Aug ich auf mit Flehen.
Wohl wußt' er, was der stumme Blick ihn frug,
So wartet' er denn nicht erst ab mein Fragen
Und sagte: »Sprich nur; bündig sei und klug!«
Rechts, wo der Schritt vor Absturz mußte zagen,
Ging mir Virgil, auf unsres Simses Rand,
Da keine Brustwehr schützend aufgeschlagen;
Die frommen Schatten hatt' ich linker Hand,
Wo sie mit Tränen badeten die Wangen,
Gepreßt durch ihrer Augen schrecklich Band.
»Die ihr zum höchsten Lichte zu gelangen
Gewiß seid«, hub ich da zu ihnen an,
»Das eure Sorg und einziges Verlangen,
Soll bald vom Schaum, davon so trübe rann
Der Strom des Geistes, läutern euch die Gnade,
Daß klar er durchs Gewissen fluten kann,
O sagt – ich dank es euch –, ob jetzt gerade
Hier eine Seele weilt vom welschen Strand.
Erfahr ichs, wär es wahrlich nicht ihr Schade!«
»Mein Bruder, *einem* wahren Heimatland
Sind alle untertan! Du wolltest sagen,
Ob wer in Welschland wallt' im Pilgerstand.«

So klang, ein wenig vor mir, auf mein Fragen
Die Antwort; drum noch einmal wie zuvor,
Von weiter vorn, die Rede mußt' ich wagen.
Und eine sah mich aus der Schatten Chor
Erwartend an – und fragt ihr, wie: nur eben,
Wie Blinde tun, hob sie das Kinn empor.
»Gabst du mir Antwort, die, dich zu erheben,
O Seele«, bat ich, »hier dich mußt kastein,
Laß Ort, laß Namen von dir Kunde geben!«
»Ich war von Siena«, sprach sie, »wasche rein
Von Sünden mich mit Tränen hier im Kreise
Im Flehn zu Ihm, der hold mir wolle sein.
Sapia hieß ich, doch ich war nicht weise,
Und Andrer Schaden machte froher mich,
Stand höher mir als eignes Glück im Preise.
Daß nicht etwa du wähnst, ich narre dich,
So höre nur, wie toll ichs dort getrieben!
Schon senkte meiner Jahre Bogen sich,
Als sie, die uns den Fehdebrief geschrieben,
Bei Colle unser Fähnlein traf im Feld;
Da bat ich Gott, was eh schon sein Belieben.
Geschlagen wards, in bittre Flucht zerspellt,
Und als ich sah, wie man die Meinen jagte,
Hat Jubel mir, wie nie, die Brust geschwellt;
Daß ich die dreiste Stirn zu heben wagte
Und rief: ›Hab keine Furcht mehr, Gott, vor dir!‹,
Wie's, gleich beim ersten Taun, die Amsel sagte.
Am Ende doch ersehnt' ich Frieden mir
Mit Gott. Doch wär ich nicht so weit gekommen,
Durch Buße schon die Schuld zu tilgen hier,
Wenn meiner nicht gedacht und mich im frommen
Erbarmen in sein heiliges Gebet
Pier Pettinagno liebreich aufgenommen.

Doch wer bist du, der offnen Auges geht,
Wie's scheint, und frägst nach uns und dem vom Munde
Noch, wenn er spricht, lebendiger Odem weht?«
»Mein Auge«, sagt' ich, »muß sich hier im Runde
Noch schließen; doch nicht lang, denn scheel zu sehn
War meiner Sünden ärgste nicht im Grunde.
Weit mehr macht, die zuvor ich sah geschehn,
Die Pein, mir Sorge, und mein Nacken spüret
Die Last schon, unter der sie drunten gehn.«
Und sie zu mir: »Wer hat dich hergeführet,
Der noch an Rückkehr denkst, zu uns herauf?«
Drauf ich: »Der dort, der keine Lippe rühret.
Ich lebe noch. So heische denn vollauf,
Erwählter Geist, soll drunten für dich gehen
Mein Fuß, der sterbliche, den Botenlauf.«
»O Wunder«, rief sie, »niemals noch ersehen,
Von Gottes Gnade dir ein wertes Pfand!
So hilf mir, bitt ich dich, mit deinem Flehen.
Und setzest du den Fuß ins Tuskerland,
Bei allem, was dir teuer, sei beschworen:
Laß mein gedenken, die mir anverwandt!
Du wirst sie finden, wo die eitlen Toren
Auf Talamone hoffen, dran noch mehr
Als an Dianas Brunnschacht geht verloren;
Die Führer triffts der Flotte doppelt schwer!«

Vierzehnter Gesang

»Wer ists, der kommt, um unsren Berg zu wallen,
Eh Tod zum Flug ihm Schwingen konnte leihn,
Und hebt und schließt die Lider nach Gefallen?«
»Nicht weiß ichs, weiß nur, daß er nicht allein;
Sprich du mit ihm, du sitzest ihm zu Füßen,
Und lade freundlich ihn zu reden ein.«

So hört' ich sagen derer zwei, die büßen,
Zur Rechten mir, einander zugeneigt;
Dann hoben sie das Antlitz, mich zu grüßen.
Und einer sprach: »Du, die gen Himmel steigt,
O Seele, noch mit Fleisch und Bein beladen,
O spend uns Trost, o sag uns wohlgeneigt:
Wer bist, wie kamst du, sag, auf welchen Pfaden?
Ein Wunder, wie's kein Auge noch erkannt,
Dünkt mich, was dir der Herr gewährt in Gnaden.«
Und ich: »Wallt mitten durchs Toskanerland
Ein Flüßchen, das, am Falteron entsprungen,
Nach hundert Meilen noch nicht Ruhe fand.
Dort komm ich her, aus seinen Niederungen.
Doch sagen, wer ich bin, hieß in die Winde
Geredet, weil mein Ruf noch kaum erklungen.«
»Wenn recht den Sinn ich deines Wortes finde,
So redest du mir da vom Arnofluß«,
Versetzte, der zuerst mir sprach, der Blinde.
Der andre drauf zu ihm: »Weshalb am Schluß
Läßt er den Namen wohl des Flusses fehlen,
Wie man verschweigt, wovor man scheuen muß?«
»Ich weiß nicht. Aber wert ist, meiner Seelen«,
Gab er, der so gefragt, zurück das Wort,
»Des Flusses Tal, daß wir den Namen hehlen.
Vom Ursprung, wo das Hochgebirge dort,
Das von Pelorum einst getrennt, an Quellen
So trächtig ist wie kaum ein andrer Ort,
Bis dahin, wo dem Meere seine Wellen
Heimbringen, was des Himmels Hauch verzehrt,
Von dessen Spende Bach und Ströme schwellen,
Wird allerwärts die Tugend ausgekehrt,
Als wärs ein giftiger Wurm; ob ihr verleidet
Die Stätte, sei's, daß übler Brauch ihr wehrt.

Davon ward also aller Art entkleidet
Das Volk, das dieses üblen Tales Gast,
Als hätte Circes Rute sie geweidet.
Bei wüsten Schweinen, denen Eichelmast
Weit besser taugt denn Menschenkost zur Speise,
Zieht erst vorbei, der noch ein Rinnsal fast;
Kommt dann zu Kläffern, die nach ihrer Weise
Mehr knurrn als beißen, kehrt sich ihrem Ort
Verächtlich ab, und weiter geht die Reise:
Er rinnt zu Tal, und wachsend fort und fort,
Sieht aus den Hunden Wölfe dann geworden
Der heillos gottverfluchte Graben dort.
Durch tiefe Schlüfte strömend, trifft er Horden
Von Füchsen, so voll Trugs, daß keine Art
Von List sie übertrumpft, an seinen Borden.
Ich sag es, wers auch höre! Und bewahrt
Der hier mein Wort, mag gute Frucht ihm tragen,
Was mir der Geist der Wahrheit offenbart.
Dein Enkel, seh ich, wird die Wölfe jagen
Am Strand des argen Stromes, und sein Teil
Bekommt ein jeder, daß sie all verzagen!
Lebendigen Leibes hält ihr Fleisch er feil
Und metzelt sie wie Schlachtvieh dann in Scharen,
Bringt viel ums Leben, sich um Ehr und Heil.
Bluttriefend wird er letzt von hinnen fahren
Und läßt das klägliche Gehege dann
So, daß sichs nicht erholt in tausend Jahren.«
Wie Blick sich trübt und Miene einem Mann,
Der Kunde, daß ihm Unheil droht, bekommen,
Von wannen auch Gefahr ihm nahen kann,
So sah den andren Geist ich da beklommen
Und gramvoll, da im Innern ihn bewegte,
Ihn, der da lauschend stand, was er vernommen.

Des einen Wort, des andren Miene regte
  Den Drang in mir, zu wissen, wer sie wären;
  Darum ich fragend mich aufs Bitten legte.
Und der zuerst begann mit Wort und Mären,
  Hob wieder an: »Was du mir abgeschlagen,
  Das willst du, soll ich willig dir gewähren!
Doch läßt so leuchtend seine Gnade tagen
  In dir der Herr, so halt ichs dir zugut:
  Guido del Duca bin ich, laß dir sagen.
Also von Scheelsucht war versengt mein Blut,
  Daß, wenn ich sah, wie andre Freude hatten,
  Du mich erbleichen sahst vor Neideswut.
Von solcher Saat nun ernt ich bei den Schatten
  Die Spreu, – was hängt das Herz an Güter ihr,
  O Menschen, die Gemeinschaft nicht verstatten?
Rainer von Calboli ist dieses hier,
  War seines edlen Hauses Preis und Ehre,
  Wo keiner erbte seiner Mannheit Zier.
Nicht dort allein, vom Reno bis zum Meere,
  Vom Po bis ans Gebirg die Tugend schwand,
  Die edle Sitte heischt und rechte Lehre.
So weit von Mark zu Marken reicht das Land,
  Treibts giftige Sprosse nur, und die sie reute,
  Wird, ach, zu spät, die Pflugschar, drauf gewandt!
Wo sind Manardi, Traversaro heute,
  Der wackre Lizio, Veit Carpigna? Weh,
  Daß Bastardbrut Romagnas Edelleute!
Wann zu Bologna, zu Faenza seh
  Ich Fabbros Licht und Foscos wieder scheinen,
  Aus niedrem Stamm so edle Reiser je?
Nicht nehms dich wunder, Tusker, muß ich weinen,
  Wenn ich an Guido denke, Pratas Sproß,
  An Ugo d'Azzo, ihn, der Unsren einen,

An Friedrich Kahlhaupt, seinen ganzen Troß,
Und wie verwaist nun Traversaros Zinnen
Und sonder Erben Anastagis Schloß;
An Fraun und Ritter, Edelsinn und Minnen,
In Männerkampf bewährt und Lustbarkeit,
Wo so verderbt nun heute Herz und Sinnen.
Fahr hin, o Brettinor, da seinerzeit
Schon deiner Herrn Geschlecht dahingefahren
Und andre mehr, zur Schande nicht bereit!
Wohl dir, Bagnacaval, der Unfruchtbaren!
Weh, Castrocaro! Conio, dreimal wehe,
Die solcher Grafen sich noch mehr gebaren!
Frommts den Pagani, daß von hinnen gehe
Ihr Höllenteufel, so geschiehts doch nimmer,
Daß rein ihr Leumund wiederum erstehe.
Hugo von Fantolin, dir bleibt für immer
Dein Name heil, denn nach dir gibts ja keinen,
Der frevelnd könnte trüben seinen Schimmer.
Doch geh nun, Tusker. Mich verlangt zu weinen
Mehr denn zu reden, also drückte mir
Das Herz schon ab die Kunde von den Meinen!«
Wir wußten wohl, die frommen Seelen hier,
Sie hörten unsren Schritt, drum ohne Bangen
Ums Wegziel, da sie schwiegen, gingen wir.
Schon wieder einsam wars, wo wir gegangen;
Da, wie der Blitz die Luft durchschneidet, schallte
Es uns entgegen, und die Worte klangen:
»Mich tötet, wer mich trifft!« Und es verhallte,
Wie fernhinaus verhallt des Donners Grollen,
Zerriß er jäh die Wolke, die sich ballte.
Kaum hatte sich das Ohr erholen wollen,
Da fiel mit Dröhnen laut der zweite ein,
Gleichwie wenn Schlag auf Schlag die Donner rollen:

»Aglauros bin ich, die erstarrt zu Stein!«
  Und rückwärts drängt' ich, statt voranzuschreiten,
  Mich an den Sänger, recht ihm nah zu sein.
Schon kam zur Ruh die Luft auf allen Seiten,
  Und er begann: »Das war der strenge Zaum,
  Der euch in euren Schranken sollte leiten;
Doch müßt ihr, lockt der Köder euren Gaum,
  Ins Garn dem alten Widersacher gehen,
  Und Hirtenruf und Zügel spürt ihr kaum!
Um euer Haupt in ewiger Schöne drehen
  Sich Himmel, ladend euch zu Lob und Preis,
  Doch euer Blick will nur zur Erde sehen,
Und darum schlägt Er euch, der alles weiß.«

Fünfzehnter Gesang

So weit von Tagsbeginn zur dritten Stunde
  Der Sphärentanz sich dreht, der, wie im Reigen
  Ein spielend Kind, ohn Ende schwingt die Runde,
So weit noch hatt ins Meer hinabzusteigen
  Die Sonne: Vesperstund war dort, und hier
  Mußt' eben Mitternacht der Weiser zeigen.
Und mitten schien ihr Strahl ins Antlitz mir,
  Denn weit schon mußten um den Berg wir schwenken,
  Und gradeswegs gen Abend schritten wir.
Da fühlt' ich blendend auf die Stirn sich senken
  Weit hellern Glanz, als ich zuvor empfand,
  Und staunt' und wußte nicht, was davon denken;
Drum hob ich zu den Brauen meine Hand
  Und machte sie, den Überschwang der Helle
  Zu dämpfen, mir zum Schirm ob deren Rand.
Doch wie ein Sonnenstrahl, von klarer Welle,
  Vom Spiegelglase gar zurückgeschnellt,
  In gleichem Sinn und von des Fall-Lots Schwelle

In gleichem Abstand, als er niederfällt,
Nach jenseit wieder sich empor muß schwingen,
Wie Meßkunst lehrt und beim Versuch erhellt:
So fühlt' ich Licht allhier ins Auge dringen,
Das vor den Füßen rückgestrahlt mir schien,
Und stracks zum Weichen meine Blicke zwingen.
»Was ist das, teurer Vater«, frug ich ihn,
»Davor kein Schirm doch Schutz dem Auge spendet,
Das wider uns da scheint heraufzuziehn?«
»Kein Wunder«, sprach er da, »daß noch dich blendet
Das himmlische Gesind! Er ladet ein
Zu jenen Höhn, der uns von dort gesendet.
Bald fügt sichs, daß du nicht mit Zagen, nein,
Mit aller Wonne, die dir zu empfinden
Natur verliehen, blickst in diesen Schein.«
Dem seligen Engel nahe, hört' ich linden,
Huldvollen Gruß von seinen Lippen klingen:
»Geht ein! Sollt sanfter jetzt die Stiege finden.«
Wir folgten ihm, und da wir weitergingen,
Klang: »Selig die Barmherzigen!« ein Sang,
Von rückwärts, und: »Getrost, dir solls gelingen!«.
So stiegen wir, selbzweit, empor den Hang,
Ich und der Meister; Frucht nun heimzutragen
Aus seinem Wort gedacht' ich auf dem Gang.
»Was wollte«, wandt' ich mich an ihn mit Fragen,
»Von dem, was nimmer mehreren gemein,
Der Geist vorhin aus der Romagna sagen?«
Drauf er: »Was seines ärgsten Lasters Pein,
Das weiß er jetzt! Was Wunder, wenn ers schelte,
Daß, die drum weinen, nicht so viele sei'n.
Daß ihren Sinn die Welt auf Güter stellte,
Die Teilung mindert, macht, daß so der Neid
Mit seinen Seufzern euren Busen schwellte;

Hätt euer Sehnen aus der Zeitlichkeit
Zur Himmelsliebe sich emporgehoben,
Wär eure Brust vor solcher Angst gefeit:
Je mehr ihr eigen nennen, was dort oben,
Je mehr des Guts hat jeder inne dort,
Je heißre Liebe glüht im Bunde droben.«
»Mich hungert«, sagt' ich, »jetzt, nach deinem Wort
Noch mehr nach Lösung denn zuvor im Schweigen,
Und Zweifel heckts auf Zweifel fort und fort.
Wie kann, geteilt, ein Gut im Werte steigen,
Daß all die vielen Eigner reicher macht
Sein Schatz, als wenn er wenigen zu eigen?«
Und er zu mir: »Auf Irdsches nur bedacht,
Schleicht alleweil dein Geist auf Erdenwegen;
So wird das Licht der Wahrheit dir zu Nacht.
Es neigt der Liebe sich mit seinem Segen
Da droben das unnennbar reiche Gut
Wie dem, was leuchten mag, der Strahl entgegen
Und schenkt je mehr, je mehr schon flammt an Glut;
So wächst, je mehr sich Liebe kann entfalten,
Die Huld, die ewige, die auf ihr ruht.
Je mehr sich drum zu dem da droben halten,
Je mehr zu lieben gibts, gibt rechtes Lieben,
Und spiegelnd strahlt es wider, wers erhalten.
Hat dir mein Wort den Durst noch nicht vertrieben,
So wisse: Beatrice sollst du sehn,
Die stillt dir jeden Wunsch, der wach geblieben!
Nur sorge du, daß gleich den ersten zween
Die andren Wundenmale bald sich schließen,
Die nur, wenn sie dich schmerzen, dir vergehn.«
›Das frommt mir‹, wollt' ich sagen; sieh, da stießen
Wir auf den nächsten Kreis, wo, voll Verlangen
Zu schaun, mich meine Augen schweigen hießen.

Dort nahm mich jählings ein Gesicht gefangen,
Und meine Augen, die entzückten, sahn
Viel Volks in einer Tempelhalle prangen.
Und drinnen sah ich eine Fraue nahn,
Die sprach mit mütterlich besorgtem Bitten:
»Mein Sohn, warum hast du uns das getan?
Wir suchten dich und haben Pein gelitten,
Ich und dein Vater ...«, aber kaum verklangen
Die Worte, als mir das Gesicht entglitten.
Und es erschien ein' andre, naß die Wangen
Vom Tau, den Groll erpreßt um bittres Leid
Und Kränkung, die von andren wir empfangen:
»Bist Herr der Stadt, um deren Namen Streit
Selbst unter Göttern war«, schien sie zu sagen,
»Draus allen Wissens Licht erstrahlt so weit,
Nimm an des kecken Armes dreistem Wagen
Doch Rache, der umfangen unser Kind,
Pisistratus!« Er aber schien zu fragen
Gelaßnen Blickes, gütig und gelind:
»Wie büßt uns dann, der Übles sinnt, der Schlimme,
Wenn wir verdammen, die uns liebreich sind?«
Dann sah ich welche, heiß entbrannt von Grimme,
Die einen Jüngling steinigten und schrien:
»Zum Tod mit ihm, zum Tod!« mit Donnerstimme.
Und schon zu Tod getroffen sah ich ihn
Zu Boden sinken. Aber floh sein Leben,
Sein Auge noch dem Himmel offen schien;
Sah ihn in solcher Not zum Herrn erheben,
Das einen Stein erbarmt, sein Angesicht,
Noch betend, seinen Würgern zu vergeben.
Da taucht' aus innrer Schau mein Sinn ans Licht,
Sah, was leibhaftig um ihn her geschehen,
Und ward des Trugs gewahr, der trüglich nicht.

Mein Führer, der mich also mochte sehen
  Wie einen, der dem Schlaf sich kaum entrang,
  Begann: »Was hast du, daß du wankst im Gehen?
Gehst ja schon diese halbe Meile lang,
  Wie wer vom Schlummer trunken oder Weine,
  Umflort den Blick, und schwankend ist dein Gang!«
»Trautvater«, bat ich, »hör mich an, ich meine
  Dir alle die Gesichte zu entdecken,
  Von deren Schau gelähmt mir das Gebeine.«
Doch er: »Mit hundert Larven magst du decken
  Dein Antlitz: nichts, was deine Seele sinnt,
  Sei's das Geringste, kannst du mir verstecken!
Was du gesehn, es mahnt dein Herz, geschwind
  Sich aufzutun, daß drinnen, dir zum Segen,
  Aus ewigem Quell der Strom des Friedens rinnt.
›Was hast du?‹ fragt' ich nicht, wie jene pflegen,
  So nur mit Augen schaun, die nicht mehr sehen,
  Sobald entseelt der Leib im Sand gelegen;
Ich frugs, auf daß du fester solltest stehen;
  So, daß die Frist des Wachens, eh sie schwand,
  Er nütze, spornt man den, der träg zu gehen.«
Gen Abend gings, den Blick vorausgesandt,
  So weit er trug, in jener Strahlen Regen,
  Die abendlich, hell leuchtend, dort entbrannt;
Und siehe, nah und näher, uns entgegen
  Kam näher, finster wie die Nacht, ein Rauch,
  Sich unentrinnbar breitend allerwegen,
Der nahm uns Sicht und freien Odems Hauch.

Sechzehnter Gesang

Nicht Höllenfinsternis, nicht tiefste Nacht,
Wenn, hinter finstrer Wolken Dunst verschwunden,
Am kargen Himmelsraum kein Stern mehr wacht,
Hielt je mit dichterm Flor mein Aug umwunden
Als jener Rauch, der dort um uns sich ballte,
Noch ward so beizend je ein Hauch empfunden.
Kein Auge ließ sich auftun, wo er wallte,
Doch ließ mein kundig treuer Hort mich nicht,
Bot mir die Schulter, daß ich fest mich halte.
Wie allzeit hinter seinem Führer dicht
Ein Blinder geht, um irre nicht zu gehen,
Daß er nicht anstößt, nicht den Hals gar bricht,
So durch der trüben Lüfte harsches Wehen
Ging ich dem Lenker nach, der mir zu sagen
Nicht abließ: »Hüt dich, von mir abzustehen!«
Nun hört' ich Stimmen; jede schien mit Klagen
Um Frieden und Barmherzigkeit zu schrein
Zu Gottes Lamm, das unsre Schuld getragen;
Mit Agnus Dei stimmten alle ein,
Ein Wort nur, *eine* Weise war in allen,
Und schienen alle eines Sinns zu sein.
»Sinds Geisterstimmen, Meister, die mir schallen?«
Ich frugs, und er: »Du sagst es; wisse auch,
Des Zornes Bande lösen, die da wallen.«
»Wer bist du, der du dringst durch unsren Rauch
Und sprichst von uns, als mäßest du nach Tagen
Die Zeit und Monden, wie's auf Erden Brauch?«
So hört' ich jener Stimmen eine sagen,
Darauf der Meister sprach: »Gib Antwort ihr,
Und obs hinauf hier gehe, magst du fragen.«

Und ich: »Der du dich läuterst, um voll Zier,
Geschöpf, zu deinem Schöpfer heimzukehren,
Willst du ein Wunder hören, komm mit mir!«
»Ich folge dir, so weit ich darf, und wehren
Der Sicht die Schwaden«, sagt' er, »soll das Ohr
Statt ihrer gleichen Schritt zu gehn uns lehren.«
Da hub ich an: »So klimm dich hier empor,
In dieser Hülle, die der Tod wird heben,
So komm ich durch der Hölle grauses Tor.
Und schenkt mir Gott die Gnade gar, im Leben
Den Thron zu schauen seiner Herrlichkeiten,
Des längsten keinem mehr Verlaub gegeben,
Nicht hehle, wer du warst zu Lebenszeiten,
Nein, sag mirs! Und zum Anstieg durch die Wand,
Sag, geh ich recht? Es soll dein Wort uns leiten.«
»Ich war Lombard, war Marco dort genannt;
Den Weltlauf kannt' ich, trug des Ruhms Verlangen,
Danach heut keiner mehr den Bogen spannt.
Zum Berge kommst du eben recht gegangen!«
So gab er Antwort. »Bitt dich, bitt für mich«,
Fuhr dann er fort, »wirst droben du empfangen.«
»Auf Treu verbürg ich dir«, erwidert' ich,
»Was du begehrst; doch will das Haupt mir sprengen
Ein Zweifel, löst mir nicht sein Knoten sich.
Schon einmal wach, will doppelt scharf er sengen
Nach deinem Worte; das bekräftigt gar,
Was hier wie dort ihn treibt, mich zu bedrängen.
Wohl ist die Welt nun jeder Tugend bar
Und trächtig, des du billig führst Beschwerde,
Und ganz erfüllt von aller Laster Schar;
Doch daß ichs seh und andren Künder werde,
Zeig mir die Ursach an, ich bitt dich sehr:
Der gibt den Sternen schuld, der schilt die Erde!«

Tief seufzt' er auf, ein Ach, von Kummer schwer,
Und »Bruder«, eilt' er wieder anzuheben,
»Die Welt ist blind, und du kommst von ihr her!
Ihr legt den Sternen alles, ihr im Leben,
Zur Last, als zöge mit Notwendigkeit
Ihr Kreisen nach sich, was sich nur begeben.
Wärs wahr, wie litt' es denn Gerechtigkeit,
Da Freiheit euch des Willens dann genommen,
Daß Gutes Freude bringt und Böses Leid?
Mag euch der Antrieb von den Sternen kommen –
Nicht jeder zwar; doch sei's –, euch ward ein Licht
Für Gut und Böse doch, zu Nutz und Frommen,
Und freier Wille, der, erlahmt er nicht
Im Kampfe gleich mit jenen Himmelsmächten,
In rechter Rüstung stets den Sieg erficht!
So seid ihr höhrer Macht, der allgerechten,
In Freiheit untertan; die bläst euch ein
Den Geist, den nimmer die Gestirne knechten.
Weicht drum vom Weg die Welt heut insgemein,
Ists eure Schuld. Nur euch verklagt von allen!
Des will ich dir getreuer Weiser sein.
Es kommt aus dessen Hand, des Wohlgefallen,
Noch eh sie war, sie hegte, als ein Kind,
Das lachend, weinend lallt sein kindisch Lallen,
Die Seele, die, in Einfalt, nichts sich sinnt,
Als daß sie, lichten Schöpfers Sproß, beizeiten
Sich willig hinkehrt, wo sie Lust gewinnt.
Erst schmeckt sie flüchtigen Gutes Süßigkeiten
Und jagt ihm nach, betört von solchem Gut,
Wenn Zaum und Lenker nicht ihr Lieben leiten.
So tut als Zaum Gesetz, ein Herrscher tut
Euch not, den Turm im Auge doch zu halten
Der wahren Gottesstadt, als Hort und Hut.

Gesetze sind. Doch wer mag danach schalten?
Kein Mensch! Denn der als Hirt euch geht voran,
Kann wiederkäun, doch nicht die Klauen spalten.
Die Herde, sieht sie ihren Führer dann
Nur danach, des sie selber lüstet, jagen,
Fragt sonst nach nichts und letzt sich selber dran.
Schlecht Regiment ist schuld – du mußt dirs sagen –,
Wenn heut die Welt in Sünd und Schande fällt,
Nicht, daß die Menschheit aus der Art geschlagen.
Rom hatte, da's den Erdkreis wohl bestellt,
Zwei Sonnen, ein und andren Weg mitsammen
Zu weisen: Gottes Weg und den der Welt.
Die eine löschte nun der andren Flammen:
Schwert sind und Hirtenstab in einer Hand,
Und schlimm, unfehlbar, gehn die zwei zusammen!
Denn keins das andre scheut, dem sichs verband, –
Willst du's nicht glauben, schau nur nach den Früchten!
An seinem Samen wird das Kraut erkannt.
Wie wandelt' alles, eh von Herrschersüchten
Herr Friederich befehdet, in den Gaun,
Die Etsch und Po durchströmt, in Ehr und Züchten!
Heut mag sich dreist zu tummeln da getraun,
Wer Ehrenmännern nur Bescheid zu geben
Sich schämt und ihnen ins Gesicht zu schaun.
Drei Alte scheint die Vorzeit aufzuheben
Dem Heut zur Rüge; jeder hofft und harrt,
Daß Gott ihn heimberuft zum beßren Leben:
Konrad Palatz, der wackre Gerhard,
Und Guido von Castel, in Frankenlanden
Rühmlich genannt der biedere Lombard.
Da sieh: Roms Kirche, die sich unterstanden,
Der Schwerter zwei zu führen, fällt in Kot,
Und sie samt ihrer Bürde wird zuschanden.«

»O Marco«, rief ich, »dir ist kund, was not!
Das ists, warum dem Erbteil zu entsagen
Den Kindern Levi schon der Herr gebot.
Doch wer ist jener Gerhard, laß mich fragen,
Der rückblieb aus der Vorzeit, wie du sagst,
Um dies Geschlecht, das arge, anzuklagen?«
»Du willst mich narren«, rief er, »oder fragst,
Um mich zu prüfen? Tuskisch sprachst du eben,
Der nichts vom wackren Gerhard wissen magst?
Beinamen hatt er keinen sonst im Leben,
Ich müßt' ihn denn nach seiner Gaja nennen!
Nun Gott befohlen! Muß Valet euch geben.
Sieh strahlend durch den Rauch das Licht entbrennen:
Da steht der Engel! Eh ich ihm in Sicht,
Muß ich von eurem Weggeleit mich trennen.«
So wandt er sich und hört' auf Antwort nicht.

Siebzehnter Gesang

Sahst, Leser, je du Nebel um dich braun
Auf Bergeshöhn, darein du eingesponnen,
Nur wie durchs Lid der Maulwurf konntest schaun;
Denk, wenn alsdann zu lichten sich begonnen
Der dichte, feuchte Dunst, wie bleich allda
Hindurchgeblinkt das matte Rund der Sonnen:
Leicht stellst du dann dir vor, wie mir geschah,
Als ich, zur Ruhe schon, der abendlichen,
Hinsinkend, nun die Sonne wiedersah.
Vom treuen Schritt des Meisters nicht gewichen,
Trat aus dem Qualm ich in ihr sterbend Licht,
Da schon am Bergesfuß die Strahlen blichen.
O Phantasei! Benimmst so oft die Sicht
Der äußern Dinge, daß man nichts verspüret,
Dröhnt gleich Posaunenschall am Ohre dicht:

Was weckt dich, wenn kein Reiz die Sinne rühret?
  Licht, das vom Himmel strahlt, ob dessen Macht,
  Ob höhrer Wille seine Flammen schüret!
Des Frevels Bild war mir im Geist erwacht,
  Um den zum Vogel ward, die ihn begangen,
  Der Singens sich getröstet Nacht für Nacht.
Und in sich selbst ward da mein Sinn gefangen
  So, daß er, was auch um ihn her geschah,
  Im Innern keine Spur davon empfangen.
In solch entrücktes Schauen träufte da
  Ein neu Gesicht: ein Mann, ans Kreuz gebunden,
  Den trotzig, grimmen Blicks ich sterben sah;
Der große Ahasver und Esther stunden
  Um ihn; auch Mardochai sah ich stehn,
  Der so gerecht in Wort und Tat erfunden.
Und da das Bild zerfloß in Windeswehn,
  Wie, wenn das Wasser schwand, dem sie entsprangen,
  Schaumblasen platzen und in nichts zergehn,
Stand eine Maid vor Augen mir, die Wangen
  Von Tränen naß, und rief: »O Königin,
  Warum bist du vor Zorn ins Grab gegangen?
Gingst, bang, Lavinien zu verlieren, hin:
  Bin dir verloren nun, um dich in Trauer,
  O Mutter, eh ichs um den andren bin!«
Wie jäh ein Schlag zerreißt des Schlummers Dauer,
  Fällt ins geschloßne Auge grelles Licht,
  Und, eh er schwand, dich noch durchzuckt sein Schauer,
So fiel zu Boden flugs mein Traumgesicht,
  Weil mich ein Leuchten traf mit stärkrer Blende,
  Als je hienieden uns ins Auge sticht.
Ich wandte mich, zu sehen, wo ich stände,
  Als eine Stimme sprach: »Hier gehts hinan«,
  Die allem meinem Denken gab die Wende.

Und also facht' es mein Verlangen an,
Ihn, der so sprach, zu schaun von Angesichte,
Daß, ehs gestillt, ich keine Ruh gewann.
Doch wie das Antlitz birgt im Meer von Lichte
Die Sonne, deren Strahl dem Auge Pein,
So ward die Kraft des Schauens hier zunichte.
»'s ist Gottes Engel, der aus sich allein
Uns ungefragt den Weg nach droben lehret,
Verhüllt in eignen Strahlenglanzes Schein.
Tut uns, was sich zu tun der Mensch begehret:
Wer sieht, daß Hilfe not, und harrt auf Flehen,
Sinnt harten Herzens, wie er sie verwehret.
Den Fuß laß folgen solchem Ruf; zu gehen
Sei rüstig, eh das Licht des Tages schwand!
Dann gehts nicht fürder, eh wirs wiedersehen.«
Mein Führer sprachs, drauf wir den Schritt gewandt
Zu Staffeln, die bergan im Felsen gingen,
Und als ich auf der Stufen erster stand,
Da weht' es nah wie Fächeln reger Schwingen
Um meine Stirn und »Selig«, klangs zumal,
»Die Friedlichen, die bösen Zorn bezwingen!«
Schon lag am Berg der Sonne letzter Strahl
Hoch über uns, schon folgt' ihm nächtiger Schatten,
Und Stern auf Stern erblinkt' am Himmelssaal:
»Was heißt euch, meine Sehnen, so ermatten?«
Sprach ich bei mir; ich fühlt' an meiner Lende,
Daß alle Kräfte sie verlassen hatten;
Da waren droben wir bereits, am Ende
Der Stiege, die nicht weiter führt' empor,
Und hielten, wie ein Schifflein an der Lände.
Erst horcht' ich eine Weile, was mein Ohr
Erlauschen könnt in diesem neuen Runde,
Dann wandt ich mich zum Meister wie zuvor:

»Mein teurer Vater«, sprach ich, »gib mir Kunde,
Was da für Schuld gebüßt wird, wo wir weilen;
Hält hier der Fuß, nicht halt dein Wort im Munde!«
Und er zu mir: »Hier muß den Mangel heilen
Die Liebe, die zum Guten träge war:
Das schlimm gesäumt, das Ruder, lernt hier eilen.
Doch daß du's besser noch erkennst und klar,
So neige deinen Sinn mir; nützen heißt es
Die Rast, so bringt sie gute Frucht dir dar.
Nicht Schöpfer, nicht Geschöpf, mein Sohn, du weißt es«,
So hub er an, »kann sonder Liebe leben,
Sei's die natürliche, sei's die des Geistes.
Stets ohne Fehl ist, die Natur gegeben;
Die andre fehlt, wenn sich zum Bösen kehret,
Wenn allzu hitzig, wenn zu lau ihr Streben.
Wenn nach dem ersten Gute sie begehret,
Wenn Maß sie hält in andren, nimmer schürt
Die Glut sie, die mit böser Lust euch sehret.
Ist bös ihr Ziel, strebt mehr, als sich gebührt,
Strebt minder sie nach Gutem, wird entgegen
Dem Schöpfer das Geschöpf von ihr verführt.
So siehst du wohl, daß Liebe allerwegen
Keim aller eurer guten Werke zwar,
Doch aller auch, die Gottes Zorn erregen.
Nun kommt, weil Liebe nun und nimmerdar
Das eigne Heil mag aus dem Auge lassen,
Sich selbst zu hassen, keiner in Gefahr.
Und weil für sich kein Ding sich läßt erfassen,
Getrennt von dem, der aller Ursprung ist,
Ist auch kein Herz imstande, Ihn zu hassen.
Bleibt nur der Nächste, wenn mans recht ermißt,
Des Leid man lieben kann; in drei Gestalten
Wächst solches Lieben dort auf eurem Mist.

Der hofft in höhrem Glanz sich zu entfalten,
  Wenn nur sein Nachbar erst zu Fall gebracht,
  Wünscht einzig darum nieder ihn gehalten.
Der wähnt, daß Ansehn, Ehre, Gunst und Macht
  Ihm, wenn ein andrer hochkommt, schwinden sollen,
  Und wurmts ihn, bis ihm Schaden Freude macht.
Den sieht man um geschehne Unbill grollen,
  Daß er nach Rache dürsten muß und tut
  Dem Nächsten Übles rein aus Übelwollen.
Solch dreigestalter Liebe schlimme Glut
  Beweinen drunten die; nun laß dir sagen
  Von der, die ohne Maß erstrebt, was gut.
Ein Gut, drin Ruh erlangt des Herzens Schlagen,
  Ahnt jeder Mensch in seinem dunklen Drange
  Und sehnt sich sein und hofft es zu erjagen.
War Liebe träg zum Finden, zum Empfange
  Sotanen Guts, so büßt sie ihre Pflicht
  Nach rechter Reue hier auf diesem Range.
Ein ander Gut, das hat kein Glück in Sicht,
  Ist nicht Glückseligkeit, nicht Sein und Leben,
  Ist Frucht und Wurzel alles Guten nicht:
Liebe, die solchem allzusehr ergeben,
  Beweints hier über uns in dreien Kreisen;
  Doch wie sich dreifach teilt ihr sündig Streben,
Des schweig ich. Mag dein Blick dirs selber weisen.«

Achtzehnter Gesang

Der hohe Meister hielt mit Reden inne,
  Hat forschend dann ins Auge mich gefaßt,
  Ob ich befriedet nun in meinem Sinne;
Und ließ mir neuer Durst auch keine Rast,
  Ich schwieg zu ihm und sprach bei mir: ›Mein Fragen,
  Frag ich zuviel, es wird ihm leicht zur Last.‹

Doch er, der wahre Vater, sah den zagen,
 Verschwiegnen Wunsch und hat mir Mut gemacht
 Mit seinem Worte, noch ein Wort zu wagen.
So sprach ich: »Meister, deine Leuchte facht
 Mein Schauen an, daß klar ich kann ersehen,
 Was so dein Wort mir deutet mit Bedacht;
So bitt ich, teurer Vater, dich mit Flehen:
 Die Liebe lehre, draus du böses Tun
 Herleitest so wie gutes, mich verstehen.«
»Scharf richt auf mich des Geistes Auge nun!
 Dann«, sagt' er, »merkst die Blindheit du der Toren,
 Die sich als Führer denken aufzutun.
Weil ihr der Trieb zu lieben eingeboren,
 Bewegt die Seele stets, was Lust ihr schafft,
 Weckt ihn zum Sein, was ihr Gelüst erkoren.
Vom wahren Sein malt eure Schauenskraft
 Ein Spiegelbild, im Innern euchs zu zeigen,
 Und so erscheints der Seele wesenhaft;
Und muß sie dem, was sie erblickt, sich neigen:
 Dies Neigen, sieh, ist Liebe, schürzt das Band
 Des Triebes neu, der von Natur euch eigen.
Dann, wie gen Himmel loht des Feuers Brand,
 Geschaffen, sich zur Höhe zu erheben,
 Wo's recht in seinem Wesen hat Bestand,
Spürt, so erfaßt, der Sehnsucht geistig Streben
 Die Seele, und das kann, eh sie genieße,
 Was Liebe weckt, ihr nimmer Ruhe geben.
Nun kannst du sehn, wie weit vom Ziele schieße,
 Wer meint, daß alles Lieben insgemein
 An sich schon Lobes wert sich achten ließe.
Mags immerdar von gutem Stoffe sein, –
 Nicht jedes Siegel darfst du gültig nennen,
 Ob das geprägte Wachs auch noch so fein.«

»Dein Wort, mich lehrts der Liebe Wesen kennen,
Da treu mein Sinn ihm folgte«, sagt' ich drauf;
»Doch neue Zweifel drum in mir entbrennen:
Drängt Liebe denn von außen uns sich auf,
Kann keinen andren Schritt die Seele gehen,
Ists ihr Verdienst, ob grad, ob krumm ihr Lauf?«
»Ich führe dich, so weit Vernunft kann sehen«,
Sprach er, »dahinter liegt des Glaubens Welt;
Da muß dir Beatrice Rede stehen!
Jedwede Wesenheit, die zugesellt
Dem Stoff, doch seinem Zwange nicht ergeben,
Ein' sondre Kraft in sich beschlossen hält;
Du spürst sie nur an ihres Schaffens Weben,
Und nur im Wirken kündet sie sich an,
Wie grünes Laub am Baum verrät sein Leben.
Bleibt, wie er ersten Wissens Licht gewann,
Dem Geist verborgen, kann auch keiner sagen,
Wo solchen Urbegehrens Trieb begann:
Er lebt in euch, so wie's zum Honigtragen
Die Biene treibt; drum kann des Urtriebs Macht
Nicht Lob noch Tadel richten noch verklagen.
Doch jeden Trieb zu lenken mit Bedacht,
Ist euch die Kraft des Urteils eingeboren,
Die auf der Schwelle zum Entschlusse wacht.
Daraus, je nach dem Trieb, den ihr erkoren,
Wächst euch Verantwortung, ob ihr dem Hang
Zum Guten oder Bösen euch verschworen.
Die, deren Geist zum Grund der Wahrheit drang,
Sie sahn solch eingeborner Freiheit Walten
Und wahrten drum der Welt der Sitte Zwang.
Mag aus Notwendigkeit sich auch entfalten
Ein jedes Lieben, das in euch entfacht,
Ist Kraft in euch, den Trieb im Zaum zu halten.

Freiheit des Willens heißt die edle Macht,
  Die das vermag, in Beatrices Munde:
  Hörst du's von ihr, so merk es mit Bedacht!« –
Träg kam der Mond zur mitternächtigen Stunde,
  Wie eine Schale anzusehn, die brennt,
  Und löschte Stern um Stern am Himmelsrunde;
Rückwärts lief er die Bahn am Firmament,
  Die von der Sonne flammt, sieht Rom im Meere
  Sie sinken, wo's von Sarden Korsen trennt.
Der edle Schatten hatte, dem zur Ehre
  Vor Mantua heut noch Pietola genannt,
  Von mir genommen meiner Bürden Schwere;
Drum ich, der offenbar gewisses Pfand
  Der Wahrheit nun empfing auf meine Fragen,
  Wie wer des Schlummers trunken, träumend stand.
Doch jählings hats mir solchen Traum verschlagen,
  Denn hinter unsrem Rücken hört' ichs nahn
  Und dicht bereits auf unsren Fersen jagen.
Wie Thebens Wasser längs der Uferbahn,
  Wenn Bacchus' Hilfe not, vom Wahn getrieben,
  Verzückte Schwärme nächtlich rasen sahn,
So schiens ringsum durch diesen Kreis zu stieben,
  Wie ichs an denen sah, die ihn entlang
  Ihr guter Wille spornt' und rechtes Lieben.
Rasch holten sie uns ein, so hurtig sprang
  Der ganze Hauf, und zwei da vorne fingen
  Mit Rufen an, drein lautes Weinen klang:
»Wie rasch bergan Mariens Füße gingen!«,
  »Wie Cäsar, schloß er gleich Marsilia ein,
  Nach Spanien flog, Ilerda zu bezwingen!«
»Schnell, schnell! Nicht Zeit vertan! Nicht lässig sein,
  Daß Eifer jetzt zum Guten neu uns grünen
  Die Gnade läßt«, rief alles hinterdrein.

»Die ihr durch solche Glut euch mögt erkühnen,
Die Lauheit, die euch träg und säumig dort
Zu gutem Werke machte, hier zu sühnen:
Der hier, der noch am Leben – auf mein Wort! –,
Er will bergan beim ersten Tagesscheine;
So sagt, wo geht es nächst zum höhern Bord?«
So meines Führers Worte, und der eine
Der Geister sagte: »Komm uns nachgegangen,
So findest du den Spalt im Felsgesteine.
Uns treibt, den Fuß zu regen, solch Verlangen,
Daß keine Rast uns frommt; verzeiht, wenn gar
So gröblich unsre Pflicht euch heißt empfangen!
Abt von Sankt Zeno zu Verona war
Ich in des wackren Rotbart Herrschertagen,
Um den noch heute Mailand rauft ihr Haar.
Bald wird um selbigs Kloster einer klagen,
Der jetzt mit einem Fuß im Grabe schon,
Und Leid, daß dort Gewalt er hatte, tragen:
Statt echter Hirten setzt' er seinen Sohn,
Den mißgebornen, leiblich mißgestalten,
Im Innern noch mißratnern, auf den Thron.«
Ob er noch weiter sprach, ob eingehalten,
Ich weiß es nicht, zu weit schon eilt' er fort;
Dies hört' ich noch und habs mit Fleiß behalten.
Da sagte, der in aller Not mein Hort:
»Schau her auf diese zwei; es straft in herben
Gewissensbissen Trägheits-Schuld ihr Wort.«
Ganz hinten riefen sie: »Des Todes sterben
Mußt' alles Volk, dem aufgetan das Meer,
Eh Jordans Auen schauten ihre Erben!«
»Die mit Anchises' Sohn der Fahrt Beschwer
Nicht trugen bis zum Ende, sie erkoren
Sich selbst ein Leben ohne Ruhm und Ehr!«

Schon weit vor uns vorausgeeilt, verloren
  Die Schatten sich dem Auge, als Gedanken
  In mir erwacht, draus andre neu geboren,
Gar mannigfach, und also schweift' in Schwanken
  Von einem da zum andren mir der Sinn,
  Bis Schweifens müde meine Lider sanken
Und all mein Denken floß in Traum dahin.

Neunzehnter Gesang

Zur Stunde, da des Mondes kaltem Strahl
  Die linde Wärme muß des Tages weichen,
  Im Bann der Erde, des Saturns zumal;
Wenn Geomanten größten Glückes Zeichen
  Im Ost sehn aufgehn vor dem Morgengraun
  Auf seiner Bahn, die bald schon muß erbleichen:
Erschien im Traume, totenblaß zu schaun,
  Ein Weib mir, stammelnd, schielend durch die Lider,
  Verkrümmt den Fuß, die Hände abgehaun.
Ich sah sie an, und wie die Sonne Glieder
  Geschmeidig macht, die nachts in Frost erstarrt,
  So gab auch ihr mein Blick die Sprache wieder,
Ihr Gang ward aufrecht, eh mans noch gedacht,
  Und lieblich malt' ihr die verblichne Wange
  Die Rosenröte, der die Liebe lacht.
Da so gelöst die Zunge, hob zum Sange
  Sie ihre Stimme, und mit Müh entwöhne
  Ich meinen Sinn von solchem süßem Klange.
»Ich bin Sirene,« sang sie, »bin die Schöne,
  Die Schiffsgesind betört auf hohem Meer,
  So lockend sind dem Lauscher meine Töne.
Ulyß auf seiner Irrfahrt lockt' ich her
  Mit meinem Singen, – wer sich mir ergeben,
  Wird satt an Lust und läßt mich nimmermehr.«

Kaum schloß den Mund sie, als ich niederschweben
An mir vorüber raschen Fluges sah
Ein' heilige Frau, die jene macht' erbeben.
»Virgil! Virgil! Sag, wer ist diese da?«
Sprach sie, die Züchtige, streng, daß michs erschreckte,
Und er, nur sie im Auge, faßte, nah
Vor jene tretend, ihr Gewand und deckte,
Es vorn zerreißend, ihre Blöße auf,
Daraus entstieg ein Pesthauch, der mich weckte.
Ich hob den Blick: »Komm«, rief mein Hort, »steh auf!
Wohl dreimal ließ ich meinen Ruf erklingen;
Laß sehen, wo ein Spalt uns führt hinauf.«
So stand ich auf; des heiligen Berges Ringen
Strahlt' hoher Tag schon, leuchtend, und im Rücken
Der neuen Sonne Strahl fürbaß wir gingen.
Die Stirn gesenkt, wie wen die Lasten drücken
Des Denkens, folgt' ich ihm, wie wer im Gang
Zum halben Brückenbogen sich muß bücken;
Und: »Kommt! Hier geht es aufwärts«, so erklang
Mir eine Stimme, wie in unsern Reichen
So lind und gütig nie erhört ein Sang.
Die Schwingen breitend, seine schwanengleichen,
Wies er hinan, von dem das Wort erscholl,
Wo klaffend des Gefelses Wände weichen;
Und fächelnd mit dem Fittich, friedevoll,
Pries er sie selig, die da Leid getragen,
Weil ihre Seele Trost empfangen soll.
»Was starrt dein Blick, zu Boden noch geschlagen?«
So, da dem Engel wir zu Häupten dicht,
Begann mein Weggeleiter mich zu fragen.
Und ich: »So läßt mich gehn ein neu Gesicht,
So schwer von Zweifeln haftet mirs im Sinne
Und läßt aus seinem Bann mein Denken nicht.«

»Du sahst«, sprach er, »die alte Unholdinne,
Um die da droben Trän um Träne fällt,
Und sahst, wie ihrem Netz der Mensch entrinne.
Wohl! Schlag die Fersen ein! Zum Himmelszelt
Heb auf dein Auge: sieh das Lockbild grüßen,
Das um euch kreisen läßt der Herr der Welt!«
So wie der Falk, blickt' eben er zu Füßen,
Dem Rufe folgend seine Schwingen spannt,
Um an der Beute seine Lust zu büßen,
So ich: den Spalt, drin Aufstieg litt die Wand,
Stieg ich hinan, bis wieder einzubiegen
Der Pfad begann, umkreisend ihren Rand.
Als ich im fünften Ring ihm dann entstiegen,
Sah weinend rings umher ich die Geplagten
Auf ihrem Angesicht am Boden liegen.
»Im Staub lag meine Seele«, so verklagten
Sie sich mit Seufzern, tief und voller Leid,
Daß ich mit Müh erlauschte, was sie sagten.
»Ihr, denen Hoffnung und Gerechtigkeit,
Erwählte Gottes, lindern eure Plagen,
Weist uns zur Höhe, wo ein Weg bereit!«
»Bleibt euch erspart die Pein, die wir ertragen,
Und wollt den schnellsten Weg zum Berg ihr ziehn,
Sei auswärts stets die Rechte, laß dir sagen.«
So bat der Dichter, und so lehrte ihn
Dicht vor uns einer, und mein Ohr erkannte
Am Klang des Worts, was sichtbar nicht erschien.
Die Blicke drum zu meinem Herrn ich wandte,
Und liebreich winkt' er mir, daß nicht verwehrt,
Was jener Blick erbat, den ich ihm sandte.
Und da ich frei, zu tun, was ich begehrt,
Trat ich herzu, mich über ihn zu neigen,
Den mir verriet das Wort, das uns belehrt.

»O Seele, der hier reift, was aufzusteigen
Zu Gott dir hilft, in Tränen, laß um mich
Ein Weilchen deine größre Sorge schweigen:
Wer warst du? Warum so nach oben, sprich,
Kehrt ihr das Kreuz? Und sag, was zu begehren
Dort, wo ich lebend herkam, blieb für dich.«
»Warum dem Himmel wir den Rücken kehren,
Ich sag es dir«, versetzt' er; »doch zuvor
Laß, daß ich Petri Folger war, dich lehren.
Strömt zwischen Chiavari und Sestris Tor
Ein schöner Fluß, des Namen, seine Würde
Zu krönen, meine Sippe sich erkor.
Nur Wochen spürte ich des Palliums Bürde,
Wie dem, der fleckenrein es will bewahren,
Daneben jede Last zur Feder würde.
Spät, ach, bekehrt' ich mich, bei greisen Haaren:
Erst da zum Hirten ich von Rom ernannt,
Hab ich des Lebens schnöden Trug erfahren;
Sah, daß mein Herz da keinen Frieden fand,
Noch konnt ich dort im Leben höher steigen,
Drum Lust in mir nach diesem hier entbrannt.
Zuvor war Argem meine Seele eigen,
Gott abgewandt, von Habgier ganz verzehrt;
Nun büß ichs hier, wie wirs im Staub dir zeigen!
Was Habgier an der Seele tut, das lehrt
Die Buße dieser, die sich Gott ergeben.
Der Berg hat keine Pein, die herber sehrt!
Wie dort zum Himmel nie sich konnt' erheben
Das Auge, das auf irdischem Tand geruht,
Läßts hier Gerechtigkeit am Boden kleben;
Wie Geiz die Liebe löscht zu dem, was gut,
Und läßt zu gutem Werk die Kraft verschwenden,
Läßt hier Gerechtigkeit in strenger Hut,

Also verstrickt an Füßen und an Händen,
Uns liegen, ausgereckt, mit starren Gliedern,
Bis dem gerechten Gott gefällt zu enden.«
Das Knie hatt ich gebeugt und wollt' erwidern,
Doch als ich anhob und sein Ohr erkannt,
Wie ich gewillt, vor ihm mich zu erniedern,
Da fragt' er mich: »Was liegst du so im Sand?«
Und ich: »Ob Eurer Würde spürt' ich eben
Gewissensbisse, da ich aufrecht stand.«
»Steh auf, mein Bruder, magst dein Knie erheben«,
Versetzt' er, »Mitknecht, wisse, bin ich dir
Und allen andern, einem Herrn ergeben.
Im Evangelium heißts: nicht frein sie hier;
Hast du's begriffen, kannst du freilich sehen,
Warum ich also reden muß von mir.
Doch geh nun! Sollst nicht länger bei mir stehen,
Denn dein Verweilen stört im Weinen mich,
Das, wie du sagtest, reift, was wir erflehen.
Mein Bruderkind, Alagia nennt sie sich,
Lebt züchtig, wenn sie nicht vom rechten Pfade,
Verderbt vom Beispiel unsrer Sippe, wich:
Die blieb mir einzig dort im Stand der Gnade.«

Zwanzigster Gesang

Schwer wider beßren Willen kämpft das Wollen:
Nach seinem, wider mein Begehr und Sinnen
Nahm ich den Krug vom Born, den halb kaum vollen,
Und ging, und mit mir ging mein Führer: innen,
Wo freie Bahn war längs der Felsenwand,
Wie wer am Wehrgang nah sich hält den Zinnen.
Denn außen lagen sie bis an den Rand,
Sie, deren Auge Trän erpreßt auf Tränen
Die Sucht, von der die ganze Welt entbrannt.

Fluch dir, du alte Wölfin, deren Zähnen
  Mehr als den andren all zum Opfer fällt,
  So nimmersatt, wie deine Kiefer gähnen!
O Himmel, der die Dinge dieser Welt
  Nach deinem Kreislauf wandelst, wie sie sagen,
  Wann kommt er, dem dies Untier weicht, der Held? –
Ich merkt' auf all die Schatten, die da lagen,
  Denn sacht, gemeßnen Schrittes gings vorbei,
  Und hört' erbärmlich weinen sie und klagen.
»Maria, süße!« hört' ich einen Schrei,
  Von ungefähr, als wenn in schwerer Stunden
  Vor uns ein Weib in Kindesnöten sei;
Und weiter riefs: »Wie dürftig warst erfunden
  In jener armen Herberg, eng und klein,
  Da deiner heiligen Bürde du entbunden!«
»Wackrer Fabricius,« klang es hinterdrein,
  »Der lieber arm in Ehren als mit allen
  Schätzen der Welt ein Schurke wolltest sein!«
So wohl hat solche Rede mir gefallen,
  Daß, ihn zu kennen, ich mich hingewandt
  Zu ihm, aus dessen Mund sie schien zu schallen.
Er pries noch, was Sankt Niklas' milde Hand
  An Jungfern tat, auf daß zum ehrbarn Leben
  Das junge Blut den Weg in Züchten fand.
»O Seele«, bat ich, »die so trefflich eben
  Du sprachst, wer warest du, daß du allein
  Zu würdigem Lob die Stimme magst erheben?
Nicht ohne Lohn soll deine Antwort sein,
  Kehrt dort mein Fuß, daß ich den Lauf vollende,
  Der eilend fliegt zum Ziele, wieder ein.«
Und er drauf: »Nicht, daß Trost mir einer spende
  Von drüben, sag ichs: weil der Gnade Licht
  So hell dir strahlet schon vor Lebensende.

Des Giftbaums Wurzel war ich, den so dicht
  Dem Reich der Christenheit wir schatten sehen,
  Daß gar so selten gute Frucht man bricht.
Könnt's Doway, Ryssel, Brügge, Gent bestehen,
  Dann wäre schnell Vergeltung bei der Hand, –
  Zum Richter aller ruf ich drum mit Flehen!
Hugo Capet, so war ich dort genannt.
  Die Philipp, Ludwig: meines Stammes Schossen
  Sinds, die Gebieter letzt in Frankenland.
Bin einem Metzger von Paris entsprossen.
  Doch als im letzten, der in grau Gewand
  Sich barg, der alten Könige Reih beschlossen,
Hielt ich des Reiches Zaum in fester Hand,
  War also mächtig, da verwaist die Krone,
  An Freundschaft, neu erworbnem Gut und Land,
Daß sich der goldne Reifen meinem Sohne
  Aufs Haupt gesenkt, mit dem die Reih begann
  Gesalbter Häupter auf dem Herrscherthrone.
Ehs der Provence reiches Erb gewann,
  Mit deren Schatz ihm alle Scham vergangen,
  Hob klein mein Blut, doch sonder Frevel an.
Von da hats seinen Raubzug angefangen
  Mit Trug und mit Gewalt; dann mußt's – als Sühne –
  Die Normandie, Ponthieu, Gascogne verlangen.
Karl zog nach Welschland; Konradin – als Sühne! –
  Schleppt' er zur Opferbank; zum Himmel dann
  Sandt er den Thomas von Aquin – als Sühne!
Schon seh ich nah die Zeit, da jedermann
  Noch einen andren Karl sich sieht erfrechen,
  Langt mit den Seinen er aus Frankreich an;
Der reitet unbewehrt zum Lanzenbrechen,
  Nur mit dem Speer, damit schon Judas stach:
  Den wird er durch den Wanst, Florenz, dir stechen!

Kein Land gewinnt er doch, nur Sünd und Schmach,
Und um so schwerer hat er dran zu tragen,
Je leichter jetzt er nimmt, was er verbrach.
Den andren seh ich, der zur See geschlagen,
Sein Kind verschachern gar für schnödes Gut,
Wie Sklaven, die Korsaren sich erjagen!
O Habgier, der sich also meine Brut
Verschworen hat, kannst du noch mehr verlangen,
Als daß ihr feil ihr eigen Fleisch und Blut?
Ja: alles bleicht, was je und je begangen,
Seh gen Alagna ich die Lilien wehn,
Seh Christ in seinem Statthalter gefangen!
Ich seh zum andern ihn verspottet stehn,
Seh ihn aufs neu mit Gall und Essig tränken
Und zwischen neuen Schächern sterben gehn.
Seh, noch nicht satt der Greul, nach schlimmen Ränken
Zum Tempel den Pilatus noch, den neuen,
Ohn Freibrief sein Piratensegel lenken!
O Herr, wann darf ich mich der Rache freuen,
Die, tief verborgen im geheimen Rat,
Dir noch besänftigt deines Grimmes Dräuen? –
Was ich die Braut des Heiligen Geistes bat,
Die einige; was dir so wohlgefallen,
Daß du mir Kunde heischend drum genaht:
Der Kehrreim ists von unsren Bitten allen,
Solang es tagt. Zur Nachtzeit hörst du Klagen
Um das, was Widerpart ihm hält, erschallen.
Dann hörst du von Pygmalion uns sagen,
Den zum Verräter seine Gier gemacht,
Mit Raub und Meuchelmord nach Gold ließ jagen;
Vom Fluche, den sein süchtiger Wunsch gebracht
Midas, dem Geizhals, daß man, wo die Leute
Von ihm erzählen, heut noch seiner lacht.

Achans denkt jeder dann, wie an der Beute
  Er sich vergriff, der Tor, darum ihn hier
  Josuas Grimm zu sehren scheint bis heute;
Verdammt Sapphira, ihres Gatten Gier,
  Lobpreist den Huf, der Heliodor geschlagen,
  Und Polymnestors Schandtat müssen wir,
Der Polydor gemeuchelt, hart verklagen.
  Zum Schluß dann rufen alle rings im Kreis:
  ›Crassus, wie schmeckt das Gold? Du weißts zu sagen!‹
Der eine ruft es laut, der andre leis,
  Je wie zu raschem oder zagem Schritte
  Uns spornt der Eifer, mehr und minder heiß.
So sprach ich eben nicht allein die Bitte,
  Die tags wir tun; nur daß die Stimme grad
  Kein andrer so erhob aus unsrer Mitte.« –
Wir ließen ihn dahinten, und den Pfad
  Zu meistern eilten wir, so gut dem Streben
  Des Wunsches das Vermögen Folge tat:
Da fühlt' ich schütternd unsren Berg erbeben,
  Als stürzt' er ein. Zu Eis erstarrt' ich gar,
  Wie einer, der zu enden geht sein Leben.
Nie schüttelte sich Delos so fürwahr,
  Eh dort Latona ließ ihr Nest bereiten,
  Drin sie gebar das Himmelsaugenpaar!
Und es erscholl ein Ruf von allen Seiten,
  Drum zu mir trat der Meister: »Sei nicht bang«,
  Gemahnt' er, »ich bin hier, dich zu geleiten!«
»Gloria in excelsis Deo ...« klang,
  Wo er vernehmlich konnt' ans Ohr mir dringen,
  Aus meiner Nachbarn Munde jener Sang.
Stumm lauschten wir wie sie, die solches Singen
  Zuerst gehört, die Hirten auf dem Plan,
  Bis daß zur Ruhe Beben kam und Klingen;

Dann schritten wir voran die heilige Bahn,
  Da wir die Schatten, die am Boden lagen,
  Wie eh bei ihren Tränen wieder sahn.
Nie machte mir das Dunkel schwerer Fragen,
  So weit mich mein Erinnern leiten kann,
  So quälend heißen Wissensdurstes Plagen,
Wie dort ich fühlte, als ich sann und sann;
  Doch in der Eile wagt' ich keine Frage,
  Noch fand ich selber, was mir Licht gewann:
So ging ich sinnend denn fürbaß und zage.

Einundzwanzigster Gesang

Der Durst, den, eigen uns von Anbeginne,
  Kein Wasser löscht, denn das zu Gnaden sich
  Vom Herrn erbat die Samariterinne,
Mich brannt' er, und wie Hast mich emsiglich
  Dem Führer nachspornt' auf gedrangem Stege,
  Erbarmte die gerechte Sühne mich.
Und sieh: wie jenen zwein, die auf dem Wege –
  Sankt Lukas schreibts –, der Christ erschienen war,
  Erstanden grad aus seines Grabes Hege,
Erschien ein Schatten uns: er kam, die Schar
  Betrachtend, die da lag, uns nachgegangen,
  Und als er sprach erst, wurden wirs gewahr.
»Gott geb euch Frieden!« seine Worte klangen,
  Drum wandten wir uns rasch, und gab Virgil
  Den Gruß zurück auf den, so wir empfangen.
Dann sprach er: »Mag zum Frieden dich, ans Ziel
  Der Seligen des Gerechten Ratschluß bringen,
  Nach dessen Spruch in ewigen Bann ich fiel!«
»Wie«, fragte der, da strack wir weitergingen.
  »Rief Gott euch nicht empor, wie konntet ihr
  So weit hinan doch Seine Staffeln dringen?«

Darauf mein Lehrer: »Sieh die Male hier,
  Die er vom Schwert des Engels trägt, dann sage,
  Obs der Erwählten einer, selber dir!
Allein weil sie, die Nächte spinnt und Tage,
  Ihm ja den Flachs noch nicht vom Rocken spann,
  Den Klotho jedem zumißt auf der Waage,
Fand seine Seele nicht allein hinan,
  Die, ob verschwistert dir und mir, zur Stunde
  Noch nicht nach unsrer Weise sehen kann.
Und darum aus der Hölle weitem Schlunde
  Ward ich berufen, ihm Geleit zu geben,
  Und leite ihn, so weit mir reicht die Kunde.
Doch weißt du's, sag: was hieß den Berg erbeben
  Und euch zumal bis an den Fuß der Schroffen,
  Den meerumwogten, diesen Ruf erheben?«
Die Frage hatt ins Nadelöhr getroffen
  Den Wunsch, der mich bedrängt, so daß zu legen
  Mein Dürsten sich begann vom bloßen Hoffen.
Und er begann nun: »Nichts, was ihr entgegen,
  Läßt unsres Berges heilige Ordnung gelten,
  Noch was da weiche von gewohnten Wegen:
Gefeit vor Unrast ruhen diese Welten;
  Nur eins bewegt sie: wenn, was ihm entsprossen,
  Aufnimmt der Himmel dort in seinen Zelten.
Nicht Regen fällt, nicht Schnee noch Hagelschloßen,
  Kein Tau, kein Reif reicht höher je hinauf
  Als zu der niedren Stiege dreien Sprossen;
Nie zieht Gewölk, nicht schwer, nicht zart herauf,
  Hier zuckt kein Blitz, noch wölbt den bunten Bogen,
  Den wandelbaren, Thaumas' Tochter auf;
Nicht höher kommen trocknen Dunstes Wogen
  Als bis zur Stufe, drauf die Füße, sieh,
  Sankt Peters Mittler stellt, heraufgezogen.

Wie's drunten auch, wenn Wind – ich weiß nicht, wie –
Im Bauch sich birgt der Erde, ja mag beben,
Aus solcher Ursach bebts hier oben nie.
Hier bebts, wenn eine Seele zu entschweben
Sich rein fühlt, wenn sie aufsteigt himmelan
Und solche Rufe dann Geleit ihr geben.
Die Läutrung zeigt allein der Wille an,
Der, frei zu höherm Chor sich hinzukehren,
Die Seele faßt, und freudig will sie's dann.
Eh will sie wohl; doch muß der Trieb ihr wehren,
Den wider Willen Allgerechtigkeit,
Wie Sünde dort, hier Sühne heißt begehren.
Auch ich, der hier in Pein lag manche Zeit,
Fünfhundert Jahr und mehr, ich fand nur eben
Zu beßrem Ziel den Willen mir befreit.
Drum eben jetzt vernahmst du dieses Beben,
Und wie dem Herrn lobsangen all die Frommen,
Auf daß er sie in Bälde mög erheben.«
Er sprachs, und weil ein Trunk, am Quell genommen,
Je brennender dein Durst, je mehr dich letzt,
Weiß ich zu sagen kaum, wie mirs willkommen.
Mein weiser Führer drauf: »Wohl kenn ich jetzt
Dies Netz, wie's hält und löst, warum dies Beben
Und was mitfreuend eben euch ergetzt;
Nun laß mich wissen, wer du warst im Leben.
Und warum so viel hundert Jahre hier
Du lagest, davon woll uns Kunde geben.«
Und er: »Als Titus, er, der Menschheit Zier,
Mit Gunst des höchsten Herrn gerächt die Wunde,
Daraus das Blut verschachert Judas' Gier,
Führt' ich den Namen, der auf jenem Runde
Vor allen reich an Ehr, an Dauer lang,
Gar rühmlich, doch des Heils noch sonder Kunde

So süß war meiner Liederstimme Klang,
Daß Rom Tolosas Sohne sich ergeben
Und um die Schläfen mir die Myrte schlang.
Statius nennt jene Welt mich noch: von Theben,
Von Held Achill ich sang; doch diese Tracht
Trug ich zum Ziele nicht in jenem Leben.
Mein Feuer, von den Funken wards entfacht,
So mir ins Herz gesät die heilige Flamme,
Die vielen Tausenden das Licht gebracht:
Die meiner Dichtung Mutter war und Amme,
Die Äneide ists; kein Lot Gewicht
Hätt ohne sie, was ich gepflückt vom Stamme!
Ach, lebt' ich, als Virgil noch sah das Licht!
Ein Jahr noch wollt' ich, statt emporzusteigen,
Im Bann hier harren über meine Pflicht.«
Mit einem Blick, der schweigend heischte Schweigen,
Wandt, als er sprach, Virgil sich zu mir her;
Doch ist nicht jede Kraft dem Willen eigen:
Urkräftigem Reiz gehorchend, setzt zur Wehr
Dem Zwang des Willens Lachen sich und Weinen,
Und je wahrhaftiger einer, desto mehr.
So lächelt' ich; zu blinzeln mocht' ich scheinen.
Drum schwieg der Schatten, blickt' ins Auge mir,
Wo sich zumeist verrät des Herzens Meinen,
Und sprach: »So schweres Mühn, solls frommen dir,
Sag an, warum doch über deine Mienen
Dies Lächeln zuckte, wie ein Blitzen schier.«
Nun steck ich in der Klemme zwischen ihnen:
Der heißt mich schweigen, jenem soll ichs sagen;
Ich seufzte, und als Stichwort schiens zu dienen
Dem guten Meister: »Sprich, nun magst du's wagen«,
Begann er, »sprich nur, Antwort ihm zu geben,
Die so beflissen von dir heischt sein Fragen.«

Drum ich: »Du stauntest, Geist der Vorzeit, eben,
So dünkt mich, daß es mich zum Lachen zwang;
Weit größres Wunder sollst du jetzt erleben!
Er, der mein Auge lenkt auf diesem Gang,
Ist der Virgil, dank dem es dir gelungen,
Daß Menschen tönt und Götter dein Gesang!
Sieh! Wähntest andrer Meinung du entsprungen
Mein Lachen, glaube mir und laß den Wahn;
Das Lob war schuld, das du ihm jetzt gesungen.«
Schon neigt' er sich, das Knie ihm zu umfahn.
»Laß, Bruder!« wehrte jener ihm indessen,
»Selbst Schatten, willst du so dem Schatten nahn?«
Da stand er auf: »Nun kannst du recht ermessen,
Wie heiß die Liebe, die ich dir muß weihn,
Daß unsrer Nichtigkeit ich ganz vergessen
Und tu mit Schatten wie mit Fleisch und Bein!«

Zweiundzwanzigster Gesang

Schon blieb der Engel hinter uns, der lichte,
Der uns hinan zum sechsten Kreise wies
Und mir ein Mal gelöscht im Angesichte;
Die nach Gerechtigkeit verlangen, pries
Er selig; doch bei »dürstet« ging zu Ende
Sein Sang, der, was vorangeht, schweigen ließ.
Ich, leichter denn an voriger Wegeswende,
Schritt aus und folgte ohne alles Mühn
Dem Geisterschritt empor, der so behende.
Da sprach Virgil: »Läßt Tugend sie erglühn,
Muß Liebe Gegenliebe gleich entzünden,
Sieht nur der andre ihre Flamme sprühn.
Darum, als drunten in den Höllenschlünden
Anlangt' in unsrem Vorhof Juvenal
Und ich ihn deine Neigung hörte künden,

Ward ich dir hold wie nie zum andren Mal
  Ein Freund dem Freunde, den er nie gesehen,
  Und karg nun dünkt mich dieser Stufen Zahl.
Doch sage mir – und läßt zu frei sich gehen
  Mein Zutraun, wolle mir als Freund verzeihn
  Und als ein Freund mir jetzo Rede stehen –,
Wie konnte Raum in deinem Busen sein
  Für Geiz, bei solcher Weisheit ohnegleichen,
  Wie deines Geistes Pflege ließ gedeihn?«
Ein Lächeln wollt' auf dieses Wort beschleichen
  Den Geist, dann sagt' er: »Was dein Mund auch spricht,
  Allzeit ists teuer mir als Liebeszeichen;
Doch, kommt die wahre Ursach nicht ans Licht,
  Lockt unsren Wahn gar leicht auf falsches Gleise,
  Was auf den ersten Blick uns kommt in Sicht.
Du meinest wohl – denn darauf, dünkt mich, weise
  Dein Fragen –, daß ich Geizhals war im Leben,
  Wohl darum, weil ich weilt' in jenem Kreise?
So wisse, allzu ferne war mir eben
  Der Geiz, und so viel tausend Monde lang
  Ward diesem Übermaß hier Lohn gegeben.
Ja, hätt ich nicht bezähmt den Überschwang,
  Als deiner Stimme Ruf ich hört' erklingen,
  Wie sie, verzweifelnd an der Menschheit, sang:
›Wozu nicht, arger Golddurst, kannst du zwingen
  Der Sterblichen Gelüst?‹, so müßt ich heute
  Lastwälzend gar im grausen Kampfspiel ringen.
Da merkt' ich, wägend, was dies Wort bedeute,
  Daß allzu weit sich auftun kann die Hand,
  Darum ich den und andren Fehl bereute.
Wie mancher aufersteht aus Unverstand
  Geschornen Hauptes, weil in Tod und Leben
  Für diese Schuld er keine Reue fand!

Und wisse: Sünden, die sich widerstreben
Gradwegs als Gegenteil, die müssen hier
Mitsammen stets ihr Grün zur Darre geben.
Kam ich zu büßen drum in dies Revier,
Wo jene weinen, die der Geiz bezwungen,
Sein Widerpart, dem widerfuhrs in mir.«
»Doch als die wütigen Waffen du besungen,
Um die solch zwiefach Leid Jokaste trug«,
Fragt' er, des Hirtenlieder uns erklungen,
»Da schiens, weil Klio dir die Saiten schlug,
Daß gläubig dich noch nicht der Glaube machte,
Er, ohne den kein Rechttun tut genug.
Welch Sonnenstrahl, welch Feuerbrand entfachte,
Aufhellend deine Finsternis, das Licht,
Das auf des Fischers Spur dein Segel brachte?«
Drauf jener: »Zum Parnaß wies dein Gedicht
Den Weg mir, daß ich tank aus seiner Quelle:
Mir leuchtet's auch vor Gottes Angesicht!
Du tatest wie zur Nacht der Weggeselle,
Der rücklings trägt sein Licht: nicht ihn kanns freuen,
Doch dem, der nach ihm kommt, dem macht ers helle.
So tat dein Wort: ›Die Welt wird sich erneuen,
Es kehrt das Recht, der ersten Menschheit Frist,
Und neuen Samen will der Himmel streuen.‹
Durch dich ward ich Poet, durch dich ein Christ!
Und daß du klarer siehst, was so umrissen,
Ausmalen laß mich, wie's geworden ist.
Trächtig war alle Welt schon, mußt du wissen,
Vom wahren Glauben, den die Sendlingsschar
Des ewigen Reiches auszusän beflissen,
Und ihre neue Predigt klang so klar
Zusammen mir mit deinem Wort und Meinen,
Daß bald gewohnter Gast ich ihnen war;

Und also heilig wollten sie mir scheinen,
Daß, als verfolgt ihr Häuflein Domitian,
Sich meine Tränen mischten in ihr Weinen.
Ich stand, solang ich dort gewallt die Bahn,
Den Guten bei, und ihr gerechtes Leben
Ließ mich verschmähen allen Heidenwahn;
Ja, eh die Griechen ich im Lied gen Theben
Geführt, empfing ich auch die Taufe schon,
Doch war ich heimlich nur dem Christ ergeben,
Trug lang, aus Furcht, der Heidengötter Fron;
Für solche Lauheit lief ich Rund um Runde
Vierhundert Jahr im vierten Kreis zum Lohn.
Der von so wertem Gut zur guten Stunde
Mir hobst die Hülle, gib, derweil die Reise
Empor noch führt, mir von den Unsren Kunde:
Sag, wo Terentius weilt, der alte Weise,
Cäcilius, Plautus, Varro? Weißt du's, sprich:
Sind sie verdammt? In welchem Höllenkreise?«
»Die, Persius und noch manchen, sonderlich
Den Griechen«, sprach mein Führer, »den vor allen
Der Musen Brust genährt, sie hegt, wie mich,
Der erste Ring der finstren Kerkerhallen;
Da reden wir gar oft im alten Ton
Vom Berg, da unsre Näherinnen wallen.
Wir sehn Euripides und Antiphon,
Simonidis, Agathon und manch einen
Der Griechen, dem der Lorbeer ward zum Lohn;
Dort unten sähst du aus der Schar der Deinen
Antigone, Deïphile, Argia,
Ismenen auch, die fort und fort muß weinen;
Sie, die Adrasten wies den Quell Langia,
Tiresias' Tochter, Thetis auch dabei
Und mit den Schwestern allen Deidamia.«

Es schwiegen schon die Dichter alle zwei,
  Zur Umschau wiederum den Blick erhoben,
  Denn Steile gab und Felsgeklüft uns frei.
Vier blieben von des Tages Mägden droben
  Zurücke schon, am Horn der Deichsel stand
  Die fünfte, das noch glühend wies nach oben.
Da sprach mein Führer: »Nach dem Bord gewandt
  Die rechte Schulter, wie wirs immer taten,
  Heißts, mein' ich, nun umgehn des Berges Rand.«
So ward Gewohnheit Weiser, und wir traten,
  Der Sorge ledig, in die Runde ein,
  Von der erwählten Seele wohl beraten.
Sie schritten mir voran, ich hinterdrein,
  Allein, und lauschend, was die zwei gesprochen,
  Obs meinem Sange möcht' ersprießlich sein.
Bald war die holde Zwiesprach unterbrochen:
  Ein Baum stand vor uns, mitten auf dem Steige,
  Mit Früchten, die gar wohl und lieblich rochen.
So spitzt zum Wipfel sich von Zweig zu Zweige
  Der Tann, wie's ihn am Fuß zusammenzwängte,
  Zur Abwehr, schiens, daß niemand ihn besteige.
Und daher, wo der Fels den Weg uns engte,
  Stürzt' aus der hohen Wand ein Wasser klar,
  Das droben, Blatt für Blatt, das Laub besprengte.
Es nahte sich dem Stamm das Dichterpaar,
  Und eine Stimme aus der Zweige Mitten
  Rief: »Solcher Kost sollt ihr entbehren gar!«
»Maria«, klang es dann, »nur Zucht und Sitten
  Zu wahren sorgte sie im Hochzeitssaal,
  Nicht für den Mund, der jetzt für euch muß bitten.«
»Den Römerfraun galt Wasser nicht zu schal
  Zum Labetrunk; geweiht mit Sehergabe
  Ward Daniel, der verschmäht das Königsmahl.«

»O goldne Zeit, da Hunger leckre Labe
Aus Eicheln macht' und jeder Quell im Moos
Dem Durstigen Nektar schien, die Göttergabe!«
»Heuschrecken gar und wilder Honig bloß
Des Täufers Zehrung in der Wüste waren,
Des ward er also rühmlich und so groß,
Wie's euch die Evangelien offenbaren.«

Dreiundzwanzigster Gesang

Dieweil ich dort am grünen Laube hangen
Die Augen ließ, so wie der Zeit vergißt,
Wer liebt sie zu vertun mit Vogelfangen,
Rief er mich, der mir mehr als Vater ist:
»Nun komm, mein Sohn! Gestrenger einzuteilen
Gilts und zu nützen die bemeßne Frist.«
Die Blicke wandt ich, ließ den Fuß nicht weilen,
Den Weisen, deren Zwiesprach mir den Gang
Mühlos zur Kurzweil machte, nachzueilen.
Und siehe, Weinen hört' ich und Gesang:
»Herr, tue meine Lippen auf ...«, ein Singen,
Das Lust zumal und Wehmut weckend klang.
»Trautvater«, frug ich, »was dort hör ich klingen?«
Und er drauf: »Schatten sinds; mich dünkt, sie gehn,
Den Banden ihrer Schuld sich zu entringen.«
Wie, wenn des Wegs sie Fremde kommen sehn,
Wohl nachdenkliche Pilger eine Weile
Nach ihnen umschaun und nicht stille stehn,
So kam nun hinter uns, in größrer Eile,
Und schritt vorüber uns und staunt' uns an,
Andächtig, stumm, der Seelen lange Zeile.
Erloschnen Blicks, hohläugig Mann für Mann,
Bleich, abgezehrt, daß ich die Rippen zählte
Durch ihre Haut, so kamen sie heran.

So, bis zur letzten Faser, mein' ich, schälte
Nicht Eresichthon aus des Hungers Nagen,
Als seines Fluches ärgste Not ihn quälte.
Das ist ja Zions Volk, mußt' ich mir sagen,
Wo Mirjam, als die Stadt verloren war,
Dem eignen Sohn ins Fleisch den Zahn geschlagen!
Gleich Ringen starrten, die der Steine bar,
Die Augenhöhlen; wer auf Menschenwangen
Ein ›OMO‹ liest, das M hier säh er klar.
Wer glaubte, wüßt' er nicht, wie's zugegangen,
Daß bloßes Düften so verheeren kann,
Weckt eine Frucht, ein Wässerlein Verlangen?
Noch staunt' ich, der die Ursach nicht ersann,
Was so das Fleisch von ihren Rippen zehrte
Und ihre Haut mit garstigem Harsch umspann;
Und sieh, aus seines Hauptes Tiefe kehrte
Den Blick ein Schatten, sah mich an gespannt
Und rief: »O Gnade, die uns Gott bescherte!«
Nie hätt' ich ihn am Angesicht erkannt,
Doch in der Stimme klang, was im Gesichte,
Das so zerstört, das Auge nicht mehr fand:
Der Funke zündet', und in seinem Lichte
Aus den entstellten Zügen sah geschwind
Mich wieder an Foreses Angesichte.
»Ach«, bat er, »sieh nicht an den rauhen Grind,
Der mir die Haut entfärbt, nicht nach dem Schwunde
Der Glieder, wie von Fleisch sie kommen sind!
Nein, sprich und gib von dir wahrhaftige Kunde,
Und wer die beiden sind, die dich geleiten,
Sag an und halte nicht das Wort im Munde!«
»Dein Antlitz, das ich tot beweint vorzeiten«,
Versetzt' ich, »jetzo, aller Zier beraubt,
Wills nicht geringren Kummer mir bereiten.

So sag, um Gott, was hat euch so entlaubt?
  Der ich so staunen muß, nicht heiß mich sprechen!
  Schwer spricht, wem andren Sehnens voll das Haupt.«
Und er: »Des Ewigen Ratschluß gab den Bächen
  Des Wassers, gab dem Baum da hinter dir
  Die Kraft, mit solcher Zehr den Leib zu schwächen.
Die singend und in Tränen gehn mit mir,
  Weil alle sonder Maß gefrönt dem Gaume,
  Sie heiligen hungernd sich und dürstend hier:
Zu essen und zu trinken reizt am Baume
  Die Frucht mit ihrem Düften, reizt der Strahl,
  Der dort das Grün besprengt mit seinem Schaume;
Und öfter noch als dieses eine Mal
  Auffrischt ein jeder Kreislauf unsre Qualen, –
  Nein, Wonne sollt' ich sagen, nichts von Qual!
Denn hier zum Baume treibt uns, was dermalen
  Eli zu rufen freudig trieb den Christ,
  Für unsre Schuld mit seinem Blut zu zahlen.«
Und ich zu ihm: »Forese, seit der Frist,
  Da du die Welt getauscht ums beßre Leben,
  Das fünfte Jahr noch nicht verronnen ist.
Wenn schon die Kraft in dir zu sündigem Streben
  Zu Ende war, als dir die Stunde schlug
  Der Reue, die dich Gott zurückgegeben,
Wie kommst du schon herauf? Mich dünkt es Fug,
  Daß ich da drunten noch dich harrend fände,
  Dort, wo die Zeit für Unzeit tut genug.«
Drauf er zu mir: »Die so geschwind zur Spende
  Des süßen Wermuttranks der Pein mich brachte,
  War meine Nella, weinend ohne Ende.
Ihr fromm Gebet, das seufzend mein gedachte,
  Half mir vom Strande, wo ich wartend stand,
  Und auch von Kreis zu Kreise frei michs machte.

Die mir so teuer, meine Witib, fand
 Vor Gott Gefallen und je reichre Gnade,
 Je seltner ihres Wandels Zucht im Land.
Sind sittiger die Fraun doch am Gestade
 Der sardischen als jener Barbarei,
 Wo ich sie ließ auf ihrem Lebenspfade!
Was sag ich, Bruder, noch? Ich sehe frei
 Vor Augen schon ein Bild von künftigen Tagen,
 Und eh dies Heute altert, kommts herbei,
Da wird man von der Kanzel untersagen
 Den schamvergeßnen Fraun am Arnostrande,
 Den Busen samt dem Mal zur Schau zu tragen.
Muß Fraun im Türken- oder Mohrenlande,
 Daß sie die Blöße decken, einer drohn
 Mit Kirchenbuß und öffentlicher Schande?
O wüßten sie, die Frechen, welchen Lohn
 Bereit der Himmel hält, der rasch sich schwinget,
 Zum Heulen sperrten sie die Mäuler schon!
Trügt nicht der Blick, der in die Ferne dringet,
 Trägt jede Leid, eh bärtig dem die Wangen,
 Den heut zur Ruh das Eipopeia singet.
Nun aber, Bruder, stille mein Verlangen!
 Du siehst, nicht mir allein, es bleibt uns allen,
 Wo du die Sonne birgst, das Auge hangen.«
Drauf ich: »Bedenkst du unser Erdenwallen,
 Wie du's mit mir und ich mit dir gepflogen,
 Noch mag es schwer dir aufs Gewissen fallen!
So argem Leben hat mich jüngst entzogen,
 Der mir vorangeht, als in runder Pracht
 Die Schwester dieses stand am Himmelsbogen«;
– Zur Sonne wies ich – »durch die tiefe Nacht
 Zum Volk des wahren Tods hat er die Reise,
 Geleitend dieses wahre Fleisch, gemacht.

Dann führt' er mich empor und durch die Kreise
Des Berges hier, der grad euch reckt in Pein,
Euch, die der Weltlauf bog nach seiner Weise;
So lang mir, sagt es, will Geleit er sein,
Bis wir zu Beatricen uns erheben;
Dort, ohne ihn, bleib ich mit ihr allein.
Virgil ists, der mir so sein Wort gegeben«;
– Mein Finger wies ihn – »jener ist der Schatte,
Um den zuvor ringsum geschah das Beben,
Da euer Reich ihn freigelassen hatte.«

Vierundzwanzigster Gesang

Nicht hemmt' ein Wort den Schritt, kein Schritt das Wort:
Gleich Schiffen, die mit gutem Winde fahren,
So schritten wir im Reden rüstig fort;
Und sie, die zwiefach, schiens, des Todes waren,
Sahn starr aus ihrer Augen Gruft mich an,
Da sie von meinem Lebenstag erfahren.
Und ich fuhr fort im Spruch, den ich begann:
»Um jenes willen hemmt er wohl die Eile,
Denn schnellern Schrittes käm' er sonst voran.
Doch weißt du's, sag mir, wo Piccarda weile.
Und derer, die so nach mir schauen, sprich,
Ist keiner kundbar wohl an seinem Teile?«
»Mein Schwesterlein, so schön als tugendlich –
Weiß nicht, was mehr –, sie freut am Kranz der Ehren
Bereits im hohen Olymp da droben sich.«
Er sprachs und weiter: »Keiner wirds verwehren,
Nenn ich sie allesamt bei Namen dir,
Da sonst wir so unkenntlich vom Entbehren.
Sieh Bonagiunt«, – sein Finger wies ihn mir –
»Den Bonagiunt von Lucca; dort das fahle
Gesicht, so hohl wie keins der andren hier,

Die heilige Kirche hatt es zum Gemahle!
Der wars von Tours, muß fastend büßen gehn
Den süßen Würzwein und Bolsenas Aale.«
Noch viele ließ er, Mann für Mann, mich sehn,
Und jeder schien zufrieden vom Bescheide,
Denn keinen sah ich finstren Blickes stehn.
Vor Hunger sah ich müßigen Zahnes Schneide
Ubaldin Pila, Bonifatius wetzen,
Des Hirtenstab so viele führt' auf Weide;
Sah Herrn Marchese, der zum Krug sich setzen
Konnt in Forlì mit minder trocknem Schlunde
Und ward doch nimmer satt, den Gaum zu netzen.
Doch wie wer wägt, was ihm vor andrem munde,
So wählte jenen ich von Lucca mir,
Der allermeist verlangend schien nach Kunde.
Er raunt' ein Wort, und wie Gentucca schier
Klangs dorther, wo er der Vergeltung Nagen
Verspürt, die so verzehrt die Büßer hier.
»O Seele, die so eifrig scheinst zu fragen«,
Begann ich, »daß uns beide dein Bericht
Erfreue, wolle mirs vernehmlich sagen!«
»Es lebt ein Weib, trägt noch den Schleier nicht,
Das«, sagt' er, »wird dir Freude noch bereiten
An meiner Stadt, wie schlimm man von ihr spricht.
Geh hin, laß solche Vorschau dich geleiten;
Und irrt dich noch mein Raunen zum Beginne,
Wahrhaft Erleben hellt dirs auf beizeiten!
Doch sag, bist du es, dem da lag im Sinne,
Die Reime neuen Klanges anzuheben:
›Ihr Frauen, die im Sinn ihr hegt die Minne‹?«
»Bin einer«, sagt' ich da, »der, haucht ihr Leben
Mir Minne ein, im Innern widerklinge,
Die Weise tönend, die sie eingegeben.«

»Jetzt, Bruder«, sagt' er, »merk ich, welche Schlinge
  Mich und Guittone hemmt' und den Notar,
  Hört' ich, wie süß im neuen Ton man singe:
Seh wohl, wie euer Federkiel aufs Haar
  Nur ihr, die's eingibt, treulich nachgegangen,
  Da unsrer ganz auf andrem Wege war.
Die Weitres noch zu sehn sich unterfangen,
  Sehn nicht, was diesen trennt von jenem Stil!«
  Er schwieg, als wenn befriedet sein Verlangen.
Wie Vögel, die zur Winterrast am Nil
  Bald ziehn in Schwärmen, bald zu langer Zeile
  Sich wieder reihn in schnellerm Flügelspiel,
So wandt all jenes Volk hier sonder Weile,
  Vom Fasten leicht und guten Willens Kraft,
  Den Blick mit eins und hob den Fuß in Eile.
Und wie die Seinen, wer im Lauf erschlafft,
  Voran läßt, kürzern Schrittes nachzukommen,
  Bis Luft die Brust, die keuchende, sich schafft,
So ließ Forese ziehn die Schar der Frommen,
  Und mit mir ihnen folgend, fragt' er mich:
  »Wann biet ich dir zum andern Mal Willkommen?«
»Nicht kenn ich meine Frist«, entgegnet' ich;
  »Doch kehr ich noch so bald zu diesem Strande,
  Voraus eilt mein Verlangen sicherlich!
Denn wo ich steh im Leben, meinem Lande
  Schmilzt Ehr und Recht dahin von Tag zu Tag,
  Daß ihm ein Ende droht mit Schmach und Schande.«
»Geh«, sprach er; »den, an dems vor andren lag,
  Ich seh an Rossesschweif hinaus ihn schleifen
  Zum Abgrund, wo kein Büßen frommen mag.
Das wilder, Sprung für Sprung, scheint auszugreifen,
  Zerstampft die Glieder ihm, das flüchtige Tier,
  Um schnöd entstellt zuletzt sie abzustreifen!

Nicht lang mehr rollen diese Räder hier«; –
Zum Himmel blickt' er auf – »und was zu klären
Nicht taugt mein Wort, steht klar vor Augen dir.
Bleib nun zurück! Zu lange möcht es währen,
Ging' ich mit dir so fort in gleichem Schritte,
Und kostbar ist die Zeit in diesen Sphären.«
Wie im Galopp aus des Geschwaders Mitte
Vorsprengt ein Ritter, daß in Feindesreihn
Des ersten Einbruchs Ruhm er sich erritte,
So schied er, schnellern Schritts, und mit den zwein,
Die mit so hohem Namen hier wir nennen,
Blieb ich zurück auf unsrem Weg allein.
Schon kam er uns so weit voraus im Rennen,
Daß ihm nicht besser Folge tat mein Sehn
Als eben seinem Worte mein Erkennen,
Da sah ich früchteschwer und grünend stehn
Den zweiten Baum, nicht weit, weil um die Ecken
Wir eben erst uns hingewandt im Gehn.
Und drunter sah ich sie die Hände recken
Und schrein, ich weiß nicht, was, ins Laub hinauf,
Wie Kinder bettelnd ihre Ärmchen strecken,
Und der, zu dem sie bitten, hört nicht drauf
Und hebt, wonach sie lüstern, ihr Verlangen
Zu schärfen, recht vor ihren Augen auf.
Dann gingen sie, enttäuscht, und also langen
Am mächtigen Baum wir an, den taub ich sah
Für all das Flehn, die Seufzer all, die bangen.
»Geht stracks vorüber! Kommt ihm ja nicht nah!
Der Apfel wächst, drein Eva biß, mehr oben,
Doch sproßt' aus seinem Samen dieser da.«
So rief, ich weiß nicht, wer, im Laubdach droben.
Drum drängt' ich seitlich mit dem Dichterpaar
Mich da vorbei, wo sich die Wand erhoben.

»Denkt derer, die das Wolkenbild gebar«,
Riefs dann, »wie trunknen Muts mit Theseus stritten
Die Doppelbrüstigen, die verworfne Schar!«
»Bedenkt, wie Keinen Gideon gelitten
Im Heere, den beim Trunk er weichlich fand,
Als er gen Midian hinabgeschritten!«
So gingen wir vorüber, hart am Rand,
Den Rufen lauschend, die von Sünde klangen
Des Gaumens, und wie schlimmen Lohn sie fand.
Dann, einsam, sind des Weges wir gegangen,
Wohl tausend Schritt und mehr in einer Reih,
Stumm, in Gedanken jeder streng befangen.
»Was geht ihr sinnend so allein, ihr drei?«
Klang eine Stimme da, und wie vor Schrecken
Ein Roß scheut, fuhr ich auf aus Träumerei.
Ich hob mein Haupt, den Sprecher zu entdecken,
Und nie so gleißend rot war Glas zu sehn
Noch Erz, das Flammen heiß im Ofen lecken,
Als dort ich einen sah, der sprach: »Bleibt stehn!
Wollt ihr zum Berge, müßt ihr einwärts schwenken;
Hier gehet, wer da will zum Frieden gehn.«
Vor seinem Glanz mein Auge mußt' ich senken;
So folgt' ich blindlings meiner Lehrer Spur,
Wie wer sich lauschend läßt vom Ohre lenken.
Und wie die Künderin des Frühlichts nur,
Die Mailuft weht und haucht die süßen Düfte,
Von Blütenduft getränkt, vom Ruch der Flur,
So haucht' es mir ins Antlitz vom Geklüfte,
Und um die Stirn den Fittich fühlt' ich wehen,
Der nach Ambrosia duften ließ die Lüfte,
Und »Selig«, hört' ich, »die da leuchten sehen
Die Gnade, daß Begier und Lüsternheit
Und all ihr Qualm in ihrer Brust vergehen,
Und die da hungert nach Gerechtigkeit!«

Fünfundzwanzigster Gesang

Die Stunde wars, da Rast nicht litt das Steigen,
Denn schon dem Stiere ließ den Mittagskreis
Die Sonne, dem Skorpion die Nacht zu eigen.
Drum wie ein Mann, der nichts von Säumnis weiß
Und seines Weges, was ihm auch erscheine,
Allzeit gespornt vom Müssen, geht mit Fleiß,
So gingen wir den Felsspalt an, der eine
Dem andren nach, denn Enge trennt' uns wieder,
So gings empor die Stufen im Gesteine.
Wie, lüstern aufzufliegen, sein Gefieder
Ein Störchlein hebt und sich den Flug zu wagen
Vom Neste nicht getraut und senkt es nieder,
So ich, in dem der Wunsch entbrannt zu fragen
Und gleich erstickt, bis ich am Ende stand,
Wie wer schon auf dem Sprung, sein Wort zu sagen.
Nicht schwieg, so schnell's hinaufging unverwandt,
Mein trauter Vater: »Schieß doch ab den Bogen
Der Rede«, sprach er, »der so straff gespannt!«
Nun tat ich auf, da mir die Scheu verflogen,
Den Mund und frug: »Wo keine Zehrung not,
Wie kommts, daß solche Zehr sie ausgesogen?«
Und er: »Bedenkst du Meleagers Tod,
Der sich verzehrt, weil sich ein Scheit verzehrte,
Macht dies dir zu begreifen keine Not;
Und denkst du dran, was dich dein Spiegel lehrte,
Drin, wie du zucktest, zuckt dein Ebenbild,
So dünkt dich leicht, was eben dich beschwerte.
Doch bist du tiefer noch zu schaun gewillt,
Sieh: Statius ruf ich an und will ihn bitten,
Daß deine Sucht, ein guter Arzt, er stillt.«

»Enthüll ich ihm, weil du in unsrer Mitten,
Dies Bild des ewigen Seins, verdenk mirs nicht«,
Sprach er, »es hat dein Wort kein Nein gelitten.«
Und er begann: »Dein Geist, empfängt er schlicht
Und merkt getreu, mein Sohn, was jetzt ich sage,
Zum Wie, danach du forschest, schaffts dir Licht.
Was, nicht verschluckt von durstiger Adern Schlage,
Vom Blute übrig bleibt als feinster Saft,
Wie was vom Mahl ihr spart zum andren Tage,
Gewinnt im Herzen schöpferische Kraft,
Zu baun des Menschenleibs gesamte Glieder,
Wie, was in Adern kreist, sie einzeln schafft.
Nochmals vergoren, sinkt es dorthin nieder,
Wo Schweigen ziemet, und zu fremdem dann
Träufts in naturgeformt Gefäß hernieder.
Dort schmiegt sich innig eins dem andern an,
Zum Leiden dies bestimmt und das zum Geben
Kraft der vollkommnen Kelter, draus es rann.
Mit ihm vereint, beginnts das Werk zu weben,
Läßt erst gerinnen, was es, so gestrafft
Durch seinen Stoff, sodann erweckt zum Leben.
Wird so zur Seele nun die tätige Kraft,
Wie die der Pflanze, nur daß auf dem Wege
Sie noch, wo die am Ziel der Wanderschaft,
Dann schafft sie, daß sie fühlt, daß sie sich rege,
Dem Meerschwamm gleich, fängt zu gestalten an
Die Kräfte, die entkeimt aus ihrer Hege.
Und dann entfaltet sich, dann wächst heran,
Was aus des Zeugers Herzen kam geronnen,
Wo Glied für Glied Natur im stillen spann.
Allein wie das, was Leben so gewonnen,
Zum Menschen wird, hast du noch nicht erkannt:
Hier hat ein Weiserer schon fehl gesonnen!

Will seine Lehre einen Allverstand
Doch scheiden von der Seele, weil ihm eigen
Und zugehörig kein Organ er fand.
Schließ auf die Brust, die Wahrheit laß dir zeigen:
Sogleich, wenn in der Leibesfrucht vollbracht
Der Bau des Hirnes, kommt, sich ihr zu neigen,
Der Urbeweger, dem ins Auge lacht,
Was da Natur so künstlich ließ gestalten,
Bläst neuen Hauch ihr ein voll neuer Macht;
Der rafft an sich, was dort er schon sieht walten,
Und so wirds *eine* Seele, drin sich Leben
Und Fühlen und Bewußtsein jetzt entfalten.
Will dir mein Wort zuviel zu staunen geben,
Sieh, wie der Strahl der Sonne wird zu Wein,
Dem Saft sich paarend, der entquillt den Reben!
Und geht der Lachesis dann aus der Lein,
Trennt jene sich vom Fleisch und trägt von hinnen
Im Wesen göttlich so wie menschlich Sein:
Stumm erst und taub an allen andren Sinnen,
Indes Bewußtsein, Willen und Verstand
Wesenhaft schärfer denn im Leibe drinnen.
Und ungesäumt an den, an jenen Strand
Von selber, durch ein Wunder sinkt sie nieder,
Wo kund ihr wird der Weg, den sie gesandt.
Und kaum umschließt ein Raum die Flüchtige wieder,
Strahlt ringsumher der Bildnerkraft Gewalt
Ganz wie zuvor in die lebendigen Glieder;
Und wie der Dunst, der regenschwer sich ballt,
Im fernher leuchtend rückgeworfnen Strahle
Sich schmückt mit Farben, bunt und mannigfalt,
So nimmt die Luft, die hier uns Hüll und Schale,
Gestalt an, die, sobald ihr Ziel sie fand,
Die Seele prägt mit ihres Wesens Male;

Und gleich der Flamme, die dem Feuerbrand
Allwege folgt, wohin du ihn magst drehen,
So folgt dem Geiste dann sein neu Gewand.
Was so Gestalt ihm leiht, wenn das geschehen,
Heißt Schatten drum; drin formt sich jedem Sinn
Sein Rüstzeug neu, bis letzt er lernt zu sehen.
So reden denn, so lachen wir darin,
So rinnen Tränen uns, und Seufzer kommen,
Wie du sie hörtest durch die Halden hin;
Und wo ein Wunsch, ein Fühlen nur entglommen,
Zeigt sichs im Aussehn solchen Schattens an:
So trägt sich zu, was wunder dich genommen.«
Schon kamen wir zum letzten Kreis hinan,
Und dort zur rechten Hand uns wendend, sehen
Wir uns sogleich in neuer Sorge Bann.
Hier speit der Felshang Flammen; Windeswehen
Haucht dort der Sims, das fegt zurück den Brand
Und macht die Wegbahn frei, voranzugehen.
Nur einer hinterm andren konnt' am Rand,
Dem freien, gehn, und droht' auf jeder Seite
Hier Feuer, dort der Sturz von jäher Wand.
»Im Zaume heißt es«, sprach, der mir Geleite,
»Die Augen halten, streng, auf diesem Gang,
Denn hier zum Fehltritt brauchts nur Haaresbreite!«
»Summae Deus clementiae …«, so klang
Im Herzen jener großen Glut ein Singen,
Das meinen Blick dahin nicht minder zwang;
Und Geister sah ich durch die Flamme dringen
Und schaut' auf sie, auf meine Schritte dann,
Und hin und wider meine Blicke gingen.
Der Sang beschloß. »Ich weiß von keinem Mann!«
Erscholl ein lauter Ruf; dann fingen leise
Das heilige Lied von vorn sie wieder an.

»Diana«, riefs, da wieder schwieg die Weise,
»Blieb treu dem Hain, Helice ward verwiesen,
Die Venus' Gift genascht, aus ihrem Kreise.«
Und aber sangen sie; dann wieder priesen
Sie Fraun und Gatten, die sich tugendlich
Nach Treu und Pflicht im Ehestand erwiesen.
Der Weise, scheints, getrösten alle sich,
Solange sie in dieser Flamme weilen;
In solcher Pfleg und Kost muß sicherlich
Zu guter Letzt jedwede Wunde heilen.

Sechsundzwanzigster Gesang

So, einer hinterm andern, schritten wir
Den Saum entlang, und sprach zu vielen Malen
Mein Hort: »Hab acht, zunutze sag ichs dir!«
Die rechte Schulter trafen mir die Strahlen
Der Sonne, die des Abendhimmels Blau
Mit weißem Schimmer schon begann zu malen.
Und röter schien von meines Schattens Grau
Die Flamme; die ich drinnen sah sich regen,
So blaß die Spur, sie merkten drauf genau.
So ward es Ursach, daß sie meinetwegen
Ins Reden kamen, und sie hoben an:
»Kein Schemen scheint, der dort uns kommt entgegen!«
Dann, wie sie konnten, kamen dicht heran
Etwelche, stets in Sorge, nicht zu weichen,
Wo sie's nicht sengte, aus des Feuers Bann.
»Du, der als letzter, nicht, wie Träge schleichen,
Nein, wohl aus Ehrfurcht, nach den andren geht,
Gib mir, den Durst und Feuer brennt, ein Zeichen!
Nicht ich allein bins, der um Kunde fleht,
All diese dürsten, wie nach frischem Quelle
Des Inders Sinn, des Äthiopen steht.

Sag, wie geschiehts, daß du der Sonnenhelle
Zum Schirme wirst, als fielest du noch nicht
Ins Netz des Todes an des Grabes Schwelle?«
So frug mich ihrer einer, und Bericht
Schon wollt' ich geben, als mein Sinn gefangen
Sich sah vor Staunen durch ein neu Gesicht:
Inmitten kam des Feuerpfads gegangen,
Den andren grad entgegen, eine Schar,
An der erwartend blieb mein Auge hangen.
Von beiden Seiten seh ich Paar um Paar
Vorspringen und sich küssen, ohne Rasten.
Der Liebesfeier froh, so kurz sie war:
So siehst in schwärzlichen Gewimmels Hasten,
Ob Weg, ob Los erforschend, du zu zweien
Ameisen, Mund an Munde, sich betasten.
Kaum trennen sich im Freundesgruß die Reihen,
Da, eh ein Schritt sie scheidet, eifernd schier
Sucht eins das andre laut zu überschreien:
»Sodom« riefs »und Gomorra« drüben; hier
Im ersten Schwarm: »Pasiphaë, o Schande,
Lockt' in der Kuh auf ihre Brunst den Stier!«
Wie Kraniche, wenn teils zum Wüstensande,
Teils nach Riphäerbergen zielt' ihr Flug,
Die Frostes satt, die gram dem Sonnenbrande:
So geht der eine, kommt der andre Zug,
Und weinend kehren sie zu ihrem Singen
Und zu dem Ruf, der jedem Pflicht und Fug.
Und die ich eben in mich hörte dringen,
Sie kamen wie zuvor mir wieder nah,
Und ihre Blicke mir am Munde hingen;
Drum ich, der zwiefach nun ihr Lechzen sah:
»Ihr Seelen, die zum Frieden hier zu wallen
Gewiß ihr seid, wenn eure Zeit erst da:

Nicht welk, nicht unreif ließ ich drunten fallen,
  Hierher bring ich sie mit, die Glieder mein,
  Mit Fleisch und Blut und ihren Sehnen allen.
Hier steig ich an, nicht länger blind zu sein:
  Mir warb da droben eine Frau die Gnade,
  Durch eure Welt zu gehn mit Fleisch und Bein.
Doch wollt zum Ziel ihr bald auf eurem Pfade,
  Zum höchst ersehnten, kommen, daß zu Gast
  Euch lieberfüllt der Himmel höchster lade,
Sagt, wer ihr seid, und von dem Schwarme laßt
  Mich wissen, treulich alles hinzuschreiben,
  Der euch den Rücken wandt in solcher Hast.«
Nicht anders stutzt, um staunend stehn zu bleiben,
  Der Sohn der Berge und verstummt und gafft,
  Der blöd und roh gerät in städtisch Treiben,
Als dort die Schatten all in ihrer Haft;
  Doch als sie dann gesprengt des Staunens Bande,
  Dem rasch so hohe Seele sich entrafft,
Begann aufs neu der Frager dort im Brande:
  »Heil dir, der, recht zu wandeln, lädst das Gut
  Des Weistums auf dein Schifflein hier am Strande!
Die Schar, die von uns schied in dieser Glut,
  Büßt, wes man Cäsarn zieh im Zug der Ehren,
  Als ›Königin‹ ihn schalt der Übermut;
So rufen die, wenn sie den Rücken kehren,
  ›Sodom‹ sich selbst zum Schimpf – du hörtests eben –,
  Durch Scham der Läutrungsgluten Kraft zu mehren.
Hermaphroditisch fehlten wir im Leben;
  Doch weil wir gleich dem Vieh der Sinnengier,
  Nichtachtend unsrer Menschenpflicht, ergeben,
So rufen scheidend uns zur Schande wir
  Den Namen derer, die, versteckt im Schragen
  Des Tiergebildes, selber ward zum Tier.

Weißt unsre Art nun, wes wir uns verklagen.
  Doch willst du etwan uns beim Namen kennen,
  So fehlts an Zeit, auch wüßt ichs nicht zu sagen.
Mich, deinen Wunsch zu stillen, will ich nennen:
  Bin Guido Guinizell; weil ich bereut
  Vor meinem Ende, darf ich rein mich brennen.«
Wie jene beiden Söhne, die bedräut
  Vom Gram Lykurgs die Mutter wiederfanden,
  Stand ich – den solch ein Gruß zwar nicht erfreut –,
Da selbst er seinen Namen mir gestanden,
  Mein Vater und noch Besserer denn ich,
  Die süßer Liebesreime Kranz sich wanden;
Und ohne Hören lang und Reden schlich
  Des Wegs ich sinnend, hing an seinen Brauen,
  Denn ihm zu nahn verhielt die Flamme mich.
Als ich gesättigt nun an solchem Schauen,
  Erbot ich ihm zu Dienst mich ganz und gar
  Mit der Beteuerung, der alle trauen.
Und er zu mir: »Nicht Lethes Naß fürwahr
  Vertilgt die Spur, noch bleicht es sie, die eben
  So tief dein Wort mir eingeprägt und klar!
Doch, schwurst du wahr, so sag mir: was im Leben
  War Ursach, daß ich deinem Herzen wert,
  Des mir dein Blick und Reden Zeugnis geben?«
Und ich: »Eur süßer Sang, der so begehrt
  Noch jedes Blatt uns macht mit seiner Weise,
  Solang die neue Art man übt und ehrt!«
»Ach, Bruder«, sagt' er, einen, der im Kreise
  Voranging, mir bedeutend, »beßrer Schmied
  Der Muttersprache war, den ich dir weise.
Nimm Rittermäre oder Minnelied,
  Sein ist der Kranz! Laß preisen nur die Toren
  Den von Limoges, daß Beßres ihm geriet!

Statt Echtem leihn dem Ruf sie ihre Ohren,
Und eh Vernunft sie oder Kunst befragt,
Auf Spruch und Meinung sind sie eingeschworen.
So hat mans vom Guittone einst gesagt,
Den man von Mund zu Munde hörte loben,
Bis Wahrheit siegte, die nun manchem tagt.
Doch wird dir denn die hohe Gunst, dort oben
In jenes Klosters Pforte einzutreten,
Dem Christus selber ward zum Abt erhoben,
So wolle mir ein Vaterunser beten,
Soweit in dieser Welt es not uns tut,
Hier, wo wir kein Gebot mehr übertreten.«
Er sprachs, und wie zum Grunde taucht der Flut
Ein Fischlein, schwand er, einem ihm zur Seiten
Den Platz zu räumen, in der Feuersglut.
Ich trat ihn an, den er mir wies, den zweiten,
Und seinem Namen, sagt' ich, sei mein Sinn
Willfährig, gute Stätte zu bereiten.
Freundwillig wandte der sich zu mir hin:
»So linde locket Euer huldreich Fragen,
Daß nicht mich hehlen darf noch willens bin:
Ich bin Arnaut, muß singend gehn und klagen;
Mit Leide blick ich auf verwichnen Wahn,
Bin frohen Hoffens, daß mirs bald soll tagen.
Bitt Euch bei jener Macht, so Euch die Bahn
Zum Gipfel führt, beizeiten denkt im Guten
Der Pein, darin mich Eure Augen sahn!«
So barg er sich in läuternd reinen Gluten.

Siebenundzwanzigster Gesang

Wie wenn ihr erster Strahl erblinkt dem Tage
  Dort, wo ihr Schöpfer einst vergoß sein Blut,
  Wenn überm Ebro steht im Kulm die Waage
Und Ganges' Woge kocht in Mittagsglut,
  So stand die Sonne; da, im Abendscheine,
  Erschien uns Gottes Engel, frohgemut.
Vorm Feuer stand er draußen auf dem Raine,
  Und: »Selig, die da reines Herzens«, klang
  Hell seine Stimme wie auf Erden keine.
»Nicht weiter gehts, bis euch im Sühnegang
  Die Flamme sehrt; geht ein und seid, ihr Frommen,
  Nicht taub, ertönt von drüben euch der Sang!«
So rief er, da wir nah herangekommen,
  Und gleichwie einem, den ins Grab sie senken,
  Ward mir zu Sinne, als ich das vernommen.
Die Hände streckt' ich vor, die sich verschränken,
  Und starrt' ins Feuer: die ich brennen sah,
  Der Menschenleiber mußt' ich schaudernd denken!
Mir waren meine treuen Lenker nah,
  Und sprach Virgil: »Mein Sohn, zur Pein mags gehen,
  Doch nimmermehr zum Tode geht es da.
Denk, denke dran! Der heil dich ließ bestehen
  Den Ritt auf Geryons Rücken, was nun gar,
  Gott so viel näher, ließ' ich dir geschehen?
Glaub mir aufs Wort: und wenn du tausend Jahr
  Im Bauch von dieser Flamme wärst gestanden,
  Auf deinem Haupte sengte sie kein Haar!
Wähnst du, ich täusche dich – zu eignen Handen
  Erprob es: komm heran, ob dieser Brand
  Den Saum nur sehrt von deines Leibs Gewanden!

Tu ab, tu ab das Bangen! Unverwandt
Voran und dann hindurch in raschem Wagen!«
Ich stand, so streng michs mahnte, wie gebannt.
»Mein Sohn«, sprach, der so starr mich sah vor Zagen,
Schier unwirsch, »zwischen Beatrice droht
Und dir nur diese Wand noch, laß dirs sagen!«
Gleichwie auf Thisbes Namen noch im Tod
Pyramus, sie zu schauen, hob die Lider,
Derzeit, als sich die Maulbeer färbt' in Rot,
So wandt ich, dem die Starre wich der Glieder,
Zum Meister mich auf jenes Namens Klang,
Der wieder mir im Herzen quillt und wieder.
Sein Haupt da wiegt' er: »Wie nun? Bleiben bang
Wir draußen?« frug er lächelnd, wie wir lachen
Des Kindes, das ein Äpfelchen bezwang;
Schritt dann vorauf mir in des Feuers Rachen,
Und Statius, der so lang uns mußte trennen,
Bat er, den letzten in der Reih zu machen.
Kaum drinnen, hätt ich mich, ich wills bekennen,
In glühend Glas geworfen, diese Glut
Zu kühlen, so unmaßen fühlt' ichs brennen.
Doch machte mir mein trauter Vater Mut,
Von Beatrice redend, weil wir gingen:
»Ihr Auge, dünket mich, schon seh ichs gut!«
Und eine Stimme leitet' uns mit Singen
Von drüben, bis wir, folgend ihrem Sang,
Dort, wo's zur Höhe geht, der Glut entgingen.
»Kommt, ihr Gesegneten des Vaters!« klang
Aus einem Glanz es dort, der meine Lider,
Das Augenlicht mir blendend, niederzwang.
»Die Sonne scheidet; Abend senkt sich nieder:
Nicht säumet! Spornt den Schritt, eh bis zum Rand
Der Abendhimmel dunkelt«, schallt' es wieder.

Gradaus erklomm der Steig die Felsenwand,
  So daß vor meinem Fuß dem Strahl ich wehrte
  Der Sonne, die so tief im Westen stand.
Und wenig Stufen stiegen wir, da lehrte,
  Daß hinter uns ins Meer sie mußte gleiten,
  Mein Schatten uns, der löschend sich verzehrte;
Und eh in gleiches Schwarz sich allerseiten
  Das weite Himmelsrund gewoben hat
  Und rings die Nacht den Schleier konnte breiten,
Nahm eine Stufe sich zur Lagerstatt
  Ein jeder; ließ des Berges Art erliegen
  Die Kraft doch, eh die Lust zu steigen satt.
Wie friedlich wiederkäuend ruhn die Ziegen,
  Die, eh sie satt, in übermütiger Hast
  Von Grat zu Grate um und um gestiegen,
Im Schatten, still, wenn heiß der Sonne Glast,
  Dieweil an seinen Stab gebeugt zur Erde
  Der Hirte rastend hütet ihrer Rast;
Und wie der Hirt inmitten seiner Herde
  Der Herberg fern in Frieden ruht zur Nacht
  Und wacht, daß keins dem Wolf zum Raube werde:
So hatten dort selbdritt wir Rast gemacht,
  Ich wie die Geiß, gleich Hirten sie, die Dichter,
  Und hier wie dort vom Felsen überdacht.
Karg war die Sicht. Allein die Himmelslichter,
  Ich sah im engen Raum sie hell und klar
  Und größer, als sie sonst erstrahlt und lichter.
Aufblickend so zu ihrer güldnen Schar,
  In Sinnen tief, bin ich in Schlaf gefallen,
  Den Schlaf, der Neues sieht, oft, eh es war.
Zur Stunde wohl, da, die zum Berge wallen,
  Gen Ost den ersten Strahl der Venus schauen,
  Die stets in Liebesflammen glüht vor allen,

Da träumte mir von einer holden Frauen,
Von einer jungen, schönen, die mit Singen
Und Blumen pflückend schweifte durch die Auen;
»Hört alle«, sang sie, »meinen Namen klingen:
Die Lea bin ich, meine schönen Hände,
Die regen, rühr ich, Kränze mir zu schlingen.
So schmück ich mich, daß Lob mein Spiegel spende;
Doch Schwester Rahel mag am ihren immer
Nicht satt sich sehn und sitzt davor ohn Ende.
Sie hängt an ihrer schönen Augen Schimmer,
Mich freuts, wenn meiner Hände Werk mich schmückt:
Läßt sie das Schaun, laß ich vom Schaffen nimmer.«
Dem Frühlicht schon, das, mehr und mehr beglückt,
Der Pilger scheinen sieht in seine Zelle,
Je näher er der lieben Heimat rückt,
Wich rings das Dunkel, und es wich der Helle
Mein Schlummer auch; und da ich sah, es wachten
Die hohen Meister, stand ich auf zur Stelle.
»Die süße Frucht, die je und je das Trachten
Der Sterblichen von Zweig zu Zweige sich
Zu finden müht, heut stillt sie all dein Schmachten.«
So wandte nun Virgil sein Wort an mich,
Und wahrlich, nie hat eine Gabe wieder
Ein Glück beschert, das meiner Freude glich!
Und Wunsch auf Wunsch kam über meine Glieder
Empor, zur Höh; mit jedem Schritt bergan
Fühlt' ich zum Flug mir wachsen das Gefieder.
Als unter uns die letzten Stufen dann
Der Stiege, als wir auf der höchsten stehen,
Sah mir Virgil ins Auge und begann:
»Hast zeitlich Feuer nun, mein Sohn, gesehen
Und ewiges. Du stehst am Ziel, wo ich
Nach meinem Sinn nicht weiter weiß zu gehen.

Hierher mit Rat und Hilfe führt' ich dich.
  Jetzt nimm zum Leiter deines Herzens Meinen.
  Der Engpaß hinter dir, die Steile wich.
Sieh dort die Sonne dir ins Antlitz scheinen,
  Sieh Blum und Gras und Busch, die wunderbar
  Von selber hier entsprießen den Gesteinen!
Bis froh dich grüßt das holde Augenpaar,
  Das weinend einst mich hieß zu dir mich kehren,
  Magst rasten hier, magst drunter wandeln gar.
Nicht soll mein Wink und Wort dich fürder lehren,
  Frei, grad und heil ist dein geprüfter Sinn,
  Und fehlsam wär es, seiner Willkür wehren:
Nimm mit der Krone denn die Mitra hin!«

Achtundzwanzigster Gesang

Froh zu durchstreifen rings von Hag zu Hage
  Den lebensprossend dichten heiligen Hain,
  Des Grün die Lichter dämpft am jungen Tage,
Ließ ich dahinten ungesäumt den Rain,
  Und langsam durch den Duft, den allerwegen
  Der Boden hauchte, schritt ich querfeldein.
Ein linder Hauch strich mir die Stirn, ein Regen
  Der Lüfte, sonder Wandel, sanft geschwellt,
  Als weht' ein leises Windchen uns entgegen,
Davon die Blätter all im grünen Zelt
  Sich leicht erzitternd nach der Seite neigen,
  Wo früh des heiligen Berges Schatten fällt;
Doch schwankt' es nicht so schütternd in den Zweigen,
  Daß durch die Wipfel hin die Vögelein
  Der Lust entsagt, all ihre Kunst zu zeigen;
Mit hellem Jubel grüßten insgemein
  Des Morgens Hauch im Laubdach sie mit Singen,
  Und dessen Rauschen klang als Grundbaß drein.

Das war, als wie von Zweig zu Zweig das Klingen
Im Pinienhaine schwillt an Chiassis Strand,
Wenn Äolus dem Südwind löst die Schwingen.
Schon hatt es mählich, Schritt vor Schritt, vom Rand
In jenes Urwalds Tiefen mich gezogen,
Wo ich zurück zum Eingang nimmer fand;
Da hemmte, sieh, den Schritt mit seinem Wogen
Ein Bach, des leise Wellen Gras und Kraut,
Wie's dort am Ufer sproß, zur Linken bogen.
Kein Naß, so rein es nur auf Erden taut,
Das trüb nicht schiene neben dieser Helle,
Durch die das Auge bis zum Grunde schaut;
Und fließt doch tief im Dunkel, da zum Quelle
Nicht Mond-, nicht Sonnenstrahl hindurch läßt dringen
Des Schattens Dauernacht, die klare Welle!
Der Fuß hielt an, und meine Blicke gingen
Zum andren Ufer hin, drauf bunt geschmückt
Mit Maiengrün die Zweige niederhingen;
Und dort erschien, wie jäh ins Auge zückt
Ein Schauen, das vor Staunen das Gemüte
All andrem Sinnen alsogleich entrückt,
Mir eine Frau, die Blüte brach um Blüte,
Wie sie des Weges singend kam allein,
Wo's um und um von Blumenpracht erglühte.
»Ach, schöne Fraue, die, wenn je der Schein
Des Auges Glauben heischt, im Herzensgrunde
Vom Strahle mußt entflammt der Minne sein,
Freundwillig«, bat ich, »komm auf deiner Runde
Heran zum Ufer dort, daß meinem Ohr
Vernehmlich Sang und Wort aus deinem Munde.
Proserpinas gemahnst du, wie den Flor
Des Lenzes sie, dem Räuber widerstrebend,
Und wie die Mutter selber sie verlor.«

Wie eine Frau den Fuß, im Tanze schwebend,
  Dicht vor den andren leichten Schrittes stellt,
  Die enggeschloßnen kaum vom Boden hebend,
So übers purpurgoldne Blütenfeld
  Kam sie, ein Mägdelein, das auf die Wangen
  In Züchten tief gesenkt die Wimpern hält,
Und nahte sich, befriedend mein Verlangen,
  So, daß mir ihres Sanges süßer Laut
  Samt Wort und Meinung konnt ans Ohr gelangen.
Und als sie stehen blieb, wo frisch betaut
  Das Grün von jenes schönen Flusses Welle,
  Hat sie, den Blick mir gönnend, aufgeschaut:
Kaum unter Venus' Wimpern strahlt's so helle,
  Da sie von ihres Sohnes Pfeile wund,
  Als unversehens einmal traf der schnelle.
Sie lächelt', als sie grad am Ufer stund,
  Die Hand noch reckend nach dem bunten Schimmer,
  Den sonder Saat hier oben treibt der Grund.
Drei Schritt breit trennte uns der Bach, doch nimmer
  Weckt' Helles Furt – ein Zaum, wo sie beschritten
  Von Xerxes, allem Menschenstolz noch immer –
Leandern solchen Groll, dieweil inmitten
  Sie von Abydos wogt' und Sestos' Strand,
  Als ich um die, so dort uns schied, gelitten.
»Neulinge«, sprach sie, »seid ihr hierzuland,
  Und daß ich am geweihten Ort hier lachte,
  Hier, wo voreinst der Menschheit Wiege stand,
Das seht ihr staunend wohl und mit Verdachte;
  Doch hellt der Psalm: ›Herr, du erfreuest mich ...‹,
  Den Dunst, der euren Blick so blöde machte.
Und du da vorn, der du mich batest, sprich,
  Was sonst du wissen magst, denn allerwegen
  Dich zu befrieden, kam ich williglich.«

»Das Wasser«, sprach ich, »und im Wald das Regen
Kämpft mit dem Glauben, den ich jüngst gewann,
In mir, weils dem, was ich gehört, entgegen.«
Drauf sie: »Was dich erstaunt, ich sag dir an,
Wo's seine Ursach hat, und will dir heben
Den Nebelschleier, der dein Haupt umspann.
Dem Menschen hat, den gut es rief ins Leben,
Das höchste Gut, sich selber Maß und Ziel,
Als ewigen Friedens Pfand dies Heim gegeben.
(Durch seine Schuld gar bald in Bann er fiel,
Durch seine Schuld verkehrt' in Gram und Zähren
Sich unschuldfrohen Lachens holdes Spiel.)
Auf daß kein Dunst, den Erd und Wasser nähren,
Der mit der Wärme aufsteigt, wie er kann,
Dem Menschen Nöte macht in diesen Sphären,
Deshalb zum Himmel muß so hoch hinan
Der Berg hier ragen, daß er ob dem Walle,
Der ihn umheget, frei von solchem Bann.
Weil nun die Luft mit ihrem ganzen Schwalle
Im Umlauf mit der ersten Runde schwingt,
Wo nichts ihr Kreisen hemmt im Widerpralle,
Streicht hier, wo frei in rege Lüfte dringt
Die Bergeshöhe, durch den Wald dies Wehen,
Der rauschend dann, der dichte, widerklingt.
Und streift es solch Gewächs, so kanns geschehen,
Daß, trächtig nun von dessen Kraft, sein Hauch
Sie rings verstreut, wo wir ihn kreisen sehen;
So, je nach Himmelsstrich und Boden auch
Empfängt all ander Land und läßt sie sprossen,
Vielfach an Art und Tugend, Baum und Strauch.
Nicht wunder nähm's, die dem ihr Ohr erschlossen,
Wenn sie da drüben manch ein Kraut gewahrten,
Das ohne sichtbarn Samen aufgeschossen.

Und wisse: voll von Keimen aller Arten
Ist, wo du stehst, das heilige Gefild,
Und Früchte trägts wie nimmer dort ein Garten.
Das Wasser hier aus keiner Ader quillt,
Die tauend nährt der Wolke Naß, der Welle
Des Stromes gleich, des Odem ebbt und schwillt:
Es rinnt aus ewig unerschöpfter Quelle,
Die Gottes Wille stets von neuem speist,
Wie sichs ergießt in zweierlei Gefälle.
Hier strömts, zu tilgen tüchtig, was den Geist
An Sünde mahnt; all guter Tat Gedenken
Die Flut da drüben neu erwachen heißt.
Lethe heißts hier; was dort seitab will schwenken,
Eunoë. Soll es seine Tugend zeigen,
Muß hier wie dorten dich ihr Wasser tränken.
Kein Schmack der Süße gleicht, die diesem eigen!
So wär gestillt der Durst, der dich gesehrt,
Wollt' ich von andrer Kunde nun dir schweigen.
Doch sei zur Güte Zugift dir beschert:
Wills weiter dich, als ich verhieß, geleiten,
Nicht minder, mein' ich, sei mein Wort dir wert!
Die von des goldnen Alters Glück vor Zeiten
Euch sangen, träumten, dem Parnaß zum Preis,
Allda die Stätte solcher Seligkeiten.
Hier sproßt' in Unschuld, rein der Menschheit Reis,
Hier ewig Lenz und reifer Früchte Segen,
Hier Nektar, den zu rühmen jeder weiß!«
Zu meinen Sängern kehrt' ich mich, und gegen
Den Schluß der Rede sah ich um die Brauen
Und ihre Lippen sich ein Lächeln regen.
Dann hob ich meinen Blick zur schönen Frauen.

Neunundzwanzigster Gesang

Gleich Frauen, deren Huld die Liebe wecket,
Hob mit dem letzten Wort sie an zu singen:
»Wohl dem, dem seine Sünden sind bedecket!«
Und wie sich Nymphen einsam wohl ergingen
Im Waldesschatten, sich am Sonnenscheine
Zu weiden oder froh ihm zu entspringen,
So ging sie hin auf jenes Ufers Raine
Stromauf, und ihres Fußes kleinen Tritten
Mit kleinem Tritte folgte stet der meine.
Kaum hundert gingen wir, den Bach inmitten,
Als sich das Ufer krümmte, hier genau
Wie drüben so, daß wir gen Morgen schritten;
Doch nicht gar weit, da hatte schon die Frau
Mit eins sich ganz zu mir herumgewendet
Und sprach: »Mein Bruder, lausche nun und schau!«
Und sieh, ein Leuchten, da sie kaum geendet,
Lief allerwege durch den weiten Hain,
Daß ich mich frug, ob mich ein Blitz geblendet.
Doch lischt ja, kaum entfacht, des Blitzes Schein,
Und da, fortleuchtend, dieses stets sich hellte,
Sprach ich in meinem Sinn: ›Was will das sein?‹
Und durch die Luft nun flog, die lichtgeschwellte,
Ein Klingen süß, drum rechten Eifers Groll
Mir aufstieg, daß ich Evas Fürwitz schelte:
Wo Erd und Himmel folgsam, demutvoll,
Litt nur das Weib, erschaffen doch nur eben,
Den Schleier nicht, den keiner lüften soll.
Wenn sie in seine Haft sich fromm ergeben,
Schon lang und länger konnt ich hier fürwahr
So unaussprechlich süße Lust erleben!

Dieweil ich, traumbefangen ganz und gar,
Hinging im Vorschmack ewiger Seligkeiten
Und neuer Wonnen noch gewärtig war,
Flammt' unterm Grün, das dort die Zweige breiten,
Die Luft wie Feuer, und der süße Ton
Ward nun zum Singen, der schon klang im Weiten.
Hochheilige Jungfraun! Konnt' in Eurer Fron
Nicht Hunger mich, nicht Frost noch Wachen kränken,
Nun spornet mich die Not, nun heisch ich Lohn!
Nun laßt am Helikon den Quell mich tränken!
Urania steh mir bei mit ihrem Chor,
Zu reimen, was mit Not sich läßt erdenken!
Ein Stückchen weiter trog der Ferne Flor,
Der zwischen uns und ihnen noch gehangen,
Dem Blick von Golde sieben Bäume vor.
Doch als vom Bild, das, insgemein empfangen,
Den Sinn getäuscht, kams näher nun heran,
Kein Zug mir mehr, der Ferne halb, entgangen,
Da lehrte mich, die unterscheiden kann,
Die Kraft, erkennen, daß es Leuchter waren,
Und Hosianna klang das Singen dann.
Weit heller als der volle Mond in klaren
Mittnächten flammt' es von der Höh hernieder
Des heiligen Geräts, des wunderbaren.
Voll Staunens hob ich zu Virgil die Lider,
Und von Verwunderung nicht minder schwer
Sandt er, der treue Hort, den Blick mir wieder.
Und wieder blickt' ich auf das Wunder hehr,
Das kam so langsam, daß ein Brautgeleite
Ihm leicht zuvorkam, wider uns daher.
»Entflammt dich«, strafte mich, die uns zur Seite,
Die Frau, »nur der lebendigen Lichter Schein,
Und hast nicht acht, was hinter ihnen schreite?«

Da sahe ich sie kommen hinterdrein,
Mit weißen Kleidern angetan, und nimmer
Hienieden gab es einen Glanz so rein.
Zur Linken blitzte des Gewässers Schimmer,
Und blickt' ich drein, warf meine linke Hand
Dem Blick zurück der spiegelgleiche Flimmer.
Als ich so nah auf meinem Uferrand,
Daß nur der Bach uns trennt' in unsrer Mitten,
Hielt ich, zu schaun, die Schritte an und stand.
Da sah ich, wie voran die Flammen schritten
Und ließen bunte Streifen hinter sich
In Lüften, wie wenn Pinsel drüberglitten,
Und siebenfach wies droben Strich für Strich
Die Farben, draus die Sonne ihren Bogen
Und Delia wirkt den Gürtel abendlich.
Rückwärts und weiter, als ich blickte, flogen
Die Wimpel, und von Rand zu Rande waren
Zehn Schritte, so mein Blick mich nicht getrogen.
Und unter solchen Himmels Pracht zu Paaren
Kam, zweimal zwölf an Zahl, ein Heergeleit:
Älteste, Lilienkränze in den Haaren.
Und alle sangen: »Sei gebenedeit
Vor Adams Töchtern, benedeit seien
Die Wonnen deiner Huld in Ewigkeit!«
Als auf den Blumen dann, den grünen Maien
Am andren Ufer gegenüber mir
Vorüber jener Auserwählten Reihen,
Da folgten, wie am Himmel über dir
Stern folgt auf Stern, vier Tiere ihren Scharen,
Bekränzt mit grünem Laube alle vier.
Beschwingt war jedes mit drei Flügelpaaren,
Mit Augen das Gefieder übersät,
Hell, wie im Wachen Argus' Augen waren.

Was häuf ich Reime, daß ihr Bild gerät,
O Leser? Sparen muß ich mir die Breite,
Denn andre Schuld bedrängt mich früh und spät;
Lies nur Ezechiel, der im Geleite
Von Feuer, Wolkendunst und Sturmeswehen
Sie kommen sah von mitternächtiger Seite:
Wie sie in seinem Buch beschrieben stehen,
Sah ich sie dort; die Flügel fand ich nur
So wie Johannes, nicht, wie ers gesehen.
Und mitten zwischen jenen vieren fuhr
Auf zweien Rädern hoch ein Siegeswagen,
Den zog ein Greif, am Hals des Stranges Schnur.
Hoch reckt' er beide Flügel in die Lagen
Des farbigen Scheins, daß zwischen Mittelzeile
Und drei und dreien frei hindurch sie ragen.
Dem Blicke schwanden sie in solcher Steile;
Die Glieder waren Gold, so weit er Aar,
Und weiß mit Rot gemischt zum andren Teile.
Kein solch Gefährt bot Roms Bewundrung dar
Augusts Triumph noch Scipios; schier zunichte
Ward neben diesem das der Sonne gar,
Apolls Gespann, das, weil entgleist das lichte,
Auf unsrer frommen Erde banges Flehen
Verbrannt nach Jovis heimlichem Gerichte.
Ums rechte Rad sah ich im Tanz sich drehen
Drei Frauen: rot die eine, leuchtend klar,
So, daß im Feuer du sie kaum gesehen;
Die zweite ganz, als ob mit Haut und Haar
Die Glieder aus Smaragd gebildet seien;
Gleich frisch gefallnem Schnee die dritte war.
Jetzt schien die Weiße Führerin den dreien,
Die Rote jetzt; wie deren Lied erklang,
Bald sacht, bald wieder schneller, ging der Reihen.

Links prangten vier in Purpur; festlich schlang
  Nach einer Weise sich ihr Tanz zum Kreise,
  Die, dreigeaugt das Haupt, die eine sang.
Auf solch Geleite sah ich dann zwei Greise
  Im Zuge folgen, ungleich von Gewand,
  Doch gleich an würdig feierlicher Weise:
Der eine war als Jünger leicht erkannt
  Hippokrates', des hohen, den zum Segen
  Den Wesen, die sie liebt, Natur gesandt.
Der andre trug zur Schau, was dem entgegen,
  Hielt blitzend scharf ein Schwert, das Schreck und Grauen
  Vom andren Ufer her mir wollt' erregen.
Dann sah ich vier, demütig anzuschauen,
  Und ganz allein nach allen kam ein Greis,
  Im Schlaf, des Geistes Siegel ob den Brauen.
Gewandet waren wie der erste Kreis
  Die sieben, aber nicht wie jenen blühten
  Von Lilien ihre Stirnen, rein und weiß;
Nein, Rosen dort und Purpurblumen glühten:
  Du schwurst, erschien es nur von ferne dir,
  Daß Flammen rot ob aller Brauen sprühten.
Als nun der Wagen gegenüber mir,
  Ein Donner scholl. Der Heerschar ohnegleichen
  Schiens ein Gebot: nicht weiter denn bis hier!
Und hielten inne mit den ersten Zeichen.

Dreißigster Gesang

Kaum blieb, das Aufgang nie noch Untergehn
  Noch Trübung, denn durch Sünde nur, erfahren,
  Des ersten Himmels Siebensternbild stehn,
Das jeden seines Amtes da läßt wahren,
  Wie jenes, das hienieden scheint, zum Porte
  Den Schiffer weist mit seinem Licht, dem klaren:

Da wandte sich das Heer vom wahren Worte,
Das zwischen jenem und dem Greifen war,
Zum Wagen als zu seines Friedens Horte.
Und ihrer einer, gottgesandt fürwahr,
Rief: »Komm, du Braut vom Libanon!« mit Singen
Dreimal; und nach ihm riefs die ganze Schar.
Wie aus den Grüften sich die Seligen schwingen
Beim Tubaruf des Jüngsten Tags, wenn eben
Erwachte Stimmen Halleluja klingen,
So sah ich hundert sich beim Ruf erheben
So hehren Greises auf dem Gotteswagen,
Diener und Boten all vom ewigen Leben.
»Gelobt sei, der du kommst ...«, hört' ich sie sagen,
Und aber, Blumen streuend in die Runde:
»Laßt Lilien uns mit vollen Händen tragen!«
Wohl sah ich aufgehn, wenn zur Morgenstunde
Mit Rosendunst umflort der Osten dicht
Auf wolkenlosen Himmels blauem Grunde,
In Duft gehüllt der Sonnen Angesicht,
Daß so verschleiert, wie sie drunter glühten,
Die Strahlen lang ertrug das Augenlicht;
Also in einer Wolke da von Blüten,
Die, in die Luft gestreut von Engelshand,
Im Niederfallen hier und dorthin sprühten,
Ölzweig' um ihres lichten Schleiers Band,
Erschien mir eine Frau; wie Feuerzungen
Glüht' unterm grünen Mantel ihr Gewand.
Und meine Seele, ob auch längst verklungen
Die Zeiten, da ein Beben, glutentfacht,
In ihrer Nähe lähmend mich durchdrungen,
Eh Kunde noch das Auge mir gebracht,
Am Wehn geheimer Kraft, die sie entsandte,
Verspürte sie der alten Liebe Macht.

Da so der Strahl in meinem Auge brannte
Der hehren Macht, die, eh der Kindheit Tagen
Ich noch entrann, mein Herz schon übermannte,
Wandt ich zur Linken mich mit scheuem Zagen,
So wie zur Mutter, wenn ihm bang zumut,
Ein Kindlein flüchtet, ihr sein Leid zu klagen;
Will sagen zu Virgil: »In meinem Blut
Blieb nicht ein Tropfen, der nicht bebt zum Sieden!
Ich kenne sie, der alten Flamme Glut ...«
Doch ach, Virgil war fort, von uns geschieden,
Virgil, der traute Vater, er, Virgil,
Dem ich mich ganz vertraut zu meinem Frieden;
Und nichts, was dort der Ältermutter Spiel
Verscherzt, dem trüben Naß der Träne wehrte,
Die auf die Wange, rein vom Tau, mir fiel.
»Dante! Dieweil Virgil sich von dir kehrte,
Sollst du nicht weinen! Weine jetzt noch nicht!
Wirst weinen müssen, wund von andrem Schwerte!«
Dem Herrn der Flotte gleich, der, wo's gebricht,
Am Heck, am Bug, von Bord zu Bord die Scharen
Der Seinen musternd, mahnt an ihre Pflicht,
So sah ich, als, den Rufer zu gewahren,
Bei meines Namens Klang ich mich gewandt
– Den Not mir jetzt gebeut zu offenbaren –,
Die Frau dort auf des Wagens linkem Rand,
Die erst verhüllt der Engel Festgeleite,
Zu mir herüberschaun von jenem Strand.
Ob dicht der Schleier um ihr Haupt sich breite
Und, von Minervas Laub umkränzt, zur Erde
Herniederwallend barg die Benedeite,
Gar königlich zu schaun und von Geberde
Noch strenge, fuhr sie fort, wie wer da spricht
Und spart zum Schluß, was heißer brennen werde:

»Schau her: ich bins, bin Beatrice! Ficht
Dichs nicht mehr an, zum Berge jetzt zu fahren?
Hier sind sie selig! Wußtest du das nicht?
Zum Quell mein Auge senkt' ich, sah im klaren
Mein Bild, davor ins Grün der Blick entflohn:
So lastend Scham und Reu der Stirne waren.
Unmild dünkt so die Mutter wohl den Sohn,
Wie sie mich dünkte; spürt' ich, so empfangen,
Doch bittren Schmacks der Liebe herbes Drohn.
Sie schwieg, und alsobald die Engel sangen:
»Herr, auf Dich hoffe ich ...«, bis Psalm und Chor
Mit »Meine Füße stellest Du« verklangen.
Wie auf Italias Rücken, wo in Flor
Des Wipfelwalds lebendige Pfeiler stehen,
Der Schnee, der harsch im Slawenwind gefror,
Versickernd in sich selber muß zergehen,
Haucht Lenzluft, das der Schatten flieht, das Land,
Wie flammend wir die Kerze schmelzen sehen:
So ich, der ohne Trän und Seufzer stand,
Eh sie gesungen, deren Lied im Gange
Der ewigen Sphären seine Weise fand.
Doch als ich spürt' in ihrem süßen Sange
Ihr Mitleid, mehr, als hätten sie gesungen:
»Warum denn, Herrin, machst du ihm so bange?«,
Ist um mein Herz der Ring von Eis gesprungen;
Zum Odem wards, zum Tau und hat in Zagen
Durch Aug und Lippen sich der Brust entrungen.
Fest stand sie noch auf ihrem Platz im Wagen,
Und zu den heiligen Wesen mit Bedacht
Hat sie sich nun gewandt, das Wort zu sagen:
»Ihr wacht im ewigen Tage! Keine Nacht,
Kein Schlummer kann nur *einen* Schritt euch hehlen,
Den Zeitlichkeit auf ihren Wegen macht.

Mehr sorgt mein Wort drum, jenem in der Seelen
Zu brennen, der dort weint, daß Reu und Pein
Nun gleichen Maßes sei mit seinen Fehlen.
Der Himmelskreise Walten nicht allein,
Das jedes Samenkorn, je wie's die Sterne
Geleiten, läßt zu seinem Ziel gedeihn,
Nein, Gottes Gnade, die da gibt so gerne
Und taut aus Wolken, die so hoch sich heben,
Daß unser Auge kaum sie ahnt von ferne,
Hatt ihn so reich begabt im neuen Leben,
Daß leicht in ihm ein Vorbild wunderbar
All edle Art und Tugend konnte geben.
Doch um so mehr verdirbt, verwildert gar
Von arger Saat das Land und sonder Pflege,
Je edler erst die Kraft des Bodens war!
Einst hielt ich ihn in meines Blickes Hege:
Dieweil mein junges Aug ihm zugewandt,
Führt' ich ihn recht mit mir auf rechtem Wege.
Doch als ich nun, die auf der Schwelle stand
Des zweiten Alters, schied zum andren Leben,
Da ließ er mich und fiel in fremde Hand;
Da ich vom Fleisch zum Geist mich durft' erheben,
An Schönheit wuchs und aller Tugend Preis,
War minder hold er, minder mir ergeben.
Er wandte seinen Schritt ins falsche Gleis,
Trugbildern falschen Glückes nachzujagen,
Das nie, was euchs versprach, zu halten weiß.
Was half es, daß ich ihm in Traum und Tagen
Gesichte sandt und seine Treu beschwor?
Leicht hat er aus dem Sinne sichs geschlagen!
Er fiel so tief, daß nirgend Weg noch Tor
Zu seinem Heile war, als ihm zu zeigen
Die Pein des Volkes, das sein Heil verlor.

So mußt' ich denn zur Pforte niedersteigen
  Des Todes, ihm, der ihn hieher geleitet,
  In Tränen, hilfeflehend mich zu neigen.
Zum Spott wird Gottes Ratschluß, überschreitet
  Er Lethes Flut und kostet solche Labe,
  Eh er den Zoll gezahlt und sich bereitet
Durch Reu, die Tränen bringt als Opfergabe!«

Einunddreißigster Gesang

»Du drüben an des heiligen Flusses Scheide«,
  Also, die Spitze kehrend wider mich
  Des Worts, davon so scharf bereits die Schneide,
Begann sie ungesäumt aufs neue, »sprich!
  Sprich, red ich wahr? Die also dich verklagte,
  Bekennen nun heißt meine Rüge dich!«
Mir brachs den Mut, daß sich zu regen zagte,
  Daß gar erlosch die Stimme, eh sie mir
  Von Zung und Lippen sich zu lösen wagte.
Nicht lange litt sie's, sprach: »Was dünket dir?
  Gib Antwort! Löschte doch die schlimme Kunde
  Noch nicht in deinem Sinn das Wasser hier.«
Verwirrung preßt' und Furcht aus meinem Munde
  Ein Ja, so leise, daß kein Ohr den Klang
  Als mit dem Auge nur erlauscht im Bunde.
Wie wenn, zu straff gespannt, der Bogen sprang,
  Der Armbrust Sehne riß, und dann ins Zeichen
  Den Bolzen mattern Schwunges schnellt der Strang,
So sprengten unter solcher Wucht von Streichen
  Die Brust mir Trän' und Seufzer, daß erschreckt
  Mir brach die Stimme, eh sie konnt' entweichen.
Drauf sie: »Als ich das Sehnen dir geweckt,
  Zur Liebe jenes Gutes dich zu leiten,
  Darüber nie hinaus ein Wunsch sich reckt:

Was fandst du unterwegs für Fährlichkeiten
An Grabenwehren oder Sperrverhauen,
Daß du so gar verzagt, voranzuschreiten?
Und welche Reize wiesen andrer Brauen,
Welch sondren Vorzug, daß du ihrer Spur
Gefolgt, um dich nach ihnen umzuschauen?«
Nach bittrem Stöhnen, das der Brust entfuhr,
Kaum hatt ich Odem, Antwort ihr zu geben,
Und gar mit Not geriets den Lippen nur,
Und weint' und sprach: »Des Tags vergänglich Leben
Ließ meinen Schritt, als Euer Antlitz schwand,
Nach seinen trügerischen Lüsten streben.«
Und sie: »Verschwiegst du, was dein Mund gestand,
Verleugnet' ers, nicht hehltest du die Kunde
Der Schuld, die solchem Richter längst bekannt.
Doch wird der Fehl verklagt vom eignen Munde,
Dann kehrt vor unsrem Strafgericht das Schwert
Die Schneide wider seines Schleifsteins Runde.
Zwar, daß um deinen Fehltritt baß dich sehrt
Die Scham und, locken dich Sirenen wieder,
Der Lockung besser sich dein Sinn erwehrt,
Hör an und schließ der Tränensaat die Lider,
Schau, wie ganz andren Weg dir wies zu gehen
Das Grab, darin bestattet meine Glieder!
Nie ließ dein Auge gleiche Wonne sehen
Natur noch Kunst als jener Glieder Pracht,
Die mich umhüllt und nun in Staub verwehen;
Da dieses Glück mein Tod zunicht gemacht,
Dein höchstes, was blieb wert von Erdendingen,
Daß deines Herzens Sehnen drum erwacht?
Du solltest aus des Augentruges Schlingen
Gleich, da so wund sein erster Pfeil dich schlug,
Mir nach, die dem entrückt, empor dich schwingen,

Nicht, neuen Streichs gewärtig, deinen Flug
Herabziehn lassen, ob dich Mädchenwangen,
Ob andrer Tand gelockt mit flüchtigem Trug.
Der Nestling harrt zwei-, dreimal, läßt sich fangen!
Umsonst wird einer, der zu Federn kam,
Mit Netzen, Pfeil und Bogen angegangen.«
So wie ein Kindlein wohl, verstummt vor Scham,
Dasteht und lauscht, den Blick gesenkt zur Erde,
Weils in sich ging und sichs zu Herzen nahm,
So stand ich, und sie sprach: »Macht dir Beschwerde
Das Hören schon, heb auf nun deinen Bart,
Daß dir zu schärfrer Pein das Schauen werde!«
Kein Eichbaum hält so zähen Widerpart,
Ob ihn entwurzeln will des Nordwinds Toben,
Ob, der vom Mohrenlande kommt der Fahrt,
Als ich, bis ich auf ihr Geheiß erhoben
Das Kinn, und sagte Bart sie für Gesicht,
Konnt ich des Wortes Stachel recht erproben.
Und als ich nun mein Auge hob zum Licht,
Sah's ruhend jener Erstgeschaffnen Scharen
Von ihres Blumenstreuens Amt und Pflicht;
Sah Beatrice, ob noch kaum im klaren
Mein Blick, dem Fabeltiere zugewandt,
Drin zwei der Wesen eins geworden waren.
Im Schleier schien sie mir, von jenem Strand,
Sich selbst, die einst sie war, zu überstrahlen,
Noch mehr denn einst die andren hierzuland.
Da stach die Nessel mich der Reuequalen,
Daß leid mir ward, wes sonst ich mich beflissen,
Zumeist, was mir am liebsten dazumalen.
Das Herz gespalten von Gewissensbissen,
Sank ich dahin, und wie mir da zumut,
Mag sie, die solcher Schmerzen Ursach, wissen!

Als mir vom Herzen wiederkam das Blut,
  Sah ich die Frau auf mich herabgebogen,
  Die erst allein: »Faß«, sprach sie, »faß mich gut!«
Sie hatt ins Naß mich bis zum Hals gezogen
  Und schritt, mich nach sich ziehend immerdar,
  Leicht, wie ein Weberschiffchen, auf den Wogen.
Als ich dem seligen Ufer nahe war,
  Da klang: »Entsühne mich ...«, so süß ein Singen,
  Wie's nicht zu denken noch zu sagen gar.
Die Arme tat, ums Haupt sie mir zu schlingen,
  Die Schöne auf und nahms und taucht' es ein,
  Mich tränkend in den Fluten, die's umfingen.
Zum Strand dann zog sie mich, vom Bade rein,
  Zum Tanze, den die vier, die Schönen woben,
  Und jede legt' um mich den Arm im Reihn.
»Hier sind wir Nymphen, Stern' am Himmel droben:
  Eh Beatrice weilt' auf Erden hier,
  Als Mägde schon ihr zugeteilt dort oben.
Wir führen dich vor ihrer Augen Zier!
  Das deine weihn, daß dich ihr Strahl nicht blendet,
  Dort jene drei, die tiefer schaun als wir.«
So hat ihr Sang mir süßen Trost gespendet;
  Dann führten sie mich vor des Greifen Bug,
  Wo Beatrice stand, uns zugewendet:
»Nicht hemme«, sangen sie, »der Blicke Flug!
  Du stehst vor den Karfunkeln, draus der Minne
  Gewaffen schon voreinst dir Wunden schlug.«
Und Sehnen, tausendfach, zog Aug' und Sinne
  Wie Flammen heiß zum Strahlenaugenpaar,
  Das auf dem Greifen lag von Anbeginne;
Und wie die Sonn im Spiegel, leuchtend klar,
  War drin des Doppelwesens Bild zu sehen,
  Daß es bald so, bald so gestaltet war.

Denk, Leser, ob ein Wunder mir geschehen,
  Als so ich wechseln sah das Spiegelbild
  Und unentwegt dabei das Urbild stehen!
Dieweil noch Staunens voll und frohgewillt
  Sich meine Seele letzt' an jener Speise,
  Die Hunger weckt, wenn sie den Hunger stillt,
Da nahten, ihres hohen Adels Preise
  Von Ansehn würdig, uns im Reigentritte
  Die andren drei nach ihrer Engelsweise:
»Neig, Beatrice, neige«, klang die Bitte,
  »Dein heilig Auge deinem Vielgetreuen,
  Der dich zu schauen kam so viele Schritte!
Laß gnädig deiner Gnaden uns erfreuen:
  Enthüll dein Lächeln! Deines Angesichtes
  Verhohlne Schönheit laß ihn sehn, des neuen!«
O Glanz des Lebens du, des ewigen Lichtes!
  Wer bleicht' im Schatten von Parnassens Zweigen,
  Wen tränkte so sein Quell, dem des Gedichtes
Klangschwinge nicht erlahmte, wollt' er zeigen,
  Wie du erschienest, wo dich, rings erfüllt
  Von Harmonien, umwallt des Himmels Reigen,
Da du den lichten Lüften dich enthüllt!

Zweiunddreißigster Gesang

Mein Auge war so stet, so voll Verlangen,
  Zu stillen jahrelangen Durstes Brand,
  Daß jeder andre Sinn mir ganz vergangen;
Und hüben wehrt' und drüben eine Wand
  Dem Schauen – so hielt in der alten Schlingen
  Das heilige Lächeln meinen Blick gebannt –,
Da fühlt' ichs mit Gewalt mein Auge zwingen,
  Daß jenen Huldinnen sichs zugewendet,
  Denn: »Nicht so starr!« zur Linken hört' ichs klingen.

Doch gleich dem Blicke, den ein Aug entsendet,
Das eben erst der Sonne Strahl durchdrang,
War erstlich noch mein Augenlicht geblendet.
Als mindrem Glanz sichs dann bequemt – mein Sang
Heißt ihn den mindren neben dem hochhehren,
Von dems hinweggerissen jener Zwang –,
Sah ich das Antlitz jenes Heer der Ehren,
Das grad herumgeschwenkt zur rechten Hand,
Zur Sonne, zu den sieben Leuchtern kehren.
Gleichwie, sich bergend hinterm Schildesrand,
Ein Fähnlein mit dem Banner schwenkt im Bogen,
Bevor der ganze Trupp herumgewandt,
So sah ich, die voran dem Wagen zogen,
Des Himmelreiches ersten Heeresbann,
Eh der die Deichsel bog, vorüberwogen.
Zur Radspur wandten sich die Frauen dann,
Und leicht, daß keiner Feder Flaum sich rührte,
Zog die geweihte Last der Greif voran.
Die schöne Frau, die durch die Furt mich führte,
Sie folgt' und Statius jenem Rad mit mir,
Von dem die Spur den Bogen enger schnürte.
So durch den Wald, verwaist um deren Gier,
Die einst der Schlange traute, Engelslieder
Als Weggeleit den Schritten, zogen wir.
So weit trägt dreimal schwirrend sein Gefieder
Den Pfeil, als unser Zug gekommen war,
Da stieg vom Sitz die Selige hernieder,
Und »Adam«, hört' ich raunen rings die Schar,
Darauf sie rings um einen Baum sich reihte,
Des Zweige Laubes wie der Blüte bar.
Doch hätte Inder selbst in Urwalds Weite
Der Wuchs der Krone staunen wohl gelehret,
Die nach dem Wipfel zu sich dehnt' ins Breite,

»Heil dir, o Greif, daß nie dein Schnabel zehret
Von diesem Baume, was, so süß dem Gaum,
So schlimm danach das Eingeweide sehret!«
So rief es rings um den gewaltigen Baum,
Und ihn, den Zwiegebornen, hört' ich sagen:
»So bleibt dem Samen alles Rechtes Raum.«
Die Deichsel zog er, dran gelenkt der Wagen,
Zum Fuß des Baums, der trauernd stand und kahl,
Ließ sie ans Holz geknüpft, das sie getragen.
Wie hier die Knospen schwellen, glänzt der Strahl
Des großen Lichts mit jenem im Vereine,
Das auf die Fische folgt im Himmelssaal,
Und neu in seiner Farbe prangt im Haine
Der Busch, eh seine Renner schirrt ins Joch
Der Sonnengott bei neuem Sternenscheine:
Also, nicht ganz wie Rosen, röter doch
Denn Veilchen blüht' er auf, der Baum, der eben
So kahl an allen seinen Zweigen noch.
Was jetzt sie sangen, faßt' ich nicht; im Leben
Vernahm ich nie und nimmer solchen Sang,
Noch bis zum Schluß vermocht' ich achtzugeben:
Wüßt' ich zu schildern, wie die Augen zwang,
Die schwer ihr grausam Wachen mußten zahlen,
Der Schlummer, da die Mär von Syrinx klang:
Gleich Malern, wenn sie nach dem Leben malen,
So malt' ich aus, wie ich entschlummert bin, –
Mag, wer da will, mit solchen Künsten prahlen!
Wie ich erwacht, das künd ich zum Beginn:
Des Schlummers Flor zerriß von Glanz ein Sprühen,
Ein Ruf erklang: »Steh auf! Wo denkst du hin?«
Wie, die berufen, jenes Baumes Blühen
Zu schaun, des Frucht, ein ständig Hochzeitsmahl
Dem Himmel, sehnend macht die Engel glühen,

Die drei Erwählten aus der Zwölfe Zahl:
Wie die entrückten dessen Ruf erweckte,
Der tiefrem Schlaf zu weichen schon befahl,
Und nicht Elias, Mosen nicht entdeckte
Im heiligen Kreis ihr Blick, und das Gewand
Gewandelt nun, das ihren Meister deckte,
So wacht' ich auf und sah, zu Häupten stand
Die Heilige mir, die vor mir hergegangen,
Den Schritt vorhin mir leitend längs dem Strand.
»Ach, wo ist Beatrice?« Voller Bangen
Rief ichs, und sie: »Schau an der Wurzel dort
Des Baums vom jungen Laub sie überhangen;
Schau, wer noch um sie ist: Da gehn sie fort,
Die andren, ziehn hinan im Zug des Greifen
Mit süßerm Sange und mit tiefrem Wort ...«
Weiß nicht, ließ weiter sie die Rede schweifen?
Hing doch an *ihr* mein Auge, die das Ohr
Mir schloß für alles Hören und Begreifen:
Allein auf jenem Grund, den Gott erkor,
Saß sie, als Hüterin bestellt dem Wagen,
Den fest der Zwiegestalte band zuvor.
Rings hatten schützend einen Kreis geschlagen
Die sieben Fraun, die Leuchter in der Hand,
Die unverlöscht in Nord- und Südsturm ragen.
»Nicht lang, ein Pilgrim, bleibst du hierzuland,
Wirst Bürger dann mit mir für alle Zeiten
Des Roms, da Christus Römer wird genannt.
So schau, zum Heil die sündige Welt zu leiten,
Den Wagen an, und was dein Auge sah,
Schreibs nieder, kehrst du heim aus diesen Weiten!«
So sprach sie, und ich wandte, allzeit ja
Fußfällig ihrem Wort und Wink ergeben,
Wohin sie wollte, Sinn und Auge da.

So raschen Fluges sah ich nie im Leben
Noch Feuer falln aus dichter Wolken Nacht,
Sprühts aus den Höhn, die unsrem Blick entschweben,
Als Jovis Vogel auf den Baum mit Macht
Herniederschoß, der Rinde wie den Blättern
Verderblich und der jungen Blütenpracht.
Ich sah ihn auf den Wagen niederschmettern,
Der schwankte wie, ein Spiel dem Wogendrang,
Bald lee, bald luv, ein Schiff in Sturmeswettern.
Sah dann, wie sich ein Fuchs aufs Kissen schwang
Des Siegeswagens, einer, der entbehrte
Gesunder Kost, so schiens, sein Leben lang;
Doch meine Herrin, ihn verfluchend, wehrte
Der Freveltat, und eilend floh er wieder,
Wie's sein Gebein vermocht, das abgezehrte.
Drauf sah den Aar ich aus der Höhe nieder,
Von dann er kam, in des Gefährtes Schragen
Sich schnelln, und den erfüllte sein Gefieder;
Und wie aus tiefem Herzen tönt ein Klagen,
Vom Himmel eine Stimme klang, die sprach:
»Wie schlimme Last, mein Schifflein, mußt du tragen!«
Dann schien mir, zwischen beiden Rädern brach
Der Boden, draus ein Drache kam gekrochen,
Der mit dem Schweife nach dem Wagen stach;
Und als er, gleich der Wespe, die gestochen,
Den giftigen einzog, schlängelnd dann entschwand,
Hatt' er vom Boden sich ein Stück gebrochen.
Was blieb, ward, wie von Rasen sprossend Land,
Von Federn zugedeckt, den Opfergaben,
Die reiner wohl und guter Meinung Pfand;
Und eh zwei Lippen sich geschlossen haben,
Die grad ein Seufzer auftat, auf dem Flecke
War Rad um Rad und Deichselbaum begraben.

Der heilige Bau, entstellt von solcher Decke,
  Ließ Häupter sprossen nun an allen Seiten,
  Drei ob der Deichsel, eins an jeder Ecke:
Gehörnt wie Stiere drei der maledeiten,
  Ein Horn den andren auf der Stirne sproß.
  Solch Greuel sah man nie seit Olims Zeiten!
Dreist, wie auf steiler Höh ein Felsenschloß,
  Saß eine Hure drauf, die rings, der Lüste
  Schamlos Gebild, die frechen Blicke schoß;
Und ihr zur Seite sah ich, strack, als müßte
  Er streng sie hüten, einen Riesen stehn,
  Und mehr als einmal eins das andre küßte.
Doch als nun mich mit Äugeln angesehn
  Ihr geiler Blick, da stäupte jener Wilde,
  Ihr Buhle, sie vom Kopf bis zu den Zehn;
Voll Eifers riß er los das Truggebilde
  Und schleppt' es durch den Wald mit zornigem Dräuen,
  Bis der mir vor der Hure ward zum Schilde
Und vor dem Ungeheuer dort, dem neuen.

Dreiunddreißigster Gesang

»Herr, kommen sind die Heiden ...«, so begannen
  Den Psalm in holdem Wechselsang die Frauen,
  Bald drei, bald vier, und ihre Tränen rannen.
Und Beatrice, schmerzverzerrt die Brauen,
  Vernahm mit frommem Seufzen, was sie sangen,
  Fast wie Maria unterm Kreuz zu schauen.
Allein als jener Stimmen ihr verklangen,
  Hob sie den Fuß, vom Boden aufzustehn,
  Und sprach, und Feuer fingen ihre Wangen:
»Über ein kleines sollt ihr mich nicht sehn;
  Und aber um ein kleines, meine Lieben,
  Ihr meine Schwestern, werdet ihr mich sehn!«

Drauf hieß sie vor sich hergehn alle sieben
Und winkte mir zu folgen, mir selbdritt,
Der Schönen und dem Weisen, der geblieben.
So ging sie hin, und kaum daß, Schritt vor Schritt,
Zehnmal sie ihren Fuß gesetzt zur Erde,
Da traf mein Aug ihr Auge: »Komm nur mit!
Komm«, sprach sie mit gelassener Geberde,
»Daß recht du hören kannst, wenn ich mit dir
Im Weitergehen jetzo reden werde.«
Und als ich, wie sie wollte, neben ihr:
»Warum getraust du dich denn nicht zu fragen,
Da du, mein Bruder, jetzt zur Seite mir?«
Wie wer vor hohem Herrn ein Wort soll wagen
Und, voller Ehrfurcht, nicht lebendig dann
Die Stimme durch die Zähne bringt vor Zagen,
So ich, der ton- und klanglos schier begann
Und sprach zu ihr: »O Herrin, mein Verlangen,
Ihr kennt es wohl und was ihm taugen kann!«
Und sie zu mir: »Von Scham nun und von Bangen
Wollt' ich, daß deine Seele frei sich mache
Und nicht mehr lallst, wie wer im Traum befangen!
Sieh: das Gefäß, das so versehrt der Drache,
Es war und ist nicht mehr; das wisse zwar,
Wer schuldig: keinen Sud scheut Gottes Rache!
Nicht ewig ohne Erben bleibt der Aar,
Mit dessen Federkleid beschenkt der Wagen
Ein Greuel erst, ein Raub dann worden war.
Unfehlbar seh ichs, und so will ichs sagen,
Denn hemmen kann es keine Macht der Welt:
Die Sterne seh ich nah, den Morgen tagen,
Da kommt, von Gott dem Herrn gesandt, der Held
– Fünfhundertfünfzehn heißt er –, der die Dirne
Und den, der mit ihr buhlt, den Riesen, fällt!

Will meine Mär nicht eingehn deinem Hirne
Und, Sphinx und Themis gleich, in Rätselraten
Verstrickend dir umnebeln deine Stirne,
Bald werden zu Najaden dir die Taten,
Das schwere Rätsel lösend – ohne Not
Und Opfer doch an Herden und an Saaten.
Du merk es treulich, und wie ichs dir bot,
So bring mein Wort zu denen, die da leben:
Das Leben, das ein Rennen ist zum Tod.
Und wenn du schreibest, magst wohl acht du geben,
Daß du nicht hehlst, wie du den Baum gesehen,
Der zwiefach hier beraubt, wie einst so eben.
Die ihn verletzen, Raub an ihm begehen,
Tun Schimpf Gott selber, tun Gewalt ihm gar,
Der sich allein ihn schuf als heilig Lehen.
Schrie doch, die dran genascht, fünftausend Jahr,
Die erste Seele, sehnend und in Plagen
Nach ihm, der selbst sich bot zur Sühne dar.
Es schläft dein Urteil, weiß sichs nicht zu sagen,
Daß nicht umsonst er, wie kein andrer tut,
Die Krone reckt und läßt den Wipfel ragen.
Wär deinem Sinn nicht, wie von Elsas Flut
Vom eitlen Wahn, durch eitle Lust geschehen
Wie einst der Maulbeerfrucht durch Pyrams Blut,
Aus all den Zeichen müßt' er schon ersehen,
Daß göttliche Gerechtigkeit erweist
Des Baums Verbot, sinnbildlich zu verstehen!
Doch weil ich so versteinert deinen Geist
Und so getrübt muß sehen, daß dich blende
Das Licht, das hell in meinem Worte gleißt,
So nimm, wenn nicht in Schrift, als Bild die Spende
Im Innern mit, wie seinen Stab geschmückt
Mit Palmen heim der Pilger bringt am Ende.«

Und ich: »Wie jeden Abdruck unverrückt
  Das Siegelwachs bewahrt, so ward fürs Leben
  Von Euch das Siegel mir ins Hirn gedrückt.
Doch warum muß zu solchen Höhn erheben
  Sich Euer Wort, das ich so heiß begehrt,
  Und meinem Blick, so treu er folgt, entschweben?«
»Daß du erkennest, was die Schule wert,
  Der du gefolgt, und siehst«, klang mirs entgegen,
  »Wie meinem Worte folge, was sie lehrt;
Und siehst, wie euer Weg von Gottes Wegen
  Weit wie die Erde fern dem Himmelsrunde,
  Des Runden sich zuhöchst von allen regen.«
Drauf ich zu ihr: »Ich weiß von keiner Stunde,
  Daß ich mich Euch entfremdet, und mich kränkt
  Drum kein Gewissensbiß im Herzensgrunde.«
»Wenn dein Erinnern des nicht mehr gedenkt«,
  Gab lächelnd sie zur Antwort, »so besinne
  Dich nur, wie jetzo Lethe dich getränkt!
Wie man vom Rauche wird des Feuers inne,
  Tut solch Vergessen deine Schuld dir dar,
  Der du an Fremdes wandtest deine Minne.
Allein fortan soll unverhüllt fürwahr
  Mein Reden sein, daß deinem Blick, dem groben,
  Es tauge und sein Sinn ihm offenbar.«
Und leuchtender, den Schritt verhaltend, droben
  Im Mittagskreise schon die Sonne stand,
  Des Lage stets nach unsrem Stand verschoben;
Da, Spähern gleich, dem Heer vorausgesandt,
  Die still stehn, will am Weg sich Neues zeigen,
  So blieben dort an dunklen Schattichts Rand,
Wie's unter grünem Laube, schwarzen Zweigen
  Ob kühlen Alpenwassern dämmert, stehen
  Die sieben Fraun, die da geführt den Reigen.

Euphrat und Tigris glaubt' ich da zu sehen,
Aus einem Quelle rinnend, säumig schier,
Wie Freunde, wenn sie voneinander gehen.
»O Leuchte mein, o aller Menschheit Zier!
Das, eines Ursprungs, also in der Mitte
Sich teilt, was ists mit diesem Wasser hier?«
So bat ich, und sie sprach: »Mathilden bitte,
Daß sie dirs sage.« Aber die, wie wer
Von Schuld sich reiniget nach Zucht und Sitte,
Fiel ein, die Schöne: »Dies und andres mehr,
Schon sagt' ichs ihm, und für gewiß ichs achte:
Nicht Lethes Wasser löschten meine Lehr!«
Und Beatrice: »Größre Sorge machte
Ihm Not und mag des Geistes Aug ihm trüben,
Die oft im Sinne löscht das Vorbedachte.
Doch sieh, es quillet Eunoë da drüben!
So führ ihn hin, und den erstorbnen Mut
Beleb ihm, dein gewohntes Amt zu üben.«
Wie eine edle Seele, kurz und gut
Und sonder Ausflucht fremden Wunschs Verlangen
Zum eignen macht, sobald er kund sich tut,
So ist die schöne Frau vorangegangen,
Mich an der Hand; zu Statius sprach sie dann:
»Komm mit!«, und fraulich mild die Worte klangen.
Hätt ich noch Raum, ich höb, o Leser, an
Von jenem süßen Trank zum Saitenspiele,
Wie keiner satt daran sich trinken kann!
Doch weil gefüllt die Blätter all, so viele
Dem zweiten Lied ich weihte, so gebeut
Der Zaum der Kunst mir Einhalt hier am Ziele.
Der heiligen Flut entstieg ich, ganz erneut,
Dem jungen Baume gleich, der, recht im Kerne
Verjüngt, sich neuen, jungen Laubes freut:
Rein und bereit zum Aufflug in die Sterne.

DAS PARADIES

Erster Gesang

Die Herrlichkeit des, der das All läßt schwingen,
  Strahlt aller Welt, und wider strahlt ihr Licht,
  Hier mehr, dort minder, all aus ihren Ringen.
Im Himmel war ich, dem Sein Angesicht
  Am hellsten leuchtet, sah dort, was zu sagen
  Dem, der herabkam, Sinn und Wort gebricht:
So tief ja muß der Geist zu tauchen wagen,
  Der bis zu seines Sehnens Ziele drang,
  Daß keine Flügel je zurück ihn tragen.
Allein so viel zu bergen noch gelang
  Vom seligen Reich an Schätzen meinem Sinne,
  Davon soll klingen jetzo mein Gesang.
In Huld, zum letzten Werk, das ich beginne,
  Mach deiner Kraft Gefäß aus mir, Apoll,
  Daß ich den Lorbeer, dir so lieb, gewinne!
Ein Gipfel des Parnaß war eben voll
  Genüge mir; nun hoff ich gar auf beide,
  Wenn ich die Bahn zum Ziele rennen soll.
Zieh ein in meine Brust! Wie Marsyas' Neide
  Dein Lied erklang, laß deinen Hauch nun wehn,
  Da du ihn zogst aus seiner Glieder Scheide!
Gibst du dich mir, o Gotteskraft, zu Lehn,
  Daß, wie's vom seligen Reich ins Haupt mir eben
  Geprägt, das Schattenbild ich lasse sehn,
Darf ich zum Baume deiner Liebe heben
  Die Hand, und mit dem Laube kränzt er mich,
  Des du mich würdig machst und mein Erleben.
So selten, Vater, pflückts im Siege sich
  Ein Kaiser heut, ein Dichter – Schuld und Schande
  Dem Menschengeist! –, daß Freude sicherlich

Am Laube wecket vom Peneiosstrande
  Auf Delphis lichten Götterhöhn der Mann,
  Der noch Verlangen trägt nach solchem Pfande.
Ein Fünklein klein, groß Feuer zündets an:
  Nach mir mag einer flehn mit beßrer Weise,
  Und widerklingen wirds von Cirrha dann!
Aus manchem Tore geht zur Tagesreise
  Uns Sterblichen die Leuchte auf der Welt;
  Doch wo drei Kreuze fügen vier der Kreise,
Kommt beßren Laufs sie, beßrem Stern gesellt,
  Erwärmt und prägt das Wachs im Erdengrunde
  Zumeist nach ihrem Glanz, ders so erhellt.
Dem Welttor nahe, machte sie zur Stunde
  Dort Abend, Morgen hier, und hierzuland
  War alles helle, Nacht im andren Runde;
Da sah ich Beatrice, linker Hand
  Sich wendend, ihren Blick zur Sonne heben –
  Kein Adler blickt hinein so unverwandt.
Und wie ein Lichtstrahl Widerschein muß geben,
  Der, wie ein Pilger kehrt auf seiner Bahn,
  Sich aufschwingt, wiederum emporzustreben,
So weckt' ihr Tun, das meine Augen sahn,
  Das meine, da's mir einging, und ich kehrte
  Den Blick zur Sonne, wie ichs nie getan.
Gar viel, was unsre Kraft uns hier verwehrte,
  Hält dort ihr jenes Ortes Gunst zugut,
  Den Gott als Heim dem Menschenvolk bescherte.
Nicht lang ertrug ich solchen Lichtes Flut,
  Doch so, daß ich sie Funken rings sah sprühen
  Wie Stahl, der aus dem Feuer kommt in Glut.
Und flugs schien Tag im Tage aufzuglühen,
  Als ließe, ders vermag, am Himmel droben
  Noch andrer, neuer Sonne Zier erblühen.

Zum ewigen Runde stet den Blick erhoben,
Stand Beatrice, und es hing an ihr
Mein Auge, rückgewandt vom Licht dort oben.
Von ihrem Blicke ward im Innern mir
Wie Glaucus, da des Krautes Saft ihn eben
Gesellt den Göttern in Neptuns Revier.
Wie über menschlich Sein sich kann erheben
Der Mensch, erhellt kein Wort; sei's denn genug
Am Bilde, bis euchs Gnade läßt erleben!
Blieb das mir nur, o Liebe, die den Flug
Des Himmels lenkt, was letzt mir schuf Dein Lieben?
Du weißt es, deren Licht empor mich trug!
Schon ward der Sphärengang, vom Schwung getrieben
Des ewigen Drangs nach Dir, am Tönen kund,
Dem Weise Du und Einklang vorgeschrieben,
Da schien vom Sonnenstrahl entflammt das Rund
Weithin des Himmels, wie nicht Strom noch Regen
So weit hier überflutet unsren Grund.
Der Ton, so neu, dies Lichtmeer allerwegen
Facht' ob der Ursach mein Verlangen an,
Wie's nie so drängend mir im Sinn gelegen;
Drum, die mich sah, wie ichs nur selber kann,
Auftat den Mund, eh ichs noch tat zu fragen,
Und, stillend meiner Seele Drang, begann:
»Du hast mit Blindheit selber dich geschlagen,
In deinem Wahne, daß dein Blick nicht sieht,
Was, schüttelst du ihn ab, dir müßte tagen!
Bist nicht auf Erden, wie du wähnst: so flieht
Kein Blitz die Heimstatt, wie es zu der deinen
Im Sturme jetzt empor dich wieder zieht.«
Zog kurz und gut ihr lächelnd Wort den einen
Der Schleier so herab, der mich umspann,
Verstrickt' in neues Netz mich gleich das Meinen.

»Schon ward mir großes Staunen«, hob ich an,
»Sattsam gestillt; jetzt staun ich, wie dies Schweben
Durch also leichten Stoff mich tragen kann.«
Nach einem Seufzer, mitleidsvoll ergeben,
Sandt' einen Blick sie mir, wie auf ihr Kind
Die Mutter schauet, sprachs im Fieber eben;
Und hob nun an: »Mit sich in Einklang sind
Die Dinge allesamt: das ist das Wesen,
Dadurch das All Gottähnlichkeit gewinnt.
Hier sehn Geschöpfe, die zum Schaun erlesen,
Der ewigen Macht und ihrer Weisheit Spur,
Die solcher Regel Ziel von je gewesen.
Der Ordnung beugt sich alle Kreatur,
Der gottgeschaffnen, je wie's ihr gegeben,
Ob nah, ob fern dem Urquell der Natur.
So schifft, nach dem, nach jenem Port dies Leben
Durchs weite Meer des Seins allüberall,
Je wie es lenkt das eingeborne Streben:
Das zieht zum Mond hinan des Feuers Schwall,
Das heißt im Pulsschlag sterblich Herz sich regen,
Das hält und eint in sich den Erdenball;
Und nicht nur, was vernunftlos, allerwegen
Zu seinem Ziele dieser Bogen schnellt,
Auch Wesen, die Vernunft und Liebe hegen!
Es hält die Vorsehung, die's so bestellt,
Den Himmel, drin der schnellste kreist von allen,
In ewiger Ruh, von ihrem Licht erhellt:
Dahin nun, in verheißner Heimat Hallen
Trägt dich der Sehne Kraft, die, was sie treibt,
Zum Ziele lenkt, das aller Wohlgefallen.
Zwar, wie gar oftmal das Gebild, das leibt,
Des Künstlers Willen sich zu fügen wehret,
Weil, taub, der Stoff die Antwort schuldig bleibt,

Geschiehts, daß weg von solcher Bahn sich kehret
Die Kreatur, der, zieht sie's gleich hinan,
Seitab zu schwenken Freiheit ward bescheret,
Sooft zur Erde – wie man Feuer kann
Aus Wolken fallen sehn – herabgezogen
Der erste Trieb in sündiger Lüste Bann.
Nicht mehr darf dieser Flug, den du geflogen,
Dich wundern, traun, als wenn von hoher Fluh
Zur Tiefe stürzt ein Gießbach seine Wogen:
Ein Wunder wahrlich wär es, lägest du,
Der Lasten ledig, drunten noch darnieder,
Als hielt' am Boden lebend Feuer Ruh!«
Drauf wandte sie den Blick gen Himmel wieder.

Zweiter Gesang

Die ihr der Spur gefolgt in kleinem Kahn
Von meinem Kiel, begierig, daß ihr höret,
Wie er mit Singen ziehet seine Bahn:
Kehrt um zu euren Ufern! Wagt betöret
Euch nicht aufs hohe Meer, da ihr verschlagen
Nachbleibt am Ende, so ihr mich verlöret!
Kein Schiff vor mir hat diese Flut getragen,
Fahrwind haucht Pallas, Lenker ist Apoll,
Neun Musen weisen mir den Sternenwagen.
Ihr wenigen, die zeitig, Eifers voll
Den Hals gereckt nach jenem Engelsbrote,
Das hier uns nährt, doch nimmer sättigen soll,
Ihr mögt der weiten Salzflut eure Boote
Getrost vertraun, zu folgen meiner Spur,
Eh wiederum die Wasserbahn im Lote:
Die Schar der Helden, die gen Kolchis fuhr,
Stand nicht, wie ihr alsbald in Staunen stehet,
Da Jason dort sie ackern sahn die Flur! –

Der eingeborne Durst, der nie vergehet,
  Riß uns zum gotterfüllten Reich hinan,
  Fast so, wie ihr den Himmel kreisen sehet:
Die Selige blickt' empor; ich sah sie an,
  Und ehe schier ein Pfeil, vom Strang entsendet,
  Zur Ruhe kommt, da kaum sein Flug begann,
Sah ich am Ziel mich, wo den Blick geblendet
  Ein Wunderding; drum sie, die da von fern
  Mein Trachten sah, ihr Antlitz hergewendet,
So hold als heiter: »Magst zu Gott dem Herrn
  Voll Dankes«, sprach sie, »deinen Sinn erheben,
  Der hier uns eingehn ließ zum ersten Stern!«
Mir war, als hätt uns einer Wolke Weben
  Hell leuchtend, dicht, geballt und fleckenrein,
  Ein Diamant im Sonnenstrahl, umgeben;
In ihren Schoß ließ uns die Perle ein,
  Die ewige, wie, ohne Raum zu lassen,
  Ein Wasser einläßt allen Lichtes Schein.
War ich im Leibe? Hier mags keiner fassen,
  Wie Platz in einem Raum ein andrer fand,
  Und doch geschiehts, wo Masse dringt in Massen:
Das sollte schüren unsres Sehnens Brand,
  Die Wesenheit zu schaun, allwo zu sehen,
  Wie's unsre Art mit Gott in eins verband.
Dort schaun wir, was wir glaubten: wir verstehen
  Es ohn Ergründen, aus sich selber dann,
  Wie erster Wahrheit Licht pflegt aufzugehen.
»Andächtig«, so versetzt' ich, »wie ich kann,
  O Herrin, dank ich Ihm, der aus dem Tale
  Der Sterblichkeit hieher mich zog hinan!
Doch saget mir: Was sind die dunklen Male,
  Drum sie von Kain fabeln dort im Leben,
  In dieses Himmelskörpers lichter Schale?«

Sie lächelt' erst, dann sprach sie: »Irrt das Streben
Sterblichen Wähnens, wo ihm Riegel wehren,
Die nimmer eurer Sinne Schlüssel heben,
Nicht darf dich drum der Pfeil des Staunens sehren,
Da dich, wie kurz selbst auf der Sinne Spur
Die Flügel der Vernunft, dies Bild kann lehren.
Doch sage mir, was dünkt dich selber nur?«
Und ich: »Mir scheint, was mehr und minder helle,
Der Stoff machts, dicht und dünner von Natur.«
Und sie: »Gar tief versinken siehst du schnelle
In Trug dein Wähnen, hörst du recht mit Fleiß
Die Gründe, die ich dir dawiderstelle.
Der Lichter viele weist der achte Kreis;
Gar unterschiedlich seht ihr dort sie wallen
In ihrer Strahlen Kraft und sondrer Weis.
Tät's Dicht und Dünn allein, so wär in allen
Nur eine Kraft, davon, ob groß, ob klein,
Ob gleich, sein Anteil jedem zugefallen.
So gar verschiedne Kraft kann Frucht nur sein
Verschiedner Wesensart: die muß bestreiten
Dein Wähnen, das nur eine kennt allein.
Sodann: wär Ursach dieser Dunkelheiten
Feinheit des Stoffs, die müßte dieses Rund
Entweder ganz durchziehn, wo sie sich breiten,
Oder, wie Fett und Mager, Pfund für Pfund,
Den Körper schichten, müßte Schicht um Schichte
Des Stoffes Dichte wechseln mit dem Schwund.
Wär jenes erste wahr, man säh's am Lichte:
Das schiene dann bei Sonnenfinsternis
Hindurch, wie's immer tut bei mindrer Dichte.
Hier tuts das nicht. Laß sehn nun und ermiß
Das andre! Kann ich das noch widerlegen,
Wird deines Wähnens Irrtum dann gewiß.

Wenn solch ein dünner Stoff nicht allerwegen
  Hier durch und durch geht, muß ein Ende sein,
  Wo ihm sein Widerpart sich stellt entgegen,
Dort muß der Strahl, dringt er von außen ein,
  Abprallen, wie durchs Glas zurück sich wendet,
  Dahinter Blei sich birgt, der farbige Schein.
Nun wirst du sagen: sieht, wie abgeblendet,
  Dort minder hell der Widerschein sich an,
  Ists, weil er weiterher zurückgesendet.
Des Einwands, so du's je erprobest, kann
  Erfahrung dich entbinden, sie, die Quelle,
  Daraus der Strom all eures Wissens rann.
Drei Spiegel nimm und setz auf eine Schwelle
  Gleich weit die beiden ersten; nicht so dicht
  Vor Augen, zwischen sie, den dritten stelle.
Schau hin, und dir im Rücken sei ein Licht,
  Des Strahl sie hellet und aus allen dreien
  Dir rückgeworfen fällt ins Angesicht.
Ob größer auch an Maß die nächsten seien
  Der Spiegelbilder, leuchten mußt du sehn
  Auch jenes fernste gleich den andren zweien.
Jetzt, da wie Winterfluren dir geschehn,
  Die aus dem Schnee, läßt milder Strahl ihn tauen,
  Vom Frost erlöst, in jungem Grün erstehn,
Jetzt will ich, da dein Geist gleich solcher Auen,
  Erleuchten dich mit so lebendiger Glut,
  Daß dirs vor Augen flimmern soll im Schauen.
Der Himmel, der in Gottes Frieden ruht,
  Umschließt ein Rund, des Kraft hat Sein und Leben
  Von allem Ding, das er umkreist, in Hut;
Der nächste muß, wo so viel Lichter schweben,
  Solch Sein an vielfach Wesen, drin enthalten,
  Doch ihm verschieden, vielfach weitergeben;

Und mannigfach nach Ziel und Keim entfalten
Die andren Kreise dann in ihren Ringen
Die sondren Kräfte, so darinnen walten.
Also von Stufe, sieh, zu Stufe schwingen
Die Glieder sich des Alls und wirken fort
Nach unten, wie von droben sie's empfingen.
Schau, wie den Weg zur Wahrheit wallt mein Wort,
Die du begehrest, daß auf diesen Gleisen
Du künftig selber finden magst den Port!
In dieser heiligen Sphären Macht und Kreisen
Muß seliger Beweger Odem wehn,
Wie Schmiedekünste Meisterhand erweisen;
So hat das Rund, dran so viel Lichter stehn,
Sein Abbild von dem tiefen Geist erhalten
Und ward sein Siegel, der sein Rad heißt drehn.
Und wie in eurem Staub der Seele Walten
In mannigfachen Gliedern sich erweist,
Drin mannigfache Kräfte sich entfalten,
So, der in seiner ewigen Einheit kreist,
Entfaltet durch die Sterne rings im Runde
Vielfältig seine Tugend, jener Geist;
Und mannigfach, zu mannigfachem Bunde
Vermählt sich die so köstlichem Gebild,
Wie Leben eingehaucht wird eurem Munde,
Und strahlt, die aus so lichtem Wesen quillt,
Im Himmelskörper, dem sie so verbunden,
Wie aus lebendigem Blick die Freude mild.
Sie macht, daß ungleich Licht von Licht erfunden,
Nicht Dünn und Dichte; sie ist Wesenskraft,
Die, je wie ihre Tugend sich bekunden
Und wirken kann, so Hell wie Dunkel schafft.«

Dritter Gesang

Die Sonne, die mein Herz schon macht' entbrennen,
Hat hehrer Wahrheit holdes Angesicht
Enthüllt, da Recht und Fehl sie lehrt' erkennen;
Und ich, vom Wahn bekehrt zu ihrem Licht,
Ich hob im Augenblick das Haupt schon immer,
Ihrs zu bekennen, wie es Fug und Pflicht.
Da hatt ich ein Gesicht, von dessen Schimmer
Gefesselt nur aufs Schaun ich lüstern war,
Und meiner Beichte da gedacht' ich nimmer.
Wie helles Glas, durchsichtig ganz und gar,
Wie, nicht zu tief, daß man im Grund die Steine
Noch schimmern sieht, ein Wasser, still und klar;
Wie unsrer Züge Spiegelbild das reine
So zart zurückgibt, daß nicht matter schier
Auf weißer Stirn der Perle Glanz erscheine:
So sah ich rings, bereit zu reden, hier
Manch Antlitz; drum der Wahn, der Mensch und Quelle
In Liebe einte, sich verkehrt' in mir.
Kaum daß ich sie gewahrte, kehrt' ich schnelle,
Im Wahn, ein Spiegelbild nur sei's, mich um,
Zu schauen, wer leibhaftig da zur Stelle;
Und sahe nichts! Zum Lichte wandt ich drum,
Das lächelnd in dem heiligen Auge brannte
Der Lenkerin, das meine wiederum.
»Nicht staune, daß ich lächeln muß«, bekannte
Sie da, »des kindschen Wahnes, der sich nicht
Auf wahrem Grund zu fußen traut und wandte
Zum leeren Scheine sich, wie's oft geschicht.
Du siehst, was wahr! Siehst diese hier am Orte,
Weil sie versäumten die gelobte Pflicht.

So sprich und hör und glaube ihrem Worte,
Denn das wahrhaftige Licht, das ihnen lacht,
Läßt nimmer weichen sie von diesem Horte.«
Zum Schemen wandt ich mich, der meist bedacht
Mit mir zu reden schien, um anzuheben,
Wie wen das Drängen wirr der Wünsche macht:
»Wohlschaffne Seele, die vom ewigen Leben
In seinem Licht die Süße schmecken kann,
Die keiner faßt, dems nicht zu schaun gegeben:
Tu mir zu Dank, sag deinen Namen an
Und tu das Los mir kund, das euch geschehen!«
Drauf, lachenden Auges, willig sie begann:
»Nie sperrt ihr Tor die Liebe frommem Flehen,
So wenig unsre wie ihr ewiger Hort,
Der sein Gesind sich selbst will ähnlich sehen!
Ich war auf Erden fromme Schwester dort,
Und ward ich schöner hier, soll michs nicht hehlen,
Hilft deinem Sinne dein Erinnern fort.
Dann kennst du mich, Piccarda, kannst nicht fehlen:
Mich, die im Kreis hier, der am trägsten kreist,
Nun selig bin mit jenen seligen Seelen.
Ja, unsre Herzen, die der Heilige Geist
Allein entflammt mit seinem Wohlgefallen,
Beglückt der Strand, den sein Gebot uns weist;
Und darum ward dies Los uns, das vor allen
So niedrig scheint, weil, säumig unsrer Pflicht,
Wir nicht gelebt, wie wir gelobt zu wallen.«
Drauf ich zu ihr: »In eurer Augen Licht
Strahlt so ein Göttliches, dem wundervollen,
Das wandelt euer einstig Angesicht;
So hatte mein Erinnern säumen wollen;
Nun hilft, was du gesagt, daß hell in mir
Aufs neu Gestalt gewinnt, was schon verschollen.

Doch sag: verlangt euch nicht, die selig hier,
  Nach höhern Höhen, heller noch zu sehen,
  Und daß euch kränze reichrer Liebe Zier?«
Sie lächelt' und die ihr zur Seite gehen,
  Gab alsobald Bescheid dann, frohgemut,
  Wie die in Flammen erster Liebe stehen:
»Uns, Bruder, stillt das Herz der Liebe Glut,
  Heißt uns verlangen nur, was uns gegeben!
  Kein andrer Durst uns nimmer wehe tut.
Wollt' unser Wunsch nach höherm Rang sich heben,
  So müßt er jenem Willen, dessen Bann
  Allhier uns wies die Stätte, widerstreben.
Daß solcher Trotz hier nicht gedeihen kann,
  Wo, Kreis um Kreise, Liebe nur darf schalten,
  Du siehst es, schaust du recht ihr Wesen an!
Nein, selig sein heißt hier: allein sich halten
  An Gottes Willen, daß, in ihm beschlossen,
  Der unsre eins mit Seines Willens Walten.
Und wo wir stehn auf dieses Reiches Sprossen,
  Gefällt es uns, wie's seinem Herrn gefallen,
  Des Willen in den unsern sich ergossen.
Sein Wille ist der Friede hier uns allen:
  Das Meer, drein alles mündet allzugleich,
  Ob Er es schuf, obs wuchs im Erdenwallen.«
Da ward mir klar: so weit das Himmelreich,
  Ist Paradies, taut schon nicht jedem Kreise
  Des höchsten Gutes Gnade völlig gleich.
Allein wie wer, schon satt der einen Speise,
  Nach andrer noch verlangt und heischt hinfort
  Von der und dankt für jene, gleicherweise
Nun mit Geberde tat ich und mit Wort,
  Von ihr zu wissen, was zu End zu weben
  Ihr Schifflein denn versäumt auf Erden dort.

»In höherm Himmel weilt um heilig Leben
Und hehr Verdienst ein Weib; der folgt in Tracht
Und Schleier«, sprach sie, »wie sie's angegeben,
Wer bis zum Tod dem Bräutigam schläft und wacht,
Der all Gelöbnis annimmt, so auf Erden
Ihm wohlgefällig Liebe dargebracht.
Ich floh, noch jung, ihr Folgerin zu werden,
Die Welt und hüllte mich in ihr Gewand,
Dem Weg mich weihend ihrer heiligen Herden.
Die, deren Sinn zumeist auf Arges stand,
Sie rissen mich aus meiner trauten Zelle:
Gott weiß es, wie mein Leben dann bewandt!
Die Leuchte, die zur Rechten mir die Stelle
Du halten siehst, entflammt von allem Licht,
In dessen Glanze unser Rund so helle,
Litt gleiches Los: sie hielt Gelübd in Pflicht,
Und ihres heiligen Schleiers Schatten rissen
Zwang und Gewalttat ihr vom Angesicht.
Doch ob sie wider Willen und Gewissen
Ins Wehn der Welt zurückgetrieben war,
Des Herzens Schleier ward ihr nie entrissen!
Konstanzes Licht, der hohen, scheint so klar,
Die Schwabens dritten Wettersturm dem zweiten,
Der hehren Mächte letzten dann gebar.«
Sprachs, hub, lobsingend dann der Benedeiten,
»Ave Maria« an und schwand im Sange
Wie schwerer Stein in tiefes Wassers Weiten.
Mein Blick, der ihrem Flug gefolgt so lange,
Wie ers vermocht, er kehrte, da sie schwand,
Zurück nun, abgelenkt von stärkrem Drange;
Hat ganz zu Beatrice sich gewandt,
Doch strahlte, daß ichs lange nicht ertragen,
Ins Auge mir ihr Antlitz, hell entbrannt,
Und also ward ich säumiger zu fragen.

Vierter Gesang

Gleich nah zwei Bissen, gleich verlockt von beiden,
Stirbt Hungers, eh er einen führt zum Mund,
Ein Menschenkind, das frei, sich zu entscheiden.
So zwischen zweier Wölfe Giereschlund
Steht auch das Lamm, gelähmt von gleichem Zagen,
Steht zwischen zweien Hinden auch ein Hund.
Stand ich drum schweigend, zwischen Zweifelsfragen
Gleich jenen in der Schwebe, lob ichs nicht,
Noch kann ich, was Natur gebot, verklagen.
Ich schwieg, doch heißer, als ein Wort es spricht,
Zugleich mit solchen Fragen malt' im Flehen
Mein Sehnen sich in meinem Angesicht.
Und Beatrice konnt's wie Daniel sehen,
Der, als Nebukadnezar Arges sann,
Den Grimm beschwor, der Unbill hieß begehren,
Und sprach: »Zwei Wünsche, seh ich, ziehn dich an
Von hier und dort, daß selbst sich muß verschränken
Dein Drang und keine Luft sich machen kann.
Hält guter Wille stand, so mußt du denken:
Wie kann Gewalt, die andre mir getan,
Nach Recht und Fuge mein Verdienst mir kränken?
Dann weckt dir Zweifel, daß, wie hier wir sahn,
Zu ihrem Stern die Seele scheint zu kehren,
So wie von Plato Lehre du empfahn.
Die Fragen sinds, die gleich schwer dich beschweren.
Die schlimmern Stachel birgt, will ich nach Pflicht
Vorweg erläutern und dich lösen lehren.
Nicht dem Seraph nächst Gottes Angesicht,
Auch keinem Sankt Johann noch den Patronen
Israels, höre, selbst Maria nicht

Ward höhern Himmels Hege, da zu thronen,
Als diesen Geistern, die du jetzt gesehn,
Noch mehr, noch weniger Jahre dort sie wohnen.
Im Glanz des ersten Kreises alle stehn,
Ungleich teilhaftig zwar am seligen Leben,
Je wie sie spüren ewigen Odems Wehn.
Hier zeigen sie sich; nicht weil dies nun eben
Ihr Platz: ein Zeichen ists vom niedren Stand,
Der ihnen hier im Himmelreich gegeben.
So taugt die Kunde menschlichem Verstand,
Der einzig mit den Sinnen kann erfassen,
Was erst hernach von der Vernunft erkannt.
Drum leiht, sich eurer Einsicht anzupassen,
Die Heilige Schrift Gott Füß und Hände zwar
Und will euch andres doch verstehen lassen;
Und menschengleich stellt Gabriel euch gar
Und Michael und ihn, der Not und Weinen
Tobiä heilete, die Kirche dar.
Ein andres ist, was hier du siehst erscheinen,
Und was Timäus von der Seele lehrt,
Will ers – so scheint es – nach dem Worte meinen.
Daß heim zu ihrem Stern die Seele kehrt,
So sagt er, wähnend, daß aus diesen Ringen
Sie kommt, wenn sie Natur dem Leib beschert.
Doch mag auch anders, als die Worte klingen,
Die Meinung sein, und dann verdient er nicht,
Daß ihr verlacht die Lehre, die sie bringen:
Meint er, daß Schimpf und Glimpf, je wie das Licht
Der Sterne wirket, wider sie sich kehren,
Dann streift sein Pfeil die Wahrheit haaresdicht.
Mißdeutet zwar, verführten solche Lehren
Schier alle Welt, mit Namen sie fortan
Als Jupiter, Merkur, als Mars zu ehren. –

Der andre Zweifel, der dich hält in Bann,
  Birgt mindres Gift, weil nimmer der das Meinen
  Böslich von mir hinweg mißleiten kann.
Will Unbill unser Recht und Urteil scheinen
  Dem Blick der Sterblichen, ists Grund allein,
  Zu glauben, nicht als Ketzer zu verneinen!
Doch weil in diese Wahrheit noch der Schein
  Der Leuchte dringt, die euch läßt unterscheiden,
  Magst nach Verlangen du befriedet sein.
Heißt das Gewalt, wenn, der sie hat zu leiden,
  Dem, der Gewalt tut, keinen Finger reicht,
  Entschuldet sie die Seelen nicht der beiden.
Nichts bricht den Willen, der nicht will. Er gleicht
  Des Feuerbrandes eingebornem Drange,
  Der tausendfachem Drucke nimmer weicht.
Beugt er ums Haar sich, folgt er selbst dem Zwange,
  Also auch diese, die den Weg gekannt,
  Wie man zum Heiligtum zurückgelange.
Hielt unerschütterlich ihr Wille stand,
  Wie auf dem Rost Sankt Lorenz standgehalten,
  Wie Mucius, grausam seiner eignen Hand,
Er trieb, sobald sie ledig der Gewalten,
  Zum Wege sie zurück, da sie verjagt, –
  Doch selten sieht man solchen Willen walten!
Erfaßtest du mit Fleiß, was ich gesagt,
  So wird zunicht, was sonst dich auf die Länge
  Mit Zweifeln noch so manches Mal geplagt.
Nun aber steht dir neue Wegesenge
  Vor Augen schon, und du erlahmtest gar,
  Eh selbst hinaus du fändest, im Gedränge.
Nie lügt, das, sagt' ich, sei gewißlich wahr,
  Die selige Seele, die im Himmelsrunde
  So nah der ersten Wahrheit immerdar;

Und nun vernahmst du aus Piccardas Munde,
Dem Schleier blieb Konstanzes Liebe treu:
Das, meinst du, widerspräche meiner Kunde.
Sieh, Bruder: oft geschieht es, daß aus Scheu
Vor Fährlichkeit, davor die Menschen zagen,
Sie wider Willen tun, was Grund zur Reu.
So hat Alkmäon, wie die Lieder sagen,
Die eigne Mutter, auf des Vaters Flehen,
Unkindlich, nur aus Kindespflicht, erschlagen.
An solchem Beispiel sollst du mir verstehen,
Wie oftmals Zwang und Wille sich verglich
Und wie dann nicht entschuldbar das Vergehen.
Das Böse will der Wille nicht an sich:
Er willigt drein, sofern vor härterm Schlage
Ihm bangt, der treffen möchte, hielt' er Stich.
Den Willen meint' an sich auf deine Frage
Piccarda; ich den andren: sie so gut
Sagt drum die Wahrheit, wie auch ich sie sage.«
So wogt' einher des heiligen Stromes Flut,
Vom Quell, draus alle Wahrheit fleußt, ergossen;
So stillt' er ein und andren Dürstens Glut.
»O Liebe ersten Liebens«, überflossen
Die Lippen mir, »Göttliche, deren Wort
Mich tränkt und wärmt und Leben neu läßt sprossen:
Zu arm ist aller meiner Liebe Hort,
Nach Dankespflicht Euch Huld um Huld zu weihen;
So lohn Euch, der da sieht und kann, hinfort!
Nichts kann, ich sehs, dem Geiste Frieden leihen,
Als wenn ihn jener Wahrheit Licht erhellt,
Der ferne keine Wahrheit kann gedeihen.
Drin ruht er wie das Wild im Laubgezelt,
Wenn er sie fand; und das ist ihm gegeben,
Sonst wär das Sehnen eitel aller Welt!

Drum sprießt, ein Schoß, am Fuß der Wahrheit eben
  Der Zweifel, als der eingeborne Trieb,
  Von Höh zu Höh dem Gipfel zuzustreben.
Das macht mir Mut und Hoffnung, obs Euch lieb,
  Daß ich in Ehrfurcht, Herrin, fürder frage
  Um andre Wahrheit, die mir dunkel blieb.
Kann, wo Gelübde nicht gelöst, sein' Tage
  Genug wohl tun der Mensch mit andrem Gut,
  Das nicht zu leicht hier wiegt auf Eurer Waage?«
Mit Augen, göttlich so voll Liebesglut,
  Sah Beatrice da mich an, daß wieder,
  Von solchem Glanz bezwungen, wich mein Mut,
Und, schier entrückt, mein Auge schlug ich nieder.

Fünfter Gesang

»So du mich flammen siehst in Liebesglut,
  Hell, wie's auf Erden drunten nie zu sehen,
  Daß deinem Auge gar Gewalt sie tut,
Nicht wunder nehm es dich; das ist geschehen
  Aus höchst vollkommnem Schaun, das, wie's erkennt,
  Zum Gut, das so erkannt, lernt einzugehen.
Schon seh ich, wie des ewigen Lichts am End
  In deinem Geist ein Schimmer widerstrahle,
  Dran Liebe stets von bloßem Schaun entbrennt.
Was sonst euch Liebe weckt im Erdentale,
  Ist nichts als Abglanz nur von diesem Licht,
  Durchschimmernd unerkannt aus Hüll und Schale.
Du wüßtest gern, ob für Gelübde nicht,
  Das aussteht, andrer Dienst Ersatz mag geben,
  Daß sich die Seele rette vom Gericht ...«
So fing den Sang die Selige an, nun eben,
  Wie wer nicht reißen läßt der Rede Faden,
  Mit heiliger Lehre wieder anzuheben:

»Die höchste Gunst von Gottes Schöpfergnaden,
Die seiner Güt und Huld vor andren wert,
Die er am höchsten hält von allen Graden,
Die Freiheit ists des Willens, deren Schwert
Vernunftbegabten Wesen Gott – nur ihnen,
Doch allzugleich – beschert' und noch beschert.
Erwägst du das, muß dirs zur Schätzung dienen
Für solch Gelübde, wenn, was dir gefällt,
Gott selber wohlgefällig auch erschienen!
Solch Pakt des Menschen mit dem Herrn der Welt
Will eben jenen Schatz zum Opfer bringen,
Der selber so zum Pfande sich bestellt.
Wie sollte dafür je Ersatz gelingen?
Wer wohltun will mit dem, was er geweiht,
Will unrecht Gut zu gutem Werke dingen!
Im Kern unfehlbar weißt du nun Bescheid;
Doch scheint zu widersprechen meiner Lehre,
Daß Nachlaß hier die heilige Kirche leiht.
Bleib denn bei Tisch ein Weilchen noch; die Schwere
Der Kost verlangt, die eben du genossen,
Ein Mittel, daß sie besser sich verzehre.
Tu auf den Sinn und halte drin beschlossen,
Was ich dir kund will tun. Bewahrt er nicht,
Was er vernimmt, kann nirgend Weisheit sprossen!
Zwei Dinge sind für solchen Opfers Pflicht
Vonnöten: erstlich, was es soll enthalten,
Sodann der Pakt, in dems der Mensch verspricht.
Des Paktes quitt wird nur, wer ihn gehalten.
Er ist es, dem vorhin, da scharf und klar
Das Nein ich sagte, meine Worte galten.
Blieb den Ebräern doch unwandelbar
Die Pflicht, zu opfern, mocht auch Wandlung leiden –
Du weißt es selber –, was zu opfern war.

Der Gegenstand, das zweite jener beiden,
  Kann solcher Art sein, daß es kein Vergehn,
  Im Tausche sich mit andrem zu bescheiden.
Doch nie darf Willkür des sich unterstehn,
  Durch Tausch von solcher Bürde loszukommen,
  Eh weiß und golden sich die Schlüssel drehn;
Und nimmer, glaub mir, kann der Wechsel frommen,
  So das Erlaßne voll enthalten nicht,
  Wie vier in sechs, in dem, was übernommen.
Was drum so hoch im Wert, daß sein Gewicht
  Jedwede Waage senkt, kann nichts im Leben
  Ersetzen, was statt seiner man verspricht.
Nehmts nicht für Scherz, die Schwurhand aufzuheben!
  Seid treu im Halten und nicht blind zum Schwur,
  Wie Jephtha schwor, den Erstling hinzugeben!
›Fehl ging ich‹, sagt' er besser da, statt nur
  Noch schlimmer fehlzugehn, da ers vollbrachte;
  Schlimm, wie der große Fürst der Griechen fuhr,
Der Tor, der Iphigenie weinen machte
  Um ihre Schönheit, weinen groß und klein,
  Vom Opferbrand zu hören, den er fachte.
Seid festern Sinns, ihr Christen insgemein!
  Seid nicht wie Federflaum in jedem Winde!
  Wähnt nicht, ein jedes Wasser wasch euch rein!
Ihr habt von Moses, habt vom Jesuskinde
  Die Schrift, der Kirche Hirten zum Geleit:
  Was brauchts noch mehr, daß Heil die Seele finde?
Lockt böse Lust euch fehl: seid Menschen, seid
  Nicht blöde Schafe, daß nicht eurer Schwächen
  Der Jude lacht im Schoß der Christenheit!
Gleicht Lämmern nicht, die kindisch sich erfrechen,
  Die Milch der Mutter zu verschmähn, im Feld
  Dann spielend selber sich den Hals zu brechen!«

So sprach, wie ichs in Reime hier gestellt,
  Die Selige, hob den Blick dann voll Verlangen
  Dahin, wo höchsten Lebens voll die Welt.
Ihr Schweigen und ihr immer lichtres Prangen
  Gebot dem wißbegierigen Geiste Ruh,
  Vor dem schon neue Fragen aufgegangen;
Und wie ein Pfeil zum Ziele schnellt im Nu,
  Noch eh des Bogens Strang zur Ruh gekommen,
  So eilten wir dem zweiten Reiche zu.
Da jenes Himmels Glanz sie aufgenommen,
  Schien so verkläret meine Herrin mir,
  Daß hellern Lichtes der Planet entglommen.
Und lächelte der Stern, verwandelt schier, –
  Ich, der auf alle Art dem Wandelbaren
  Noch untertan, wie stand ich da vor ihr?
Wie wenn ein Brocken in die stillen, klaren
  Gewässer fällt, die Fischlein dort im Teich
  Geschwind herzu, ihr Futter witternd, fahren,
So sah ich mehr als tausend Lichter gleich
  Uns nahn und hab aus aller Mund vernommen:
  »Der mehrt die Liebe noch in unsrem Reich!«
Und wie ein jedes dann uns nah gekommen,
  Schien wonnerfüllt die Seele drin zu sein,
  So blitzend heller Glanz war dort entglommen.
Schau, hielt' ich jetzo mit Erzählen ein,
  Wie machte Neugier dann, des Wunderbaren
  Noch mehr zu hören, dir, o Leser, Pein!
So siehst du selber, wie michs zu erfahren
  Von ihrem Los verlangte, da sie grade
  Vor Augen mir in ihrem Glanze waren.
»Du, der zum Heil geboren, den die Gnade
  Läßt schauen ewigen Sieges Thron und Hallen,
  Eh du am Ziel von deinem Kriegespfade:

Vom Licht, das rings erstrahlt den Himmeln allen,
Sind wir entflammt. So du nach solchem Scheine
Verlangen trägst, nun still es nach Gefallen!«
So von den frommen Seelen sprach die eine;
Drauf Beatrice: »Sprich getrost nur, sprich!
Und wie an Götterworte glaub an seine.«
»Wohl seh ich ganz vom eignen Lichte dich
Umsponnen, sehs in deinem Auge brennen,
Draus, so du lächelst, trifft ein Blitzen mich;
Weiß doch, erwählter Geist, dich nicht zu nennen,
Nicht, was dir dieses Kreises Rang verliehn,
Den nur verhüllt durch fremden Strahl wir kennen.«
Mit solchem Gruße wandt ich mich an ihn,
Der mir gesprochen, drauf ins Angesichte
Mir heller noch sein Licht denn eben schien:
So wie die Sonne, wenn des Nebels Dichte,
Der sie gedämpft, verzehrt ihr heißer Strahl,
Sich selber hehlt im überhellen Lichte,
So barg sich, hellrer Wonne, dazumal
Das heilige Bild in seiner Strahlen Kleide,
Gab, dichter, dicht verhüllt, was eurer Wahl
Im nächsten Sang ich singe, zum Bescheide.

Sechster Gesang

»Seit Konstantin dem Himmelsrund entgegen
Den Adler wandte, ihn, der ihrem Gang
Gefolgt vor Zeiten auf Äneas' Wegen,
Blieb mehr denn zweimal hundert Jahre lang
Der Vogel Gottes an Europens Enden,
Den Bergen nah, da er vom Horst sich schwang.
Im Schatten, den die heiligen Schwingen spenden,
Die Welt dort lenkt' er, kam von Hand zu Hand
In stetem Wechsel dann zu meinen Händen.

Cäsar war ich, bin Justinian genannt,
  Denn aus dem Recht hieß Spreu und Ballast scheiden
  Urliebe mich, die jetzt ich recht erkannt.
Eh ich ans Werk ging, glaubt' ich nicht die beiden,
  Nur einerlei Natur im Gottessohn
  Und wollt' in solchem Wahne mich bescheiden;
Doch führte mich zum rechten Glauben schon
  Das Wort Agapetus', des benedeiten,
  Der dazumalen Hirt auf Petri Thron.
Was er mich glauben lehrt' in Lebenszeiten,
  Nun seh ichs, wie du siehest, daß von zwein
  Eins wahr, eins falsch ist, die sich widerstreiten.
Kaum schlug mein Fuß den Weg der Kirche ein,
  Da hat in Gnaden Gott das Werk, das hehre,
  Mir eingehaucht, dem mußt' ich ganz mich weihn;
Vertraute meinem Belisar die Wehre:
  Mit ihm war Gottes Hand, ein Zeichen mir,
  Daß mein der Herr zum Friedenswerk begehre.
Der ersten Frage deiner Wißbegier
  Tut dies genug; doch weiter heißt mich reden,
  Was ich vom Kaiseradler sprach zu dir,
Auf daß du siehst, was Rechtens sei für jeden,
  Der aufsteht wider dies geweihte Zeichen,
  Ob er sichs anmaßt, ob ers will befehden.
Sieh nur, wie's hohe Tugend ohnegleichen
  Von Stund an aller Ehren wert gemacht,
  Seit Pallas fiel, die Krone ihm zu reichen!
Du weißt, wie's dreimal hundert Jahre Wacht
  Und länger hielt im Horst auf Albas Zinnen,
  Bis drei mit drein gekämpft für seine Macht;
Weißt, wie's vom Raube der Sabinerinnen
  Bis zu Lucretias Leide Sieg auf Sieg
  Ringsum die sieben Könige ließ gewinnen;

Weißt, wie's mit Brennus führt' und Pyrrhus Krieg,
Mit Herrn und Völkern, da es Romas Heeren
Voran, den tapfren, in die Lüfte stieg,
Da Quinctius, der verschmäht, sein Haupt zu scheren,
Torquatus, Decier, Fabier ihrem Blut
Den Ruhm erkämpft, den gern ich halt in Ehren.
Es streckt' in Staub Arabiens Übermut,
Als Hannibal den Felswall überstiegen,
Da deiner Quelle, Po, entströmt die Flut.
Jünglinge lehrt' es, lehrte Scipio siegen
Und auch Pompejus; herbe klang sein Drohn
Dem Bühl, der in der Wiege dich sah liegen.
Als nah die Zeit dann, da der Himmel schon
Die ganze Welt zum Frieden wollte führen,
Erhob es Cäsar, Roms erwählter Sohn.
Da konnts Isère und Saône und Seine spüren,
Sahs jedes Quelltal, dem die Rhone entsprungen,
Vom Varo bis zum Rhein die Schwingen rühren.
Doch als sichs von Ravenna aufgeschwungen
Und übern Rubicon, tats solchen Flug,
Daß ihm nicht Federn Folge tun noch Zungen!
Nach Spanien flog es, gen Durazzo trug
Es seine Schar, Pharsalus schlug es nieder,
Daß die am heißen Nil gespürt', wie's schlug;
Simois sahs, von dann es aufflog, wieder,
Antandros, Hektors Grab, und unheilvoll
Für Ptolemäus regt' es sein Gefieder,
Blitzgleich auf Juba zuckt' herab sein Groll,
Nach eurem Abendlande dann zu jagen,
Wo laut der Pompejaner Horn erscholl.
Was es vollbracht, vom nächsten Arm getragen,
Darum muß mit Perugia Mutina,
Brutus mit Cassius in der Hölle klagen;

Drum weint verzweifelnd noch Kleopatra,
  Die sich, von ihm bedrängt zu Meer und Lande,
  Der Viper Zahn zu schwarzem Tod ersah.
In dieser Hand kams bis zu Nubiens Strande,
  In dieser konnt's der Welt den Frieden bringen,
  Daß Janus' Tor sich schloß dem Opferbrande.
Doch was dies Zeichen, dem ich Lob muß singen,
  Bislang im Reich der Sterblichkeit vollbracht,
  Dem es gebeut, und je noch mag vollbringen,
Erbleicht und wird zunichte schier gemacht,
  Nimmst klaren Blicks du, reinen Sinns sein Streben
  In jenes dritten Cäsars Hand in acht:
Da ward die Ehre ihm, daß sie, die Leben
  Mir haucht, die ewige Gerechtigkeit,
  Zu rächen ihren Zorn ihm aufgegeben.
Nun hör und staune: da's zu neuem Streit
  Mit Titus auszog, stürmt' es nun, zu rächen
  Die Rache für die Schuld aus alter Zeit!
Als Langobardenzahn dann wollte stechen
  Die heilige Kirche, kam mit seinen Schwingen
  Zu Hilf der große Karl, den Trotz zu brechen.
Ermiß du nun, wie schwer sich die vergingen,
  Die anfangs ich verklagt und die fürwahr
  An all den Nöten schuld, die euch verschlingen!
Der führt die Lilien widern Kaiseraar,
  Der läßt ihn frönen sich und seinesgleichen:
  Wer weiß, wer schlimmer von dem schlimmen Paar?
Treibt, Waiblinge, treibt unter andrem Zeichen
  Eur Wesen! Dies führt wider Ehr und Fug,
  Wer mit ihm will vom Pfad des Rechtes weichen!
Nicht kreuz ihm jener andre Karl den Flug
  Mit seinen Welfen! Mag die Klaun er scheuen,
  Die stärkrem Löwen schon ins Fell er schlug!

Oft mußt' ein Sohn des Vaters Schuld bereuen:
  Nie gibt des Reiches Schild der Rat des Herrn
  In Tausch um seine Lilien, meiner Treuen! –
Nun hör: belebt ist dieser kleine Stern
  Mit guten Geistern, die sich tätig Leben
  Erwählt, denn Ruhm und Ehre folgt ihm gern;
Und wenn, entwegt, nach solchem Ziele streben
  Die Lüste, kann der wahren Liebe Brand
  Sich so lebendig nicht zum Himmel heben.
Doch wenn wir dem Verdienst des Lohnes Pfand
  Vergleichen, kanns die Seligkeit nur mehren,
  Daß größer keines sich noch kleiner fand.
So sänftigt unser Sinnen und Begehren
  Gerechtigkeit, die ewige, sich zum Preise,
  Daß gar sichs nimmer kann zum Bösen kehren!
Verschiedne Stimmen tönen holde Weise;
  So wird verschiedner Rang in unsrem Sein
  Zu süßer Harmonie längs dieser Kreise. –
Es leuchtet auch in dieser Perle Schein
  Romeos Licht, dem redlich Mühewalten
  Nur Kränkung trug für gute Dienste ein.
Doch habens nicht zum Lachen, die ihn schalten,
  Die Provenzalen: übel fährt fürwahr,
  Wer Schaden sucht in andrer Wohlverhalten!
Vier Töchter zählte Raimund Berengar,
  Die alle vier zu Königinnen machte
  Romieu, der demutvoll ein Pilger war;
Scheelsucht verführte jenen zum Verdachte,
  Daß den Getreuen er zur Rede stellt,
  Der fünf und sieben nun für zehn ihm brachte!
Arm ging er hin und alt. O wenn die Welt
  Sein Herz erkennte, wie er sich sein Leben
  Erbettelt Stück für Stück: die hoch ihn hält,
Sie würd' ihn höher wahrlich noch erheben.«

Siebenter Gesang

»Preis Dir in Deinem Glanze, heiliger Gott,
Der Du entflammst in diesen Reichen allen
Die seligen Lichter, Herre Zebaoth!«
Mit solchem Sang, nach solcher Weise Schallen
Sah ich entschweben ihn, auf den der Glanz
So strahlend zwiegeeinten Lichts gefallen.
Und mit den andren schwang er sich im Tanz,
Und in der Ferne da, mit einem Schlage,
Wie blitzesschneller Funken Sprühn entschwands.
In Zweifeln stand ich: sags ihr, dacht' ich, sage,
Der Herrin sags, die Labe süß für allen
Den Durst ja weiß, zu stillen seine Plage.
Doch Ehrfurcht beugte mir, die mich beim Lallen
Von ihres Namens Silben hält in Bann,
Das Haupt, wie einem, den der Schlaf befallen.
Ein Weilchen sah das Beatrice an,
Begann, ein Lächeln strahlend, dann zu sprechen,
Davon im Feuer selig würd' ein Mann:
»Ich seh, du mußt dir drum den Kopf zerbrechen –
Unfehlbar seh ichs –, wie gerechterweis
Gerechte Rache konnt ein Richter rächen.
Das Rätsel lös ich dir alsbald. Mit Fleiß
Hör du mich an: so du mein Wort vernommen,
Ein groß Geheimnis wahrlich gibts dir preis!
Es fiel, weil keinen Zaum zu Nutz und Frommen
Sein Wille litt, der, den kein Weib gebar,
In Bann samt allen, die nach ihm gekommen.
So war die Menschheit nun vielhundert Jahr
Darnieder, siech, in schlimmem Wahn gelegen,
Bis Gottes Wort sich selber brachte dar,

Sich der Natur, die ihres Schöpfers Wegen
Entwichen, selbst zu einen, ganz allein
Kraft seiner ewigen Liebe Glut und Segen.
Merk auf nun: so, wie Er sie rief ins Sein,
Und eins mit Ihm, der Leben ihr gegeben,
War gut dieselbige Natur und rein.
Sie selbst verscherzte sich im Widerstreben
Das Paradies, weil sie sich abgewandt
Von Ihm, der Weg und Wahrheit ist und Leben.
An ihr gemessen, der er sich verband,
Ward dessen Strafe, der ans Kreuz gebunden,
Gerecht wie je nur eine zuerkannt;
Und nie ward gleiche Unbill doch erfunden,
Siehst du zu dem, der sie erlitt, hinauf,
In dem der seinen jene Art verbunden.
Ein Tun wars, unterschiedlich sein Verlauf:
Ein Tod taugt Gott und Israels Geschlechte;
Die Erde bebt, der Himmel tut sich auf.
Was dir so unbegreiflich schien, nun fechte
Dichs nicht mehr an, vernimmst du fürderhin,
Wie recht Gericht gerechte Rache rächte.
Nun aber seh ich neues Netz, darin
Von Schritt zu Schritte dich verstrickt das Denken,
Draus sehnlich sich zu lösen strebt dein Sinn:
Du sagst: ›Ich hörs und kann mich drein versenken;
Doch dunkel blieb mir, warum Gott für gut
Den Weg erfand, Erlösung uns zu schenken.‹
Der Ratschluß, Bruder, tief vergraben ruht
Vor aller Augen, denen nicht von droben
Den Geist gereift der Liebesflammen Glut!
Zwar, weil dahin viel Augen sich erhoben
Und gar so wenig schaun, sag ich dir klar,
Warum vor allen dieser Weg zu loben.

Die Güte Gottes, jeder Mißgunst bar,
Strahlt aus die eigne Glut, daß rings so helle
Die ewigen Herrlichkeiten offenbar.
Was ohne Mittler rinnt aus ihrem Quelle,
Ohn Ende ists: prägt sie das Siegel ein,
Bleibts unverrückbar stets an seiner Stelle;
Was ohne Mittler quillt aus ihr allein,
Ist frei allwege; keiner Macht von allen,
Die selbst geschaffen, kann es hörig sein;
Ihr Ebenbild ists, ist ihr Wohlgefallen:
Wenn alles widerstrahlt die heilige Glut,
Im treusten Spiegel glänzt sie hell vor allen.
Das alles kommt dem Menschenkind zugut;
Und geht verloren dieser Gaben eine,
Lischt solchen Adels Kraft in seinem Blut.
Um Sünde nur wirds unfrei, wird das reine
Abbild des höchsten Guts in ihm entstellt,
Daß nur getrübt fortan sein Licht ihm scheine;
Und seinen Wert es nie zurückerhält,
Gibt nicht, wo Sünde so gefehlt, gerechte
Schuldsühne für die böse Lust Entgelt.
Als in der Wurzel euer ganz Geschlechte
In Sünde fiel, verlor es mit der Flur
Des Paradieses solchen Adels Rechte;
Und blieb, bedenkst du's recht, nicht Weg noch Spur,
Zum alten Stand sich wieder zu erheben,
Als auf dem einen dieser beiden nur:
Daß Gott aus lauter Gnaden ihm vergeben;
Daß aus sich selbst der Mensch Genüge tat
Für seines Wahnes trotzig Widerstreben.
Senk in des Ewigen abgrundtiefen Rat
Den Blick, tu auf, so weit du kannst, die Lider,
Um streng zu folgen meines Wortes Pfad!

Nie konnt in seines Wesens Schranken wieder
Genug der Mensch tun, beugt ihn doch so weit
Niemalen Demut in Gehorsam nieder,
Wie seiner Auflehnung Vermessenheit
Sich überhob. Das ists, was ihm entgegen,
Will selbst genug er tun nach Schuldigkeit.
So tat es not, daß Gott auf seinen Wegen
Zum wahren Leben ihn zurückgeführt,
Ob einen, ob er beide ging zum Segen.
Doch weil uns Hilfe um so tiefer rührt,
Je mehr des Helfers liebevoll Gemüte,
Aus dem ihr Quell entsprang, darin sich spürt,
Hat, die dem All sich einprägt, Gottes Güte
In Hulden den wie jenen Weg bedacht,
Emporzuziehn das menschliche Geblüte.
Nichts zwischen erstem Tag und letzter Nacht,
Nichts war noch wird, auf dem und jenem Pfade,
Was höher je und herrlicher, vollbracht!
Mehr gab, als wenn er bloß vergab, die Gnade
Des Hergotts, da er selbst sich brachte dar,
Auf daß sich seiner Last der Mensch entlade;
Zu leicht wog der Gerechtigkeit sogar
All andres Pfand, als daß sich ließ hernieder
Der Gottessohn und Fleisch geworden war. –
Nun laß, daß all dein Wunsch erfüllt, mich wieder
Rückwärts ein Stück erläuternd gehn mit dir,
Für meine Schau zu öffnen deine Lider.
Luft, Wasser, Erde, meinst du, seh ich hier
Und Feur und was vereint hervor sie bringen,
Verweslich und von kurzer Dauer schier;
Und sind doch auch von den geschaffnen Dingen:
Wär also wahr, was du von mir erfahren,
So könnt's nicht sein, daß jemals sie vergingen.

Geschaffen, Bruder, sind der Engel Scharen,
  Ist dies vollkommne Reich, wo jetzt du bist,
  In ihrer Ganzheit, wie sie sind und waren;
Doch was du nanntest, so du's recht ermißt,
  Die Elemente und was draus gestaltet,
  Formt solche Kraft, die selbst erschaffen ist.
Geschaffen ist der Stoff, draus sichs entfaltet,
  Geschaffen ist, die ihm Gestalt gegeben,
  Die Kraft, die in der Sterne Wandel waltet.
Des Tiers, der Pflanzen Seele weckt nur eben
  Im Keime, der bereit zu solcher Blüte,
  Der heiligen Lichter Strahl und Gang zum Leben;
Doch euer Leben haucht des Höchsten Güte
  Euch ohne Mittler ein, haucht Liebe gar,
  Die stets nach Ihm verlanget, ins Gemüte.
Daraus auch eure Auferstehung klar
  Dir und gewiß wird, lässest du dich mahnen,
  Wie euer Fleisch erschaffen, da das Paar
Zumal erschaffen ward der ersten Ahnen.«

Achter Gesang

Lang wähnte ja die Welt, im Bann der Sünde,
  Daß, kreisend auf der dritten Himmelsbahn,
  Die holde Cypris Liebeswut entzünde;
Drum Ehre, göttergleich, ihr angetan
  Mit Weihgesängen und mit Opfergabe
  Die alten Völker all im alten Wahn.
Dione auch, die Mutter, und ihr Knabe
  Cupido ward verehrt; geschrieben stand,
  Daß er auf Didos Schoß gesessen habe.
Mit ihrem Namen ward der Stern genannt,
  Der stet zur Sonne blickt mit Liebesflehen,
  Ob Rücken sie, ob Stirn ihm zugewandt.

Nicht spürt' ich dort hinan des Fluges Wehen;
Daß wir am Ziel, des gab der Herrin Wange
Mir Zeugnis, immer schöner anzusehen!
Und wie im Feuer Funken, wie im Sange
Du Stimmen unterscheidest: fest die einen,
Die andren auf und ab im Stufengange;
So in der Leuchte sah ich Lichter scheinen
Und, sacht und schneller, sich im Kreise drehn,
Wie ewig Schauen Gott sie scheint zu einen.
Kein Sturmwind kann aus kalter Wolke Wehn,
Ob sichtbarlich, ob nicht, herniederfegen,
Der sacht nicht schiene, wenn man sie gesehn,
Die Himmelslichter, wie sie uns entgegen
Aus ihrem Reigen sprühten, der im Runde
Sich hoher Seraphim beginnt zu regen.
Und denen, die zuvorderst, klang im Munde
Ein Hosianna, das aufs neu so rein
Zu hören ich mich sehne Tag und Stunde!
Und einer kam herzu und sprach, allein:
»Wir alle, daß du froh wirst unsrer Weise,
Wir wollen gerne dir zu Willen sein.
Den Himmelsfürsten nach, im gleichen Kreise,
Mit gleichem Schwung, von gleichem Durst verzehrt,
Drehn wir uns, denen dort du sangst zum Preise:
›Ihr, die den dritten Himmel kreisen lehrt ...‹
So lieberfüllt, daß dir zulieb im Reigen
Ein Weilchen rasten schier die Wonne mehrt!«
Den Blick erhob ich, ehrfurchtsvoll, in Schweigen
Zu meiner Herrin, wandt ihn dann, von ihr
Befriedet und gewiß durch ihr Bezeigen,
Zurück zu jenem Licht, das eben mir
So viel verheißen: »Sagt, wer seid Ihr?« fragte
Gedrungen ich von heißer Wißbegier.

Oh, wieviel größer, wieviel lichter tagte
  Von neuer Freude da sein Glanz erhellt!
  Die mehrte seine Freuden, da ichs sagte.
So strahlend sprach er: »Kurz war auf der Welt
  Mein Wallen nur; wärs minder rasch verronnen,
  Wär manches nicht, was jetzo schlimm bestellt.
Es hehlt mich dir der Schimmer meiner Wonnen,
  Der mich umstrahlt und birgt, wie bergend sich
  In sein Gespinst der Seidenwurm gesponnen.
Du liebtest recht und recht mit Fuge mich,
  Denn meine Liebe, blieb ich nur am Leben,
  Trug Beßres dir als Blätter sicherlich!
Als künftigen Herrschers harrte mein, das neben
  Der Rhone linkem Bord sich dehnt, das Land,
  Da, wo die Sorgue ihr schon Geleit gegeben;
Dazu Ausoniens Horn, dem rings den Rand
  Gaëta, Bari und Catona kränzen,
  Von Trontos Münde an und Verdes Strand.
Sahst schon auf meiner Stirn die Krone glänzen
  Des Reiches, das bespült mit ihrer Flut
  Die Donau, wo sie läßt die deutschen Grenzen.
Auch wo – Typhoeus nicht, nein, Schwefels Glut
  Inmitten von Pachynum und Peloren
  Qualmt ob der Bucht, da Eurus peitscht die Flut,
Trinacria, die schöne, unverloren
  Den echten Herrschern wär ihr Thron bis heute,
  Die mir aus Karls und Rudolfs Blut geboren,
Wenn nicht, was stets des Aufruhrs Samen streute,
  Schlecht Regiment geschürt Palermos Wut,
  Bis, Mordio brüllend, losbrach seine Meute.
Wär davor doch mein Bruder auf der Hut,
  Die Katalanen ließ' er ziehn in Gnaden,
  Das Bettlerpack, eh's bitter macht das Blut!

Zu hüten, wahrlich, gilts sein Schiff vor Schaden,
Daß nicht noch schwerer lädt – ob er es wahrt,
Ob andre –, was schon allzu schwer beladen.
Ihm, der aus freierm Blut so karger Art,
Tun Diener not, die nicht nur darauf sinnen,
Wie man die Truhen füllt und Schätze spart.«
»Die Freude Herr, die in mir weckt dein Minnen,
Magst dort, wo allen Heils Beginn und Ende,
Du sehen, so, wie ich sie seh hier innen:
Das ist, als ob ich zwiefach sie empfände,
Und daß auch dies in Gottes Angesicht
Du schauend siehst, macht reicher noch die Spende!
Du hast mich froh gemacht, nun mach mirs licht:
Dein Wort weckt Zweifel mir, wie sichs vertrage,
Daß Bitteres aus süßem Keime bricht.«
So ich, und er: »Lehrt Wahrheit, was ich sage,
So hast du das, was jetzt im Rücken dir,
Vor Augen stehn, das Merkziel deiner Frage.
Er, der bewegt und stillt dies Reich, wo ihr
Empor nun wallt, läßt, was Er vorgesehen,
Auswirken durch die Himmelskörper hier.
Im Geiste, der in sich vollendet, stehen
Die Wesen, die Er vorsieht, nicht allein,
Auch was zu ihrem Heile muß geschehen;
So trifft am vorgesetzten Ziele ein,
Was auch Sein Bogen schnellet, gleich dem Pfeile,
Der wohlgezielt ins Schwarze schwirrt hinein.
Sonst hätte nie der Himmel, wo zum Heile
Den Weg du wallst, so künstlich Werk geschafft,
Nur Trümmer wirkt' er sonst an seinem Teile.
Das kann nicht sein, wenn fehlbar nicht die Kraft
Der Geister all, die diese Sterne lenken,
Und Er, der erst sie schuf so mangelhaft.

Brauchts noch Beweis, um Glauben mir zu schenken?«
»Mitnichten«, sagt' ich; »daß Natur versage
In dem, was not tut, läßt sich nicht erdenken.«
Und er nun: »Sag mir, wär des Menschen Lage,
Wenn er nicht Bürger, kläglich nicht auf Erden?«
»Fürwahr«, erwidert' ich, »das liegt am Tage!«
»Und kann ers sein, wenn drunten ihr in Herden,
Nicht unterschieden lebt durch Stand und Amt?
Da müßt eur Meister ja zuschanden werden!«
So folgert' er und schloß: »Ungleich mitsamt
Dem Wirken müssen drum, das euch erkoren,
Die Wurzeln sein, daraus solch Wirken stammt:
Zum Solon wird, als Xerxes der geboren,
Wie Melchisedek der; ein andrer schlägt
Nach ihm, der auf dem Flug den Sohn verloren.
Gar künstlich weiß, die ewig kreisend prägt
All sterblich Wachs, Natur ihr Werk zu weben,
Und nicht nach Hütte und Palast sie frägt.
So kams, daß Esau ungleich schon ins Leben
Von Jakob trat, daß niedrem Stamm entsprang
Quirin, dem Mars zum Vater drum gegeben.
Stets müßte, was erzeugt, in gleichem Gang
Dem Zeuger folgen, schier auf gleichem Pfade,
Wär Gottes Vorsehung nicht stärkrer Zwang.
Hast nun, was rückwärts lag, vor Augen grade!
Doch, daß du siehst, wie ich mich freue dein,
Nimm, was ich auf die Waage noch dir lade.
Im Stande, der zuwider ihrem Sein,
Wie Saat, die eins in fremden Boden brächte,
Muß übel allezeit Natur gedeihn.
Wenn das die Welt da drunten recht bedächte,
Welch einen Grund Natur gedacht zu legen,
Und folgt' ihr, besser stünd's um dies Geschlechte.

Doch ihr laßt scheren, was bestimmt, den Degen
  Zu tragen; wen zum Prediger schuf Natur,
  Den krönet ihr zum König allerwegen;
Und darum weicht vom Wege eure Spur.«

Neunter Gesang

Da er das Dunkel also mir gelichtet,
  Hat Unbill mir, die seinem Samen droht,
  Holde Clementia, dein Karl berichtet.
Doch: »Schweig und laß die Jahre gehn!« gebot
  Sein warnend Wort; so sag ich nur: es endet
  Verdientes Weh der Schuldigen eure Not!
Und schon zur Sonne hatte sich gewendet
  Das heilige Licht, das Kraft empfängt von ihr,
  Dem Gut, das jedem, was vonnöten, spendet –
Weh euch, betörte Seelen! Wehe dir,
  Gottlos Gemächte! Müßt das Herz ihr kehren
  Von solchem Gut und hängts an eitle Zier? –
Und sieh: der Lichter nahte sich, der hehren,
  Ein andres, und mir seine Huld zu weihn,
  Bezeigt' es hell erstrahlend sein Begehren;
Und stet mir zugewandt, in trautem Schein
  Mein Sehnen billigend zum andren Male,
  Hieß Beatrices Blick getrost mich sein.
»Ach«, bat ich, »seliger Geist, geschwind mir zahle,
  Was mein Begehr: gib Zeugnis, daß in Treue
  In dir, was ich muß sinnen, widerstrahle!«
Darauf das Licht, das mir noch fremd, das neue,
  Tief aus dem Innern, wie sein Sang erklungen,
  Fortfuhr, wie wenn des Wohltuns recht sichs freue:
»In eures argen Welschlands Niederungen,
  Die weit sich dehnen von Rialtos Sunde
  Zur Alp, da Piave und Brenta quellentsprungen,

Entsteigt ein Hügel, nicht gar hoch, dem Grunde,
Von dann ein Feuerbrand herab sich schwang,
Der grausam dann gewütet in der Runde.
Mit ihm aus einer Wurzel ich entsprang;
Cunizza hieß ich, muß im Glanz hier schweben,
Weil dieses Sternes Leuchten mich bezwang.
Doch frohen Muts darf ich mir selbst vergeben,
Was dieses Los mir schuf: das grämt mich nicht,
Mag Wundern euer Pöbel drum erheben!
Hier neben mir das teuer werte Licht
Ließ, unsres Himmels Kleinod, solchen Namen
Auf Erden nach, daß noch von ihm man spricht,
Wenn solcher Jubeljahre fünf noch kamen.
Sieh, soll der Mensch nicht strebend Sorge tragen,
Daß jenes Leben neuen Lebens Samen?
Nicht einer denkt daran in diesen Tagen
An Etsch und Tagliamento: Buße tut
Da keiner, ob er noch so hart geschlagen!
Bald aber wandelt Padua in Blut
Die trägen Wasser von Vicenzas Wällen,
Weil wider Lehnspflicht sich empört die Brut.
Und wo Cagnan und Sile Weggesellen,
Da spielt den Herrn, trägt hoch sein Haupt der eine,
Den sie zu fahn bereits die Netze stellen.
Dann wird man hören auch, wie Feltre weine
Um seines argen Hirten Schändlichkeit,
So schnöd, wie Maltas Turm gebüßt noch keine!
Groß müßt ein Becken sein und allzu weit,
Ferraras Blut zu fassen – und die Hände
Erlahmten dem, ders wöge, vor der Zeit –,
Das jener edle Pfaff als Opferspende
Den Seinen dar wird bringen; und hinfort
Wird solche Spende Landesbrauch am Ende!

Sind Spiegel droben – Throne heißt ihrs dort –,
Drin Gott, den Richter, rückgestrahlt wir sehen,
So magst du glauben, daß gerecht mein Wort.«
Hier schwieg sie still, und andren Weg zu gehen
Schien mir ihr Sinnen, sah ich doch ihr Licht,
So wie zuvor, im Reigen schon sich drehen.
Die andre Wonne kam mir zu Gesicht,
Die mir so hoch gepriesen: dem Rubinen,
Dem rosigen, gleich, drin Sonnenglanz sich bricht.
(Zum Leuchten wird die Freude dort bei ihnen
Wie uns zum Lächeln; drunten, wo durch Fehle
Der Sinn getrübt, sinds auch des Schattens Mienen.)
»Gott siehet alles«, sprach ich, »selige Seele,
Und in das Seine taucht dein Schauen ein,
So, daß kein Wunsch sich regt, der dir sich hehle!
Entzückt den Himmel selbst die Stimme dein
Allzeit in jener heiligen Feuer Sange,
Die in sechs Flügel hüllen ihren Schein,
Warum denn stillt sie nicht mit ihrem Klange
Mein Sehnen? Schaut' ich, wie du mich, in dich,
Nicht harrt' ich, bis du fragtest, gar so lange!«
»Der Becken größtes«, so beschied er mich,
»Darein das Weltmeer, das da kränzt die Lande,
Sein Wasser strömet, dehnt ins Weite sich,
Landfremde Ufer scheidend Strand von Strande,
Der Sonn entgegen, bis zum Mittagsbogen
Sich hob, was Saum erst war vom Himmelsrande.
Sein Strand war Heim mir, zwischen Ebros Wogen
Und Magras, deren Lauf die Grenze dort,
Wo Genuas Mark an Tuscien rührt, gezogen.
Mit Buggia sieht beinah mein Heimatort
So Auf- als Niedergang zu gleicher Stunde,
Die Stadt, von deren Blute raucht' ihr Port.

Folco hieß mich, wem meines Namens Kunde
  Da drunten ward; wie ich das seine, nahm
  Mein Abbild auf das Sternbild dieser Runde.
Denn heißer, bis zu grauem Haar ich kam,
  Glüht' ich, als Belus' Tochter selbst entbrannte,
  Krëusa und Sichäus auch zum Gram;
Nicht, die für falsch Demophoon erkannte,
  Die Rhodopäerin; wie's nicht Alciden
  Entflammt, da Iole sein Herz entwandte.
Doch reuts uns nicht; wir lächeln drum, in Frieden!
  Nicht um die Sünde, die uns nicht mehr rührt:
  Der Vorsehung zum Preis, die's so beschieden.
Wir sehn die Weisheit, die zur Zier sich kürt
  So innig Fühlen, sehn das Heil hier tagen,
  Zu dem die höhre Welt das Irdsche führt.
Doch, daß erfüllt du magst von hinnen tragen,
  Was dieses Rund, das jetzt dir auf sich tut,
  An Wünschen weckt, muß ich noch mehr dir sagen:
Du wüßtest gerne, was aus dieser Glut
  Hier neben mir so blinkt, wie auf der Welle
  Der Strahl der Sonne glänzt in klarer Flut?
So wisse, Rahab hat in dieser Helle
  Den Frieden: unsrem Kreis, dem sie gesellt,
  Prägt ihr Gebild sich ein an höchster Stelle.
Der Himmel hier, darein die Spitze fällt
  Von eures Erdballs Schatten, tat vor allen
  In Christi Siegeszug ihr auf sein Zelt.
Mit Fug ist solcher Lohn ihr zugefallen,
  Daß, Palme hehren Sieges, Hand in Hand
  Erstritten, jetzt sie ziert des Himmels Hallen:
Zu ersten Sieges Ruhm im Heiligen Land
  Hat Josua sie ja das Tor erschlossen, –
  Dem Land, das aus dem Sinn des Papstes schwand!

Heckt deine Stadt doch, dessen Saat entsprossen,
Der erstlich ab von seinem Schöpfer fiel,
Um dessen Neid so viele Tränen flossen,
Die arge Blüte, streut zu frevlem Spiel
Sie aus, die erst zum Wolf den Hirten machte
Und Schafe nun und Lämmer lockt vom Ziel.
Die macht, daß Evangelien keiner achte
Noch Kirchenväter, daß nach Dekretalen –
Am Rande sieht mans – einzig jeder trachte.
Um sie nur gehts dem Papst, den Kardinalen;
Nicht daß sie Nazareth im Auge hätten,
Das flügelbreitend Gabriel sah strahlen.
Doch Rom, der Vatikan, die heiligen Stätten,
Zum Friedhof für die Heeresschar geweiht,
Die, Petrus folgend, sich ins Grab ließ betten,
Sie sind von solcher Unzucht bald befreit.«

Zehnter Gesang

Den Sohn vor Augen schuf, von ihr entfacht,
Die beider Hauch von je entquillt, der Liebe,
Die erste, unaussprechlich hohe Macht
Im Reich von Raum und Geist das Weltgetriebe
So wohlbedacht, daß keiner schaut hinauf,
Dem ihrer Weisheit nicht ein Vorschmack bliebe.
So heb, o Leser, denn dein Auge auf
Mit mir zu jenen Kreisen dort, den hehren,
Wo eine Bahn berührt der andren Lauf;
Bereite dich, das Wunder zu verehren,
Das seinem Meister selber wohlgefällt,
Daß nie Sein Auge denkt, sich abzukehren.
Schau, wie der Kreis dort, den das Licht erhellt
Der Wandelsterne, schräg hinab sich wendet,
Zu wirken, was von ihnen heischt die Welt.

Bog ihre Bahn nicht ab, wär viel verschwendet
  Von Himmelskräften und schier alles tot,
  Was hier auf unsrer Erde Leben spendet;
Und wich sie mehr, wich minder aus dem Lot,
  Gar vieles, was das Weltenrad muß spinnen,
  Im Obren wie im Untren litte Not.
Bleib sitzen, Leser, dem noch nachzusinnen,
  Was du gekostet, möchtest Freude du,
  Die alle Müh vergessen macht, gewinnen:
Ich trug dir auf, nun lange selber zu,
  Denn, der zum Künder ich bestellt, die Kunde
  Nimmt ganz mich hin und läßt mir keine Ruh. –
Sie, die des Himmels Macht dem Erdenrunde
  Aufprägt, der Urkraft erste Schaffnerin,
  An deren Licht wir messen Zeit und Stunde,
Sie kreist' im Himmelsraum, den zu Beginn
  Ich deutend wies, auf jener Windung Wegen,
  Wo täglich früher sie erscheint, dahin.
Ich war in ihrem Schoß. Doch ihr entgegen
  Den Aufflug spürt' ich nicht, sowenig man
  Gedanken kommen fühlt, eh sie sich regen.
Ja, Beatrice ists, die uns hinan
  Von Gut zum Beßren zieht in solcher Schnelle,
  Daß ihrem Flug die Zeit nicht folgen kann.
Wie hell muß leuchten, was aus eigner Helle,
  Durch Farbe nicht, hervorstrahlt' aus dem Schein
  Der Sonne, da ich stand an ihrer Schwelle!
Ob Kunst, Erfahrung, Geist mir Hilfe leihn,
  Solch Bild zu malen, muß das Wort versiegen:
  Geglaubt wills und ersehnt das Schauen sein.
Bleibt unsres Schauens Kraft am Boden liegen
  Vor solcher Höh, kein Wunder ists fürwahr,
  Kann doch kein Blick die Sonne überfliegen.

So strahlt' hier Gottes vierte Jüngerschar,
Die schaun Er läßt, ohn End sich zu erbauen,
Wie Sohn und Geist des Vaters Hauch gebar.
»Dank, dank Ihm«, klang die Stimme meiner Frauen,
»Ihm, aller Engel Sonne, dessen Güte
Zu der dich hob, die eure Augen schauen!«
So willig war kein sterbliches Gemüte
In Anbetung, und Gott sich hinzugeben
Mit aller Inbrunst, keins so heiß erglühte
Wie meins bei diesem Worte: all mein Leben
Und Lieben ganz in Ihm beschlossen war,
Daß Beatrices Bild mir wollt' entschweben.
Nicht kränkte sie's, es lacht' ihr Augenpaar,
Und meinen Sinn, den eines eingenommen,
Entzweit' aufs neu dies Lächeln leuchtend klar.
Viel Lichter, sieghaft strahlend, sah ich kommen,
Zum Kranz um uns sich reihend, holder schier
An Stimme noch, als hell ihr Glanz entglommen:
So sehn wir wohl Latonas Tochter hier
Sich kränzen, wenn die Luft, die dunstbeschwerte,
Die Fäden webt für ihres Schleiers Zier.
Gar viel Kleinodien hegt, so teuer werte,
Des Himmels Hof, daß keines Werbers Drang
Dem Reiche sie entführt, draus heim ich kehrte;
Und solcher Art war dieser Lichter Sang:
Wem Flügel fehlen, sich hinanzuschwingen,
Der mag die Stummen fragen, wie er klang!
Dreimal sah ich um uns mit solchem Singen
Die Flammensonnen sich im Kreise drehn,
Wie Nachbarsterne festen Pol umringen;
Und waren dann wie Frauen anzusehn,
Die, noch im Reigen, bis zum Tanze lade
Ein neuer Klang, in Schweigen, lauschend stehn.

Und aus der einen klangs: »Das Licht der Gnade,
Das wahrer Liebe Glut entflammt und dann
Kraft solcher Liebe wächst von Grad zu Grade,
Strahlt dirs so helle, daß dichs hier hinan
Die Staffeln lenkt, die keiner doch, er kehre
Denn wieder, jemals niedersteigen kann:
Müßt unfrei sein, wer deinem Durst zur Wehre
Aus seinem Kruge weigerte den Wein,
Wie Wasser, das hinab nicht rinnt zum Meere!
Du wüßtest gerne, welcher Blumen Reihn
Im Kranz sich liebend um die Schöne reihet,
Die Kraft zum Himmelsflug dir mußte leihn.
Ich war ein Lamm der Herde, die geweihet
Dominikus und seine Bahn läßt ziehn,
Da, wer nicht irrt vom Wege, wohl gedeihet:
Mein Nachbar, mir zur Rechten siehst du ihn,
War Bruder mir und Meister, hieß im Leben
Albert von Köln, ich Thomas von Aquin.
Und soll ich dir von allen Kunde geben,
Hab acht, mit deinem Blicke meinem Wort,
Den seligen Kranz umkreisend, nachzustreben.
Der nächste Glanz flammt aus dem Lächeln dort
Gratians, der Gnade fand im Paradeise,
Dieweil er mehrte beider Rechte Hort.
Zunächst ihm wird zur Zierde unsrem Kreise
Der Petrus, der sein Scherflein dargebracht,
Der armen Witib gleich, zu Gottes Preise.
Das fünfte, unser schönstes Licht, entfacht
So hehrer Liebe Hauch, daß dort im Leben
Sein Wort zu hören alle Welt bedacht:
Drin strahlt der Geist, dem Weisheit ward gegeben,
So tiefe, daß sich, sagt die Wahrheit wahr,
Zu solchem Schaun kein zweiter konnt erheben.

Dann siehst du dessen Leuchte licht und klar,
Dem schon im Fleische drunten bis zum Grunde
Der Engel Art und Amt ward offenbar;
Im Flämmchen lacht, das jener folgt im Runde,
Des Christenglaubens Anwalt, des Latein
Schon Augustin gedient mit seinem Pfunde.
Jetzt, ließest du des Geistes Auge fein
Mit meinem Lobe gehn von Licht zu Lichte,
Wirds eben auf das achte lüstern sein;
Drin freut sich, Gott zu schaun von Angesichte,
Die heilige Seele, die den Trug der Welt
Dem offenbart, der lauscht, wie sie ihn richte.
Der Leib ruht drunten in Cieldauros Zelt;
Sie kam aus Erdenbann und Marterqualen
Zum Frieden hier, wo uns ihr Glanz erhellt.
Sieh weiterhin die flammend lichten Strahlen,
Die Beda, Isidor, die Richard sendet,
Er, mehr als Mensch im Schauen dazumalen.
Da, wo zu mir zurück dein Blick sich wendet,
Strahlt einer, dems, versenkt in tiefes Sinnen,
Zu lang gewährt, bis seine Fahrt geendet:
Die ewige Leuchte Sigers loht darinnen;
Am Heumarkt lehrend, mancher Wahrheit Ziel,
Die Mißgunst wecket, wußt er zu gewinnen.«
Da, wie die Stunde ruft ein Glockenspiel,
Wenn sich erhebt, ihr Morgenlied zu singen,
Die Gottesbraut, obs ihrem Herrn gefiel;
Wie das, wenn eins das andre treibt zu schwingen,
Tin, tin ertönen läßt mit süßem Klang,
Daß fromme Herzen liebend widerklingen:
So kam das glorreich hehre Rad in Gang,
Und Stimm auf Stimme hört' ichs hold geleiten,
Im Einklang, wie nur droben tönt der Sang,
Wo Freude währt in alle Ewigkeiten.

Elfter Gesang

O sinnlos Mühn der Sterblichen! Wie werden
Zunicht die Gründe, die, mit Fleiß erdacht,
Hernieder deine Flügel ziehn zur Erden!
Der wirft sich auf die Rechte, den entfacht
Hippokrates, der strebt ins Amt der Pfaffen,
Der, mit Gewalt und Trug, nach Herrschermacht;
Der will mit Raub und der im Handel raffen,
Der frönt der Fleischeslust; im Müßiggange
Läßt jener Leib und Seele gar erschlaffen:
Ich aber, ledig nun von all dem Zwange,
Ich kam, mit Beatrice Hand in Hand,
Glorreich im Himmel droben zum Empfange! –
Da kreisend jeder auf den ersten Stand
Zurückkam, blieb er stehn auf seiner Stelle
Still, wie im Leuchter strahlt der Kerze Brand;
Und aus dem Lichte fiel, das an der Schwelle
Mich schon gegrüßt, die Stimme wieder ein,
Und lächelnd strahlt' es noch einmal so helle:
»Wie ich von seinem Strahl der Widerschein,
So seh ich, schauend nach dem ewigen Lichte,
Was dir zu denken gibt, in ihm allein:
Dein Zweifel heischt, daß ich noch einmal sichte
In klarer Rede, mit Bedächtigkeit,
So, daß in deinem Sinn es jetzt ihn schlichte.
Was ich gesagt: daß dort man wohl gedeiht
Und daß kein zweiter so sich konnt erheben;
Das gilt es recht zergliedern zum Entscheid!
Die Vorsehung, die alles Sein und Leben
Nach ihrem Ratschluß lenkt, auf dessen Grund
Zu schauen keiner Kreatur gegeben,

Sie wies, daß sichren Schrittes, treu dem Bund
Dem Bräutigam die Braut entgegeneile,
Ihm angetraut, wie's laut bezeugt sein Mund,
Mit seinem teuren Blut – wies ihr zum Heile
Zween Häupter an, als Lenker ihr zu dienen,
An diesem der und der an jenem Teile.
In Gluten ganz, gleich hohen Seraphinen
Stand dieser; weisheitsvoll auf Erden war
Der andr' ein Strahl vom Licht der Cherubinen.
Vom einen red ich: wen von diesem Paar
Du rühmen magst, du wirst sie beide loben,
Weil eins im Ziel ihr Wirken immerdar.
Springt zwischen Bach Tupin und dem, der oben
Sankt Ubalds Bühl entquillt, ein Hang hervor,
Fruchtbar, vom hohen Berg, der Frost von droben
Und Glut Perugia schickt durchs Sonnentor,
Dieweil ums schwere Joch dahinter klagen
Noceras Not und Gualdos Leid im Chor.
Dort sah, wo minder steil die Hügel ragen,
Die Welt, wie jeweils aus des Ganges Welle
Die unsre, eine neue Sonne tagen.
Nicht sag Ascesi drum, wer jene Stelle
Will nennen; viel zuwenig sagt' er ja!
Sonnaufgang heiße, was uns strahlt so helle.
Noch war ihr Lebenstag dem Aufgang nah,
Als ihrer hohen Tugend zum Beginne
Ein erstes Leuchten schon die Welt ersah:
Dem Vater bot der Jüngling, fest im Sinne,
Trotz um ein Weib, dem gleich dem bittren Tod
Kein Mann das Tor noch aufgetan der Minne.
Die Hand vor seines Sprengels Obern bot
Er gegenwarts des Vaters ihr zum Bunde,
Drauf heißer Tag für Tag sein Lieben loht.

Seit ihres ersten Gatten Todeswunde
Verschmäht, im Dunkel saß sie, ungefreit
Elfhundert Jahr und mehr zu jener Stunde.
Umsonst die Kunde, wie sie Sicherheit
Amyclas bot bei jener Stimme Dräuen,
Die alles beben machte weit und breit;
Umsonst auch, daß sie standhaft, ohne Scheuen,
Da selbst Maria blieb am Fuße stehen,
Mit Christus weint' an seinem Kreuz in Treuen.
Doch länger nicht im Dunklen mehr zu gehen,
Hör an: in solch gepriesnem Liebespaar
Sollst du Franziskus und die Armut sehen.
Die Eintracht, ihre Mienen heiter klar,
Liebe, Entzückung, holder Blicke Grüßen
Weckt' heilig Sinnen, wo man es gewahr:
So sucht' als erster denn mit bloßen Füßen
Der würdige Bernhard solchen Friedens Hut,
Schien, wie er eilte, Säumnis schon zu büßen.
O Reichtum ungekannt! O glückhaft Gut!
Barfüßig folgt' Ägid des Bräutigams Tritten,
Barfuß Silvester, für die Braut in Glut.
So, mit der Gattin, in der Brüder Mitten,
Die frommer Demut Strick gegürtet schon,
Ist, Vater er und Meister, vorgeschritten.
Nicht, daß er Peter Bernardones Sohn,
Hieß zaghaft ihn die Wimper niederschlagen,
Nicht, daß er angestaunt mit Spott und Hohn:
Ein König, kam er, Innozenz zu sagen
Sein streng Gelübd, und hat für solche Lehr
Von ihm das erste Siegel heimgetragen.
Als dann der armen Brüder mehr und mehr
Ihm folgten, dessen wundergleichem Leben
Baß Lob singt, wer dem Himmel singt zur Ehr,

Da hat des hohen Stifters heiligem Streben
Durch Papst Honorius die zweite Krone
Der Geist des Ewigen zum Lohn gegeben.
Dann pries er vor des Sultans stolzem Throne,
Von heißem Durst nach Märtyrtum entbrannt,
Den Christ und die gefolgt dem Gottessohne;
Doch weil zum Heil das Volk er unreif fand,
So weiht' er sich, kein unnütz Wort zu sagen,
Aufs neu dem Erntefeld im welschen Land;
Empfing, wo Felshöhn schroff vom Tiber ragen
Zum Arno, Christi letztes Siegel dann,
Das seine Glieder noch zwei Jahr getragen.
Als dems gefiel, der solches Heil ihm sann,
Zu jenem Lohn ihn zu erhöhn im Sterben,
Den all sein Selbsterniedern ihm gewann,
Befahl den Brüdern er als rechten Erben
Die Fraue, ihm so teuer, allezeit
In Liebe, treugesinnt um sie zu werben.
Es wollt' aus ihrem Schoß zur Herrlichkeit
Der Heimat die verklärte Seele schweben:
All andre Bahre war dem Leibe leid. –
Schau nun, was jener wert, der dort im Leben
Ihm würdiger Werkgenoß, auf hohem Meer
Sankt Peters Schifflein rechte Fahrt zu geben;
Und das war unser Stifter. Wahrlich, wer,
Wie er gebot, dem Lenker folgt in Treue,
Weiß wohl, er fährt mit guter Fracht daher.
Doch seine Herde lüstets heut auf neue,
Ganz andre Kost; da kanns nicht anders sein,
Als daß im Dickicht sich der Schwarm zerstreue.
Je weiter von ihm weg so querfeldein
Sie schweift, je leerern Euters zu den Ställen
Heim kehren dann die Schäflein insgemein.

Noch gibts ein paar, die sich zum Hirten stellen
Und nehmen wohl vor Schaden sich in acht,
Doch brauchts für deren Kutten wenig Ellen!
Jetzt, wenn dein Ohr fein achtsam auf der Wacht,
Wenn nicht zu kraftlos meine Worte klangen,
Wenn, was ich sagte, wohl dein Sinn bedacht,
Befriedets dir zur Hälfte dein Verlangen:
Du siehst, wovon der Baum zerspellt derzeit,
Siehst die Bedingnis, dran die Worte hangen,
Daß, wer nicht irrt vom Wege, wohl gedeiht.«

Zwölfter Gesang

Kaum langte so beim letzten Worte an
Die hochgelobte Flamme, als zu schwingen
Sogleich das heilige Mühlenrad begann;
Und eh's zu End die Runde konnte bringen,
Schloß eines zweiten Ring den seinen ein
Und stimmte Schritt zu Schritt und Sang zum Singen:
Sang, der aus so holdseligen Schalmein
So Musen als Sirenen all hieß weichen
Wie ersten Lichts ein Strahl den Widerschein.
Wie zwei der Bogen im Gewölk, dem bleichen,
Zu sehn, wenns Juno ihrer Magd befahl,
Die, gleich gewölbt, sich auch an Farbe gleichen,
Davon den äußren weckt des innren Strahl
Gleich deren Worte, die, wie Nebelwehen
Im Sonnenlicht, verging vor Schmachtens Qual –
Vorzeichen ists, daran die Völker sehen,
Daß, seit der Herr mit Noah schloß den Bund,
Nie mehr in Fluten soll die Welt vergehen –,
So wand sich doppelt rings um uns im Rund
Der Rosen dort ein Kranz, die nie verblühen,
So glich dem innern, der darüber stund.

Hielt nun mit Singen und mit Flammensprühen
  Sotanen Reigens hohe Feier an,
  Da Licht um Licht in gleicher Wonne glühen,
Auf einen Schlag, in eines Willens Bann,
  Zwei Augen gleich, die nur zugleich bewegen
  Im Auftun Willkür wie beim Schließen kann:
Wollt' eine Stimme sich im Herzen regen
  Solch neuen Lichts, und wie zum Nordstern weist
  Die Nadel, wandt' ich mich dem Glanz entgegen.
Und sie begann: »Vom andren Herzog heißt
  Die Liebe, die mich so verklärt, mich sagen,
  Mit dessen Lobe man den meinen preist.
Wer einen nennt, muß nach dem andren fragen:
  So wie in einem Kampfe stritt das Paar,
  Soll beiden eines Ruhmes Sonne tagen!
Ein Häuflein klein, schlich Christi Heeresschar,
  Die neu zu wappnen schon so teuer kommen,
  Träg ihrem Banner nach, in Zagen gar,
Als des bedrängten Fähnleins Seiner Frommen
  Sich rein aus Gnaden, nicht weils dessen wert,
  Er, dessen Reich ohn Ende, angenommen
Und, wie du hörtest, Seiner Braut beschert
  Der Kämpen zwei, auf deren Wort und Walten
  Zum Weg die Abgeirrten rückgekehrt.
Wo Zephir haucht, der holde, zu entfalten
  Des jungen Laubes Maiengrün, darein
  Europens Busen neu sich hüllt, der kalten;
Vom Schwall der Woge nicht gar weit landein,
  In der zuzeiten sich nach langer Reise
  Dem Menschenauge birgt der Sonne Schein;
In hehren Schildes Hut, da wechselweise
  Bald obliegt und bald unterliegt der Leu,
  Liegt Calaroga, die sich glücklich preise!

Dort wuchs der Christenlehr ein Buhle treu,
Der heilige Ringer, allezeit in Minne
Den Seinen hold, der Feinde Schreck und Scheu.
Noch kaum geschaffen, ward sein Geist schon inne
Lebendiger Kraft und ward in deren Bann
Die Mutter, die ihn trug, zur Seherinne.
Und als am heiligen Bronn vollzogen dann
Sein Ehbund mit dem Glauben, der dem Paare
Zur Mitgift wechselseitig Heil gewann,
Sah, die für ihn das Ja sagt' am Altare,
Die Frucht im Traume, füllend schon die Tennen,
Sein und der Folger Werk, das wunderbare.
Auf daß er gleich, als der er war, zu kennen,
Erschien von hier ein Geist, gab ihnen ein,
Nach Ihm, dem ganz er eigen, ihn zu nennen;
Dominikus ward er genannt. Allein
Ich heiß ihn Ackermann, erwählt von Christus,
In seinem Garten Helfer ihm zu sein.
Ja, Jünger war er, war gesandt von Christus,
Denn was als erstes Lieben er bekannt,
Dem ersten Rate galts des Herren Christus:
Oftmals am Boden still und wachend fand
Ihn seine Amme, gleich als wollt' er sagen:
Seht, dazu bin ich in die Welt gesandt!
Ja, Felix war sein Vater, sonder Fragen,
Johanna seine Mutter sicherlich,
Gilt, was er sagt, der Name, den sie tragen!
Nicht um die Welt, um die sie heute sich
Auf Susas mühn und auf Thaddäus' Pfaden:
Dem wahren Brot zuliebe einziglich
Ward er Gelahrter bald von hohen Graden,
Nahm jenes Weinbergs Hege drauf in Pflicht,
Der rasch, wenn arg der Winzer, kommt zu Schaden.

Am Stuhl, wo holder einst – er selber nicht,
  Der droben sitzt, ist aus der Art geschlagen –
  Man frommer Armut war, tat er Bericht:
Nicht, um der nächsten Pfründe nachzufragen,
  Um Zehnten nicht, der Gottes Armen fällt,
  Nicht drei und vier von sechs sich zu erjagen:
Nur um Verlaub, mit der verirrten Welt
  Zu streiten um die Saat, von deren Sprossen
  Hier zweimal zwölf um dich zum Kreis gesellt.
Nun drang er, da's im heiligen Amt beschlossen,
  An Lehre wie an Eifer stark, voran,
  Dem Bergstrom gleich, der hochher sich ergossen;
Und aufs Gestrüpp der Ketzerei begann
  Er seinen Sturm: je trotziger sie verharrten
  Im Widerstand, je heißer rannt' er an.
Viel Bäche tränkten, ihm entströmt, den Garten
  Der Christenheit, drin grünend ausgeschlagen
  Die Bäumlein, die zuvor in Dürre starrten.
War solcherart das eine Rad am Wagen
  Der heiligen Kirche, der im Bürgerzwist
  Die hart sich wehrende zum Sieg getragen,
So mein' ich, daß dein Sinn nun wohl ermißt
  Des andren Trefflichkeit, dem Thomas eben,
  Eh denn ich kam, so hold gewesen ist.
Doch öde liegt das Gleis und sonder Leben,
  Das in den Weg der Reif des Rades schnitt,
  Und Schimmel wächst, wo's Weinstein erst gegeben.
Die Seinen, deren Fuß gradaus doch schritt
  In seiner Spur, sind rückwärts nun gekehret,
  Daß, wo die Ferse trat, die Zehe tritt;
Und bald verrät die Ernte, wie verheeret
  Die Aussaat war, wenn heulen muß die Spreu,
  Daß ihr zur Scheuer wird das Tor verwehret.

Wohl fände, wer da Seit um Seite neu
  In unsrem Buche prüft, auf mancher stehen:
  ›Dem altgewohnten Brauche blieb ich treu.‹
Doch zu Casal und Acquasparta drehen
  Und wenden sie sein Wort gar wunderlich:
  Der tut ihm Zwang, der will ihm gar entgehen!
Bonaventuras Leben, sieh, bin ich
  Von Bagnoregio, dem gemeines Streben
  Vor heiligen Amtes hohen Pflichten wich.
Illuminat ist, Augustin hierneben,
  Der ersten zwei, die barfuß, arm, die Lende
  Umgürtend mit dem Strick, sich Gott ergeben;
Hier Hugo von Sankt Viktor; dort am Ende
  Petrus Comestor, Petrus Hispanus,
  Des Licht da drunten strahlt ein Dutzend Bände;
Hier Nathan, der Prophet, Chrysostomus,
  Der Hirt, Anselm, Donat auch, der gelehret,
  Was freier Künste Erstling wissen muß.
Hraban ist hier, es strahlt, mir zugekehret,
  Abt Joachim, der Kalabreser dann,
  Dem Sehergeistes Gabe war bescheret. –
Mich trieb für so erhabnen Gottesmann
  Zu eifern Bruder Thomas' brünstig Lieben
  Und seine zierbegabte Rede an,
Wie's mit mir diese Bruderschaft getrieben.«

Dreizehnter Gesang

Denkt euch, so recht zu schauen ihr gewillt,
  Was jetzt ich sah – und während ichs berichte,
  Vor Augen haltet felsenfest das Bild –:
Die fünfzehn Sterne, die mit hellstem Lichte
  Den Himmel rings beleben, klarer Pracht,
  Die siegend strahlt durch allen Dunstes Schichte;

Denkt die des Wagens euch, der Tag und Nacht
Treu unsrem Himmelsrund, von dessen Grunde
Kein Wenden ihn der Deichsel schwinden macht;
Denkt die dazu von jenes Hornes Munde,
Das sich zunächst dem Knauf der Achse hält,
Um die der Himmel erster schwingt die Runde;
Zwei solcher Zeichen denkt am Himmelszelt
Sie bildend dann, wie eins erstrahlt' im Glanze,
Als Minos' Tochter Todesfrost gefällt;
Das eine leuchtend in des andren Kranze
Und beide kreisend, eines stets voran,
Das andre einen Schritt zurück im Tanze:
Ein Schattenbild des Wahren seht ihr dann
Vom Doppelreigen jener Himmelszeichen,
Der dort um mich zu kreisen nun begann.
Nichts kann, was uns vertraut, sich dem vergleichen,
So wenig wie dem Himmel, dessen Gang
All andre überholt, der Chiana Schleichen.
Da riefs nicht Bacchus, kein Päan erklang!
Wie Gott in drein, wie Gott und Mensch verbunden
In einerlei Person, das pries ihr Sang.
Nun schloß ihr Lied und ihres Reigens Runden;
Die heiligen Lichter neigten sich uns dar,
Des neuen Dienstes froh, den sie gefunden,
Das Schweigen dann der eintrachtseligen Schar
Brach jenes Licht, draus Wundermär vom Leben
Des Armen Gottes mir erklungen war:
»Nun eine Garbe schon Erdrusch gegeben
Und eingebracht ihr Korn, lockt wundersam
Mich Liebe, mit der andren anzuheben.
Du meinst, die Brust, draus Gott die Rippe nahm,
Die Wange draus zu bilden, deren Schimmer
Um Gaumens Gier der Welt so teuer kam;

Und jene, die, vom Speer durchbohrt, auf immer
Für alle Sündenschuld genuggetan,
Daß nichts die Waage senket nun und nimmer:
Die hätten mit dem Lichte, das sie sahn,
Soviel des Menschen Art nur kann ertragen,
Von Ihm, der ein' und andre schuf, empfahn.
Drum nimmt dichs wunder, hörtest du mich sagen,
Kein zweiter gleiche jenem Weisheitshorte,
Den hier im fünften Licht du siehest tagen.
Tu auf dein Auge, so ich dir antworte,
Und sieh, der Wahrheit trifft ins Herz hinein
Dein Denken gleicherweis wie meine Worte.
Ob ewig, ob vergänglich, alles Sein
Ist von dem Urbild, das aus lauter Lieben
Der Herr erdenket, nur ein Widerschein.
Das Licht vom Lichte, eins mit ihm geblieben
Und mit der Liebe beide dreigeeint,
Dies lebend Licht, von seiner Huld getrieben,
Strahlt, ewig *eines* bleibend, so vereint
Sein Leuchten aus in neun Urwesenheiten,
Daraus es wie im Spiegel widerscheint.
Von dann strahlts zu den letzten Möglichkeiten,
Um da, fortwirkend stets von Ring zu Ringe,
Vergänglich Zufallswerk nur auszubreiten.
Zufallig heiß ich die gezeugten Dinge:
Das, was der Himmel kreisend läßt gedeihn,
Obs mit, ob ohne Samen ihm entspringe.
Ihr Wachs und was den Stempel prägt darein,
Sind nie sich gleich; drum scheint das Urbild eben
Aus dem Gepräge mehr und minder rein.
So kommts, daß gut' und arge Früchte geben
Die Bäume gleicher Art, und wie die Pflanze
Bringt ihr verschiedne Gabe mit ins Leben.

Wär ohne Fehl das Wachs, wär ja die ganze,
Die höchste Kraft des Himmels aufgewandt,
Das Siegel strahlt' in seinem vollen Glanze.
Allein Natur bringt Stückwerk nur zustand,
Schafft einem Meister gleich, der wohl erfahren
In seiner Kunst, doch zittert ihm die Hand.
Nur wenn es Liebesglut im Licht, dem klaren,
Bereitet und geprägt der ersten Macht,
Muß Allvollkommenheit sich offenbaren:
So ward der Erdenkloß bereits bedacht
Mit Allvollkommenheit an Leib und Leben,
So hat der Schoß der Jungfrau Frucht gebracht.
Drum muß ich deiner Meinung Beifall geben:
Nie konnt und kann die menschliche Natur
So hoch sich wie in diesen zwein erheben.
Jetzt, wenn ich hier nicht fort zu reden fuhr,
So höbst du füglich wieder an mit Fragen:
Wie war denn jener ohnegleichen nur?
Bedenke, soll dir dieses Dunkel tagen,
Wer es gewesen, was sein Wunsch allein,
Als er die Stimme ›Wünsch dir‹ hörte sagen.
Ich sprach in Rätseln nicht, so siehst du ein:
Er war ein König, und um Weisheit flehen
Hieß ihn der Wunsch, ein König recht zu sein;
Nicht deren Zahl zu wissen, die da drehen
Des Himmels Rad; nicht, ob notwendiger Schluß
Aus Möglich und Notwendig kann entstehen;
Ob ersten Antrieb braucht der Dinge Fluß;
Noch obs ein Dreieck gibt im halben Kreise,
Das nicht den rechten Winkel haben muß.
So siehst du, wenn du merkst, was ich dir weise,
Daß Königsweisheit jene Einsicht war,
Darauf mein Pfeil gezielt zu seinem Preise;

Und blickst du auf das Wort ›erheben‹ gar,
So siehst du wohl, auf Könige muß es gehen:
So viele gibts, und gute sind so rar!
In solchem Lichte sollst mein Wort du sehen,
So kanns mit dem, was du vom ersten Ahnen,
Vom lieben Heiland glaubest, wohl bestehen.
Dies sei dir Blei am Fuße, soll dich mahnen,
Daß er bedächtig wie ein Müder schleicht
Bei Ja und Nein auf unerforschten Bahnen:
Ist aller Toren letzter doch, wer leicht,
Ohn Unterscheidung ja und nein will sagen,
Ob so, ob so sein Schritt vom Wege weicht.
Auf falschem Wege sehn wir oftmals jagen
Voreilig rasche Meinung, und in Bande
Will Eigenliebe dann das Urteil schlagen.
Weit ärger denn vergebens stößt vom Lande,
Wer Wahrheit fischt und nicht die Kunst versteht:
Denn wie er auszog, kehrt er nie zum Strande!
Des sind euch Zeugen, daß ihrs deutlich seht,
Bryson, Parmenides, Meliß samt vielen,
Die gehn und wissen nicht, wohin es geht;
So fiel Arius, fiel Sabell, so fielen
Die Toren, die der Schrift ihr grad Gesicht
Schwertklingen gleich entstellt und machtens schielen,
Geht nicht zu dreist, ihr Menschlein, ins Gericht!
Seid nicht, wie die das Korn, noch eh sie heuen,
Schon auf dem Halme schätzen nach Gewicht!
Oft sah ich winterlang mit Stacheln dräuen
So starr den Hagedorn und doch am Ende
In Rosenblust den Wipfel uns erfreuen;
Sah gradeswegs ein Schifflein und behende
Das weite Meer hin steuern seine Bahn
Und schließlich scheitern, nah der letzten Lände.

Nicht wähne, weil sie einen stehlen sahn,
  Den andren opfern, Hinz und Kunz nur eben,
  Daß Gottes Ratschluß ihnen aufgetan:
Denn der mag fallen, jener sich erheben.«

Vierzehnter Gesang

Von Mitte wellts zum Rand, vom Rand zur Mitten,
  Wenn Wasser Stoß verspürt in runder Schale,
  Obs innen, ob von außen ihn erlitten.
So wie ichs sage, kams mit einem Male
  Mir in den Sinn, als Thomas' glorreich Leben
  Verstummt in seines Lichtes hellem Strahle:
So hört' ich seinem Wort entgegenschweben
  Desgleichen das aus Beatrices Mund,
  Ders da gefiel, nach jenem anzuheben:
»Wohl frommt es diesem, tut ers gleich nicht kund,
  Mit Worten nicht noch sinnend im Gemüte,
  Kommt andrer Wahrheit jetzt er auf den Grund.
So sagt ihm, ob das Leuchten, dessen Blüte
  Eur Wesen ziert, so hell in Ewigkeit
  In euch wird strahlen, wie's von Anfang glühte;
Und wenn, so sagt: Wenn ihr zu eurer Zeit
  Sichtbarlich aufersteht, wie kanns geschehen,
  Daß solches Leuchten nicht dem Auge leid?«
Wie, wenn die Lust wir sie beflügeln sehen,
  Die Tänzer, deren Schar den Reigen schlingt,
  Die Stimme hebend, raschern Schwungs sich drehen,
So auf ihr frommes Flehn schien neu beschwingt
  Von Freude Reihn und Wunderweis der beiden
  Geweihten Runden, die uns dort umringt.
Ach, wer so jammert, daß er hier muß scheiden
  Zum Leben droben, ahnt ja nicht, wie rein
  Wie frisch der ewige Tau der Himmelsweiden!

Der ewig lebt in Eins und Zwei und Drein,
In Drei und Zwei und Eins regiert ohn Ende,
Der, unumschränkt, das All umschränkt allein:
Ihm sangen Lob, dreimal, als Opferspende
Die Geister all in holden Melodien,
Dran aller Welt Verdienst Entlohnung fände.
Und aus dem Lichte, das am hellsten schien
Im engren Kreis, die Stimme hört' ich schallen
Sanft, wie des Engels Gruß wohl klang Marien:
»Solang die Feier währt in Himmelshallen,
So lange wird, ein strahlend Lichtgewand,
Dies Flammen unsrer Liebe uns umwallen.
Sein Leuchten folgt der Glut, die hier entbrannt,
Die Glut dem Schaun, das jedem so verliehen,
Als über sein Verdienst er Gnade fand.
Wirds Zeit, die Hülle wieder anzuziehen
Verklärten Fleisches, ist, weils dann vollendet,
Zu höherm Segen unser Sein gediehen.
Drum wird sich mehren, was an Licht uns spendet
In seiner Gnade dann das höchste Gut,
Licht, das Ihn selbst lehrt schauen, der es sendet.
So wächst das Schauen, wächst zugleich die Glut,
Die dran entfacht, es wächst, wie sie erblühen,
Das Leuchten auch, das jenem Folge tut.
Doch wie die Kohle mit lebendigem Sprühen
Die Flamme überglänzt, die sie beleckt,
Daß du hindurch ihr eigen Licht siehst glühen,
So wird der Glanz, in dem wir nun versteckt,
Vom Leuchten unsres Fleisches jener Tage
Noch überstrahlt, das heut die Erde deckt.
Und nie wird solches Gleißen uns zur Plage,
Denn jede Kraft des Leibs wird tüchtig sein
Für alles, was uns freut, daß sie's ertrage.«

So rasch fiel Chor um Chor mit Amen ein,
So freudig, daß ins Auge recht gefallen,
Wie sie's verlangt nach ihrem Fleisch und Bein;
Nicht nur sich selber, Müttern, Vätern, allen
Galt sicherlich der Wunsch, die jedem teuer,
Bevor er flammt' in diesen ewigen Hallen.
Und sieh: ein Glanz erstrahlte rings, ein neuer,
In gleicher Klarheit, ob den ersten zwein,
Wie wenn der Horizont erglüht in Feuer;
Und wie am Himmel, hüllt ihn abends ein
Das erste Dämmern, Lichter neu erstehen
Und bald dich wahr, bald täuschend dünkt der Schein.
So glaubt' ich mählich neue da zu sehen
Von jenen Wesen, und es schien die Schar
Im Kreis sich um die andren zwei zu drehen.
O heiligen Hauchs wahrhaftiger Glanz! Wie klar,
Wie jäh ins Auge blitzt' er mir, das nimmer
Dem Gleißen standzuhalten mächtig war!
Doch sah so hold in ihres Lächelns Schimmer
Mich Beatrice an, daß von dem Schein,
Dem hellen all, ich schweigen muß für immer.
Kraft strahlt's, sich aufzutun, dem Auge ein.
Und wiederum zu neuem Heil erhoben,
Mit meiner Herrin sah ich mich allein,
Wohl ward ich inne, daß wir höher droben,
Am Flammenschein, der aus dem Sterne lachte
Und röter schien, als sonst wirs sahn dort oben.
In jener Sprache, gleich für jeden, brachte
Dankopfer, recht von Herzen, Gott ich dar,
Daß so mit neuer Huld Er mich bedachte;
Und eh noch meiner Brust entlodert war
Des Opfers Brand, so sah ichs angenommen,
Und daß es Gnade fand, erkannt' ich klar.

So hell, glutrot, sah Lichter ich entglommen
In zweier Strahlen Glanz, daß mirs entfuhr:
»Wie prangend, großer Gott, ist Dein Willkommen!«
Wie, kaum enträtselt selbst den Weisen nur,
Aus großen Lichtern aufgereiht und kleinen,
Von Pol zu Pole strahlt Galassias Spur,
So sah ich jener Strahlen Glanz sich einen
In Tiefen dort des Mars zum heiligen Zeichen,
Das viergeteilt des Kreises Rund läßt scheinen.
Dem Bild, wie mirs im Sinne steht, muß weichen
Die Dichtung; strahlt' am Kreuze doch der Christ,
Und was wär würdig, Ihm sich zu vergleichen?
Doch wer da nimmt sein Kreuz und folgt dem Christ,
Wird einst mein Schweigen willig mir vergeben,
Sieht er im Glanze leuchten dort den Christ!
Von Arm zu Arm, vom Haupt zum Fuß ein Weben
Von Lichtern war, die funkelten mit Macht,
Wo sie begegnend sich vorüberschweben:
So siehst du lang wie kurz, geschwind und sacht,
Stets wechselnder Gestalt, die Kreuz und Quere,
Im Lichtstreif, wo ein Sonnenstrahl die Nacht
Des Schattens säumt, den wir der Glut zur Wehre
Des Sommers wohlbedacht und künstlich breiten,
Kleinwinzige Stäubchen wirbeln durch die Leere.
Und wie, zum Einklang all gestimmt die Saiten,
Vielsüßes Summen Harf und Geige klingen,
Wenn dir die Weise fremd, die sie begleiten,
So aus den Lichtern allen klang ein Singen
Vom Kreuz herab, und ob ichs nicht verstand,
Ich fühlt' es alle Sinne mir bezwingen.
Lob wars und Preis, das hatt ich wohl erkannt,
Denn: »Aufersteh zum Sieg ...«, die Worte klangen,
Wie was man hört und weiß nicht, wie's bewandt.

Und ich erglüht' in liebendem Verlangen,
Wie nichts zuvor mich so entbrennen machte
Und mich in Banden also süß gefangen.
Klingt allzu kühn dies Wort, als wenns verachte
Der schönen Augen Wonne, drein allhier
Ein Blick zur Ruhe all mein Sehnen brachte?
Ach, wer erwägt, wie droben aller Zier
Lebendige Bildner immer schöner weben
Und ich kein Auge da noch hob zu ihr,
Sieht, daß ich Wahrheit sprach, und mag vergeben,
Wes ich entschuldigend mich angeklagt:
Nicht sagts der heiligen Wonne ab, die eben,
Je höher droben, immer reiner tagt!

Fünfzehnter Gesang

Freundwilligkeit, darin sich stets die Liebe,
Die nach dem Rechten zielet, kund muß tun,
Wie alle Unbill zeugt von sündigem Triebe,
Gebot der süßen Leier Schweigen nun
Und hieß die Saiten, die zu diesem Reigen
Die Hand des Himmels stimmt, die heiligen, ruhn.
Wie könnten frommer Bitte taub sich zeigen,
Die so einträchtig alle, in Geduld,
Daß ich sie bitte, nun geharrt in Schweigen?
Ja, ewige Pein verdient für seine Schuld,
Wer jenem Gut zuliebe, das vergehet,
Sich scheidet ewiglich von solcher Huld!
Wie nachts ein Flammen wohl ihr zucken sehet
Am Himmel still und klar, daß vor der Helle
Das Auge blinzt, das still im Schauen stehet;
Als ob ein Stern aus seinen Kreisen schnelle,
Nur daß da keiner, wo's entglommen war,
Verlorenging, und hier verlischts zur Stelle:

So schoß vom rechten Arm, wo eine Schar
Von Lichtern hell erstrahlt' am Kreuzeszeichen,
Zum Fuß ein Stern hernieder, leuchtend klar.
Nicht fiel vom Band das Kleinod, fuhr die Speichen
Entlang am Kreuz, der Flamme, deren Brand
Durch Alabaster schimmert, zu vergleichen.
So huldvoll eilt', als er den Sohn erkannt,
Sprach unsrer Musen Fürstin wahre Worte,
Anchises' Schatten her im seligen Land.
»O du mein Blut! Aus Gottes Gnadenhorte
Welch überströmend Heil! Wem ward wie dir
Zweimal erschlossen je des Himmels Pforte?«
Also die Leuchte, und so lauscht' ich ihr;
Und als ich wieder dann mein Auge richte
Auf meine Herrin, staunt' es dort wie hier:
Ein Lächeln loht' in ihrer Augen Lichte,
Daß in des Heils, in meines Himmels Grund
Zu schaun ich glaubte so von Angesichte.
Der Geist sodann tat wieder auf den Mund,
Lieblich zu hören, lieblich anzusehen,
Doch tiefen Sinnes, daß ich nichts verstund.
Nicht hehlt' er sich mit Fleiß: so mußt' es gehen,
Weil allzu weit sein Sinnen überflogen
Das Ziel für alles menschliche Verstehen.
Da Liebesglut so weit entspannt den Bogen,
Daß seiner Rede Flug herab sich wandte,
Der Grenze zu, die unsrem Geist gezogen,
Da war das erste, was mein Ohr erkannte:
»Dank Dir, der Drei in Einem, Lob und Preis,
Der solche Gnade meinem Samen sandte!«
Und dann: »Was ich ersehnt so lang und heiß,
Seit ichs im Buche las, drin nie zunichte
Und nie gewandelt wird, was schwarz auf weiß,

Du hasts erfüllt, nun hier in diesem Lichte,
Dank ihr, die dir zum hohen Flug die Schwingen,
Mein Sohn, geliehn, an dich mein Wort ich richte!
Du meinst, zu mir muß dein Gedanke dringen
Von Ihm, dem Ersten, wie, wenn Eins dir klar,
Der Einheit Fünf und Sechs von selbst entspringen.
Drum fragst du nicht nach mir und wer ich war,
Warum ich dein mich mehr zu freuen scheine
Als irgendwer in dieser frohen Schar.
Wahr ists: die hier im Leben, Groß' und Kleine,
Schaun in den Spiegel, drin, noch eh's gedacht,
Sich alles Denken zeigt im Widerscheine;
Doch daß, die ewigen Schauens in mir wacht,
Die heilige Liebe, voll ihr Maß empfange,
Die mir so süßen Sehnens Durst entfacht,
Heb frei und froh die Stimme, sei nicht bange,
Sag deinen Wunsch, sag dein Begehren an,
Darauf die Antwort dir bereit schon lange.«
Zur Herrin blickt' ich auf, die, eh's begann,
Mein Wort vernahm und lächelte ein Nicken
Mir zu, das Flügel meinem Wunsch gewann;
Da hub ich an: »Euch, die ins Auge blicken
Dem ewig Gleichen, muß zum Gleichgewicht
Wunsch und Vermögen sich im Geiste schicken.
Steht doch die Sonne, deren Glut und Licht
Euch glüht und leuchtet, so in allen Dingen,
Im Gleichmaß, daß ein Gleichnis gar gebricht.
Allein dem Sterblichen sind zum Vollbringen
– Ihr wisset wohl, warum – und im Verlangen
Ungleich befiedert immerdar die Schwingen!
Ich nun, der sterblich bin und so befangen
In Zwiespalt, zoll im Herzen nur der Hand
Den Dank, die mich so väterlich empfangen.

Recht bitt ich dich, du lebender Demant,
Der du dies teure Kleinod zierst, o sage,
Daß mir der Durst gestillt, wie du genannt!«
»Du Reis von meinem Stamm, des all mein Tage
Ich froh geharrt, sieh deine Wurzel hier!«
Er sprachs, und Antwort gab er meiner Frage:
»Mein Sohn, nach dem den Sippennamen ihr
Noch führt, der hundert Jahr im ersten Kreise
Und mehr den Berg umkreist, war Urahn dir.
Du solltest ihm nach frommer Christen Weise
Mit gutem Werke dienen, dessen Frucht
Ihm kürzt des Bußgangs lange Pilgerreise!
Im alten Mauerring, in dessen Flucht
Es Terz noch heute hört und None schlagen,
Lag noch Florenz in Frieden schlicht und Zucht.
Nicht Kett und Kopfschmuck trug in meinen Tagen,
Nicht Schnabelschuh die Frau noch Gürtelspangen,
Die stolzer anzuschaun, denn die's getragen.
Nicht machte die Geburt der Tochter bangen
Den Vater: Maß und Ziel für Hochzeitstag
Und Mitgift war noch nicht verloren gangen;
Noch gabs kein Haus, das unnütz öde lag,
Noch kein Sardanapal kam auf, zu zeigen,
Wie mans in Prunkgemächern treiben mag.
Nicht übern Montemalo wollte steigen
Eur Vogelsberglein, – überwuchs es den,
Solls ihm voran sich auch zum Sturze neigen!
Hornspang am Ledergurt, so sah ich gehn
Bellincion Berti, ungeschminkt die Wangen,
Pflegt' ihm sein Weib vom Spiegel aufzustehn;
Ein Nerlo, ein del Vecchio kam gegangen
In blanker Schur, und ihren Frauen stand
Nach Spindel nur und Kunkel das Verlangen.

Wohl ihnen! Daß daheim ihr Grab sie fand,
War jede sicher; einsam lag noch keine
Zu Bett, weil alles zog nach Frankenland.
Der Wiege wartend, wachte dir die eine,
Am Schmeichellaut, mit dem sie stillt' ihr Kind,
Sich freuend mit dem Vater im Vereine;
Die andre, weil sie Flachs vom Rocken spinnt,
Erzählte Mären von Trojanern, Sagen
Von Rom und Fiesole dem Hausgesind.
Cianghella, Saltarell wär unsren Tagen
Ein Wunder, wie an Cincinnatus ihr
Mögt und Cornelia kaum zu glauben wagen!
So traut, so friedreich war das Leben hier,
So treu der Bürgersinn in unsrem Bunde,
So hold die Herberg, die Maria mir
Auf brünstig Flehen gab, wo ich im Runde
Von eurer alten Täuferkirche Christ
Und Cacciaguida ward zur selben Stunde.
Moront als Bruder mir geboren ist
Und Eliseo, und am Po-Gestade
Mein Weib, nach der genannt du selber bist.
Dann folgt' ich Kaiser Konrad, dessen Gnade
Mich mit dem Schwertgurt gürtend hob zu Ehren
Für guten Dienst auf seinem Kriegespfade;
Zog wider Heidentrotz mit seinen Heeren,
Der noch, was euch gebührt, in Krallen hält,
Weil eure Hirten säumig, ihm zu wehren.
Durch dies Gezücht entrückt dem Trug der Welt,
Um deren Lust, von ihrem Heil geschieden,
So manche Seele in Verdammnis fällt,
Kam ich durch Märtyrtum allhier zum Frieden.«

Sechzehnter Gesang

O Adel des Geblüts! Wenn hier im Leben
Sich deines Flitters einer rühmen mag,
Hier, wo so schwach zum Guten unser Streben,
Das soll mich wundernehmen keinen Tag.
Nun dort, wo's nie den rechten Weg kann meiden,
Im Himmel selbst ich solchen Rühmens pflag.
Ein Rock bist du, der keinen lang wird kleiden,
Wenn er nicht täglich anstückt, weil die Zeit
Ihn stutzt ringsum mit ihrer Schere Schneiden.
Mich drangs, mit Ihr, wie's Untertänigkeit
Einst Rom gelehrt, von neuem anzuheben,
Dem Brauch, von dem sein Volk sich dann befreit;
Und Beatrice, lächelnd, stand daneben
Gleich jener, die zu hüsteln da begann,
Als sich Ginevras Tugend wollt ergeben.
»Ihr seid mein Vater«, also hub ich an,
»Ihr macht mir Mut, von allem Euch zu sagen,
Ihr hebt mich über dies mein Ich hinan!
Wo so viel Freude quillt, muß freudig schlagen,
Sein selbst vergnügt, mein Herz, das dies empfahn
Und, ohne daß die Brust es sprengt, ertragen.
So sagt von Euren Vorfahrn, teurer Ahn,
Und sagt mir denn, wieviel man zählt' an Jahren,
Als dort die Sonne Eure Augen sahn.
Laßt, bitt ich, von der Hürde mich erfahren
Der Schäflein Sankt Johanns, wie groß der Ort
Und welche da im Rang die ersten waren.«
Wie Kohle, die vom Windeshauch sofort
Aufflammt in Glut, als ichs an jenem Lichte,
Wie's hell erstrahlte auf mein schmeichelnd Wort;

Und wie's noch schöner ward von Angesichte,
Tönt' auch die Stimme lieblich-süßern Klang,
Doch nicht, wie heut man spricht und ichs berichte:
»Vom Tage, da der Engel Ave sang,
Bis mein, die mich im Schoße trug, entbunden
Die Mutter, die nun selig schon so lang,
Hat seinem Leuen sich auf seinen Runden
Fünfhundertachtzigmal dies Licht gesellt,
Dems neu entflammt zu Füßen stets erfunden.
Ich sah den Vätern gleich das Licht der Welt,
Wo euer letzt Quartier am Jahrestage
Die Rennerschar erreicht, die Wettlauf hält.
Das sei Bescheids genug auf deine Frage,
Wer meine Vorfahrn und woher sie waren;
Da ziemt sich Schweigen mehr, denn daß ichs sage.
Der Waffen mächtig lebt' in meinen Jahren
Ein Fünftel nur vom Mars bis Sankt Johann
Der Mannen, die sich heut ums Banner scharen;
Doch rein, noch nicht vermischt mit Campis rann,
Mit denen von Certaldo, von Figghinen,
Das Bürgerblut im letzten Handwerksmann.
Ach, wieviel besser stünd es, wärt ihr ihnen
Nachbarn geblieben, ließt Galuzzos Mauern
Und die Trespianos euch als Grenzmark dienen,
Als daß ihr drinnen mußt den Stank des Bauern
Von Aguglion und den von Signa dulden,
Der stets die Ohren spitzt, auf Trug zu lauern!
Ja, wären sie, die schuldig aller Schulden,
Stiefmütterlich dem Cäsar nicht gesinnt,
Statt, wie dem Sohn die Mutter, treu in Hulden,
Kehrt' einer, der als Florentiner Kind
Heut tauscht und marktet, heim nach Simifonte,
Wo seine Väter betteln gangen sind!

Gräflich wär Montemurlo noch; es konnte
In Acons Sprengel noch und Greves Grund
Haus Cerchi sitzen und die Buondelmonte.
Von je war Volksgemisch, das allzu bunt,
Keim des Verderbs für jegliche Gemeine,
Wie nimmer Schmaus auf Schmaus dem Leib gesund.
Eh denn ein blindes Lämmchen bricht die Beine
Ein blinder Stier, und schärfer siehst du schneiden
Als fünf der Schwerter allzuoft das eine!
Sieh Luni, Urbisaglia, wie's den beiden
Vorlängst ergangen! Sieh, wie Chiusi letzt
Und Sinigaglia gleiches Schicksal leiden:
So nimmts dich nicht mehr wunder, hörst du jetzt,
Daß Sippen schwinden, wie sie sich erheben,
Da Städten selber Zeit und Ziel gesetzt.
Was euer, ist in Todes Hand gegeben,
So wie ihr selber; aber währt es lang,
Gewahrt ihrs nicht, denn kurz ist euer Leben.
Wie ohne Rast des Mondes Sphärengang
Zum Strand die Woge fluten läßt und weichen,
So waltet ob Florenz des Schicksals Zwang;
Nicht staune drum, wenn Namen dir und Zeichen
Der Großen von Florenz von mir genannt,
Wie deren Schimmer ließ die Zeit verbleichen.
Ormanni, Catellin, Filippi fand,
Ughi und Greci ich im Niedergange
Und Alberighi, so erlaucht ihr Stand;
Ich sah so alt an Blut wie hoch im Range
Die von Sanell und Arca, Soldanier,
Ardinghi und Bostichi auch noch lange.
Am Tor, drauf neuer Hochverrat so schwer
Heut lastet, daß, noch eh viel Monde kamen,
Seewurf eur Schiff muß tun auf hohem Meer,

Saß Ravignanis Stamm, aus dessen Samen
  Graf Guido sproß und die vom Bellincion
  Noch fürderhin geführt den hohen Namen.
Den Herrn zu zeigen wußt ein Pressa schon,
  Und goldnen Griff und Knauf schon führt' am Schwerte
  Aus Galagajas Haus ein jeder Sohn.
Viel galt der Streifen Feh; Sacchetti ehrte,
  Fifanti, Galli, Giuochi und Barucci
  Das Volk und die das Faß erröten lehrte.
Hoch ragte schon der Stamm, dem die Calfucci
  Entsprossen sind; es saßen in der Halle
  Des Rats die Sizii schon und Arrigucci.
Wie prangten, die dann bracht ihr Stolz zu Falle!
  Wie sah die goldnen Kugeln ich in Flor,
  Florenz, um deine Ruhmestaten alle!
So glänzten deren Väter auch hervor,
  Die, wenn der Stuhl verwaist, vor dem ihr knieet,
  Sich mästend sitzen im Kapitelchor.
Die dreiste Sippe – Drachen dem, der fliehet,
  Allein von sanften Lämmern eine Schar,
  Wenn ihr die Zähne zeigt, den Beutel ziehet –,
Sie kam schon auf, so kleiner Abkunft zwar,
  Daß schier verdrießlich Ubertin Donato
  Durch seinen Schwäher die Versippung war.
Von Fiesole herab schon zum Mercato
  War Caponsacco kommen; ratsverwandt
  War Giuda nun bereits und Infangato.
Unglaublich klingts, doch red ich wahr: es stand
  Ein Tor im alten, kleinern Mauerkreise,
  Das nach dem Haus der Pera war genannt.
Wer immer führen darf nach alter Weise
  Vom großen Bannerherrn den Ehrenschild,
  Dem ihr Sankt Thomas' Fest begeht zum Preise,

Ihm bürgt fürs Rittertum sein Wappenbild,
  Hälts mit dem Volke gleich, dem zünftigen, heute
  Er, dems verbrämt mit Gold als Zeichen gilt.
Schon hießen Importuni Edelleute
  Und Gualterott im Borgo, der an Frieden
  Noch heut, ohn andre Nachbarschaft, sich freute!
Das Haus, drum all der Jammer euch beschieden,
  Da aus gerechtem Groll so blutige Tat
  Entsproß, daß euch seither das Glück gemieden,
Mit seinen Sippen stands im höchsten Staat –
  Weh, Buondelmonte, der vor ihrer Schwelle
  Den Brautlauf floh, betört von fremdem Rat!
Manch Auge, das heut weinen muß, wär helle,
  Weiht', als du just zur Stadt dich aufgemacht,
  Beim ersten Schritte Gott dich Emas Welle.
Allein der Block, der ob der Brücke wacht,
  Heischt' aus Florenz ein Opfer noch am Tage,
  Da euch zuletzt des Friedens Heil gelacht.
Da jene Sippen und von ihrem Schlage
  Noch mehr im Flor, sah ich vom Zwist, dem schweren,
  Florenz verschonet, ohne Not und Klage;
Da sie in Flor, sah ich gerecht, in Ehren
  Sein Volk bestehn, daß keiner noch in Kot
  Am Bannerschaft die Lilie durfte kehren,
Und ward sie noch von keiner Zwietracht rot.«

Siebzehnter Gesang

Wie er, der taub noch heut für Sohnesbitten
  Die Väter macht, zu Klymene gekommen,
  Gewißheit heischend des, was ihm bestritten,
So stand ich dort, so ward mein Wunsch vernommen
  Von Beatrice, von dem heiligen Licht,
  Das mir entgegeneilend bot Willkommen.

Und meine Herrin sprach: »Verhalte nicht
Des Sehnens Glut, daß sie aus Herzensgrunde
Recht, wie's im Innern loht, hervor nun bricht:
Nicht daß an deinem Wort uns wächst die Kunde;
Gewöhne dich, auf daß wir gern dich laben,
Dein Dürsten zu gestehn, von Mund zu Munde!«
»Mein teurer Stamm, der du so hoch erhaben,
Daß du, wie wir auf Erden leicht verstehen,
Kein Dreieck kann zwei stumpfe Winkel haben,
Das, was der Zufall fügt, noch ehs geschehen,
In Ihm, dem gegenwärtig alle Zeit,
Wie du Ihn schauest, kannst mit Augen sehen:
Sieh, weil ich anstieg mit Virgil zu zweit
Am Berge, da zum Heil die Seelen wallen,
Und ihm zur Welt des Todes gab Geleit,
Hört' ich von meiner Hinkunft Worte lallen
Von schwerem Klang, und trotz' ich alleweil,
Ein Quaderstein, des Schicksals Streichen allen,
So wüßt ich freilich gerne, was zuteil
Mir vom Geschick soll werden; sehn wir kommen,
Was treffen soll, trifft minder hart der Pfeil.«
Zum Lichte, draus ich Kunde schon vernommen,
Begann ich so, bekennend mein Verlangen,
Wie's Beatrice heischte, mir zum Frommen.
In Rätseln nicht, wie, eh am Kreuz gehangen
Das Gotteslamm für uns in Todespein,
Die blöde Welt sich je und je ließ fangen:
Nein, klaren Worts, in bündigem Latein
Gab Vaterliebe mir Bescheid, im Schimmer
Verhüllt und licht von eignen Lächelns Schein:
»Was Zufall füget, dessen Wirken nimmer
Die Grenzen irdschen Stoffs kann überschreiten,
Im Auge dort des Ewigen malt sichs immer.

(Zwar sinds mitnichten drum Notwendigkeiten,
Sowenig kraft des Auges ja, darinnen
Sichs spiegelt, sieh, ein Schiff stromab muß gleiten.)
Daher kommt meinem Blick, wie, süß den Sinnen,
Zum Ohr des Orgelklanges Harmonien,
Die Kundschaft, was die Zeiten noch dir spinnen.
Wie aus Athen Hippolytum zu fliehn
Die arge Mutter trieb mit tückischer Klage,
So aus Florenz mußt du von hinnen ziehn.
So will, so plant mans, und mit einem Schlage
Vollbringts, der drauf bedacht zu jeder Stund,
Wo Christum sie verschachern alle Tage.
Zur Unbill kommt das ›Schuldig‹ dann im Mund
Der Welt, wie's allen geht, die Unrecht leiden;
Doch tut Vergeltung bald die Wahrheit kund!
Du mußt von allem, was du lieb hast, scheiden,
Und was dir wert: so trifft der erste Pfeil
Vom Bogen dich des Banns mit scharfer Schneiden;
Wirst schmecken dann, wie Bitternis dein Teil,
Wie hart das fremde Brot und wie die Stiegen
Der Fremde, auf und nieder, ach, so steil!
Doch schwerer wird auf deinen Schultern liegen
Die blöde Tücke deiner Leidgenossen,
Die mit dir dann in diesen Abgrund fliegen:
Undankbar, töricht, boshaft, stehn geschlossen
Sie wider dich; doch blutrot kommts zur Stund
Von ihrem, nicht von deinem Schlaf geflossen.
Sie treibens ja – der Ausgang macht es kund –
Wie unvernünftig Vieh, die ganze Gilde:
Heil dir, der mit dir selber nur im Bund!
Dein Hort und erste Zuflucht wird die Milde
Des großen Hauptes der Lombarden sein,
Der ob der Leiter führt den Aar im Schilde.

So gütig pflegt er dich und wartet dein,
  Daß zwischen euch Begehren und Gewähren
  Die Folge tauschen, die gewohnt den zwein.
Dort findst du ihn, den von Geburt die Sphären
  Durchglüht mit dieses Sternes hoher Macht,
  Daß bald sein Ruhm erklingt in Lied und Mären.
Kaum wird im Land des Knaben schon gedacht,
  Um dessen zarte Jugend ihre Runden
  Neun Jahr lang diese Kreise erst gemacht.
Doch eh so falsch den Basken noch erfunden
  Der hohe Heinrich, blinkt aus ihm der Schein
  Der Tugend schon, die Gold nicht schiert noch Wunden.
Und kundbar wird sodann landaus, landein
  Sein Edelsinn: nicht können, die ihn hassen,
  Die Feinde, stumm zu seinem Lobe sein.
Auf seine Großmut magst du dich verlassen.
  Der schafft noch Wandel! Fürst und Bettelmann
  Wird seine Macht die Lose tauschen lassen.
Nimm dies von ihm zu Herzen, merk es an,
  Doch sag es keinem ...« Und er gab mir Kunde,
  Die kaum, wers selbst erlebte, glauben kann.
»Das ist, mein Sohn, zum Spruch aus jener Munde
  Die Glosse«, sagt' er. »Solche Heimsuchung
  Harrt dein nach kurzem Kreislauf dieser Runde.
Doch neid es nicht den Nachbarn: lang genung
  Währt deines Lebens Hinkunft, zu erleben,
  Wie ihrer Arglist folgt die Züchtigung.«
Der Selige schwieg, das Zeichen mir zu geben,
  Daß nun vollbracht der Einschlag, den ich bat
  Ins Tuch, das ich ihm aufzog, mir zu weben;
Drum ich, wie wer, besorgt, verlangt nach Rat
  Von einem, der ihm freund, und recht zu sehen
  Und recht zu wollen weiß in Wort und Tat:

»Ich seh, den Renner spornt, mich anzugehen,
Die Zeit, mein Vater, und mit aller Schwere
Trifft den ihr Schlag, ders wehrlos läßt geschehen;
Da gilts, daß ich mit Vorsicht mich bewehre
Und, muß ich schon die liebe Heimat meiden,
Nicht andre Herberg um mein Lied entbehre.
Da drunten in der Welt der ewigen Leiden,
Am Berg, wo meiner Herrin Angesicht
Mich hob von seines Gipfels holden Weiden,
Dann hier im Himmel selbst, von Licht zu Licht
Erfuhr ich viel, und wenn ichs wiedersage,
Dünkt manchen scharf gesalzen das Gericht;
Bin ich im Werben gar um Wahrheit zage,
Das, fürcht ich, kostet mir dereinst das Leben
Bei denen, denen Vorzeit unsre Tage.«
Das Licht, darin, mir dort begegnet eben,
Mein Kleinod lacht', es blitzte, wie der Strahl
Der Sonne mag in güldnem Spiegel beben,
Und sprach dann: »Den Gewissen, die ein Mal
Von eigner Schmach, von fremder Schande tragen,
Werd immerhin dein herbes Wort zur Qual;
Doch darum sollst du keine Lüge sagen.
Was du gesehn, mach treulich offenbar,
Laß jucken sich, wen Grind und Krätze plagen!
Und mag beim ersten Schmack dem Gaumen zwar
Das, was dein Sang ihm darreicht, widerstehen,
Wems eingeht, dem wirds Lebensbrot fürwahr.
Dein Schrei soll sein wie Sturm und Windeswehen,
Das just die höchsten Gipfel rauft zumeist,
Drum Ehre, nicht gering, dir soll geschehen.
So sahst du hier, wo Rund um Runde kreist,
Sahst dort am Berge, sahst im Qualenschlunde
Nur Seelen, deren Ruf der Welt sie weist.

Denn sieh: kein Hörer lauscht und glaubt der Kunde,
Wenn nur im Dunkel wurzelt, ungekannt
Das Beispiel, das der Redner führt im Munde,
Wenn, was ihm zeuget, kundbar nicht im Land.«

Achtzehnter Gesang

Entrückt schon freute ihres Schauens sich
Die selige Leuchte, und wie sie, die lichte,
Das Bittre mir versüßend, tat auch ich;
Und die mich zog vor Gottes Angesichte,
Sprach: »Laß dies Sinnen! Denke nur, wie nah
Ich Ihm, der alle Unbill macht zunichte.«
Ich wandte nach dem Laut der Liebe da
Zu meinem Troste mich und kanns nicht sagen,
Wie liebend ich ihr heilig Auge sah;
Nicht nur, weil ich am Worte muß verzagen:
Weil, ohn Geleit, sich nie mehr über sich
So hoch der Geist zu schwingen könnte wagen.
Nur eines weiß ich: ledig fühlt' ich mich,
Da ich auf sie mein sehnend Auge richte,
Und frei von allen andren Sehnens Stich;
Denn ewige Wonne, die mit ihrem Lichte
In Beatrice leuchtet, stillt' es mir,
Zurückgestrahlt vom holden Angesichte.
Mit ihres Lächelns Schein mich blendend schier:
»Merk auf«, gebot sie, »Paradiesesweben
Ist nicht allein in meinen Augen hier!«
Wie sich hienieden wohl ein heißes Streben,
Wenns ganz und gar die Seele übermannte,
Im Antlitz sichtbarlich weiß kundzugeben,
So, als ich zu dem heiligen Licht mich wandte,
Ward sein Begehr noch mehr zu sagen, mir
Am Glanze kund, der heller noch entbrannte.

Dann sprachs: »Am fünften Zweig des Baumes hier,
Der aus dem Wipfel sproßt, der Frucht zu tragen
Nicht endet noch verliert der Blätter Zier,
Sind Seelen selig, die in Lebenstagen
An Ruhm so reich, daß aller Musen Chor
Genüge ward, zu singen und zu sagen.
Zu dieses Kreuzes Armen blick empor!
Da wirst du, die ich nenne, kommen sehen,
Wie Feuer aus der Wolke zuckt hervor.«
Ich sah, das Kreuz entlang, ein Licht nun wehen,
Sobald mir klang der Name Josua,
Und hört's nicht früher sagen, ehs geschehen;
Bei Makkabäus' hohem Namen sah
Ich kreisend schon ein andres sich erheben:
Die Wonne war des Kreisels Peitsche ja!
Dann war begierig zweien nachzustreben
Mein Auge, da er Karl und Roland nannte,
Wie seinen Falken man verfolgt im Schweben.
Nach Rainouard und Herzog Gottfried sandte,
Nach Wilhelm ich den Blick zum Kreuz empor,
Nach Robert Guiscard, als ihr Licht entbrannte.
Dann zeigte, der mir Rede stand zuvor,
Den Lichtern allen dort gesellt im Reigen,
Als Meister sich im Himmelssängerchor.
Zur Rechten wandt ich mich, ob nicht mit Neigen,
Ob nicht mit einem Worte meine Pflicht
Mir jetzo Beatrice möchte zeigen;
Und sah so strahlend ihrer Augen Licht,
So heiter, daß verblaßt, was je und eben
Ich noch geschaut in ihrem Angesicht.
Gleichwie, wer rechtem Wandel sich ergeben,
Am Glück, das täglich höher ihn beglückt,
Die Kraft sich wachsen fühlt zu heiligem Leben,

So, da dies Wunder herrlicher geschmückt,
Verspürt' ich, daß wir weitren Bogen schwangen
Mitsamt dem Himmel, drein wir nun entrückt;
Und wie die Farbe weißer Frauen Wangen
Geschwinde wechseln, wenn sie abgetan
Die Bürde scheuer Scham, die sie befangen,
So fandens meine Augen, als sie sahn
Das Licht, das jener milde Stern entsandte,
Der sechste, der im Innern mich empfahn.
Ich sah, was in der Jovisfackel brannte
An Liebesglut, sich reihen zu den Zeichen,
Drin unsre Sprache klar mein Blick erkannte.
Wie Strandgeflügel sich von seinen Teichen,
Als wollt's zum Mahl sich grüßen, rasch erhebt,
In Reihen, krumm und grad, dahinzustreichen,
So kamen dort in Lichtern hergeschwebt
Die heiligen Wesen, singend, und ihr Reigen
Hat erst ein D, dann I, dann L gewebt.
Erst nach der Weise, die dem Sange eigen,
Schwang sich der Reihn, blieb dann ein Weilchen schweben,
Der Zeichen eines bildend nun in Schweigen.
O Göttin, die du Ruhm und langes Leben
Dem Genius schenkest, der mit dir im Bund
Die Weihe Städten soll und Reichen geben,
Dein Licht erleuchte mich, auf daß mein Mund
Recht deute, was im Sinne mir geblieben;
Tu deine Macht in diesen Reimen kund!
Vokal' und Konsonanten, fünfmal sieben,
Erschienen mir, und Silb um Silbe dort
Merkt' ich mit Fleiße, wie es stand geschrieben:
DILIGITE IUSTITIAM: Wort für Wort
Ward so der Anfang jener Schrift erfunden;
QUI IUDICATIS TERRAM, fuhr sie fort.

Zum M gereiht des fünften Wortes, stunden
Sie jetzo still, und Jupiter, er glich
Dem Silberglanz, drein goldner Streif gewunden.
Aufs Haupt des M sah Licht um Lichter ich
Herab dann schweben und allda verharren,
Lobsingend Ihm, der alle zieht zu sich.
Und wie, wenn glimmend sich gestreift zwei Sparren,
Zahllos die Funken stieben, draus so kühn
Sich wahrzusagen pflegt das Volk der Narren,
So sah ich dort vielhundert Lichter sprühn,
Eins mehr, eins minder hoch, wie's ihm die Quelle
Des Lichts bestimmt, von dem sie alle glühn;
Und als nun jedes still an seiner Stelle,
Sah eines Adlers Kopf und Hals gestaltet
Von dieser Glut ich droben klar und helle.
Kein Meister lehrte den, der da gewaltet:
Er ist der Meister selber, Ihm entquillt
Die Kraft, die auch im Neste sich entfaltet!
Was auf dem M, von seliger Lust gestillt,
Als Lilie noch geblüht, in raschem Schweben
Vollendet's dann des hehren Zeichens Bild.
O der Juwelen, die da Zeugnis geben,
Du holder Stern, daß uns Gerechtigkeit
Der Himmel, dran du prangest, heißt erstreben!
Den Geist, der dich bewegt, der Kraft dir leiht,
Ihn bitt ich, daß Er achte deiner Strahlen
Und schau, von wann der Qualm, der sie entweiht;
Daß Er aufs neu ergrimmt, wie dazumalen:
Denn Kauf und Tausch im Tempel noch geschehn,
Den Wunder auferbaut und Marterqualen.
Heerschar des Himmels, drein ich schau! Dein Flehn
Gönn ihnen, die das Beispiel, das verkehrte,
Auf Erden all den Irrweg lässet gehn!

Sonst führte man die Kriege mit dem Schwerte;
Heut sperren sie das Brot, das uns gegeben
Der milde Vater, daß mans keinem wehrte.
Doch wisse, der nur schreibst, ums aufzuheben:
Die für den Weinberg starben, so verheert
Durch deine Schuld, Sankt Paul und Peter leben!
Du freilich sagst: Nach ihm allein begehrt
Mein Herz, der Klausnerlebens sich beflissen
Und dem ein Tanz den Märtyrtod beschert;
Will nichts vom Paul und nichts vom Fischer wissen!

Neunzehnter Gesang

Die Schwingen ausgespannt, von Wonne licht
Der Seelen all, die sich darin vereinen,
Stand mir das edle Bild vorm Angesicht;
Und alle glichen sie Karfunkelsteinen,
In denen flammt des Sonnenstrahles Schimmer,
Um rückgestrahlt ins Auge mir zu scheinen.
Und was ich jetzt berichten muß, hat nimmer
Ein Mund erzählt, kein Griffel schrieb die Kunde,
Noch Phantasie ersanns, wie kühn auch immer.
Ich sah es reden, hört' aus seinem Munde
Der Stimme Laut, da »Ich« und »Mein« erklangen,
Wo »Wir« und »Unser« doch gemeint im Grunde.
»Weil ich gerecht und fromm«, hats angefangen,
»Ward ich erhöht zu solchen Ehren hier,
Die über alles Wünschen und Verlangen;
Und solch Gedächtnis ließ ich dort von mir,
Daß selbst die Argen preisen meine Strenge,
Der keiner doch zu folgen zeigt Begier!«
Wie eine Glut nur strahlt der Kohlen Menge,
So wars, als wenn nur einer Stimme Klang
Aus so viel Liebesflammen dort erklänge.

Drauf ich: »Ihr, deren Duften zu mir drang,
Ewiger Freude immerwährende Blüten,
Als obs aus einem einzigen Kelch entsprang,
O stillt mit eurem Hauch des Hungers Wüten,
Das lange Fasten, dem nicht Trank noch Speise
Auf Erden ward, mir jetzo zu vergüten!
Ich weiß, strahlt gleich in andrem Himmelskreise
Der Spiegel göttlicher Gerechtigkeit,
Daß euch sie schleierlos ihr Antlitz weise.
Ihr wißt, wie streng zu lauschen ich bereit,
Ihr wisset auch den Zweifel, drin beklommen
Ich schmachten mußte schon so lange Zeit.«
Wie, wenn vom Kopf die Kappe ihm genommen,
Der Falk ihn reckt mit freudigem Flügelschwingen
Und Jagdlust zeigt und putzt sich zum Willkommen,
So sah ich tun das Bildnis, das Lobsingen
Auf Gottes Gnade da zusammenhält,
Singend, wie droben mans im Heil hört klingen.
Drauf hub es an: »Der rings umzirkt die Welt
Und, insgeheim wie offenbar, darinnen
So viel so unterschiedlich hat bestellt,
Nicht konnte Seiner Kraft das All gewinnen
Solch ein Gepräge, daß unendlich nicht
Erhaben über alles noch Sein Sinnen.
Das lehrt des ersten Hochmuts Strafgericht:
Er, aller Schöpfung Krone, mußte fallen,
Bevor er reif, weil er nicht harrt' auf Licht.
So faßt das Gut, das eine unter allen,
Das ohne Ende, das kein Maß ermißt,
Der Wesen keines, die auf Erden wallen!
Ja, eure Sicht, die nur ein Schimmer ist,
Ein Strahl des Geistes nur, von dessen Weben
Ihr alle Dinge rings erfüllet wißt,

Kann nie, nach ihrer Art, so hoch sich heben,
Daß Er, ihr erster Ursprung, nicht noch weit,
Weit tiefer schaut, als ihr zu schaun gegeben.
In Tiefen ewiger Gerechtigkeit
Dringt deren Auge, die im Leben stehen,
Wie in der Meerflut Unergründlichkeit:
Mags dicht am Ufer bis zum Grunde gehen,
Nicht sieht ihn, wer auf hohem Meere schifft;
Er ist, doch wehrt die Tiefe, ihn zu sehen.
Kein Licht ist, wo kein Strahl des Glanzes trifft,
Der nie getrübt: da wirds zu Finsternissen
Im Qualm des Fleisches und an seinem Gift.
Nun, mein' ich, ist die Hülle dir zerrissen,
Drin sich lebendige Gerechtigkeit
Dir barg, daß allzeit dich verlangt zu wissen
Und frugst: Es wächst am Indusstrande weit
Ein Mensch, und da ist keiner, der ihm sage
Vom Christ noch liest noch schreibe, weit und breit:
Doch gut sind Will und Werke seiner Tage,
Soweit es menschliche Vernunft ermißt,
In Wort und Wandel sonder Fehl und Klage;
Ungläubig stirbt er, nicht getauft als Christ:
Wo wär ein Recht, den Stab ihm wohl zu brechen?
Wo seine Schuld, daß er nicht gläubig ist?
Ei, wer bist du denn, der dich willst erfrechen
Mit deinem Blick, der keine Spanne reicht,
Auf tausend Meilen Weite Recht zu sprechen!
Wer also grübelt, dem geschäh's gar leicht,
Strahlt' aus der Schrift euch nicht ein Licht von oben,
Daß wunders was für Zweifel ihn beschleicht.
O Erdenbrut mit eurem Sinn, dem groben!
Nie von sich selber weicht, vom höchsten Gut,
Der gut an sich, der erste Wille droben.

Gerecht ist das, was ihm Genüge tut;
Nie darf erschaffnes Gut den Weg ihm weisen:
Sein Strahl erst wirkt in jenem ja, was gut.«
Wie überm Nest du siehst die Störchin kreisen,
Wenn ihre Brut geatzt; wie ihr hinwieder
Das Junge nachschaut, das sie kam zu speisen,
Also das Bild, und so hob ich die Lider,
So schwang, das so viel Sinne gleich beschwingen,
Das hochgelobte da sein Fluggefieder.
Und kreisend sangs und sprach: »Wie dir mein Singen,
Das du nicht fasset, muß, wenn Gott ihn fällt,
Euch Sterblichen der ewige Richtspruch klingen.«
Still hielten dann die Flammen, die, erhellt
Vom Heiligen Geist, zum Zeichen sich verschlangen,
Das Rom zu Ehren bracht in aller Welt.
»In dieses Reich«, hats wieder angefangen,
»Geht keiner ein, der nicht geglaubt an Christ,
Ob eh, ob seit am Holze er gehangen.
Doch siehe, viele rufen Christe, Christ
Und werden im Gericht ihm ferner stehen
Als solche, die da nie gekannt den Christ!
Solch Christenvolk wird dann beschämt sich sehen
Von Mohren, wenn sich scheiden, die hinan
Zur ewigen Freud und die ins Elend gehen.
Was, meinst du, sagt zu euren Fürsten dann
Ein Perser, sieht das Buch er aufgeschlagen,
Drin alle ihre Schmach er lesen kann?
Da steht von Albrecht, was ihn anzuklagen
Schon bald die Feder schreibt: daß Böhmerland
Verheert, bis seine Fluren wüste lagen;
Da steht vom Unmut, den am Seinestrand
Der Fälscher seiner Münze wird erregen,
Der sterben muß, vom Eber überrannt;

Da steht vom Übermut, drin so verwegen
Der Schotte und der Brite, daß die Gier
Sie nicht läßt ruhn in ihrer Mark Gehegen.
Es steht von Üppigkeit des Spaniers hier
Und der des Böhmen, deren weichlich Leben
Nichts wissen will von echter Mannheit Zier;
Es steht verzeichnet, was da kundzugeben
Vom Lahmen von Jerusalem: was gut,
Mit I, mit M das Gegenteil daneben;
Es steht vom Geize da, vom zagen Mut
Des, der das Feuereiland hat zu Lehen,
Allwo vom langen Lauf Anchises ruht;
Auch schreibts, damit, wie leicht er wiegt, zu sehen,
Mit abgekürzter Schrift das Buch ihm an,
Davon auf engem Raume viel mag stehen.
Auch seines Ohms und Bruders Schande kann,
Die so erlauchtes Blut und zwei der Kronen
Geschändet, frei dann lesen jedermann.
Auch die auf Portugals und Norwegs Thronen
Und den von Rascien zeigts, den sein Gelüste
Nach Venezianer Prägung schlimm wird lohnen.
Heil Ungarn, wenns nicht fürder folgen müßte
So schlechtem Führer! Und Navarra Heil,
Wenns hinterm Bergwall sich geborgen wüßte!
Doch sag ichs beiden: dessen, was ihr Teil,
Ist Famagustas und Nicosias Klage
Um ihren Bluthund Unterpfand derweil;
Denn der und jene sind vom gleichen Schlage.«

Zwanzigster Gesang

Wenn, die das All erhellt, ihr Angesicht
Von unsrem Erdenrund hinabgewendet
Und allenthalb verglimmt des Tages Licht,
Strahlt, eben noch von ihr allein geblendet,
Von tausend Lichtern neu des Himmels Rund
Im Widerschein des Lichts, das sie entsendet.
Solch himmlisch Bild kam mir in Sinn zur Stund,
Als dort der Welt und ihrer Lenker Zeichen
Verstummen ließ den hochgelobten Mund.
Denn der lebendigen Lichter Chor desgleichen
Fiel, hellern Glanzes noch, mit Singen ein,
Das mein Gedächtnis, ach, sich ließ entweichen.
O Liebe, hold in eignen Lächelns Schein,
Wie glühtest du in dieser Lichter Reigen,
Die heilig Sinnen nur belebt allein!
Als dann ihr englisches Geläut hieß schweigen
Der köstlich strahlenden Karfunkel Schar,
Die dort, des sechsten Sterns Geschmeid, sich zeigen,
Da klangs wie Murmeln eines Bachs, der klar
Von Fels zu Fels ergießet seine Wellen
Und zeugt, wie quellenreich ihr Gipfel war.
Und wie ein Ton sich formt, um anzuschwellen,
Am Hals der Laute, wie des Odems Wehen
Aus der Schalmei das Schall-Loch läßt entquellen,
So stieg, das von dem Aar schien auszugehen,
Das Raunen, ungehemmt den Hals hinauf,
Als wäre die Kehle dort, wo der zu sehen;
Da wards zur Stimme, drang zum Schnabel drauf
Hervor in Worten, wie's mit stummer Fragen
Mein Herz ersehnt, und drinnen schrieb ichs auf.

»Nun blicke scharf mich an«, so hört' ich sagen,
»Da, wo ein Aar, der sterblich, spürt den Strahl
Des Lichts und den der Sonne kann ertragen!
Soviel mein Bild gestalten ohne Zahl,
Die Lichter, die im Haupt mein Auge weben,
Die höchsten sinds im Range sonder Wahl.
Der mitten strahlt im Sterne, war im Leben
Des Heiligen Geistes Sänger, des Geheiß
Der Bundeslade ihren Stand gegeben:
Nun sieht er an gerechten Lohnes Preis,
Welch ein Verdienst vor Gott ihm warb sein Singen,
Soviel davon erblüht auf seinem Reis.
Von fünfen, die zur Brau den Kranz mir schlingen,
Steht nächst dem Schnabel jener, der den Sohn
Der Witwe rächt', ihr Trost im Leid zu bringen:
Nun sieht er, wie so teuer zahlt den Lohn,
Wer Christo nicht gefolgt: dies selige Leben
Genießt er und erlitt das andre schon.
Dem, der im Umkreis folgt, von dem ich eben
Gesagt, wo grad empor sein Bogen geht,
Ward Frist, um rechte Reu, vom Tod gegeben:
Nun sieht er, daß sich nicht im Winde dreht
Des Ewigen Ratschluß, wandelt dort auf Erden,
Das Heut in Morgen gläubiges Gebet.
Der nächste wich dem Hirten eurer Herden –
Trugs arge Frucht, war doch der Wille gut –,
Mit mir ein Grieche samt dem Thron zu werden:
Nun sieht er, daß ihm nichts zuleide tut,
Was sich aus seiner guten Tat ergeben,
Obs schlimm die Welt verderbte bis aufs Blut.
Der, den du siehest, wo der Bogen eben
Sich senkt, war Wilhelm, den das Land beweint,
Das weinen muß, weil Karl und Friedrich leben:

Nun sieht er, wie's der Himmel gnädig meint
Mit Königen, die gerecht, und läßt es sehen
Am Glanze noch, mit dem sein Licht hier scheint.
Wer glaubte drunten, wo sie irre gehen,
Ripheus, der Troer, könnt in diesem Runde
Als fünftes hier der heiligen Lichter stehen?
Nun sieht er, was der Welt sich bis zur Stunde
Von Gottes Gnadenfülle nie gezeigt,
Dringt gleich sein Blick noch immer nicht zum Grunde.«
Wie, die mit Singen in die Lüfte steigt,
Die Lerche, wenn der Lust genug geschehen,
Ersättigt an dem süßen Klange, schweigt,
So sah das Abbild jener Macht ich stehen,
Die ewiger Wille prägt, nach des Gefallen
Sich jedes Ding gestaltet, wie wirs sehen.
Und hüllt' ich gleich mein Staunen beim Erschallen
Der Kunde nur wie Glas die Farbe ein,
Nicht konnt ich schweigend harren nach dem allen;
Nein, augenblicks den Ruf: »Wie kann das sein?«
Erpreßt' aus meinem Mund des Zweifels Schwere;
Drauf sah ichs blitzen, froh, mit hellem Schein,
Und hellern Glanz im Auge, gab das hehre,
Geweihte Bild mir Antwort auf die Frage,
Auf daß ich nicht in Staunen mich verzehre:
»Ich seh, du glaubst das alles, weil ichs sage,
Doch wie es zugeht, leuchtet dir nicht ein,
So daß es, ob geglaubt, dir doch nicht tage;
Dir ist, wie wer dem Namen nach allein
Ein Ding erkennt und kann sein Was nicht sehen,
Will keiner ihm des Rätsels Deuter sein.
Dem Himmelreiche will Gewalt geschehen,
Dieweil den Willen Gottes selbst besiegt
Lebendige Hoffnung, brünstiger Liebe Flehen;

Nicht so, wie Mensch den Menschen überwiegt:
  Läßt Er sie siegen, *will* Er sich ergeben
  Und siegt durch Gnade, wenn Er unterliegt.
Dich macht in meiner Brau das erste Leben
  Und fünfte staunen, siehst du diese beiden
  Das Reich nun zieren, da die Engel schweben.
Nicht, wie du wähnest, starben sie als Heiden,
  Nein, fest im Glauben schon an Christi Wunden:
  Der, daß er litt, der, daß er werde leiden.
Von Höllen, wo kein Wille kann gesunden,
  Zum Fleisch kehrt' eine dieser Seelen, sieh,
  Dieweil lebendige Hoffnung Lohn gefunden:
Hoffnung, die brünstigem Beten Kraft verlieh,
  Dem Flehn zu Gott, daß Er ihn auferwecke,
  Auf daß er beugen könne seine Knie.
Im Fleische dann auf kurze Wegesstrecke
  Glaubt' Ihn, von dem ihr Hilfe konnte frommen,
  Die Seele, deren Heil ich dir entdecke;
Und gläubig ist sie so in Glut entglommen
  Der wahren Liebe, daß sie wert, zur Stelle
  Vom zweiten Tod zur Freude hier zu kommen.
Die andre, kraft der Gnade, deren Quelle
  So tief, daß nichts Geschaffnes weit und breit
  Hinab sein Auge taucht zum Grund der Welle,
Warf all ihr Streben auf Gerechtigkeit,
  Drum Gott, zu Gnade häufend neue Gnaden,
  Fürs Heil sein Auge auftat vor der Zeit;
So glaubt' er dran und litt den alten Schaden,
  Des Götzendienstes Unflat nicht fortan
  Und strafte, die verirrt von Gottes Pfaden.
Als Taufe dienten ihm die Frauen dann,
  Die drei, die rechts du sahst am Rade gehen,
  Wohl tausend Jahr, eh man auf Taufe sann.

O Gnadenwahl, um wieviel tiefer gehen
  Doch deine Wurzeln als der Augen Sicht,
  Die völlig nicht die erste Ursach sehen!
Geht, Sterbliche, mit keinem ins Gericht!
  Wen alles Gott in Gnaden angenommen,
  Wir selber, die Ihn schauen, wissens nicht.
Und solcher Mangel dient zu unsrem Frommen,
  Denn darin, daß, wie Gott will, wir gewillt,
  In diesem Heil ist unser Heil vollkommen.«
So hat mir jenes himmlische Gebild,
  Zur Klarheit meinen engen Blick zu weiten,
  Mit mildem Heiltrank meine Not gestillt;
Und wie den guten Sänger auf den Saiten,
  Die schwirrend süßern Reiz verleihn dem Sang,
  Ein guter Zitherspieler muß begleiten,
So sah ich, da er sprach, und seh's noch lang,
  Wie stets der Augen Aufschlag trifft zusammen,
  Die zwei geweihten Lichter mit dem Klang
Des Worts im Gleichmaß wiegen ihre Flammen.

Einundzwanzigster Gesang

Mein Auge hing an meiner Herrin Wangen
  Schon wieder, und zu ihr nun wandte sich
  Mein Sinn, dem alles Trachten sonst vergangen.
Doch sah ich sie nicht lächeln. »Lächelt' ich«,
  Begann sie, »so wie's Semele geschehen,
  Da sie zu Asche ward, so träf es dich!
Denn meine Schönheit, die – du hasts gesehen –
  Noch immer lichter glüht, je höher wir
  Auf dieser ewigen Hofburg Staffeln stehen.
Wenn nicht gedämpft ihr Licht, es gleißte hier,
  Daß wie ein Zweig, darein der Blitz geschlagen,
  Die Kraft, die sterblich, welken müßt in dir.

Zum siebten Stern sind wir emporgetragen,
Der an des glühenden Leuen Bug sein Licht
Mit dessen Kraft zugleich der Welt läßt tagen.
Laß deinen Sinn der Spur der Augen dicht
Nun folgen, laß sie spiegeln das Geschmeide,
Das dir in diesem Spiegel kommt in Sicht!«
Könnt einer ahnen, welche Augenweide
Ihr selig Antlitz war, als ich von ihr
Zu andrer Schau mich wandte: wenn er beide,
Eins um das andre, wägt, ermißt er hier.
Wie michs beglückt, gehorsam mich erweisen
Ihr, die Geleit im Himmelreiche mir!
Im Demant, den das All wir sehn umkreisen,
Den mit des Herrschers Namen, dem die Welt
Vor ihrem Sündenfall gehorcht, wir preisen,
Wie Gold zu schaun, das lichter Strahl erhellt,
Sah ich zum Himmel eine Leiter streben
So hoch, wie nimmermehr mein Blick sich schnellt;
Sah Glanz um Glanz die Staffeln niederschweben,
Als wären Stern' um Sterne da geschart,
So viele rings des Himmels Rund beleben.
So wie zu Tagsbeginn nach ihrer Art
Die Krähn, zu wärmen ihr erstarrt Gefieder,
Auffliegen, dichten Schwarms, zu neuer Fahrt:
Ein Teil streicht ab und läßt sich nicht mehr nieder,
Ein andrer kehrt zurück zu seiner Stelle,
Noch andre, kreisend, schweben hin und wider –,
So sah ich sprühn der Funken Schwarm, die helle
In einem Schwall sich nahten, bis am Rand
Der einen Staffel brandet' ihre Welle.
Und, der zunächst uns kam, der Feuerbrand
Erstrahlte so, daß ich im Sinn mir sagte:
»Wohl hab ich deiner Liebe Wink erkannt!«

Doch bleibt, die stets um Wie und Wann ich fragte
Zu Red und Schweigen, stumm; so dünkt mich gut,
Die Frage zu verhalten, die mich plagte.
Sie sah, was meine Zunge hielt in Hut,
In dessen Sicht, der alles sieht am Tage:
»So lösche«, sprach sie, »deines Sehnens Glut!«
Und ich: »Nicht mein Verdienst macht meine Frage
Der Antwort würdig, die sie heischt von dir;
Doch ihr zulieb, auf deren Wink ichs wage,
Du selig Wesen, das du in der Zier
Dich birgst der lichten Wonne, die dir eigen,
Sag, warum du so nah verharrst vor mir?
Und sag: warum muß hier im Kreise schweigen
Der Himmelschor, der fromm, voll Zuversicht
So süß den untren klingt in ihrem Reigen?«
»Dein Ohr ist sterblich wie dein Augenlicht!
Das«, sagt' er, »hält uns hier den Mund verschlossen;
Drum strahlt auch Beatrices Lächeln nicht.
Ich aber stieg der heiligen Leiter Sprossen
So tief herab nur darum, daß du mein
Dich freust: am Wort, am Licht, das mich umflossen.
Nicht größre Huld hieß mich behender sein:
So glühts und heißer droben auch bei ihnen,
Die – daran kennst du's – sprühn so hellen Schein;
Urliebe, die uns willig macht, zu dienen
Dem ewigen Ratschluß, der da lenkt die Welt,
Weist hier den Platz uns, wo wir dir erschienen.«
»Ich seh«, versetzt' ich, »heilig Licht, euch hält
Vor Gottes Thron hier euer freies Lieben
Im Gleise, wie's der Vorsehung gefällt;
Doch hart zu lösen ist mir das geblieben:
Warum dir Vorbestimmung solche Pflicht
Allein von den Gefährten vorgeschrieben?«

Noch kam ich bis zum letzten Worte nicht,
  Als um den Kern sich drehend, der mitinnen,
  Dem schnellsten Mühlrad gleich sich schwang das Licht.
Dann gab die Liebe Antwort, die darinnen:
  »Auf mich herab fällt göttlich Licht und scheint
  Durch dieser Strahlen Glanz, die mich umspinnen;
Und seine Kraft hebt, meiner Sicht vereint,
  Mich über mich, daß solcher Klarheit Quelle,
  Der Wesen höchstes, meinem Blick erscheint.
Daher die Lust, von der mein Glanz so helle!
  Denn sieh, je klarer meine Augen sahn,
  Je lichter glühn die Strahlen, die ich schnelle.
Doch löst, wer aller Himmel Licht empfahn,
  Selbst der Seraph, der nie von Gott läßt weichen
  Den Blick, die Frage nicht, die du getan.
Wonach du fragst, in Tiefen ohnegleichen
  Verbirgts der ewige Ratschluß allezeit,
  Wo's kein erschaffnes Auge kann erreichen.
Das künde dort der Welt der Sterblichkeit,
  Kehrst du zurück, daß sie den Fuß zu heben
  Sich hüten nach dem Ziel, das allzu weit!
Wo's hier dem Geiste licht, ist Dunst im Leben:
  Wie stünd ihm, frag dich selber, drunten frei,
  Was dem, der Himmelsbürger, nicht gegeben?«
So wies zur Ruh sein Wort die Grübelei,
  Drum ich sie ruhen ließ und ihn zu fragen
  Demütig mich beschieden, wer er sei.
»Inmitten Welschlands beider Borde ragen
  Felshäupter, nahe deinem Heimatland,
  Wo du zu Füßen hörst den Donner schlagen;
Dort unterm Gipfel, Catria genannt,
  Liegt eine Klause, ganz geweiht dem Leben,
  Das frommer Andacht einzig zugewandt.«

Also, die dritte Antwort anzuheben,
Begann er, fuhr dann fort: »Mit Innigkeit
Hab ich dem Dienst des Herrn mich dort ergeben;
Kost gab der Ölbaum nur, und allezeit
Litt Frost ich gern und Hitze, mich mit frommen
Gedanken tröstend in Beschaulichkeit.
Frucht trug den Himmeln, die uns aufgenommen,
Dies Kloster sonsten, heut liegts öd im Land,
Und, wahrlich, bald muß das zutage kommen!
Petrus Damianus war ich dort genannt,
Petrus der Sünder binnen der vier Wände
Von Unsrer Fraun am adriatischen Strand.
Mein Erdenleben ging schon bald zu Ende,
Als Bitt und Drängen jenen Hut mir bot,
Der jetzt aus schlechten kommt in schlechtre Hände.
Barfuß ging Kephas, darbend ging in Not
Des Heiligen Geistes hehr Gefäß durchs Leben
Und nahmen, wo's gereicht, ihr kärglich Brot:
Den Hirten heut heißts zwieseit Stütze geben –
So schwer sind die –; voran muß einer gehn
Und einer hinterdrein die Schleppe heben;
Kannst mit dem Mantel heut sie decken sehn
Den Zelter: zwei Stück Vieh in einem Felle –
O Langmut, die das alles läßt geschehn!«
Er sprachs, und Stuf um Stufe sah ich schnelle
Viel Flämmchen niederwehn und kreisen dann,
Mit jeder Runde schöner noch an Helle;
Und sie umringten den und hielten an
Und ließen einen lauten Ruf erschallen,
So, daß ichs keinem hier vergleichen kann
Und nicht verstand, betäubt vom Donnerhallen.

Zweiundzwanzigster Gesang

Vor Schrecken starr hatt ich mich umgewandt
  Zu ihr, die mein Geleit, wie zu der einen,
  Ders ganz vertraut, ein Kindlein kommt gerannt;
Und sie, wie eine Mutter ihrem Kleinen
  Mit ihrer Stimme, die so tröstlich ist,
  Dem bleichen, atemlosen stillt das Weinen,
Sprach: »Weißt du nicht, daß du im Himmel bist?
  Wo alles heilig ist, wo aller Schwingen
  Gerechter Eifer regt zu jeder Frist?
Nun kannst du sehn: Wie hätte dich ein Singen,
  Ein Lächeln übermannt auf meinem Mund,
  Konnt aus der Fassung dieser Ruf dich bringen!
Vernahmst du, was sie flehn, dir wäre kund,
  Daß keine Säumnis die Vergeltung leide,
  Die du erlebst vor deiner letzten Stund.
Das Schwert des Herrn, nicht jach fährts aus der Scheide
  Noch säumig: der nur wähnts, der, ob mit Zagen,
  Ob sehnend, harret, daß es zückt die Schneide.
Nun aber wags, die Augen aufzuschlagen:
  Sollst Geister sehn von gar erlesner Wahl,
  Schaust du dich um, wie ichs dir angetragen.«
Mein Auge wandt ich, so wie sie's befahl,
  Und hundert Sternlein sah ich Strahlen schießen,
  Eins immer schöner in des andren Strahl.
Ich stand, wie wer im Innern will verschließen
  Des Sehnens Stachel und nicht wagt zu fragen
  Vor Scheu, es möcht ein Allzuviel verdrießen;
Und die am leuchtendsten mir schien zu tagen,
  Die größte jener Perlen, nahte sich,
  Den Wunsch zu stillen, der mein Herz ließ schlagen.

Und klang aus ihr: »O sähest du wie ich
  Die Liebe, die da glüht in unsrer Mitte,
  Du tätest kund, was du ersehnst für dich!
Doch daß kein Harren dir verhält die Schritte
  Zum hohen Ziele, geb ich schon Bescheid
  Dem, was im Sinn du birgst, der stummen Bitte.
Wo heut Cassino liegt, kam meinerzeit
  In Scharen noch das Volk zum Gipfel droben,
  Das irrgeleitet, feind der Christenheit.
Ich wars, der erstmals dessen Namen loben
  Dort lehrte, der auf Erden uns gebracht
  Die Wahrheit, die uns also hoch erhoben;
Da hat das Licht der Gnade mir gelacht,
  Daß aus dem Götzenwahn ich konnt erheben
  Das Volk ringsum, der blind die Welt gemacht.
Auch jene waren frommem Schaun ergeben,
  Die sonst hier flammen, von der Glut entbrannt,
  Die heilige Blust und Früchte trägt, im Leben:
Macarius, Romuald sind Hand in Hand
  Mit meinen Brüdern hier, die treu erhalten
  Ihr Herz, da fest ihr Fuß im Kloster stand.«
Und ich zu ihm: »Die Liebe, deren Walten
  Dein Wort mir weist, und was ich seh erglühn
  Und merk an Huld in euren Lichtgestalten,
Entfaltet meine Zuversicht so kühn,
  Wie Sonnenschein in seinem hellen Lichte
  Die Rose weit sich öffnend läßt erblühn.
So bitt ich, Vater, sage mir und schlichte
  Den Zweifel: Werd ich so begnadet hier,
  Dich hüllenlos zu sehn von Angesichte?«
Drauf er: »Im letzten Kreis wird, Bruder, dir
  Dein Wunsch, der hohe, in Erfüllung gehen,
  Wo jeglichem Gewährung wird, auch mir.

Vollkommen dort, gereift ist alles Flehen,
Und alles Wünschen dort Erfüllung bringt;
Nur dort bleibt alles, wie es stand, bestehen.
Kein Raum ist dort, kein Pol, um den er schwingt.
Dorthin führt unsre Leiter, laß dirs sagen,
Zu der dein Blick drum nicht empor mehr dringt.
So hoch sah ihrer Sprossen höchste ragen
Erzvater Jakob, da sie ihm erschien
Und schien der Engel ganzes Heer zu tragen.
Doch keiner hebt den Fuß und wendet ihn
Heut dort hinan – ums Pergament ists schade,
Drauf man die Regel schreibt, die ich verliehn!
Die sonst Abtein, die Mauern – Gott genade! –,
Sind Räuberhöhlen, Säcke voller Mehl
Die Kutten, das verdorben in der Lade!
Der ärgste Wucher, traun, ist leichtrer Fehl,
Kann eh vor Gott als jener Zins bestehen,
Auf den die Mönche toll mit Leib und Seel;
Kommt denen, die um Gottes willen flehen,
Nicht Vettern und noch Schlimmern doch das Gut
Der Kirche zu, das sie verwahrt als Lehen!
Zu leicht verführt ist euer Fleisch und Blut,
Als daß sich, bis die Eichen Eicheln tragen,
Da drunten halte, was im Anfang gut.
Ohn Gold und Silber fing in alten Tagen
Sankt Peter, betend ich und fastend an,
Sankt Franz, sein Heer in Armut und Entsagen:
Schaust du auf alles dieses, wie's begann,
Und schauest wieder an, wo's dann geendet,
Siehst du, wie Weiß in Schwarz sich wandeln kann!
Doch größres Wunder wars, daß rückgewendet
Der Jordan floß, daß aufgetan das Meer
Nach Gottes Rat, denn daß Er Hilfe sendet.«

Er sprachs, und zu den Seinen wie vorher
Kehrt' er zurück, die sich zum Kranze schmiegen,
Und auf, im Wirbel, flog das ganze Heer.
Die süße Herrin zog mich nun die Stiegen
Nach sich hinan, mit einem Winke nur,
So fühlt' ich ihre Macht mein Fleisch besiegen;
Und nichts schnellt hier auf Erden, wo Natur
Empor- und Niederschwingen macht die Waage,
So reißend wie mein Flug auf ihrer Spur.
So wahr ich, Leser, mag zum Siegestage
Der Frommen kehren, drum die Sünde mein
Ich oft beweine und die Brust mir schlage,
Nicht fuhr heraus zum Feuer und hinein
Dein Finger, bis ich sah das Himmelszeichen,
Das nächst dem Stier, um drinnen schon zu sein.
Glorreich Gestirn! O Leuchte ohnegleichen,
An Macht so reich, der alle Kraft und Zier
Ich danke, die mein Geist nur mag erreichen:
Mit dir ging auf, zur Rüste ging mit dir
Sie, die da zeugt hienieden alles Leben,
Da Tusciens ersten Hauch ich spürt' in mir;
Und da mir Gnade gönnt', emporzuschweben
Zu jenen Höhn, wo deine Runde kreist,
Ward, wo dein Stand, die Stätte mir gegeben.
Zu dir mit frommem Seufzen fleht mein Geist,
Daß zu dem Schritte, den des Weges Steile
Von ihm verlanget, deine Kraft ihn speist!
»So nahe bist du nun dem letzten Heile«,
Hob Beatrice an, »daß Klarheit hier
Dem Auge not und Scharfblick alleweile.
Drum, eh du vollends eingehst, sollst du mir
Hinab dort schaun, zu sehn, wieviel zur Stunde
Von dieser Welt bereits zu Füßen dir;

Daß freudig sich dein Herz nach solcher Kunde
Auftut, so weit es kann, dem Siegeszug,
Der strahlend naht in dieses Äthers Runde.«
Durch alle sieben Sphären kehrt' im Flug
Mein Blick; und winzig, daß michs lachen machte,
Sah unser Erdball aus, zu dems ihn trug.
Den Rat drum acht ich, daß man ihn verachte,
Den besten Rat, und wahrhaft fromm allein
Darf den man preisen, der nach beßrem trachte!
Ich sah Latonas Tochter, licht und rein
Des Schattens, der den Wahn mir ließ entstehen,
Als müsse dicht ihr Stoff und dünner sein;
Hyperions Sohn konnt ich ins Auge sehen,
Und kreisend sah ich ihm zur Seite dicht
Den Majas und dein Kind, Dione, gehen.
Dann, zwischen Sohn und Vater, mild von Licht,
Erschien mir Jupiter, und wie die Stelle
Sie wechseln, klar nun kams mir zu Gesicht.
Und alle sieben wiesen mir, wie schnelle
Und wie so groß sie seien und wie weit
Ein jeder blieb von seines Nachbars Schwelle.
Die Scholle, drum so wild hier tobt der Streit,
Sah, kreisend mit dem Zwillingspaar da droben,
Ich ganz und gar, Berg, Täler, weit und breit.
Drauf ich den Blick zum schönen Aug erhoben.

Dreiundzwanzigster Gesang

Dem Vogel gleich, im trauten Grün der Äste,
Wenn er zur Nacht, die unsrem Schauen wehrt,
Mit seinen süßen Jungen ruht im Neste
Und, weil des teuren Anblicks er begehrt
Und Atzung hofft, der Brut sie auszuteilen,
Für die so saure Müh ihm lieb und wert,

Vom Wipfel hoch, der Zeit vorauszueilen,
Gen Sonnenaufgang späht mit Sehnen heiß
Und harrt, wie lang das Morgenrot will weilen:
So stand die Herrin, reckte sich mit Fleiß,
Den Blick nach jenem Himmelsstrich zu heben,
Wo träg die Sonne rollt in ihrem Gleis.
Ich sah sie sehnend in Erwartung schweben
Und stand, wie wer sein Herz an Hoffnung nähret
Und wünscht verlangend, Neues zu erleben.
Allein vom Hoffen hat nicht lang gewähret
Die Frist zum Schauen, bis in lichter Pracht
Ich mehr und mehr den Himmel sah verkläret.
»Sieh«, sprach die Selige, »Christi Heeresmacht
Im Siegeszug! Die Ernte kannst du sehen,
Die all der Himmel Kreisen eingebracht.«
Ihr Antlitz schien in Flammen hell zu stehen,
Und so voll Wonne strahlt' ihr Augenpaar,
Daß ich in Schweigen muß vorübergehen.
Wie Luna lacht in Vollmondnächten klar
In ewiger Nymphen Reihn am Himmel droben,
Den allerwegen zieret ihre Schar,
So sah ich eine Sonne dort erhoben
Ob tausend Lichtern, die sie all entfachte
Wie unsrer Strahl das Sternenheer dort oben;
Und durchs lebendige Licht, das aus ihr lachte,
Strahlt' hell des Kernes Glanz, der also sehrt',
Daß er mein Augenlicht versagen machte.
O Beatrice, Leitstern hold und wert!
»Was deine Blicke«, sprach sie, »zwingt zu weichen,
Die Macht ists, wider die kein Schild bewehrt:
Die Allmacht sieh, die Weisheit ohnegleichen,
Die lang ersehnten Weg erschloß zum Segen
Von eurem Erdental zu diesen Reichen.«

Wie Feuer, frei sich dehnend allerwegen,
Der Wolke engen Kerker sprengt und nieder
Zur Erde zücket, meiner Art entgegen,
So wuchs da meinem Geiste das Gefieder
Bei solcher Kost, daß er sich selbst entrann,
Und wie ihm ward, das spürt er nimmer wieder.
»Tu deine Augen auf und sieh mich an!
Du sahst, was deinem Auge Kraft gegeben,
Daß es mein Lächeln nun ertragen kann.«
Mir ward, wie wem ein Traum, der im Entschweben,
Das Herz bewegt und der, was so ihn sehrt,
Umsonst zurück will rufen ins Erleben,
Als ich vernahm, was solchen Dankes wert,
Daß drinnen, wo zu lesen, was vergangen,
Niemals verlöschen kann, was mirs beschert.
Ob all die Zungen gleich, die nach Verlangen
Mitsamt den Schwestern Polyhymnia
Mit süßer Milch genährt, mit meiner klangen,
Nicht käm ich einen Gran der Wahrheit nah,
Wollt ich vom heiligen Lächeln, wollt ich singen,
Wie so verklärt das heilige Bild ich sah!
So muß, geweiht vom Paradies zu klingen,
Mein Lied, wie wer den Weg im Vorwärtsstreben
Versperrt sich sieht, gar manches überspringen;
Doch wer bedenkt, wie schwer die Last zu heben
Und daß die Schulter sterblich, drauf sie ruht,
Der wird nicht schelten, sieht er sie erbeben:
Kein Paß für kleine Nachen ist die Flut,
Die so verwegen will mein Kiel durchschneiden,
Noch für den Fergen, der da spart sein Blut!
»Willst du dich nur an meinem Antlitz weiden,
Daß deine Blicke noch den Garten dort,
So schön erblüht in Christi Glanze, meiden?

Sieh da die Rose, drin das Gotteswort
Ward Fleisch! Die Lilien siehe, die euch leiten
Mit ihrem Duft den Weg zum rechten Port.«
So Beatrice, und zu allen Zeiten
Gewärtig ihres Winks, zum andren Mal
Bot ich die schwachen Wimpern auf zum Streiten.
Wie hier mein Auge, selbst beschattet, Tal
Und Aue sah im Sonnenlichte blühen,
Brach durch den Riß der Wolke nur ihr Strahl,
So sah ich Schwärme da von Lichtern glühen
Im Strahl, der flammend auf sie niederfällt,
Doch nicht den Quell, aus dem die Blitze sprühen.
O Gnadenhort, des Licht sie so erhellt!
Dem Blick, der dein nicht mächtig, Raum zu geben,
Erhobst du huldreich dich zum Himmelszelt!
Der schönen Blume Reiz, genannt nur eben,
Ließ mich, der spät und frühe ruft zu ihr,
Zum größten Lichte Aug und Sinn erheben;
Und wie der lichte Stern im Auge mir
Sich malt in seiner Größe, seinem Glanze,
Da droben siegend wie auf Erden hier,
Schwebt in dies Himmelszelt herab, zum Kranze
Sich ründend, eine Lohe und umringt
Und schließt ihn kreisend ein im Wirbeltanze.
Die Weise, die vor allem süß hier klingt
Und meist zu Herzen geht, sie gleicht dem Dröhnen,
Das aus dem Riß der Donnerwolke dringt,
Verglichen jener Leier holdem Tönen,
Die auserwählt, den köstlichen Saphir,
Dank dem der Himmel lichter blaut, zu krönen.
»Die Engelsliebe bin ich, schweb allhier
Um unsrer Wonne Quell, will stets umschweben
Den Schoß, die Herberg heiß ersehnter Zier,

Bis du dem Sohne folgst, dich zu erheben,
O Himmelskönigin, zum höchsten Runde,
Ihm höhre Weihe, dem du nahst, zu geben!«
So aus dem Kreisen klangs, und all im Bunde
Die vielen Lichter ließen rings erschallen
Mariens Namen da von Mund zu Munde,
Der Königsmantel dieser Welt, vor allen
Den andren Hüllen voller Glut und Leben
Durch Gottes Kraft und seines Odems Wallen,
War mit dem innern Bord, der uns umgeben,
So weit noch über uns, daß, wo ich stand,
Sich nicht so hoch mein Auge konnt erheben;
Drum fehlte Kraft dem Blick, den ich entsandt,
Der Flamme, der gekrönten, nachzufliegen,
Die auf des Sohnes Spur entschwebt' und schwand.
Und wie, gestillt, die Kindlein in der Wiegen
Zur lieben Mutter ihre Ärmchen strecken,
Strahlend vor Lust, sich zärtlich anzuschmiegen,
So sah ich höher ihre Flammen recken
Die Lichter all und so die Liebe heiß,
Die sie Maria weihten, mir entdecken.
Und ständig mir vor Augen, ihr zum Preis
»Regina coeli ...« so voll Huld sie sangen,
Daß allzeit meine Lust die süße Weis.
O welche Fülle haben hier empfangen
Die reichen Scheuern des, was, ausgesät
Auf gutem Felde, drunten aufgegangen!
Hier freut sich seines Schatzes früh und spät,
Den weinend er gewann in Babels Frone,
Wer, in Verbannung dort, ihr Gold verschmäht;
Hier, unter Gottes und Mariens Sohne
Mit Alten und mit Neuen Bundes Heer
Empfängt für seinen Sieg die Ehrenkrone
Er, der die Schlüssel hält zu solcher Ehr.

Vierundzwanzigster Gesang

»Die ihr erwählt zum großen Liebesmahle
Des benedeiten Lammes, das euch letzt,
Daß eurem Durste stets gefüllt die Schale:
Nun diesem Gottes Gnade gönnt, schon jetzt,
Was hier von eurem Tische fällt, zu schmecken,
Eh seinen Tagen Tod ein Ziel gesetzt,
Seht heißen Sehnens ihn die Hände recken
Und labet ihn, die allezeit vom Quelle
Ihr trinkt, den seinen Durst ihr sehet wecken!«
So Beatrice, und rundum zur Stelle,
Als Sterne kreisend, sah ich flammend wehn
Die seligen Geister, wie Kometen helle.
Wie sich, gemeßnen Gangs, im Uhrwerk drehn
Die Räder – wer drauf achtet, sieht kaum leise
Das erste und im Flug das letzte gehn –,
So, ungleich, schwangen sich im Tanz die Kreise,
So ließ, wie reich an Gnade jeder war,
Mich, sacht und schneller, merken ihre Weise.
Und aus der Reigen schönstem, heiter-klar,
Sah ich ein selig Licht hervor sich schwingen:
Kein hellrer Glanz blieb in der ganzen Schar!
Dreimal um Beatrice kreist's mit Singen
So göttlich, daß nicht einen Laut von dort
Mir meine Phantasie mag widerklingen.
So springt die Feder, und ich schweig hinfort:
Zu grobes Garn, um solch Gebild zu weben,
Spinnt unsre Einbildung und gar das Wort!
»O Schwester, die so fromm du flehtest eben,
Es lockt mich, Heilige, dein glühend Lieben,
Aus meines Reigens Lust hervorzuschweben.«

So hat, vor meiner Herrin stehn geblieben,
  Zu ihr mit seines Wortes Hauch gekehrt
  Sich das geweihte Licht, wie ichs geschrieben.
Und sie: »Du ewiger Glanz des Helden wert,
  Dem unser Herr zu dieser Wonn und Ehre
  Die Schlüssel, die hinab er trug, beschert:
Ich bitt dich, prüfe diesen in der Lehre
  Des Glaubens, leicht und schwer, wie dirs gefällt,
  Kraft dessen du gewandelt auf dem Meere.
Wie ers mit Liebe, Hoffnung, Glauben hält,
  Ist dir ja nicht verborgen, der da droben
  Ins Licht du schauest, drin sich malt die Welt;
Doch weil man Bürger wird des Reichs hier oben
  Durch wahren Glauben, sei ihm, des zum Preis,
  Das Wort gewährt, bekennend ihn zu loben.«
Wie auf des Meisters Frage sich mit Fleiß
  Ein Schüler rüstet und nun harrt in Schweigen
  Auf sie, die nicht Entscheid will, nur Beweis,
So, weil sie's sagte, macht' ich mir zu eigen
  Des Geistes Rüstung, solchem Frager mich
  Für solch Bekenntnis wohlbereit zu zeigen.
»Sag, guter Christ, bekenne mir und sprich:
  Was ist der Glaube?« Und die Stirn zum Lichte
  Hob ich, draus dieser Worte Hauch entwich.
Und wie mein Aug ich auf die Herrin richte,
  Las ich den Wink, dem Strome nicht zu wehren
  Des innern Quells, in ihrem Angesichte.
»Die Gnade«, hob ich an, »die gar so hehren
  Vorkämpfer mir zum Beichtiger beschert,
  Die Gnade mag das rechte Wort mich lehren!
Wie's wahrhaft deines Bruders Griffel lehrt,
  Des teuren, der, als Weg und Tor uns offen,
  Mit dir, o Vater, Rom zum Heil bekehrt,

Ist Glaube Wesenheit des, was wir hoffen,
Und ist Beweis für das, was wir nicht sehn:
So dünket mich sein Wesen recht getroffen.«
»Recht dünkt dich«, hört' ich, »kannst du recht verstehn,
Warum er Wesenheit zum einen Male
Und dann Beweis ihn nennt: wie will das gehn?«
Drauf ich: »Was an Geheimnissen im Strahle
Des Lichts hier oben glänzt in hellem Schein,
So tief verhüllts dem Blick sich dort im Tale,
Daß Glaube nur ihm Wesen kann verleihn,
Auf dem der Hoffnung Zinnen sich erheben:
So muß denn Wesenheit sein Name sein.
Aus solchem Glauben muß sich dann ergeben,
Was keinem andren Schauen offenbar,
Drum heißen ihn Beweis, die das erleben.«
Da klangs: »Wär alles drunten euch so klar,
Was Wahrheit lehrt, kein Raum wär da geblieben
Dem Afterwitz, der spalten will ein Haar!«
So haucht' es aus dem flammend heißen Lieben,
Und weiter: »Trefflich hast du, Strich für Strich,
Nach Schrot und Korn die Münze mir beschrieben;
Doch hast du sie denn auch im Beutel? Sprich!«
Und ich: »Gewiß! So blank, so wohlgeründet,
Daß jeder Zweifel am Gepräge wich.«
Und aus dem Lichte tief, das dort entzündet,
Erklang es: »Dieses Kleinod, drauf sich dort
Auf Erden all und jede Tugend gründet,
Sag, woher kam dir solcher teure Hort?«
»Der Tau des Heiligen Geists, so reich ergossen«,
Sagt' ich, »in Alt und Neuen Bundes Wort,
Das war der Quell, draus mir Beweis erflossen,
Und stumpf dünkt neben seiner Schärfe mich,
Was alles sonst gefolgert und geschlossen.«

Nun hört' ich: »Wenn Beweis dir lediglich
Das Alt und Neue Testament erbringen,
Warum denn Gottes Wort nur dünkt es dich?«
Und ich: »Den Prüfstein find ich in den Dingen,
Die so geschehn, wie's nimmer der Natur
Mit Hammer und mit Amboß kann gelingen.«
»Sag«, war die Antwort, »was verbürgt dir nur,
Daß sie geschehn? Was zum Beweis ich stellte,
Just das, nichts andres bringst du ja zum Schwur!«
»Wenn, ohne daß ein Wunder sie erhellte«,
Sagt' ich, »die Welt zu Christo sich bekannt.
Dies eine mehr denn ihrer hundert gälte!
Denn arm und dürftig kamest du, ins Land
Der guten Pflanze Wurzelreis zu bringen:
Einst Weinstock, heut ein Dorn auf dürrem Sand!«
Ich sprachs, und durch die Runden hört' ich klingen
Den Chor der Heiligen: »Gott, dich loben wir ...«
In Weisen, wie nur die da droben singen.
Der Herre aber, der von Zweig allhier
Zu Zweige prüfend mich emporgezogen
Und schon dem Wipfel nahe war mit mir,
Hub wieder an: »Die deinem Geist gewogen,
Die Gnade, tat bislang dir auf den Mund,
Wie's einem Sinn gebührt, ders wohl erwogen.
So lob ich, was er sprach. Nun tu mir kund,
Was ist es, was du glaubst? Und worauf bauet
Dein Glaube sich, sag an, auf welchen Grund?«
»O heiliger Vater, Seele, die nun schauet,
Was so du glaubtest, daß ins Grab des Herrn
Vor jüngren Füßen sich dein Fuß getrauet:
Bekennen«, sagt' ich, »heißt du mich den Kern
Und fragest, was in mich den Grund geleget
Des Glaubens, dem ich willig folg und gern.

So hör: Ich glaub an *einen* Gott, der reget
Die Himmel all durch Liebe und Verlangen,
Der Ewig-Eine, selber unbeweget.
Des Glaubens hab ich Zeugnis recht empfangen
Nicht aus Natur allein und Weltweisheit,
Nein, auch durch Botschaft, die von hier ergangen:
Durch Moses, durch Propheten alter Zeit,
In Psalmen, in des Evangeliums Spalten,
Durch eure Schrift, in Geistesglut geweiht.
Ich glaub auch an des Ewigen drei Gestalten,
Vereint in einem Wesen: Drei und Eins –
Er ist; sie sind: muß beides recht behalten.
So tief Geheimnis göttlich-ewigen Seins
Prägt meinem Geist der Evangelien Kunde
Fest ein mit manchem Worte hellen Scheins:
Das ist der Ursprung, ist der Grund vom Grunde,
Der Funke, der, zur Flamme hell entfacht,
In mir erglänzt wie Stern' am Himmelsrunde.«
Wie seinen Knecht, der gute Post gebracht,
Kaum daß er schweiget, schon der Herr umschlungen,
Die Botschaft lohnend, die ihn froh gemacht,
So, segnend, singend, da mein Wort verklungen,
Hat dreimal sich das Licht, das mich befragt,
Das apostolische, um mich geschwungen:
So wohl gefiel es ihm, was ich gesagt.

Fünfundzwanzigster Gesang

Erleb ichs noch, daß mein geweihter Sang,
Dies Lied, dran Himmel Hand gelegt und Erde,
Das an mir zehret Jahr' um Jahre lang,
Den Haß bezwingt, durch den ich Fremdling werde
Der Hürde hold, die mich als Lamm betreut,
Feind allen Wölfen, die bedroht die Herde:

Mit neuer Stimme, neu am Vliese heut
Kehrt' ich zum Bronn, wo ich die Tauf empfangen,
Ein Dichter, dem allda den Kranz man beut:
Da, wo des Glaubens Tor mir aufgegangen,
Dran Gott die Seelen kennt, und dem zum Lohn
Sankt Peters Strahlen mir die Stirn umschlangen! –
Uns naht' ein Licht des Kreises, draus sich schon
Zuvor der Erstling löste, den vor allen
Statthaltern ließ auf Erden Gottes Sohn;
Und meine Herrin, voller Wohlgefallen,
Sprach: »Sieh den Bannerherrn, zu dessen Blut
Sie drunten, siehe, nach Galizien wallen!«
Wie, wenn sich zur Gefährtin frohgemut
Die Taube schwingt, mit Gurren, Drehn und Wenden
Ihr Neigen eine kund der andren tut,
So sah ich Willkomm dort einander spenden
Die rühmlich hohen Fürsten, jenes Brot
Lobpreisend, das sie droben speist ohn Enden.
Und wie nun jeder seinen Gruß entbot,
Hielt schweigend vor mir an das Paar im Schweben,
So gleißend, daß mein Auge kam in Not.
Sprach lächelnd Beatrice: »Rühmlich Leben,
Du, der von unsres Tempels Gnadenschrein,
Dem überschwenglichen, Bescheid gegeben,
Der Hoffnung laß ein Wort hier oben weihn!
Du kennst sie, der ihr Banner du getragen,
Sooft sich Jesus offenbart euch drein.«
»Heb auf dein Haupt und fasse Mut zum Wagen!
Am Strahle reift von unsrem Angesicht,
Wer diesen Höhn sich naht aus Erdentagen.«
So klangs ermunternd aus dem andren Licht,
Drum zu den Bergen ich mein Aug erhoben,
Das sich geneigt, bedrückt durch solch Gewicht.

»Da dich in Gnaden unser Herrscher droben,
Vor seinen Großen, lebend noch, zu stehn,
Ins Allerheiligste beschied hier oben,
Auf daß, so Himmelswahrheit du gesehn,
Dir Hoffnung sproßt und andren im Gemüte,
Drin rechte Liebe dann pflegt aufzugehn:
Sag, was sie sei, wie reich davon erblühte
Dein Sinn, und sprich, woher sie dir gekommen.«
So fuhr die Flamme fort, die neu erglühte.
Doch wurde von ihr selber, jener Frommen,
Die mir zum hohen Flug die Schwinge leitet,
Die Antwort also mir vorweggenommen:
»Kein Sohn erwuchs der Kirche, die da streitet,
An Hoffnung reicher: so im Angesicht
Der Sonne stehts, die hier die Strahlen breitet.
Drum aus Ägyptenland, zu schaun ihr Licht,
Ward ihm vergönnt, in Zion einzukehren,
Da noch sein Kriegesdienst zu Ende nicht.
Was sonst du fragest (nicht dich zu belehren,
Nur, daß er Botschaft mag hinübertragen,
Wie hoch du diese Tugend hältst in Ehren),
Das laß ich ihm. Die löst er leicht, die Fragen,
Und ohne Prahlen; geb er denn Bescheid,
Und Gottes Gnade helf ihms recht zu sagen.«
Wie seinem Lehrer, weiß er sich bereit,
Ein Schüler willig Rede steht in Eile,
Daß sich erweise seine Trefflichkeit,
So sagt' ich: »Hoffnung ist vom künftigen Heile
Gewisse Zuversicht, wird immerdar
Kraft Gottes Gnade dem Verdienst zuteile.
Ihr Licht, von manchem Sterne strahlts mir klar;
Als erster träuft' ins Herz mir solchen Segen
Er, der des Höchsten höchster Sänger war:

›Es hoff auf dich‹, so mahnt uns ihretwegen
Sein heilig Lied, ›wer seinen Namen weiß‹, –
Kann, wer ihn nicht weiß, unsren Glauben hegen?
Du hast in deinem Brief mich gleicherweis
Mit ihrem Tau gelabt: kann, reich für immer,
Nun andren davon spenden, euch zum Preis.«
Dieweil ichs sagte, zuckt' in hellem Schimmer
In jenes Feuerbrands lebendiger Brust
Jäh, Blitz auf Blitz, ein funkelndes Geflimmer;
Dann haucht's: »Weil noch die Tugend meine Lust,
Die mit mir war, bis ich davongetragen
Den Palmenzweig, bis ich davongemußt,
Heißt solche Liebe mich noch mehr dich fragen,
Daß du dich ihrer freust: tu auf den Mund!
Was Hoffnung dir verheißt, das sollst mir sagen.«
Und ich: »Die Schrift von Alt und Neuem Bund,
Die zeigt den Seelen, die Gott wohlgefallen,
Ihr Ziel; so wird mir, was zu hoffen, kund.
Jesaja sagt: ›Zwiefach Gewand wird allen
In ihrem Heimatlande angetan.‹
Und Heimat sind ja diese seligen Hallen!
Weit tiefre Offenbarung noch empfahn
Aus deines Bruders Wort wir dann, der droben
In weißen Kleidern sah die Heere nahn.«
Kaum endet' ich die Antwort, da erhoben
Sich Stimmen über uns: »Es hoff auf dich ...«,
Und Chor auf Chor fiel ein mit Preis und Loben.
Dann flammt' ein Leuchten auf, so königlich,
Daß, möcht im Krebse solch Kristall sich zeigen,
Ein Mond des Winters einem Tage glich.
Wie sich erhebt und naht und in den Reigen
Ein Mägdlein tritt, das bräutliche Gemahl
Zu ehren, sonder Arg, mit frohem Neigen,

So sah dies Licht ich nahn mit hellem Strahl
Den beiden, die sich nun im Kreise schwangen,
Wie's ihrer Liebe heiße Glut befahl.
Dem Tanz gesellt's, dem Lied sich, das sie sangen,
Und ruhig, schweigend, wie's die Braut getan,
Hielt mit dem Blick die Herrin sie umfangen.
»Das ist er, sieh, der unsrem Pelikan
Am Busen lag und der so hohe Pflichten,
Der Auserwählte, unterm Kreuz empfahn!«
So meine Herrin; doch verhielt mitnichten
Ihr Reden sie, noch immer, wie zuvor,
Achtsam den Blick auf jene drei zu richten.
Wie wer zur Sonne blicket, die ein Flor
Halbwegs verhüllt, verfinstert sie zu sehen,
Und so durch Schaun des Schauens Kraft verlor,
So war mirs von dem letzten Licht geschehen,
Und mir erklangs: »Was lässest du dich blenden,
Zu schauen, was nicht statthat, wo wir stehen?
Auf Erden Erde, wie sie alle enden,
Ist dort mein Leib und bleibts, bis unsre Zahl
Nach ewigem Ratschluß hier sich wird vollenden.
In dem und jenem Kleide ward zum Saal
Der Seligen allein das Paar erhoben,
Das jetzt entschwebt. Das künd im Erdental!«
Mit diesem Worte kam zur Ruh da droben
Das Flammenrad, mit ihm der süße Ton,
Zu dem der Stimmen Dreiklang sich verwoben;
So ruhen, wenn sie müd, wenn Klippen drohn,
Die Ruder, die gepeitscht des Meeres Breite,
Auf einen Pfiff mitsamt in ihrer Fron.
Ach, wie das Herz mir schlug, da ich zur Seite,
Zu Beatrice meinen Blick gewandt, –
Und sah sie nicht! Und war ihr doch Geleite,
Und war doch selber dort im seligen Land!

Sechsundzwanzigster Gesang

Weil ums erloschne Augenlicht mir bange,
Drang aus der Flamme, die's gelöscht so licht,
Ein Hauch, und lauschen mußt' ich seinem Klange:
»Du magst dich, bis dir wiederkehrt die Sicht«,
So sprachs, »die sich in meinem Glanz verzehret,
Des Worts getrösten. Tu mir denn Bericht:
Wo ist das Ziel, nach dem allzeit begehret
Die Seele dein? Sag an und glaube mir,
Nicht starb dein Schauen, ward es gleich versehret.
Sie, die dich führt durchs himmlische Revier,
Die Herrin, hat in ihrem Blick die Gabe,
Die Ananias' Hand besaß vor ihr.«
»Wie's ihr gefällt, sei bald, sei später Labe
Dem Auge«, sprach ich, »das ihr ward zum Tor
Der Flamme, die ich noch im Herzen habe!
Das Gut, des sich getröstet euer Chor,
Ist A und O jedweder Schrift, die drinnen
Mir laut und leise liest die Liebe vor.«
Dieselbe Stimme, die mir zu Beginnen,
Dem jäh Geblendeten, die Furcht geschlichtet,
Hieß scharf mich wiederum auf Antwort sinnen
Und sprach: »Mit feinrem Siebe sei gesichtet
Fürwahr dein Denken: Gib Bescheid jetzund,
Wer deinen Bogen auf dies Ziel gerichtet.«
Und ich: »Was mir durch Weisheitslehre kund
Und was von hier die Offenbarung kündet,
Prägt solches Lieben mir in Herzensgrund.
Denn jedes Gut, sofern es gut, entzündet,
Sowie's begriffen, Liebe allzumal,
Je mehr, je mehr des Guten drin begründet.

Was so vollkommen drum ohn alle Wahl,
Daß alles, was noch sonst ein Gut zu nennen,
Nichts andres ist als seines Lichts ein Strahl,
Dem, mehr als allem andren, muß entbrennen
In Liebe, wer nur jene Wahrheit klar,
Drauf mein Beweis sich gründet, konnt erkennen.
Die Wahrheit lehret mich und tut mir dar,
Der aller Wesen, die da nicht vergehen,
Allerstes Lieben uns macht offenbar;
Sie lehrt des Meisters wahrhaft Wort verstehen,
Der von sich selbst zu Mose sprach: ›Den Hort
Dich laß ich aller meiner Güte sehen‹;
Sie lehrt, zu Anbeginn, dein Seherwort,
Das mehr von den Geheimnissen hier oben
Kund tut als keiner sonst auf Erden dort.«
»So hat, was menschliche Vernunft gewoben«,
Hört' ich, »mit Offenbarung Hand in Hand
Dein Lieben allermeist zu Gott erhoben;
Doch sage mir, ob nicht noch andres Band
Zu Gott dein Herze zieht; wie sehrt dich, sage,
Mit wieviel Flammen solcher Liebe Brand?«
Nicht barg den heiligen Vorsatz seine Frage:
Wohin er mein Bekenntnis wollte leiten,
Der Adler Christi, klar mir lags zutage.
Begann drum wieder: »Was, sich Gott zu schenken,
Das Herz entflammen mag, glüht' im Verein,
Mir solcher Liebe Brand hineinzusenken:
Das Weben dieser Welt, mein eignes Sein,
Der Tod, den Er gelitten, mir zum Leben,
Die Hoffnung, die uns Gläubigen gemein;
Das half lebendiger Einsicht, die ich eben
Bekannt, aus arger Liebe Meeresflut
Zum Strand der rechten rettend mich zu heben.

Das Grün im Garten lieb ich, der in Hut
Des ewigen Gärtners, je wie's ihm gefallen,
Hineinzupflanzen da vom eignen Gut.«
Ich sprachs, da tönte durch des Himmels Hallen
Des Chors und meiner Herrin süßes Singen,
Und »Heilig, heilig, heilig« hört' ichs schallen.
Wie grelles Licht den Schlummer kann bezwingen,
Dieweils mit seinen Strahlen an sich zieht
Die Sehkraft, die durch Lid und Netzhaut dringen,
Und wie den Wachen schrecket, was er sieht –
So ratlos, eh zu Hilfe ihm gekommen
Sein Urteil, steht er, den der Schlummer flieht –,
So hat vom Auge allen Dunst genommen
Mir Beatrice durch der Ihren Strahl,
Der, tausend Meilen leuchtend, aufgeglommen.
Ja, schärfer denn zuvor sahs dazumal,
Und staunend, fragend, als empor ichs richte,
Sah ich ein viertes in der Lichter Zahl.
Die Herrin drauf: »Froh schaut in diesem Lichte
Die Seele, so die erste Schöpferkraft
Als erste schuf, des Schöpfers Angesichte.«
Wie sich der Windsbraut beugt ein Eschenschaft
Und dann emporschnellt, wieder aufzuragen,
Aus eigner Schwungkraft, die den Wipfel strafft,
So ich, vor Staunen, da ichs hörte sagen,
Bis Drang zu reden, den ich fühlt' entbrennen,
Mir Mut gemacht, daß ich begann mit Fragen:
»Der du allein von allen, die wir kennen,
Als reife Frucht erblüht, Urvater du,
Der Schnur und Tochter jede Braut darf nennen:
In Ehrfurcht fleh ich, wie ich kann, o tu
Doch auf den Mund! Du kennst ja mein Begehren:
So schweig ich; um so eher hör ich zu.«

Ein Roß wohl siehst du sich so stürmisch wehren,
Daß dir verrät die Decke, die's verhüllt,
Nachzitternd jedem Ruck, sein Aufbegehren:
So, funkelnd durch den Flor, der ihn umhüllt,
Ließ er, der Seelen Erstling, da mich sehen,
Wie freudig meinen Wunsch er mir erfüllt.
Dann haucht' er: »Eh ich drum dich höre flehen,
Weiß ich dein Wünschen, besser noch fürwahr,
Als was am festesten dir scheint zu stehen:
Im Spiegel, dem wahrhaftigen, seh ichs klar,
Der Bilder in sich faßt von allen Dingen,
Doch ihrer keinem tut das seine dar.
Du möchtest hören, wieviel Jahr vergingen,
Seit ich im Garten dort am Berg erwachte,
Wo diese hier zum Flug dir lieh die Schwingen;
Wie lange dort mir solche Wonne lachte,
Was Grund des großen Zornes eigentlich
Und wie die Sprache klang, die ich erdachte.
Nicht, daß ich aß vom Baume, wars an sich,
Mein Sohn, was Ursach für den Bann, den langen:
Nur dies, daß ich aus meinen Schranken wich!
Wo deiner Herrin Ruf Virgil empfangen,
Litt ich viertausenddreimalhundertzwei
Sonnrunden nach dem Chor allhier Verlangen.
Und ihre Bahn durch all der Lichter Reih
Neunhundertdreißig Male sah ich rollen
Die Sonne, bis mein Erdentag vorbei.
Die Sprache, die ich sprach, war ganz verschollen,
Schon eh ans Werk sich machte Nimrods Schar,
Das keine Hand noch hat vollenden sollen;
Denn nichts, was je Vernunft ersonnen, war
Von Dauer je, da, wie die Sterne wallen,
Das, was dem Menschen ansteht, wandelbar.

Des Redens Gabe lieh Natur euch allen,
Doch ob ihrs so, ob so mit Worten tut,
Das läßt sie selbst euch wählen nach Gefallen.
So hieß auf Erden I das höchste Gut,
Bevor ich niederstieg zum Höllenschlunde,
Der Quell der Wonne, die mich hüllt in Glut;
Dann hieß es El; nicht staune ob der Kunde:
Ist Menschenbrauch wie Laub doch an den Zweigen,
Das fällt und wieder sproßt zu seiner Stunde.
Am Berg, den hoch du sahst der Flut entsteigen,
Weilt' ich, in Unschuld und in Sünden dann,
Vom Aufgang, bis die Sonne sich zu neigen
Zur Stunde, die der sechsten folgt, begann.«

Siebenundzwanzigster Gesang

Dem Vater, Sohn und Heiligen Geiste klang
Ringsum durchs Paradies ein Gloria-Singen,
Daß wahrlich mich berauscht der süße Sang.
Es schien, was strahlend ich mich sah umringen,
Ein Lächeln mir des Alls, und Trunkenheit
Durch Aug und Ohr ins Herze fühlt' ich dringen.
O Freude sonder Maß! O Seligkeit!
O Leben, ganz in Lieb und Frieden blühend!
O Reichtum ohne Sorge, Wunsch und Neid!
Vor Augen standen mir die Lichter, glühend
Noch alle vier, und das zuerst gekommen,
Fing heller an zu glänzen, Funken sprühend;
Und also war sein Angesicht entglommen,
Als hätte Jupiter, der lichte Aar,
Von Mars sein Federkleid in Tausch genommen.
Die Vorsehung, die droben immerdar
So Amt wie Los verteilt, sie hatte Schweigen
Ringsum geboten all der seligen Schar;

Da hört' ich: »Staune nicht, wenn du so eigen
  Verfärbt mich siehest; so verfärbt wird schon,
  Wenn er mich hört, der ganze Chor sich zeigen!
Der sich auf Erden anmaßt meinen Thron,
  Ja, meinen Thron, auf meinem Thron die Stätte,
  Die Rechtens ledig ist vor Gottes Sohn,
Macht zur Kloake dort mein Ruhebette
  Voll Stanks und Blut, daß, der vom Himmel fallen,
  Der Arge, drunten seine Lust dran hätte!«
Wie früh und abends glühn die Wolkenballen
  Im Sonnenstrahl, so sah die Himmelsrunde
  Ich nun erglühn in ihren Kreisen allen;
Und wie ein ehrbar Weib, zu jeder Stunde
  Der eignen Zucht gewiß, um fremde Schmach
  Verschüchtert steht, vernimmt sie nur die Kunde,
So ward der Herrin Miene, da er sprach,
  Und so verfinstert, mein' ich, wurde nimmer
  Der Himmel, seit des Höchsten Auge brach.
Dann hallten seine Worte fort, und immer
  Noch dräuender hat seiner Stimme Ton
  Sich nun gewandelt denn des Lichtes Schimmer:
»Nicht darum galts, die Braut dem Gottessohn
  Mit meinem, Linus', Cletus' Blut zu werben,
  Daß heut man sie mißbraucht um Goldeslohn;
Wir gabens, diese Seligkeit zu erben,
  Sixt, Pius auch, Calixtus und Urban,
  Nach so viel Tränen hin in bittrem Sterben!
Nicht das war für die Folger unser Plan,
  Daß halb die Christenheit zu ihrer Rechten
  Und halb zur Linken ihnen sollte stahn;
Noch daß sie mit den Schlüsseln sich erfrechten,
  Die mir vertraut, zu schmücken das Panier,
  Darunter Christen wider Christen fechten;

Noch daß mein Bild erkauften Freibriefs Zier
Und Lügensiegel, drum vor Scham und Leide
Glutrot gar oft entbrennt die Stirne mir.
Reißende Wölfe gehn im Hirtenkleide,
Und jede Weide steht in ihrer Hut:
O Schwert des Herrn, wann fährst du aus der Scheide?
Schon giert nach unsrem Blute Baskenbrut
Und das Gezücht Cahors', – o schmählich Ende,
Darein versinkt, was zu Beginn so gut!
Doch wie die Vorsehung durch Scipios Hände
Das Weltreich Rom gewahrt, so sorg ich nicht,
Daß sie auch jetzt in Bälde Rettung sende.
Und du, mein Sohn, den nieder das Gewicht
Noch zieht der Sterblichkeit, tu auf vor allen
Den Mund und hehle nicht, was meiner spricht!«
Wie Flocken, die aus Dunst im Frost sich ballen,
Stößt an des Steinbocks Horn die Sonne sich,
In unsren Erdenlüften niederfallen,
So, leuchtend, durch den Äther sahe ich
Im Flockentanz empor die Lichter wehen,
Die sieggekrönt sich da geschart um mich.
Mein Blick sucht' ihrem Leuchten nachzugehen
Und folgt' ihm, bis es in der Ferne schwand,
Die letzt ihm wehrte, weiter noch zu sehen.
Und die des Anblicks mich gesättigt fand,
Die Herrin, sagte: »Senke deine Lider
Und schau, wie weit du dich herumgewandt!«
Von Stund an, da zuerst ich blickt' hernieder,
Sah auf der ersten Zone Bahn ich da
Von Mitte mich entrückt zum Ende wieder:
Ulissens Irrweg, den verwegnen, sah
Ich jenseit Gades, diesseit bis zum Strande,
Wo süße Last Europa ward, beinah.

Noch mehr hätt' ich erschaut vom Erdenlande,
  Doch war vorauf ein Zeichen mir und mehr
  Die Sonne, die zu Füßen meinem Stande.
Mein liebend Herz, allzeit schon voll Begehr
  Nach meiner Herrin, brannte vor Verlangen,
  Ins Auge ihr zu schaun, wie nie vorher;
Und was, um Blick und Seele einzufangen,
  In Fleisch und Blut, in Farben klar und licht
  Natur und Kunst erdacht an Reiz und Prangen,
Das alles miteinander wird zunicht
  Vor jener Himmelslust, die mir so helle
  Ins Auge strahlt' ihr lächelnd Angesicht.
Die Kraft, die mir der Blick verlieh zur Stelle,
  Riß mich aus Ledas holdem Nest empor
  Zum Himmel, der da kreist in höchster Schnelle.
Da tut kein Teil vor andren sich hervor,
  Ob fern, ob nah; drum weiß ich nicht zu sagen,
  Wo Beatrice mir den Platz erkor.
Doch sie, die mein Verlangen sah zu fragen,
  Begann mit Lächeln, froh, als sähe ich
  In ihrem Antlitz Gottes Wonne tagen:
»Das Weben dieser Welt, das ewiglich
  Ruhn heißt die Mitte, alles rings sich regen,
  Allhier, an seiner Mark entspinnt es sich.
Dies Rund kann Gottes Geist allein umhegen,
  An dem sich Kraft entzündet, die's bewegt,
  Und Liebe, die es ausstrahlt allerwegen.
Ein Ring von Licht und Liebe ihn umhegt
  Wie er die andren, und der ihn umringet,
  Gehorcht nur dem, der ihn ums All gelegt.
Sein Umschwung wird von keinem sonst beschwinget:
  Nach ihm bemißt ihn jedes andre Rund,
  Wie Zehn durch Halb- und Fünfteil wird bedinget;

Und wie die Wurzeln senkt in diesen Grund
Die Zeit, in jene ihr Gezweig zu strecken,
Das, mein' ich, wird dir jetzo selber kund.
O böse Lust! In deinen Wogen stecken
So tief die Sterblichen, die Erdenbrut,
Daß keiner draus vermag den Hals zu recken!
Wohl blüht im Menschen noch der Wille gut;
Doch aus den Trauben macht, aus den gesunden,
Herlinge des beständigen Regens Flut.
Unschuld und Treu wird einzig noch erfunden
In Kindlein klein; bevor das erste Haar
Die Wangen deckt, sind sie dahingeschwunden.
Als stammelnd Kind mag einer fasten zwar;
Gelöst die Zunge, schlingt er jeden Bissen
In jedem Mond, an jedem Tag im Jahr.
Und wer die Mutter, weil er lallt' im Kissen,
Geliebt und hört' auf sie, sobald er spricht,
Möcht er am liebsten sie begraben wissen!
So, schaut die Tochter ihm ins Angesicht,
Die schöne, dunkelt ihm die lichte Wange,
Der Frührot weckt und weicht im Abendlicht.
Nicht wunder nehms dich: denke nur, wie lange
Auf Erden keiner ist, das Volk zu leiten;
Drum geht die Menscheit irr auf ihrem Gange.
Doch ehs zu Neujahr lenzt, weil, wenn die Zeiten
Ihr meßt, ums Hundertteil ihr euch verseht,
Wirds dröhnen hier in diesen höchsten Breiten,
So, daß die Schickung dann, die lang erfleht,
Das Heck dahin, wo heut der Bug, wird kehren,
Bis gradeaus der Lauf der Flotte geht
Und gute Frucht die Blüte wird bescheren.«

Achtundzwanzigster Gesang

So wider unsrer Zeit verworfnes Leben,
Von ihr, die himmelwärts mir lenkt den Geist,
Gerechte Klage hört' ich da erheben;
Und wie, wer siehet, wie im Spiegel gleißt
Des Leuchters Strahl, der hinter ihm entzündet,
Eh selber der dem Blick, dem Sinn sich weist,
Wie der sich umsieht, oh ihm Wahrheit kündet
Das Spiegelbild, und sieht, sie gleich ihm ja,
Wie Wort und Weise, die im Sang verbündet:
So, da ins schöne Augenpaar ich sah,
Drein, mich zu fahn, ihr Netz die Minne spannte,
So weiß ich noch, daß mir alsbald geschah;
Und als das meine, da ichs rückwärts wandte,
Das, was in diesem Kreise kommt in Sicht,
So recht man Umschau hält, mit eins erkannte,
Da sah ich einen Punkt, der strahlte Licht
So gleißend, daß sich vor dem Glanz und Scheinen
Das Auge schließen muß, darein er sticht;
Doch säh der Stern, der uns hier von den kleinen
Der kleinste dünket, wie der Mond sich an,
Wollt' er, wie Stern zu Stern, sich ihm vereinen.
So nah wohl, als ein Licht des Himmels man
Den Lichthof, den es malet, sieht umringen,
Wenn recht ein dichter Dunst den Schleier spann,
Sah um den Punkt ich einen Ring sich schlingen
Von Feuer, sah ihn rascher noch sich drehn,
Als der am schnellsten um das All muß schwingen;
Ein zweiter schloß ihn ein, ein dritter den,
Ein vierter war als Ring um diesen dritten,
Ein fünfter und ein sechster dann zu sehn.

Ein siebter folgte, weit schon von der Mitten,
  Daß ihn zu fassen selbst der Reif zu schmal
  Von Junos Botin, wenn er unbeschnitten.
So auch der acht' und neunte, und von Mal
  Zu Mal ward minder ihres Kreisens Schnelle,
  Je ferner von der Einheit ihre Zahl;
Und dessen Flamme glänzt' in schönster Helle,
  Der allernächst dem Fünklein rein und klar,
  Als tränkt' ihn Wahrheit reicher an der Quelle.
Des heißen Wissensdrangs in mir gewahr,
  Sprach meine Herrin: »Von dem Punkt dort hängen
  Nun Himmel ab und Schöpfung ganz und gar.
Den Kreis schau an, der ihm zunächst, den engen,
  Und wisse: ihn beschwingt auf seiner Bahn
  So reißend seiner Liebe heißes Drängen.«
Und ich: »Wär aufgebaut nach gleichem Plan
  Das All, wie's an den Rädern hier zu sehen,
  Genüge tät's, was da mir aufgetan;
Doch in der sichtbarlichen Welt, da drehen
  Sich göttlich höhern Schwunges Kreis um Kreis,
  Je ferner sie dem Mittelpunkte stehen.
Soll denn am Ziel sich sehn mein Sehnen heiß
  Im Engelstempel hier, dem wunderreichen,
  Der nur von Lieb und Licht umschränkt sich weiß,
So muß ich dies noch hören: warum gleichen
  Sich Vor- und Abbild nicht in Maß und Gang?
  Vergebens sinn ich selbst ob diesem Zeichen.«
»Kein Wunder, daß den Knoten nicht gelang
  Zu lösen deinem Finger, da die Schlinge,
  Dran keiner noch gerührt, so fest sich schlang.«
So meine Herrin. »Nimm, was ich dir bringe«,
  Fuhr dann sie fort, «daß dichs zufriedenstellt
  Und schärf den Blick, daß bis zum Grund er dringe!

Weit sind und enger in der Körperwelt
Die Kreise je nach Wirksamkeit und Walten
Der Kraft, die jeder Teil darin enthält:
Mehr Liebeskraft will mehr an Heil entfalten,
Und größren Körpers Raum faßt mehr an Heile,
So gleiches Maß ein jeder Teil erhalten.
So stimmt zu diesem Kreise, dessen Eile
Das Weltall mitreißt, der von jenen Ringen,
Dem Liebe meist und Wissen ward zuteile.
Und nimmst du so die Kraft, die sie empfingen,
Zum Maßstab, nicht den äußren Augenschein
Der Wesen, die du kreisend da siehst schwingen,
So siehst du, wunderbar stimmt überein
Der Himmel all und ihrer Engel Weise:
Zum Mehr, was groß, zum Mindren das, was klein.«
Wie klar und heiter rings im Himmelskreise
Die Lüfte, wenn aus jener Wange blies
Boreas, wo er sänftlich haucht und leise,
Und dann, weil er die Trübung weichen hieß,
In allen Prächten seiner weiten Runde
Der Himmel lächelt, den der Dunst verließ:
So wards in mir, da mir so klare Kunde
Die Herrin gönnte, und der Wahrheit Licht
Ging wie ein Stern mir auf im Himmelsgrunde.
Und als ihr Wort verstummt, wars anders nicht,
Als sprühte Funken rings ein glühend Eisen:
So sprühten jene Kreise Funken dicht.
Die folgten alle ihren Flammenkreisen
Zahlloser, als der Haufe wächst empor
Durch Doppeln, den des Schachbretts Felder weisen.
Hosianna sang dem in der Mitte Chor
Um Chor: Ihm, der sie hält und stets wird halten,
Wo eines jeden Stelle je zuvor.

Und sie, die Zweifel meinen Sinn sah spalten,
Sie sprach: »Die beiden ersten Ringe zeigen
Der Seraphim und Cherubine Walten;
So rasch in seinen Bahnen kreist ihr Reigen,
Dem Punkte nahn zu können; und fürwahr,
Ein jeder kanns, je höhres Schaun ihm eigen.
Die Liebesglut, die nächst umringt dies Paar,
Throne von Gottes Majestät sie heißt:
Vom ersten Dreigestirn die letzte Schar.
Und alle glühn in Wonne, daß du's weißt,
Je mehr ihr Schauen in die Tiefe dringet
Der Wahrheit, drin zum Frieden kommt der Geist.
So kannst du sehn: die Kraft des Schauens bringet,
Nicht die der Liebe schafft das selige Leben,
Da diese ja aus jener erst entspringet.
Und Schaun ist jedem nach Verdienst gegeben,
Das Gnade zeugt und guten Willens Macht:
So muß von Stufe sichs zu Stufe heben.
Das nächste Dreiblatt, das in solcher Pracht
Der Lenz hier sprossen läßt, der nimmer endet,
Dem nie sein Laub der Widder raubt zur Nacht,
Sein immerwährend Hosianna spendet
Es dreifach in drei Weisen, die der Sang
Empor von dreien Jubelchören sendet.
In dieser heiligen Reih gehn ihren Gang
Herrschaften erstlich, Kräfte dann zum zweiten,
Den Mächten, sieh, gebührt der dritte Rang.
Danach im Tanz die Fürstentümer schreiten,
Erzengel drauf; den letzten Kreis sodann
Erfüllen ganz der Engel Lustbarkeiten.
Empor schaun all die Chöre, und ihr Bann
Wirkt niederwärts, so daß emporgezogen
Zu Gott ein jeder, jeder zieht hinan.

Sankt Dionys hat ihrer Schau gepflogen
Mit solcher Inbrunst, daß er so wie ich
Die Ordnungen erkannt und abgewogen;
Gregor sodann von seiner Lehre wich,
Doch als er hier die Augen aufgeschlagen,
Da mußt' er selber lachen über sich.
Und wußte solch Geheimnis wahrzusagen
Ein Sterblicher auf Erden, staune nicht:
Er, ders gesehn hier oben, ließ ihm tagen
Aus diesen Kreisen dies und andres Licht.«

Neunundzwanzigster Gesang

Solang es währt, wenn Letos beide Sprossen,
In Hut des Widders eins und eins der Waage,
Vom Gurt zugleich des Horizonts umschlossen,
Bis ihre Hemisphären, aus der Lage,
Da der Zenit sie hält im Gleichgewicht,
Sich lösend, sie getauscht mit einem Schlage:
So lang, ein Lächeln hell im Angesicht,
Schwieg Beatrice, fest im Auge droben
Den Punkt, der meins bezwang mit seinem Licht;
»Nicht frag ich«, hat sodann sie angehoben,
»Was du noch hören willst; ich habs gesehen
Dort, wo sich alles Wo und Wann verwoben.
Ihr Gut zu mehren nicht – wie könnts geschehen? –,
Nur, daß sich selber ihre Herrlichkeit
Im Widerschein bezeuge ihr Bestehen,
Hat, ewig waltend, außer Raum und Zeit
Sich offenbart in neuen Liebesgluten
Die ewige Liebe, rein aus Mildigkeit.
Nicht, daß bis dahin ihre Kräfte ruhten:
Gabs doch nicht Vor und Nach, nicht Tag noch Stunden,
Eh Gottes Geist geschwebt ob jenen Fluten.

Stoff kam und Geist, so einzeln als verbunden,
Gleich Pfeilen, die ein Bogen schnellt zu drein,
Zugleich ins Sein, das ohne Fehl erfunden;
Und gleichwie Ambra, Glas und Edelstein
Sogleich, da kaum ein Lichtstrahl eingedrungen,
Schon durch und durch erhellt von seinem Schein,
So strahlt' ins Dasein, all in eins verschlungen,
Aus seinem Herrn solch dreigestaltet Leben,
Und war kein Unterschied, wann eins entsprungen.
Art ward und Rang den Wesen mitgegeben,
Und diese waren Gipfel aller Welt,
In denen rein sich weist des Wirkens Weben;
Was nur empfängt, ist untenan gestellt;
Inmitten sehn Empfangen wir sich paaren
Und Wirken, deren Band nun ewig hält.
Zwar schrieb voreinst von vielen Hundert Jahren
Sankt Hieronymus, die vor Entstehn
Der Welt die Engel schon erschaffen waren;
Doch Blatt für Blatt stehts wahrhaft, wie's geschehn,
Von Zeugen wert des Heiligen Geists geschrieben,
Und wenn mit Fleiß du forschest, wirst du's sehn.
Kaum litt' es die Vernunft ja, daß das Lieben
Der Allbeweger noch so lange Frist
So unvollkommen ohne Ziel geblieben.
Nun weißt du, wo und wie's erschaffen ist
Und wann, dies Lieben; drum durch solche Kunde
Du dreier heißer Wünsche ledig bist.
Eh du bis zwanzig zählest, schlug die Stunde,
Da schon ein Teil von diesem Heeresbann
Erbeben ließ den Grund von eurem Grunde.
Die andren blieben, und den Tanz begann,
Den hier du schaust, ihr Chor, voll Wohlgefallen,
Daß nimmer dieses Kreisen ruhen kann.

Stolz war der Grund, daß jene dort gefallen,
Stolz des Verworfenen, den du gesehen,
Erdrückt von dieses Weltalls Lasten allen.
In Demut haben, die ihr Rad hier drehen,
Und in Erkenntlichkeit die Huld verehrt,
Die ihnen gab, so Großes zu verstehen.
Drum hat erleuchtend ihre Schau gemehrt
Die Gnade, ihres Wohlverdienstes wegen,
So daß ihr Wille Rechtes nur begehrt.
Und, zweifle nicht, verdienstlich ists, den Segen
Der Gnade anzunehmen, um so mehr,
Je offner das Gemüt dem Gnadenregen!
Nun, so du recht ergriffen meine Lehr,
Nun kannst du wohl ohn andre Hilfe sehen,
Wie's hier bewandt um dieses Himmelsheer.
Doch weil man, die auf eure Schulen gehen,
Auf Erden lehrt, dem Engelwesen sei
Erinnern eigen, Wollen und Verstehen,
Red ich noch weiter, daß du rein und frei
Die Wahrheit siehst, die drunten so verblendet
Durch solcher Lehre Trug und Gaukelei.
Seit ihnen Gottes Antlitz Wonne spendet,
Hat dieser Wesen keins von Seinem Licht,
Dem nichts verborgen, je den Blick gewendet;
So wurde nie gestört von neuer Sicht
Ihr Schaun, und wo kein Schnitt des Denkens Bande
Zertrennt, bedarf es des Erinnerns nicht.
Drum ist es wacher Traum, was dortzulande
Sie schwätzen, ob geglaubt, ob ungeglaubt, –
Dann wärs noch größre Schuld und größre Schande!
Ihr geht, die drunten ihr Begriffe klaubt,
Den einen Pfad ja nicht: zu dreist erhoben
Ruhmsucht und eitlen Strebens List ihr Haupt!

Allein noch mindren Groll weckt dies hier oben,
Als wenn der Heiligen Schrift gotteignes Gut
Hintangesetzt und wenn ihr Sinn verschoben.
Bedenkt doch keiner, wieviel teures Blut
Die Saat gekostet, noch wie Gott sich neiget
Dem, der in Demut schlicht ihr Folge tut!
Ein jeder müht sich, daß er Scharfsinn zeiget
Und Neues ausheckt: damit brüsten sich
Die Prediger, und das Evangelium schweiget.
Der spricht: Zurück bei Christi Leiden wich
Der Mond, daß er sich vor die Sonne stelle,
So daß auf Erden da ihr Strahl erblich.
Die andren: Aus sich selbst erlosch die Helle:
Nicht Juden nur, von Spanien kam in Sicht
Die Finsternis bis an des Indus Quelle.
Mehr Lapi zählt Florenz und Bindi nicht,
Als solcher Fabelein von Jahr zu Jahren
Von jeder Kanzel plärrt ein solcher Wicht!
Die Schäflein aber, blöd und unerfahren,
Gehn heim, mit Wind genährt, vom Weideland, –
Was hilfts, daß sie ihr Unheil nicht gewahren?
Nicht hat sein erst Gesind der Christ entsandt:
Geht hin in alle Welt und predigt Possen!
Den Grund der Wahrheit gab er ihm zum Pfand.
Die kam von ihren Lippen rein geflossen,
Da ward das Evangelium Schild und Speer
Zum Kampf, daraus des Glaubens Heil entsprossen.
Heut kommt mit Schwank und Narretei daher
Der Prediger, und wenn alles lacht, dann blähen
Sich die Kapuzen: ei, was will man mehr?
Zwar, wenn die Leute nur den Vogel sähen,
Der dort im Zipfel nistet, sähn sie ein,
Woher der Ablaß, den sie nicht verschmähen!

Doch ward davon auf Erden so gemein
   Die Torheit, daß sie gleich der ersten besten
   Verheißung unbesehen Glauben leihn.
Davon weiß Sankt Anton sein Schwein zu mästen
   Und andre, die weit mehr noch Schweine sind,
   Und hält mit falscher Münze euch zum besten!
Doch weil so weit wir abgeschweift, geschwind
   Zur graden Bahn den Blick nun wieder wende,
   Den Weg zu kürzen, da die Zeit verrinnt.
An Zahl ist dies Geschlecht ohn Maß und Ende;
   Kein Wort ist, kein Gedanke irdscher Art,
   Der je den Weg zu diesem Ziele fände.
Und siehst du an, was Daniel offenbart:
   Schau, wie er Maß und Zahl zu hehlen meinet
   In jenen Tausenden, die er gewahrt.
Das erste Licht, das ihnen allen scheinet,
   So vielfach wirds verschieden aufgefangen,
   Als Leuchten sind, mit denen sichs vereinet.
Und weil der Schauenskraft, die eins empfangen,
   Die Inbrunst folgt, wird heißer auch entfacht
   Und lauer ihrer Liebe süß Verlangen.
Sieh nun die Herrlichkeit der ewigen Macht,
   Die Gnade reich, die, sich zum Widerscheine,
   So vieler Spiegel Glanz hervorgebracht;
Und bleibt in sich, wie je, die ewig-eine!«

Dreißigster Gesang

Sechstausend Meilen wohl von uns die Stunde
   Des Mittags glüht, und waagerecht schier fällt
   Der Schatten hier von unsrem Erdenrunde,
Wann im Zenit des höchsten Himmels Zelt
   Erbleicht und Stern auf Stern verliert den Flimmer
   Im Fluge seines Strahls nach dieser Welt.

Und kommt der Sonne Schaffnerin dann immer,
  Die lichte, näher, schließt der Himmel sacht
  Ein Aug ums andre, bis zum schönsten Schimmer.
So auch der Reigen, der in Siegerpracht
  Ohn End umkreist den Punkt, der mich geblendet,
  Umfassend ihn, umfaßt von seiner Macht.
Mehr losch und mehr sein Licht, und da geendet
  Die Schau, hat meinen Blick der Liebe Drang
  Zu Beatrice wiederum gewendet.
Wollt' alles, was ich ihr zum Preise sang,
  In einem Lobgesange sich ergießen,
  Der Wahrheit wärs ein karger Widerklang!
Die Schönheit, die ich sah, macht überfließen
  Fürwahr nicht unsres Fassens Maß allein:
  Nur der sie schuf, kann völlig sie genießen.
Bezwungen hier bekenn ich mich wie kein
  Poet seit je bei dem, was er begonnen,
  Mag ernst, mag heiter seine Muse sein.
Denn wie ein zitternd Aug im Strahl der Sonnen,
  So muß, sich selbst entrückt, mein Sinn erbeben,
  Gedenk ich nur an jenes Lächelns Wonnen.
Vom ersten Tag, da ich in diesem Leben
  Ihr Antlitz sah, hat unverrückt mein Sang
  Ihr bis zu diesem Blick Geleit gegeben;
Jetzt muß ich abstehn, fürder mit dem Klang
  Des Reimes nachzufolgen ihrer Schöne, –
  Kein Meister je zur letzten Höh sich schwang!
In ihrer Herrlichkeit, die hellre Töne
  Verlangt als meiner Leier, deren Pflicht
  Das strenge Werk heißt enden, dem ich fröne,
Begann sie, wie ein kundiger Führer spricht:
  »Dem weitsten Kreis der Körperwelt entronnen,
  Sind wir im Himmel nun, der pures Licht:

Ja, Licht des Geistes, aller Liebe Bronnen,
  Liebe zum wahren Gut, an Freuden reich,
  Freude und Wonne über alle Wonnen!
Sollst ein' und andren Heeresbann vom Reich
  Des Himmels sehn, und wie zum Weltgerichte
  Er einst erscheinet, zeigt sich dieser gleich.«
So wie ein Blitz mit seinem jähen Lichte
  Des Schauens Geister sprengt und, was so nah
  Und klar vor Augen, ihnen macht zunichte,
So loht' um mich lebendig Licht allda
  Und hat in solchen Schleier mich gewoben
  Mit seinem Glanz, daß keine Spur ich sah.
»So grüßt die Liebe, die uns stillt hier oben,
  Jedweden, den sie aufnimmt, für den Schein,
  In dem sie flammt, den Leuchter zu erproben.«
Kaum ging ihr Wort, dies kurze Wort, mir ein,
  Da fühlt' ich hoch mich selber sich erheben,
  Weit über alles, was an Kräften mein;
Und ward entzündet da zu neuem Leben
  Mein Schauen, daß fortan kein Leuchten war
  So strahlend, dem mein Auge sich ergeben.
Und sah ein Licht, von Blitzen blinkend gar,
  Gestaltet wie ein Strom, und rings erblühten
  In Frühlingspracht die Ufer wunderbar.
Und aus dem Strom lebendige Funken sprühten
  Und blieben in den Blumenkelchen hangen,
  Drin gleich Rubin, in Gold gefaßt, sie glühten.
Dann, wie berauscht von ihrem Dufte, schwangen
  Sie wieder sich hinab zum Wunderquelle,
  Und neue sprüht' er, wenn er sie empfangen.
»Das Sehnen heiß, das dich entflammt so helle
  Und drängt zu wissen, was vor Augen dir,
  Ich lobs, je sehnlicher die Brust dir schwelle;

Doch trinken mußt du von dem Wasser hier,
Um solchen Durstes Labung zu erfahren.«
Die Sonne meiner Augen sprachs zu mir;
Und fuhr dann fort: »Das Auf- und Niederfahren
All der Karfunkel Strom und lachend Grün
Sind Vorspiel nur, ein Schatten bloß vom Wahren.
Nicht, daß an sich solch Rätsel dieses Blühn;
An deiner Schwachheit einzig kann es liegen,
Weil deiner Blicke Flug noch nicht so kühn.«
So eilt, sein Antlitz an die Brust zu schmiegen,
Wenn später als gewohnt er aufgewacht,
In heller Hast kein Säugling in der Wiegen
Als ich, im Auge klarer noch die Pracht
Zu spiegeln, zu der Flut mich neigt' hernieder,
Davon der Quell zum Heile tüchtig macht.
Und wie der Saum nur nippte meiner Lider
An ihrem Glanz, da schien die langgestreckte
Verwandelt, und ich sah ein Rund hinwieder.
Und wie ein Mann, den Maskenhülle deckte,
Ein andrer scheint, wenn abgetan die Tracht,
Die fremde, drin sein Wesen sich versteckte,
So wandelten sich mir in lichtre Pracht
Die Blüten all und Funken, und ich sahe
Enthüllt der Himmelsheere Zwillingsmacht.
O Licht des Herrn, kraft des ich also sahe
Den hehren Siegeszug vom Reich des Wahren,
Gib Macht mir nun zu sagen, wie ichs sahe!
Licht ist da droben, das will offenbaren
Den Schöpfer dem Geschöpfe, das allein
In seinem Anblick Frieden kann erfahren;
Zum Kreis sich rundend, dehnt sich solcher Schein
So weit, daß selbst die Sonne zu umgeben
Zu weit sein Ring als Gürtel möchte sein.

Nur Strahlen sind es, die sein Abbild weben,
Von erstbewegten Himmels höchstem Rand
Zurückgestrahlt, dem Kraft sie leihn und Leben.
Und wie im See der Bühl an seinem Strand
Sich spiegelt, gleich als wollt' er prangen sehen
In Maiengrün und Blüten sein Gewand,
So sah ich rings im Licht sich spiegelnd stehen
Auf tausend Stufen die, so hingegangen
Aus unsrer Welt, um droben einzugehen.
Wenn solche Flut von Licht bereits umfangen
Die tiefste, wie unendlich muß im Breiten
Der letzten Blätter diese Rose prangen!
Nicht irre ging in diesen Höhn und Weiten
Mein Schauen, alles, Fülle wie Gestalt,
Hatt es ergriffen dieser Herrlichkeiten.
Nicht Fern und Nah gibt Schranke hier und Halt:
Wo Gott allein und ohne Mittler waltet,
Hat kein Gesetz mehr der Natur Gewalt.
Ins Gold der ewigen Rose, die entfaltet
So himmelweit und duftet Lob und Ehr
Der Sonne, deren Frühling nie erkaltet,
Zog Beatrice jetzo mich einher
Wie den, der schweigt und reden will; sprach: »Siehe,
In weißen Kleidern welch unendlich Heer!
Sieh unsre Stadt, wie weit ihr Ring gediehe,
Sieh unsre Sitze, wie sie reich besetzt,
Wie klein die Zahl, die heute noch verziehe!
Auf jenem Hochsitz, drüber du schon jetzt,
Da du hinaufblickst, siehst die Krone schweben,
Thront, eh dies Hochzeitsmahl dich selber letzt,
Des hohen Heinrich Seele, der im Leben
Zum höchsten Amt berufen, aus dem Schlamme,
Ehs noch bereit, Italien will erheben.

Die ihr verzehrt von blinder Habgier Flamme,
Ihr gleicht dem Säugling ja in ihrem Bann,
Der Hungers stirbt und von sich stößt die Amme.
Und auf dem Heiligen Stuhl sitzt einer dann,
Der offen nicht noch heimlich je in Hulden
Mit ihm des gleichen Weges wandeln kann.
Allein nicht lange mehr wird Gott ihn dulden
Im heiligen Amt; dann fährt er in den Schlund,
Wo Simon büßt, der Magier, sein Verschulden,
Und bohrt den von Alagna in den Grund!«

Einunddreißigster Gesang

So, weißer Rose gleich, in lichter Glut,
Erschien mir die geweihte Heerschar droben,
Die Christ sich angetraut mit seinem Blut;
Die andre, sie, die schwebend schaun und loben
Die Ehre des, für den sie liebend glühn,
Und Seine Gnade, die sie so erhoben;
So, wie ein Schwarm von Bienen bald ins Blühn
Der Kelche taucht, bald heimwärts kehrt hinwieder,
Allwo zu süßem Seim gedeiht ihr Mühn:
So trug sie jetzt zur Wunderblüte nieder,
Die reich in Blättern prangt, jetzt hoch zum Licht,
Wo ewig weilt ihr Lieben, das Gefieder.
Lebendige Glut war all ihr Angesicht,
Von Gold ihr Fittich, alles andre blendend
Von Weiße, wie kein Schnee an Reine nicht,
Zum Kelch hinab, von Sitz zu Sitz sich wendend,
So brachten Frieden sie und Liebe dar,
Was sie im Flug empfangen, wieder spendend.
Und mochte gleich in Schwärmen ihre Schar
Die Flügel zwischen Höh und Blüte regen,
Nicht wurden Glanz und Schau drum minder klar;

Denn durch das Weltall dringt auf allen Wegen,
Je wie es seiner wert, das Gotteslicht,
Nichts kann ihm wehren, nichts steht ihm entgegen.
Aus Alt und Neuem Bund bevölkert dicht,
Hielt Lieb und Blick zum einen Ziel erhoben
All dieses Reich der Freud und Zuversicht.
O dreifach Licht, das ihrem Auge droben
So tröstlich blinkt als einiger Stern! In Gnaden
Schau hier herab auf unsres Sturmes Toben! –
Wenn, der an seinen heimischen Gestaden
Auf ihres Sohnes Spuren Nacht für Nacht
Helice kreisen sah ob seinen Pfaden,
Wenn der Barbar gestaunt, der Romas Pracht
Und ihre Werke schaut', als alle Prächte
Der Welt der Lateran zum Spott gemacht:
Ich, der zu Gott von menschlichem Geschlechte,
Zum Ewigen kam aus dieser Zeitlichkeit
Und von Florenz an Heilige und Gerechte, –
Wie mußt' ich staunen! Wahrlich, all die Zeit
Begehrt' ich ohne Hören stumm zu stehen,
So zwischen Staunen nur und Seligkeit.
Und wie im Tempel, dem geweiht sein Flehen,
Umschauend sich erbaut der Pilgersmann
Und hofft zu künden schon, was da zu sehen,
So blickt' ich zum lebendigen Licht hinan
Und ließ mein Auge schweifen durch die Scharen
Hinauf, hinab und in die Runde dann.
Sah Blicke, liebewerbend, sah die klaren
Von eignem Lächeln hell und höherm Lichte,
Sah Würde hehr in jeglichem Gebaren.
Das Allbild stand vor meinem Angesichte
Des Paradieses schon in ganzer Pracht,
Eh ich den Blick auf dies und jenes richte.

Ich wandte mich, von Sehnen neu entfacht,
Um Kunde meiner Herrin anzuflehen
Von dem, was Wißbegierde mir gemacht.
Ein Trug wars: Beatrice da zu sehen
Gedachte ich, und siehe da: ein Greis!
Gewandet, wie sie in der Glorie gehen,
Voll Güte war sein Blick, umflossen leis
Von heitrer Huld die Wangen ihm und Lider,
Recht wie es liebevollen Vaters Weis.
»Wo ist sie?« frug ich schnell; und er dawider:
»Auf daß erfüllt dein Sehnen, sandte sie
Von meinem Sitz, die Selige, mich hernieder.
Und blickst du nach den höchsten Staffeln, sieh,
Da findest du im dritten Kreis sie droben
Auf ihrem Thron, den ihr Verdienst verlieh.«
Ohn Antwort hatt ich meinen Blick erhoben
Und sah sie, die der Strahlen Widerschein
Vom ewigen Licht zur Krone sich gewoben.
Kein sterblich Auge kann so ferne sein
Den höchsten Höhen, wo die Donner hallen,
Tauchts in des Weltmeers tiefste Tiefen ein,
Wie Beatrice meins; in jenen Hallen
Verschlug es nichts: ohn Mittel, das inmitten,
War ihres Bildes Strahl auf mich gefallen.
»Du, der mein Hoffen grünet, die gelitten
Zu meinem Heile, Herrin, daß die Spur
Im Höllenschlunde blieb von deinen Tritten:
In allem, was ich schauend nun erfuhr,
Erkenn ich lauter Gnade, lauter Segen,
Frucht deiner Macht und deiner Güte nur!
Du führtest, da in Ketten ich gelegen,
Zur Freiheit mich hinan, und deine Macht
Fand Weg und Paß auf allen diesen Wegen.

Halt über deiner Gnadengabe Wacht,
Bis meine Seele ihre Wallfahrt endet,
Dir wohlgefällig, die solch Heil gebracht!«
So das Gebet, das ich emporgesendet,
Drauf fernher, lächelnd sie mich angesehn
Und dann zum Quell, dem ewigen, sich gewendet.
Der heilige Greis nun: »Deinen Weg zu gehn
Zum letzten Ziel, wofür dich zu bereiten
Herab mich sandte heiliger Liebe Flehn,
Durchflieg im Schauen dieses Gartens Weiten:
Solch Schaun bewehrt dein Auge, fürderhin
Zu Gottes Lichte dich emporzuleiten.
Und dazu schenkt die Himmelskönigin,
Der ich entbrannt in Liebe, lauter Gnade:
Dieweil ich Bernhard, ihr Getreuer, bin.«
Wie, wer ums heilige Schweißtuch vom Gestade
Kroatiens kam, am altberühmten nicht
Sich satt kann sehn, enthebt mans seiner Lade,
Und, weil mans vorweist, zu sich selber spricht:
»Herr Jesu Christ, so also war hienieden
Zu schauen, wahrer Gott, dein Angesicht?«
So ich, da mir die Glut zu schaun beschieden
Von dessen Liebe, der in dieser Welt
Im Schauen kostete des Himmels Frieden.
»Du Sohn der Gnade«, sprach er, »nimmer stellt
Sich recht dir dar dies wonnevolle Leben,
Wenn in der Niederung dein Blick sich hält.
Zur Höh der Ringe mußt du ihn erheben,
Bis daß du thronen siehst die Königin,
Der untertan dies Reich und ders ergeben.«
Ich hob den Blick, und wie bei Tagsbeginn
Der Morgenhimmel glänzt in hellerm Strahle
Als der gen Untergang der Sonne hin,

So sah mein Auge, da's enttaucht dem Tale,
Wie hoch am Rand der eine Streif an Licht
Die andren alle siegend überstrahle;
Und wie's am hellsten glüht, wo bald in Sicht
Die Deichsel kommt, die Phaëthon mißleitet,
Und beiderseits der Schein so leuchtend nicht,
So flammte hell die Mitte, wo gespreitet
Die Friedensoriflamme, so erblich
Der Schein, der beiderseit sich ausgebreitet.
Und um die Mitte sah ich wonniglich
Vieltausend Engel ihre Flügel schwingen,
Und keines Schwung und Glanz dem andren glich.
Ich sah, in ihrem Spiele, ihrem Singen
Lacht' eine Lieblichkeit, dran voll Entzücken
Die Augen all der andren Heiligen hingen:
Wär ich so reich, mein Reden auszuschmücken,
Wie mirs vor Augen steht, ich wagte nicht,
Den Abglanz solcher Wonne auszudrücken!
Sankt Bernhard, da er sahe, wie das Licht,
Dem er so heiß erglüht, mein Auge bannte,
Wandt' er dahin so liebend sein Gesicht,
Daß ich von neuer Schauenslust entbrannte.

Zweiunddreißigster Gesang

Versenkt in seine Wonne, war der Hort
Des Schauens willig doch, die Last zu tragen
Des Lehramts, und begann sein heilig Wort:
»Die Wunde, die erst in Mariens Tagen
Ihr Balsam heilte, sie, die so voll Zier
Zu Füßen dort ihr sitzt, hat sie geschlagen.
Grad unter der sitzt Rahel dann, wo hier
Zum dritten Rang gereiht die Sitze stehen,
Und Beatrice siehst du neben ihr.

Sara, Rebekka, Judith kannst du sehen,
Des Sängers Ahne dann, der Miserere,
Da ihn sein Fehl gereute, mußte flehen:
So, Stuf um Stufe siehst du sie im Heere
Des Heils sich folgen, wie von Blatt zu Blatt
Der Rose hin die Namen ich dich lehre.
Auch ab der siebten haben ihre Statt,
Wie drüber, Fraun aus Juda, deren Zeile
Die Blätter scheidet, so die Blüte hat.
Denn diese Reihe teilt in gleiche Teile
Die heiligen Staffeln dort als Scheidewand,
Je nach dem Schaun, das jedem half zum Heile.
Diesseit, wo reif die Blume bis zum Rand
In allen Blättern, sitzen sie, die Frommen,
Die Christum, der da kommen *wird*, bekannt;
Dort, wo du leere Reihen wahrgenommen,
Im andren Halbrund, die zum Gottessohn
Den Blick erhoben, da er *war* gekommen.
Und wie sich hier die Reihn am Ehrenthron
Der Himmelsherrin und an denen scheiden,
Die drunter ich dir wies am Anfang schon,
So trennt da drüben Sankt Johann die beiden,
Der, groß und heilig, Wüste, Marterpein
Und Höllenqual, zwei Jahr noch, mußte leiden;
So teilen unter ihm Franziskus ein
Und Benedikt und Augustin die Kreise
Und die dann folgen all von Reih zu Reihn.
Nun sieh, und Gottes Vorsehung dann preise,
Wie jede Glaubensschau den Garten dort
Zur Halbscheid füllen soll nach gleicher Weise!
Und wisse: abwärts hat von jenem Bord,
Der mittlings beide Scheidemarken schneidet,
Durch sein Verdienst hier keiner Sitz am Ort;

Durch fremdes nur, soferns die Regel leidet:
  Denn lauter Geister sinds, die aufgefahren,
  Noch eh die Wahl des Willens sich entscheidet.
Wohl kannst an ihren Mienen du's gewahren
  Und auch an ihrer Kinderstimmen Klang,
  Horchst du mit Fleiß und merkst auf ihr Gebaren.
Nun zweifelst du und schweigst in Zweifeln bang;
  Allein ich löse dich aus solchen Banden,
  Drein dich verstrickt so tiefen Grübelns Drang.
In dieses Königsreiches weiten Landen
  Hat Zufall keine Statt, sowenig ja
  Durst, Hunger, Trübsal hier die Stätte fanden.
Nein, alles ist, was nur dein Auge sah,
  Durch ewige Satzung vorbestimmt hier oben:
  Unfehlbar paßt der Ring zum Finger da.
So sind nicht ohne Ursach die da droben,
  Die so zum wahren Leben einzukehren
  Sich eilten, mehr und minder hoch erhoben.
Der König, sieh, dank dem dies Reich der Ehren
  In solcher Liebe, solcher Wonne ruht,
  Daß mehr kein Wunsch noch wagte zu begehren,
Hat, wie in seines lichten Auges Hut
  Die Seelen all er schuf, verschieden jede,
  Wie's ihm gefiel, begnadet. Damit gut!
Lehrts doch die Heilige Schrift, in klarer Rede,
  Wo sie von jenem Zwillingspaare spricht,
  Das schon im Mutterleib begann die Fehde:
Wie nach der Farbe da des Haares flicht
  Je nach dem Maße solcher Gnadenspende
  Den Kranz um jedes Haupt das höchste Licht.
Ohn ihr Verdienst an Werken ihrer Hände,
  Nur unterschieden durch den ersten Strahl,
  Sind diese so verteilt auf all die Stände.

Zur Urzeit tat, mit Unschuld allzumal
Im Bund, das Heil der Seele zu bereiten,
Genüge schon der Eltern Glaubenswahl;
Dann mußte, als erfüllt der Väter Zeiten,
Beschneidung des, was männlich, Kraft den Schwingen
Der Unschuld leihn, zum Fluge sich zu breiten;
Doch seit der Zeit, die Gnade kam zu bringen,
Kann, wo die echte Taufe fehlt auf Christ,
Der Unschuld nimmer solcher Flug gelingen. –
Blick auf zum Antlitz jetzo, das dem Christ
Am nächsten gleicht! Die Klarheit, die's umflossen,
Macht einzig dich bereit, zu schaun den Christ.«
So lichte Wonne um ihr Haupt ergossen
Sah ich in jener heiligen Geister Schar,
Erschaffen, zu umschweben diese Sprossen,
Daß nichts, was je ich sah, so wunderbar
Andächtig Staunen ließ mein Herz durchdringen,
Noch Gott so ähnlich mir erschienen war.
Und huldigend breitete vor ihr die Schwingen
Die Liebe, die schon einmal schwebt' hernieder,
Und hob »Ave Maria« an zu singen;
Den Sang, den gottgeweihten, hallte wider
Das himmlische Gesind auf allen Seiten,
Und froher hoben alle noch die Lider.
»O heiliger Vater, der, um mich zu leiten,
Den Wonnesitz zu lassen du geruht,
Der dir verliehn für alle Ewigkeiten:
Wer ist der Engel, der so frohgemut,
So liebend unsrer Königin dort oben
Ins Auge schaut, als wär er lauter Glut?«
So fragend hab ich da den Blick erhoben
Zu ihm, den leuchtend wie den Morgenstern
Der Sonnenstrahl, Mariens Glanz umwoben.

Und er: »Soviel an Mut und Huld vom Herrn
Je Seelen oder Engeln ward verliehen,
Ist all in ihm; des rühmen wir ihn gern.
Er war es, der den Palmenzweig Marien
Herabgebracht, als unsres Fleisches Kleid
Der Gottessohn gewillt war anzuziehen.
Doch folge mit dem Blick nun jederzeit
Dem Wort und merk die Häupter dieser Scharen
Im Reich des Rechtes und der Frömmigkeit.
Die zwei, die droben höchstes Heil erfahren,
Weil der Erlauchten allernächst sie nahn,
Die Wurzeln gleichsam dieser Rose waren:
Der ihr zur Linken ist der Menschheit Ahn,
Des dreiste Kostgier schuld, daß all ihr Leben
So Bitteres zu kosten sie empfahn;
Zur Rechten siehst den Ahnen du daneben
Der Heiligen Kirche, dem zur Herrlichkeit
Der Blume hier die Schlüssel Christ gegeben.
Er, dem zu schauen all die schwere Zeit
Der schönen Braut, noch eh er starb, beschieden,
Die da mit Speer und Nägeln ward gefeit,
Sitzt neben ihm; nächst jenem hat den Frieden
Der, unter dessen Stab genährt mit Manna
Das Volk, das störrisch, unstet, nie zufrieden.
Sankt Petrus gegenüber siehst du Anna,
Die so der Tochter Anblick muß erbaun,
Daß keinen Blick sie wendet beim Hosianna;
Dem Ahnen aller sieh ins Auge schaun
Lucia dort, die deine Herrin sandte,
Da du zum Sturze neigtest deine Braun.
Doch flieht die Zeit des Traumes, der dich bannte:
So sei's genug; ja nach dem Tuche macht
Den Rock der Meister, da man drauf verwandte.

Laß uns zur ersten Liebe mit Bedacht
Den Blick erheben, schauend einzudringen,
So weit du kannst, in ihres Glanzes Pracht!
Doch, daß dein Fuß nicht, will auf raschen Schwingen
Empor du wähnst zu streben, rückwärts schleiche,
Gilts im Gebet um Gnade noch zu ringen:
Gnade von ihr, die hilft, die Hilfereiche!
Drum folge mir mit deiner Andacht stet,
Daß nie dein Herz von meinem Worte weiche.«
So hub er an sein heiliges Gebet.

Dreiunddreißigster Gesang

»O Jungfrau, Mutter, Tochter deinem Sohne,
Der nichts an Demut, nichts an Hoheit gleich,
Du, ewigen Heilsbeschlusses Ziel und Krone!
Du adeltest, was menschlich, also reich,
Daß sein Geschöpf zu werden nicht die Güte
Des Schöpfers selbst verschmäht im Himmelreich.
In Deinem Schoß die Liebe neu erglühte,
In deren Strahl so herrlich auf der Schwelle
Des ewigen Friedens sproßte diese Blüte.
Uns bist Du hier die Leuchte mittaghelle
Der Liebeshuld, im irdschen Schattenspiel
Den Sterblichen lebendiger Hoffnung Quelle.
Herrin, Du bist so groß, vermagst so viel:
Wer Gnade heischt und nicht zu dir will kommen,
Will fliegen ohne Flügel an sein Ziel!
Ja, Deine milde Güte hilft dem Frommen,
Der bittet, nicht allein: mit offnen Armen
Hast, eh er bittet, Du ihn angenommen.
In Dir ist Mitleid, Frau, in Dir Erbarmen.
In Dir ist Großmut, ja, vermählt in Dir,
Was Menschen ziert und läßt das Herz erwarmen!

So fleht denn dieser, der zur Seite mir,
Der, Stuf um Stufe, all der Geister Leben
Vom tiefsten Schlund des Alls ersah bis hier:
Aus Gnaden sei ihm nun die Kraft gegeben,
Daß er sich höher noch, zum Glorienschein
Des höchsten Heiles schauend mag erheben.
Und ich, der heißer nie für das, was mein,
Als für sein Schaun entbrannt, bring all mein Flehen
Dir dar: o laß es nicht vergebens sein!
Durch Dein Gebet laß allen Dunst vergehen
Der Sterblichkeit, der ihm umflort den Sinn,
Daß er das höchste Heil enthüllt darf sehen.
Dann bitt ich Dich noch eins, o Königin –
Du kannst ja, was du willst: woll ihn erhalten
Nach solchem Schaun in Reine fürderhin!
Sei Schutz ihm wider irdischer Wünsche Walten!
Sieh Beatrice samt der seligen Schar
Zu meinem Beten ihre Hände falten.«
Das Gott selbst liebt und ehrt, das Augenpaar,
Tat, ruhend auf des Beters Angesichte,
Am frommen Flehn sein Wohlgefallen dar.
Dann wandt es sich empor zum ewigen Lichte,
Und keiner wähne, daß dahin so klar
Sich jemals ein erschaffnes Auge richte!
Und mir, der aller Wünsche Ziel ich gar
So nahe kam, das mir bestimmt da droben,
All meines Sehnens Glut gestillt nun war.
Sankt Bernhard, lächelnd, wies mich hin nach oben,
Doch, wie sein Wink es wollte, hatt' ich da
Mein Auge schon von selber aufgehoben.
Denn mehr und mehr, wie's immer heller sah,
Drangs in den Strahlenglanz vom hehren Lichte,
Des Lichts, das Wahrheit in sich selber ja.

Zu groß nun wird die Fülle der Gesichte!
  Das Angedenken weicht dem Überschwang,
  Und all der Schau weicht unser Wort, das schlichte.
Wie wer ein Traumbild sah und spürt den Drang
  Im Innern noch, den träumend er empfunden,
  Ob ihm das Bild verging, das Wort verklang:
So ich, dem dies Gesicht fast ganz entschwunden,
  Indes noch immer träuft ins Herz hinein
  Die Süße, die aus solcher Schau entbunden.
So muß der Schnee vergehn im Sonnenschein,
  So mocht' auf Blättern leicht im Wind verwehen,
  Was der Sibylle Weisheit schrieb darein.
O höchstes Licht, das menschlichem Verstehen
  So ganz entrückt! Laß meinen Geist die Spur
  Des, was mir dort erschienen, wieder sehen:
Die Zunge löse Deiner Kreatur,
  Auf daß sie künftigen Geschlechtern weise
  Ein Fünklein, Herr, von Deiner Glorie nur!
Hallt mirs im Innern wider, ob nur leise,
  Und tönt ein Hauch in diesen Reimen bloß,
  Wird Deines Siegs gedacht mit höherm Preise. –
Vom grellen Strahle, glaub ich, den, im Schoß
  Lebendigen Lichts entfacht, ich da ertragen,
  Geblendet wär mein Auge, riß ichs los;
Und das, noch weiß ichs, ließ mich ohne Zagen
  Standhalten, bis der unbegrenzten Macht
  Ins Auge gar zu schaun ich konnte wagen.
O Gnade, die mich also reich bedacht,
  Daß mir ins ewige Licht zu schaun gelungen,
  Wo alles Schauns Erfüllung mir gelacht!
In seinen Tiefen sah ich eng verschlungen
  Zum einigen Bunde, den die Liebe flicht,
  Was, sich vereinzelnd, rings das All durchdrungen:

Wesen und Zufall und ihr Walten, dicht
Verflochten, als wenn eins am andern hinge, –
Ach, was ich sage, gibt nur blasses Licht!
Wie All in Eins zum Knoten hier sich schlinge,
Fürwahr, ich sahs, und höher fühl ich nun
Die Brust mir schwellen, da ichs sag und singe.
Ein Augenblick läßt tiefren Blick mich tun
Als viel Jahrhunderte das Abenteuer,
Da Argos Schatten staunen ließ Neptun:
So war in Schaun mein Geist versenkt, in neuer
Erwartung unbeweglich, scharf gespannt,
Und immer heißer loht' im Schaun sein Feuer.
Vor diesem Licht wird so der Blick gebannt,
Daß nie kein Auge, das an ihm gehangen,
Sich willentlich nach andrer Schau gewandt.
Ist doch das Gut, nach dem wir all verlangen,
In ihm beschlossen und in ihm vollendet,
Was außer ihm in Mängeln stets befangen. –
Nun stockt, noch ehe mein Erinnern endet,
Mein Wort und stammelt, wie ein Säugling lallt,
Dem seiner Mutter Brust noch Labe spendet.
Seht, nicht, daß mehr denn einerlei Gestalt
Ihm, das da bleibt, was es von je gewesen,
Dem All-Licht eigen, dem mein Schauen galt:
Nein, weil im Schaun mein Auge so genesen,
So wandelte sich mir das Ewig-Eine,
Dieweil ein andres ward mein eignes Wesen.
Tief in des hehren Lichtes klarem Scheine
Erstrahlte dreier Kreise Leuchten mir,
Dreifarbig, eines Umfangs; und der eine
Schien rückgestrahlt vom andren gleich der Zier,
Die zwiefach Iris webt; den dritten sahe
Ich gleicherweis entflammt von dort und hier.

Wie schwach das Wort! Wie käms dem Denken nahe?
Wie wenig – minder noch denn wenig tut
Das Denken dem genug, was mir geschahe!
O ewig Licht, das in sich selber ruht,
Nur selber sich durchdringt und, so durchdrungen
Und sich durchdringend, lacht in Liebesglut!
Da jenen Kreis, der Deinem Glanz entsprungen
Wie rückgestrahlten Lichtes Widerschein,
Jetzt zu umfassen meinem Blick gelungen,
Da sah, in eigner Farbe, klar und rein,
Ich unser Ebenbild gemalt darinnen,
Und ganz versenkt hat sich mein Blick darein.
Dem Geometer gleich, der all sein Sinnen,
Des Zirkels Viereck auszumessen, spannt
Und kann das Maß nicht, das ihm taugt, gewinnen,
Stand ich, von nie gesehner Schau gebannt:
Wie Kreis und Bild einander so durchdringen,
Wollt' ich erspähn, wie eins zum andren stand.
Doch reichten nicht so weit die eignen Schwingen;
Es zuckt' ein Blitz, darin das Licht empfahn
Mein Geist, das all sein Sehnen wollt' erringen:
Um all die Schau, die hehre, wars getan.
Doch Wunsch und Willen, wie der Himmelsferne
Urewig kreisend Rad, führt' ihre Bahn
Die Liebe, die in Gang hält Sonn und Sterne.

ANHANG

Einführung in die Göttliche Komödie

»Mags ein jeder wissen«, mahnt Dante im ersten Traktat seines Convivio, »daß kein Werk musischen Klanges sich aus seiner Sprache in eine andre übertragen läßt, ohne allen Reiz und Wohlklang einzubüßen.« Das Beispiel der Psalmen, auf das er sich beruft, hat seine Beweiskraft für uns verloren, seit sie in Luthers Bibel deutsche Dichtung geworden sind. Dank A. W. Schlegel wurde dann Shakespeare der Unsre. Auch mit Dante rühmt sich dieser geborene Übersetzer, wie ihn Grabbe nennt, den Ringkampf gewagt zu haben. Aber in diesem zweiten Ringen ist er nicht obgelegen. An Dantes eigenen Versen hat, vor ihm und nach ihm, so mancher erfahren müssen, welch ernste Warnung in den eben angezogenen Worten des Meisters liegt. Von keinem anderen Werke haben wir so zahlreiche Übersetzungen wie von seiner Commedia: neue und alte, philologisch strenge und dichterisch anspruchsvolle, gereimte und ungereimte – von der »freien Nachdichtung« zu schweigen. Eine Nachbildung, die, bei strenger Treue gegen den Gedankengehalt des Urbildes, auch seine Form, seinen Stil, seine dichterische Wirkung wiedergibt – nicht dem einzelnen italienischen Worte, dem Rhythmus und Reimklang des einzelnen Verses nachtastend, sondern, das Ganze im Auge, vom Geist der deutschen Sprache geleitet, so, wie Dante selbst, wenn sie seine Muttersprache, sich von ihm hätte leiten lassen – eine Wiedergabe, die, um das entscheidende Wort zu sagen, als ursprünglich deutsche Dichtung wirkt: eine wahrhafte Verdeutschung ist uns noch nicht beschert. Wenn zum hundertsten Male der Versuch gemacht wird, das nie erreichte, nach dem Urteil des maßgeblichsten Richters unerreichbare Ziel zu erreichen, ist ein Wort der Rechtfertigung vonnöten.

Unter den Großen fremder Zunge ist Dante uns Deutschen – die kleine Gemeinde seiner Verehrer ungerechnet – der unbekannte Gott. Freilich gibt dieser Göttliche nicht ungebeten. Nicht leichter Hand wie der gütige Schöpfer des »Sommernachtstraums« streut er allem Volke seine Gaben hin. Wer aber den steilen Weg zu seiner einsamen Höhe wagt, wird überreich belohnt. Es ist kaum zu ermessen, wieviel Dante unserer Zeit und unserem Volke zu sagen hat. Sooft – von dem »jungen Manne von Stande und Geist« in Goethes Italienischer Reise bis auf G. Papini – die Behauptung wiederholt worden ist, nur ein Italiener, nur ein Florentiner könne Dante ganz erfassen: schon unser Schrifttum über ihn beweist das Gegenteil. So viel allerdings scheint zuzutreffen, daß der Fremdling in den verschlungenen Gängen seines weltumspannenden Gedankengebäudes irregehn und erlahmen muß, wenn ihm nicht auf Schritt und Tritt mit geheimnisvoller Lockung die Stimme des Meisters selbst erklingt. In dem Klange seiner Terzinen lebt bis heute die Weisheit, die vor sechs Jahrhunderten in diese Verse gebannt wurde. Von diesem Klange gilt es einen Hauch in unser geliebtes Deutsch herüberzuretten, wenn es gelingen soll, Dantes Werk im Reiche des deutschen Geistes einzubürgern. Um diese Gunst muß unser Geist mit seinem Genius ringen bis zur Gewährung: Ich lasse dich nicht, du segnest mich denn!

Wer sich in das Werk eines Dichters versenkt, möchte mit dem Dichter allein gelassen sein. Fußnoten sind Fußangeln für Auge und Gedanken des Lesers. Leider kann Dantes Gedicht der Erklärung nicht ganz entraten. Getränkt von den Ideen einer für unsere Zeit nicht mehr lebendigen Philosophie und Theologie, übervoll von zeitgeschichtlichen Anspielungen und Hinweisen auf Personen und Verhältnisse, die heute vergessen sind, weckt es bei jedem Schritte Fragen, die Antwort begehren. Was für den dichterischen Eindruck wesentlich, spiegelt sich ja meist in den Worten des Dichters selbst; immerhin bleibt die ungestillte Wißbegierde eine Gefahr für die Aufnahmefähigkeit des Lesers. So sind die unerläßlichen Erläuterungen hier im Zusammenhange gegeben. Gedankengang und leitende Idee des Gedichtes sucht die Einführung zu entwickeln, die, an die Spitze gestellt, vorweg gelesen sein will. In den kurzen Inhaltsangaben der einzelnen Gesänge findet der Leser Aufklärung über die Fragen, die sich ihm bei der ersten Lesung vornehmlich aufgedrängt haben werden. Wenn er den so erläuterten Gesang zum zweiten Male liest, wird er – sicherlich nicht alle Geheimnisse der unergründlichen Dichtung ergründen, aber wenigstens ungehemmt von lösbaren Rätseln dem Worte des Dichters folgen können.

Dies und nichts anderes ist das Ziel der hier versuchten Erklärung. Ohne jeden Anspruch auf »Wissenschaftlichkeit«, ohne den Ehrgeiz, Ergebnisse eigner Forschung zu bieten, will sie lediglich aus der unübersehbaren Fülle des Erforschten das, was zum Verständnis unerläßlich ist, sichtend auslesen und nach einer Gesamtschau ausrichten, die Dantes Genius gerecht wird. Von den zahllosen, seit alter Zeit umstrittenen Auslegungsfragen sind weitaus die meisten hier gar nicht berührt, die übrigen, soweit möglich, offen gelassen worden. Im Grunde müssen sie ja, wie gelehrt und scharfsinnig die eine und andere Meinung begründet werden mag, fast durchweg für immer offene Fragen bleiben: Der Mund, der einzig die wahre Meinung seiner Worte verraten könnte, ist seit sechshundert Jahren verstummt. Der weit überwiegende Teil kann auch wahrlich ohne Schaden für das Verständnis des Ganzen offen bleiben. Wo im Hinblick auf die Bedeutung für den Sinn dieses Ganzen Stellung genommen werden mußte, ist gleichwohl jede eingehende Auseinandersetzung mit den widersprechenden Meinungen vermieden. Nicht, weil der Übersetzer sich nicht getraute, die seinige mit guten Gründen zu belegen, sondern weil es ihn ein Raub an Dante dünkt, wenn Dantes eignes Wort durch den Schwall der Worte, die über Dante gemacht werden, übertönt wird. Für Dantes eignes Wort das Ohr des Lesers zu schärfen, bleibt das eigentliche Ziel jeder Erläuterung.

Erläuterungen

Dantes Jugendwerk »Das neue Leben«, in dem er seine Liebe zu der früh vollendeten Beatrice verklärt, klingt in den Vorsatz aus, von der Herrin seines jungen Herzens dereinst »zu sagen, was noch von keiner je gesagt worden ist«. Das Lied, in dem er dies sein Wort einlöst und überschwenglich erfüllt, ist unsre Dichtung: die Commedia, wie er sie nach den Begriffen der mittelalterlich verstandenen Aristotelischen Poetik genannt hat, weil sie, die Volkssprache redend, von Leid zu Freude fortschreitet. Nicht umsonst hat sie die Nachwelt schon frühe die »göttliche« gepriesen. Es ist kein erdgebornes Preislied auf eine irdische Frau. Die »Herrin der Tugend«, deren Blick ihren Sänger bei Lebzeiten, wie er bekennt, über alles Gemeine emporgehoben hatte, verklärt sich ihm schon in der Vita nuova zur himmlischen Gestalt. Jetzt, im Abendlicht andächtiger Erinnerung, streift sie den letzten Erdenrest ab. Die Beseligende wird zur Vermittlerin, ja zur Verkörperung der göttlichen Gnade, die Verklärte, die Gott von Angesichte schaut, zum Sinnbilde des Gottschauens selbst. So steigert sich der Preis ihrer Schönheit zum Mysterium vom Gottsuchen und Gottfinden der gottentfremdeten Menschenseele. In dem Widmungsbriefe an Cangrande della Scala, der, ob echt oder nicht, sicherlich eigene Gedanken des Dichters wiedergibt, wird als Ziel des Werkes genannt: allen, die im Erdenleben stehen, aus ihrem Elende den Weg zur Seligkeit zu weisen. Der tiefere, der allegorisch-mystische Sinn des Gedichtes, heißt es dort, sei die Darstellung des Menschen, wie er, kraft seiner Willensfreiheit, durch Verdienst und Schuld der lohnenden und strafenden Gerechtigkeit Gottes unterliegt. Das ist nicht mehr und nicht weniger als die gesamte sittliche Weltordnung.

Minnelied und Heilsbekenntnis zugleich, ähnelt Dantes Dichtung einer Doppelfuge, in der ein Choralthema mit dem eines Liebesliedes verwoben ist. Wie den alten Meistern der Musik war solche Kontrapunktik auch der spätmittelalterlichen Dichtung vertraut. Schon bei den provenzalischen Troubadours und bei ihren Nachahmern in Italien finden wir eine Vergeistigung der Frauenliebe, die sie zum Symbol selbst für religiöse Vorstellungen macht. Ein mehrfacher Sinn vollends, ein Polysensus, ist geradezu Gebot der damaligen Poetik. Wie die Theologie in der Heiligen Schrift neben dem buchstäblichen einen allegorischen, einen moralischen und einen erbaulichen Sinn fand, so sollte auch die Dichtung solchen vierfachen Wortsinn aufweisen. Dante hat sich zu dieser Lehre selbst bekannt. Aber wie ihm die philosophisch-religiöse Ausdeutung des Frauendienstes, im Minnesange allzuoft geistreichelndes Wort- und Gedankenspiel, heiliger Ernst ist, so wird in seiner Hand jene allegorisierende Literaturmode dichterische Form. Ein echter Dichter ist in gewissem Sinne immer poète malgré lui: auch da, wo er dieser oder jener Regel seiner Kunst zu folgen glaubt, gehorcht er, unbewußt, der Eingebung seines Genius. Gewiß ist Dantes Commedia mit Symbolik getränkt wie kaum ein zweites Gedicht. Nicht allein, daß jedes Wort und jede Zahl, jede Szene, jedes Bild, jede Gestalt von einem geheimen tieferen Sinne zu sagen weiß: manches Bild ist gleichzeitig verschiedener Symbole trächtig. Neben der schon erwähnten ethisch-religiösen Grundidee durchziehen namentlich politische Gedanken das Gedicht vom Anfang bis zum Ende. Was aber diese mannigfachen Gedankengänge verknüpft, ist kein starres Schema, sondern lebendige, frei waltende Poesie. Nirgends ist die Handlung lediglich zur Einkleidung jener Gedanken da: sie hat selbständige Bedeutung in ihrer dichterischen Wirklichkeit. Die Commedia ist symbolisch, nicht Allegorie: keine Hieroglyphenschrift, deren Zeichen nur den Wert abgezogener Begriffe haben; kein Rebus, das zu lösen ist, wenn man ergründet, was die einzelnen Bilder »bedeuten«, – Wort und Bild eines Dichters bedeuten allezeit mehr, als sich in Begriffe fassen läßt. Dantes Gestalten insonderheit sind keine Personifikationen abstrakter Gedanken, sondern Wesen von Fleisch und Blut: Träger der Ideen ihres Schöpfers, nicht deren Masken. Mit einem Worte: Dantes Commedia ist eine Dichtung und will als solche gelesen werden! Mit ihrem »vielfachen Sinne« gleicht sie einem mehrstimmigen Chor, wie ihn die schönen Schlußverse des neunten Fegfeuergesanges schildern. Wie dort die verschiedenen Stimmen, so verschlingen sich in Dantes Dichtung Gegenständliches und Symbolik, persönliches Erleben und Gedankengehalt, ethisch-religiöse und politische Ideen. Hier tritt das eine, dort ein andres in den Vordergrund, wie in dem Sängerchor bald diese, bald jene Stimme die Führung hat. Wie aber der musikalische Gesamteindruck von keiner dieser Einzelstimmen bestimmt wird, sondern von dem Fortschreiten der durch ihren Zusammenklang entstehenden Harmonien, so ist es in unsrem Gedicht die leitende Idee, in der alle einzelnen Motive zusammenklingen: die Idee vom Gottsuchen der Gott entfremdeten Seele.

1. Gang der Handlung

Dies Mysterium wird vorgestellt im Bilde einer Pilgerfahrt durch die drei jenseitigen Reiche: durch Hölle, Fegfeuer und Paradies. Sie ist der Ausweg aus dem finstren Walde, in dem der Dichter zu Beginn seiner Vision sich verirrt sieht und wo drei reißende Tiere, Panther, Löwe und Wölfin, ihm den Aufstieg zur lichten Höhe wehren. Den Weg zur Rettung weist ihm Vergil*, sein Meister und Vorbild, der sich als Beatrices Abgesandter zu erkennen gibt. Wegweisend und wegbahnend, als Helfer, Beschützer, Lehrer und Mahner, deutend und erläuternd, durch mancherlei Abenteuer und Fährlichkeiten, unter ständigen Begegnungen und Gesprächen mit den Insassen dieser Welten geleitet er seinen Schützling: zuerst durch die Kreise der Hölle bis zu deren Grunde, dem Sitz des Höllenfürsten, dann durch den Mittelpunkt der Erde zur anderen Halbkugel und den dort aufragenden Berg der Buße mit all seinen Stufen hinan. Auf dessen Gipfel, im Garten Eden, entläßt er den durch Miterleben von Schuld und Sühne Freigewordenen. Hier, wo er verschwindet, erscheint Beatrice und zieht nach strenger Rechenschaft den in den Wassern der Paradiesflüsse Entsühnten durch die Kraft ihres immer herrlicher leuchtenden Blickes von Himmel zu Himmel empor. Von der Lenkerin selbst, von Seligen und Heiligen unterwiesen, geprüft und durch Fürbitte geleitet, steigt er bis zum Thron des Höchsten und sieht, nachdem Beatrice in der Himmelsrose, in der Versammlung aller Seligen, ihren Sitz eingenommen hat, das Angesicht des dreieinigen Gottes.

Ort und Zeit der Handlung | Schauplatz dieser Reise ist die Welt, wie sie das Mittelalter sich nach dem System des Ptolemäus dachte. Im Mittelpunkte ruht, unbewegt, die Erde: eine Kugel, von der nur die eine Hälfte, mit dem Scheitelpunkt Jerusalem, dem Ganges und Gades (Cadix) als Ost- und Westgrenze, bewohnt, die andre vom Weltmeere bedeckt ist, dem – in Dantes Phantasie – als Gegenpol zu Jerusalem, der Berg der Läuterung entragt. Sie wird, oberhalb der Atmosphäre und der sie umschließenden Feuer-

* P. Vergilius Maro, im Mittelalter Virgilius, bei Dante Virgilis.

zone, stufenweise, als von konzentrischen Hohlkugeln, von neun Himmeln umschlossen: denen der sieben Planeten (zu denen Sonne und Mond gehören), dem Fixsternhimmel und dem Kristallhimmel (primum mobile). Alle diese Sphären umkreisen sie mit einer Geschwindigkeit, die nach oben wächst. Über dem höchsten wölbt sich in ewiger Ruhe das Empyreum, der Sitz der Gottheit.

In diese Welt ist die Bühne für den Ablauf der mystischen Handlung mit staunenswerter Genauigkeit und Folgerichtigkeit eingebaut. Gelegentlich werden sogar die Entfernungen und Maße der Örtlichkeiten zahlenmäßig angegeben. Auch Zeit und Stunde wird, solange die Wanderer, in Hölle und Fegfeuer, auf unsrer Erde weilen, von Schritt zu Schritt, im Paradiese nur noch zweimal, im Rückblick auf die Erde – meist wohl mit symbolischer Beziehung – nach dem Stand der Gestirne bestimmt. Die ganze Fahrt ist in die Osterzeit des Jahres 1300, des kirchlichen Jubeljahres, verlegt und führt in der Frist einer Woche, in den sieben Tagen der Weltschöpfung, zum Ziele.

Die Hölle | Die Hölle wird vorgestellt als ungeheurer trichterförmiger Krater, der, von einer in Jerusalem kulminierenden Kalotte der Erdoberfläche überwölbt, bis zum Mittelpunkt der Erde reicht. Seine Böschungen sind von sieben ringförmigen Terrassen unterbrochen, die mit schroffen, gegen den Grund hin immer steiler werdenden Felswänden abbrechen. Da die fünfte dieser Terrassen zwiegeteilt ist, ergeben sich so, einschließlich des Grundes, neun Höllenkreise.

Am Eingange, der nicht weit von Florenz gedacht scheint, ragt das Höllentor. Die Eintretenden gelangen zunächst in die Vorhölle zu den Lauen, die hier, weder von Himmel noch von Hölle zugelassen, von Bremsen und Wespen gepeinigt, einer ständig sich drehenden Fahne folgen. Von da geht es über den Acheron in die Hölle selbst und hinab zum ersten Kreise, dem Limbus, wo mit den ungetauften Kindern die gerechten Heiden weilen: ohne Qual, aber ohne Hoffnung auf Seligkeit, weil ihnen der Glaube fehlte. Ein schönes Schloß, hell, mit grünen Hügeln und Matten innerhalb seiner sieben Mauern, dient den Helden des Schwertes und des Geistes aus der Heidenwelt, vornehmlich denen des klassischen Altertums, als Zuflucht. In den nächsten vier Kreisen werden die Leidenschaftssünden bestraft: die Wollüstigen im zweiten treibt ewige Windsbraut um, im dritten schwemmt Dauerregen die Schlemmer, Geizige und Verschwender müssen im vierten Lasten wälzen, die Zornigen im fünften raufen und jagen sich im Schlamm des Styx, auf dessen Grunde die Trägen seufzen. Dieser trübe Pfuhl umgibt als Festungsgraben die Ringmauer, die, auf der Scheide zwischen dem fünften und dem sechsten Kreise errichtet, die innere, tiefe Hölle, die Stadt Dis, von der oberen abschließt.

In der tiefen Hölle finden die Bosheitssünden ihre Strafe: nächst den Ketzern, die im sechsten Kreise in glühende Särge gebannt sind, in den drei Ringen des siebenten die Gewalttat: gegen den Nächsten, gegen sich selbst und gegen Gott und Natur; weiter unten die Gott noch verhaßtere Sünde des Truges.

Der erste Ring des siebenten Kreises ist eine Lache siedenden Blutes, in dem, mehr oder minder tief, die Wüteriche, die Mörder und Räuber stehen, bewacht von pfeilbewehrten Zentauren, deren einer, Nessus, die Wanderer hinübergeleitet. Den zweiten Ring bildet ein Buschwald, der, von den Harpyien bewacht, die in Dornsträucher verwandelten Selbstmörder beherbergt, während die Vernichter ihres bürgerlichen Daseins von Hunden hindurchgehetzt werden.

Der dritte Ring, vom Phlegethon durchströmt, ist ein Sandmeer, auf das Feuerflocken herabschneien. Hier werden Gotteslästerung und widernatürliche Laster bestraft, zu denen auch der Wucher, das mühelose Fruchtziehen vom unfruchtbaren Metall, gehört. Der achte Kreis, Übelbuchten genannt, wird von zehn konzentrischen Ringgräben durchschnitten, in denen die verschiedenen Arten des Truges geahndet werden: Durch den ersten werden die Kuppler und Verführer von der Geißel der Teufel im Kreise gehetzt; der zweite ist eine Kloake, wo die Schmeichler im Kote schnaufen und sich kratzen; im dritten stecken die Simonisten, Verschacherer von Gnadengütern, mit brennenden Füßen köpflings im Boden. Den Kopf in den Nacken verdreht, ziehen die Zauberer und Wahrsager durch die vierte Kluft; in der fünften werden die Bestechlichen und andere Gauner in Pech gesotten. In der sechsten schleichen die Heuchler unter der Last bleierner, goldglänzender Kutten; in der siebenten sind die Diebe mit Schlangen zusammengesperrt, die achte gehört den in Flammen gehüllten üblen Ratgebern, die neunte den Zwietrachtstiftern, die nun selbst vom Schwert eines Teufels zerhauen werden; die zehnte endlich ist ein Spital, in dem die Fälscher alle Krankheiten des Leibes und der Seele leiden.

In der Mitte dieses Kreises öffnet sich, einem Brunnenschachte gleich, der tiefste Höllenschlund, dessen Boden, vom Eise des gefrorenen Cocytus erfüllt, ein nach der Mitte zu abfallendes Gletscherrund bildet. Hier, im neunten Kreise, findet die schwerste aller Sünden, der durch Vertrauensbruch verschärfte Trug, der Verrat, seine Strafe. Die Verräter stecken, mehr oder minder tief eingefroren, im Eise: zunächst die Blutsverräter, dann die Vaterlandsverräter, die Verräter von Gastfreunden und Vertrauten, endlich die ihrer Wohltäter. Kaïna, Antenora, Ptolemäa, Judecca heißen ihre gegeneinander nicht augenfällig abgegrenzten Strafringe nach dem biblischen Brudermörder, dem verräterischen Trojanerfürsten, dem Mörder des Pompejus (oder der Makkabäer) und dem Verräter des Heilands. In der Mitte dieses eisigen Trichters steht der Fürst des Höllenreiches, bis an die halbe Brust im Eise, in den Rachen seiner drei Häupter die drei Erzverräter Judas, Brutus und Cassius zermalmend.

Den Verdammten sind in diesen Kreisen als Schergen, Wächter und Torhüter höllische Geister gesellt: fast durchweg Gestalten aus der Sage des klassischen Altertums, die indes meist zu Dämonen verzerrt sind, von Charon, dem Totenschiffer, und Minos, dem Richter der Seelen, bis zu den Giganten, unter die freilich auch der biblische Nimrod geraten ist. Sie treten den Wanderern regelmäßig zunächst drohend entgegen, werden aber von Vergil mit Berufung auf seine himmlische Sendung zur Ruhe verwiesen und müssen sich vielfach sogar zur Hilfeleistung bequemen. Über den Acheron allerdings gelangt Dante nicht in Charons Kahn. Auch die von der Hauptmacht der Dämonen hartnäckig verteidigte Pforte der Stadt Dis muß von einem Engel erschlossen werden. Und vor den Grimmetatzen, den Schergen von Übelbuchtens fünfter Kluft, die ihnen eine Falle zu legen suchen, können die Dichter sich, nach grotesken Abenteuern, der sogenannten Teufelshetze, nur durch eilige Flucht retten.

Alle Gefahren und Hindernisse überwindet Vergil, der »kundige Führer«. Endlich, am Ziele, vor Satans Sitze selber angelangt, klettert er an dessen Zottelfell mit seinem Schützling zum Mittelpunkt der Erde hinab und steigt jenseits mit ihm einen gewundenen Höhlengang empor, der sie bei den Antipoden, im Gegenpol zu Jerusalem, wieder ans Sternenlicht führt.

Das Fegfeuer | Hier stehen sie am Fuße des Läuterungsberges, der sich, wie schon gesagt, als Gegenpol der Heiligen Stadt aus den Fluten des Weltmeeres erhebt. Wie die Hölle, so ist auch dieser himmelhohe Kegel von sieben Ringterrassen umgeben; auch hier sind sie durch Felswände geschieden, die aber gegen den Gipfel zu sanfter ansteigen und auf Stufen immer müheloser erstiegen werden. Zu Füßen der untersten ist die Pforte zum Purgatorium. Von hier senkt sich noch ein steiler Hang zum Ufer hinab, der, von einem schmalen Simse unterbrochen und durchschnitten von einer anmutigen Schlucht, zuletzt mit einer hohen Wand lotrecht zum Strandgürtel abbricht. In diesen Vorräumen müssen die Seelen, die nach dem Tode, als körperlose Schemen, von einem Engel über das Weltmeer geschifft werden, die ihnen bestimmte Frist auf Einlaß zum Bußgange harren. Rechnet man dies Vorfegefeuer ein, so ergeben sich einschließlich des Gipfelrundes, auf dem das seit Adams Fall verlassene – irdische – Paradies liegt, auch hier neun Kreise.

Nachdem Dante auf Geheiß Catos von Utica, des Wächters dieser Büßungswelt, von Vergil am Strande mit Binsen, dem Kraut der Demut und Geduld, gegürtet worden, führt dieser ihn, von Begegnenden den Weg erfragend und bald mühsam klimmend, bergan. Auf dem schmalen Simse, wo die Faulenzer sich dehnen, machen sie Rast; zur Nacht lagern sie sich dann in der erwähnten Felsschlucht, bei gekrönten Häuptern, von zwei Engeln vor dem Angriff der alten Schlange bewacht. Schlafend wird Dante von seiner Schutzpatronin, der heiligen Lucia, bis vor die Pforte des Purgatoriums getragen. Der Pförtner Engel läßt ihn ein, nachdem er ihm sieben P (peccata = Hauptsünden) mit seinem Schwerte in die Stirne geritzt hat, die in den Bußkreisen gelöscht werden müssen. Durch einen engen, gewundenen Felsriß geht es zum ersten der sieben Kreise hinan. In jedem von diesen wird eine der sieben Hauptsünden gebüßt: in den untersten dreien die aus mißleiteter Liebe (Lust am Bösen) entsprungenen, sodann die durch Mangel oder Übermaß an Liebe, das heißt durch Lässigkeit im sittlich Guten und durch Unmäßigkeit im Streben nach irdischem Gut verschuldeten. Im ersten Kreise gehen die Stolzen tief gebückt unter schweren Lasten; im zweiten wird der Neid mit Blendung der scheelen Augen gebüßt: der dritte hüllt die Zornigen in dichten Rauch. Den vierten Kreis müssen in rastlosem Lauf entlang rennen, die träg zum Guten waren. Im fünften liegen die Habgierigen (und Verschwender), das Gesicht nach unten, unbeweglich festgebannt im Staube; im sechsten fasten, zu Gerippen abgemagert, die Schlemmer; im siebenten endlich wird die Wollust in Feuersgluten abgebüßt.

Von allen Ringen wird eine Strecke, stets nach rechts gewandt – umgekehrt wie es in den Höllenkreisen die Regel war –, durchschritten. Am Ausgange eines jeden begrüßt die Wanderer ein Engel, der auf Dantes Stirn je ein P, zum Zeichen der Entsühnung, mit seinem Fittich löscht und sodann, eine der sieben evangelischen Seligpreisungen singend, die Stufen zum nächsten Ringe weist. Wie der Spruch des Engels, so weisen beim Aus- und Eingang jedes Kreises auch Bilder auf dem Gestein, Stimmen und Gesichte, Gesänge und Rufe der Büßer auf das hier zu büßende Laster und die ihm entgegengesetzte Tugend hin. Als Beispiel der letzteren fehlt nirgends die Jungfrau Maria, das Vorbild aller Tugenden. Jede der drei auf dem Berge verbrachten Nächte bringt einen Morgentraum, in dem sich der Sinn der bevorstehenden Erlebnisse spiegelt. Vor dem Abschied aus dem fünften Kreise werden die Wandrer durch ein schütterndes Beben erschreckt, dem hallender Ruf und Gloriasang aller Seelen folgt. Es ist das Zeichen, daß eine von ihnen ihre Buße vollendet hat und zum Himmelsfluge bereit ist. So belehrt sie eben dieser Erlöste selbst, der Dichter Statius, Verehrer und Nachahmer Vergils, der sich ihnen als dritter anschließt. Das Feuer im obersten Ringe, das von Liebessünde läutert, muß Dante selbst durchschreiten, ehe das letzte Mal auf seiner Stirn getilgt wird. Dann wird er mündig gesprochen und tritt in den auf dem breiten Gipfel gelegenen Garten Eden ein, wo ihn zunächst eine blumenpflückende Schöne, später Matelda genannt, mit Gruß und Lehre empfängt. In dem mystischen Siegeszuge der Kirche, der nun heranzieht, erscheint, während Vergil still zurücktritt, auf dem Triumphwagen Beatrice. Ihren Sänger mit Strenge empfangend, nimmt sie ihm die Beichte ab, entsühnt den Zerknirschten dann in den Wassern der Paradiesflüsse, und nach einer Prophezeiung über Entartung und Rettung der Kirche erhebt sie sich mit ihm zum Fluge nach den Sternen.

Das Paradies | Dieser Himmelsflug führt so wenig wie die Wanderung durch Hölle und Fegfeuer geradeswegs zum Ziele. Die Himmel der Planeten werden nicht einfach gequert, sondern die Wandelsterne selbst berührt, wie die Angaben über ihr verschiedenes Licht beweisen. Während ihres Verweilens auf jedem Sterne werden die Pilger eine Strecke weit auf dessen Himmelsbahn mitgeführt, um von deren Ende zum nächsten emporzuschweben. Nach der Konstellation um Ostern 1300 war dies ohne allzu große Umwege um das Himmelsrund möglich. Den Fixsternhimmel erreichen sie im Sternbild der Zwillinge, dem Zeichen von Dantes Geburtsstunde, das gerade im Meridian von Jerusalem, dem Gegenpol zum Läuterungsberge stand, und machen nun im Schoße des Zwillingsgestirns noch eine Viertelrunde bis zum westlichen Horizont, ehe sie zum Kristallhimmel und zum Empyreum emporsteigen.

In allen neun Himmeln begegnet Dante den Seelen Vollendeter. Zwar sind die Seligen sämtlich im höchsten, dem Empyreum, heimisch und nur dort, auf den Stufen der Himmelsrose, in ihrer wahren Gestalt zu sehen; aber als blasse Spiegelbilder oder als Lichter, Flammen und Funken, die unter Lobgesängen strahlende Bilder stellen und in leuchtendem Reigen sich schwingen, erscheinen sie schon in den Planetenhimmeln: jede auf dem Sterne, dessen Einfluß auf Erden ihr Wesen beherrscht hatte, dessen größere oder geringere Erdferne zugleich den Grad ihrer Seligkeit anzeigt. So erscheinen im Himmel des wandelbaren Mondes solche, die einem Gelübde untreu geworden waren; im Merkur, dessen Strahl Handel und Wandel anregt, diejenigen, die irdischen, zumal Staatsgeschäften zuliebe die Sorge um ihr Seelenheil hintangesetzt hatten: unter ihnen Kaiser Justinian, der von Roms Sendung zur Weltherrschaft berichtet; auf der Venus die Seelen, die irdischer Liebe ergeben waren. Dagegen zeigen sich im Himmel der Sonne, im größten der Lichter, die erleuchteten Lehrer des Glaubens, von denen Thomas von Aquino, der Dominikaner, und der Franziskaner Bonaventura wechselseitig das Lob ihrer Ordensstifter künden. Im Mars scharen sich um das Bild des Gekreuzigten die tapferen Gottesstreiter, Märtyrer und Glaubenshelden, darunter Dantes eigner Ahnherr Cacciaguida, der Kreuzfahrer, der das Florenz der alten Zeit rühmt und dem Dichter selbst sein Schicksal weissagt. Jupiter, der Stern des Götterkönigs, der mit seinem klaren Lichte zwischen dem glühenden Mars und dem kalten Saturn die rechte Mitte hält, erstrahlt von den Lichtern der gerechten Herrscher, die sich zum Bilde des Adlers, des Wahrzeichens vom heiligen Weltreich, ordnen. Auf dem Saturn endlich, dem erdfernsten der damals bekannten Planeten, sind auf der Himmelsleiter die erdabgewandten, himmelwärts gerichteten Heiligen der Kontemplation zu schauen.

Im Fixsternhimmel, vom Zwillingsgestirn, läßt Beatrice ihren Schützling zunächst einen Rückblick auf die Erde tun, die ihm tief unten, in lächerlicher Kleinheit erscheint. In diesem Himmel, der alle Kräfte noch in sich vereint, sieht er für einen Augenblick den Triumphzug Christi. Bald jedoch entschwebt der Gottessohn den Blicken, die sein Licht noch nicht ertragen können, nach ihm auch die Jungfrau Maria, vom Erzengel Gabriel gekrönt. Unter den Zurückbleibenden sind die Apostel, von denen Petrus, Jakobus und Johannes den Pilger auf die Bitte seiner Herrin in Glauben, Hoffnung und Liebe prüfen. Beim neugierigen Anschauen von Johannes' strahlendem Lichte erblindet Dante, erhält aber nach bestandener Prüfung durch Beatrices Blick die Sehkraft wieder. Nachdem Adam, der vollkommen geschaffene Mensch, ihn über seine Schicksale belehrt und Sankt Peter eine zornglühende Strafrede gegen seine entarteten Folger gedonnert hat, stiebt die heilige Schar, einem leuchtenden Flockenwirbel vergleichbar, in die Höhe. Ihnen folgend, erreicht Dante den neunten, den Kristallhimmel, wo er, in neun konzentrischen Kreisen um einen strahlenden Punkt, die Gottheit, wirbelnd, die neun Ordnungen der Engel sieht und deren Namen und Wesen von Beatrice erfährt.

Das Bild verschwindet – er steht im Empyreum, im Himmel, der pures Licht ist. Ein Lichtstrom erscheint, Funken sprühend, zwischen blühenden Ufern. Er rundet sich zum See, der amphitheatralisch von den Sitzen der Seligen in Gestalt einer Rose umgeben ist, während Engelscharen wie ein Bienenschwarm zwischen dem Lichtmeere und den Blättern der Rose auf und ab schwirren. An Stelle Beatrices, die ihren Sitz neben Rahel eingenommen hat, sieht Dante Sankt Bernhard neben sich. Der Heilige erläutert ihm die Ordnung der Seligen, nennt ihm die Häupter. Hoch oben, alle andern überstrahlend, thront Maria, die Himmelskönigin; ihr zunächst die Apostel, Heiligen und Gottesmänner Alten und Neuen Bundes, sodann – immer auf Altes und Neues Testament gleich verteilt – die übrigen Seligen bis herab zu den unschuldigen Kindern, denen die unterste Hälfte der Staffeln gehört. In weihevoller Fürbitte erfleht Bernhard von der Gottesmutter die Gnade, daß der Kömmling das höchste Heil zu schauen vermöge. Nun sieht Dante, verklärten Auges, das Bild der Dreieinigkeit: drei Kreise, der zweite vom ersten, der dritte von beiden Licht empfangend. Im zweiten erscheint das Bild des Menschensohnes. Während Verstand und Phantasie vor dem Geheimnis erlahmen, nimmt die ewige Liebe, die Seele blitzartig erhellend, von dem Willen Besitz und leitet ihn auf ihre ewig gleiche Bahn.

Episoden | So Weg, Ziel und Gang der mystischen Wanderung, die, wenn man so sagen darf, die Handlung unseres Gedichtes ausmacht. In das breite Band dieser Haupthandlung ist eine Fülle von Einzelbildern eingewoben: Erscheinungen und Berichte von Verdammten, Büßern und Seligen aus alter und neuer Zeit, aus Sage und Geschichte; Frage und Antwort über die Ordnung dieser und jener Welt, Mahnung und Weissagung, Fluch und flehentliche Bitte. Hie und da gewinnen diese Sonderbehandlungen fast die Bedeutung selbständiger epischer oder didaktischer Gedichte. So die berühmten Tragödien von Ugolino und Francesca von Rimini; so Marco Lombardos Lehre vom freien Willen im sechzehnten und Statius' Erklärung des Schattenleibes aus der bildenden Kraft der Seele im fünfundzwanzigsten Gesange des Fegfeuers; so die Deutung von Roms göttlicher Sendung durch den Kaiser Justinian im sechsten des Paradieses und manche der diesen letzten Teil durchziehenden philosophisch-theologischen Erörterungen. Aber keine dieser Einzeldichtungen ist nur um ihrer selbst willen da. Jede dient an ihrer Stelle dazu, die leitende Idee des Ganzen zu entwickeln und zu beleuchten.

II. Der mystische Sinn

Der Leitgedanke der Göttlichen Komödie ist, wie eingangs gezeigt, die Heimkehr der verirrten Seele zu Gott. Die Pilgerfahrt durch die drei jenseitigen Reiche ist eine Katharsis: eine Katharsis im christlichen Sinne. Furcht und Mitleid führen zu Zerknirschung und Buße und finden ihre Erfüllung in der Gnade. Die Schau und das innerliche Miterleben der ewigen Höllenstrafen, der zeitlichen Bußen im Purgatorium und der Seligkeit der Erwählten wendet die in Lüste und Sorgen der Zeitlichkeit verstrickte Seele zum ewigen Gute hin. Dies lebendige Erlebnis der göttlichen Gerechtigkeit und Gnade, ergänzt und vertieft durch die auf dieser Fahrt erfahrenen Unterweisungen, Prüfungen, Fürbitten und Entsühnungen, befreit sie aus dem Bann der Sünde, bis sie am letzten Ziele all ihr Wollen und Wünschen der Liebe ergibt,

»der Liebe, die in Gang hält Sonn und Sterne«.

Die Verirrung im Walde | Ausgangspunkt ist die Verstrikkung der Seele in Sünde, ihr Sinnbild die in den Eingangsversen geschilderte Verirrung im finstren Walde. Die Handlung beginnt damit, daß das Gewissen sich dieser Verirrung bewußt wird. Der Gefallene findet sich in dem Walde wieder, in den er schlafbefangen geraten ist, strebt hinaus, zur Höhe des Heils, wird aber durch die in den drei wilden Tieren verkörperten heilswidrigen Mächte im Aufstiege gehemmt. Diese Widersacher werden meist und wohl mit Recht als Leidenschaften, und zwar als die Hauptlaster der drei Lebensalter: Sinnlichkeit, Hochmut und Habgier, gedeutet. Müßig ist die Frage, welcher besondren Verfehlungen Dante sich mit jener Verirrung hat anklagen wollen. Nicht um diese oder jene Einzelsünde handelt es sich, sondern um die Sünde als solche. Und nicht um die seinige allein. Hier wie im ganzen Verlaufe unsrer Dichtung fühlt ihr Dichter sich offenbar zugleich als Vertreter der gesamten sündigen Menschheit. Aus Anlage und Gestaltung des Werkes, aus der eifernden Liebe seiner Anklagen und Urteile spricht ein Verantwortungsbewußtsein, das nicht an der Grenze des eignen Ichs haltmacht. Beseelt und besessen von ethischer Leidenschaft und von dem Drange, die Welt mit seiner Idee fortzureißen, fühlt er sich, wie schließlich jeder, der sich über die Masse erhebt, mitverantwortlich für alles, was um ihn her geschieht: für sein Volk, für seine Zeit, für die ganze Menschheit. Sie ist es, die sich im Wald der Sünde verirrt findet und von den drei Tieren bedrängt sieht: die Menschheit und vornehmlich sein Volk und sein Vaterland Italien. Denn der verheißene Retter, der Hatzhund (Veltro), der die Wölfin erlegen, die Pest der Habgier ausrotten soll, wird insonderheit als Erlöser Italiens gepriesen. Hier zeigt sich bereits der politische Nebensinn. In der nimmersatten Bestie, die den Geiz, die Habsucht verkörpert, spiegelt sich dies Laster in doppelter Gestalt: einmal als heilsgefährdende Macht im allgemeinen, sodann in der konkreten Erscheinung, die Italiens Verderbnis war. Wer mit Dantes politischer Auffassung vertraut ist, kann nicht zweifeln, daß er dabei vornehmlich an die Hab- und Machtgier der päpstlichen Kurie gedacht hat. Deren Weltmachtstreben, dem das Kaisertum, das heilige Weltreich, nach seiner Überzeugung die gottgewollte Staatsordnung, erlegen war, macht er, wie wir sehen werden, für alle Schäden seiner Zeit, für das ganze Unheil seines Vaterlandes verantwortlich.

Dieser offenkundige politische Nebensinn hat sogar Anlaß zu rein politischer Deutung jenes ganzen Vorspiels, ja der Dichtung überhaupt gegeben: der Wald sollte den Parteihader in Italien, die drei Tiere Florenz, die Krone Frankreichs und die Kurie vorstellen usw. Daran ist so viel richtig, daß politische Ideen die Commedia von Anfang bis zu Ende durchziehen. Aber bei der Betrachtung von Dantes Staatsauffassung wird sich zeigen, daß sein Staatsgedanke überall der ethisch-religiösen Idee untergeordnet ist. Diese ethisch-religiöse Idee beherrscht auch die Symbolik unsrer Eingangsszene, und nur als Seitenthema klingt im Veltro der Reichsgedanke an.

Das Erlebnis der göttlichen Gerechtigkeit | Der Ausweg aus dem Wald der Sünde, den, an Stelle des durch die heilsfeindlichen Mächte verlegten geraden Weges zur Höhe des Heiles, der von Beatrice entsandte Vergil – wie sich erweisen wird, der Vertreter der im Dienste der Offenbarung stehenden menschlichen Vernunft – dem Verirrten weist: der Umweg durch Hölle, Fegfeuer und Paradies versinnbildlicht jene Katharsis durch das Erlebnis der göttlichen Gerechtigkeit und Gnade. Die Idee der göttlichen Gerechtigkeit ist nach den eingangs angeführten Worten des Dichters Leitmotiv seiner Dichtung, zumal des ersten Teiles. Diese göttliche Gerechtigkeit ist für Dante eine immanente: eine selbsttätig wirkende, fast unpersönlich anmutende Macht, die im Reiche der Ewigkeit die Seele mit unwiderstehlicher Gewalt beherrscht und lenkt. Mit magischem Zwange nötigt sie dort den Willen, selbst wider Willen das zu wollen, was sie gebietet. So müssen sich die verworfenen Seelen schon am Ufer des Acheron zur Überfahrt drängen, begierig auf die verdiente Strafe, vor der ihnen graut. So verlangen die Büßer im Purgatorium wider Willen nach ihrer Marter, die sie den »süßen Wermuttrank«, nicht Pein, sondern Ergötzung nennen, und können den ersehnten Aufflug zum Paradies nicht einmal wollen, ehe der Wille durch vollendete Läuterung dazu frei wird. So sind die Seligen des Paradieses mit dem Range, den ihnen die göttliche Gerechtigkeit anweist, nicht allein wunsch- und neidlos zufrieden, sondern freuen sich auch des niedersten, weil eben die gerechte Abwägung von Verdienst und Belohnung sie beglückt.

Dantes Vergeltungsidee | Dieser Auffassung der göttlichen Gerechtigkeit entspricht die Vergeltungsidee der göttlichen Komödie. Sie erweist sich in den Kreisen der Hölle an dem Verhältnis von Strafe und Schuld: nicht sowohl dem Maße nach als vielmehr an der Art der Strafen und ihrer Beziehung zur Art der bestraften Sünden. Daß die Härte der Strafe mit der Schwere der Sünde wächst, wird zwar grundsätzlich festgestellt, aber nicht eigentlich augenfällig gemacht. Schon die Lauen in der Vorhölle müssen in ihrer Not »jedes andre Los beneiden«; und ob beispielsweise die Tyrannen im siedenden Blute, die Ketzer in ihren flammenden Särgen weniger zu leiden haben als die in Flammen gehüllten üblen Ratgeber, als die gepeitschten Kuppler oder die siechen Fälscher weit tiefer unten in Malebolges Klüften, ist zum mindesten fraglich. Offenbar ist es dem Dichter mehr darum zu tun, an der Gleichartigkeit von Schuld und Sühne zu zeigen, wie er sich die ewige Vergeltung denkt. Sie folgt keinem der Grundsätze unsres irdischen Strafrechts. Nur ausnahmsweise – etwa bei den selbstzerfleischten Zwietrachtstiftern – kommt das die mittelalterliche Strafrechtspflege beherrschende jus talionis, der Grundsatz »Auge um Auge ...«, zur Geltung. In der Regel haben die Sünder nicht das zu leiden, was sie auf Erden andren angetan haben, sondern müssen vielmehr – jetzt zu ihrer Pein – fortfahren, das zu tun, was sie im Leben wider Gottes Gebot getan hatten. Wenn die unentschiedenen Lauen ihrer ständig sich drehenden Fahne folgen, die Liebessünder vom Sturmwinde wie einst von ihrer Leidenschaft umgetrieben werden, die Zornmütigen noch im Styx miteinander raufen, die Mörder im Blute baden, so ist die Strafe nichts andres als die Fortsetzung des sündigen Handelns selbst: eine materialisierte Fortsetzung, die dem Sünder nun Qual bereitet. Die Sünde straft sich selbst: das ist Dantes Vergeltungsidee. Er spricht sie durch den Mund Vergils mehrfach und unzweideutig aus. Von dem Zornteufel Filippo Argenti, der im Schlamme des Styx von seinem tollen Jähzorn bis zur Selbstzerfleischung geplagt wird, läßt er seinen Meister sagen: sein Schatten sei noch von solcher Wut besessen, wie der Lebende jeder Güte bar gewesen sei. Noch deutlicher ist sein durch nie gehörtes Erheben der Stimme und durch alsbaldige Wiederholung betontes Wort an den Gotteslästerer Kapaneus, daß eben sein Verharren im Trotze gegen die Gottheit seine verdiente und die denkbar härteste Strafe sei. Das sündige Tun als solches ist zugleich Strafe: im Lichte der Ewigkeit gereicht es dem der Zeitlichkeit und ihrem Selbstbetruge entrückten Sünder zur Pein. Denn die Sünde ist Entfremdung von Gott und schließt daher mit Naturnotwendigkeit vom Gottschauen, das ist von der Seligkeit aus.

Gottesurteil und menschlicher Wert | Mit dieser Vergeltungsidee, nach der die Strafe von selber aus der Sünde folgt, mit der ihr entsprechenden Auffassung der göttlichen Gerechtigkeit als einer nach Art eines Naturgesetzes in der menschlichen Seele wirkenden Macht hängt es zusammen, daß ihr Urteil hier so oft unvereinbar scheint mit der menschlichen Gerechtigkeit, daß ihr Walten hier und da fast an die unpersönlich-unheimliche Gewalt des antiken Fatums gemahnt. Die Scheidung von Böcken und Schafen in der Commedia muß den heutigen Leser vielfach befremden. Mit Staunen sieht er die edle Francesca von Rimini, den großen Kaiser Friedrich II. in die Hölle gebannt, während Karl von Anjou, der Mörder Konradins, sich im Fegfeuer läutern, die übelberufene Cunizza sich gar im Himmel der Venus ihrer Seligkeit freuen und rühmen darf. Dantes eignes menschliches Empfinden steht vielfach in deutlich erkennbarem Gegensatz zu dem Spruche, den er die göttliche Gerechtigkeit fällen läßt. Ihr Verdammungsurteil bedeutet ihm offenbar keineswegs unbedingt sittliche Verwerfung. Nur wenigen seiner Verdammten begegnet er mit Verachtung und sittlicher Empörung. Im Widerspruch zu der Mahnung seines Meisters, der Mitleid mit ihnen frevle Auflehnung wider Gottes Richterspruch schilt, zeigt er den meisten von ihnen Teilnahme, und mehr als einem: dem ritterlichen Farinata, seinem alten Lehrer Brunetto Latini, den drei edlen Florentinern im Feuerregen, Hochachtung, Verehrung, Zuneigung. Nur schwer kann er sich mit der Verdammnis der gerechten Heiden abfinden, die ihm die Kirchenlehre vorschreibt. Um die mit Begeisterung verehrten Helden und Weisen des klassischen Altertums aus der Hölle zu retten, müht er sich wieder und wieder, einen Ausweg zu finden; und denen, die er nicht retten kann, errichtet er im Limbus ein Elysium, das die Finsternisse der Hölle überstrahlt. Getreu dem für ihn unanfechtbaren katholischen Dogma muß er die Ungetauften, die reuelos Verstorbenen in die Hölle bannen. Seine Idee vom heiligen Weltreiche heißt ihn die sonst als Helden gefeierten Mörder seines Gründers in Satans Rachen dem Gottesverräter Judas gesellen. Aber menschlichen Wert wägt er auf einer andren Waage als Minos, sein Totenrichter.

Schon hier meldet sich die Antinomie, die das poema

sacro durchzieht, dies »Lied, dran Himmel Hand gelegt und Erde«: der Widerspruch zwischen Zeitlichem und Ewigem, zwischen Denken und Glauben. Dante, wie wir sehen werden, ist sich der grundsätzlichen Unvereinbarkeit der beiden Kategorien voll bewußt. Wo es zur Auseinandersetzung kommt, verzichtet er in Ehrfurcht vor dem Geheimnis auf die Lösung des dem beschränkten Menschengeiste unlösbaren Rätsels. Und für das, was der Denker schuldig bleiben muß, entschädigt uns der Dichter: gerade aus dem Widerstreit der Empfindungen erblühen, wie durch ein Wunder, die herrlichsten Blüten seiner Poesie.

Wesen der Buße | Wie in Strafe und Lohn, so offenbart sich die göttliche Gerechtigkeit auch in den Bußen des Purgatoriums. Diese Bußen, zeitlich begrenzt im Gegensatz zu Lohn und Strafe, sind nicht selber Vergeltung; aber sie dienen ihr, indem sie, die Flecken des Erdenlebens auslöschend, die Erwählten des ewigen Lohnes würdig machen. Gegenstand der Buße ist daher nicht wie bei den Höllenstrafen die sündige Tat, sondern ihr Beweggrund, der sündige Hang. So muß die Einteilung der Sünden hier von der in der Hölle grundsätzlich abweichen. In bezeichnendem Gegensatz zu jener, die sich an die antike Moralphilosophie, die Ethik des Aristoteles anlehnt (Hölle XI, 79 ff.), hält sie sich an das kirchliche Schema von den Sieben Haupt- oder Todsünden. Diese werden in drei Gruppen eingeteilt, je nach der Art, wie der Urtrieb – die »Liebe«, die, an sich weder gut noch böse, nach thomistischer Lehre Quell alles Guten so wie alles Bösen ist – vom rechten Wege abgelenkt wird. Richtet sie sich auf ein Übel – das dem Nächsten zugedacht wird –, so erscheint sie als Hoffart, Neid oder Zorn. Strebt sie, ohne Maß zu halten, nach Gutem, so wird sie Trägheit, wenn sie ohne den schuldigen Eifer nach dem ewigen, Habgier (Geiz oder Verschwendung), Völlerei oder Wollust, wenn sie zügellos nach zeitlichem Gute zielt (Fegfeuer XVII, 91-139).

Die Mittel der Läuterung sind Zaum und Peitsche (Fegfeuer XIII, 37-42). Wie die oben erwähnten Bilder und Stimmen in jedem Ringe Beispiele bestraften Lasters und der ihm entgegengesetzten Tugend vor Augen führen, so lehrt die jedem auferlegte Buße diese Tugend üben, während sie zugleich die heilswidrige Art und Wirkung des Lasters körperlich peinvoll und dadurch abschreckend spüren läßt. Die Zornmütigen müssen im Rauch, die Geizigen im Staube, die Wollüstigen in Feuersglut die verblendende, niederziehende und versengende Wirkung ihres Lasters spüren. Die letzteren werden überdies durch keuschen Bruderkuß, die Trägen durch eiligen Lauf, die Schlemmer durch Fasten erzogen, während die Stolzen den Nacken beugen lernen, den Neidern die scheelen Augen geschlossen werden.

Das irdische Paradies und die letzte Entsühnung | Das irdische Paradies, das auf dem Gipfel den entsühnten Büßer erwartet: der nach scholastischer Lehre seit dem Sündenfalle in einem dem Menschen unzugänglichen Teile der Erde verborgene Garten Eden wird von Dante in seiner Schrift De monarchia ausdrücklich als Verkörperung der höchsten auf Erden denkbaren Glückseligkeit bezeichnet, die – dem Stande der Unschuld vor Adams Fall entsprechend – in der Übung der Tugend besteht. Es ist die Vorstufe zu der himmlischen Seligkeit des Gottschauens. Ehe die Seele sich dahin aufzuschwingen vermag, ist indes noch eine letzte Entsühnung vonnöten. Obschon aller sieben Sündenmale ledig und von seinem Meister losgesprochen, muß Dante seiner Herrin eine neue Beichte ablegen. Dabei kann es sich nicht mehr um einzelne Sünden handeln, die ja sämtlich beim Aufstiege gebüßt werden. Hier wirft Beatrice ihm Untreue gegen sie selber vor, gegen die Selige, in der wir das Gottschauen verkörpert sehen. Er selbst bekennt, daß ihn die vergänglichen Dinge dieser Welt mit ihrer falschen Lust von ihrem Antlitz und damit vom höchsten Gut, das sie ihn lieben lehrte, abwendig gemacht haben. Diese Abkehr vom Ewigen durch Hingabe an das Wesen dieser Zeitlichkeit: diese Gottentfremdung, die als Verirrung im finstren Walde Ausgangspunkt und Anlaß der ganzen Jenseitsfahrt war, muß als Summa und Wurzel aller Einzelsünden noch einmal bekannt und getilgt werden. Durch die Wasser der Paradiesesflüsse wird die Seele von den letzten Schlacken des Irdischen geläutert. Indem Lethe die Erinnerung an alle Schuld auslöscht, Eunoë das Andenken alles Guten, dessen sie fähig war, neu erweckt, wird sie

»Rein und bereit zum Aufflug in die Sterne«.

Die Seligkeit des Paradieses und ihre Stufen | Seligkeit, schon mehrfach wurde es gesagt, besteht für Dante im Gottschauen. Je klarer, je tiefer dies Schauen ist, um so seliger die Seligkeit, deren Maß im Paradiese in dem Glanz des Leuchtens, in der Lebendigkeit des Reigentanzes sich kundgibt. Auch im Himmel waltet Gottes Gerechtigkeit. Auch die himmlische Seligkeit hat ihre Stufen. Je nach deren Range sind die Seligen auf die Sitzreihen der Himmelsrose verteilt: näher und ferner von Gottes Angesicht, von der Nachbarschaft der Gottesmutter an bis herab zu den Sitzen der unschuldigen Kinder.

Diese Stufenfolge entspricht der größeren oder geringeren Erdferne desjenigen Planeten, dessen Einfluß jeden dieser Himmelsbürger auf Erden beherrscht hatte und in dessen Himmel er demzufolge, wie wir sahen, dem Dichter erscheinen muß. Auf den drei erdnächsten Planeten, deren Himmel noch vom Erdschatten getroffen werden, bedeutet dieser Einfluß Minderung der Seligkeit: denn der des Mondes hatte durch Unbeständigkeit, der des Merkur durch Hingabe an irdische Geschäfte, der der Venus durch Neigung zu irdischer Liebe das Seelenheil gefährdet. In den höheren Planetenhimmeln von der Sonne an verdanken die Seligen dem Einfluß ihres Sternes den höheren Grad der Seligkeit, wie sein Strahl sie im Leben zu ihrem Heile beeinflußt hatte: die Sonne durch Erleuchtung, Mars, Jupiter und Saturn durch Erweckung von Tapferkeit, Gerechtigkeit und Weltabgewandtheit.

Die Gnadenwahl | Im Paradies, im Reiche der Gnade ist es nicht die Gerechtigkeit allein, die über den Rang und den Grad der Seligkeit entscheidet. Diese wird nicht schlechthin nach dem Maß des Verdienstes verliehen, sondern auch nach der empfangenen Gnade, die anzunehmen an sich schon verdienstlich ist. Den vor Erlangung der Zurechnungsfähigkeit verstorbenen Kindern wird ihr Rang sogar allein nach Gnade zugewiesen (Paradies XXXII, 73 ff.). So muß hier, wo überhaupt die tiefsten Geheimnisse des christlichen Glaubens abgehandelt werden, auch die Frage der Gnadenwahl zum Austrag kommen. Die Lehre von der Prädestination kann für Dante schon deswegen nicht ohne Anfechtung sein, weil er, wie wir sehen werden, mit größter Entschiedenheit den freien Willen des Menschen verteidigt. Der begriffliche Gegensatz zwischen diesen beiden Prinzipien kommt zwar nicht sichtbar zum Ausdruck. Um so härter bedrängt unsren Dichter die Frage, wie die Erwählung und Verwerfung ohne Verdienst und Schuld mit Gottes Gerechtigkeit vereinbar sei; insonderheit der bange Zweifel, wie diese göttliche Gerechtigkeit die ewige Verdammnis der gerechten Heiden lediglich um des unverschuldeten Mangels von Glauben und Taufe willen habe verhängen können.

Hier klafft der schon berührte Widerspruch zwischen Gottesurteil und menschlicher Wertschätzung am tiefsten. Hier bekennt der Dichter auch seine Unlösbarkeit, die Unzuständigkeit menschlicher Vernunftschlüsse in Dingen des Glaubens, die auf einer andren geistigen Ebene liegen. Sooft der Zweifel sich regt – er meldet sich schon im Limbus der Hölle, angesichts der hoffnungslosen Sehnsucht der dorthin gebannten Vorbilder antiker Tugend und Weisheit, und pocht in den Kreisen des Paradieses von neuem an –, wird der Verstand in seine Schranken gewiesen und ermahnt, das Geheimnis gläubig zu verehren. Der Adler der Gerechtigkeit im Himmel des Jupiter, Petrus Damiani auf dem Saturn, zuletzt, noch im Angesicht der Himmelsrose, der heilige Bernhard: sie alle müssen das Bedenken beschwichtigen, indem sie immer von neuem die Unergründlichkeit der Gnadenwahl betonen. Kein erschaffener Geist darf es wagen, mit seinem Schöpfer zu rechten, dem Horte alles Guten, dessen Wille nicht anders als gerecht sein kann: Er will es so – damit genug! So wird (Paradies XIX, 79 bis 90; XXXII, 66) der Zweifel zur Ruhe verwiesen. Daß er nicht beruhigt ist, verrät die Unruhe der immer wiederkehrenden Frage. Ehrfürchtig bringt der gehorsame Sohn seiner Kirche das sacrificium intellectus, ohne doch die Auflehnung seines menschlichen Empfindens gegen die ihm unerträgliche Auswirkung ihrer Lehre zum Schweigen bringen zu können.

Die Führer und ihre Helfer | Die symbolische Bedeutung der Führer durch die Reiche der Gerechtigkeit und Gnade ergibt sich aus ihrer Aufgabe. Sie verkörpern als solche die Kräfte, welche die Seele aus der Finsternis der Gottentfremdung zum göttlichen Lichte erheben. Vergil, der Heide, kann nur insoweit ihr Träger sein, als sie dem natürlichen Menschen eigen sind, als verstandesmäßiges Denken, menschliche Weisheit den Weg zu Gott weisen helfen. Der Dichter der Äneide ist dem Mittelalter einer der vornehmsten Vertreter des klassischen Altertums und seiner überlegenen Geistesbildung. Er galt ihm als unerreichtes Vorbild epischer Kunst, überdies, wegen eines mißverstandenen Verses der Eklogen, als Prophet des Jungfrauensohnes. Dante, der Dichter, sieht sich als seinen Schüler an und dankt ihm, so weit er ihn an dichterischer Kraft überragt, manches, was in der Kunst erlernbar ist, und manche Anregung; dem Besuche des Äneas in der Unterwelt zum Beispiel wohl die zu seiner Höllenfahrt. In der Äneis ist Vergil zudem der Künder von Roms Berufung zur Weltherrschaft. Als solcher mochte er dem seines römischen Blutes sich rühmenden Dichter, dem das Imperium die Erfüllung der göttlichen Weltordnung auf Erden war, zum Deuter dieser Weltordnung vor andern berufen scheinen. Vergil ist überall der treue, kundige, väterliche Leiter, das Urbild abgeklärter Weisheit. Aber er kann nur so weit Rede stehen, wie die menschliche Vernunft reicht. Schon vom Fuße des Läuterungsberges an muß er selbst den Weg von anderen erfragen. Auf dessen Gipfel bekennt er sich außerstande, mit eigenen Augen weiter zu sehen. Wo das Gebiet des Glaubens beginnt, ist die Vernunft an der Grenze ihres Erkenntnisvermögens und muß der Offenbarung das Feld räumen.

Die Offenbarung, die übernatürliche Erleuchtung aus Gottes Gnade, findet, wie wir sahen, ihre Verkörperung in Beatrice, der seligen Herrin. Nicht von ungefähr löst sie den bis hierher bewährten erdgebundenen Führer gerade im irdischen Paradiese ab, das Dante in der schon erwähnten Darlegung seiner Monarchia als Verkörperung der irdischen Glückseligkeit ansieht. Zu diesem ersten der beiden von Gott dem Menschen gesetzten Ziele nämlich führt nach jener Darlegung die Philosophie durch Übung der sittlich-vernunftgemäßen Tugenden: Gerechtigkeit, Tapferkeit, Mäßigkeit, Klugheit. Das andre dagegen, die ewige Seligkeit, die im himmlischen Paradiese dargestellt wird und in der Wonne des Gottschauens besteht, kann nicht durch eigne, nicht durch menschliche Kraft, nur mit Hilfe der göttlichen Erleuchtung erreicht werden: durch die übernatürliche Offenbarung kraft der drei »theologischen« Tugenden Glaube, Liebe und Hoffnung. Nach dieser Zwieteilung scheidet Dante in seiner Monarchia die Ämter der beiden Lenker der Menschheit. Auf jenem Wege, zu jenem Ziele steht dem Herrscher des Weltreiches, auf diesem dem Oberhirten der Kirche die Leitung zu. Daß sich Vergil und Beatrice genau nach diesem Grundsatze in die Führung zum irdischen und himmlischen Paradiese teilen, stellt die symbolische Bedeutung beider Gestalten außer Zweifel. Wer sie daraufhin schlechtweg als Allegorien der Philosophie und Theologie oder gar der kaiserlichen und päpstlichen Gewalt nimmt, tut freilich der dichterischen Idee Gewalt an. Schon eingangs wurde gegen die Auffassung Verwahrung eingelegt, die in Dantes Gestalten bloße Personifikationen abgezogener Begriffe sehen will. Beatrice bedeutet weder die Kirche noch ihr Regiment, noch die Theologie, noch die Gnade, noch die Offenbarung – alle diese Begriffe zusammengenommen, wenngleich jeder von ihnen gelegentlich in ihr seinen Träger findet, erschöpfen nicht die Symbolik ihrer Gestalt. Wenn ihre Bedeutung denn in ein Wort gefaßt werden soll, so kann die seelenverwandte Gefährtin der alttestamentlichen Rahel – die gleich Maria von Bethanien im Gegensatz zur Schwester als Vorbild beschaulicher Gottesliebe gilt –, sie, deren Auge, zu Gottes Licht erhoben, sie selbst und den an ihren Augen hängenden Jünger durch alle neun Himmel bis zum Throne des Ewigen emporzieht, noch am ersten, wie bisher hier geschehen, eine Verkörperung des

Gottschauens genannt werden. Gottschauen ist Glaube, ist Frucht der Offenbarung, ist Wirkung der Gnade, – es wird auch, wie schon erwähnt, in der Commedia überall mit Seligkeit gleichgesetzt. In der Tat ist Beatrice – ihr Name sagt es – die Seligmachende schlechthin: hier Dantes rettender Engel, dort sein heilbedachtes strenges Gewissen und immer – Beatrice, ein Wesen von Fleisch und Blut, wie Vergil Vergil ist: er, der vorbildliche Meister, der die Geistesschätze der Antike vermittelt; sie, die verklärte Jugendgeliebte, deren Verehrung ihn schon bei ihren Lebzeiten über alles Gemeine erhoben hatte. Darum ist es nicht minder müßige Neugier, dem Erdenwallen der geschichtlichen Beatrice nachzuspüren. Was kümmert es uns, wer zu Lebzeiten die junge Florentinerin war, deren Bild ihr Sänger unter diesem Namen zu den Sternen erhoben hat? Was verschlägt es, ob Dantes Sohn Pietro, ob Boccaccio mit Grund oder auf unverbürgte Gerüchte hin Bice Portinari in ihr sehen, die frühverstorbene zweite Gattin des Großkaufmanns Simone Bardi? Wir wissen aus der Vita nuova, wir wissen aus der Commedia, was sie ihm weit über das Grab hinaus gewesen ist. Das ist alles, was zu wissen not tut.

Beatrice, die Seligmachende, ist im Grunde von Anfang bis zum Ende der Pilgerfahrt deren Lenkerin. Vergil ist ihr Abgesandter, desgleichen der heilige Bernhard, während Statius und Matelda ihr zur Hand gehen. Der Grund, weshalb die Vermittlerin der Offenbarung bis in das irdische Paradies den heidnischen Seher für sich eintreten läßt, ist leicht zu erkennen. So weit das verstandesmäßige Denken reicht, soll sich der Mensch der gottgegebenen Vernunft auch zur Erfassung der Heilswahrheiten bedienen. Das lehrten Dante die seiner Zeit die Richtung gebenden Kirchenlehrer, die allen erdenklichen Scharfsinn aufwandten, das Dogma philosophisch zu unterbauen. Wie die Aristotelische

Logik im Dienste der scholastischen Theologie, so steht Vergil dienstbeflissen zu Beatrices Befehl und führt ihren Schützling nach ihrer Weisung bis dahin, wo sie selbst den Wohlvorbereiteten in Empfang nimmt.

Vor diesem Wendepunkte treten nacheinander, überraschend und jeden der beiden Führer in ihrer Art ergänzend, die beiden Helfer auf. Statius, der Nachahmer Vergils, ist sein christliches Gegenstück, berufen, die dem Heiden unzugänglichen Mysterien auf diesen Höhen des Läuterungsberges zu erklären. Einer höheren Form der Gotteserkenntnis teilhaftig, leitet er derart schon zu Beatrice über. Deren Vorläuferin und rechte Hand ist dann Matelda, die Dante im irdischen Paradiese als Führerin dient, die Taufe in den Paradiesesflüssen an ihm vollzieht und ihn schließlich der Herrin zuführt. Etwas Geheimnisvolles umspinnt die anmutige Gestalt, die man Hüterin und Seele des irdischen Paradieses genannt hat. Nicht einmal der Ursprung ihres Namens wird angedeutet. Der auf ihre Erscheinung vorbereitende Morgentraum der letzten Nacht stellt sie in eine Reihe mit der biblischen Lea, die im Gegensatz zu ihrer Beatrice verwandten Schwester, der beschaulichen Rahel, wie Marias Schwester Martha nach kirchlicher Überlieferung das tätige Leben verkörpert. In der Tat bewährt diese Helferin Beatrices sich bei der letzten Vorbereitung des Gottsuchers zum Himmelsfluge in ihrer freundwilligen Hilfsbereitschaft recht eigentlich als Verkörperung tätiger Liebe.

Sankt Bernhard, der als Kreuzprediger berühmte Abt von Clairvaux, wird, mit geschichtlicher Treue, als der glühende Verehrer der Jungfrau Maria und als das Vorbild der contemplatio, der mystischen Versenkung in Gott, eingeführt. Er ist daher sowohl zur Vertretung Beatrices, der gottschauenden, wie zur Erwirkung von Mariens Fürbitte vor andren berufen. Hilfe und Schutz der Himmelskönigin aber sind zum letzten Schritte vonnöten: zum unmittelbaren Erschauen der Dreieinigkeit, das den Willen in den Bann der ewigen Liebe zwingt, und zur Bewahrung der Seele vor dem Rückfall in irdische Schwächen. Über die tiefere Bedeutung dieses Führerwechsels unmittelbar vor dem Ziele wissen die Ausleger keine voll befriedigende Erklärung zu geben. Er wird vornehmlich von dichterischen Rücksichten eingegeben sein: Beatrices Verklärung unter den Seligen der Himmelsrose ist die letzte Erfüllung der eingangs erwähnten Verheißung der Vita nuova. Sankt Bernhards Gebet zur Jungfrau Maria vollends, der unvergleichliche Eingangschoral des überirdischen Finales, konnte von keiner Frauenstimme so weihevoll erklingen.

Symbolik allerwegen | Nicht allein die Haupthandlung und ihre Träger haben, wie eben zu deuten versucht wurde, ihre symbolische Bedeutung. Zahllose Einzelzüge bergen unzweifelhaft symbolischen Sinn. Seit es eine Auslegung der Commedia gibt, hat sie sich um die Enträtselung bemüht. Ob die wahre Absicht des Dichters getroffen ist, bleibt in vielen Fällen eine offene Frage. Manches mag der Eifer der Ausleger in seine Worte hineingelegt haben, was ihm nie in den Sinn gekommen ist; manche andre Stelle vielleicht verhehlt ihren geheimen Sinn bis heute. Die Geheimnisse unseres Gedichtes erschöpfend und maßgeblich ausdeuten zu wollen, wäre ein aussichtsloses Unterfangen. Wo die Deutung für das Verständnis des Ganzen von Belang ist, wird sie bei der Inhaltsangabe der einzelnen Gesänge nachgeholt werden. Nur wenige allgemeine Beobachtungen seien vorweggenommen. Die Sonne ist regelmäßig, wie schon zu Beginn (Hölle I, 16ff.), Sinnbild von Gottes Gnade. Die rechte und linke Hand deutet fast überall, wo sie eine Richtung weist, auf Heil oder Unheil, das in dieser Richtung liegt. Es wurde schon darauf hingewiesen, daß die Ringe der Hölle nach links, die des Läuterungsberges, wo die Seele »würdig wird, zum Himmel sich zu schwingen« (Fegfeuer I, 6), nach rechts umkreist werden.

Zahl, Zeit und Raum | Besondre Bedeutung kommt regelmäßig den Zahlangaben zu. Die Ahnung, daß der Strukturzusammenhang der Welt durch den Rhythmus wiederkehrender Zahlenverhältnisse bestimmt wird, hat von alters her der Zahl eine mystische Weihe gegeben. Ausgangs des Mittelalters war diese Zahlenmystik, namentlich durch den Einfluß des im zwölften Gesang des Paradieses (140f.) erwähnten Joachim de Fiore und seiner Anhänger zu höchster Blüte gediehen. Schon dem flüchtigen Leser von Dantes Gedicht fällt auf, welche Rolle in seinem streng symmetrischen Aufbau gewisse Zahlen spielen. Sieben wie die Planetenhimmel sind die Ringterrassen sowohl der Hölle als auch des Fegfeuerberges; neun die Kreise der Hölle, des Fegfeuers und des Paradieses wie auch die Ordnungen der Engel; drei ist die Zahl der jenseitigen Reiche, dreigeteilt das Schema der Strafen und Bußen; in Gruppen zu dreien gegliedert sind die Kreise der Verdammten, Büßer und Seligen, desgleichen, durch den Dreireim der Terzine, die Verse der drei Hauptstücke, deren jedes – den ersten als Einleitung des Ganzen ungerechnet – dreiunddreißig Gesänge zählt.

Noch an vielen andren Stellen ahnen wir hinter den Zahlen, die der Dichter nennt, eine Beziehung, einen geheimen Sinn – und müssen uns allzuoft mit der Ahnung bescheiden, wenn wir nicht Gefahr laufen wollen, Irrwege einzuschlagen, die das Verständnis des Ganzen gefährden. Immerhin verbietet dieser mystische Einschlag die rein rationale Auffassung aller Zahlenangaben in der Göttlichen Komödie. Die greifbare Anschaulichkeit, die staunenswerte Folgerichtigkeit, mit der Dante seine Welt aufbaut, hat dazu verleitet, seinen Weg mit Uhr und Meßkette in der Hand zu verfolgen. Nach den in der Hölle gegebenen Maßen ist zum Beispiel – bisher ohne befriedigendes Ergebnis – eine mathematische Berechnung und Konstruktion des Höllenkraters versucht worden. Das heißt offenbar die Absicht des Dichters verkennen. Die genauen und in sich scharf durchdachten Maßangaben erhöhen, dichterisch überaus wirksam, den Schein der Wirklichkeit. Aber nur den Schein. Tatsächlich befinden wir uns im Reiche des Irrationalen, wo irdische Gesetze von Raum und Zeit nur bedingte Geltung haben. Das zeigt sich in der Hölle bereits, wenn der Weg zum Erdmittelpunkte und von da zu den Antipoden in je vierundzwanzig Stunden zurückgelegt wird.* Im Paradiese vollends wird unzweideutig zu verstehen gegeben, daß dort andre Gesetze, ja andre Begriffe von Raum und Zeit gelten. Gleich bei der Ankunft im Himmel des Mondes erfahren wir, daß das Gesetz der Undurchdringlichkeit, nach dem ein und derselbe Raum nicht von mehreren Körpern zugleich eingenommen werden kann, dort aufgehoben ist (Paradies II, 37 ff.). Von dem Kristallhimmel heißt es (XXVII, 109 f.), daß er keinen andren Ort hat als den göttlichen Geist, der das ihn umschließende Empyreum erfüllt. Dort, im Empyreum, ist kein Unterschied zwischen Nähe und Ferne, weil kein Naturgesetz gilt, wo Gott unmittelbar waltet (XXX, 121 ff.). Das im Kristallhimmel erscheinende Bild endlich, das die Ordnung des

* Auch die Hölle XXIX, 9; XXX, 86 f. gegebenen Abmessungen sind u.a. unvereinbar mit der Schilderung Hölle VII, 22-35, wo Dante im vierten Kreise, dessen Umfang um ein Vielfaches größer sein muß als der jener innersten Ringe des zweituntersten, von einem Punkte und in der kurzen Zeit seines Aufenthalts übersieht, wie Geizige und Verschwender je eine Hälfte des ganzen Umkreises, vom einen Ende bis zum andren, ihre Laster entlangwälzen.

körperlichen Weltalls, die Verhältnisse von räumlicher Ausdehnung, Kraft und Umlaufszeit in ihr Gegenteil verkehrt, das Bild des winzig kleinen, aber alles andre Licht überstrahlenden Punktes mit den neun ihn umringenden Kreisen, von denen der innerste und kleinste am hellsten leuchtet und am schnellsten kreist (XXVIII, 16ff., 46ff.): dies Bild soll nach der Erklärung in den Versen 64ff. geradezu den Gedanken anschaulich machen, daß Raum und Zeit hier nichts bedeuten. Was in der Sinnenwelt Peripherie ist, das Empyreum, ist seiner Wesenheit nach, als Sitz der Gottheit, Mittelpunkt, Kraftzentrum des Alls, wie denn auch die dort erscheinende Himmelsrose nicht an einem Punkte des Umfanges, sondern ihrem Aufbau nach nur an zentraler Stelle vorstellbar ist. Diese Gegensätzlichkeit zwischen Körper- und Geisteswelt, zwischen Erscheinung und Ding an sich; diese Betonung der Irrationalität des letzten Grundes in schroffem Gegensatz zu der haarscharfen Berechnung, mit der alle Einzelheiten in das damals gültige Bild der wirklichen Welt eingefügt sind: dieser Zug kennzeichnet wie kein zweiter den Standpunkt der Göttlichen Komödie überhaupt, deren Bau, fest und sicher in der sichtbaren Welt gegründet, überall in die unsichtbare hineinragt, deren Geheimnisse des menschlichen Denkens und seiner Gesetze spotten.

III. Dantes Weltbild

Wie die Kenntnis des ptolemäischen Weltsystems nötig war, um dem Wege des Weltenwanderers zu folgen, so bedarf es zum Verständnis seiner Anschauungen, Urteile und Beweise eines Überblicks über das geistige Weltbild, das sein Denken beherrscht. Es ist bekannt, daß Dante, obschon innerlich mächtig bewegt von mystischen Ideen, zumal vom Einfluß des heiligen Franz von Assisi, auf dem Boden der scholastischen Theologie und Philosophie steht. In Thomas von Aquino vor allen verehrt er den untrüglichen Meister, dessen Lehre er getreulich wiederzugeben beflissen ist. Bis heute deckt die Dante-Forschung täglich neue Fäden auf, die das Denken unsres Dichters mit dem System dieses seines Lehrers und mit den Lehrern andrer Häupter der Schule verknüpfen. Manche Verse der Commedia klingen fast wie Zitate aus den Lehrbüchern des Aquinaten. Je schärfer man freilich vergleicht, desto mehr muß man staunen, was hier aus den Distinktionen und Syllogismen des Dogmatikers geworden ist. Es ist, als ob das bei aller Großartigkeit des Wuchses allzuoft dürre Holz der scholastischen Dialektik in der Hand des seherischen Dichters zu grünen anfange. Während er noch in die Fußtapfen des Meisters zu treten glaubt, ist ihm aus dessen Lehre, selbst da, wo sie uns in formaler, blutloser Logik erstarrt scheint, eine neue, erlebte Wahrheit erblüht.

Einen Überblick über die Wurzeln von Dantes Denken in der thomistischen Philosophie gibt der Kommentar von Philalethes, dessen Exkurse in ihr System einführen. Mit weiterem Ausblick wird die philosophische Entwicklungsgeschichte der Göttlichen Komödie in Voßlers großem Werke* umrissen. Hier muß es genügen, in Kürze auf einige Gedankengänge und Vorstellungen hinzuweisen, die, auf dem Boden der Scholastik gewachsen, in Dantes Dichtung ständig wiederkehren und ohne Kenntnis des Zusammenhanges mit dem System schwer verständlich sind.

Einwirkung der Antike | Die scholastische Philosophie stellt sich bekanntlich die Aufgabe, mit Hilfe der Welt-, Seelen- und Sittenlehre der Antike, insonderheit des Aristoteles, die

* Karl Voßler: Die Göttliche Komödie (2. Aufl., Heidelberg 1925).

dem späteren Mittelalter durch die arabische Wissenschaft, vornehmlich durch den »großen Kommentar« des Averroës, übermittelt worden war, das katholische Dogma philosophisch zu begründen. Solche Verbindung antiker mit christlich-biblischen Vorstellungen, oft zu unbedenklicher Gleichsetzung gesteigert, durchzieht auch Dantes Dichtung und treibt hier vielfach überraschende Blüten. Die Antike erscheint in allem, was nicht den Glauben angeht, als Richtschnur, in ihren Werken unerreichbares Vorbild, in ihren Urteilen schlechthin maßgeblich. So wird selbst Catos Selbstmord zu Beginn des Fegfeuers, ganz im Gegensatz zu der strengen Verdammung dieser Sünde im dreizehnten Höllengesange, als Opfer für die Freiheit gefeiert. Wenn im scharfen Widerspruch zum Urteil der Antike die Mörder Cäsars in den tiefsten Schlund der Hölle verdammt werden, so ist diese einzige Abweichung ein um so bedeutsameres Zeichen für die Stellung, die in Dantes Weltanschauung, wie sich am Schlusse zeigen wird, das von jenen in ihrem ersten Träger beleidigte Kaisertum, die gottgewollte Staatsordnung einnimmt.

So gut wie die biblische ist unsrem Dichter auch die Überlieferung des klassischen Altertums unanfechtbare Wahrheit, wobei zwischen Geschichte und Mythos kaum unterschieden wird. Gestalten der antiken Göttersage erscheinen nicht nur, zu Ungeheuern verzerrt, in der Hölle, sondern auch im Fegfeuer und selbst im Paradiese. Unbedenklich werden antike Gottheiten neben dem Christengott angerufen, ja (in dem ohne Verzerrung leider nicht übersetzbaren Ausruf Fegfeuer VI, 118 f.: sommo Giove ... per noi crocifisso ...) der Gekreuzigte selbst als »höchster Jupiter«! Wo immer Beispiele und Zeugen anzuführen sind, werden sie mit Vorliebe in regelmäßigem Wechsel dem biblischen und dem antiken Kreise entnommen, recht, als sollte die Vermählung beider Welten so bekräftigt werden.

Einfluß der thomistischen Welt- und Seelenlehre | Die Weltlehre, die von der griechischen Philosophie seit Pythagoras über Aristoteles bis zu den Neuplatonikern entwickelt worden ist und die schon seit der Gnostik das christliche Denken beeinflußt hat, ist von der Scholastik mit den Umdeutungen, die der Schöpfungsgedanke erforderte, übernommen worden und bestimmt auch das Weltbild der Commedia. Die Gottheit – die Dreieinigkeit, in der der Vater die Allmacht, der Sohn (das Wort) die Allweisheit, der Heilige Geist die Urliebe bedeutet – lenkt das irdische Geschehen durch den Einfluß der Gestirne. Im höchsten Himmel, im unbewegten Empyreum ruhend, läßt die »erste Ursache« ihre Kraft in die Welt einströmen, der sie Bewegung und Leben verleiht. Vermittler sind die Intelligenzen, die in der christlichen Vorstellung mit den Engeln zusammenfließen. Zunächst empfängt den Antrieb dieser Kraft das primum mobile, das eben darum am schnellsten von allen Himmeln kreist. Denn das Streben, sich mit der im Empyreum thronenden Gottheit zu vereinen, die Grundursache aller Bewegung, treibt jeden seiner Punkte, sich in schnellster Kreisbewegung einer Stelle des ihn umgebenden Empyreums nach der andren zu nähern. Das primum mobile strahlt die empfangene Kraft auf den von ihm eingeschlossenen Fixsternhimmel aus, der sie wiederum den Planeten vermittelt. So gibt ein Himmel immer dem nächsten Kraft und Bewegung weiter, bis sie von den Wandelsternen aus auf die irdischen Dinge einwirken. Dabei wird die von Anfang einheitliche Kraft gespalten und ebenso wie die Bewegung nach verschiedenen Richtungen gelenkt. Der Fixsternhimmel, der unzählige Gestirne, aber nur eine Bewegung hat, differenziert die Kräfte und teilt sie ein. Die Planetenhimmel, deren jeder nur einen Stern, dafür aber nach Ptolemäus verschiedene Bewegungen hat, entwickeln die Einzelkräfte, jeder die ihm eigentümliche, und wirken nun in dieser bestimmten Richtung auf die irdischen Elemente.

Die »zufälligen Dinge« – alles, was erzeugt und daher zeitlich und vergänglich ist, mithin die ganze physische Welt – unterliegen diesem Einfluß unbedingt. Die menschliche Seele gehört nur, insoweit sie anima vegetativa und sensitiva ist, der vergänglichen Natur an; als anima intellectiva rechnet sie gleich dem Himmel und den Engeln zu den »notwendigen«, den unmittelbar geschaffenen, ewigen und unvergänglichen Dingen. Auch der menschlichen Seele wird ihr Stempel durch den Einfluß der Gestirne aufgedrückt. Aber ihr Wille ist frei und hat die Macht, den von dort her empfangenen Trieben je nach dem Urteil des Erkenntnisvermögens zu folgen oder zu widerstehen. Die Willensfreiheit wird von Dante wieder und wieder mit größter Entschiedenheit verfochten. Sein Sternglaube ist also keineswegs unbedingter Determinismus. Von astrologischem Aberwitz alter und neuer Zeit unterscheidet er sich schon dadurch, daß er sich niemals zu der vorwitzigen Willkür versteigt, bestimmte Schicksale aus bestimmtem Sternenstande folgern zu wollen.

Vermöge der Willensfreiheit ist der Mensch, dessen Urtrieb an sich weder gut noch böse ist (Fegfeuer XVIII, 58 ff.), unbeschadet der Gnadenwahl (S. 486 f.) für seine Handlungen sittlich verantwortlich. Von Anbeginn war der gottgeschaffene Mensch, wie alles unmittelbar Geschaffene, vollkommen. Durch den Sündenfall büßte das menschliche Geschlecht diesen Vorzug ein und verfiel nach Gottes Gerechtigkeit der Strafe ewiger Verdammnis. Unfähig, aus sich selbst ausreichende Genugtuung zu leisten, konnte der Mensch nur durch Gottes Hilfe gerettet werden, sei es durch seine Vergebung, sei es, daß Gott selbst für ihn Genugtuung leistete. Beides zugleich geschah, indem Gottes Sohn die gerechte Strafe auf sich nahm. Seitdem kann der Mensch wieder, nicht allein durch Übung der natürlichen Tugenden zur irdischen Glückseligkeit, sondern auch mit Hilfe der drei »theologischen« Tugenden Glaube, Liebe, Hoffnung zur ewigen Seligkeit gelangen. Dazu hilft ihm außer dem Verdienst die Gnade, die ihm in drei Stufen: der zuvorkommenden, der mitwirkenden und der vollendenden Gnade, der gratia praeveniens, der gratia cooperans, der gratia perficiens, entgegengebracht wird und deren Annahme an sich verdienstlich ist. Die Seligkeit aber besteht, wie die Sünde in der Abkehr von Gott, im Anschauen Gottes und wird ebenfalls in drei Schritten erreicht, die als visio (Schauen), delectatio (Entzückung) und comprehensio (Ergreifen) unterschieden werden.

Dantes Staatsidee | Während diese philosophisch-theologischen Gedankengänge sich streng an die scholastische Lehre halten, weicht Dante, wo es sich um staatliche Fragen handelt, grundsätzlich von ihr ab. Die Staatsauffassung des Thomismus steht noch in Abhängigkeit von der civitas Dei Augustins, die ihrerseits von der Staatsfeindlichkeit des Urchristentums beeinflußt ist. Für Dante ist die Staatlichkeit ein wesentliches Stück der göttlichen Heilsordnung. Das heilige Weltreich, dessen Idee in der Streitschrift De monarchia entwickelt und begründet wird: das Imperium, in dem der Erbe der Cäsaren, als oberster Richter über die Fürsten und Völker gebietend, die Menschheit durch Weltweisheit zum irdischen Heile, zum ewigen Frieden lenkt: das Kaisertum ist ihm notwendiges Gegenstück zur Kirche, deren Hirt, der Nachfolger Petri, nach Gottes Offenbarung die Seelen zur ewigen Seligkeit führen soll. Eins kann nur in Eintracht mit dem andren gedeihen. Die Kirche, die sich zugleich die Kaisermacht anmaßt, richtet mit dem Reich sich selbst zugrunde. Unter dieser doppelten Bürde muß sie »in den Kot fallen«. So ist die Vernichtung der kaiserlichen Gewalt durch das Weltmachtstreben des Papsttums für Dante der Quell alles Übels seiner Zeit. Mit der Verstrickung in die Händel der Welt ist die Kirche ihrer heiligen Sendung untreu geworden, so daß ihr Hirt seine Herde auf den Irrweg leitet. Mit der gottgewollten Staatsordnung sind auch Friede und Wohlfahrt der Völker zerstört, ist zumal Dantes Vaterland Italien der Zerklüftung, dem nie endenden Kampf der Parteien, der Fremdherrschaft überantwortet. Der Verfall von Zucht und Sitte, von Treu und Ehre, alles scheint ihm aus dieser einen Wurzel erwachsen.

Die Schenkung des Kirchenstaates durch Konstantin, die Dante mit seiner Zeit als geschichtliche Tatsache hinnimmt, beklagt er als den Ausgangspunkt dieser verhängnisvollen Entwicklung. Fluch auf Fluch schleudert er auf die machtgierigen Päpste und Kirchenfürsten, Bonifaz VIII. an der Spitze, wie gegen alle andren Feinde des Imperiums: das Haus Anjou und die Krone Frankreichs, voran Philipp den Schönen, »Frankreichs Pest«, die ersten Habsburger, die Italien und die Kaiserkrone verschmähten, die Parteien der Welfen wie der Gibellinen, von denen jene den Kaiseradler bekämpfen, diese unter seinem Zeichen eigennützige Ziele verfolgen. Die einzige Hoffnung auf Besserung all dieser Schäden klammert sich an die Wiederherstellung des heiligen Weltreiches. Wieder und wieder wird in prophetischen Worten die Zuversicht bekundet, daß ein Retter kommen werde, der das Recht zum Siege führen, seine Verächter strafen und der Menschheit das Heil bringen wird. Alle diese Weissagungen, die vom Rüden im ersten Höllengesange wie die im letzten des Fegfeuers, wo der Erbe des Adlers das geheimnisvolle Zeichen DXV führt, zielen auf die Erneuerung der Kaisermacht.

Dante im öffentlichen Leben | Diese Staatsgesinnung ist nicht Ergebnis schulmäßiger Lehre. Sie ist in harten Kämpfen und schweren Schicksalen geschmiedet und bewährt. Dante hat im öffentlichen Leben, in den wilden Parteikämpfen seiner Zeit seinen Mann gestanden. Durch seine frühen Dichtungen bekannt geworden und auch in den Waffen bewährt – in der Schlacht bei Campaldino, in der die Aretiner und Gibellinen nach wechselvollem Kampfe geschlagen wurden, hat der Vierundzwanzigjährige in den Reihen der Florentiner Reiterei gekämpft und »große Gefahr bestanden« –, wurde er zu mancherlei Verrichtungen im Gemeinwesen herangezogen. Er hat in Ratsversammlungen Einfluß geübt, hat seine Stadt als Gesandter vertreten und mehrere Ämter in der Verwaltung bekleidet, im Jahre 1300 als einer der Prioren an deren Leitung teilgenommen. So wurde er in den Kampf der Parteien hineingezogen.

Nach seiner Herkunft gehörte er den Welfen an. Florenz, im Gegensatz zu seiner feindlichen Nachbarin Pisa, der treuesten Stütze der Staufer, bot den Gibellinen von jeher wenig Boden. Nur vorübergehend sind sie dort ans Ruder gekommen, zuletzt unter Farinata degli Uberti im Jahre 1260 mit Hilfe der von König Manfred unterstützten Sienesen, bei denen sie als Vertriebene Aufnahme gefunden hatten, nach der blutigen Schlacht an der Arbia bei Monte Aperti. Aber schon nach sechs Jahren, beim Sturze der Stauferherrschaft, war es mit ihrer Macht in Florenz zu Ende. Die nach ihrem Siege vertriebenen Welfen kehrten wieder, entrissen ihnen die Gewalt, verbannten ihre Häupter, voran das ganze Geschlecht der Uberti, und machten dem Einflusse der Gibellinen endgültig den Garaus.

Mit dem Untergange der Hohenstaufen hatten unterdessen beide Parteien in ganz Italien Ziel und Bedeutung verloren. Im Grunde waren es von jeher eifersüchtige Geschlechter und feindliche Nachbarn gewesen, die, je nach Bedarf bei der päpstlichen oder Kaisermacht Anlehnung suchend, unter diesen Feldzeichen ihre eigenen Händel ausfochten. Ihre Zwistigkeiten dauerten fort, aber Richtung und Gliederung der Schlachtreihen verschoben sich, vielfach unter dem Einfluß der jetzt mehr und mehr in den Vordergrund tretenden Klassengegensätze. In Florenz waren nach der Umwälzung von 1292 durch die ordinamenti di giustizia des Giano di Bello die Adelsgeschlechter, die Grandi, die bis dahin allein die Geschicke der Stadt bestimmt hatten, zugunsten der Zünfte entrechtet worden. Tatsächlich machten sie sich bald wieder geltend durch ihren Einfluß in der Bürgerschaft, die in die Zwistigkeiten ihrer Sippen hineingezogen wurde.

Nach Vernichtung der Gibellinen nämlich hatten die Welfen sich untereinander entzweit und sich im Anschluß an Parteiungen im benachbarten Pistoja in schwarze und weiße Welfen gespalten, die wiederum abwechselnd die Herrschaft an sich rissen und sich der Gegner durch Verbannung entledigten. Die Schwarzen scharten sich um das mächtige Geschlecht der Donati, deren Haupt der stolze und gewalttätige Corso Donati war. Führer der Weißen waren die Cerchi, ein reiches Haus, aber neuen Adels, vom Lande zugezogen, daher ihre Partei auch die vom Walde genannt wurde.

Um die Jahrhundertwende waren die Weißen am Ruder. Die vertriebenen Häupter der Schwarzen, als die echten Welfen sich aufspielend und die Gegner als verkappte Gibellinen verdächtigend, suchten Anschluß bei der Kurie. Auf dem Heiligen Stuhle aber saß damals Bonifaz VIII., der entschiedenste Kämpfer für die weltliche Herrschaft des Papsttums über die ganze Christenheit. Um die Hegemonie über Italien zu gewinnen, trachtete er vor allem danach, Toskana, das Erbe Mathildes, mit dem Vorort Florenz in seine Botmäßigkeit zu bringen. So bot ihm die Annäherung der schwarzen

Partei willkommene Gelegenheit, in die inneren Händel der Stadt einzugreifen. Die weiße Stadtobrigkeit widersetzte sich nach Kräften den von ihm zugunsten der Schwarzen unternommenen »Befriedungs«-Versuchen, konnte, aber nicht hindern, daß im November 1301 der vom Papste als »Friedenstifter« entsandte Karl von Valois mit seinem Gefolge in Florenz einzog. Dieser schlug sich alsbald offen auf die Seite der Schwarzen. Deren Verbannte, Corso Donati an der Spitze, kehrten heim. Sie erregten einen Aufruhr, zwangen die weiße Regierung zum Rücktritt und bemächtigten sich selbst der Herrschaft, in deren Besitz sie an den Gegnern schonungslos Rache nahmen.

Mit den Vornehmsten der Weißen wurde auch Dante nach schimpflicher Verurteilung verbannt. Er hatte ihrer Partei zwar ebensowenig förmlich angehört wie der schwarzen, zu der er durch seine Heirat mit einer Donati verwandtschaftliche Beziehungen hatte, sondern war von jeher, wie er sich rühmt, »Partei für sich« gewesen. Bei der Abwehr der päpstlichen Herrschaftsgelüste aber mußte er sich nach seiner Überzeugung auf ihre Seite stellen. Tatsächlich hat er im Priorat und in Ratsversammlungen die Ansprüche des Papstes mit besonderer Entschiedenheit bekämpft. Daß er sich »gegen den Herrn Papst gestellt« und dadurch »den Frieden der Stadt und der welfischen Partei gestört« habe, ist die gewichtigste – und wohl die einzige ernst gemeinte – Anklage in der Begründung des ihn verurteilenden Spruches. Das Urteil erging am 27. Januar 1302 in contumaciam. Denn Dante befand sich nicht in Florenz, sondern scheint mit einer Gesandtschaft, die einen Ausgleich versuchen sollte, in Rom beim Heiligen Stuhle selbst von dem Unheil überrascht worden zu sein.

An den planlosen und immer wieder scheiternden Versuchen der Vertriebenen, mit Hilfe gibellinischer Freunde aus

Arezzo und andren Nachbarorten die Heimkehr zu erzwingen, hat Dante nicht lange teilgenommen. In Unfrieden schied er sich von den Mitverbannten, mit deren Haltung seine Überzeugung im Grunde kaum mehr gemein hatte als mit den Gegnern. Nun warf er sich ganz auf gelehrte Studien, die in zwei unvollendeten Werken ihren Niederschlag gefunden haben: dem Convivio, einer Sammlung philosophischer, als Erklärung dreier allegorischer Kanzonen gestalteter Abhandlungen, und dem Traktat De vulgari eloquentia, einer Übersicht und Beurteilung der Mundarten und des Schrifttums im neuen Italien. Heimatlos, bald hier, bald dort bei mächtigen Gönnern Schutz suchend, durchirrte er fast ganz Italien. Auch über die Alpen soll er gekommen sein und zu Paris an der berühmten Hochschule der Sorbonne gelernt oder gelehrt haben. Nachweislich hat er sich längere Zeit bei den Markgrafen von Malaspina in der Lunigiana und bei den Scaligern zu Verona aufgehalten.

Seine Hoffnung, durch rühmliche Geistestaten ehrenvolle Rückkehr in die mit Schmerzen geliebte Vaterstadt zu erreichen, wurde enttäuscht. Während andre der Verbannten begnadigt wurden, ist das Urteil gegen ihn mehrmals erneuert und verschärft worden. Da, im Jahre 1310, leuchtete eine Hoffnung auf, als Heinrich VII., der Luxemburger, über die Alpen kam, um sich in Rom die von den ersten Habsburgern verschmähte Kaiserkrone aufsetzen zu lassen. Der Herrscher kam mit dem Vorsatz, Italien zu befrieden, die Parteien auszusöhnen, Recht und Gerechtigkeit herzustellen. So durfte der Verbannte von seinem Eingreifen eine Wandlung der Dinge in seiner Vaterstadt erhoffen, die ihm die Heimkehr ermöglicht hätte. Aber nicht für sich allein: für Italien, sein »geknechtet Land«, ja für die ganze Menschheit erwartete er von der Erneuerung der Kaisermacht alles Heil. Denn schon hatte sich, wie der vierte Traktat des eben erwähnten Convivio erweist, die Überzeugung von dem Imperium als der gottgewollten Weltordnung in ihm befestigt. In einer Reihe offener Briefe begrüßt der »unverdient Verbannte« mit prophetischer Begeisterung den ersehnten Retter, feuert ihn leidenschaftlich zu Sieg und Rache an, wirbt mit ekstatischen Beschwörungen für seine Sache und bedroht deren Gegner mit wilden Flüchen.

Kaiser Heinrichs Mißerfolg und Tod machte auch diese Hoffnung zunichte. Durch sein Eintreten für den Kaiser gegen die eigne Vaterstadt hatte Dante sich den Weg zur Heimkehr vollends versperrt. Noch im Herbst 1315 wurde das Urteil gegen ihn abermals erneuert und die Acht sogar auf seine Söhne ausgedehnt, nachdem er eine kurz zuvor erlassene allgemeine Amnestie ausgeschlagen hatte. Einem – wohl grundlos angezweifelten – Briefe an einen Florentiner Freund zufolge wollte er die erniedrigenden Bedingungen nicht auf sich nehmen, die mit der Begnadigung verknüpft waren, sondern nur einer ehrenvollen Heimberufung folgen: etwa zur Dichterkrönung, auf die er bis an sein Ende gehofft hat. Zum zweiten Male hat er in Verona, diesmal am Hofe des mächtigen Cangrande della Scala, Aufnahme gefunden, des kaiserlichen Vikars für Italien, um den sich die Gibellinen Oberitaliens scharten. Das letzte Asyl des Alternden war Ravenna, wo er im Schutze Guidos von Polenta sein Leben beschloß. Er starb als Verbannter, unterlegen in allen Kämpfen, enttäuscht in all seinen Hoffnungen. Aber kein Mißerfolg und keine Enttäuschung hat bis ans Ende die Überzeugung und den Kampfeswillen des streitbaren Dichters erschüttern können. Während der Zwist der Parteien in Italien mit wechselndem Glücke fortdauerte, focht er für seine Idee, für die Sache des heiligen Weltreiches und gegen die Verweltlichung der Kirche bis ans Ende mit der Waffe seines Wortes. In der Streitschrift De monarchia hat er seine oben wiedergegebene Staatsidee dogmatisch entwickelt und begründet. In einem Briefe an die Kardinäle Italiens mahnt er sie – im Hinblick auf die Papstwahl nach Clemens' V. Tode –, mannhaft für die Rückführung der entgleisten Kirche auf den rechten Weg einzutreten. Am eindringlichsten aber predigen die Terzinen der Commedia diese Gedanken. Namentlich im Fegfeuer und im Paradies begegnen sie dem Leser auf Schritt und Tritt in Lehre, Beschwörung und Anklage.

So ist Dantes großes Gedicht, sein Lebenswerk, zugleich sein politisches Testament geworden. Dieser starke politische Einschlag hat, wie bereits erwähnt, zu der Mißdeutung verleitet, als sei die politische Tendenz leitender Gedanke, die Göttliche Komödie nur ein politisch Lied. Das ist nicht nur eine Herabwürdigung der in Wahrheit göttlichen Dichtung: es ist auch eine völlige Verkennung von Dantes Staatsauffassung. Dem glühenden Vaterlandsfreunde, dem tiefen Staatsdenker und leidenschaftlichen Verfechter seines Staatsideals ist gleichwohl der Staat selbst niemals höchstes und letztes Ziel. Die Staatlichkeit ist ihm nur insofern von Wert, als sie einer höheren Idee dient. Wenn sein Denken immer wieder in politische Bahnen mündet, so folgt es nur der Überzeugung, daß die gottgewollte Staatsordnung eben nicht nur für das zeitliche, sondern auch für das ewige Heil der Menschheit unerläßlich sei. Das ewige Heil und der Weg dahin ist und bleibt Ziel und Angelpunkt in unsrem Gedicht wie in Dantes Dichten und Denken überhaupt. Hier ist wahrhaft und im strengsten Sinne alles Vergängliche nur ein Gleichnis, alles Menschliche in seiner Beziehung zum Göttlichen, alles Zeitliche sub specie aeternitatis angeschaut.

Dante als Dichter | Bis hierher ist vornehmlich von Dante dem Denker die Rede gewesen. Nicht als ob darüber Dante der Dichter vergessen werden könnte: nur als Dichter offenbart sich der Denker der Göttlichen Komödie. Aber von einem Dichter als Dichter zu reden, ist Verlegenheit. Es heißt sein Werk zerschwatzen, wenn man mit Worten das Unsagbare, das eigentlich Dichterische auszudrücken sich vermißt. Das Geheimnis der dichterischen Wirkung bleibt unergründlich, ob man es nun an der Summe der »poetischen Schönheiten« dartun will, auf die der Leser mit der Nase gestoßen wird, ob man sie gar aus den Besonderheiten von Reim und Rhythmus, aus Folge und Wechsel bestimmter Vokale und Konsonanten zu errechnen sucht. Dante selbst indes, wie er in seiner Schrift De vulgari eloquentia mit den Dichterschulen seiner Zeit abrechnet, spricht in der Commedia von deren und, im Gegensatze dazu, von seiner eignen Kunst. Mit Stolz bekennt er sich zu dem »süßen neuen Stil«. Von diesem dolce stil nuovo ist um des Verständnisses willen ein Wort zu sagen.

Die Dichtung in der italienischen Volkssprache hat sich im Gefolge der provenzalischen Troubardourpoesie entwickelt. Vom Beginn des 13. Jahrhunderts an wurde der Minnesang der Provence in Italien nachgeahmt, sowohl in seiner eignen Sprache wie auch in den verschiedenen italienischen Mundarten. Ihre vornehmste Pflege fanden diese ersten Triebe einer eignen Poesie am Hofe der Staufer in Sizilien. Der Name Sizilianische Schule bleibt daher der älteren Dichtung auch nach ihrer Ausbreitung über die Grenzen des Königreiches bis nach Oberitalien hin. Im Norden der Halbinsel weicht der höfische Ton einer mehr bürgerlich gelehrten Richtung, so daß man hier von einer scuola dottrinale spricht. Philosophische Spekulation wird beliebtes Thema der Lyrik, und der Neigung zur Künstelei, die diese

Kunst schon aus ihrer Heimat mitbrachte, gesellt sich ein Hang zu trockener Spitzfindigkeit und blutloser Abstraktion. Der Hauptvertreter dieser Art ist der in seiner Zeit vielgerühmte Guittone von Arezzo. Dante, der in dem eben erwähnten Traktat über die Dichtung in der Volkssprache diese Vorläufer durchweg streng beurteilt, entkleidet in der Commedia den Guittone seines unverdienten Ruhmes (Fegfeuer XXVI, 124 ff.). Dagegen preist er dort (92 ff.) Guido Guinizelli von Bologna als den Vater seiner eignen Dichtung. In der Tat kann dieser Dichter als Wegbereiter des dolce stil nuovo gelten, der dann in der Florentiner Schule von Guido Cavalcanti und anderen gepflegt wurde und in Dante selbst zur Vollendung reifte. Dieser neue Stil nimmt die Überlieferungen der Vorgänger, ihre Formen und ihre Vorwürfe auf. Inzwischen aber hatte die franziskanische Bewegung die Gemüter ergriffen und in den Liedern des Heiligen selbst, des Jacopone di Todi und anderer einen vorerst noch stammelnden, aber aus echter, unmittelbarer Empfindung geborenen Ausdruck gefunden. Etwas von dieser Ergriffenheit kommt nun auch über die italienische Kunstdichtung. Sie verleugnet keineswegs das überkommene Erbe: mit der kunstreichen Form behält sie die reichverzierte, vielverschlungene, oft gekünstelte Redeweise, die vieldeutige, häufig dunkle und für unser Empfinden verstiegene Bildersprache, gelegentlich auch eine Lehrhaftigkeit, die – zum Beispiel noch in der letzten Kanzone von Dantes Convivio – der scuola dottrinale nichts nachgibt. Aber diese erstarrte Form wird gelöst und belebt durch echten Tiefsinn und wahrhafte Innigkeit. Dante trifft den Kern der Sache, wenn er in den berühmten Versen: Io mi son un che quando Amore spira ... (Fegfeuer XXIV, 52-62) den Unterschied der neuen Art von der seiner Vorgänger darin erkennt, daß an die Stelle seelenloser Nachahmung und geistreichelnder Haarspalterei die dichterische Wahrhaftigkeit getreten ist, die nur widerklingt und harmonisch fügt, was eine höhere Macht der Seele eingibt.

Amor, Minne wird diese höhere Macht genannt. Denn auch die vieldeutige Minne-Idee wird aus der Troubadourpoesie übernommen. Der Minnesang hatte im Laufe seiner Entwicklung in der Provence und vollends bei den gelehrten italienischen Nachahmern die Idee der Frauenliebe immer mehr vergeistigt und verklärt, bis der Minnedienst mit seinen Gesetzen, seinen Bräuchen, seinen Stimmungen und Empfindungen als Sinnbild selbst für die jenseitigsten Vorstellungen, für die tiefsten Probleme der Philosophie und die höchsten religiösen Mysterien tauglich wurde. Schon eingangs wurde darauf hingewiesen, daß diese kühne Symbolik in der Gestalt Beatrices, der Herrin des Gottschauens, überzeugende Wahrheit geworden ist.

Damit ist bereits die Frage berührt, ob und inwieweit Dantes Dichtung der Schule einzugliedern sei, zu der er selber sich bekennt. Mit dem gefeierten italienischen Literarhistoriker Benedetto Croce wird man seine früheren lyrischen Dichtungen von der Commedia scheiden müssen. Dante beginnt als gelehriger und begeisterter Schüler des neuen Stils. Die Verse der Vita nuova und auch die Lieder des Canzoniere tragen dessen Gepräge in reinster Form. In der Commedia hat der Genius seine eigne Art gefunden. Auch hier ist der Einfluß der Schule zu erkennen. Aber sowenig er ihn verleugnet, dies Werk hat seinen eignen, nie zuvor und niemals wieder erhörten Stil. Darin freilich, was sein Schöpfer in den eben angezogenen Versen das Wesen des neuen Stils nennt, kann es als dessen Vollendung gelten. Nie hat ein Dichter mit besserem Rechte von sich gesagt:

Bin einer, ... der, haucht ihr Leben
Mir Minne ein, im Innern widerklinge,
Die Weise tönend, die sie eingegeben ...

Diese letzte Aufrichtigkeit der Seele aber, diese unbedingte Treue gegen die dichterische Eingebung ist schließlich das Merkmal aller echten Poesie. Jenes Bekenntnis sagt also im Grunde nichts andres, als daß der Dichter der Commedia sich als getreuer Hüter der Flamme fühlt, »die, entzündet von dem Hauch der Musen, ihnen ein beständig Opfer ist«. Schon im Eingange wurde es gesagt: Dante ist zuerst und zuletzt Dichter! Der Klang seines Dichterwortes ist es, der seine Gedanken über die Jahrhunderte hinweg bis zu uns getragen hat. Im Zuge dieser Erläuterungen, die, zum Verständnis leider unentbehrlich, den Blick allzuleicht ausschließlich auf das großartige Gedankengebäude der Göttlichen Komödie hinlenken und dort festhalten, ist es nicht überflüssig, jene Mahnung zu wiederholen: die Commedia ist Dichtung und will als solche gelesen sein.

Erläuterungen zur Hölle

Erster Gesang

Vorspiel auf Erden | Die Verirrung im Walde · Die drei reißenden Tiere · Erscheinung Vergils · Warnung vor der Wölfin und Verheißung des Retters · Plan der Jenseitsfahrt

Der erste Gesang, als Einleitung des Ganzen, tut Anlaß, Ziel und Sinn der mystischen Wanderung kund. Wie schon in der Einführung erwähnt, wird sie in die Osterwoche des Jubeljahres 1300 verlegt, ihr Beginn auf den Todestag des Heilands, den Karfreitag (s. Anm. zu S. 559, 560). Die Mitte des Lebensweges (I) ist, nach dem biblischen Alter von siebzig Jahren berechnet, das fünfunddreißigste Lebensjahr, und Dante war im Jahre 1265 geboren. Das glückverheißende Sternbild aber, mit dem die Sonne wie zu ihrem ersten Umlaufe nach der Schöpfung aufgeht (38 ff.), ist der Widder, in dessen Zeichen sie zur Zeit der Frühlings-Tagundnachtgleiche steht: der Jahreszeit, in der nach kirchlicher Überlieferung die Welt erschaffen wurde.

Die sinnbildliche Bedeutung des finstren Waldes und der lichten Höhe, der drei Tiere, des Retters Vergil und des von ihm gewiesenen Weges zur Rettung (2 ff., 13 ff., 31 ff., 61 ff., 91 ff.) ist ebenfalls bereits in den Erläuterungen (S. 477 f. und 487 f.) entwickelt: die Verirrung im Walde ist die Abkehr von Gott durch Verstrickung in weltliches Treiben. Der Aufblick zur Höhe des Heils, dem von der Sonne – nach Ptolemäus einem der Planeten (17 f.) und stets Sinnbild von Gottes Gnade – beschienenen seligen Berge (16 ff., 77 f.), zeigt ebenso wie der Rückblick zum Wald der Sünde, dem Engpaß, der den Tod der Seele droht (25 ff.), daß der Verirrte zur Einkehr gelangt ist. Aber sein Gang führt ihn noch nicht empor (30): daß der zum Schreiten erhobene Fuß während des ganzen Schrittes höher bleibt als der aufgesetzte, zeigt, daß er ebenen Weg geht. Als der Pfad eben ansteigen will, wird er durch die drei Tiere gesperrt (31 ff.) und der Verzweifelnde in den Wald der Sünde zurückgedrängt (58 ff.): Erkenntnis der Sünde und Sehnen nach dem wahren Gute führen noch nicht zum Seelenheil und schützen nicht gegen Anfechtungen.

Diese Anfechtungen – von der Kirche in der heilsfeindlichen Trias Fleisch, Teufel, Welt zusammengefaßt, hier wohl als die Hauptleidenschaften der drei Lebensalter: Sinnenlust, Hochmut und Habgier gemeint – sind (Erläuterungen S. 477 f.) in den drei Tieren verkörpert. Die Wölfin, als Sinnbild des Geizes, des von unsrem Dichter überall am schärfsten verurteilten, in der Heiligen Schrift die Wurzel alles Übels gescholtenen Lasters, setzt dem aus dem Walde der Sünde Emporstrebenden am härtesten zu (49 ff.). Als er schon am Seelenheil verzweifeln will (54), naht der Retter (61 ff.): Vergil, sein Meister und Vorbild (79-87), der im Gebiet von Mantua (68 f.) im Jahre 70 v. Chr., also noch zu Cäsars Lebzeiten (70) geborene Zeitgenoß des Augustus (71), der Sänger von Anchises' Heldensohn Äneas (73 ff.). Er scheint stimmlos von langem Schweigen (63): die Stimme der Antike war während der Zeiten der Barbarei, die ebenfalls, wie wir sahen (Erläuterungen S. 487 f.), durch Vergil vertretene Vernunft in der Zeit von Dantes sündlicher Verblendung verstummt.

Vergil weist den Weg aus dem Abgrund der Sünde zur Höhe des Heiles, deren Zugang die Leidenschaften gesperrt halten (91 ff.), den Weg durch die drei jenseitigen Reiche, durch das Erlebnis der göttlichen Gerechtigkeit und Gnade, wie in den Erläuterungen (S. 477 ff.) dargetan. Der die menschliche Vernunft verkörpernde klassische Dichter erbietet sich selbst zur Führung durch Hölle und Fegfeuer (112 ff.). Hier jammern die Verdammten (115 ff.) um den »andren Tod«: es kann entweder die Verdammnis gemeint sein, die vielfach, zum Beispiel Vers 27, als Tod der Seele hingestellt wird, oder die Auslöschung des Ich (III, 46), nach der sie vergeblich rufen. Dort freuen sich die Büßer im Feuer der Läuterung auf die ihrer wartende Seligkeit (118 ff.). Das Geleit im Himmel, der dem Heiden verschlossen ist (124 ff.), wird Beatrice vorbehalten (121 ff.).

Schon in den Erläuterungen (S. 479) wurde auf den politischen Nebensinn in den Bildern dieses ersten Gesanges hingewiesen. Das Sinnbild der Geiz und Habsucht verkörpernden Wölfin zielt im besonderen auf das Weltmachtstreben der päpstlichen Kurie, das mit Zerstörung des heiligen Weltreiches nach Dantes Überzeugung die Welt und vor allem Italien ins Verderben gestürzt hatte. Am deutlichsten zeigt sich dies in der Weissagung vom Veltro (101-111), dem Rüden, der durch Erlegung des nimmersatten Untiers zum Retter Italiens, des schon von den Helden der Äneis (107 f.) mit ihrem Blute geweihten Vaterlandes, werden soll. Diese Weissagung ist, wie die wesensverwandten Verheißungen im Paradies und Fegfeuer, vor allem die vom Erben des Adlers DXU (Fegfeuer XXXIII, 37-45), wohl ganz allgemein der Ausdruck der Zuversicht auf Erlösung von solchem Übel. Sie zielt schwerlich auf Reinigung der Kirche durch einen geistlichen Reformator, den von jener Zeit ersehnten papa angelicus; der Hatzhund, der das Untier von Ort zu Ort hetzt und bittren Todes sterben läßt, trägt eher die Züge eines Helden als eines Heiligen. Die Hoffnung des Verfassers der Monarchia ist sicherlich ein Herrscher, der sein heiliges Weltreich wieder aufrichtet und damit zugleich das verweltlichte Kirchenregiment zum Hirtenamt zurückführt.

Die Angabe der Herkunft tra feltro e feltro (105) hat zur Deutung auf eine bestimmte Persönlichkeit verleitet: vornehmlich auf den »großen Hund« Cangrande della Scala, den kaiserlichen Vikar in Italien, der im Paradies (XVII, 76-90) ein auf den ersten Blick ähnliches Lob erhält und dessen Heimat Verona, wenn man so will, zwischen Feltre am Piave und Montefeltro bei Urbino liegt. Aber weder der als Gibellinenführer schließlich gescheiterte Scaliger noch die von andren Auslegern vorgeschlagenen Zeitgenossen des Dichters entsprechen dem Bilde des verheißenen Retters der Mutter Italia. Andrerseits ist dies Bild zu diesseitig und zeitgebunden, um die Deutung auf einen himmlischen Erretter zuzulassen oder auf einen Weltherrscher vom Jüngsten Tage, wie ihn zum Beispiel die Kaisersage des Mittelalters verheißt, wie ihn ein Märchen aus Dantes Zeit – gewiß nicht er selber, der leidenschaftliche Verfechter von Roms Sendung zur Weltherrschaft – in einem gewaltigen Tatarenkhan, dem Sprößling aus Zelten von Filz (feltro), geträumt hat. Die Herkunft »zwischen Filz und Filz« will auf keine Weise rechten Sinn geben, läßt sich auch nicht ohne Zwang auf ärmliche Kleidung, das heißt auf niedere Abkunft deuten. Hier ist feltro, das in toskanischer Mundart noch heute für Schaffell gebraucht wird, mit Vlies übersetzt. Damit wird der vielgeplagte Vers als Anspielung auf den durch Samuel auf Gottes Geheiß von seinen Schafen zum Throne berufenen David genommen, den Wiederhersteller des durch den abgefallenen Saul verderbten Gottesstaates, der wohl als biblisches Vorbild für den Erneuerer des heiligen Weltreiches gelten kann.

Zweiter Gesang

Die Sendung Vergils | Dantes Zagen und Vergils Ermutigung · Der Auftrag Beatrices · Die Fürsorge der drei Himmelsfrauen

Zu Beginn der eigentlichen Handlung werden nach dem Brauche der Zeit und dem Vorbilde der Alten die Musen und der Genius der Poesie angerufen (7 ff.).

Der Dichter zweifelt (10 ff.), ob er sich zutrauen dürfe, was nur zweimal von Lebenden gewagt worden ist: von Sylvius' Vater Äneas (13 ff.), den Vergil in der Äneide (25) zum Empfange der seinen Sieg und die Größe Roms verheißenden Weissagung seines Vaters (26) in die Unterwelt hinabsteigen läßt; und vom Apostel Paulus, der sich rühmt, »in den dritten Himmel entzückt« worden zu sein (28 ff.). Mit dem Stammvater des römischen Volkes, der Wurzel des Weltreiches sowohl wie der päpstlichen Kurie (16-24), wagt er sich ebensowenig zu vergleichen wie mit dem auserwählten Rüstzeug des Glaubens (31 ff.).

Um ihm Zuversicht zu geben, gibt Vergil sich als Sendling Beatrices zu erkennen. Im Zwischenreiche (52), im Limbus, wo er mit den gerechten Heiden weilt (IV, 39, 80 f.), sei sie ihm erschienen: die Königin der Tugend (76), wie sie schon in der Vita nuova genannt wird, im besonderen, wie wir sahen, die Verkörperung der Gotteserkenntnis, die den Menschen über alle Wesen unter dem Monde, dem Planeten des engsten Himmelskreises, erhebt (77 f.). Mit ihren eignen Worten erzählt er (58 ff.), wie sie, von der Himmelskönigin (94) durch die heilige Lucia (Dantes Schutzpatronin, wie man annimmt) auf dessen Seelennot, auf die Gefahr seines Unterganges in den Wogen sündhaften Weltlebens (107 f.)

hingewiesen, in ihrer liebevollen Sorge ihn, den verehrten Meister des Versinkenden, zur Rettung aufgeboten habe. Die drei Himmelsfrauen sind Trägerinnen der göttlichen Gnade. Vielleicht ist hier an die von der Kirchenlehre unterschiedenen drei Formen: die zuvorkommende, die mitwirkende und die vollendende Gnade, gedacht. Die durch Vergil vermittelte Gewißheit dieser Gnade ist es, die den Kleinmut des Bedrängten in freudige Entschlossenheit verwandelt (127 ff.).

Dritter Gesang

Höllentor, Vorhölle und Acheron | Eintritt ins höllische Reich · Die Strafe der Lauheit · Der Totenschiffer und seine Fahrgäste · Charon weigert die Überfahrt · Erster Gruß der Unterwelt

Die furchtbare Inschrift über der Pforte der Hölle (1 ff.) lehrt deren Platz und Bedeutung im Weltenplan: sie ist ein Werk der Gerechtigkeit des dreieinigen Gottes, der Allmacht des Vaters, der Allweisheit des Sohnes (des »Wortes«) und der Urliebe des Heiligen Geistes (4-6): gleich allem Erstgeschaffenen ist sie ewig wie ihre Strafen (7-9).

Von der Schwelle des Tores bis zum Ufer des ersten Höllenflusses reicht die Vorhölle, der Strafort der Lauen. Das sind die Jammerseelen, die sich weder zum Guten noch zum Bösen entschließen konnten (36), Schwächlinge ohne Persönlichkeit und Eigenleben (64). Als überirdisches Vorbild, sozusagen, sind diesen Halben die Engel gesellt, die bei Luzifers Empörung unentschieden blieben (37 ff.). Der Anblick ihrer jedes entschlossene Laster überbietenden Erbärmlichkeit würde dem Selbstgefühl der Gefallenen und der Verdammten unverdiente Genugtuung bereiten: daher duldet sie die Gerechtigkeit in der Hölle so wenig wie die Gnade im Himmel (40-42, 50). Ihr langer Zug folgt noch hier, von widrigem Geschmeiß geplagt, ihrer ohne Unterlaß sich drehenden Fahne (52 ff.), und ihre Erniedrigung sondergleichen läßt sie vor allen Verdammten die Auslöschung des Daseins herbeiwünschen, die keinem beschieden ist (46 ff.). In dem Feigling, der den ungeheuren Verzicht tat (59 f.), wollen die meisten Papst Cölestin V. erkennen, dessen Abdankung die in ihn, den frommen Einsiedler, gesetzten Hoffnungen auf Reinigung der verweltlichten Kirche enttäuscht hatte und Bonifaz VIII. auf den Heiligen Stuhl half: Dantes Todfeind, in dem er den Verderber der Kirche und Italiens sieht. So mag er in der Tat den insgemein als gottselige Demut eingeschätzten, allerdings vielfach als rechtswidrig (Paradies XXVII, 23 f.) angesehenen Verzicht des später heiliggesprochenen Weltflüchtlings als feige Verantwortungsscheu gewertet haben. Verrät doch überhaupt die besondre Härte und die abgründige Verachtung, die er diesen armen Schächern bezeigt, nicht allein den Einfluß des apokalyptischen Urteils über die Laodizäer, sondern ganz persönliche Empörung des opfermutigen Kämpfers über gesinnungslose Unentschiedenheit.

Auf dem Wege zum Acheron verweist Vergil dem Dichter sein vorzeitiges Fragen (76 ff.). Erst am Ufer selbst (121-126) gibt er ihm die schon oben (S. 479 ff. der Erläuterungen) erwähnte tiefsinnige Erklärung für das Drängen der Verdammten nach der Überfahrt: die magische Gewalt der göttlichen Gerechtigkeit zwingt sie, nach der Strafe, die sie fürchten, zu verlangen.

Dante, der Lebende, wird von Charon weggewiesen (91 ff.): sein Fleisch und Bein ist für den Nachen der Toten zu schwer, und als Erwählter (siehe auch 127 ff.) wird er einst im leichteren Schiff des Engels (Fegfeuer II, 41 f.) am Gestade des Läuterungsberges landen. Durch Berufung auf Gottes Willen, der die Fahrt geboten hat, beschwichtigt Vergil den Grimm des Totenschiffers (94 ff.). Gleichwohl bleibt er, während der Kahn abstößt, mit seinem Schützling am Ufer (118 ff.). Wie sie über den Fluß und ins Höllenreich gelangen, bleibt ungesagt: der Hauch der Hölle, Sturm, Blitz und Beben rauben Dante die Besinnung (130 ff.).

Vierter Gesang

Limbus und Elysium | Erwachen am Rande des Höllenschlundes · Abstieg zum ersten Kreise · Die schuldlos Ungetauften · Die Burg des Ruhmes · Vergils Dichtergefährten · Helden und Weise der Heidenwelt

Während seiner Ohnmacht an den Rand des Höllenkraters versetzt (7 ff.), folgt Dante, nachdem er aus seiner Betäubung erwacht, seinem Führer zum ersten Höllenringe hinab (23 f.): dem Limbus, wo die gerechten Heiden und die ungetauften Kinder seufzen; ohne Qual, aber ohne Hoffnung, Gott zu schauen, wie sie ohne Schuld, aber ohne Glauben an ihn gelebt haben (25-42).

Das Mitgefühl mit diesen Unschuldigen (43 ff.), das Vergil, ihren Leidensgefährten (39), erbleichen läßt (19 ff.), erpreßt Dante die Frage nach der Möglichkeit der Befreiung aus diesem Kreise (46 ff.). Vergil antwortet mit dem Bericht über die Erlösung der Erzväter bei Christi Höllenfahrt (52 ff.). Ob diese allbekannte Kirchenlehre das Ziel der »verhüllten« Frage sei, die »Gewißheit im Glauben« heischte (46-51), ist von alters her bezweifelt worden. Es will scheinen, als ob Dante hier noch Auskunft über andre, allgemeine Erlösungsaussichten erhofft, wie wir denn dem Zweifel an der Gerechtigkeit der ewigen Verdammnis dieser Gerechten immer wieder begegnen werden (Erläuterungen S. 481, 486).

Durch klares Leuchten (67 ff.) kündet sich schon von weitem der Sitz der durch Erdenruhm auch in den Augen des Höchsten (76 ff.) ausgezeichneten Seelen an. Die sieben Mauern, die dies stolze Schloß umgeben (107), bedeuten entweder die sieben Tugenden oder die sieben freien Künste, deren Besitz die Insassen von der Menge scheidet. Daß Dante wie seine Begleiter den als Wallgraben dienenden Fluß trocknen Fußes durchschreiten (109), erweist ihre Zugehörigkeit zu diesen Auserwählten. Er sieht sich sogar von den Meistern der antiken Dichtung (94 ff.), die ihren Gefährten Vergil am Eingang empfangen (79 ff.), als Sechster in ihre Mitte aufgenommen (100 ff.). Während er dies mit freudigem Selbstgefühl berichtet, verschweigt er ihre Worte: gewiß, daß sie ihm geziemen, scheint er die Wiedergabe für unziemliches Selbstlob zu halten (104 f.).

Dichterfürst ist auch für Dante, sowenig er ihn aus seinen Werken selber kennt und sosehr er die Lateiner überschätzt, nach allgemeiner Wertschätzung der Antike (Fegfeuer XXII, 101 f.) Homer, der als Sänger der Kämpfe um Ilion ein Schwert trägt (86 ff.). Die andern vier Meister der »edlen Sangesschule« sind die römischen Dichter, die das Mittelalter besonders verehrte und die auf ihn selbst den stärksten Einfluß geübt haben: nächst Vergil selber Ovid in seinen Metamorphosen, Lucanus in der Pharsalia, die geradezu als Geschichtsquelle für die Bürgerkriege benutzt wird, Horaz vornehmlich in seiner mit satirischen Ausfällen (89) gewürzten Ars poetica.

Begeistert (120), Sage und Geschichte wahllos vermischend, zählt er die Ruhmgekrönten her, die ihm dann gezeigt werden. Vorweg Helden und Blutzeugen, die für die Größe Roms und seiner Stammutter Troja kämpften und starben (121-128), mit Elektra, der Mutter des Troerfürsten Dardanus beginnend. Als einziger Held des nichtchristlichen Mittelalters ist ihnen der auch von seinen Gegnern hochgeschätzte Sultan Saladin (129) gegenübergestellt. Höher oben thronen die Häupter der griechischen Philosophenschulen (130-138), deren Meister (131) für den Jünger der Scholastik nur Aristoteles sein kann, unter ihnen Demokrit, dessen Atomenlehre ihm die Welt aus Zufall aufzubauen scheint (137f.). Ihnen schließen sich die Naturforscher und andre Gelehrte an, Dioskorides (139f.), der Botaniker aus Neros Zeit, die sagenhaften Sänger Orpheus und Linus (140f.), die Ethiker Cicero und Seneca (140f.), der Mathematiker Euklid, Ptolemäus, der Erfinder des nach ihm benannten Weltsystems (142), die großen Ärzte, unter ihnen auch der arabische Forscher Avicenna, endlich dessen Glaubensgenosse Averroës (144), der Übersetzer und Ausleger, dem jene Zeit die Kenntnis und die Auffassung des Aristoteles verdankte.

Nach dieser Heerschau trennen sich Vergil und Dante von ihren vier Begleitern (148), um zum zweiten Kreis hinabzusteigen.

Fünfter Gesang

Die Liebessünder | Zweiter Höllenkreis · Minos, der Richter der Verdammten · Die Wollüstigen, von der höllischen Windsbraut umgetrieben · Francesca und Paolo

Der Wächter des zweiten Kreises, mit dem die eigentliche, die Sünderhölle beginnt, zugleich Richter der Verdammten insgesamt, ist der Totenrichter der antiken Unterwelt, hier zum Höllendämon verzerrt. Er waltet seines Richteramtes, indem er durch die Zahl der Ringe, in denen er seinen Teufelsschwanz um den Leib schlingt (6-12), jedem Sünder die

Kennzahl des ihm bestimmten Höllenkreises angibt. Seine drohende Warnung wird von Vergil mit den gleichen Worten (23 f.) zur Ruhe verwiesen wie (III, 95 f.) Charons Grimm.

Wie im Leben von der Unrast ihres ungezügelten Begehrens, so werden hier die Opfer sündiger Liebe von nie rastendem Sturmwinde ruhelos einhergejagt (31 ff.). Ihren Zug führt Semiramis, die sagenberühmte Assyrerkönigin, die nach Orosius aus Leidenschaft für ihren Sohn Ninus Ehen zwischen Eltern und Kindern gesetzlich gestattet haben soll (56). Nächst Dido, Sichäus' Witwe, und Kleopatra, den Selbstmörderinnen aus Liebe, folgt eine Schar vielbesungener Helden antiker und mittelalterlicher Liebestragödien, darunter Achill, dem die Liebe zu Polyxena den Tod brachte (61-69).

Das Paar, das Dante durch seine Unzertrennlichkeit und sein leichtes Schweben auffällt (74 f.), das dann, weil Gott es zuläßt (80 f., sein Name wird in der Hölle nicht genannt), seinem Rufe folgt: dies durch Dantes Höllenzwang unsterblich gewordene Liebespaar heißt Francesca von Rimini und Paolo Malatesta. Sie war die Tochter Guidos von Polenta, des Herrn von Ravenna (97 ff.), bei dessen Folger Guido Novello der Dichter selbst Aufnahme fand, Paolo der Bruder ihres Gatten Gianciotto Malatesta von Rimini. Nach der unverbürgten Erzählung Boccaccios soll Paolo für seinen lahmen und mißgestalteten Bruder um sie geworben haben und von den Ihren trüglich als der ihr bestimmte Gemahl genannt worden sein. Beide wurden jedenfalls von dem Gatten in vertrautem Zusammensein überrascht und getötet, wofür ihm (107) die Verdammnis der Blutsverräter in der Kaïna (XXXII, 31-72) angedroht wird. In Ewigkeit härmt sich die Unselige um dies jähe Ende, das ihr keine Zeit zur Reue ließ und sie so der ewigen Verdammnis überantwortete (102). Aber auch ihre Liebe ist unauslöschlich, und mit dem Stachel des Erinnerns an verlorenes Glück mehrt sie die Höllenpein (121 ff.). Der Lehrer, auf dessen Zeugnis sie sich (123) beruft, wird, obwohl die Verse an eine Stelle in Boëthius' Trost der Philosophie anklingen, auch hier Vergil sein, der als Insasse des Limbus, in Sehnsucht sonder Hoffen, den Schmerz um das verlorene Seelenheil selbst erfährt. Das Buch, über dem die Liebenden zum Bewußtsein ihrer Neigung kommen (127 ff.), ist der berühmte französische Ritterroman von Lanzelot vom See, in dem der Held, auf Zureden seines Freundes Galehaut (137), von der heimlich geliebten Königin Ginevra geküßt wird.

Sechster Gesang

Die Schlemmer im Schlamm | Dritter Kreis · Gaumensünder im Regenguß · Der Höllenhund · Ciacco, der Schmarotzer · Seine Weissagung von den Parteiungen in Florenz · Die Höllenstrafen nach dem Weltgericht

Zum dritten Kreise hinab gelangt der Dichter wiederum auf geheimnisvolle Weise, während der Ohnmacht, in die er nach Francescas jammervoller Kunde gefallen war (1 ff.). Er erwacht unter den Gaumensündern, die hier, auf dem schlammigen Boden sich wälzend, von ewigem Regen, Schnee und Hagel, zudem vom Gekläff, den Krallen und Zähnen des Höllenhundes Zerberus gepeinigt werden (7-21, 32 f.). Der hündische, gefräßige Wächter, dessen Wut Vergil beruhigt, indem er ihm Dreck in die Rachen wirft (25 ff.), entspricht ebenso wie die Strafe – nicht die härteste, aber schmählich wie keine (48) – dem niedrig-tierischen Laster dieser Sünder, deren Gott der Bauch war.

Der einzige von ihnen, der ein Lebenszeichen gibt (38 ff.), ist der Florentiner Ciacco (Abkürzung für Giacomo, zugleich Spottname »Schwein«), den auch Boccaccio im Decamerone als Leckermaul und stadtkundigen Schmarotzer, aber auch als witzigen Kopf erwähnt. Kraft der den Verdammten eignen Kenntnis der Zukunft (X, 97 ff.) sagt er die blutigen Parteikämpfe in Florenz, der Stadt des Neides und der Entzweiung (49 f., 60), voraus: die in den Erläuterungen (S. 503 f.) erwähnte Vertreibung der Schwarzen durch die weiße (Wald-)Partei und deren Sturz durch die zurückgekehrten Schwarzen mit Hilfe des zunächst den Friedenstifter spielenden Papstes und seines Werkzeuges Karl von Valois (64 ff.). Von den fünf hervorragenden Mitbürgern (79-87), die Ciacco für Verdammte erklärt, trifft Dante später zwei unter den Sodomitern, je einen bei den Ketzern und Zwietrachtstiftern (X, 32 ff.; XVI, 40 ff.; XXVIII, 106 ff.). Wer der fünfte, jener Arrigo, und wer die beiden einzigen sein sollen, die (73) gerecht genannt werden, ist nicht festzustellen.

Zum Schlusse (102 ff.) erklärt Vergil seinem Schüler, wie alle Höllenpein sich vom Jüngsten Gerichte an, mit Wiedergewinnung des Leibes, verschärfen müsse, weil durch diese wenngleich nur bedingte Vervollkommnung nach den Grundsätzen der (Aristotelischen) Philosophie (106 ff.) auch die Schmerzempfindlichkeit gesteigert werde.

Siebenter Gesang

Plutus und seine Knechte | Vierter Kreis · Der Dämon des Goldes · Geizige und Verschwender, Lasten wälzend · Fortuna und ihr Regiment · Abstieg zum fünften Kreise · Der Styx und seine Insassen · Der Jähzorn und sein Widerpart

Zum vierten Kreise niedersteigend, werden die Wandrer von einem neuen Dämon, von Plutus, dem Genius des Reichtums, mit drohendem Rufe in den Lauten einer rätselhaften Höllensprache empfangen (1 ff.). Wieder beruft sich Vergil auf den Willen des Höchsten, kraft dessen nach der Apokalypse schon der Erzengel Michael Luzifers Empörung gestraft habe, und das aufgeblähte Ungetüm sinkt in sich zusammen (7-15): die Vernunft bringt die Nichtigkeit irdischen Gutes zum Bewußtsein.

Die ungezügelte Hingabe an dies eitle Gut ist es, die hier geahndet wird: sein Mißbrauch durch Unmaß (42), das sich einerseits in Geiz und Habgier, andrerseits in Verschwendungssucht äußert (30, 58). Wie diese Sünde im Leben die Seele ihrem wahren Ziel entfremdet und mit nichtiger Sorge belastet, so besteht die Strafe hier in ziellosem Hinundherwälzen unnützer Lasten. Dabei bewegen sich die Sünder, der Gegensätzlichkeit ihrer Laster entsprechend, stets in entgegengesetzter Richtung: die Geizhälse im einen, die Verschwender im andern Halbkreise, an deren beiden Enden sie jedesmal feindlich, ihre Sünde sich wechselseitig vorrükkend, aufeinanderprallen (22-35).

Von diesen Elenden steht keiner Rede. Ihr schmutziges Laster hat ihre Persönlichkeit getrübt und unkenntlich gemacht (52 ff.), wie es sie im Leben über dem eitlen irdischen Gut das wahre, ewige verkennen ließ. Statt dessen zeichnet Vergil, Dantes abschätziges Vorurteil rügend, in Fortuna, der von Gott eingesetzten Herrscherin im Reiche des vergänglichen Gutes (73 ff.), ein Gegenbild zu Plutus und weist damit diesen Erdengütern – wesentlich im Sinne des franziskanischen Armutsideals – ihren Platz in Gottes Heilsplan an. Den Intelligenzen, den englischen Lenkern der neun Himmel, gleich ihr irdisches Glücksrad drehend (74-78), selbst eine der Ersterschaffenen (95), zeigt Fortuna im Gegensatz zu Plutus und seiner dumpfen Gier die heitere Gelassenheit, welche die Verachtung des eitlen Gutes verleiht (94 ff.). Ihre unberechenbar launische Unbeständigkeit aber

(79-90) soll nach Gottes Willen, den Unwert dieser Güter vor Augen führend, den Blick von den Schätzen, die Rost und Motten fressen, auf das ewige, das einzig wahre Gut lenken. So dient eben diese ihre Unbeständigkeit dem ewigen Heile der Menschen, die sie darum, statt sie zu schelten, lobpreisen sollten (91 ff.).

Nach dieser Zwiesprache, gegen Ende des ersten Tages (98 f.), queren die Wandrer den vierten Kreis und steigen, den hier entspringenden zweiten Höllenstrom entlang, zum fünften hinab (100 ff.). Hier zum Sumpfe sich dehnend (106), dient der Styx als Strafort für die Zornwut (116 f.) und zugleich, im Schlamme seiner Tiefe, für die ihr entgegengesetzte Sünde der accidia, die nach der Kirchenlehre nicht nur Trägheit, sondern auch dumpfen Mißmut und Verzweiflung bedeutet (117-126). Diese Paarung gegensätzlicher Laster, die hier etwas gewaltsam, weniger klar als im vorigen Kreise Geiz und Verschwendung, einander gegenübergestellt werden, soll offenbar den von Dante schon in seinem Convivio ausgeführten Gedanken anschaulich machen, daß diese Leidenschaftssünden durchweg in der Maßlosigkeit wurzeln, die durch Zuviel oder Zuwenig vom rechten Wege ablenkt. Manche Ausleger, voran Dantes Sohn Petrus, wollen hier außer Zorn und accidia noch die Stolzen (Filippo Argenti) und die Neidischen (seine Verfolger) bestraft sehen, eine Deutung, die mit Dantes Erklärung (116-123) nicht vereinbar scheint.

Achter Gesang

Der Styx und die Zornmütigen | Fünfter Kreis · Die Fahrt über den Styx · Filippo Argenti · Die Stadt Dis · Ihr Tor, von Teufeln verteidigt · Vergils Rückzug

Durch Flammenzeichen von der Höhe eines Turmes herangerufen (4), naht das Fährboot (13 ff.). Phlegyas, der Ferge über das schlammige Reich des Jähzorns (17 ff.), ist ein sagenhafter Böotier, der in blinder Wut über Apollos Besuch bei seiner Tochter dessen delphischen Tempel in Brand steckte. Als der Kahn, unter der ungewohnten Last lebendiger Glieder tiefer als sonst einsinkend (27 ff.), mit den Wandrern abgestoßen ist, taucht einer der Sünder vor ihm auf (31 ff.): der Florentiner Filippo Adimari, nach dem Silberhufbeschlag seines Pferdes Filippo Argenti genannt (61). Als Parteigänger der Schwarzen Dantes politischer, vielleicht sein persönlicher Feind, muß der auch im Decamerone als hochfahrend und gewalttätig geschilderte Raufbold vor andern den Haß und die Empörung des Dichters erregt haben, der ihm (47) jede bessere Regung absprechen läßt. Die schadenfrohe Unbarmherzigkeit, mit der er ihm begegnet und für die er sich überdies noch beloben läßt (37 ff., 43 ff., 52-60), findet nur in seiner Härte gegen die Verräter im tiefsten Höllenschlunde ihresgleichen. Das Gebaren dieses Zornteufels selbst und seiner Gefährten (40 ff., 58 ff.; vgl. VII, 111 ff.) zeigt deutlich das Wesen ihrer Strafe, die in der Fortdauer des sündigen Triebes besteht.

Die Gewässer des Styx umgeben als Festungsgräben (76 f.) die Ringmauer der nach Dis (Pluto), dem Fürsten der Unterwelt, benannten Höllenstadt (67 ff.), welche die vier Kreise der tiefen Hölle umfaßt. An ihrem Tore, das nach langer Rundfahrt um den Mauerring erreicht wird (79), sammelt sich die höllische Macht zum entscheidenden Widerstande (82 ff.). Diesmal vermag ihn Vergil zu Dantes Bestürzung (97 ff.) nicht zu brechen (115 ff.). Aber er hofft auf die Öffnung des Tores durch einen himmlischen Helfer, wie schon das Höllentor, das seither entriegelt steht, bei Christi Höllenfahrt aller Gegenwehr zum Trotz erbrochen wurde (124 ff.).

Der Widerstand, dem die Eindringlinge schon bisher in jedem Kreise der Hölle begegneten – sie sträubt sich gegen die Enthüllung ihrer Geheimnisse, weil deren Erkenntnis durch Abschreckung vom Bösen zu ihrer Überwindung dient –, ist hier, vor ihrem Kernwerk, wo das Reich der Bosheit beginnt (XI, 16 ff.), füglich am erbittertsten. Da sie zudem hier vor dem Strafort der Ketzerei stehen, deren Beurteilung sich der in Glaubenssachen unzuständigen natürlichen Vernunft entzieht, so versteht es sich, daß Vergil trotz seiner göttlichen Sendung (104 f.) hier auf Hilfe von oben angewiesen ist.

Neunter Gesang

Das Tor der Höllenstadt | Dantes Furcht und Vergils Zuversicht · Die Erinnyen und Medusa · Der gottgesandte Helfer · Eröffnung des Tors und Eintritt in den sechsten Kreis · Die Ketzer in flammenden Särgen

Um seinen erschreckten Schützling zu beruhigen, unterdrückt Vergil seinen Zweifel und wiederholt seine Zuversicht (1 ff.). Aber aus den abgebrochenen Worten (8) hört Dante die Unsicherheit heraus (10 ff.) und bangt, ob dem Insassen des Limbus die tiefe Hölle überhaupt zugänglich sei (16 ff.). Vergil zeigt sich des Weges kundig (30). Im Banne der Geister beschwörenden Zauberin Erichtho, die in Lucans Pharsalia dem Sextus Pompejus durch einen von ihr zitierten Toten den Ausgang der Pharsalischen Schlacht verkünden läßt, hat er kurz nach seinem Tode (25) eine Seele aus der Judecca, dem tiefsten Höllenschlunde, geholt (22-29): vielleicht die des Brutus, dessen Geist in jener Zeit des Untergangs der Freiheit Cäsars Folger zur Warnung beschworen sein mag.

Vergils Bericht wird unterbrochen durch das Erscheinen der Furien auf dem Torturm (37 ff.). Drohend rufen die Rächerinnen aller Schuld nach der Medusa: ihr versteinernder Anblick soll Dante für sein Eindringen besser strafen, als es Theseus gebüßt hat (52-54), der bei dem Versuche, Proserpina zu entführen, zwar festgehalten, später aber – nach der gewöhnlichen, in der Äneis allerdings anscheinend nicht angenommenen Überlieferung – durch Herkules befreit wurde. Um seinen Schützling vor dem Banne zu retten, der jede Heimkehr zum Lichte vereiteln muß, heißt ihn der Meister sich abwenden und fürsorglich hält er ihm selbst die Augen zu (55 ff.).

Der tiefere Sinn dieser »seltsamen Verse« (61 ff.) kann wohl nur in der symbolischen Bedeutung der die Gewissensqualen verkörpernden Erinnyen und der von ihnen herbeigerufenen Medusa liegen, die mit ihrem versteinernden Blicke entweder die seelenmordende Verzweiflung bedeutet oder, wie öfters im theologischen Schrifttum des Mittelalters, den Zweifel, dem die hier bestrafte Ketzerei entspringen kann, wenn der Mensch nicht, nach dem Rat der Vernunft (Vergil), sein Auge vor ihm verschließt.

In tosendem Wettersturm, wie er auf Erden durch unterschiedliche Erhitzung der Luftschichten erzeugt wird (68), erscheint nun der Himmelsbote und treibt die Teufel zu Paaren (76 ff.), indem er ihnen die Aussichtslosigkeit ihres Widerstandes gegen Gottes Willen und die Schickung vorhält, der ihnen seit der Fesselung des Höllenhundes durch Herkules schon öfters übel bekommen ist (94 ff.).

Durch das vom Engel geöffnete Tor eintretend (104 ff.), sieht Dante ringsum Reihen von Sarkophagen, die ihn an die einst berühmten antiken Gräberfelder von Arles und Pola erinnern (112 ff.): sämtlich aufgedeckt und in Flammen wie Eisen im Schmiedefeuer glühend (118-121). Es sind die Folterbetten der Ketzer, der Irrlehrer und ihrer Jünger, die darin, nach der Art ihres Mißglaubens gesondert, je nach dessen Verwerflichkeit heißere oder geringere Glut erleiden (127-131).

Abweichend von der für die ganze Höllenwanderung geltenden Regel (XIV, 125) – möglicherweise nur deshalb, weil die lange Rundfahrt auf dem Styx (VIII, 79) sie allzu weit nach links geführt hatte; ein symbolischer Sinn dieser Ausnahme ist trotz aller Deutungsversuche nicht überzeugend nachgewiesen –, wenden die Wandrer sich hier zur Rechten (132): ihr Besuch gilt den Epikureern, die, vielleicht als die geistig höchststehenden Sünder dieser Gruppe, hier zur Rechten ihren Platz haben.

Zehnter Gesang

Die Ketzer · Farinata und Cavalcante | Sechster Kreis · Epikur und seine Jünger · Farinata degli Uberti und sein Haus · Cavalcantes Vaterschmerz · Weitsichtigkeit der Verdammten · Weissagung von Dantes Verbannung

Ketzerei ist Auflehnung gegen Gottes Offenbarung: deren Verachtung aus geistigem Hochmut, ihre Verleugnung aus Scheu vor der Vergeltung deshalb im Widerspruch gegen die Unsterblichkeit der Seele gipfelnd. Als Erzketzer erscheint daher der Philosoph Epikur, dessen Lehre dem Mittelalter in der Leugnung der Unsterblichkeit beschlossen schien (15). Alle Sünder, die auf dieser Seite des Kreises erscheinen, sind Epikureer (13 f.) in diesem Sinne: vernunftstolze Leugner des Jenseits, deren Sinn nur auf Irdisches, sei es Genuß, sei es Größe und Geltung, gerichtet ist.

Auf sie ist auch die Strafe zugeschnitten. Was sie in ihrer Verstocktheit gelehrt hatten, daß die Seele mit dem Leibe begraben werde, das erfüllt sich hier zu ihrer Pein. Wie der Körper, so wird auch die Seele eingesargt. Aber sie findet keine Ruhe in diesem Grabe, das der von ihr verleugnete Lebensfunke als rächendes Feuer umloht: glühend wie die Leidenschaft in dem Herzen, in dem der Unglaube das göttliche Leben ertötet hat. Am Jüngsten Tage, wenn im Weltgericht alles offenbar wird, schließen sich auch die Sargdeckel über dem dann endgültig begrabenen Unglauben (10 ff.).

Bei der Erwähnung von Epikurs Lehre fallen Dante deren Anhänger unter seinen Bekannten ein. Es regt sich der Wunsch, sie zu sehen, zumal seinen berühmten Mitbürger Farinata, dem solcher Unglaube nachgesagt wurde und auf dessen Begegnung er durch Ciacco (VI, 79, 85) vorbereitet war. Vergil, der seine Gedanken liest, kann ihm Erfüllung dieses verschwiegenen Wunsches, ebenso wie des (7 ff.) ausgesprochenen nach dem Anblick der eingesargten Ketzer überhaupt verheißen (16 ff.), und schon steht der gewaltige Kriegsmann, der Dante an seiner Sprache als Landsmann erkannt hat (25 ff.), aufrecht in seinem Sarge (31 ff.), trotz Höllenqual und Selbstanklage (27) gebieterisch in ungebeugtem Stolz (35 f.).

Farinata aus dem mächtigen Geschlechte der Uberti war gegen Mitte des 13. Jahrhunderts Haupt der Gibellinen von Florenz und brachte sie dort, gestützt auf Kaiser Friedrich II. und dessen Sohn Manfred, zeitweilig zur Gewalt. Von den

Welfen gestürzt und mit seinen Anhängern vertrieben, fand er Aufnahme bei den Gibellinen in Siena. Deren Sieg in der blutigen Schlacht bei Monte Aperti an der Arbia (85 f.) brachte ihm mit dem Sturze der Florentiner Welfen die Rückkehr in seine Vaterstadt. Als die Sieger Florenz dem Boden gleichmachen wollten, widersetzte sich der ritterliche Farinata als einziger dem Beschlusse und vereitelte ihn durch Einsatz seiner ganzen Persönlichkeit (91 ff.). Nach seinem Tode aber, als die Welfen wieder ans Ruder kamen und die Gegner nun für immer (49 ff.) austrieben, wurde gerade sein Geschlecht am erbittertsten mit immer neuen Bannsprüchen verfolgt (83 ff., 87). Sarkastisch werden die gehässigen Beschlüsse des meist in Kirchen tagenden Rates Gebete genannt.

Diese Schicksale rücken der tote Krieger und der in scheuem Staunen zu ihm aufblickende Dichter, der Nachkomme seiner zweimal überwundenen und in die Verbannung geschickten Gegner (46 ff.), sich wechselseitig vor. Auf Dantes spitzen Einwurf, Farinatas Partei, den Gibellinen, gelinge die Heimkehr aus der Verbannung weniger gut als seiner eigenen (51), antwortet der schwer davon Betroffene (76 ff.) damit, daß er ihm seine, Dantes, eigene Verbannung und das Scheitern seiner Rückkehrversuche vorhersagt (79 ff.). Deren Aussichtslosigkeit soll er binnen fünfzig Monaten erfahren – die Herrin der Unterwelt, Proserpina, ist zugleich Mondgöttin –, also wenig mehr als vier Jahre nach dem Frühling 1300. Tatsächlich mußte der im Jahre 1302 verbannte Dichter seine Hoffnung auf Rückkehr schwinden sehen, als Anfang Juni 1304 der Befriedungsversuch des vom Papste beauftragten Kardinals von Prato gescheitert war.

Inzwischen (52 ff.) erhebt aus dem gleichen Sarge ein zweiter sein Haupt. An seiner Frage und an seiner Verdammnis als Ketzer erkennt ihn Dante (64 ff.) als den Vater seines Freundes Guido Cavalcanti, der – wie nach Boccaccio auch der Sohn – für einen Epikureer galt. Er ist enttäuscht, seinen Sohn, den Mitstrebenden, der Dantes Vorläufer im »neuen süßen Sangesstil« war, nicht auch hier an seiner Seite zu sehen (55-60). Die Antwort, Vergil, der Führer durch die Hölle, sei von Guido minder geschätzt worden (61 ff.), ist bisher nicht befriedigend gedeutet. Weder ist ein tatsächlicher Anhalt für solche ablehnende Haltung Cavalcantis ermittelt noch ein allegorischer Sinn einleuchtend dargetan worden. Aus der Vergangenheitsform des Zeitworts (63) glaubt der Verdammte die Kunde vom Tode seines Sohnes herauszuhören, die ihn niederschmettert (67 ff.). In seiner Verwunderung über die Unkenntnis des Schattens versäumt es Dante, das Mißverständnis aufzuklären (70 ff., 112 ff.). Er sucht indes dies Versäumnis gutzumachen (109 ff.), als ihm bestätigt wird, daß die in der Hölle zwar die Zukunft, nicht aber das Gegenwärtige wissen (100 ff.). Diese auffallende Vorstellung scheint auf die Lehre Thomas' von Aquino zurückzugehen, nach der die abgeschiedenen Seelen nicht »dem natürlichen Erkennen nach« vom Erdgeschehen wissen, sondern nur durch göttliche Gnade (vgl. 102), von der bei ihm freilich nur mit Bezug auf die Seligen die Rede ist. Es folgt daraus, daß am Jüngsten Tage, nach dem es keine Zukunft mehr, nur noch ewige Gegenwart gibt, all ihr Wissen erlischt (106 ff.; vgl. 10 ff.).

Auf die Frage nach Gefährten seiner Verdammnis nennt Farinata (118 ff.) Kaiser Friedrich II., den großen Staufer, der, Feind der Kurie und Freund der Ungläubigen, allgemein als Freigeist und Spötter galt; neben ihm den Kardinal Ottaviano degli Ubaldini, der, durch Reichtum und politischen Einfluß allbekannt, schlechtweg »der« Kardinal genannt wurde und dem man das Wort nachsagte: Wenn es eine Seele gebe, so habe er sie um der Gibellinen willen verloren.

Aus seinem Sinnen über Farinatas dunkle Unheilsprophezeiung wird Dante durch Vergils Anruf gerissen, der ihn mahnt, die Aufhellung durch Beatrice abzuwarten (121-132; vgl. Paradies XVII, 46ff., wo ihm die Erklärung zuteil wird, allerdings nicht durch Beatrice selbst, sondern durch seinen Ahnherrn Cacciaguida, dem sie ihn zuführt).

Zum Rande dieser Ringterrasse hinüberquerend, spüren die Wandrer bereits den Pesthauch der Bosheit, der aus dem Schlunde der tiefen Hölle emporqualmt (133 ff.).

Elfter Gesang

Plan der Hölle | Um sich an den Mißduft zu gewöhnen, müssen die Dichter vor dem Abstieg zum siebenten Kreise rasten (4 ff.). Der Sarg, hinter dessen Deckel sie Schutz suchen, ist das Grab des Papstes Anastasius II., der sich in dem Glaubensstreit um die zwei Naturen Christi unter dem Einfluß des Diakons Photinus von Thessalonich im Gegensatz zu seinem Vorgänger Gelasius und zu seinem eignen Klerus nachgiebig gegen Ostrom gezeigt hat (7-9).

Während der Rast legt Vergil den Plan der Hölle dar. Die nun folgenden letzten drei Höllenkreise (16ff.) sind den Bosheitssünden zugewiesen, deren Schuld entweder in Gewalttat besteht oder in Trug; letzterer, als Mißbrauch der allein dem Menschen verliehenen Vernunft, ist noch sträflicher (22-27). So wird zunächst in den drei Ringen des siebenten Kreises die Gewalttat bestraft (28 ff.), und zwar im ersten die gegen den Nächsten und seine Habe: Mord, Raub und dergleichen (34-39); im zweiten die gegen sich selbst und das eigene Vermögen: leiblicher und bürgerlicher (40-45) Selbstmord; im dritten, dem untersten und daher engsten (46-51), die gegen Gott und Natur: Gotteslästerung und widernatürliche Laster. Als Auflehnung gegen die Natur gilt auch der Wucher, dessentwegen die Stadt Cahors (50) in Frankreich berüchtigt war. Denn er zieht den Unterhalt auf anderm Wege als dem natürlichen, durch Gottes Wort gebotenen, nämlich weder aus der von ihm geschaffenen Natur noch aus der ihrem Vorbilde folgenden Arbeit (94-111). Trug, dessen Schändlichkeit auch das gröbste Gewissen peinigen muß (52), wird in seinen einfachen Formen, die nur die allgemeine Menschenliebe beleidigen (55 ff.), in den zehn Ringgräben des achten Kreises, der durch Vertrauensbruch verschärfte Trug dagegen, der Verrat, im untersten, engsten Kreise, an Luzifers eignem Sitz gesühnt (61-66).

Im Gegensatz zu diesen Bosheitssünden stehen die der Unenthaltsamkeit, die, weil minder tadelnswert (83 f.), außerhalb der Stadt Dis in den nach dem Limbus bereits durchwanderten vier Kreisen (70 ff.) weniger hart (88 ff.) gestraft werden. Die Ketzerei, die auch bei Thomas von Aquino außerhalb der sieben Kapitalsünden eine Sonderstellung erhält, wird in keine der beiden Gruppen ausdrücklich eingereiht. Immerhin wird sie mit den Bosheitssünden in die tiefe Hölle, in die Stadt Dis gebannt und gehört zu diesen, wenn man, wie zum vorigen Gesange angemerkt, im Ketzer den böswilligen Leugner und Verächter der offenbarten Wahrheit sieht. Als Wurzel aller Sündhaftigkeit, die der Unglaube im tieferen Sinne, die bewußte Abkehr vom Göttlichen, bedeutet, verdient sie gerade die ihr angewiesene Zwischenstellung im Mittelpunkte der Sündenleiter. Die Bestialität (82), die in der Aristotelischen Ethik (79) aus Grausamkeit und unnatürlichen Lastern eine dritte Gruppe bildet, wird hier von der Bosheit nicht grundsätzlich unterschieden. Auch diese Abweichung von Aristoteles folgt der Lehre des Aquinaten, der bestialitas und malitia nur dem Grade, nicht dem Wesen nach als verschieden ansieht. –

Als Vergil die letzte Frage beantwortet hat, mahnt er zum Aufbruch, weil der – ihm auch ohne Anschauung bewußte – Stand der Sterne: der Aufgang der Fische und das Neigen des Wagens, den baldigen Anbruch des Morgens verkündet (112 ff.).

Zwölfter Gesang

Die Bluthunde im Blutbad | Abstieg zum siebenten Kreise · Der Minotaurus · Die Zentauren · Nessus und Chiron · Mörder, Räuber und Tyrannen in siedendem Blute

Die Blockhalde, die zum siebenten Kreise hinabstürzt (1 ff.), erinnert Dante an einen Bergsturz im Etschtal, den er augenscheinlich nach eigner Anschauung beschreibt (4 ff.): wohl die sogenannten Slavini di San Marco bei Mori. Vergil nimmt an, daß der höllische Fels, der bei seinem vorigen Gange (IX, 22 ff.) noch nicht in Trümmern lag, durch das Beben bei Christi Tod eingestürzt sei (34 ff.; die Lehre, daß durch den Sieg der Liebe die durch das Widerstreben der Atome am Leben gehaltene Welt ins Chaos zurückfallen würde [41 f.], stammt von Empedokles). Auch anderwärts (45): in der Kluft der Heuchler (XXI, 112 ff.; XXIII, 136), wo die Urheber des Mordes am Heiland büßen (XXIII, 115 ff.), gleichermaßen wie hier bei den Mördern, hat jenes Erdbeben den Fels zum Sturz gebracht.

Der wilde Pfad, auf dem die losen, nur an Geisterschritte gewöhnten Blöcke unter der Last von Dantes lebendigem Fuße ins Rollen kommen (29 f., 80 f.), führt zu der grausigen Lache siedenden Blutes hinab, die (46-54) den siebenten Kreis umgibt und in der, je nach der Schwere ihrer Blutschuld mehr oder minder tief, die Gewalttäter wider den Nächsten stehen. Torhüter ist hier der Minotaurus, das sagenhafte Ungeheuer, das Pasiphaë, die Gattin des Kreterkönigs Minos, in dem Holzbild einer Kuh versteckt, von einem Stiere empfangen hatte (12 f.), das im Labyrinth mit Menschenopfern genährt und von dem durch Ariadne, Minos' Tochter (20), beratenen Theseus erlegt wurde (17 f.). Dies menschenfressende Halbtier, das Vergil durch Anspielung auf seinen Untergang, seine Wut zur Tollheit überreizend, unschädlich macht (16-27), verkörpert treffend die blinde Gier irrer Zornwut, die (49 ff.) als Wurzel der hier gestraften Gewalttat verwünscht wird, und die »Bestialität«, unter deren Begriff nach der eben (XI, 80 ff.) erwähnten Dreiteilung des Aristoteles sowohl die Unmenschen in diesem wie die Widernatürlichen der beiden nächsten Ringe dieses Kreises fallen.

Auch die wilden Roßmenschen gehören hierher, die am Blutbad Schergendienste verrichten (73 ff.). Prangend in ihrer antiken, diesmal unverzerrten Kraft und Schöne, erweisen sich die Zentauren gleichwohl den von ihnen Bewachten als wesensverwandt in den beiden, die hier als Opfer ihrer eignen Gewalttätigkeit genannt werden. Pholus (72) wurde auf Pirithous' Hochzeit beim Angriff auf die Braut erschlagen, und Nessus – der sich durch das auf seinen Rat mit seinem eignen Blut getränkte Gewand an seinem Erleger rächte (69) – fiel von Herkules' Pfeil, weil er dessen Gattin Dejanira Gewalt antun wollte (68).

Der grimme Nessus bedroht die Ankommenden von neuem (61 ff.). Chiron, der Anführer, dagegen, Herkules' und Achills weiser Lehrer, der in Dante gleich den Lebenden erkennt (80 ff.), gewährt das von Vergil unter Berufung auf seine Sendung durch Beatrice (88 ff.) verlangte Geleit (97 ff.). Auf seinen Befehl führt Nessus selbst zur Furt des Blutbachs, das Rinnsal entlang, das, zunächst mannstief, immer flacher wird und sich von der Furt an im entgegengesetzten Halbkreis wieder vertieft (124-132). An der tiefsten

Stelle, bis zu den Brauen im Blute, stehen die Tyrannen (103-112): Alexander (wohl der grausame Tyrann von Pherä) und Dionys von Syrakus (107 f.), Ezzelino da Romano. Kaiser Friedrichs II. Schwiegersohn, der furchtbare Vogt von Padua (109 f.), und Obizzo d'Este, Gewaltherrscher von Ferrara, dessen Ermordung durch seinen eignen Sohn – ein unbewiesenes Gerücht – Dante als wahr bezeugen läßt (110 ff.). Auch Attila, die Gottesgeißel, Pyrrhus (entweder Achills Sohn, der Troja zerstören half, oder der den Römern so gefährliche König von Epirus) und der von Lucanus Pirat gescholtene Sextus Pompejus, Cäsars und Augustus' Feind, werden von Nessus als Insassen des jenseitigen Halbkreises erwähnt, desgleichen Renier da Corneto und Renier Pazzo, zwei der berüchtigtsten Wegelagerer aus der letzten Hohenstaufenzeit (133-138). Die Mörder ragen mit dem Haupte aus dem Blut (115 ff.), die Räuber und übrigen Gewaltmenschen stehen bis zur Brust, zuletzt nur noch mit den Füßen darin (121 ff.). Von jenen wird nur der wegen seines unerhörten Frevels abseits stehende Guido von Montfort genannt, der im Gotteshause, um seinen Vater zu rächen, einen Vetter des Königs von England erstach (118 ff.). Die Bemerkung (123), daß unter den Räubern mancher Bekannte gewesen sei, scheint ein Hieb auf das zu Dantes Zeit noch nicht ausgestorbene Stegreifrittertum.

Nachdem Nessus Auskunft gegeben und Dante auf seinem Rücken die Furt hinübergetragen hat (95, 126), kehrt er zu den Seinen zurück (139).

Dreizehnter Gesang

Der Wald der Selbstmörder · Petrus von Vinea | Zweiter Ring des siebenten Kreises · Der Buschwald mit den Harpyien · Der blutende Strauch · Der weiland Kanzler Friedrichs II. · Die Strafe des Selbstmords · Vernichter ihres bürgerlichen Daseins · Der Mars von Florenz

Beim Eintritt in das düstre, unwegsame Dorngestrüpp, das, dichter als der Buschwald der Maremmen an der toskanischen Küste (7 ff.), den zweiten Ring dieses siebenten Kreises bedeckt, begrüßt die Dichter das Gekrächz der Harpyien (10 ff.), der vogelartigen Fabelwesen, die an König Phineus die Strafe der Götter für die Blendung seines Sohnes vollzogen, indem sie ihm alle Nahrung besudelten. Die ihre Insel anlaufenden Trojaner schrecken sie in der Äneis nach gleicher Mißhandlung noch beim Abzuge durch die zweideutige Weissagung künftiger Hungersnot (11 f.).

Als Dante, ohne jemand zu sehen, rätselhaftes Wehklagen vernimmt (22 ff.), heißt ihn Vergil einen Zweig vom Baume brechen, um den Zweifelnden zu überzeugen, daß es nicht Stimmen Verborgener sind (25-30), um ihm das unfaßbare Wunder dieses Kreises (20 f.), die in Bäume gebannten Seelen, vorzuführen und zugleich die ähnlich unglaubliche Mär der Äneis von den blutenden Schößlingen auf dem Grabe Polydors durch den Augenschein zu erhärten (46-50). Der Dornstrauch blutet und beginnt zu klagen (33 ff.): er birgt die Seele Petrus' von Vinea, des vertrauten Kanzlers Kaiser Friedrichs II. (58 ff.).

Petrus von Vinea, der bedeutendste unter den Ratgebern des großen Staufers, sein oberster Richter und Verfasser der schwungvollen Erlasse, deren blumenreicher Stil in seiner

Rede (55 ff.) anzuklingen scheint, wurde nach langer, erfolgreichster Amtsführung des Verrats bezichtigt, verhaftet, geblendet und rannte sich an der Mauer seines Kerkers den Schädel ein. Heute gilt sein Treubruch als erwiesen. Dante läßt ihn – offenbar aus innerer Überzeugung, nicht etwa, wie Conrad Ferdinand Meyer ihm in der »Hochzeit des Mönchs« unterstellt, aus landsmannschaftlichen Rücksichten – mit beweglichen Worten seine Unschuld beteuern und beschwören, daß der Neid der Höflinge (64) ihn verleumdet habe (62-75).

Auf Vergils Bitte, in der Hoffnung auf Wiederherstellung seines Rufes durch Dante (52 ff., 76 ff., 85 ff.), erläutert der Verdammte die Strafe des Selbstmordes (94-108). Die Seele, die das Kleid des Leibes eigenmächtig ablegt, geht sein in Ewigkeit verlustig und bleibt, auch nach der Auferstehung des Fleisches, auf ein willenloses Pflanzendasein (97 ff.) beschränkt. Nur Schmerz kann sie noch empfinden, und nur Verletzung gibt ihr die Möglichkeit, ihn zu äußern (101 f.). Ihre Peiniger aber sind dieselben Harpyien, die nach der Sage (S. 539) das Wüten wider eignes Fleisch und Blut zu rächen hatten.

Durch die Reihen dieser gequälten Baumseelen jagen (115 ff.), von Hunden, wie droben von ihren Leidenschaften, gehetzt und zerfleischt (124 ff.), die Verzweifelten, die sich im bürgerlichen Leben mutwillig zugrunde gerichtet haben. Sie leiden hier und nicht mit den einfachen Verschwendern im vierten Kreise ihre Strafe, weil ihre Vergeudung bis zur Selbstvernichtung ging, die auch Aristoteles dem Selbstmorde vergleicht. Von den beiden, die hier erscheinen, war Lano von Siena Mitglied der späterhin (XXIX, 130 ff.) erwähnten brigata spendericcia, einer dort gegen Ende des 13. Jahrhunderts durch tolle Verschwendung berüchtigten Vergnügungsgesellschaft. Völlig verschuldet, suchte er in der

Schlacht gegen die Aretiner bei Pieve del Toppo, die Flucht verschmähend, den Tod (118-122). Von Jacopo da Sant' Andrea (134), der Höfling Friedrichs II. und Opfer Ezzelinos gewesen sein soll, werden ebenfalls Beispiele sinnloser Vergeudung berichtet.

Der von ihm verletzte Selbstmörder (131 ff.), der sich im Gebälk seines Hauses erhängte (151), soll entweder ein abgesetzter Richter oder ein falliter Kaufmann gewesen sein. Als Heimat (143 ff.) nennt er Florenz, das nach der Überlieferung im Altertum dem Mars geweiht war und in christlicher Zeit Johannes den Täufer zum Schutzpatron wählte, dessen Heiligtum, das Baptisterium San Giovanni, auf den Grundmauern des Marstempels errichtet sein soll. Der Groll des Kriegsgottes wird hier – wie Paradies XVI, 145 ff. – für das Unheil der Parteikämpfe verantwortlich gemacht (145 f.). Nur die Erhaltung seines Standbildes, das noch zu Dantes Zeiten, eine Art unheimlichen Talismans, an der Arnobrücke stand, habe ihn wenigstens so weit besänftigt, daß er nach der – sagenhaften – Zerstörung der Stadt durch Attila ihren – ebenso sagenhaften – Wiederaufbau durch Karl den Großen zugelassen habe (146-150). Die verhängnisvolle Abkehr vom Kriegsgott zum Täufer soll vielleicht sinnbildlich den Verfall kriegerischer Tüchtigkeit und die beginnende Herrschaft des Geldes – der mit dem Bilde des neuen Patrons geschmückten Fiorini – bedeuten.

Vierzehnter Gesang

Gotteslästerer im Feuerregen | Dritter Ring des siebenten Kreises · Das Sandmeer im Funkenfall · Kapaneus, der ewige Gottesfeind · Der Phlegethon · Ursprung der Höllenflüsse · Der Greis von Kreta

Der dritte, innerste Ring des siebenten Kreises ist ein Sandfeld, der von Cato auf seinem Marsch zum König Juba durchschrittenen Libyschen Wüste ähnlich (8-15). Feuerflammen schneien darauf herab, wie dies Alexander dem Großen – nach einem sagenhaften Briefe an Aristoteles – auf seinem Zuge nach Indien begegnet sein soll (31 ff.): nur daß dort das Niederstampfen der Flocken vom Schnee erzählt wird.

Hier leidet die Gewalttat wider Gott und Natur ihre Strafe: der Himmel selbst rächt die unmittelbar gegen ihn gerichtete Empörung, indem er sein befruchtendes Naß über diesen Widernatürlichen, Sodomitern und andren – wie schon über dem biblischen Sodom – widernatürlich in verzehrende Glut wandelt. Die Gotteslästerer liegen, niedergeworfene Empörer, ohne Regung auf dem Rücken; die – zahlreicheren (25) – Sodomiter werden, wie einst von ihren Gelüsten, ruhelos umgetrieben; die Wucherer kauern am Boden, müßig, wie sie im Leben, ohne ein Glied zu rühren, ihre Schätze zusammenscharrten (22 ff.). Die eigentliche Strafe aber, härter als die Flammenpein, ist für diese wie für alle Sünder (Erläuterungen S. 480 f.) nach Vergils strafendem Worte an Kapaneus (63 ff., 71 f.) die Fortdauer ihrer Auflehnung gegen Gott.

Kapaneus, einer der sieben Belagerer Thebens, wurde von Jupiters Blitz erschlagen, als er ihn, auf der erstiegenen

Stadtmauer stehend, zu höhnen wagte. So spottet er noch hier (52-60) des Göttervaters und seines Donnerkeils, den dieser sich schon zur Abwehr der Giganten (58) von Vulkan und seinen Zyklopen habe erbetteln müssen. Daß die Empörung gegen den Heidengott als Lästerung der Gottheit schlechthin gestraft wird, darf nach dem, was oben (Erläuterungen S. 497f.) über die Gleichsetzung antiker und christlicher Vorstellungen gesagt ist, nicht wunder nehmen.

Der einzige Paß (84) durch dies feurige Feld führt auf dem durch sinterartige Ablagerungen gehärteten Borde (82f.) eines Baches entlang. Aus dem Buschwalde hervorströmend, einer warmen Heilquelle bei Viterbo ähnlich, an der sich zu jener Zeit eine Anzahl öffentlicher Dirnen angesiedelt zu haben scheint (79f.), ergießt er siedend seine roten Wellen – vielleicht den Abfluß des Blutstroms aus dem ersten Ringe – durch diesen Sandgürtel der Tiefe zu (76ff.) und löscht in seinem Dunstkreise die fallenden Funken (89f., 141f.). Farbe und Hitze der Flut verraten den aus der Äneis bekannten »Feuerstrom«, den Phlegethon, nach dem deshalb Dante nicht hätte zu fragen brauchen (130-135). Er entspringt, wie die beiden andren Höllenflüsse Styx und Acheron – den Lethefluß hat der Dichter in das irdische Paradies versetzt (136ff.; vgl. Fegfeuer XXVIII, 127ff.) –, an der Oberwelt und mündet wie sie im tiefsten Schlunde in den vergletscherten Cocytus (116ff.). Sein Lauf wird aber erst in diesem Kreise von den Wandrern erreicht, die den Höllentrichter bisher nur zum Teil umrundet haben (121-129).

Über den Ursprung dieser Flüsse erzählt Vergil das Märchen vom Greise zu Kreta (94ff.). Kreta, unter dessen Herrscher Saturn das Goldne Zeitalter währte (95f.), mit dem Berge Ida, wo Zeus von seiner Mutter vor der Wut des seine Kinder verschlingenden Vaters unter den Korybanten verborgen wurde (100 ff.), gilt in der alten Göttersage als Wiege des Menschengeschlechtes. Dorthin, in eine Höhle des Berges (103 ff.), versetzt Vergil eine Gestalt, die dem von Daniel gedeuteten Traumbilde Nebukadnezars nachgebildet ist. Den Blick vom Nil-Lande, dem Wurzelboden der Menschheitsgeschichte, abkehrend und Rom, ihrem Ziele, zuwendend (104 f.), versinnbildlicht sie mit dem abwärts immer schlechter werdenden Stoff ihrer Glieder (106 ff.) die Entwicklung der Menschheit vom Goldnen Zeitalter, dem Paradiese (Fegfeuer XXVIII, 139 ff.) über den Sündenfall, der einen Spalt zwischen der Seele und Gott aufreißt (112 ff.), bis zur Verderbnis der Gegenwart. Zugleich, im politischen Nebensinne, wird darin die das Geschick der Menschheit widerspiegelnde Geschichte des Imperiums angedeutet: vom Goldnen Zeitalter des Augustus über die Spaltung des Römischen Reiches in Ost- und Westrom (112 ff.) bis zu der Verdrängung des zur Weltherrschaft berufenen Kaisertums durch die dazu untaugliche geistliche Gewalt, dargestellt im Bilde der beiden Füße, von denen der tönerne die Hauptstütze geworden ist (109 ff.). Die Tränen, die Sündhaftigkeit und Unheil aller Zeit seit der goldnen der Menschheit erpressen (113 ff.), sind der Quell, der die Wasser des höllischen Reiches speist. Als Zeugnis dafür kann Vergil den blutroten Strom das Bedeutsamste (88 ff.) nennen, was seinem Schützling seit dem Eintritt in das seit Christi Höllenfahrt unverriegelte Höllentor (86 f.) begegnet ist.

Fünfzehnter Gesang

Dantes Lehrer unter den Sodomitern | Die Dämme des Phlegethon · Brunetto Latini · Seine Warnung vor den Anfeindungen der Parteigänger · Gelehrte als Sodomiter

Die durch Einwirkung des Wassers (XIV, 82 f.) versteinerten Ufer des Flusses, auf deren einem die Wandrer, sicher vor dem Feuerregen (2 f.; XIV, 89 f., 141 f.), das Sandfeld queren, sind dammartig erhöht. Sie erinnern Dante an die Deiche längs des Kanals, der zu jener Zeit Brügge mit der See verband, und die an der Brenta, deren linksseitiges Quellgebiet, das Hochland nördlich von Val Sugana, den heut verschollenen Namen Chiarentana geführt haben soll (4-9). Angesichts dieser Ähnlichkeit scheint er sich zu fragen, ob auch diese Dämme, wie die versinterten Ufer, als Ablagerungen des Wassers, ein Werk der Natur oder das eines – höllischen – Erbauers seien (12). In einem Schwarm, der ihm begegnet und im fahlen Höllenlichte gespannt nach den auf dem sicheren Damme Entgegenkommenden aufschaut (16 ff.), erkennt er seinen alten Lehrer Brunetto Latini (27 ff.), den seinerzeit namentlich durch seine französisch geschriebene Enzyklopädie, die Livres du trésor (119), weitberühmten Gelehrten. Nach wehmütig herzlicher Begrüßung (30 ff.) schließt dieser umkehrend sich den Wandrern an, weil die zum Umlauf Verurteilten keinen Augenblick rasten dürfen (37 ff.). In der nun folgenden Zwiesprache berichtet Dante seine Verirrung im Walde vor Vollendung seines Alters (50), das heißt vor dem 35. Jahre (I, 1), und seine Rettung durch Vergil (49 ff.). Brunetto warnt seinen einstigen Schüler, dessen hohe Bestimmung er schon in den Sternen gelesen hat (55 ff.; vgl. Paradies XXII, 112 ff.), vor der Unbill seiner Gegner zu Florenz, die ihm sein Eintreten für das Recht nie verzeihen werden (61 ff.). Diese schlechtere Hälfte der Florentiner Bürgerschaft sieht er als Nachkommen der nach der Sage bei der Zerstörung von Fäsulä (Fiesole) nach Florenz verpflanzten Einwohner dieser etruskischen Bergstadt an. Er will an ihnen noch die Art jener rohen Gebirgsbewohner spüren, während er den im Aussterben begriffenen besseren Teil, zu dem er Dante rechnet, dem »geweihten Samen« der römischen Stadtgründer entsprossen glaubt (61-78). Jene nennt er (67) mit dem Spottnamen, den die Florentiner einem alten Handel mit Pisa verdanken sollen, bei dem sie mit zwei angesengten, in Scharlachtuch gewickelten Porphyrsäulen angeführt wurden, und mahnt den Dichter, sich beiden Parteien fernzuhalten (69 ff.), deren jede – die schwarze, deren Haß ihn vertrieb, die weiße, mit der er nach der Verbannung zerfiel (Paradies XVII, 61 ff.) – um seines Ansehns willen ihm nachstellen werde; ohne freilich seiner, der »mit sich selber nur im Bunde« sein wollte, Herr werden zu können (70 ff.).

Dante erwidert mit dem Bekenntnis herzlicher Verehrung und Dankbarkeit (79 ff.). Wie er es gleichwohl über sich gewinnen konnte, den Verehrten durch so peinliche Bezichtigung bloßzustellen, ist schwer begreiflich. Vermutlich war Brunettos Laster – wie das der drei verdienten Mitbürger im folgenden Gesange – so allgemein bekannt, daß es sich nicht verhehlen ließ.

Die Fassung, mit der Dante (88 ff.) diese Farinatas und Ciaccos Weissagungen (X, 79 ff.; VI, 67 ff.) bestätigende Warnung aufnimmt und den Launen des Geschicks wie den Ränken seiner »bäurischen« Gegner (96) in Erwartung der ihm (X, 130 ff.) verheißenen Aufklärung durch Beatrice (89 f.) entgegensieht, wird von Vergil als aufmerksame Befolgung seiner ebendort gegebenen Mahnung mit einer sprichwörtlichen Wendung (99) belobt.

Brunettos Leidensgefährten in diesem Trupp sind lauter Geistliche und Gelehrte (106 ff.), unter denen das »heroische« Laster schon vor der Renaissance verbreitet gewesen sein muß. Von den (109 f.) namentlich genannten freilich, dem alten Grammatiker Priscian und dem berühmten Rechtsgelehrten Accorso (dem jüngeren, der noch zu Dantes Zeiten in Bologna lehrte), ist dergleichen Verfehlung sonst ebensowenig bekannt wie von Brunetto Latini selbst. Der Bischof, den der Papst (servus servorum Dei) von Florenz nach Vicenza versetzte und der dort starb (112 ff.), Andrea de' Mozzi, war nicht nur seines Wandels, sondern auch seiner burlesken Kanzelwitze halber verrufen.

Das Nahen eines neuen Trupps gleichartiger, aber andrem Lebenskreise – wie sich im nächsten Gesange zeigen wird, dem öffentlichen Leben – angehöriger Sünder gebietet dem Verdammten Halt (115 ff.). Er scheidet mit einer Empfehlung seines Hauptwerkes, durch dessen Ruhm er allein noch mit dem Leben verbunden ist (119 f.), und eilt seinen Gefährten nach. Die Schnelligkeit seiner Füße erinnert Dante an den Wettlauf, der um das Pallio, ein Stück grünen Tuches, alljährlich in den Fasten vor dem Tore von Verona als Siegesfeier abgehalten wurde (121 ff.).

Sechzehnter Gesang

Große von Florenz in Sodoms Kreise | Krieger und Staatsmänner unter den Sodomitern · Ihre Sorge um die Verderbnis der Heimat · Ankunft am Rande des Abgrundes · Beschwörung des Torhüters

Den Absturz zum nächsten, dem achten Kreise ankündigend, läßt sich, zunächst noch fern, wie Bienensummen, der Wasserfall des Phlegethon hören (1 ff.). Da eilen den Wandrern aus dem Trupp, dem Brunetto ausgewichen ist, drei Sünder entgegen und grüßen Dante, dem sie Vergil als achtunggebietende Männer ankündigt (14 ff.), als Landsmann (7 ff.). Ihre gewohnten Wehklagen (XIV, 20) aufnehmend, kommen sie an, und da sie nicht still stehen dürfen (XV, 37 ff.), drehen sie, ständig nach ihm blickend, sich vor ihm im Kreise, wie zwei Ringer, ehe sie handgemein werden (19-27).

Der erste, Guidoguerra, war um die Mitte des 13. Jahrhunderts Anführer der Welfen von Florenz und stammte aus dem Geschlechte der Grafen Guidi, deren Stammutter Gualdrada, Tochter des mächtigen Bellincione Berti (Paradies XV, 112 f.), durch Schönheit und Zucht Kaiser Ottos IV. Aufmerksamkeit erregt haben soll (37 ff.). Tegghiaio, ein Adimari, soll den Zug gegen Siena, der zur Niederlage bei Monte Aperti führte, widerraten haben (41 f.). Rusticucci, aus niederem Stande zu Macht und Ansehn gelangt, scheint durch seine unglückliche Ehe bekannt gewesen zu sein (44 f.). Dante erweist den dreien, von denen er die letzten beiden schon im Gespräch mit Ciacco (VI, 79 f.) als Vorbilder der Bürgertugend gerühmt hat, die größte Ehrerbietung (46-60). Auf ihre Frage nach dem alten Florentiner Bürgergeiste, von dessen Niedergange sie durch ihren Leidensgefährten, den kürzlich verstorbenen Genuesen Borsiere, gehört haben (67-72), nennt er als Grund der Entartung, deren zerrüttende Folgen sich schon fühlbar machen, das Emporkommen neureicher, stadtfremder Geschlechter (73 ff.), das auch weiterhin (Paradies XVI, 49-69) als Wurzel der Verderbnis beklagt wird. Das Lob, das er für seine bündige Auskunft erntet (79 ff.), enthält eine deutliche Warnung vor den Gefahren solchen Freimutes.

Am Rande des Abgrundes angelangt, wird Dante durch den Wassersturz, dessen Brausen nun sein Wort übertönt

(91 ff.), an den des Montone erinnert, der, im Oberlauf Acquacheta (ruhiges Wasser) genannt, als erster Küstenfluß am Nordhange des Apennin entspringt, während westlich von ihm alle Gewässer dem Po zufließen (94 ff.). Vers 102 scheint eine Rüge gegen das oberhalb dieses Falles gelegene Kloster San Benedetto zu enthalten, als ob es seine Einkünfte zu wenigen zugute kommen lasse – wenn nicht auf eine geplante, aber nicht zustande gekommene Siedlung hingewiesen wird.

Zur Überwindung des lotrechten Absturzes muß der höllische Wächter des nächsten Kreises zu Hilfe geholt werden. Vergil ruft ihn herbei, indem er ihm den Strick zuwirft, mit dem Dante sich gegürtet hatte, um den Panther, der schon im ersten Gesange (1, 31 ff.) die Sinnenlust verkörpert, zu fangen (106 ff.). Wie er, Dantes Erwartung in seiner Seele lesend, verheißt (115-123), läßt der Dämon sich dadurch gehorsam emporziehen (130 ff.). Der Strick, der das Sinnbild der Sinnlichkeit binden sollte, kann wohl nur der des Ordenskleides sein, der das Gelübde der Keuschheit verkörpert und den Dante als Novize des Tertiarierordens in seiner Jugend tatsächlich getragen haben soll. Ob seine Ablegung darauf hindeuten soll, daß solcher Schutz gegen Lockungen der Wollust jetzt, nach Durchstreifen des letzten Strafortes von Fleischessündern, nicht mehr vonnöten sei, bleibe dahingestellt. Die Ablegung scheint dadurch hinreichend begründet, daß der Strick hier als Lockspeise für Geryon benötigt wird. Fraglich bleibt, wodurch er diesen lockt. Vielleicht soll er vortäuschen, daß ein verdammter Klosterbruder – für den Dämon des Truges ein gefundenes Fressen – danach verlange, an seinen Strafort – etwa in die Kluft der Heuchler – hinabgetragen zu werden. Solche Beförderung scheint Geryons – wie weiter oben Charons und Phlegyas' – ständiges Amt zu sein. Wenigstens läßt Vergils Mahnung an die »neue Bürde« von Dantes lebendigem Leibe (XVII, 99) darauf schließen, daß ihm die leichteren Schatten der Verdammten gewohnte Last sind.

Siebzehnter Gesang

Geryon und das Reich des Truges | Geryons Auftauchen · Die Wucherer · Flug auf Geryons Rücken

Das »ekle Bild des Truges« ist anscheinend nicht nach dem von den antiken Dichtern als dreiköpfig geschilderten Giganten Geryon benannt, sondern nach einem auch von Boccaccio erwähnten sagenhaften König der Balearen, der durch trügerische Freundlichkeit Fremde in sein Haus lockte, um sie zu ermorden. Es erscheint hier als Drache mit Menschenkopf, heuchlerisch, gutmütig anzusehen und mit allerlei Attributen der Lüge ausgestattet (10-18). Nachdem das Ungetüm schwimmend aus dem Abgrunde aufgestiegen, landet es auf Vergils Wink dicht vor den am Ende ihres Dammes angelangten Dichtern (5 ff.) und wartet dort, mit halbem Leibe über den Rand erhoben, dem Biber gleich, der sich nach alter Fabel zum Fischfang ans Ufer setzt und den Schweif ins Wasser hängen läßt (8 f., 19 ff.). Die wenigen Schritte zu ihm hin und weiter auf dem felsigen Rande des Abgrundes bis zu der Stelle, wo die Wucherer sitzen, geht es gegen die Regel nach rechts (28-36), weil zur Linken der Lauf des Phlegethon ein unüberschreitbares Hindernis bildet. Auch für diese Ausnahme (vgl. IX, 132) läßt sich ein symbolischer Sinn nicht überzeugend nachweisen.

Die Wucherer besucht Dante allein, während Vergil den Geryon als Träger wirbt (37-42). Sie sind, an den Wappen auf ihren Geldtaschen (55 ff.) kenntlich, mit denen sie noch hier liebäugeln, als Angehörige stolzer Geschlechter von Florenz und Padua bezeichnet, desgleichen die beiden, die, im Jahre 1300 noch am Leben, in dieser Verdammnis erwartet werden (68 f., 72 f.). Näheres ist über die einzelnen Persönlichkeiten nicht bekannt. Der Wortführer stammte nach seinem Wappen (64) aus dem Hause der Scrovegni von Padua, deren einer die dortige Kapelle der Madonna dell'arena stiftete und von Giotto ausmalen ließ.

Zum Abstieg sitzt Dante auf Vergils Geheiß, obschon zitternd wie bei einem Anfall von Wechselfieber (85 ff.), vor ihm auf Geryons Rücken nieder (91 ff.), worauf das Ungeheuer mit ihnen in die Luft hinausrudert (100 ff.) und unter der ungewohnten Last des lebenden Körpers (98 f.) langsam, in weiten Kreisen sich niedersenkt. In seiner Angst denkt Dante an Phaëthons Fahrt auf dem entgleisenden Sonnenwagen, die den in der Milchstraße fortglimmenden Himmelsbrand entzündete (106 ff.), und an den Sturz des Ikarus, der sich gegen den Befehl seines Vaters beim Flug auf den von ihm mit Wachs gefügten Flügeln der Sonne genähert hatte (109 ff.). Am Wasserfall des Phlegethon vorbei senkt sich der schwindelnde Flug zu den Qualen des achten Kreises (115-126), dem eines Jagdfalken vergleichbar, der, in die Luft geworfen, nach vergeblichem Warten auf Beute ohne Lockung mit dem Federspiel (dem künstlichen Bilde eines Vogels) zum Ärger des Falkners schließlich widerwillig niedergeht (127-132).

Achtzehnter Gesang

Verführer und Speichellecker | Übelbuchten, der achte Höllenkreis · Sein Plan · Die ersten beiden Gräben · Kuppler und Verführer, von Teufeln gepeitscht, Schmeichler, im Kot steckend

Der achte Kreis, in dem Geryon die Wandrer absetzt, Malebolge, die schlimmen Gräben, genannt (1), ist die unterste der sieben Ringterrassen. In ihrer Mitte öffnet sich, einem weiten Brunnenschachte gleich, der tiefste Schlund der Hölle, umgeben von zehn konzentrischen Ringgräben, die, in den nach der Mitte (XXIV, 37 ff.) abfallenden Felsgrund der Terrasse eingeschnitten, von felsigen, radial von der Umfassungswand zum Rande des Mittelschachtes verlaufenden Rippen gekreuzt und überbrückt werden (4-18).

In den zehn Gräben werden die verschiedenen Arten des Truges bestraft. Im ersten der gegen die weibliche Tugend verübte: Kuppler und Verführer werden, wie im Leben von ihrer unsaubren Gier, von gehörnten Teufeln durch Peitschenhiebe umhergehetzt, und zwar in zwei Reihen einander entgegen (25-39). Jede hält den Rechten Rand, wie es auf der Engelsbrücke zu Rom vorgeschrieben war, als im Jubiläumsjahre 1300 Scharen von Pilgern aus aller Welt dort hin und her fluteten (28 ff.): nach der Engelsburg (31 f.) und der Peterskirche auf dem rechten, nach dem Monte Giordano (32 f.), dem heutigen Palazzo Gabrielli, auf dem linken Tiberufer.

Im Zuge der ihnen entgegenkommenden Kuppler erkennt Dante den Bologneser Caccianimico, dem ein anscheinend widerspruchsvolles (57) Gerücht vorwarf, dem Markgrafen von Este, seinem Gönner, die Gunst seiner eigenen Schwester verkauft zu haben (55 ff.). Bemüht, seine Schande zu verstecken (46 f.), muß er auf das lebendige Wort in seiner Muttersprache (53 f.) die Schuld bekennen, die ihn in diese Pein gebracht hat (51: salse »Brühen« soll zugleich Spottname eines Richtplatzes oder Schindangers vor den Toren seiner Vaterstadt Bologna gewesen sein). Zugleich verrät er, wie viele seiner habgierigen Mitbürger hier die gleiche Sünde büßen: mehr, als zur Zeit in dem von den Apenninenflüssen Reno und Savena begrenzten Gebiete seiner Vaterstadt wohnen und die durch die Form sipa für si oder sia gekennzeichnete Bologneser Mundart sprechen (58-63).

Auf der ersten der radialen Felsrippen (16 ff.), die sie antreffen (68 ff.), überschreiten die Dichter den Graben, bleiben jedoch auf der Brücke zunächst stehen, um die mit ihnen bisher in gleicher Richtung laufenden Verführer zu betrachten (73-81). Unter ihnen zeigt Vergil seinem Schüler den Argonautenführer Jason (86 ff.), der, auf der Heimkehr von Kolchis in Lemnos landend, Hypsipyle, die Tochter des dortigen Königs Thoas – den sie bei dem allgemeinen Männermord heimlich gerettet hatte (92 f.) –, verführte und verließ, wie er später um Kreusas willen Medea die Treue brach (96). Im Gegensatz zu den Kupplern und den weiterhin mit ausgesuchter Verachtung behandelten Schmeichlern läßt der Dichter diesen antiken Don Juan noch in der Verdammnis als Helden auftreten (83 ff.).

Im zweiten Graben (103 ff.) wälzen sich die Schmeichler im Kot, sie, die sich im Leben durch Speichellecken beschmutzt und erniedrigt hatten. Von Alessio Interminei aus Lucca, dessen Kopf vom Kote so bedeckt ist, daß man nicht erkennen kann, ob er eine Tonsur trägt (116 ff.), kennt man nur den Namen, Thaïs (129 ff.) ist die berühmte Hetäre, die in Terenz' Eunuchen vorkommt. Die Schmeichelei, die Dante ihr (135) in den Mund legt, hat dort der Schmarotzer Gnaton, der Vermittler zwischen ihr und ihrem Liebhaber, zu sagen.

Neunzehnter Gesang

Fluch der Simonie | Dritte Kluft · Verschacherer von Gnadengütern, mit brennenden Füßen köpflings eingepfählt · Papst Nikolaus III. erwartet zwei seiner Folger · Strafrede wider die Simonie

Nach Simon, dem Magier (1), der in der Apostelgeschichte Paulus für die Kraft zur Übertragung des Heiligen Geistes Geld bietet, wurde bekanntlich der Handel mit Gnadengütern, insonderheit mit Kirchenämtern, wie überhaupt die Annahme und Gewährung irdischer Vorteile für geistliche Gaben Simonie genannt. Als Simonie galt den Eiferern für die Reinheit der Kirche schließlich jede Verquickung geistlicher und weltlicher Dinge. Dieser Mißbrauch, als ein an Gott und der Menschheit geübter Betrug, wird hier, im dritten Graben von Malebolge, gestraft (2 ff.) und von dem leidenschaftlichen Kämpfer gegen die Verweltlichung der Kirche mit flammender Empörung gerügt.

Die Füße von Flammen umzüngelt (25-30), stecken die Sünder hier kopfunter in Löchern, die in Menge nicht nur den Grund, sondern auch die Wände des Ringgrabens höhlen (13 ff.). Sie erinnern den Dichter an die Vertiefungen im Fußboden seines heimischen Baptisteriums San Giovanni, die dort, als Stand für die taufenden Priester, den Taufbrunnen umgaben (16 ff.). Er ergreift die Gelegenheit, die Beschädigung eines solchen zu rechtfertigen, die ihm anscheinend zum Vorwurf gemacht worden war, obwohl sie zur Rettung eines Menschenlebens diente (19 ff.). Sicheres ist über den Vorfall nicht zu ermitteln, wenngleich einer der alten Ausleger sogar den Namen des geretteten Knaben kennen will.

Die Strafe ähnelt der Todesart gedungener Meuchelmörder, die nach damaligem Brauche köpflings lebendig begraben wurden, wobei der Beichtiger, wenn ihn der Verbrecher in seiner Todesangst zurückrief, sich zu ihm, wie Dante zu dem Verdammten, herabbeugen mußte (49 ff.). Vielleicht soll die Simonie in ihrer Strafwürdigkeit dem Meuchelmorde verglichen werden. Jedenfalls entspricht die Lage, die das Oberste zuunterst kehrt und den Blick hoffnungslos vom Himmel abwendet, dem Frevel dieser Sünder, die, obwohl dem Himmel angelobt, seinen Dienst irdischem Vorteil unterordneten. Die Flamme, die ihre Füße umlodert, wird als ironisches Widerspiel zu dem von ihnen geschändeten Heiligenscheine oder zu der verleugneten Leuchte des Heiligen Geistes gedeutet.

Der Einfall, daß die Sünder gleicher Art, einer über dem andren, in diesen Löchern stecken und jeder neue Kömmling die Vorgänger weiter in die Tiefe hinabtreibt (73 ff.), ermöglicht dem Dichter, Lebende wie Tote an den Pranger zu stellen, und er wagt es, eine ganze Reihe von Päpsten dieses Mißbrauchs schuldig zu sprechen. Der, den er anredet (46 ff.), ist Nikolaus III. (Papst von 1277 bis 1281), aus dem Geschlechte der Orsini (70: orsa = Bärin), der als Schrittmacher des Nepotismus galt (70 ff.) und aus den von ihm zusammengerafften Schätzen den Aufstand wider Karl von Anjou in Sizilien unterstützte (98 f.).

Er hält (52 ff., 77 f.) den ihn ansprechenden Dichter für den Geist seines späteren Folgers Bonifaz VIII., dessen Ankunft er erwartet, aber erst nach Jahren: 1303 war Bonifatius' Todesjahr, das er entweder kraft der den Verdammten verliehenen Sehergabe (X, 100 ff.) im Buche der Zukunft oder schon auf Erden in der damals dem Joachim de Fiore zugeschriebenen Papstweissagung (Paradies XII, 140 f. und Bemerkung dazu) gelesen hat (54). Er weiß ihn verdammt, weil jener das Regiment der Kirche (56) durch Trug – angeblich durch Verleitung seines Vorgängers Cölestin zur Abdankung – erschlichen und dann durch Mißbrauch der geistlichen Gewalt für seine Haus- und Weltmachtgelüste, namentlich im Kampf mit den Colonna, geschändet hatte (56 f.; vgl. XXVII, 85 ff.).

Während mehrere seiner Vorgänger, gleichen Fehles schuldig, schon unter ihm in der Höhle stecken (73 ff.), erwartet der Verdammte nach Bonifaz VIII. Clemens V., der 1305 Papst wurde und 1314 starb (82 ff.*). Er war Erzbischof von Bordeaux, wurde durch Philipps des Schönen Einfluß gewählt, brachte die Kurie in dessen Botmäßigkeit, dem er auch den Templerorden preisgab, und verlegte ihren Sitz nach Avignon. Daher kommt er von Westen (83) und wird mit dem im zweiten Buche der Makkabäer als Kreatur des Antiochus gebrandmarkten Hohenpriester Jason verglichen (85 ff.). Von Zeitgenossen werden ihm Nepotismus und Pfründenverkauf, überhaupt Geldgier und Üppigkeit nachgesagt. Vor allem macht Dante ihm sein zweideutiges Verhalten gegen Kaiser Heinrich VII. zum Vorwurf (Paradies XVII, 82 ff.; XXX, 142 ff.).

In der von Empörung glühenden Strafrede 90 ff. wird dem Ämterschacher dieser habgierigen Päpste mit grimmer Ironie die apostolische Uneigennützigkeit entgegengehalten. Unter offenbar bewußter Umdeutung der Apokalypse wird das Bild der Hure, die dort das Römische Reich bedeutet, auf die nun entartete Kirche bezogen, den Hort der sieben Tugenden (oder Sakramente) und der Zehn Gebote, solange

* Nur 11 Jahre also hat Bonifaz († 1303) auf Ablösung durch Clemens zu warten, während Nikolaus selbst († 1280) im Jahre der Höllenfahrt schon 20 Jahre in seinem Spalte steckt (79 ff.).

ihr Bräutigam, der Seelenhirt, diese in Ehren hält (106-111). Die Habsucht der geistlichen Hirten wird als Abgötterei verdammt, der jedes Geldstück ein Götze ist (112 ff.), und die Gründung des Kirchenstaats, die sogenannte Schenkung Konstantins, – nicht zum letzten Male – als Wurzel all dieses Übels beklagt (115 ff.).

Zwanzigster Gesang

Rückwärts gewandte Seher | Vierte Kluft · Wahrsager und Zauberer, denen das Gesicht in den Nacken verdreht ist · Die Hexe Manto, Gründerin von Mantua

In der vierten Kluft Übelbuchtens wird die Zauberei gestraft. Sie muß als Arglist gelten, sofern sie übernatürliche Kräfte entweder trügerisch sich anmaßt oder wider die Natur und Gottes Willen erschleicht. Hauptschuldige dieser Sünde sind die Wahrsager, auf die auch die Strafe zugeschnitten ist: der Blick, der wider Gottes Willen in die Zukunft vorauszudringen strebte, wird gewaltsam rückwärts gekehrt (37 f.).

Angesichts dieser unheimlichen Verrenkung zeigt Dante wiederum unumwunden sein Mitleid mit den so Geplagten (19 ff.). Er wird deshalb von Vergil wegen Auflehnung gegen die göttliche Gerechtigkeit scharf zurechtgewiesen (27 ff.) und verschließt sich von nun an dem Erbarmen mehr und mehr.

Unter den Verdammten zeigen sich zunächst die Seher der klassischen Dichtung: Amphiaraus, einer der sieben Belagerer Thebens, der seinen Tod voraussah, aber, von seiner Gattin verraten, am Zuge teilnahm und vor den Mauern der Stadt von der Erde verschlungen wurde (31 ff.); Tiresias, der aus der Ödipussage bekannte thebanische Wahrsager, der nach Ovid zweimal das Geschlecht gewechselt hat, nachdem er zwei in Paarung begriffene Schlangen mit seinem Stabe geschlagen hatte (40-45); Aruns (46 ff.), ein etruskischer Vogelschauer, der in Lucans Pharsalia Cäsars Sieg weissagt; Eurypylus, mit dem durch Homer bekannten Kalchas zusammen Zeichendeuter des in Aulis zum Zuge gegen Troja sich einschiffenden Griechenheeres, Dante aus Vergils Äneis bekannt, die ihm Wort für Wort geläufig war (106-114).

Tiresias' Tochter, die Seherin Manto (52 ff.), gibt Vergil Anlaß zu einem seltsamen Exkurs über die Gründung seiner Vaterstadt Mantua, der sie den Namen gegeben haben soll (91 ff.). Nach ihres Vaters Tode habe sie Theben, die dem Bacchus geweihte, damals von Kreon unterjochte Stadt (59), verlassen und sich nach langer Wanderung in die Sümpfe des Mincio zurückgezogen, dessen Lauf und Quellgebiet nebst der Umgegend des Gardasees mit liebevoller Breite geschildert wird (61-81). Der Ort, den die Bischöfe von Trient, Brescia und Verona zu ihren Sprengeln rechnen (67 ff.), soll nach einigen die bekannte Isola di Garda sein. Der Rückgang der Einwohnerzahl von Mantua wird (94 ff.) auf die Kämpfe zurückgeführt, die gegen Ende des 13. Jahrhunderts zur Vertreibung des durch die Ränke Pinamontes de' Buonacorsi zu aufreizender Härte wider seine Gegner verleiteten Grafen Casalodi geführt hatten.

Michael Scotus (115 ff.), Hofastrolog Kaiser Friedrichs II., war als Schwarzkünstler weit berühmt, desgleichen Guido Bonatti (118), der im 13. Jahrhundert zu Forlì als Sterndeuter von sich reden machte. Asdente, ein Schuster zu Parma (118 ff.), war zu Dantes Zeiten als Wahrsager viel genannt.

Die Mahnung zum Aufbruch begründet Vergil (124 ff.) damit, daß der in der Nacht vor Antritt der Höllenwanderung noch volle* Mond – der Mann im Monde mit dem

* Diese Angabe stimmt nicht mit der Zeitberechnung im folgenden Gesange (XXI, 112 ff.), überein, wonach der letztvergangene Tag der

Dornbusch sollte nach damaligem Volksglauben der geächtete Kain sein – hinter Sevilla, den westlichen Horizont berührend, gerade ins Meer tauche. Da der Vollmond bei Sonnenaufgang untergeht, ist es also die Morgenstunde des zweiten Tages.

Einundzwanzigster Gesang

Die Gauner im Pech und die Grimmetatzen | Der fünfte Graben ist ein Pfuhl siedenden Pechs, das brodelnd und Blasen treibend an die Pechpfannen zum Kalfatern der Schiffe in Venedigs berühmtem Arsenal erinnert (7 ff.). In diesem Bade schmoren, von den Hakenspießen ihrer höllischen Schergen, der Grimmetatzen, bedroht und, wenn nötig, in den schwarzen Sud untergetaucht (50-57), die Gauner, die auf Erden – 53 f. wird höhnisch darauf angespielt – im trüben zu fischen gewohnt waren. Baratteria (41), eigentlich Tauschhandel bedeutet weiterhin Betrug und im besonderen Unredlichkeit im Amte: Bestechlichkeit, Ämterschacher und dergleichen.

Der ungenannte Sünder, der (34 ff.) für diese Schuld der Strafe überantwortet wird, ist ein Ratsherr aus Lucca, wo um die Mitte des 13. Jahrhunderts die später heiliggesprochene, schon zu Dantes Zeiten dort wie eine Heilige verehrte Magd Zita (38) gelebt hat. In ihrer Stadt scheint der Brauch, für Geld das Recht zu beugen (40-42), besonders im Schwange gewesen zu sein. Bonturo Dati, der (41), offenbar ironisch, der einzige Unbestechliche genannt wird, war ein

Todestag des Heilands war. Offenbar hat Dante sich nach den Epakten, den kirchenamtlichen Festsetzungen des Osterdatums, gerichtet, die im Jahre 1300 den tatsächlich auf den 4./5. April fallenden Frühjahrsvollmond infolge ungenauer zyklischer Berechnung auf die Nacht vor dem 8. April, dem Karfreitag, ansetzen.

einflußreicher Parteiführer und Würdenträger, dem überdies törichte Anmaßung bei auswärtigen Verhandlungen nachgesagt wird. Das santo volto (48) ist ein altbyzantinisches Heilandsbild aus Zedernholz, das nach der Legende von Nikodemus stammt und noch heute in einem Tabernakel des Doms zu Lucca hoch verehrt wird. Serchio (49) heißt der Apenninenfluß, dessen klares Wasser unweit der Stadt ihr Gebiet durchströmt.

Die Grimmetatzen, wie alle höllischen Geister, widersetzen sich dem Eindringen der Wandrer und werden wiederum durch Vergils Berufung auf seine himmlische Sendung gefügig gemacht (67-87). Aber ihre Haltung bleibt drohend (92-102). Sie erinnert Dante an den von ihm selbst miterlebten feindseligen Empfang der pisanischen Besatzung, die das Kastell Caprona den Belagerern aus Florenz und Lucca gegen freies Geleit übergeben hatte (94 ff.). Der Häuptling Malacoda verhütet zwar tätliche Angriffe (103 ff.), gibt den Dichtern sogar Geleit mit auf den Weg (115-126), aber nur, um sie zu überlisten. Mit Recht zwar widerrät er die Fortsetzung des bisherigen Weges, weil der Bogen, der in seinem Zuge den sechsten Graben überbrückt hatte, in Trümmern liegt (106 ff.). Aber seine Angabe, daß die Brücke zur Linken unversehrt sei (111), erweist sich (XXIII, 133 ff.) als Lüge. Das Erdbeben beim Tode* des Heilands (112 ff.) hat alle Brücken über diese Kluft zugleich mit der Wand im siebenten Kreise (XII, 37 ff.) zum Einsturz gebracht. Die Zeichen, welche die Teufel sich machen (131 f., 137 f.) und die Dantes Furcht diesmal richtiger deutet als

* Christi Tod ist im Jahre 1300, da er nach der Überlieferung im 34. Lebensjahre starb, 1266 Jahre her. Seine Todesstunde ist nach den Evangelien die neunte, das ist drei Uhr nachmittags. Nach Vers 112 bis 114 ist es also zehn Uhr vormittags am Tage nach dem Karfreitag des Jahres 1300.

Vergils Zuversicht (127-135), verraten schon die Absicht, den Eindringlingen an dieser Wegsperre einen Streich zu spielen.

Zweiundzwanzigster Gesang

Die Teufelshetze | Staunend vergleicht Dante das am Schlusse des vorigen Gesanges von dem Häuptling der Teufelsrotte gegebene obszöne Marschsignal mit den in Kriegsheeren üblichen Zeichen (1-12; zu seiner Zeit wurden dazu auch die auf den Bannerwagen aufgehängten Glocken benutzt; in den Vers 4 erwähnten Kämpfen mit den Gibellinen von Arezzo, die in der Schlacht von Campaldino von den Florentinern besiegt wurden, hat er selbst mitgefochten). Der schalkhafte Scheinernst dieser Gegenüberstellung leitet mit dem burschikosen Sprichwort Vers 14 f., nachdem schon im vorigen Gesange der grimmig derbe Humor der Hölle anklang, zu dem grotesken Auftritt mit dem von den Grimmetatzen beim Auftauchen aus dem Pech ertappten Gauner über, der schließlich die Teufel der Arglist selbst überlistet (31-151).

Dieser ungetreue Amtmann des Königs von Navarra (48 ff.) soll Giampolo geheißen haben und von großem Einfluß gewesen sein, ehe seine Unredlichkeit an den Tag kam. Seine beiden Leidensgefährten (79-90), über deren geschwätzigen Lokalpatriotismus er sich aufhält, sind Sardinier, aus Gallura und Logodoro, zweien der vier Gerichtsbezirke, in welche die Insel unter pisanischer Herrschaft geteilt war. Fra Gomita soll das Vertrauen seines Herrn, des Richters Nino Visconti (Fegfeuer VIII, 47 ff.), lange mißbraucht haben (82 ff.), bis er entlarvt und gehenkt wurde. Michael Zanche war König Enzios Seneschall und durch Heirat mit seiner Witwe Richter von Logodoro. Diese Ehe soll ihm vielleicht als Erbschleicherei angerechnet werden. Im übrigen wissen wir von ihm nur, daß er von seinem Schwiegersohn Branca d' Oria beim Gastmahl ermordet wurde (XXXIII, 137-147).

Um dem Gauner zur Auskunft Frist zu verschaffen, muß der Oberste der Teufel immer wieder die Ungeduld seiner Genossen dämpfen, die dem Gefangenen mit ihren Hakenspießen zu Leibe wollen (55 ff., 70 ff., 91 ff.). Schließlich täuscht der Schelm sie durch die Vorspiegelung, noch mehr seiner Leidensgefährten heranlocken und den Schergen in die Hände liefern zu wollen (97-105). Obschon mißtrauisch gemacht (106 ff.), folgen sie seinem Rate und wenden ihm, der Mißtrauischste an der Spitze, den Rücken, um Deckung zu nehmen (112-120). Im gleichen Augenblick entspringt der Gefangene (121 ff.) und verschwindet im Pech, ehe der Teufel, der, auf die Schnelligkeit seiner Flügel vertrauend, zu dem Versuch geraten hatte (112 ff.) und ihm schuldbewußt (125) nacheilt, ihn erhaschen kann (126 ff.). Zur Veranschaulichung der vergeblichen Verfolgung dient wieder ein Bild aus der Falkenjagd (130 ff.). Auch der »Wildfang-Sperber« (139) ist ein Jagdfalke, und zwar, im Gegensatz zu dem ausgenommenen Nestling, ein im flüggen Alter gefangener Vogel, der schwerer zu zähmen, aber als kühner Jäger besonders geschätzt war.

Nach seinem Mißerfolg gerät der Verfolger selbst mit dem über die leichtsinnige Preisgabe der Beute erbosten Gefährten in Streit, der mit dem Sturz beider Kampfhähne in den Pechsee endet und den Dichtern Gelegenheit zum Entweichen gibt (133-151).

Dreiundzwanzigster Gesang

Die Strafe der Heuchelei | Flucht vor den Grimmetatzen und Abfahrt zur sechsten Kluft · Heuchler in goldglänzenden Kutten von Blei · Zwei »Brüder vom lustigen Leben« · Kaiphas, der Hohepriester, gekreuzigt am Boden · Malacodas Lüge kommt zutage

Das eben erlebte Abenteuer beschäftigt den Dichter, während er schweigend, wie wandernde Minoritenmönche, seinem Meister folgt (1 ff.). Er wird durch den Zwist, bei dem beide Raufer zu Schaden kamen, an die Fabel (4 ff.) erinnert, in der sich der Frosch die Maus tückisch ans Bein bindet, um sie zu ersäufen, dann aber mit ihr vom Geier geholt wird. Dabei überkommt ihn die Furcht vor der Rache der Teufel, die ihr Mißgeschick im Grunde ihm selbst und seinem Wunsche nach Verhörung des ertappten Gauners zu verdanken haben (13 ff.). Vergil, der wie immer in der Seele seines Schützlings liest (25 ff.) und bereits die gleiche Sorge hatte (28 f.), entschließt sich zur Flucht in die sechste Kluft (30 ff.), wohin die Grimmetatzen nicht folgen dürfen (54 ff.), und erreicht sie in raschem Niedergleiten mit Dante in dem Augenblick, als die Verfolger, ihnen bereits auf den Fersen, am Rande des Grabens erscheinen (33-53).

Die Heuchler, die hier büßen (91 ff.), schleppen sich, von der Last ihrer vergoldeten bleiernen Kutten erdrückt, matt und weinend, schweren Schrittes vorwärts (58 ff.). An Schwere übertrifft ihr Gewand den Bleimantel, in dem Kaiser Friedrich II. nach einem von seinen Feinden aufgebrachten Gerücht die Majestätsverbrecher verbrannt haben soll (65 f.). Der Schnitt dieser Kutten und ihrer tief ins Gesicht fallenden Kapuzen gleicht der Tracht der Mönche eines

Kölner Klosters (61 ff.), denen zur Strafe ihres Hochmutes ein besondres Büßerkleid vorgeschrieben worden sein soll. In ihrem trügerischen Goldglanz (64) versinnbildlicht die Mönchskutte die falsche Frömmigkeit, welche die Heuchler im Leben zur Schau getragen haben und auf die auch die Schminke ihrer Wangen (50) deutet; durch das Bleigewicht, das die Träger wie eine überlastete Waage stöhnen läßt (102), wird das Symbol ihrer Sünde zum Werkzeug ihrer Strafe.

Die beiden Kuttenträger, die Dante an seiner Atmung als Lebenden (88 f.) und an seiner Mundart (76, 91) als Toskaner erkennen, sind Catalano de' Catalani und Loderingo degli Andalò aus Bologna. Sie gehörten dem Orden der Cavalieri di Santa Maria an, dessen Brüder sich dem Kampfe gegen Unglauben und Unbill aller Art gelobten, aber durch keine strenge Regel banden und wegen ihres Weltlebens frati godenti (103) genannt wurden. Der erste war Welfe, der andre Gibelline. So wurden die beiden bewährten Männer, um zwischen den Parteien zu vermitteln – wider den Brauch (105 f.) gemeinsam –, zum Amte des Podestà oder Conservatore di pace (106) nach Florenz berufen, als dort nach Manfreds Fall bei Benevent die Welfen sich wieder zu erheben begannen. Mit der Zeit sollen jedoch beide Partei für die Welfen genommen haben, die nun die Oberhand gewannen, die Gibellinen, vorweg die Uberti (X, 83 ff.), vertrieben und deren Burgen am Gardingo (107 f.) – beim heutigen Palazzo vecchio – zerstörten. Dieses Verhalten wird auch in Villanis Chronik Heuchelei gescholten. Vielleicht scheint Dante schon ihr Orden als solcher der Heuchelei verdächtig, auf die auch der Spitzname »Brüder Lustig« hindeutet.

Eben will Dante dem Sünder antworten (109) – schwerlich, obgleich das abgebrochene Wort an Äußerungen des Mitleids (wie V, 116 f.; VI, 58 f.) anzuklingen scheint, mit dem Ausdruck seiner Teilnahme, die ihm erst kürzlich (XX, 27 ff.) so streng verwiesen wurde und die er Schädlingen, wie diese ihm scheinen, kaum entgegenbringen konnte; eher mit einem Ausrufe des Staunens über die wohlverdiente Strafe –, da überrascht ihn ein neues Gesicht: Kaiphas, der Hohepriester, dessen Wort, es sei besser, daß ein Mensch sterbe, denn daß das ganze Volk verderbe (116 f.), Jesu Tod entschied, muß mit den übrigen Pharisäern und Schriftgelehrten vom Hohen Rat (121 ff.), am Boden hingestreckt, die Marter leiden, die sie dem Heiland bereitet haben (110 ff.). Zudem werden diese obersten und Erzheuchler hier von allen Genossen ihrer Sünde unter die Füße getreten (119 f.).

Auch Vergil staunt den Gekreuzigten an (124 ff.), der bei seiner letzten, kurz nach dem eignen, also vor Christi Tode unternommenen Höllenfahrt (IX, 22 ff.) noch am Leben war. Er fragt nun nach einem Auswege (127) und erfährt zu seinem Verdrusse (139 ff., 145 f.), daß Malacodas Auskunft, die nächste Felsbrücke sei gangbar (XXI, 109 ff.), eine Lüge war (136). Aber gerade ihre Trümmer machen, eine böschende Blockhalde bildend, das Erklimmen der Grabenwand möglich (137 f.).

Vierundzwanzigster Gesang

Diebe und Schlangen | Aufstieg aus der sechsten Kluft und Überschreitung der siebenten · Diebe, den Schlangen gesellt · Vanni Fucci, der Kirchenräuber, und seine Unheilsverkündung

Vergils Unwille über die aufgedeckte Täuschung hatte Dante erschreckt wie den um die Erhaltung seiner Herde besorgten Landmann der Reif eines Vorfrühlingsmorgens (1 ff.), den er für Neuschnee (5) hält. Aber wie der Bauer sich rasch beruhigt, wenn die Sonne, kaum aufgegangen, das trügerische Weiß wegtaut (12 ff.), so tröstet ihn wie bei der ersten Begegnung (20 f.) ein gütiger Blick des Meisters. Wägend und wagend zugleich (25 ff.), hilft dieser ihm bei dem schwierigen Aufstieg über die Trümmerhalde. Gleichwohl kommt Dante nur mit Mühe hinauf (31 ff.), nur dank der geringeren Höhe dieses Abhanges (34 ff.): da die achte Terrasse nach der Mitte abfällt, muß in jedem der zehn Ringgräben der innere Rand niedriger sein als der äußere (37 ff.). Oben angelangt, ist er so erschöpft (43 ff.), daß nur auf eindringliche Mahnung Vergils (46 ff.) das Aufgebot aller Willenskraft (58 ff., 64) ihn auf dem beschwerlichen Wege zum Brückenbogen über den siebenten Graben weitertreibt (61 ff.). Da er von dessen Scheitelpunkt in der dunklen Kluft nichts sehen und nur verworrene Laute hören kann (65-71), führt ihn Vergil auf seine Bitte vom Felsgrat hinab zum inneren – niederen – Rande der Kluft (72-80), von wo er das Gewimmel der Schlangen und die von ihnen gequälten und verfolgten Sünder erkennt (82 ff.).

Diese Verdammten, die weder entrinnen noch durch den Zauber eines unsichtbar machenden Steines sich bergen können (92 f.), sind die Diebe. Die Schlange, im Volksglauben Hüterin geheimer Schätze, scheint als solche zur Ahndung des Diebstahls berufen. Zugleich verkörpert das giftige, schleichende Gewürm Falschheit und Tücke und kann so als tierisches Spiegelbild des hinterlistigen Entwenders fremden Gutes gelten. Dementsprechend werden die Diebe hier nicht nur von Schlangen gepeinigt (94 ff.), sondern – im nächsten Gesang – selbst in Schlangen verwandelt und mit ihnen zu unheimlichen Zwittergeschöpfen verschmolzen.

Der Sünder, der infolge des Schlangenbisses in Flammen

aufgeht (97 ff.) und aus der Asche phönixgleich (106 ff.), aber nur zu neuer Qual aufersteht (103 ff.), ist Vanni Fucci, Bastard (daher Maultier, 125) eines Edelmannes aus Pistoja, Anhänger der dortigen schwarzen Partei und wegen Gewalttätigkeit übel berufen (124, 129). Er soll dort aus der reichen Sakristei von San Jacopo Kirchengerät gestohlen und im Hause des angesehenen Notars Vanni della Nona versteckt haben, der deshalb mit anderen Verdächtigen hingerichtet wurde (137 ff.).

Dem Bekenntnis dieser Schandtat sucht er auf Vergils Frage durch das zynische Eingeständnis seiner offenbar ohnehin allbekannten Roheit (124 ff.) auszuweichen. Erst als Dante sich in seinem Einwand (128 f.) darüber unterrichtet zeigt, daß in diesem Kreise andre Schuld geahndet wird, gesteht er sie widerwillig ein (132 ff.), vergällt aber (140 ff., 151) dem politischen Gegner die Genugtuung, ihn um diese Tat in dieser Verdammnis zu sehen, durch Prophezeiung der Niederlage seiner Partei (144 ff.). Die Weißen in Pistoja vertrieben mit Hilfe der gleichnamigen, ihnen verbündeten Florentiner Partei im Jahre 1301 die Schwarzen (143). Aber noch im gleichen Jahr wurde die Herrschaft der Weißen in Florenz durch Karl von Valois gestürzt (144). Nun führten die dortigen Schwarzen im Bunde mit Lucca unter Führung Moroello Malaspinas aus Valdimagra (145 ff.) ihre Parteigenossen unter blutigen Kämpfen nach Pistoja zurück. Campo Piceno (148) wird die Feldmark von Pistoja anscheinend nach einer mißverstandenen Stelle im Sallust genannt.

Fünfundzwanzigster Gesang

Verwandlungen | Vanni Fuccis Lästerung und Strafe · Cacus · Schlangen und Diebe, miteinander verwachsend und die Gestalt tauschend

Als Vanni Fucci seine Unglücksweissagung mit einer unflätigen Handbewegung gegen den Himmel endet (1 ff.), wird er von Schlangen am Weiterreden gehindert und wieder, wie zuvor (XXIV, 94 ff.), gefesselt (5 ff.). Seine Frechheit, die den Trotz des Kapaneus überbietet (15; XIV, 51 ff.), entlockt dem Dichter einen Weheruf über das seiner Vaterstadt feindliche Pistoja, dessen Frevel ihm noch ärger scheinen als die seiner Gründer, die nach der Sage die Überlebenden der geschlagenen Katilinarier waren (10 ff.).

Der Sünder entweicht vor dem ihm nachspürenden Cacus (16 ff.), dem in der Äneis erwähnten, von Herkules erschlagenen Rinderdieb, den Dante aus einem Zwitter von Mensch und Satyr zum Zentauren macht, den er aber von den Gefährten, die den Blutstrom im siebenten Kreise bewachen, seiner Diebereien halber absondert (25-33).

Dann treten nach und nach fünf namhafte Zeitgenossen und Mitbürger Dantes auf, die teils aus Menschen in Schlangen, teils aus Schlangen in Menschen sich verwandeln, teils mit Schlangen zum Zwittergebilde verschmelzen. Dabei zeigt sich, daß die den Graben bevölkernden Schlangen selbst, mindestens zum Teile, bereits verwandelte Diebe sind.

So erscheint der von seinen drei Gefährten (35 ff.) vermißte Cianfa Donati (43) alsbald als sechsfüßiger Drache, der sich auf den einen von ihnen, Agnello Brunelleschi, stürzt und mit ihm zu einem Mißgeschöpf, halb Mensch, halb Drache, verwächst (49-78). Die Schlange, die dem zweiten den Nabel durchsticht (85) und dann mit ihm die Gestalt tauscht (88-135), erweist sich, Mensch geworden, als Francesco Cavalcanti, genannt Guercio, der Schielende. Er wurde zu Gaville im Toskanischen erschlagen, dessen Bewohner die Blutrache zu fühlen bekamen (151). Sein Widerpart, der in Schlangengestalt verwandelte Sünder, hinter dem er schadenfroh ausspuckt (138) und den er Buoso nennt (141), soll entweder ein Abati oder ein Donati gewesen sein. Der letzte, Unverwandelte des Kleeblatts wird als Puccio Galigajo, genannt Sciancato, der Lahme, erkannt (148).

Von diesen fünfen kennen wir nicht viel mehr als die Namen, die sie als Glieder der stolzesten Geschlechter von Florenz erweisen. Die alten Ausleger beschuldigen sie sämtlich, sich schamlos an fremdem Eigentum, zumeist an Staatsgut, vergriffen zu haben.

Die bei aller Phantastik unvergleichliche Anschauungskraft beweisende Darstellung dieser Wunder, deren unerhörte Kühnheit den Dichter selbst bedenklich macht (46 ff., 143 f.), läßt nicht nur zahlreiche Anklänge an antike Muster erkennen, sondern verrät den Ehrgeiz, diese klassischen Vorbilder, sowohl Lucan wie Ovid, zu überbieten (94 ff.). Ersterer schildert in seiner Pharsalia den grausigen Tod zweier auf dem Marsch durch die Libysche Wüste von Schlangen gebissener Soldaten aus Catos Heere, und zwar den des Sabellus ganz ähnlich wie die Strafe Vanni Fuccis (XXIV, 100 ff.); letzterer beschreibt in den Metamorphosen die Verwandlung Kadmus', des Gründers von Theben, in einen Drachen und der vom Flußgott Alphëus verfolgten Nymphe Arethusa in eine Quelle.

Sechsundzwanzigster Gesang

Irrlichter der Vernunft · Odysseus' Todesfahrt | Weheruf über Florenz · Die achte Bucht · Ränkeschmiede, in Flammen gehüllt · Diomedes und Odysseus · Dessen letzte Irrfahrt

Mit bitterer Ironie beglückwünscht Dante (1 ff.) seine Vaterstadt zu den fünf Söhnen ihrer ersten Häuser, die er unter den Dieben angetroffen hat. Nach den Gesichten seiner Morgenträume – die schon das Altertum für prophetisch hielt – sieht er die Vergeltung kommen, so schwer, wie die eifersüchtigen Nachbarn, von den offenen Feinden nicht zu reden, sie nur wünschen können (7 ff.). Wie man eine lang gefürchtete Entscheidung schließlich herbeiwünscht, weil die Ungewißheit noch unerträglicher wird, so hofft er, daß der unvermeidliche Zusammenbruch nicht allzu lange säumen möge, zumal der Mensch mit dem Alter gegen Schicksalsschläge immer weniger widerstandsfähig wird (10 ff.).

Die Wanderer ersteigen zunächst die Felsrippe wieder, von der sie (XXIV, 79 ff.) herabgestiegen waren (13 ff.), und dieser folgend dann die achte der immer steiler sich wölbenden Klippenbrücken (16 ff.). In der achten Kluft sieht Dante, Glühwürmchen gleich, schwebende Feuerflammen schwärmen (25 ff.). Wie der Prophet Elisa – dessen Verspottung nach der Bibel Bären, die Spötter zerreißend, rächten – den seinen Meister Elias gen Himmel entführenden Feuerwagen zuletzt nur noch als Flamme sah, so lassen auch diese Flammen die in ihrer Hülle büßenden Sünder nicht erkennen (34-42).

Es sind die üblen Ratgeber, die von ihren Geistesgaben

bösen Gebrauch gemacht haben. Die mit ihren Zungen nach dem Bibelwort groß Feuer entzündet haben, sind nun in Feuerzungen gehüllt; wie sie das gottgegebene Licht der Vernunft mißbraucht haben, treiben sie hier als lebende Irrlichter ihr Unwesen fort. Mißbrauch der Vernunft aber scheint unserem Dichter jeder Gebrauch, der nicht von Tugend gelenkt ist (22 ff.): außer Ränken aller Art auch der ungezügelte, statt auf gottgewollte Ziele nur auf die eigne Befriedigung gerichtete Wissensdurst, der schon im Paradies als Begier nach der Frucht vom Baum der Erkenntnis Adams Fall verschuldete und von dem er selbst sich nicht frei weiß (21 ff.).

Verkörperung dieses sündhaften Erkenntnisdranges, zugleich das Urbild aller Ränkeschmiede ist für Dante der listenreiche Held der Odyssee. Odysseus brennt mit Diomedes, dem Waffengefährten und Gehilfen seiner Anschläge, zusammen (55 ff.) in einer Flamme, deren gespaltene Zunge Dante an den Leichenbrand der im Zweikampf miteinander gefallenen Zwillingssöhne des Ödipus, Eteokles und Polynikes, erinnert (52 ff.): nach Statius' Thebaïs soll sich noch die Flamme über dem Scheiterhaufen der feindlichen Brüder geteilt haben.

Den beiden Griechenhelden rechnet die Abneigung des Lateiners – deren Gegenseitigkeit (72-75) als selbstverständlich vorausgesetzt wird und die Vergil nur durch Berufung auf seine beider Ruhm verbreitende Dichtung (80 ff.) zu überwinden vermag – als besondere Schuld die Listen an, die Troja, durch Äneas die Mutter Roms, zu Fall gebracht haben: die Entdeckung und Werbung Achills für den Feldzug, der ihm und durch den Gram darüber seiner Gespielin Deidamia den Tod brachte (61 f.); den Raub des Athenebildes, an dem Ilions Schicksal hing (63); vor allem den Bau des hölzernen Pferdes, das mit den Bewaffneten im Bauche von den betörten Trojanern durch das erweiterte Stadttor eingeholt wurde, aus dem nach der Eroberung Äneas mit den Seinen zur Gründung des neuen Reiches in Italien auszog (58 ff.).

Odysseus aber für sein Teil büßt noch die Sucht, alles zu wissen, auch das, was Gott den Menschen verborgen hat (97 ff., 114 ff.). Wie die Verdammnis dankt er dieser Vermessenheit auch seinen Tod (83 f.). Nach seiner Abfahrt von Circes Insel – Cap Circeo bei der Stadt Gaëta, die nach Vergil von Äneas nach dem Namen seiner Amme getauft wurde (93) – läßt Dante ihn eine Erkundungsfahrt über die Säulen des Herkules hinaus (107 ff.) nach der südwestlichen Halbkugel antreten. Diese ist nach Annahme seiner Zeit unbevölkert (117), vom Weltmeer bedeckt, aus dem als Gegenpol zu Jerusalem der Läuterungsberg zum Himmel ragt (133 ff.). An dessen Küste, die zu betreten Gottes Wille (141) dem Heiden wehrt, muß das Fahrzeug des ruhelosen Schiffers scheitern (139 ff.).

Diese romantische Odyssee, ihrer Idee nach und in ihrem geheimnisvollen Reize Dantes Eigentum, hält sich nicht an die antike Überlieferung und setzt sich namentlich mit dem jener Zeit nur aus zweiter Hand bekannten Gedicht Homers mehrfach in Widerspruch. In der Odyssee segelt der Held bekanntlich von Circes Insel weder auf Entdeckungen aus noch unmittelbar zu den Seinen nach Hause, sondern muß noch zahlreiche Abenteuer bestehen, die seinen sämtlichen Gefährten das Leben kosten, während Dante sie mit ihm zugleich untergehen läßt. Der ihm hier angedichtete Drang in die Fernen steht überhaupt in scharfem Gegensatz zu dem Heimweh, das die Grundstimmung von Homers ganzem Gedichte ist.

Siebenundzwanzigster Gesang

Guido von Montefeltro | Die Worte, mit denen Vergil den Griechenhelden verabschiedet (3), wecken durch ihre lombardische Klangfarbe (20f.) – die der oberitalienischen Mundart eigenen Ausdrücke: issa = itzt und aizzo = heische, sollen anscheinend seine Herkunft aus Mantua (I, 67ff.) andeuten – in einem anderen Sünder den Wunsch, von seiner Heimat zu hören (28 ff.). Das Verlangen wird am Knistern der Flamme erkennbar (6), denn die Stimme der in den Irrlichtern steckenden Geister spricht, ehe sie aus der flackernden Zunge den Ausgang gefunden hat, die Sprache des Feuers (13 ff.; vgl. XXVI, 85 ff.). So erinnert die tönende Flamme Dante an den ehernen Stier (7 ff.), den Peryllus für den Tyrannen Phalaris von Agrigent auf Sizilien gebildet hatte: er war zur Verbrennung Verurteilter bestimmt, deren Wehgeschrei aus seinem Munde wie das Brüllen eines lebenden Stiers klingen sollte. Der erste Versuch wurde mit dem ruchlosen Künstler selbst gemacht, dem Dante (8) – wie schon Ovid in der Ars amandi – diesen gerechten Lohn seiner Hartherzigkeit gönnt.

Dem Landsmann läßt Vergil durch Dante selbst Auskunft geben (33). Er berichtet ihm nach Verlangen (28) von der Lage in der Romagna, dem Gebiet der heutigen Bezirke Bologna, Ferrara, Forlì und Ravenna. Die in den Städten dieser Landschaft herrschenden Geschlechter, obwohl in steter Feindschaft untereinander und mit den Gegenparteien am gleichen Ort, lagen damals um die Jahrhundertwende gerade nicht in offener Fehde (36ff.). Ravenna mit dem benachbarten Cervia stand seit langem unter der Herrschaft der Polenta, deren Wappen den Adler zeigte (40ff.). Zu Forlì – dessen Bürger nach fünfjähriger Belagerung (im

Jahre 1282) durch eine Kriegslist ihres Capitano Guido von Montefeltro (des Fragers selbst) dem großen französisch-päpstlichen Heere ein schreckliches Blutbad bereitet hatten – geboten die Ordelaffi, die einen halben Löwen in Grün im Wappen führten (43 ff.). Rimini war schon lange von den Malatesta von Verrucchio unterworfen, die, wie es scheint, einen Rüden im Wappen hatten. Nicht deshalb nur, auch wegen ihrer Grausamkeit – Malatesta der Ältere und sein einäugiger, nicht minder verrufener Sohn Malatestino (XXVIII, 85 ff.), Schwiegervater und Schwager der unglücklichen Francesca (V, 97 ff.), ließen nach Vertreibung der Gibellinen eins ihrer Häupter, Montagna di Parcitade, im Kerker ermorden – werden sie Bluthunde (mastin) genannt (46 ff.). Faenza am Lamone und Imola am Santerno waren den Pagani untertan, deren Wappen ein blauer Löwe im weißen Felde war; Maghinardo Pagano, genannt Demonio (Fegfeuer XIV, 118 ff.), wird politisch unzuverlässig gescholten, weil er trotz seiner gibellinischen Abstammung, je nach seinem Vorteil, gelegentlich auf die Seite der Welfen trat (51). In Cesena am Savio konnte keins der um die Herrschaft streitenden Geschlechter sich dauernd am Ruder halten (52 ff.).

Der Frager, der sich schon zu Beginn (29 f.) als Sohn des Berglandes westlich von Urbino bekennt, ist Graf Guido von Montefeltro, eben jener Verteidiger von Forlì. Großer Kriegsheld, besonders durch seine Verschlagenheit berühmt (75 ff.), war er noch in vielen anderen Fehden im letzten Viertel des 13. Jahrhunderts siegreicher Führer der Gibellinen in der Romagna und, nach deren Unterwerfung unter päpstliche Oberhoheit durch Martin IV., Feldhauptmann Pisas gegen dessen welfische Gegner. Zweimal wurde er gebannt, machte aber schließlich seinen Frieden mit der Kurie und ging zwei Jahre vor seinem Ende ins Kloster (79-83).

Kurz vor seinem Tode nahm Papst Bonifaz VIII. in seinem Streit mit dem Hause Colonna seinen Rat in Anspruch (85 ff.). Die mächtige Sippe, die ihre Burg nahe am Lateran hatte (86), war in blutigen Straßenkämpfen geschlagen, leistete aber in ihrem Felsennest Palestrina (102) in den Sabinerbergen zähen Widerstand. Nach anfänglichem Weigern soll der alte Fuchs dem Papste zur List geraten haben, zum Vertragsbruch (110), der ihm in der Tat den Stützpunkt seiner Gegner in die Hände spielte.

Dieser Ratschlag hat dem Grafen trotz seiner Buße, trotz vorheriger päpstlicher Absolution (101 ff.) seiner Seele Seligkeit gekostet. Wie wenig zu ihrer Rettung fehlte (69, 84), kommt darin zum Ausdruck, daß sie nicht nach der Fegfeuer XXV, 85 ff. erwähnten Regel unmittelbar nach dem Tode zur Hölle fährt. Als ob die Waage des Richters noch schwanke, entbrennt Streit um sein ewiges Teil. Aber sein Ordensheiliger Franziskus (112 ff.) kann ihm nicht helfen und muß der überlegenen Logik (123) des Teufels weichen – der dadurch (113) als höllischer Widerpart der Cherubim, der Träger himmlischer Weisheit, erscheint –; denn Absolution ohne Reue ist wirkungslos (118 ff.).

Dies alles bekennt der Verdammte, im Vertrauen, daß der Zuhörer ein eben verstorbener Leidensgefährte sei, der seine Schande nicht mehr auf der Erde werde verkünden können (25, 61 ff.), – in diesen Tiefen vermögen, wie sich in allen folgenden Kreisen zeigen wird, die Verdammten nicht mehr wie die in den oberen Ringen, wie zum Beispiel noch Vanni Fucci (XXIV, 141), den Lebenden in Dante zu erkennen. Sie wünschen auch nicht mehr, sondern fürchten, der Schande halber, das Fortleben ihres Namens. Der Bericht ist eine bittre Anklage gegen den Verführer, »das Haupt der neuen Pharisäer« (85), der, statt gegen Ungläubige, gegen gute Christen kämpft, Christen, die den Sarazenen weder mit den Waffen noch durch Lieferungen – die bei Strafe des Bannes verboten waren – Vorschub geleistet hatten (87 ff.); der in seiner Machtgier vergaß, was sein eigenes Amt von ihm und was von dem Grafen das Ordenskleid des heiligen Franz verlangte, dessen Träger, wenigstens in der guten Zeit des Ordens, sich strenger Entsagung weihten (93); der von dem Büßer Rat zur Befriedigung seiner Herrschsucht forderte (96 ff.), wie nach der Legende Kaiser Konstantin den in eine Höhle am Soracte geflüchteten Papst Sylvester auf ein Traumgesicht hin zur Heilung seines Aussatzes holen ließ (94 f.), um sich dann zu bekehren und die bekannte Schenkung zu stiften.

Achtundzwanzigster Gesang

Säeleute der Zwietracht | Neunte Kluft · Zwietrachtstifter, vom Schwerte eines Teufels zerfleischt · Mahomet und Sektengründer · Anstifter zum Bürgerkrieg · Bertran de Born, der Erzaufwiegler

Im neunten Graben Übelbuchtens werden die arglistigen Zwietrachtstifter zur Vergeltung selbst in Stücke gehauen. Ihr Rundgang führt sie an einem Teufel vorbei, dessen Schwert ihnen gräßliche Wunden schlägt, jedesmal neue, da die alten sich auf dem Wege von einer zur anderen Begegnung schließen (34-42).

So fließt hier mehr Blut, als selbst auf dem vielumkämpften Boden Apuliens (Unteritaliens) in all den Schlachten seit den Samniterkriegen der – Vers 10 wie öfters als Abkömmlinge Trojas bezeichneten – Römer bis zum Untergang der Hohenstaufen vergossen worden ist (7-21). Die endlosen Kriege (10-12) sind die Punischen mit der Schlacht von Cannä, in der nach Livius so viel römische Ritter gefallen sind, daß ihre Ringe mit Scheffel gemessen wurden; unter Robert Guiscard eroberten die Normannen Unteritalien (13 f.); bei Ceperan, kurz vor der Schlacht von Benevent, die dem Staufer Manfred Reich und Leben kostete, war der Graf von Caserta mit anderen apulischen Rittern von ihm abgefallen (15 ff.); bei Tagliacozzo wurde Konradin von Karl von Anjou geschlagen, wie es heißt, dank einer von dem greisen Alard de Valéry geratenen Kriegslist (17 f.).

Urheber religiöser Spaltung eröffnen den Reigen: dem Stifter des Islams, der den ganzen Osten und Süden des Römischen Reiches der Kirche entriß, ist der ganze Leib gespalten (22-31), seinem Schwager Ali, nach dem sich die Moslemin selbst in Sunniten und Schiiten spalteten, das Gesicht (32 ff.). Mahomet kündet dem noch lebenden (erst 1307 verbrannten) Fra Dolcino Tod und Verdammnis an: dem Haupt der Apostelbrüdersekte, die mit ihrem Kampf gegen die Verweltlichung der Kirche und mit ihren kommunistischen Schwärmereien in Oberitalien großen Anhang fand, aber schließlich von dem durch Papst Clemens V. gegen sie unter dem Bischof von Vercelli aufgebotenen Kreuzheere – die Beteiligung Novaras ist nicht erweislich – in den Bergen des Sesiatales eingeschlossen und durch Frost und Hunger zur Übergabe gezwungen wurde (55-60).

Es folgen die Anstifter politischer Parteiungen. Pier de' Catani von Medicina bei Bologna (73), selbst als Hetzer in den Zwistigkeiten der Geschlechter in der Romagna verrufen, weist warnend auf die künftige Schandtat Malatestinos des Einäugigen von Rimini – des im vorigen Gesange (XXVII, 46 ff.) erwähnten jungen Bluthundes – hin, die ihn ebenfalls als Schürer des Bürgerkrieges und künftigen Leidensgefährten an diesem Strafort kennzeichnet. Er lockte die Häupter der Gegenpartei in dem benachbarten Fano, Guido del Cassero und Angiolello da Cagnano, unter dem

Vorwande einer Unterhandlung nach dem zwischen ihnen an der Küste gelegenen Cattolica, ließ sie aber auf der Fahrt dahin überfallen und ertränken, worauf ihre Anhänger aus Fano vertrieben wurden und er selbst sich der Stadt bemächtigen konnte (76-90). Sogar dem verdammten Zwietrachtstifter scheint (82 ff.) diese Untat schlimmer als alle Frevel, die je auf dem Mittelmeer verübt worden seien, von Piraten sowohl wie von der gente Argolica. Wenn mit diesen Argivern, wie die meisten Ausleger annehmen, die griechischen Flibustier gemeint wären, so wäre das ein Pleonasmus. Eher möchte an die Fahrt Agamemnons und seiner Argiver gegen Troja gedacht sein, die den Lateinern, den Sprossen des Äneas, als schwerster Frevel galt (XXVI, 58 ff.). Focara (89 f.) ist ein Vorgebirge vor Cattolica, bei den Schiffern wegen der von dort her wehenden Windstöße berüchtigt, die aber die bereits Ertränkten nicht mehr zu fürchten brauchen. Wenn Dante die Lombardei, die Ebene zwischen Vercelli und dem Kastell Marcabò an der Pomündung (73 ff.), wiedersieht, soll er die Warnung weitergeben.

Der Gefährte, dem die Zunge aus dem Hals geschnitten ist (100 ff.), ist Curio, der Volkstribun, der, aus Rom entweichend, den zu Ariminum weilenden Cäsar durch die Nachricht von der Ablehnung seiner letzten Vergleichsvorschläge zum Vormarsch gegen Pompejus bewog. In Lucans Pharsalia drängt er ihn als den besser Gerüsteten (97 ff.) zum Losschlagen. Deshalb büßt er hier als Anstifter des Bürgerkriegs und muß wünschen, Rimini, den Ort dieser Tat, nie gesehen zu haben (86 f., 93).

Mosca Lamberti (103-111) büßt mit dem Verlust der mörderischen Hände die Tötung Buondelmontes, die im Anfang des 13. Jahrhunderts den Anlaß zu den langen und blutigen Parteikämpfen der Florentiner Geschlechter gegeben haben soll. Buondelmonte de' Buondelmonti hatte durch den Bruch seines Verlöbnisses mit einer Amidei deren Sippe beleidigt. Ihre Anhänger sannen auf Rache; Mosca gab durch das Wort cosa fatta ha capo (107) den Ausschlag für die Ermordung des Beleidigers, der von den Verschwörern auf der Arnobrücke, an der alten Bildsäule des Mars (XIII, 146 ff., Paradies XVI, 140-147) erschlagen wurde. In den folgenden Geschlechterfehden wurde das Haus der Lamberti vernichtet (109).

Zuletzt (118 ff.) erscheint die dämonische Gestalt des Troubadours Bertran de Born, des ewigen Aufwieglers und Sängers der wilden Lieder von Kampf und Blut. Er leidet die furchtbarste Strafe, weil er im Schoße der Familie selbst Zwietracht gesät hat, indem er den (schon gekrönten) Sohn König Heinrichs II. von England zur Empörung gegen seinen Vater verleitete, wie in der Bibel Ahitophel Absalom zur Empörung gegen König David anstachelt (134 ff.).

Neunundzwanzigster Gesang

Das Spital der Falschheit | Geri del Bello, Dantes Blutsverwandter, und sein ungerächter Mord · Zehnte und letzte Kluft Übelbuchtens · Fälscher, durch Siechtum entstellt · Zwei Alchimisten · Eitelkeit der Sienesen

Am Rande des neunten Grabens bleibt Dante, in Gram versunken, lange stehen (1 ff.). Er weiß, hier büßt ein Verwandter, Geri del Bello, seine Händelsucht, die ihn das Leben gekostet hatte (18 ff.). Daß sein Tod ungerächt geblieben ist, belastet das Gewissen des Überlebenden (31 ff.). Wegen dieser Versäumnis hatte ihn in der Tat der Verdammte beim Vorübergehen mit zornigem Winke bedroht (25 ff.), was er aber, vom Anblick Bertran de Borns, des Herrn von Autafort, gefesselt, übersehen hat (28 ff.) und erst nachträglich von Vergil erfährt. Dieser mahnt zum Aufbruch (4 ff.), weil der Mond schon durch den Meridian der Gegenfüßler geht (10); da er kurz nach Sonnenaufgang untergegangen ist (XX, 124 ff.), ist also die erste Nachmittagsstunde angebrochen.

Die zehnte Kluft, zweiundzwanzig Meilen im Umkreise messend (9), ironisch chiostra, ihre Insassen Laienbrüder genannt (40 f.), macht den Eindruck, als ob alle Hospitäler der berüchtigten Fiebergegenden Italiens ihren Krankenbestand zur ungesundesten Zeit des Jahres hier versammelt hätten (46 ff.). Sie erinnert an die Schilderung der sagenhaften Pest auf Ägina bei Ovid, an der durch Junos Zorn Tiere wie Menschen der Insel ausstarben bis auf ihren König Äakus, auf dessen Gebet Jupiter durch Verwandlung von Ameisen in Menschen das neue Volk der Myrmidonen schuf (58 ff.).

Es sind Fälscher (57), die dergleichen Plage leiden. Vorweg (73 ff.), von juckendem Ausschlag gepeinigt, zwei Alchimisten, Schwarzkünstler, die mit Hilfe des Bösen unedle Metalle in Gold umzufälschen (137) unternommen hatten: Meister Griffolino, der Aretiner (109 ff.), und Capocchio aus Florenz oder Siena (136 ff.), der den Zeitgenossen auch sonst als Nachäffer der Natur (139) bekannt war.

Griffolino wurde vom Bischof von Siena als Ketzer verbrannt, aber nicht wegen Alchimie, um die ihn der unfehlbare Spruch des Totenrichters an diesen Höllenort gebannt hat (118 ff.), sondern unverdientermaßen als Ketzer auf Anzeige von dessen natürlichem Sohn Albero, den er durch das Versprechen, ihn fliegen zu lehren, betrogen hatte (112–117). Sein Bericht bringt die Rede auf die Eitelkeit der Sienesen, namentlich – die Ausnahme (125) ebenso wie das Maßhalten (126) ist offenbar ironisch gemeint – auf die sogenannte brigata spendericcia (130 ff.), einen dort gegen Ende des 13. Jahrhunderts gegründeten Vergnügungsklub, dessen Mitglieder in Leckereien (127ff.) und anderem Aufwand sinnlos-prahlerische Verschwendung trieben. Die (125-131) genannten Sprößlinge der reichen Häuser Sienas sollen dort ihr Vermögen verschleudert haben, während der arme, aber geistvolle Abbagliato sich durch seinen Witz Zutritt verschaffte (132).

Dreißigster Gesang

Fälscher aller Art | Gianni Schicchi und Myrrha · Meister Adam, der Falschmünzer von Brescia · Falsche Zeugen · Zank unter den Schächern

Außer den Alchimisten gehören zu den Fälschern die Falschmünzer, die Fälscher von Urkunden, die falschen Zeugen und auch solche, die ihre eigene Person fälschten, indem sie sich für andre ausgaben. Ihre Strafe ist Siechtum verschiedener Art: Tollwut, Fieber, Wassersucht. Die Beziehung zur Eigenart ihrer Sünde zeigt am deutlichsten das Bild des wassersüchtigen Falschmünzers, der, wenn man die Beine wegdenkt, mit abgezehrtem Oberkörper und aufgetriebenem Wanst, wie eine Laute aussieht (49 ff.). Wie er das Gold der Gulden durch Zusatz unedlen Metalls verunreinigt und sie so, ihren Gehalt verwässernd und trügerisch aufgeblähten Wert vortäuschend, verfälscht hat (89 f.), so wird sein Blut durch unreine Säfte verdorben und der Körper durch Wasseransammlung und Schwellung entstellt. Wie im Leben nach Schätzen, so dürstet ihn jetzt qualvoll nach einem Trunk Wassers (55 ff., 63), und die Erinnerung an die frischen Quellen am Ort seiner Tat schärft die Qual (64-72). So ist die Strafe zugleich Wiedervergeltung und quälende, ins Körperhafte übertragene Fortdauer der sündhaften Haltung.

Tollwut plagt zwei Fälscher ihrer Person, deren einer zugleich Urkundenfälscher ist. Ihr Rasen wird (22 ff.) mit sagenhaften Fällen von Raserei nach Ovid und Vergil verglichen: Athamas, der Gatte von Kadmus' Tochter Ino, von Juno, die wegen Jupiters Liebschaft mit deren Schwester Semele das ganze Geschlecht verfolgte (1 ff.), mit Wahnsinn geschlagen, wütete gegen die Seinen (4-12); Hekuba, nach Trojas Fall als Sklavin mitgeschleppt, fiel in Raserei, als sie fand, daß ihre Tochter Polyxena an Achills Grabe geopfert und ihr jüngster und letzter Sohn Polydorus von seinem Gastfreund, König Polymnestor von Thrazien, aus Habsucht ermordet worden war (13-21).

Die Rasenden sind: Myrrha, die nach Ovid ihren Vater Cinyras, den sagenhaften König von Zypern, in Verkleidung zur Blutschande verlockte (37 ff.), und Gianni Schicchi, ein Zeitgenosse Dantes aus Florenz. Von ihm wird erzählt, er habe auf Verlangen Simon Donatis nach dem Tode von Simons Oheim Buoso sich in dessen Bett gelegt, seine Rolle gespielt und ein notarielles Testament zugunsten des Neffen errichtet, wobei er sich selbst unter andrem das beste Maultier des Verstorbenen bestimmt habe (32 und 42 ff.).

Der Falschmünzer Adam von Brescia (49 ff.) war von den Florentinern verbrannt worden, weil er im Auftrage der Grafen Guidi auf deren Schloß Romena im Casentino (65), dem oberen Arnotal, mit unterwertiger Legierung Florentiner Gulden gefälscht hatte (73 ff., 88 ff.): die berühmten Florini, die von der Wappenlinie auf der einen Seite den Namen hatten, während die andere das Bild Johannes' des Täufers, des Stadtpatrons, zeigte (74). Seine Anstifter in gleicher Verdammnis zu sehen, verlangt ihn noch mehr als nach einem lindernden Trunk (76 ff.; Fonte Branda ist wahrscheinlich nicht die bekannte Quelle zu Siena, sondern eine gleichnamige, die damals bei Romena floß). Da einer der Brüder, Graf Guido, 1292 gestorben war, könnte ihn der Verdammte hier schon finden, wenn ihm sein Siechtum nicht jede Fortbewegung wehrte (79-85) und der Umfang des Ringgrabens allzu groß wäre; er wird (86) mit elf Meilen auf die Hälfte des Umfanges der vorigen Kluft (XXIX, 9) angegeben.

Meister Adams Nachbarn, die von hitzigem Fieber geplagt werden, sind falsche Zeugen: Potiphars Weib, das, von Joseph verschmäht, ihn fälschlich der versuchten Vergewaltigung bezichtigte (97), und Sinon, der Grieche, der in der Äneis durch falsche Vorspiegelungen die Trojaner verleitet, das ihnen verderbliche hölzerne Pferd in die Stadt zu ziehen (98). In ihrem Wortwechsel (100-129) halten der Münzfälscher und der falsche Zeuge sich gegenseitig ihre Schuld und schmähliche Strafe vor. Narzissens Spiegel (128) ist der Bach, in dem der in sich selbst verliebte Jüngling sein Bild sah.

Dante, der ihrem Gezänk zuhört, wird wegen seiner Anteilnahme an diesen Niederträchtigkeiten verwarnt, aber seine Beschämung, die ihn hindert, sich zu entschuldigen, entschuldigt ihn, ehe er sich dessen bewußt wird (130-144).

Einunddreißigster Gesang

Die Giganten · Abstieg zum Höllengrunde | Im Rückblick auf Vergils Rüge und Begütigung vergleicht Dante dessen Zunge mit der von Peleus seinem Sohne Achill hinterlassenen Lanze, deren Rost nach Ovid die von ihr geschlagenen Wunden heilte (1-6).

Den innersten Randgürtel von Malebolge überschreitend, hört er ein Horn schallen, lauter als Rolands Hornruf in der Not von Ronceval, den Kaiser Karl nach der Sage über viele Meilen vernahm (12-18). Dem Schalle folgend (14), sieht er im Halbdunkel (10 f.) die Giganten, die er zunächst, vielleicht mit banger Erinnerung an die Stadt Dis, für Festungstürme hält (19 f.). Denn wie die Mauertürme des Kastells Montereggion bei Siena (40 f.) ragen sie, den untersten Höllenschlund umringend, vom Nabel aufwärts über den Rand seines Schachtes empor (31 ff.). Riesenhaft: der Kopf des einen gleicht dem über drei Meter hohen ehernen Pinienzapfen (58 f.), der Hadrians Grabmal schmückte, zu Dantes Zeiten vor der Peterskirche stand und jetzt in den Vatikanischen Gärten aufgestellt ist; vom Nabel bis zum Stirnhaar mißt er mehr als drei – nordische – Mannslängen (61-64), bis zur Schulter dreißig Spannen (65 f.), der andere fünf Ellen (113 f.), ein dritter ist noch größer als der erste (84). Der Dichter erkennt die Weisheit der Natur darin, daß sie solche Maße nur noch bei Tieren zuläßt, nicht mehr bei verstandbegabten Menschen, die derartige Kraft bei bösem Willen zur Unterdrückung aller anderen befähigen würde (49-57).

Diese Wächter des letzten Höllenkreises sind die Söhne der Erde (120), die sich gegen die Götter empörten (91 ff.) und deren Ansturm auf den Olymp Jupiters Donnerkeil zu Boden geschmettert hat (44 f.). Ihnen ist Nimrod zugesellt. Als Urheber des Turmbaues von Babel (76 ff.), für den er in der Überlieferung gilt, scheint der Jägerfürst der Genesis diesen Himmelstürmern wesensverwandt. Er hat den Wandrern den grimmigen Hornruf entgegengesandt (70 ff.) und empfängt sie drohend mit unverständlichen Worten (67 ff.). Die Sprachgelehrten haben sich eifrig bemüht, in dieses an das Hebräische anklingende höllische Kauderwelsch einen Sinn hineinzulesen. Aber Dante sagt mit deutlichen Worten (80 f., s. auch 101), daß Nimrod, der mit dem Turmbau die Sprachverwirrung von Babel verschuldet hat, keinerlei menschliche Sprache spricht noch versteht. Der Sinn seiner

Worte ist also gerade ihre völlige Sinnlosigkeit für jedes menschliche Ohr. Da mit Nimrod keine Verständigung möglich (79 ff.), von den Giganten aber der grimme Ephialtes und auch Briareus gefesselt (85 ff., 104), dieser überdies, ebenso wie Tityus und Typhon, weiter entfernt ist (103, 125), wendet Vergil, um zur Tiefe zu gelangen, sich zu Antäus (100 ff.). Der von Herkules im Ringkampf (132) erdrückte Sohn der Erde, der nach Lucan, von erjagten Löwen sich nährend, unweit Zama, dem Ort von Scipios Sieg über Hannibal, in einer Höhle gelebt hat (115 ff.), war unbeteiligt am Kampf gegen die Götter (119 f.), ist ungefesselt (101) und milderen Sinnes. Durch Vergils Schmeichelreden (115-129) gewonnen, setzt er ihn und seinen Schützling mit der Riesenhand auf den Grund des Schachtes nieder (130 ff.). Während er sich mit ihnen niederbeugt, glaubt Dante einen Turm auf sein Haupt herabsinken zu sehen. Er vergleicht sich mit einem, der unter dem Überhange des kleineren, am stärksten geneigten der beiden schiefen Türme von Bologna steht und, sich entgegen, eine Wolke darüberhin segeln sieht (136 ff.). Wer es erprobt, kann dort selber die unheimliche Augentäuschung erfahren, daß die Wolke stillzustehen, die Turmspitze aber sich über ihn zu neigen scheint, als ob sie auf den Untenstehenden herabstürzen wolle.

Zweiunddreißigster Gesang

Kaïna und Antenora | Neunter und letzter Kreis · Verrat, im Eise des Cocytus eingefroren · Bluts- und Vaterlandsverräter

Den neunten Kreis, zu dem Antäus die Wanderer herabsetzt, den Grund der Hölle, erfüllt das Eis des gefrorenen Cocytus. Stärker als das Wintereis nördlicher Ströme und so fest, daß kein Bergsturz es sprengen könnte (25 ff.) – Pietrapana ist ein Apenninengipfel nördlich von Lucca, Tambernic vielleicht der Javornic am Zirknitzer See im Karst –, bildet es ein Gletscherrund, das sich von allen Seiten der Mitte zu allmählich senkt. Hier, im Mittelpunkt der Erde, steht Luzifer selbst, die drei Erzverräter peinigend. Die anderen stecken, je nach der Art ihres Frevels verschieden vom Frost gezeichnet, in verschiedener Haltung, mehr oder weniger tief im Eis und bilden so vier äußerlich nicht sichtbar gegeneinander abgegrenzte Abteilungen. Kaïna, nach dem Brudermörder der Genesis benannt, beherbergt die Verräter ihrer Verwandten; Antenora, so geheißen nach dem Trojanerfürsten Antenor, der, den nachhomerischen Epen zufolge, den Griechen u. a. beim Raub des Palladiums Vorschub leistete, ist der Strafort der Vaterlandsverräter; Ptolemäa verdankt den Namen entweder dem Ägypterkönig, der den seine Gastfreundschaft nachsuchenden Pompejus umbrachte, oder dem Ptolemäus von Jericho, der Simon Makkabäus mit den Seinen beim Mahle ermorden ließ: hier wird der Verrat an Freunden und Gastfreunden geahndet. Judecca endlich, nach Judas Ischariot getauft, straft diejenigen, die ihre Wohltäter verraten haben.

In diesem untersten Kreise ist der äußerste Grad seelischer Entartung erreicht, der den Menschen unter das Vieh erniedrigt (13 ff.). So ist hier alle Liebeswärme erloschen, alles Leben zu Eis erstarrt; nur noch die Qual lebt in den ganz verhärteten Sündern, deren Tränen selbst zu Eis gefrieren.

Die Schilderung dieser letzten Höllengreuel, welche die stärkste dichterische Kraft erfordert (1-9), setzt mit erneuter Anrufung der Musen ein, die Amphion, dem Gründer Thebens, hilfreich waren, indem auf den Klang seiner Leier die Steine sich selbst zur Mauer fügten (10 ff.).

In der Kaïna stecken die Sünder, blaß vor Frost, bis an den

Sitz der Schamröte (35), also bis an das Gesicht, im Eise und halten das Antlitz zur Erde geneigt (37). Die beiden, die Dante auf ihren warnenden Anruf (19 ff.) dicht beieinander sich zu Füßen sieht (41 ff.), sind die Brüder Napoleone und Alessandro degli Alberti, Grafen von Mangona im Tal des Bisenzio oberhalb Prato (55 ff.), die sich gegenseitig verräterisch umbrachten. Ihr Nachbar Camicion de' Pazzi (52 ff., 68), ein Verwandtenmörder aus Florenz, nennt sie und andere Leidensgefährten mit Namen: Mordec, den Sohn des Königs Artus, der sich nach dem Artuslied gegen seinen Vater empörte und von dessen Speer durchbohrt wurde, so daß die Sonne durch die Wunde schien (61 f.); Focaccia de' Cancellieri von Pistoja, den Meuchelmörder seines der Gegenpartei angehörenden Vetters (63); Sassol Mascheroni, einen stadtbekannten Florentiner Bösewicht, der um einer Erbschaft willen seinen Neffen und Pflegling getötet haben soll (64 ff.). Camicion selbst erwartet von dem Erscheinen seines noch lebenden Geschlechtsvetters Carlin de' Pazzi eine Art von Rechtfertigung (69), weil dessen Verrat – er übergab, durch Geld bestochen, im Jahre 1302 in den Kämpfen der verbannten Weißen gegen die Schwarzen von Florenz den Gegnern ein Kastell – den seinen in den Schatten zu stellen verspricht.

Dieser politische Verräter scheint den Übergang zur Antenora zu machen, in deren Gebiet die Wandrer, dem Mittelpunkt der Erde (73 ff.) sich nähernd, nunmehr gelangen. Hier sind die Gesichter blaugefroren, also wohl noch schlimmer vom Froste zugerichtet. Der Sünder, der sich über den erhaltenen Fußtritt beklagt (79 ff.), der ihm, seiner Schwere nach, nicht von einem Schatten – wofür er Dante hält –, sondern von einem Lebenden herzurühren scheint (90), ist Bocca degli Abbati, der in der Schlacht bei Monte Aperti (X, 85 ff.) seinen gibellinischen Freunden im Florentiner Heere das Signal zum Abfall von der Sache seiner Vaterstadt gab, indem er dem Fahnenträger verräterisch den das Lilienbanner tragenden Arm abschlug. Als der Name Monte Aperti fällt (81), ahnt Dante augenscheinlich, daß er den Urheber dieser vielberufenen Untat vor sich hat. Er fragt sich, ob nicht ein geheimer Wille seinen Fuß gelenkt hat (76), und versucht mit unbarmherziger Härte, den Verdammten zur Nennung seines Namens zu nötigen (97 ff.), als das Anerbieten, sein Gedächtnis auf Erden aufzufrischen, mit Hohn zurückgewiesen wird (91-96).

Nachruhm, guter Leumund auf Erden ist alles, was die Verdammten für sich noch zu hoffen haben. So wird Verbreitung guten Andenkens in allen oberen Kreisen der Hölle von den Sündern begehrt und von den Wanderern verheißen. Von Malebolge an beginnt dieser Wunsch sich ins Gegenteil zu verkehren: Caccianimico, Vanni Fucci, Guido von Montefeltro (XVIII, 46-52; XXIV, 130-136; XXVII, 61-66) suchen ihre Schmach zu verbergen. Den Verworfenen in diesem tiefsten Schlunde kann nur noch ewiges Schweigen über ihre Person und ihre Schande frommen.

Ein Nachbar verrät den Verräter, indem er ihn mit Namen anruft, als der Schmerz der Hundeseele ein Gebell auspreßt (105 ff.). Es ist Buoso Duera von Cremona, der im Kriege Karls von Anjou gegen Manfred, von den Franzosen bestochen, den Hilfstruppen Guidos von Montfort kampflos das Feld räumte. So bezichtigt ihn Bocca (115), um sich für die Nennung seines Namens zu rächen. Als Leidensgefährten nennt er dann noch: Tesauro de' Beccheria, der als päpstlicher Legat in Florenz um die Mitte des 13. Jahrhunderts von den welfischen Machthabern – wahrscheinlich zu Unrecht – der Zettelung mit den verbannten Gibellinen bezichtigt und geköpft wurde (119 f.), was Florenz Bann und Interdikt eintrug; Gianni dei Soldanieri (121), der, aus altem Florentiner Gibellinengeschlecht, nach Manfreds Fall zu den Welfen übergegangen sein soll; Ganelon von Mainz (122), den Verräter in der Dichtung von Kaiser Karls Paladinen, dessen Treulosigkeit nach dem Rolandsliede an dem Blutbad von Ronceval schuld ist; Tribaldello de' Zambrasi von Faenza, der dem von Papst Martin IV. entsandten französisch-welfischen Belagerungsheere verräterisch zur Öffnung der Tore seiner Vaterstadt verhalf (122 f.).

Das alles wird mit zynischer Kälte berichtet (117, 120). Plötzlich (124) wechselt die Tonart; die letzte große Tragödie des Inferno setzt ein: die Geschichte von Ugolino und seinen Söhnen. Zugleich ist die Grenze der Antenora erreicht. Der obere der beiden, deren Köpfe hier wiederum (125 ff.) wie die feindlichen Brüder Alberti (41 ff.) zu qualvoll-feindseligem Bunde vereint sind, Graf Ugolino, ist noch als Vaterlandsverräter verdammt (XXXIII, 85 f.); der, dessen Kopf er zermalmt – wie in Statius' Thebaïs der sterbende Tydeus den des Menelippus, mit dem er den für beide tödlichen Zweikampf ausgefochten hatte (130 ff.) –, Erzbischof Ruggiero von Pisa, gehört als Verräter seines Freundes und Bundesgenossen in die Ptolemäa.

Durch die Erfahrung mit Bocca belehrt, verheißt Dante jenem anstatt Verbreitung seines Gedenkens die Brandmarkung seines Gegners (136 ff.) und bringt ihn dadurch zum Reden.

Dreiunddreißigster Gesang

Ugolino und die Ptolemäa | Graf Ugolino aus dem in der Umgegend von Pisa und auf Sardinien reich begüterten Geschlecht der Gherardesca war im letzten Drittel des 13. Jahrhunderts der mächtigste Mann in Pisa. Wegen welfischer Umtriebe aus der streng gibellinischen Stadt verbannt, hatte er mit Hilfe der Welfen von Lucca und Toskana die Heimkehr erzwungen und bald darauf den Oberbefehl im Kriege gegen Genua erhalten. Die furchtbare Niederlage ihrer Flotte bei Meloria im Jahre 1276 machte der Seegeltung der Pisaner ein Ende und rief ihre übrigen welfischen Gegner, vor allem Florenz und Lucca, auf den Plan. Es gelang Ugolino, der auf zehn Jahre zum Podestà erwählt war, deren Bund mit Genua zu sprengen, aber nur durch Abtretung einer Anzahl pisanischer Kastelle (85 f.). Diese Nachgiebigkeit wurde von seinen Gegnern ausgenutzt, um gegen ihn Stimmung zu machen. Als Gewalthaber hatte er außer der Eifersucht seines ehrgeizigen Enkels und Amtsgenossen Nino Visconti die alte Feindschaft der gibellinischen Geschlechter, voran der Gualandi, der Sismondi und Lanfranchi (32), gegen sich. Mit ihnen verband sich heimlich, während er dem Machthaber unbedingte Ergebenheit heuchelte, sein Vertrauter, der gibellinische Erzbischof Ruggieri. Sie wiegelten das Volk gegen Ugolino auf, der im Straßenkampf überwunden und mit den Seinen gefangen wurde. Mit vier oder fünf Nachkommen – wahrscheinlich zwei Söhnen und zwei Enkeln – wurde er in den Turm der Gualandi geworfen und dort nach monatelanger Gefangenschaft dem Hungertode preisgegeben.

Daß Ugolino bei der Übergabe der erwähnten Kastelle verräterisch gehandelt habe (85 f.), ist mehr als fraglich. Eher kann ihm zweideutige Haltung zwischen den Parteien und der Bund des Verbannten mit den Landesfeinden zur Wiedererlangung der Macht zum Vorwurf gemacht werden. Dante verurteilt ihn. Aber er läßt den Verdammten vornehmlich als Ankläger seiner Gegner und vor allem seines treulosen Freundes auftreten. Die Grausamkeit des an ihm und seinen unschuldigen – wenn auch in Wirklichkeit nicht mehr so jugendlichen (88 ff.) – Söhnen verübten Mordes läßt seine Schuld vergessen und das Trauerspiel in den furchtbaren Fluch gegen Pisa (79 ff.) ausklingen, dessen Untat den Greueln im Geschlechte des Kadmus zu Theben (89) gleichgestellt und dem der Untergang durch Abdämmung der Arnomündung mit den vorgelagerten Inseln gewünscht wird.

Die Vorgeschichte bei einem Florentiner (12) als bekannt voraussetzend (16 ff.), erzählt Ugolino nur sein schreckliches Ende in dem nach ihm benannten »Hungerturme« (23), in dem später noch ein überlebender Sohn des Grafen eingekerkert worden sein soll (vielleicht ist dies in Vers 24 angedeutet). Der Morgentraum von der Wolfsjagd ihrer Feinde auf dem Monte San Giuliano zwischen Pisa und Lucca (28 ff.), den Vater und Söhne zugleich träumen (38, 45), kündet ihr Schicksal an, das sich alsbald erfüllt. Nachdem alle vier Söhne, einer nach dem andren, den Hungertod gestorben (70 ff.), muß ihm auch der Vater, den selbst dieser tödliche Schmerz nicht zu überwältigen vermochte, zuletzt erliegen (75).

Gegen eisigen Wind (103 ff.), der, wie sich im nächsten Gesange zeigt (XXXIV, 49 ff.), von Luzifers Flügeln erregt wird, geht es in die Ptolemäa hinein, wo die Verdammten mit dem Gesicht nach oben eingefroren sind (93). Das mehrt ihre Pein, weil ihre Tränen – wie im Augenblick des Aufschauens schon bei den Brüdern Alberti (XXXII, 46 ff.) – zu Eis gefrieren und, die Augen schließend, sie am Weinen hindern (94 ff.). Wieder werden die Wanderer von einem Sünder angerufen, der sie für Verdammte auf dem Wege zur Judecca hält (110 ff.). Auf seine Bitte, ihm die gefrorenen Tränen aus den Augenhöhlen zu lösen, antwortet Dante zweideutig (115 ff.) – er muß in der Tat am Schlusse der Höllenfahrt bis auf den Grund des Eises –, weil es ihn unziemlich dünkt, die gottgewollte Strafe zu lindern, und er es vorzieht, durch Nichterfüllung roh zu scheinen (149 f.).

Der Bittende ist Alberigo de' Manfredi vom Orden der frati godenti (XXIII, 103 ff.) aus Faenza, der zwei Verwandte zur Tafel lud, um sie beim Nachtisch, den »Früchten aus bösem Garten« (119), ermorden zu lassen. Deshalb erhält er hier »Datteln für Feigen« (120), das heißt nach der sprichwörtlichen Wendung, er erntet mit Zinsen, was er gesät hat. Im Jahre 1300 war er noch am Leben, ebenso wie der, dessen Schatten er hinter seinem Rücken hat (135), der Genuese Branca d'Oria, der seinen Schwiegervater, den im XXII. Gesange als Insassen des Pechpfuhls erwähnten Michele Zanche von Logodor, mit Hilfe eines Verwandten beim Gastmahl ermordete (137, 142 ff.). Solch schnöder Verrat wird nämlich unmittelbar nach der Tat bestraft, indem die Seele bei lebendigem Leibe zur Hölle fährt, ihre Stelle in dem auf Erden fortlebenden Körper aber von einem Teufel eingenommen wird (129 ff.). Der Gedanke geht offenbar auf die Stelle im Johannes-Evangelium zurück, wo nach dem Bissen, den Jesus dem Judas beim Abendmahl reicht, der Satan in den Verräter fährt. Er ermöglicht es dem Dichter, noch lebende Zeitgenossen, die er solchen Verrates schuldig weiß, in der Hölle selbst vorzuführen, statt ihre Verdammnis (wie XVII, 68 f., 72 ff.; XIX, 52 ff., 82 ff.; XXVIII, 55 ff.; XXX, 76 ff.; XXXII, 69) durch die der Zukunft kundigen Verdammten vorhersagen zu lassen.

Mit einem Wehrufe über den Geburtsort des letztgenannten Verräters schließt dieser Gesang. Wie Pistoja, Florenz und Pisa (XXV, 10 ff.; XXVI, 1 ff.; XXXIII, 79) wird nun auch Genua mit schwerem Fluche verwünscht (151 ff.).

Vierunddreißigster Gesang

Judecca und Luzifer | Verräter an ihren Wohltätern · Der Fürst der Hölle · Die drei Erzverräter · Der Mittelpunkt der Erde · Ausgang

Die Verräter von Wohltätern, die in der Judecca mit ganzem Leibe in verschiedenen Stellungen eingefroren sind (10 ff.), bilden den Hofstaat des Höllenfürsten selbst. Gleich beim Eintritt zeigt Vergil auf den im Dämmerlichte der Unterwelt allerdings (4 ff.) noch einer Windmühle gleichenden Luzifer, dessen flatternde Fledermausflügel (46-51) er, den kirchlichen Kreuzeshymnus parodierend, die Feldzeichen des höllischen Königs nennt (1 ff.). Auch Satan scheint von der Todesstarre gefesselt, die um ihn herrscht. Seine Oberherrlichkeit kommt nur in der ungeheuren Größe (28 ff.) und in dem Grauen zum Ausdruck, das die Gestalt des ehemals schönsten der gefallenen Engel einflößt (22 ff., 34 ff.).

Mit seinen drei Gesichtern ist er eine Travestie der göttlichen Dreieinigkeit. So erinnert auch die Sechszahl seiner Flügel (46) an die der vier Tiere in der Apokalypse. Auch die Farben der drei Fratzen (39 ff.) sollen nach den alten Auslegern als Symbole von Ohnmacht, Wahn und Haß den Gegensatz zur Allmacht, Allweisheit und Urliebe Gottes andeuten, denen die Hölle (III, 5 f.) ihr Dasein verdankt. Andere deuten sie auf andre Sünden, noch andre auf die drei Menschenrassen der Alten Welt. Das Rot des Blutes, des Feuers und der Sünde, das Schwarz der Finsternis und die Blässe des Todes könnten wohl schlechtweg die Landesfarben der Hölle sein.

Die drei Sünder, die in den drei Rachen Luzifers selbst zermalmt werden (55 ff.), sind die Urbilder aller Verräterei:

die Verräter des Heilandes und des Gründers des heiligen Weltreiches. Judas hat in dem Erlöser Gott selbst verraten, Brutus und Cassius in dem Hort der gottgewollten Staatsordnung die ganze Menschheit. Die Bedeutung, die das Imperium für den Verfasser der Monarchia in Gottes Heilsplan hat (Erläuterungen, S. 500f.), heißt ihn sich gegen alle Gewohnheit hier mit der Bewunderung der Antike für diese Freiheitshelden in schärfsten Gegensatz setzen. Nur durch Hervorhebung von Brutus' Standhaftigkeit im Dulden (66) kann er ihr Rechnung tragen. Die Beschreibung von Cassius' Gestalt (67) scheint auf einer Verwechselung mit dem von Cicero so geschilderten Lucius Cassius zu beruhen.

Die Höllenfahrt ist am Ziel, die ihr zugemessene Frist von vierundzwanzig Stunden mit Anbruch der Nacht (68; vgl. II, 1) abgelaufen. Nun heißt es durch den Bau der Erde zum Läuterungsberge vordringen, der sich bei den Antipoden aus dem uferlosen Weltmeere erhebt. Der Weg führt durch die dunkle, gewundene Höhlung eines Rinnsals (127ff.), in dem manche Ausleger trotz der Angabe, daß Dante ihn erst im Purgatorium sehen werde (XIV, 136ff.), den Lethe erkennen wollen.

Zunächst aber geht es durch den Mittelpunkt der Erde, den Luzifer einnimmt. Er ist, köpflings vom Himmel auf die südliche Halbkugel stürzend (121), so tief eingedrungen, daß er von den Hüften aufwärts (76f.) in der nördlichen steckt. Dabei wurde das Festland von der südlichen auf die nördliche Halbkugel gedrängt und durch die bei der Aushöhlung des Erdinnern (des Höllenkraters) auf die südliche zurückgedrängten Massen der Läuterungsberg getürmt (122-126).

Im Erdmittelpunkt, an Satans Hüfte, müssen die an seinem Fell (73ff.) absteigenden Dichter – mit Mühe (82f.), weil hier nach mittelalterlicher Auffassung die Schwerkraft am wirksamsten ist (111) – sich umwenden (76-81), weil hier Oben und Unten wechseln (88 ff.). Ebenso wechseln die Tageszeiten (118): Während es eben, beim Abschied von der Judecca, noch Abend war (68), hat hier, in der südlichen Halbkugel, unter dem Gegenpol zu Jerusalem, wo der Heiland lebte und starb (112 ff.), die Sonne schon den halben Weg vom Aufgang zur dritten Stunde, das heißt die Hälfte der Morgenzeit von sechs bis neun Uhr, zurückgelegt (96), es ist also gegen halb acht Uhr morgens.

Der Aufstieg durch den finstern Gang ist lang und beschwerlich (95). Er währt fast so lange wie der Abstieg durch die Hölle: bis zum frühen Morgen des nächsten Tages. Unter den Sternen, deren tröstlicher Schein den Höllenwanderer bei der Rückkehr zur Oberwelt begrüßt (139), strahlt, wie sich zu Beginn des nächsten Liedes zeigt, schon die Venus am Morgenhimmel.

Erläuterungen zum Fegfeuer

Erster Gesang

Der Empfang | Anrufung der Musen · Das Viergestirn · Cato von Utica, der Torwart · Die Gürtung mit Binsen

Beim Eintritt in das Purgatorium werden wiederum die Musen angerufen, vornehmlich Kalliope, die Muse der epischen Dichtkunst, die mit ihren Schwestern die neun Töchter des Thrazierkönigs Pieros im Wettgesang besiegte und in Elstern verwandelte (10 ff.).

Dem Höhlengang entsteigend, den Dante unter Vergils Führung am Abende des zweiten Tages (Hölle XXXIV, 68) – nach Antipodenzeit morgens gegen halb acht Uhr (a. a. O. 96) – nach Durchschreitung des Erdmittelpunktes betreten hatte (a. a. O. 127 ff.), sieht er die Venus schon wieder am Morgenhimmel stehen, zugleich mit dem Sternbild der Fische (19 ff. unsres Gesanges), dem der Widder, bei Frühlingsanfang Standort der Sonne, im Tierkreise folgt. Am Läuterungsberge, der (Erläuterungen S. 466) im Gegenpol zu Jerusalem liegt, ist es also kurz vor Sonnenaufgang (107). Da die Höllenfahrt am Karfreitage begonnen hat (Hölle XXI, 112 ff.), ist es der Auferstehungsmorgen, der anbricht, als die Wandrer wieder ans Licht kommen.

Der um den Nordpol kreisende Wagen, der Große Bär, bleibt unter dem Horizont dieses Standortes (30). Dafür strahlt hier nahe dem Pole das Kreuz des Südens. Ob dies vielbesungene Sternbild mit dem Viergestirn gemeint ist, das Dante dort erblickt (22 ff.), ist fraglich, wenn er auch durch Marco Polo von dem südlichen Sternhimmel Kenntnis haben konnte. Sinnbildlich bedeuten diese vier Sterne jedenfalls die Kardinaltugenden: Weisheit, Gerechtigkeit, Tapferkeit und Mäßigkeit. Sie sind seit Adams Fall dem Menschengeschlecht verloren (26 f.), wie die dem südlichen Himmelspole nahen Sterne seit Vertreibung des ersten Menschenpaares aus dem auf dem Gipfel des Läuterungsberges gelegenen Garten Eden von keinem Menschenauge mehr erblickt worden sind (23 f.).

Der Strahl dieser Tugenden leuchtet, hell wie die Sonne, das Sinnbild göttlicher Gnade, auf dem Antlitz des greisen Pförtners, der die Wandrer empfängt (31-39). Es ist der jüngere Cato, der sich nach vergeblichem Kampfe für die Republik in Utica das Leben nahm, als Cäsars Alleinherrschaft entschieden war. Dieser freiwillige Tod wird, anklingend an Ciceros Urteil in der Schrift De officiis, als Beweis einer Gesinnung gerühmt, die Freiheit höher stellt als das Leben (71 ff.): eine Ausnahme von dem Hölle XIII bekräftigten Verdammnisurteil über den Selbstmord, den auch Thomas von Aquino für erlaubt hält, wenn er auf göttliche Eingebung, als Beispiel der Todesverachtung begangen wird. Schon im Convivio nach dem Vorgang der Alten als Hort der Tugend gerühmt, erscheint der Heros der Freiheitsliebe hier, nach seiner Erlösung aus dem Limbus bei Christi Höllenfahrt (85 ff.; vgl. Hölle IV, 52 ff.) bis zu seiner Aufnahme in das Paradies nach Verklärung seines Leibes am Tage des Jüngsten Gerichts (75), als Hüter des Purgatoriums und seiner Büßer. Auch ihr Streben ist Freiheit: Befreiung von den Fesseln der Sündhaftigkeit, die auch das Ziel von Dantes Jenseitsfahrt ist (70; vgl. Paradies XXXI, 85 ff.).

Cato hält die beiden Dichter zunächst für Verdammte, die der Hölle entflohen sind (40 ff.). Auf seine unwillig staunende Frage, ob der göttliche Ratschluß, nach dem die Verdammnis ewig ist, geändert sei (46 ff.), berichtet Vergil von Dantes Sündenfall und seiner eigenen Sendung durch Beatrice (52-69). Keiner von ihnen gehöre zu den von Minos verurteilten Insassen der eigentlichen Hölle (76f.). Sein Schützling sei noch am Leben, wenngleich dem Verirrten der seelische Tod nahe gewesen sei (58ff.; vgl. Hölle I, 27; II, 107f.). Er selber komme aus dem Limbus, wo auch Catos Gattin Marcia weile (78ff.). Marcia, die sich mit ihres Gatten Einverständnis von ihm getrennt hatte, um dem Redner Hortensius Söhne zu schenken, soll ihn nach dessen Tode gebeten haben, sie wieder die Seine zu nennen. Diese Bitte, die das Convivio mit dem Sehnen der Greisenseele nach dem Himmel vergleicht, wird auch hier, nach Lucans Pharsalia, von Vergil erwähnt (79f.). Auf solche Gattenliebe sich berufend, bittet dieser um Einlaß für seinen Schützling (81ff.). Diese captatio benevolentiae muß Cato ablehnen, weil er seit der Erlösung aus dem Limbus mit keiner Seele jenseits des Acheron mehr Gemeinschaft haben darf (88ff.). Die Sendung durch Beatrice (52ff.) genügt, den Wandrern Zutritt zu verschaffen (91ff.).

Den Weg der Läuterung weist die Sonne der göttlichen Gnade (107f.). Zuvor aber muß der Pilger vom Schmutz der Hölle gereinigt und mit dem schlichten Halm der Binse gegürtet werden (94ff., 124ff., 133ff.), deren Schmiegsamkeit sie zum Sinnbild der für die Buße erforderlichen Demut und Geduld macht.

Zweiter Gesang

Landung der Büßer | Das Boot des Engels · Die neuen Büßer · Casella, der Sänger · Eine Kanzone Dantes

In den Eingangsversen (1-9) wird die Stunde, wie mehrfach im Purgatorium, nach dem Stande der Sonne für beide Halbkugeln angegeben: für den Standort in Jerusalem und für die Antipoden am Läuterungsberge. Von Jerusalem gesehen, berührt die sinkende Sonne eben den Horizont (1-3), während von Osten die Nacht heraufsteigt (4 ff.), zugleich mit dem Sternbild der Waage, das mit der Herbst-Tagundnachtgleiche, wenn die Nacht den Tag überwächst, vom nächtlichen Himmel verschwindet (6). Für den am Läuterungsberge stehenden Dichter (7 ff.) ist am Morgenhimmel das blasse Frühlicht und das ihm folgende Morgenrot eben dem goldenen Strahl gewichen, der das Nahen der Sonne ankündigt: Dem Dichter scheint es – ein uns Heutige seltsam anmutendes Bild –, als ob Auroras Wange wie die einer alternden Frau vergilbt sei.

Während die Wanderer, des Weges ungewiß, am Strande des Meeres stehen (10 ff.), erscheint das Schiff, in dem Gottes Engel die Seelen der bußfertig Verstorbenen von der Tibermündung, wo sie, dem Stuhle Petri nah, je nach ihrer Würdigkeit kürzere oder längere Zeit auf die Überfahrt warten müssen (100-105), über das Weltmeer heranführt. Von weitem leuchtet sein Antlitz – ein Anblick, den der Dichter, als Gewähr für die Seligkeit der Seele, nach dem Tode wiederzusehen wünscht (16) – wie ein rötlicher Stern (13 ff.); dann werden die weißen Flügel sichtbar (22, 26), die dem Schiffe Ruder und Segel ersetzen (31 ff.), zuletzt sein weißes Gewand (24). So wird schließlich – auch dem hier (10 ff.) nicht wie in der Unterwelt heimischen Vergil erst nach und nach (25 ff.) – die ganze Gestalt erkennbar. In der Nähe aber blendet sein Licht – wie das aller späterhin erscheinenden Engel – das Auge so, daß es den Anblick nicht ertragen kann (39 f.).

Da die Schatten, die das Schiff besetzen, kein Gewicht haben, sinkt es im Wasser (42) ebensowenig ein wie im Styx der Kahn des Phlegyas (Hölle VIII, 27; vgl. Hölle III, 93). Die Insassen singen den 114. Psalm: das Preislied auf die Befreiung aus der ägyptischen Knechtschaft (46 ff.), das nach dem eingangs erwähnten Widmungsbriefe an Cangrande im moralischen Sinne die Erlösung der Seele aus der Fron der Sünde bedeutet. Als sie gelandet sind (50), steht die Sonne am Himmel, während das ihr um 90 Grad vorangehende Zeichen des Steinbocks durch den Meridian gegangen ist (55 ff.). Die Neugekommenen stehen zunächst ratlos (52 ff.), fragen vergebens nach dem Wege (58 ff.) und staunen von neuem, als sie in Dante den Lebenden erkennen (67 ff.).

Er erkennt unter ihnen seinen verstorbenen Freund, den Sänger Casella (76 ff.), der mehrere seiner Lieder vertont haben soll. Der liebevolle Wunsch beider, sich mit Umarmung zu begrüßen (77 f.), ist wegen der Wesenlosigkeit des Schattenleibes unerfüllbar (79 ff.), weshalb der Schatten sich dem Versuche entzieht und den Lebenden bittet, davon abzulassen (83 ff.). Nach dem Grunde seines vorzeitigen Kommens befragt, antwortet Dante, er wolle sich bereiten, um nach dem Tode zur Läuterung zugelassen zu werden (91 f.). Dann fragt er zurück, warum der schon vor einiger Zeit Verstorbene erst jetzt übergesetzt worden sei (93). Der Büßer gesteht, daß er nach Gottes gerechtem Ratschlusse (97), weil zur Buße noch nicht reif, an der Tibermündung mehrere Überfahrten habe vorübergehen lassen müssen (94 ff.). Erst vor drei Monaten, also zu Beginn des Jahres 1300 (Hölle I, 1 ff.), sei er zugelassen worden, weil seitdem aus Gnaden – durch den diesem Jubeljahre zu Ehren um Weihnachten 1299 verkündeten Ablaß – die Wartezeit allgemein erlassen worden sei (98 ff.).

Auf Dantes Bitte singt der Freund, da die Kunst aus dem Reiche der Buße nicht verbannt ist (106 ff.), ihm zum Trost in den Drangsalen der Jenseitfahrt (108 ff.) eine seiner eignen Kanzonen, die zweite des Convivio (112), die mit ihrer

Sehnsucht nach den Höhen ewiger Wahrheit die Stimmung der zur Läuterung bereiten Seele trifft. Hingerissen lauscht die ganze Schar (115 ff.), bis Cato, der Hüter, die büßenden Seelen an ihre Pflicht mahnt (119 ff.). Im Gewissen getroffen, ebenso wie die beiden Dichter selbst, eilen alle bergan (124 ff.): aufs Geratewohl (131), da sie den Einstieg in die Felsen des steilen Wandgürtels (III, 46 ff.) nicht kennen.

Dritter Gesang

Manfred der Staufer unter den Gebannten | Unterster Ring des Vorfegfeuers · Schattenlosigkeit des Schattenleibes · Der Felswall · Die im Kirchenbanne Verstorbenen · König Manfred

Während die Wanderer, dem Berge zu (3), die eben aufgegangene, noch rötlich strahlende Sonne im Rücken (16), also nach Westen hin den Strandgürtel queren, vermißt Dante mit Schrecken, weil er sich verlassen glaubt, den Schatten Vergils (16-21). Dieser, der zu Brundisium starb und in Neapel begraben liegt (25 ff.), lehrt ihn, daß der Schattenleib den Sonnenstrahl hindurchlasse wie die unteren Himmel das Licht der oberen (28 ff.). Er ist nur ein Schemen, nur dem Auge wahrnehmbar (s. II, 79), wenngleich – hier wie in der Hölle – fähig, Schmerz zu empfinden (31 ff.; vgl. XXV, 20-107). Wie das zugeht, ist dem menschlichen Verstande unfaßbar (32 f.). Er soll sich mit der Erkenntnis der Dinge, wie sie sind (37 f.), dem ὅτι des Aristoteles, begnügen und sich nicht vermessen, das διότι, die erste Ursache, Gottes Wege (34 ff.), ergründen zu wollen. Wenn ihm beschieden wäre, alles zu wissen, wäre die Frucht vom Baume der Erkenntnis nicht verboten, dann wäre Adam nicht gefallen, dann wäre die Erlösung durch Christus nicht nötig gewesen (38 f.), und die Weisen des Altertums (40 ff.) brauchten sich nicht im Limbus »ohne Hoffen in Sehnsucht« zu verzehren (Hölle IV, 41 f.), was nun auch Vergils eigenes, schmerzlich (44 f.) empfundenes Los ist.

Die Felswand, die schroffer als die Steilküste der ligurischen Riviera zwischen Lerici am Golf von Spezia und La Turbie oberhalb Monacos (46-51) zu diesem untersten Ringe des Vorfegfeuers abfällt, hemmt den Schritt. Während Vergil, dessen Unsicherheit (63) hier offenbar wird, nachsinnend stehenbleibt (52-56), sieht Dante langsamen Schrittes Büßer nahen (58 ff.), denen sie beide, um den Weg zu erfragen, entgegengehn (65 ff.): wer den Wert der Zeit kennt, haßt Zeitverlust (77 f.). Die Säumigen sind solche, die zwar reuig, aber im Kirchenbanne verstorben sind und deshalb – daher ihr schleppender Gang – für jedes Jahr, das sie im Banne lebten, hier dreißig auf Einlaß zum Bußgange warten müssen (136 ff.). Von links kommend (58), also nach rechts hin, wie es im Fegfeuer Regel, den Berg umkreisend, staunen sie, daß die Dichter ihnen entgegenkommen (70 ff.), und winken ihnen umzukehren (100 ff.). Neues Staunen, das in dem Bilde der stutzenden Schafherde greifbar anschaulich geschildert wird, erregt der Schatten Dantes, dessen von Gott vor dem Tode gestatteten Zutritt Vergil erklärt (88-99).

Einer der Büßer (103 ff.) gibt sich als Manfred der Staufer zu erkennen. Natürlicher Sohn Friedrichs II., des Sohnes der normannischen Königstochter Konstanze (113), folgte er ihm als König des sizilisch-apulischen Reiches, dessen Krone ihm der vom Papste Clemens IV. (125) damit belehnte Karl von Anjou bestritt. Als Gegner der Kurie, des Epikureismus (Hölle X, 13 ff. u. Erl. dazu) und – zu Unrecht – des Verwandtenmordes (121) beschuldigt, wurde er gebannt. Nach der Schlacht von Benevent, die ihn Thron und Leben kostete, war sein Leichnam von den Feinden an der Calorebrücke ehrenvoll bestattet worden, indem jeder einen Stein auf den Toten legte (127ff.). Aber im Auftrage des Papstes soll der Erzbischof von Cosenza die Leiche haben ausgraben und die Gebeine außerhalb seines von der Kirche in Anspruch genommenen Reiches am Ufer des Grenzflusses (nach Ansicht der meisten Ausleger des Garigliano, obwohl auch der in den Adria-Küstenfluß Tronto mündende und ebenfalls das Königreich Neapel begrenzende Castellano einst Verde genannt wurde) bei gelöschten Kerzen – Zeichen des Bannes – in die Winde streuen lassen (124-132). So mochte seine Seele als verloren gelten (117). Aber Reue angesichts des Todes hatte sie trotz des Bannes gerettet (118 f., 133 ff.), dessen Wirkung (136ff.) ihn freilich noch auf viele Jahre von dem läuternden Bußgange zurückhält. Das soll Dante seiner Tochter Konstanze, der Gemahlin Peters von Aragonien, Mutter der Beherrscher von Sizilien und Aragonien, melden (115ff.), damit sie durch Fürbitte die Frist seines Harrens verkürze (142ff.).

Vierter Gesang

Das Gesims der Säumigen | Ersteigung der Felswand · Der erste Absatz · Die Sonne im Norden · Die Faulenzer · Belacqua

Während der Rede Manfreds ist die Sonne um etwa 50 Grad gestiegen (14ff.): es ist also fast dreieinhalb Stunden nach Sonnenaufgang (gegen neuneinhalb Uhr). Über der Anteilnahme an seinem Schicksal ist Dante die Zeit unvermerkt verstrichen (16). Mit dieser Erfahrung, daß die gespannte Aufmerksamkeit auf das eine die auf andres ausschließt, daß also die verschiedenen Kräfte der Seele nicht gleichzeitig in

Wirkung treten können, widerlegt er in Übereinstimmung mit Aristoteles und Thomas von Aquino die dem Plato zugeschriebene Lehre, die mehrere selbständige Seelen im Menschen annimmt (1-12).

Der Aufstieg führt einen engen Spalt hinauf, weit steiler als die Wege nach dem Felsenneste San Leo bei Urbino, der Bergfeste Bismontava bei Modena und der Abstieg nach dem damals vom Lande aus nur auf Felssteigen zugänglichen Hafenort Noli an der Riviera di Ponente (19-33). Auch der über dem oberen Saum der Wand aufsteigende Hang (34 ff.) ist steiler als 45 Grad (41 f.). Mit Mühe erreicht der Dichter einen Sims, der hier den Berg umzieht (46 ff.).

Dort niedersitzend und nach Osten sich zurückwendend, sieht Dante zu seinem Staunen die Sonne zur Linken, also im Norden stehn (56-60). Vergil erklärt ihm dies aus der schon mehrfach erwähnten Lage des Läuterungsberges als Gegenpol zu Jerusalem (67 ff.). Die Sonnenbahn, auf der Phaëthon mit dem Sonnenwagen entgleiste, erscheint hier in entgegengesetzter Lage als dort (71 ff.), weil der Himmelsäquator genau so weit nördlich streicht wie von dort aus südlich (79 ff.). Gegen den Sommer, wenn sie im Tierkreise ins Zeichen der Zwillinge tritt, rückt die Sonne dem Gestirn des Großen und Kleinen Bären, also dem nördlichen Himmelspol, noch näher (61 ff.).

Auf Dantes Frage nach der Entfernung des Gipfels kann Vergil nur antworten, daß der Aufstieg immer weniger steil werde (88 ff.): so viel ist auch der natürlichen Vernunft erkennbar, daß der Weg der Buße nach Überwindung des ersten inneren Widerstandes leichter wird. Vom Ziele weiß er nichts zu sagen (96), weil die erlösende Wirkung der Buße Sache der Offenbarung ist.

Ein diese Erklärung abschneidender Zuruf (98 f.) macht die Wandrer auf die Insassen dieses Simses aufmerksam.

Schon durch ihre Haltung werden sie als Faulenzer gekennzeichnet (103 ff.): aus Trägheit haben sie das Bereuen ihrer Sünden bis zur Todesstunde verschoben und müssen deshalb, wie alle Seelen in diesem oberen Teile des Vorfegfeuers, so lange, wie ihr sündiges Leben währte, hier auf Einlaß zum eigentlichen Purgatorium warten, sofern nicht fromme Lebende durch Fürbitte die Wartezeit abkürzen (128-134).

Unter ihnen erkennt Dante mit Freuden, denn er weiß ihn nun des ewigen Heils teilhaftig (122 f.), einen Mitbürger namens Belacqua, der ein vortrefflicher Geigenbauer gewesen sein soll. Während er sich an der possierlichen Gelassenheit des Faulpelzes belustigt, wird er von seinem Führer zum Weitergehn gerufen: Die Sonne berührt den Mittagskreis, die entgegengesetzte, bewohnte Halbkugel ist also von Nacht bedeckt, die bei Marokko eben deren westliche Grenze erreicht (136 ff.).

Fünfter Gesang

Die Opfer der Gewalt | Vergils Mahnung · Büßer, die gewaltsamen Todes starben · Ihr Drängen um Fürbitte · Jacopo del Cassero, Buonconte von Montefeltro und die Gräfin Pia

Beim Weitergehen bemerken auch die Trägen staunend Dantes Schatten (3 ff.). Er wird von Vergil getadelt und schämt sich, daß er, auf ihr Tun und Reden achtend, zurückblieb, statt allein an sein Ziel zu denken (10-21).

Desgleichen wundert sich über den Schatten, den sein lebendiger Leib wirft, eine Schar, die den vom Sims der Trägen zur Pforte des Fegfeuers ansteigenden Hang umkreist (22 ff.). Es sind Seelen solcher, die, gewaltsam ums Leben gekommen, in der Todesnot noch bereut haben (52 ff.).

Auch sie sehnen sich, durch Fürbitte die Wartezeit abgekürzt zu sehen, die ihnen nach der im vorigen Gesange (IV, 130 ff.), erwähnten Regel wegen der Verspätung ihrer Buße auferlegt ist. So drängen sie sich an den Lebenden (43 ff.), sobald ihnen die ausgesandten (28) und nach Vergils Auskunft (31 ff.) mit der Schnelligkeit von Sternschnuppen oder Blitzen – die nach mittelalterlicher Naturlehre für das Aufflammen trockner Dünste gehalten wurden (37 ff.) – zurückeilenden Kundschafter die Bestätigung seiner Leiblichkeit gebracht haben.

Der erste, der ihm den Wunsch nach Fürbitte an die Angehörigen in seiner Heimat, der zwischen dem Königreich Neapel und der Romagna gelegenen Mark Ancona (67 ff.), mitgibt, ist Jacopo del Cassero aus Fano. Als Podestà von Bologna verteidigte er die Stadt gegen Azzo von Este und wurde auf Befehl des überdies durch öffentliche Vorwürfe von ihm beleidigten Markgrafen im Jahre 1298 auf der Reise nach Mailand bei dem Schlosse Oriaco, auf dem Gebiet der nach der Sage von dem verräterischen Trojanerfürsten Antenor gegründeten Stadt Padua, unweit der festen Burg Mira überfallen und auf der Flucht erschlagen (73-84).

Der zweite Bittende (85 ff.), Buonconte, der Sohn Guidos von Montefeltro (Hölle XXVII), fiel als Führer der Gibellinen von Arezzo in der schon mehrfach erwähnten Schlacht bei Campaldino gegen die Florentiner, unter denen Dante selbst gekämpft hat. Daß sein Leichnam nie gefunden wurde (91 ff.), erklärt er mit der Rache des im Kampf um seine Seele unterlegenen Teufels (94 ff.). Wie bei seinem Vater (Hölle XXVII, 67-129) stand die Entscheidung über sein Seelenheil auf des Messers Schneide, so daß es auch hier zum Streit der himmlischen und höllischen Mächte kommt (104 ff.). Die Träne der Reue, die er in seiner Todesnot geweint hat (100 f., 106 f.), gibt den Ausschlag zu seinen Gunsten, und der böse

Geist kann sich nur an dem toten Leibe schadlos halten (108). Ein Unwetter, das seine die natürlichen Vorgänge (109 ff.) beeinflussende höllische Macht (113) zu erregen vermag, hat den Archiano zum Ausufern gebracht, einen linken Nebenfluß des Arno, der mit seinem einen Quellbach oberhalb der Einsiedelei Ermo di Camaldoli (96) an der Hauptkette des Apennin entspringt, das zwischen jenem hohen Joch und dem Bergzuge des Pratomagno (den »weiten Matten«) eingeschnittene Casentinotal (94, 116) quert und unterhalb des Schlachtfeldes mündet (118-123). So ist der Leichnam des Gefallenen, der todwund bis zur Vereinigung beider Flüsse geflüchtet und dort seinen Verletzungen erlegen war (97 ff.), von den wilden Wassern weggeschwemmt und in Schutt begraben worden (124-129). Buonconte nimmt Dantes eigne Fürbitte in Anspruch, weil weder seine Witwe noch seine übrigen Hinterbliebenen seiner gedenken (85 ff.). Mit der gleichen Bitte, schüchtern und leise, naht als dritte die blasse Gestalt der Pia von Siena (130 ff.). Von ihr heißt es, sie sei aus dem Hause der Tolomei entsprossen, in zweiter Ehe mit Nello Pannocchieschi vermählt gewesen und auf sein Geheiß (135) auf seinem Schlosse Pietra bei Massa Marittima in der toskanischen Maremme ermordet worden.

Sechster Gesang

Der Minnesänger Sordello · Italiens Not | Der Andrang Flehender · Wert der Fürbitte · Der Sänger aus Mantua · Weheruf über Italien

Den drei Bittenden des vorigen Gesanges folgt ein ganzer Haufe. Der Dichter kann sich ihrer nur durch vielfache Zusagen erwehren wie einer, der im Spiel gewonnen hat und nun von den Zechgenossen überlaufen wird (1-12).

Der Richter Benincasa von Arezzo (13 f.), den der berühmte, in Boccaccios Decamerone gepriesene Räuberhauptmann Ghino di Tacco aus Rache für die Verurteilung zweier seiner Spießgesellen erschlug; sein Mitbürger Guccio Tarlati, der nach einem Treffen, verfolgt oder verfolgend, im Arno ertrank (15); der Sohn des Grafen Guido Novello, der in einer Geschlechterfehde blieb (16 f.), und der des Pisaner Rechtsgelehrten Marzucco Scornigliani, dessen Tod der Vater hochherzig verzieh (17 f.); Graf Orso degli Alberti (19), wahrscheinlich der Sohn eines der in der Kaïna (Hölle XXXII, 41-60) erwähnten Brudermörder, ein Opfer der Blutrache; Pierre de la Brosse, Arzt und Günstling Philipps des Kühnen von Frankreich, der des Verrats beschuldigt und gehenkt wurde – wie Dante annimmt, unschuldig, als Opfer der Ränke der Königin Maria von Brabant, die er des Giftmordes an ihrem Stiefsohn verdächtigt haben soll (19-24): sie alle verlangen nach Fürbitte, um früher zum Sühnegang zugelassen zu werden (26 f.).

In Dante regt sich dabei die Frage nach der – in jener Zeit von verschiedenen Sekten geleugneten – Wirksamkeit der Fürbitte, die auch der Vers der Äneis: Desine fata deum flecti sperare precando, zu verneinen scheint (28 ff.). Vergil weist ihn darauf hin, daß dies Wort in der Unterwelt zu einem Heiden gesprochen sei, dessen Gebet nicht zum Himmel dringe (40 ff.). Rechte Fürbitte sei wirksam, und durch ihre Gewährung werde der Richterspruch Gottes nicht erschüttert: Die Schuld des Büßers werde statt durch seine Buße durch die Liebe des Beters abgegolten (37 ff.). Die vollkommene Lösung dieses Rätsels muß Vergil jedoch, da die Wunder der Gnade dem natürlichen Verstande unfaßbar sind, Beatrice als Vertreterin der Offenbarung vorbehalten (43-48).

Beim Klang dieses Namens drängt Dante vorwärts, da die

Sonne schon hinter dem Berge (51 u. 56 f.), also (IV, 53) im Westen steht. Vergil mahnt zur Geduld, da sie vor Erreichung des Gipfels – tatsächlich noch dreimal (IX, 44; XIX, 37 ff.; XXVII, 109 ff.) – wieder aufgehalten werde (52-57). Indes erscheint in stolzer Absonderung ein einzelner Büßer (58 ff.). Unzugänglich zunächst, gibt er sich Vergil beim Worte Mantua in freudiger Umarmung als Landsmann zu erkennen (70 ff.), als der Minnesänger Sordello, der, um 1200 im Mantuanischen geboren, sein abenteuerreiches Leben im Dienste der Gräfin Beatrix von der Provence, Gemahlin Karls von Anjou, beschlossen hat. In seiner Totenklage auf den Ritter Blacatz hat Sordello ein Rügelied hinterlassen, das mit den Fürsten seiner Zeit scharf ins Gericht geht. Dies Gedicht, in dessen Verfasser der unerschrokkene Kämpfer gegen das schlechte Regiment seiner Tage eine verwandte Seele geahnt haben mag, hat offenbar Dantes Vorstellung von dem Mantuaner Sänger bestimmt. So erklärt sich die Zeichnung seiner Gestalt (61-66), so die Rolle als Fürstenspiegel, die im nächsten Gesange ihm zugeteilt wird, so auch der leidenschaftliche Ausbruch, zu dem Dante beim Klange seines Namens durch die in der Begrüßung Vergils sich verratende Heimatliebe (79 ff.) hingerissen wird: die furchtbare Klage und Anklage über die Not und wider die Verderber seines Vaterlandes (76 ff.).

Es ist ein verzweifelter Schrei nach dem Kaiser, die bittere Klage über das Fehlen eines Weltherrschers. Der Sturz des staufischen Kaisertums durch das Weltmachtstreben der zur Lenkung der irdischen Dinge gleichwohl unfähigen Kirche (91-96) und der Verzicht der auf Deutschland sich beschränkenden Habsburger Rudolf und Albrecht I. – dessen im Jahre 1308 folgende Ermordung hier ex eventu geweissagt wird – auf die Kaiserkrone und auf Einfluß in Italien (97-105) werden für die Zerrüttung dieses Gartens des Reiches verantwortlich gemacht: für die Friedlosigkeit des von Parteien zerrissenen Landes (82-87, 115); für seine Gesetzlosigkeit, um so schmählicher, als es in Justinians Corpus juris ein vollkommenes Recht besitzt (88 ff.); für seine Knechtung (76) durch die Willkürherrschaft unwürdiger Gewalthaber, die sich vermessen, gegen den Kaiser, wie der Konsul Gajus Marcellus gegen Julius Cäsar, aufzutreten (124 ff.) und seine Anhänger zu unterdrücken (109 f.); für die dauernden Fehden, in denen die edlen Geschlechter, die durch Shakespeare berühmt gewordenen Montecchi und Capuletti von Verona, Monaldi und Filippeschi von Orvieto, die – ironisch »sicher« genannten – Grafen von Santafiore bei Siena, sich aufzureiben drohten (106 ff.). Zum Schluß (127 ff.) richtet sich die Anklage mit grimmiger Ironie gegen die Vaterstadt Florenz und ihre zungenfertige, verantwortungslose Demokratie (130-135), deren Neuerungssucht, in der wechselseitigen Vertreibung der eignen Bürger gipfelnd (142-147), den Krämpfen eines Fieberkranken verglichen wird (148 ff.).

Siebenter Gesang

Die gekrönten Häupter | Vergils Erkennung · Sordello als Führer · Das Tal der Fürsten · Irdische Größe und ihr Kreuz

Auf Sordellos Frage nennt sich Vergil (4 ff.) und berichtet von seiner Fahrt und Sendung (22 ff.). Er bekennt sich als Insasse des Limbus, wo in Trauer ohne Qual (28 ff.; vgl. Hölle IV, 25 ff.) außer den ungetauften Kindern die gerechten Heiden weilen, die zwar alle vier natürlichen, nicht aber die drei »theologischen« Tugenden: Glaube, Liebe, Hoffnung besaßen (25-36). Sordello, der Sänger, erweist ihm alle Ehre, die dem nach den Begriffen seiner Zeit unerreichten

Vorbilde gebührt (10 ff.). Er erbietet sich dann als Führer zur Pforte des eigentlichen Fegfeuers; vom Sims der Faulenzer bis dahin ist der ganze Hang den Seelen dieser Säumigen für die Dauer ihrer Wartezeit (IV, 127 ff.) zu freier Bewegung angewiesen (40 ff.).

Aber auf dem Weg der Buße kommt nur der ans Ziel, dem das Licht der – stets in der Sonne verkörperten – göttlichen Gnade leuchtet; bei Nacht ist der Aufstieg am Läuterungsberge nicht möglich (44, 49-60). Da die Sonne sinkt (43), führt Sordello die beiden Wanderer zu nächtlicher Rast nach einer Schlucht, die unweit zu ihrer Rechten (46), einem Bergtale hier auf Erden gleichend, also nach dem Bergesfuße zu sich öffnend, in die Halde eingeschnitten ist (64 ff.). Sie strahlt von Grün und duftenden Blüten aller Farben (73-81) und beherbergt während ihres Harrens auf Einlaß zum Sühnegange die Großen dieser Erde, die über Herrschersorgen die um das Seelenheil auf die Todesstunde verschoben hatten. Wie im Leben sind sie hier von verschwenderischer Pracht umgeben, auch hier, ohne davon beglückt zu werden: das Vesperlied, das sie singen (82), klingt nur von Sehnsucht nach Erlösung aus der »Verbannung«, dem »Tale der Tränen«.

Den nach unten, dem Ausgange zu gleichmäßig absinkenden Rand der Schlucht unterhalb seiner Mitte erreichend (72), erfahren die Wanderer nun von Sordello, dem strengen Fürstenrichter (siehe S. 609), Namen und Umstände der gekrönten Büßer (91 ff.).

Rudolf von Habsburg, als Kaiser obenan sitzend, bereut in stummem Schuldbewußtsein die ihm schon im vorigen Gesange (VI, 103 ff.) vorgeworfene Vernachlässigung Italiens, das nun lange auf seinen Retter warten muß (91-96). Nicht mehr feindlich wie auf Erden, ein Trost für den wider ihn erfolgreichen Gegner, sitzt Ottokar von Böhmen ihm gegenüber, der gewaltige Vater des unbedeutenden Wenzel (97-102).

Philipp III. von Frankreich, der auf dem Rückzuge aus Spanien in Perpignan starb, und Heinrich von Navarra grämen sich über das tückisch-räuberische Gebaren ihres Sohnes und Schwiegersohnes Philipp des Schönen (103-111). Auch Peter III. von Aragonien, der durch die Sizilianische Vesper auf den Thron der Insel erhobene, für gutes Regiment gerühmte Gemahl der Stauferin Konstanze (112, 114, 129), und sein dort entthronter Vorgänger, der mit Beatrix, Tochter Raimonds von der Provence, und Margarete von Burgund vermählte Karl I. von Anjou (113, 124), müssen sich ihrer Nachkommen schämen: So weit wie der zweite hinter dem ersten, bleibt, wie der Zustand seiner Länder zeigt (125 f.), sein Sohn Karl II. hinter ihm selbst zurück (127 ff.); und Peters jüngere Söhne, Jakob II. von Aragonien und Friedrich II. von Sizilien, haben nicht wie sein früh verstorbener ältester Sohn Alfons III. die Vorzüge des Vaters geerbt (115-120). In der Häufigkeit solcher Entartung erkennt Dante den Willen der Vorsehung, die, wie Paradies VIII, 127-135 ausgeführt, die Fähigkeiten auch ohne Rücksicht auf das Gesetz der Vererbung zuteilt und von der die Menschen Tüchtigkeit als Gnadengeschenk erbitten sollen (121 ff.).

Die Verurteilung Philipps des Schönen und der Anjous entspricht dem XX, 64-69, 79-93 und Paradies XIX, 127 ff. gefällten Urteil und wird, ebenso wie das Lob Peters von Aragonien, von manchen Zeitgenossen bestätigt. Dessen Söhne Friedrich und Jakob dagegen, die Dante ebenfalls Paradies XIX, 130-138 und auch in seinen Prosaschriften noch herber tadelt – das Wort ihres Großvaters Manfred (III, 115 f.) wird daher, sofern es ein Lob enthält, entgegen der Meinung der alten Ausleger, wohl nicht ihnen, sondern nur dem auch hier (115 ff.) gelobten ältesten Bruder Alfons gelten –, werden trotz ihres Bruderkrieges um Sizilien allgemein als gute Herrscher gerühmt.

Im Gegensatz zu dem eben beklagten Rückgange wird bei dem Nachkommen des schwachen, wenig königlichen Heinrich III. von England, dem kraftvollen Eduard I., ein Aufschwung festgestellt (130 ff.). Wie jener Schattenkönig abseits sitzt, so muß der den gekrönten Häuptern nicht ebenbürtige Markgraf Wilhelm von Monferrat vom untersten Platze aus zu ihnen aufblicken (133 f.), der Unglückliche, dessen Krieg mit Alessandria, nachdem er selbst in Gefangenschaft geraten und darin verstorben, von seinen Söhnen ohne Glück weitergeführt wurde (135 f.).

Achter Gesang

Im Tal der Fürsten | Das Abendlied · Der Schutzengel · Nino, der Richter von Gallura · Das Dreigestirn · Die alte Schlange · Das Haus Malaspina

Um die Scheidestunde des Tages, auf deren heimwehnährende Schwermut der Mollakkord der Eingangsverse gestimmt ist, heben die hohen Schatten das Abendlied an, das um Schutz vor bösen Träumen und Versuchungen fleht (7-18). Alsbald erscheint – die symbolische Bedeutung wird hier wieder, wie Hölle IX, 61 ff., besonders hervorgehoben (19-21) – die erbetene Hilfe: zwei Engel in hoffnungsgrünem Kleide und Gefieder, Flammenschwerter in Händen, denen, im Gegensatz zur Waffe des alttestamentlichen Paradieseswächters, dessen Strenge durch die Erlösung entwaffnet ist, die Spitze fehlt (25-30). Beiderseits auf der Höhe der Talränder stellen sie sich auf als Wache gegen die Schlange, die alte Versucherin (98 f.), deren Angriff hier nächtlicherweile droht (31 bis 39). Zwar sind die Büßer – hier wohl ebensowenig wie im eigentlichen Fegfeuer (XI, 22 ff.; XXVI, 132) – der Sünde nicht mehr fähig. Gleichwohl wird hier im Vorfegfeuer die Gefahr der Versuchung den Säumigen, die sie auf Erden mißachtet hatten, mahnend vor Augen geführt.

Nunmehr ins Tal selbst niedersteigend (43 ff.), erkennt Dante im letzten Dämmerlicht (49 ff.) den Pisaner Nino Visconti, den Richter (Statthalter) von Gallura auf Sardinien, mit dem er freudigen Willkomm tauscht (52 ff.). Als Amtsgenosse seines mütterlichen Großvaters Ugolino (Hölle XXXIII) hatte Nino mit diesem sowohl wie mit den in Pisa überwiegenden Gibellinen Zerwürfnisse und kämpfte als Vertriebener mit den Welfen von Florenz und Lucca gegen seine Vaterstadt, wobei er, vielleicht vor Caprona (Hölle XXI, 94 ff.), dem Dichter begegnet sein wird. Dieser Händel wegen mag Dante an seinem Seelenheil gezweifelt haben (53 f.).

Auch Nino wünscht Fürbitte: von seiner Tochter, deren Unschuld im Himmel Gehör findet, während er von seiner wiedervermählten Witwe keine Pflege seines Andenkens erwartet (70 ff.). Diese, Beatrice d'Este, hatte nach seinem frühen Tode Galeazzo Visconti von Mailand geheiratet, der bald darauf vertrieben wurde. So wird die zweite Ehe, in der sie das Wappen von Gallura gegen die mailändische Schlange mit dem Kinde im Rachen tauscht, nicht nur ihrem Rufe nach dem Tode Schaden (79 ff.), sondern ihr selber schon im Leben Unheil bringen (75). Ihre Wiederverheiratung, den Witwen jener Zeit ohnehin oft als Unbeständigkeit vorgeworfen, hier durch den Parteigegensatz zwischen den welfischen Visconti von Pisa und den gibellinischen von Mailand doppelt peinlich, wird von dem verstorbenen ersten Gatten ernst, aber ohne Groll gerügt (76 ff., 82 ff.).

Nachdem die Sterne aufgeleuchtet sind – im Zenit, nah

dem Pole, wo sie langsam kreisen, steht jetzt statt der inzwischen herabgesunkenen vier Sinnbilder der natürlichen Tugenden (I, 22ff.) ein Dreigestirn, das Symbol der drei »theologischen« Tugenden Glaube, Liebe, Hoffnung (85-93) –, schleicht, wie erwartet (36ff.), durch den offenen Eingang des Tales die Schlange heran (97ff.), die seit dem Apfelbiß im Paradiese (99) die Versuchung verkörpert. Sogleich aber wird sie, die hier keine Macht hat, von den Engeln verscheucht (103ff.).

Der schon im Vers 65 genannte Schatten gibt sich jetzt als Currado Malaspina von Valdimagra zu erkennen, den Enkel Konrads des Alten (115-120), des Stammvaters dieses Zweiges des in der Lunigiana damals reich begüterten Markgrafengeschlechtes. Er hatte bei Lebzeiten eifrig für den Glanz seines Hauses gesorgt, unter dessen Glieder er, ohne männliche Nachkommen sterbend, letztwillig, mit einer Mahnung zur Eintracht, seine Besitzungen verteilte; da er über dieser Sorge, wie sein Harren im Vorfegfeuer beweist (IV, 130ff.), bis zum Ende die um sein ewiges Heil vergessen hatte, muß sich solche allzu irdische Verwandtenliebe hier läutern (119f.). Aber noch immer liegt ihm der Stand seiner Länder am Herzen, und er bestürmt Dante, ihm Nachricht zu geben (115f.). Wie Nino bei der Dankespflicht des Jenseitspilgers für die einzigartige Begnadigung durch Gottes unerforschlichen Ratschluß (67ff.), so beschwört er ihn bei der Aussicht, das auf dem Gipfel des Berges liegende Paradies zu erreichen (112ff.), wozu das Licht der Gnade leuchten muß, nachdem sie guter Wille – hier mit dem Brennstoff der Leuchte verglichen – aufgenommen hat.

Dante antwortet, seine Überzeugung auch seinerseits bei der Hoffnung auf Erreichung des Gipfels beteuernd (128), mit einem Preislied auf das Land des Markgrafen und sein Haus, dem er Freigebigkeit, Tapferkeit und, im Gegensatz zu der Verderbnis der von der machthungrigen Kurie gegen die gottgewollte Staatsordnung aufgewiegelten Welt (131), Treue gegen altes Recht und Herkommen nachrühmt (121-132). Darauf verheißt ihm der Büßer (133 ff.), daß die Seinigen ihm diese gute Meinung durch die Tat bewähren werden, und zwar, wenn Gott seinen – unverrückbaren – Ratschluß nicht ändere (139), ehe die Sonne siebenmal im Zeichen des Widders untergehen werde, was in jedem Frühling zur Zeit der Tagundnachtgleiche geschieht. Tatsächlich hat Dante vor dem Frühjahr 1307 als Verbannter bei den Malaspina Schutz und Gastfreundschaft gefunden, wofür er hier den Zoll seines Dankes erstattet.

Neunter Gesang

Das Tor der Buße | Schlaf und Morgentraum · Die heilige Lucia als Helferin · Die Pforte zum Fegfeuer und ihr Pförtner · Die sieben P · Eintritt

Die Zeitbestimmung der Eingangsverse ist ein Kreuz für alle Ausleger. Die ansteigenden Schritte der Nacht (7) können nur Abschnitte des Bogens sein, welchen der dem Stand der Sonne entgegengesetzte Punkt des Nachthimmels vom Horizont bis zum Meridian beschreibt, also wohl die Stunden von Sonnenuntergang bis Mitternacht. Gegen Ende der dritten (9) ist es zur Zeit der Tagundnachtgleiche kurz vor neun Uhr abends. Um diese Stunde stand damals der Mond dicht unter, das Sternbild des Skorpions gerade über dem Horizont des Läuterungsberges, der, wie wir wissen, Antipode von Jerusalem sein soll. In Italien – 45 Grad westlich von Jerusalem gedacht – dämmerte gleichzeitig der Tag, während das Zeichen der Fische am Morgenhimmel stand. Diesen letzteren Sternenstand glauben manche Ausleger in den Versen 1 bis 6 geschildert. Auf die Fische aber, wenngleich ihr Schweif gegen die von Menschen bewohnte nördliche Halbkugel weist, lassen sich die Verse 5/6 nicht ohne Zwang beziehen. Überhaupt ist es schwer zu glauben, daß der Sternenstand in den ersten beiden Terzinen (1-6) für einen andren Standpunkt angegeben sein sollte als für den der Wandrer: den Läuterungsberg, auf den die Zeitangabe der folgenden Verse (7-9) ausdrücklich bezogen ist. Das wundervolle Bild der Eos mit der Sternenkrone kann wohl nur als sichtbarer Hintergrund für den augenblicklichen Schauplatz der dichterischen Handlung gedacht und angeschaut sein: als die Helle, die, vom Fegfeuerberge aus gesehen, zugleich mit dem Aufgange des Skorpions dem Aufgehen des Mondes voranging. Daß Dante diese Monddämmerung, den Mythos von Tithon zur Groteske weiterspinnend, als dessen »concubina« seiner rechtmäßigen Gemahlin Aurora habe gegenüberstellen wollen, braucht man deshalb den alten Auslegern noch nicht zu glauben. Er wird Aurora, Tithons Gattin, für Dämmerung schlechthin genommen haben. Wenigstens kommt keine andre Deutung dieser drei Terzinen zu einleuchtenderer Lösung des Rätsels.

Gegen neun Uhr abends also, zu Beginn der ersten Nacht am Läuterungsberge, sinkt Dante, zum ersten Male seit Antritt der Wanderung, in Schlummer (10ff.). In der Frühe, wenn (13 ff.) das Lied der Schwalbe erklingt – in Erinnerung an die grauenvolle Sage von dem in Schwalbe und Nachtigall verwandelten Schwesternpaar Prokne und Philomela (XVII, 19) Klagelied genannt –, hat der Dichter einen Traum. Es ist ein Wahrtraum, da gegen Morgen nach damaligem Glauben der von den Schranken der Sinne und des verstandesmäßigen Denkens befreiten Seele Eingebungen von oben kommen (16ff.). Dante träumt sich gleich Ganymed von Jupiters Adler ergriffen und bis zur Feuersphäre emporgerissen (19-30), die im mittelalterlichen Weltbilde den Luftraum einschließt und vom Mondhimmel scheidet. Durch die Empfindung der geträumten Glut aus dem Schlafe geschreckt (31 ff.) – zwei Stunden nach Tagesanbruch (44); hinter ihm lagen drei Nachtwachen –, findet er sich tatsächlich bis zur Pforte des Fegfeuers (49 ff.) emporgetragen. Die neue Lage erschreckt ihn wie Achill, den seine Mutter Thetis, um ihn vom Trojanischen Kriege fernzuhalten, schlafend zum König Lykomedes brachte, unter dessen Töchtern er durch Odysseus' List entdeckt wurde (34 ff.). Aber Vergil klärt den Bestürzten auf und ermutigt ihn durch den Bericht, wie seine Schutzpatronin Lucia ihm diesen Dienst geleistet hat (52-63).

Auf die erhabene Symbolik des Folgenden wird wiederum (70 ff.) feierlich hingewiesen: der Eintritt in das Purgatorium versinnbildlicht das Sakrament der Buße und die Absolution. Farben und Gestalt der Stufen: spiegelnde Weiße, tiefes Schwarz, in Kreuzform geborsten, flammende Röte (94-102) deuten auf die Erfordernisse wirksamer Beichte: Erkenntnis und Bekenntnis der Sünde, Reue und Zerknirschung, Genugtuung in Werken der Liebe. Mit der diamantenen Schwelle (105) scheint der unzerstörbare Grundstein der Kirche Christi gemeint. Der auf ihr thronende Engel (103 ff.) im grauen Bußgewande (115 f.) verkörpert die priesterliche Gewalt. Mit dem Schwerte der Gerechtigkeit macht er dem Beichtenden seine sieben Hauptsünden (peccata) fühlbar, damit er sie büßend sühne (112 ff.). Die beiden Schlüssel (117 ff.), die ausschließlich und nur gemeinsam (119-123) das Tor der Sühne erschließen können, sind die von Christus dem Apostel Petrus verliehenen Himmelsschlüssel, deren Verwaltung im Zweifelsfalle eher Nachsicht als Strenge fordert (127 ff.). Der goldene deutet auf die durch Christi Blut erkaufte Lossprechungsgewalt, der silberne auf die Kunst der Gewissenserforschung (124 ff.).

Mit der biblischen Warnung vor Rückfall (131 f.) werden die Pilger eingelassen. Die infolge der menschlichen Verderbtheit selten und daher schwer sich öffnende Pforte dröhnt im Aufschlagen lauter als – nach Lucans Pharsalia – die der Schatzkammer im Tarpejischen Fels am Kapitol, als Cäsar gegen den Widerstand des Tribunen Metellus deren Öffnung erzwang, um sie zu leeren (133 ff.). Mit diesem klangvollen Donnerhall der ehernen Flügel aber, wie Chorgesang und Orgelton, verwebt sich der Klang des Ambrosianischen Lobgesanges, der dem Eintretenden aus dem Innern der Läuterungsringe entgegentönt (139 ff.).

Zehnter Gesang

Der Ring der Stolzen und sein Bilderschmuck | Aufstieg zum ersten Ringe · Bilder der Demut, in Stein gehauen · Die Hochmütigen unter ihrer Last

Das Dröhnen, mit dem die der unbußfertigen Sündhaftigkeit der Menschen halber selten benützte Pforte sich schließt, verleitet den Dichter nicht, sich umzuschauen, weil er des Verbotes (IX, 131 f.) eingedenk ist (1-6). Durch einen engen, in Wellenlinie gewundenen Felsspalt (7 ff.) erreicht er mühsam, nach Untergang des abnehmenden Mondes (13-15: nach zehn Uhr vormittags, also gut zwei Stunden nach seinem Erwachen IX, 44), die erste Ringterrasse, die – wiederum wohl eine Anspielung auf die Seltenheit wahrer Bußfertigkeit – einsam scheint wie eine Wüstenei (19 ff.).

Hier wird der Hochmut gebüßt. Die Felswand zeigt daher in erhabener Arbeit Vorbilder der Demut (97 f.): Maria beim Englischen Gruß (34-45); David, tanzend vor der Bundeslade (55-69), deren Berührung, obwohl sie zur Verhütung des Sturzes diente, dem mangels Priesterweihe dazu nicht berufenen Usa im zweiten Buche Samuelis den Tod bringt (57); den Kaiser Trajan, der nach der Sage, um einer armen Witwe Recht zu schaffen, seinen Kriegszug verschoben hatte und den nach der Legende der heilige Papst Gregor durch sein Gebet aus der Hölle erlöst hat (73-93). Die von Gott selbst geschaffenen Bildwerke (94 ff.) sind von solchem Ausdruck, daß der Beschauer das Singen fast zu hören, den Weihrauch fast zu riechen und die Reden der Dargestellten zu verstehen glaubt (37-45, 59-63, 83-96).

Während Dante (97 ff.) sie bewundert, sieht Vergil die Büßer kommen (100 ff.). Es sind die Hochmütigen, die, um den Nacken beugen zu lernen, unter der erdrückenden Last schwerer Steine einherschleichen. Unter ihrer Bürde sind sie so zu Boden gekrümmt, daß sie zunächst gar nicht wie menschliche Gestalten erscheinen (112 ff.). Bei näherem Hinsehn gleichen sie den Stützfiguren an einem gotischen Bauwerk, deren Verkrümmung dem mitfühlenden Betrachter Muskelschmerz verursacht (130 ff.).

Angesichts dieser Pein beschwört Dante seine Leser, den Entschluß zur Buße nicht aus Furcht vor deren Härte aufzugeben, die ja nicht ewig währt, sondern spätestens am Jüngsten Tage zur Seligkeit führen wird (106-111). Die Hochmütigen aber, deren Streben vom Ziel, dem wahren Gute, ablenkt (123), mahnt er, nicht zu vergessen, daß der Mensch auf Erden unvollkommen ist wie der Schmetterling in der Raupe, nach dem Tode aber, aller irdischen Würden entkleidet, sich vor Gott verantworten muß (121-129).

Elfter Gesang

Gebet und Buße der Hoffärtigen | Ein Vaterunser · In Staub gebeugter Hochmut: Omberto Aldobrandeschi, Graf von Santafiore, Oderisi, der Maler, und Provenzano Salvani von Siena · Nichtigkeit des Nachruhms

Zu Beginn des Bußganges klingt hier als Reisesegen (25) das Gebet des Herrn (1-21), dessen Bitten mehrfach umschreibend gedeutet werden. So wird der am Anfang aller sieben Tagewerke erschaffene Himmel (2f.; vgl. Hölle I, 127f.) trotz Gottes Allgegenwärtigkeit als seine bevorzugte Wohnung bezeichnet. Die letzten beiden Bitten sind im Munde der Büßer nur Fürbitte für die Hinterbliebenen, die noch nicht, wie sie selber, der Versuchung und der Möglichkeit zu sündigen entrückt sind (22ff.). Solche Freundlichkeit heischt Gegendienst von den Lebenden, die, wenn im Gnadenstande, durch Gebet und Opfer ihre Pein zu kürzen vermögen (31-36).

Der Büßer, der Vergils Frage nach dem nächsten Wege (37ff.) beantwortet und nach Dantes Fürbitte verlangt (55ff.), ist aus dem Hause der Grafen von Santafiore, die, in den Maremmen reich begütert, sich rühmten, an jedem Tag im Jahre ein anderes ihrer Schlösser beziehen zu können, gegen Ende des 13. Jahrhunderts aber von dem benachbarten Siena hart bedrängt wurden (VI, 111). In diesen Zwistigkeiten, in denen ihr Geschlecht zugrunde ging (67ff.), wurde der hier auftretende Graf Omberto auf seinem Schlosse Campagnatico getötet (65f.).

Von Oderisi aus Gubbio und Franco von Bologna (79ff.) wissen wir nur, daß beide gegen Ende des 13. Jahrhunderts Miniaturmaler gewesen sind. Jener war Dante offenbar persönlich bekannt. Wie sein vom Künstlerstolz geheilter Sinn den Vorrang des Jüngeren jetzt willig anerkennt (82-87), so ist ihm die Vergänglichkeit alles irdischen Ruhmes aufgegangen, dem einzig – wie dem des klassischen Altertums – ein Rückfall in Barbarei einige Dauer verleihen kann (91 ff.). Sonst dauert das Gedächtnis des längsten Lebens nicht einmal tausend Jahre, und tausend Jahre verhalten sich zur Ewigkeit wie ein Augenblick zur Dauer der Umdrehung des Fixsternhimmels (103-108). Diese letztere, die sogenannte Vorrückung der Nachtgleichen, gebraucht nach der von Dante im Convivio wiedergegebenen Berechnung des Ptolemäus hundert Jahre für einen Grad, vollendet ihren Kreislauf also erst in 36000 Jahren.

Wie schnell der Künstlerruhm verdunkelt wird, zeigt das Beispiel Cimabues, des Altmeisters der florentinischen Malerei, der schon um die Jahrhundertwende durch den großen Giotto in den Schatten gestellt wurde (94 ff.); desgleichen muß Guido Guinizelli, der Chorführer des dolce stil nuovo, seinem Nachfolger, Dantes Freunde Guido Cavalcanti (Hölle X, 58 ff.), weichen, dessen Kanzone »Donna mi prege« als Meisterstück der Schule galt; und auch dieser wird, vielleicht schon bald, seinen Meister finden (97). Dieser Größere war Dante selbst, und er war sich dessen bewußt. Daß er aber mit diesen Worten auf seine eigne Person hinweisen wollte, darf man ihm nicht zutrauen. Gerade sein sicheres Selbstbewußtsein verbot ihm lautes Selbstlob (Hölle IV, 100-105) und ließ ihn die hohe Verehrung für seine Vorläufer und Mitstrebenden mit edler Bescheidenheit bekennen (XXVI, 98 f.). Mit der Ehrerbietung, die er dort dem Guinizelli erweist, mit der Demut, die »besseren« seiner Jünger den Vortritt läßt, würde sichs schlecht reimen, wenn er sich gerade hier, in dieser herben Rügerede wider Stolz und Ehrsucht, eben über jenen »Vater« seiner Dichtung und dessen bedeutendsten Schüler erhoben hätte.

Oderisis Vordermann Provenzano Salvani (109 ff.) war, namentlich nach seinem Siege in der oft erwähnten Schlacht bei Monte Aperti über die Florentiner (112 ff.), der mächtigste Mann von Siena. Nach seinem Tode in dem unglücklichen Gefecht bei Colle wurde sein ganzes Geschlecht mit andren Häuptern der Gibellinen ausgetrieben (110 f.). Dante wundert sich, daß der erst im Jahre 1296 Gefallene, den er bis zum Ende verstockt in seinem Hochmut geglaubt hatte, die Wartezeit im Vorfegfeuer (IV, 130 ff.) schon hinter sich habe (127 ff.). Die Abkürzung dieser Frist ist der Lohn für seine Selbstdemütigung beim Erbetteln des Lösegeldes für einen von Karl von Anjou gefangenen Freund (133 ff.); nach der Überlieferung soll es ein Ritter aus Konradins Heere mit Namen Vinea gewesen sein.

Oderisi, der diesen Bescheid gibt, schließt mit einer dunklen Prophezeiung von Dantes Verbannung, die ihn lehren werde, die Demütigungen dessen, der fremde Hilfe erbitten muß, aus eigener Erfahrung nachzufühlen (139 ff.).

Zwölfter Gesang

Abschied vom ersten Ringe | Bilder bestraften Hochmuts · Der Engel der Demut · Löschung des ersten P und Aufstieg zum zweiten Kreise

Entsprechend den Bildern der Demut auf der Wand am Eingange (X, 31 ff.) decken gegen den Ausgang Bilder bestrafter Hoffart den Boden, den Leichensteinen auf dem Boden mittelalterlicher Kirchen vergleichbar, so, daß sie den gebeugt des Weges kommenden Büßern in die Augen fallen und von ihnen mit Füßen getreten werden müssen (13 ff.). Die gehäuften Beispiele sind in regelmäßigem Wechsel der biblischen und antiken Überlieferung entnommen: Luzifers, des Empörers, Sturz (25 ff.); die Besiegung der himmelstürmenden Giganten durch die Olympier (28 ff.); Nimrod beim Turmbau und der Sprachverwirrung zu Babel (34 ff.); Niobe, für die Prahlerei mit ihrem Kindersegen bestraft (37 ff.); Saul, der sich, wegen seiner Überhebung von den Philistern geschlagen, auf dem Gebirge Gilboa in sein Schwert stürzt, wo es, wie Davids Klagelied singt, nicht mehr tauen noch regnen möge (40 ff.); Arachne, die Athene zum Wettkampf in der Webkunst herausforderte und von ihr in eine Spinne verwandelt wurde (43 ff.); Rehabeam, Salomos Sohn, dessen Übermut zur Teilung des Reiches führte und ihn zwang, vor dem Aufstande des Volkes zu fliehen (46 ff.); Eriphyle, die ihren Gatten, den Seher Amphiaraus, als er sich der Teilnahme am Kampf gegen Theben weislich entziehen wollte, um den Preis eines von Vulkan geschmiedeten, allen seinen Trägerinnen verderblichen Halsbandes verriet und dafür nach dessen Tode auf sein Verlangen von ihrem Sohn erschlagen wurde (49 ff.); Sanherib, der König von Assyrien, der nach Vereitelung seiner Drohungen gegen Israel von seinen Söhnen im Tempel umgebracht wurde (52 ff.); Cyrus, der Perserkönig, dem sein Versuch, selbst die Szythen zu unterwerfen, das Leben kostete und dessen Haupt die Königin der siegreichen Massageten höhnend in einen blutgefüllten Schlauch tat (55 ff.); der prahlerische Holofernes, von Judith enthauptet, und sein fliehendes Heer (58 ff.); endlich das stolze Ilion in Asche (61 ff.). Alle diese Bilder sind ebenso wie die der Demut, die im vorigen Gesange beschrieben wurden, von unvergleichlicher Lebenswahrheit, weil Gott selbst ihr Schöpfer ist (22 f., 64-69).

Bei der Betrachtung ist die Zeit schnell vergangen; die sechste Stunde des Tages, die Mittagsstunde, ist vorüber (73-81), und die Wanderer nahen dem Engel, der am Ausgang Wache hält und sie, ihren Eingang segnend, die Unbußfertigkeit und Verführbarkeit der Menschheit beklagend, zum nächsten Kreise hinaufweist (88 ff.). Die Stiege erinnert Dante an die Stufen, die von dem nach seinem Erbauer benannten Ponte Rubaconte (jetzt Ponte alle Grazie) zu Florenz (mit bittrer Ironie die wohlgeleitete Stadt genannt) nach der alten Kirche San Miniato hinaufführten (100 ff.). Sie stammen aus der guten alten Zeit, als Fälschungen öffentlicher Urkunden und Maße noch unerhört waren. Diese Bemerkung (104 f.) soll auf zwei zu Dantes Zeit vielberufene Unredlichkeiten hochgestellter Personen zielen: die Unterdrückung einer belastenden Urkunde durch den Richter Baldo d'Aguglione und die Verkleinerung des zur amtlichen Salzausgabe dienenden Maßes durch einen der Chiaramontesi, die beide auch in Cacciaguidas Bericht über das alte Florenz (Paradies XVI, 55 f. u. 105) gebrandmarkt werden.

Während der Engel die erste der sieben Seligpreisungen der Bergpredigt, das Lob der Demut, singt, geht es die Stufen hinan (109 ff.). Erst die Leichtigkeit des Steigens läßt Dante gewahr werden, daß der Fittich des Engels auf seiner Stirn das erste der sieben P gelöscht hat (115-135). Es bedeutet die Reinigung von der Sünde des Hochmuts, die seit Luzifers und Adams Fall die Wurzel aller Sündhaftigkeit ist, mit deren Tilgung daher auch die andren Sündenmale zu bleichen beginnen (121).

Dreizehnter Gesang

Buße der Scheelsucht | Zweiter Ring · Mahnungen zur Nächstenliebe · Die geblendeten Neider · Sapia von Siena

Auf der zweiten Ringterrasse angelangt, läßt sich Vergil, da kein Wegweiser zu sehen, von der Sonne leiten (10-21), die wie immer Gottes Gnade versinnbildlicht. Sie steht den

Wandrern, die von Osten aufgestiegen (IV, 53), auf dem ersten Ringe aber, rechts sich wendend (XI, 49), ein gutes Stück (XII, 73) in die Nordseite des Berges gequert sind, jetzt, am Nachmittage (XII, 80f.), zur Rechten. So schwenken sie wieder rechts (14f.), um den Berg rechtshin zu umkreisen.

In diesem zweiten Ringe wird der Neid gebüßt (37f.). Die ihm entgegengesetzte Tugend der Nächstenliebe (39), in der die Büßer sich zu üben haben, wird ihnen nicht wie im vorigen Ringe durch Bildwerk (7ff.), sondern durch Geisterstimmen vorgehalten (25ff.). Die von diesen angedeuteten Beispiele selbstloser Nächstenliebe sind: Maria, die auf der Hochzeit zu Kana das Weinwunder erbat (28ff.), Pylades, der an Stelle seines Freundes Orest sich selbst als Opfer darbot (31ff.), der Heiland selber mit dem Gebot der Feindesliebe (36).

Die Buße des Neides besteht in Blendung. So wie es in jener Zeit zur Bändigung frisch gefangener Jagdfalken üblich war, sind den Büßenden die Augenlider mit Draht vernäht (70ff.). Dadurch verlernt das Auge, scheel zu sehen, und die Hilflosigkeit der Geblendeten nötigt sie, ihre Mißgunst vergessend, sich gegenseitig hilfreich zu stützen (59).

Um den Bejammernswerten, deren Haltung der blinder Bettler an Kirchtüren gleicht (61ff.), nicht unbemerkt zu nahen (73ff.), fragt Dante mit Vergils Zustimmung nach Landsleuten (85ff.). Eine Büßerin antwortet mit dem Hinweis auf das allen gemeinsame himmlische Vaterland (94ff.) und macht sich auf wiederholten Anruf (99) durch eine den Blinden kennzeichnende Bewegung (100ff.) bemerkbar. Es ist eine Edelfrau aus Siena, die ihren Namen Sapia zu dem im Deutschen nur andeutbaren Wortspiel mit savia = weise benützt (109). Sie soll mit dem XI, 109ff. genannten Provenzano Salvani verwandt gewesen sein, muß es aber mit seinen

Gegnern gehalten haben. Denn in den Kämpfen mit den Florentiner Welfen wünschte ihr Gebet ihm und ihren gibellinischen Landsleuten Unglück (115 ff.), und als sie – nicht in Erfüllung dieses verruchten und daher unerhörbaren Gebetes, sondern weil es von vornherein Gottes Ratschluß gewesen war (117) – bei Colle geschlagen wurden (118 ff.), empfand sie eine Schadenfreude, die in dem – sprichwörtlichen – Lästerwort Vers 122 Ausdruck fand. Daß sie trotz später Bekehrung schon zur Buße zugelassen ist, hat sie der Fürbitte eines zu Siena gegen Ende des 13. Jahrhunderts im Geruche der Heiligkeit lebenden Bettelmönche zu danken (124-129).

Auf ihre Frage bekennt Dante sich als Lebenden (142), der seinerzeit selber im Fegfeuer Buße zu tun haben werde: nicht so sehr wegen Neidesschuld, von der er sich ziemlich frei weiß (134 f.); um so härter für die Sünde des Stolzes (136 ff.), die das Gewissen des großen Menschenverächters schwer belastet. Da die Zulassung zur Jenseitsfahrt seinen Gnadenstand beweist (146), fleht die Büßerin ihn um Fürbitte an und bittet ihn, ihre Errettung von der Verdammnis ihren Verwandten kundzutun (147 ff.), damit auch diese für sie beten. Dabei hält sie sich, von ihrem Hang zur Schadenfreude anscheinend noch nicht ganz geheilt, über die auch sonst (Hölle XXIX, 121 ff.) verspottete Eitelkeit ihrer Landsleute auf und spielt auf zwei damals als Schildbürgerstreiche verlachte Unternehmungen an (151 ff.): das hartnäckige, kostspielige, aber vergebliche Schürfen nach einer sagenhaften Quelle Diana und die Anlage des Hafens von Talamone in den Maremmen, der alsbald durch Versandung unbrauchbar und durch ungesunde Luft vielen und namentlich den Befehlshabern verderblich geworden sein soll.

Vierzehnter Gesang

Ein reuiger Neider über die neue Zeit | Guido del Duca und Rinier da Calboli unter den Neidischen · Verwünschung der Anwohner des Arnoflusses und Weissagung neuen Unheils · Die Romagna einst und jetzt · Warnende Beispiele bestraften Neides

Zwei der blinden Büßer, durch Dantes Gespräch mit Sapia über die Ankunft des Lebenden unterrichtet, verlangen von ihm zu hören (1-15). Bescheiden verschweigt er seinen noch unberühmten Namen und auch den seiner Heimat und des Arnoflusses, den er nur durch Angabe seines Laufes bezeichnet (16-21). Dies Schweigen, das bei Namen von übler Vorbedeutung üblich (25 ff.), gibt dem einen der Büßer Anlaß zu bittrer Klage über alle Anwohner des Flusses. Von seinem Ursprung an einem der quellenreichsten Gipfel des Apennin – der nach einer von Vergil und Lucan erwähnten Sage einst bei Pelorum (nördlich Messina) mit Sizilien zusammenhing (31-33) – bis zur Mündung ins Meer, dessen Ausdünstungen als Regen in ständigem Kreislauf die Binnengewässer speisen (34-36), seien die Einwohner seines Tales – durch einen Fluch, der auf der Gegend liegt, oder durch üble Gewohnheit – so entartet wie die von der Zauberin Circe in Tiere verwandelten Gefährten des Odysseus (37-42). Die Bewohner des Casentino, vornehmlich wohl dessen Gebieter, die Grafen Guidi – im Anklang an den Namen ihres Kastells Porciano, wie es scheint – mit Schweinen* verglichen (43 ff.), die Aretiner mit kläffenden Kötern

* Sie haben zwar Dante zeitweilig beherbergt, scheinen ihn aber durch zweideutige Haltung in den Kämpfen Heinrichs VII. aufgebracht zu haben, und erhalten auch Hölle XXX, 76-90 eine Rüge.

(46 ff.), die Florentiner mit gierigen Wölfen (49 ff.), die Pisaner mit Füchsen (52 ff.).

Den Florentinern prophezeit er, zur Bestürzung seines Leidensgefährten (67-72), eine Schreckensherrschaft unter dessen Neffen (oder Enkel) Fulcieri da Calboli, der als Podestà im Jahre 1302 unter dem Einfluß der schwarzen Partei die Häupter der Weißen mit Folter und Richtbeil verfolgte (55-66).

Er selbst bekennt sich (82 ff.) des Neides schuldig, der in dem mahnenden, von Vergil später (XV, 43-75) erläuterten Ausruf (86 f.) als Folge des Strebens nach den keinen Gemeinbesitz duldenden Erdengütern beklagt wird. Im Gegensatz zu Dante, der seinen Namen verschwieg (77 f.; vgl. 20 f.), nennt er sich und seinen Genossen: Guido del Duca von Bertinoro und Rinier da Calboli (81 u. 88 ff.) waren Ritter, die im 13. Jahrhundert in der Romagna, der zwischen der Adria, dem Po di Primaro, dessen Nebenfluß Reno und dem Apennin (91) gelegenen Landschaft, lebten. Guido ergeht sich in begeistertem Lobe seiner, der guten alten, und in herbem Tadel der entarteten neuen Zeit (91-123). Im Gegensatz zu seinen Zeitgenossen – von den Verdiensten der in den Versen 97 bis 108 Gepriesenen ist nichts Näheres bekannt – scheinen ihm die derzeitigen Sprossen der in der Romagna angesessenen Geschlechter in ihrer Entartung Bastarde (99). Seiner eigenen Heimat Bertinoro (Brettinoro) wünscht Guido den Untergang, nachdem ihre Besten (wohl die im Jahre 1295 verjagten Gibellinen) vertrieben oder vernichtet sind (112 ff.). Er preist Ugolino dei Fantolini aus Faenza glücklich, keine Nachkommen zu haben, die seinen Ruf schänden können (121 ff.), begrüßt es, wenn die entarteten Geschlechter, wie die Grafen von Bagnacavallo bei Ferrara, aussterben, statt noch schlimmere Folger zu zeugen wie die von Castrocaro und Conio bei

Forlì (115 ff.). Auch die Nachkommen der Pagani von Faenza scheinen ihm fragwürdig, wenngleich besser als der auch Hölle XXVII, 49 ff. der Treulosigkeit bezichtigte Maghinardo mit dem Beinamen Demonio (118 ff.).

Beim Weitergehen schließen die Wandrer aus dem Schweigen der Büßer, daß sie auf rechten Wegen sind, weil die frommen Seelen sie sonst gewarnt hätten (127 ff.). Sobald sie sich von ihnen entfernt haben, wird der im vorigen Gesange (XIII, 40 ff.) angedrohte »Zaum« (143 ff.) fühlbar. Von einer Donnerstimme (131 ff.) hören die Wandrer Beispiele bestraften Neides rufen: Das verzweifelte Wort Kains, des Brudermörders aus Neid (133), und den Namen der Tochter des Kekrops (139), die nach Ovid von Merkur in Stein verwandelt wurde, wie sie ihrer Schwester Herse die Liebe des Gottes mißgönnte.

Fünfzehnter Gesang

Vom zweiten zum dritten Ringe | Die Lichterscheinung des Engels · Seligpreisung der Barmherzigkeit · Aufstieg und Lehre · Der dritte Kreis · Bilder der Sanftmut in Traumgesichten · Die Luft von Qualm verdunkelt

Als die Wandrer sich nach Verhallen der drohenden Stimmen der Stiege zum dritten Ringe nähern, ist Vesperstunde: bis zum Untergange hat die Sonne die gleiche Strecke vor sich, die ihre Sphäre – wegen der Leichtigkeit ihres Kreisens, vielleicht auch wegen des Hin- und Widerneigens der Ekliptik mit einem spielenden Kinde verglichen (3) – von Sonnenaufgang bis zur Mitte der ersten Tageshälfte zurücklegt, das sind drei Stunden. Wenn es demnach hier, bei den Gegenfüßlern Zions, drei Uhr nachmittags ist, muß es in Italien, 45 Grad westlich von Jerusalem (vgl. S. 617), Mitternacht sein (1-6). Die Dichter, die von Osten anstiegen (IV, 53), haben seither eine Viertelrunde um den Berg gemacht, so daß sie nach Westen, der sinkenden Sonne entgegen gehen (7 ff.). In deren Strahlen mischt sich helleres Licht, das auch die als Schirm über das Auge gehaltene Hand nicht abzuhalten vermag, weil es zugleich von dem glatten Steine der Wegbahn – nach dem hier in Reime gebrachten Gesetz vom zurückgeworfenen Strahle – gespiegelt wird (10-27). Es ist das Leuchten des Engels, der, mit der fünften der Seligpreisungen und der ihr folgenden Verheißung (Matth. V, 12), das Lob der den Neid bezwingenden Barmherzigkeit singend, die immer sanfter ansteigenden Stufen hinanweist (34-39). Zugleich wird, wie sich später ergibt (79 ff.), ein zweites P auf Dantes Stirne gelöscht. Dem Geblendeten verheißt Vergil (28-33), was sich später im Paradiese von Himmel zu Himmel bewährt, daß das Auge mit wachsender Heiligung immer himmlischeren Glanz ertragen und genießen werde.

Während des gemächlichen Steigens erbittet Dante eine Erläuterung des Ausrufes, mit dem Guido del Duca, der Romagnole, im vorigen Gesange (XIV, 86 f.) die Wurzel des Neides angedeutet hatte (40-45). Vergils Erklärung (46-57 und 64-75) nimmt die Lehre Augustins und Sankt Gregors auf: Der Neid entstammt der Sucht nach irdischem Gute, das keinen Gemeinbesitz duldet und durch Teilung gemindert wird. Das himmlische Gut: die Liebe und ihre Seligkeit, wächst, je mehr ihrer teilhaftig werden, weil Gottes Gnade um so reicher fließt, je liebender sie empfangen wird, und weil Liebe an Gegenliebe immer heißer erglüht. Verachtung des irdischen Gutes und Hingabe an das ewige schützen daher vor der Sünde des Neides. Insoweit es sich um die Himmelsliebe handelt, muß indes Vergil Beatrice, die Vernunft der Offenbarung, das letzte Wort vorbehalten (76 ff.).

Im dritten Kreise, wo die Zornwut gebüßt wird, erscheinen in Gesichten die Bilder der Sanftmut: Maria wiederum, mit dem zwölfjährigen Jesus im Tempel, mildherzig die um seine Entfernung ausgestandene Sorge ihm vorhaltend (85-92); der Gebieter von Athen, dem nach Ovid außer Athene auch Poseidon seinen Namen geben wollte (97 f.); Pisistratus, der nach der Sage einem von seiner Gattin verklagten Jüngling verzieh, daß er seine Tochter öffentlich geküßt hatte (94-105); Stephanus, der Märtyrer, der in der Apostelgeschichte sterbend für die ihn steinigenden Juden betet (106-114).

Unter dem Eindruck dieser Erscheinungen, die, obwohl unwirklich, Wahrheit enthielten (117), geht Dante wie ein Träumender (118 ff.), bis das letzte Gesicht schwindet. Vergil ermuntert ihn durch seine Frage (120 ff.), die, weil er nicht nur mit den Augen des Leibes sieht (133 ff.), sondern in der Seele lesen kann (127 ff.), keine Antwort heischt. Nachdem er ihm die Traumbilder als Mahnungen zur Friedfertigkeit erklärt hat (130 ff.), werden beide im Weitergehen (139 ff.) von dem Rauche eingehüllt, in dem die Zornmütigen büßen.

Sechzehnter Gesang

Die Buße der Zornmütigen · Von Willensfreiheit und schlechtem Regiment | Dritter Kreis · Zornige, in Rauch gehüllt · Marco, der Weltmann, über die böse Zeit und die Wurzel des Übels: ein ethisch-politisches Glaubensbekenntnis Dantes

Der Zorn, das im Herzen schwelende Feuer, das, statt zu leuchten, die Seele umnebelt, wird im dritten Kreise in dichtem, beizendem Qualm gebüßt (1-7), während die Büßer, in

Eintracht sich übend, einstimmig und einmütig das sanfte Gotteslamm anrufen (16-21).

Der Schatten, der Dante nach seiner (22) an Vergil gerichteten, seine Unerfahrenheit im Reich der Buße verratenden Frage als einen noch in der Zeitlichkeit Lebenden erkennt (25 ff.), Marco der Lombarde, soll um die Mitte des 13. Jahrhunderts ein (wahrscheinlich aus Venedig stammender) Hofmann von hohem Einfluß und Ansehn bei den Machthabern der Lombardei, das heißt Oberitaliens, gewesen sein. Unter Berufung auf die ihm gewordene, in neuer Zeit (Hölle II, 13-33) unerhörte Gunst, lebend durch die Reiche der Ewigkeit bis vor Gottes Thron kommen zu dürfen (37-42), bittet Dante ihn um Auskunft über seine Person und, auf Vergils Geheiß (30), um Angabe des Weges (43 ff.). Sein Wort über die Neuzeit, die nicht mehr nach dem von ihm selber im Leben erstrebten echten Werte trachte (47 f.), macht, die Klage Guidos del Duca (XIV, 29-126) bestätigend, für Dante die Frage nach der Ursache dieser Verderbnis doppelt brennend (53 ff.): Ist es der Einfluß der Gestirne, der die menschliche Natur verderbt hat, oder ist es eigne Schuld? (61 ff.)

Der welterfahrene Mann (47) tritt in seiner Antwort (64 ff.) mit Nachdruck für die Selbstverantwortung des Menschen ein (67-83) und führt die Verderbnis der Zeit auf das Fehlen eines Weltherrschers seit der Lähmung der Kaisermacht durch das Weltmachtstreben der Kurie zurück (94-114, 127 ff.). So entwickelt er die schon in der Einführung wiedergegebenen ethisch-psychologischen und die eng damit zusammenhängenden staatsphilosophischen Grundanschauungen Dantes. Wenn die menschlichen Handlungen unter dem zwingenden Einfluß der Gestirne ständen, könnte, da die Verantwortlichkeit Freiheit des Willens voraussetzt, Gottes Gerechtigkeit weder das Gute lohnen noch das Böse strafen (67-72). Nur Anlagen und Triebe – auch diese (74) nicht ohne Mitwirkung andrer Einflüsse (wie Vererbung: Paradies VIII, 133 ff.) – werden von den Sternen bestimmt (73 ff.). Vermöge der Urteilskraft (74 f.) und der Willensfreiheit (76) aber, die seiner Seele, der von Gott dem Ungeborenen eingehauchten anima intellectiva (80 f.; vgl. XXV, 68 ff.), eignen, ist der Mensch, wenn er sich mit den ihm von Gott verliehenen Kräften, mit Vernunft und Glauben rüstet (78), fähig, diesem Einfluß Widerpart zu halten (74-81). Die menschliche Seele, in Gottes liebendem Geiste mit allem unmittelbar Geschaffenen schon von Ewigkeit an vorhanden (85 ff.), hat im Stande der Unschuld nur das unbestimmte Verlangen nach einem Gute, im Grunde also nach Gott, der das erste, das einzig wahre Gut ist (88 ff.). Seit dem Sündenfalle aber von vergänglicher Lust gelockt, die ihr jenes Gut vortäuscht (91 ff.), bedarf sie, um die Richtung nach dem rechten Ziele zu halten (95 f.), der Leitung durch Gesetz und durch einen Herrscher, der es handhabt (93 ff.). Gesetze, obwohl vorhanden, werden nicht mehr beachtet, seit die rechte Leitung fehlt (97-105), seit die gottgewollte Weltordnung, die Teilung der Gewalten in geistliche und weltliche, gestört ist (106 ff.): seit die Kurie sich auch die dem Kaiser zustehende weltliche Gewalt angemaßt (109 ff.) und durch solche Verquickung geistlichen und weltlichen Regiments beide gleichermaßen verderbt hat (111 ff., 127 ff.). Mit dieser Verquickung zeigt der Papst – durch seine Gier nach Besitz und Macht überdies ein böses Beispiel für die Christenheit (100 ff.) –, daß ihm zwar nicht die rechte Lehre, aber das Unterscheidungsvermögen fehlt für das, was ihm (nach jener gottgewollten Weltordnung) zukommt. Diese beiden Eigenschaften sind in den Vers 99 erwähnten Erfordernissen des mosaischen Speisegesetzes versinnbildlicht, die Thomas von Aquino ähnlich, als meditatio und distinctio, deutet.

Solche Störung der Weltordnung, der Verfall der Kaisermacht und die Verweltlichung der Kirche – der vorzubeugen der Stamm Levi als Priesterkaste im Gesetz Mosis vom Grundbesitz ausgeschlossen war (131 f.) –, wird für die Gesetzlosigkeit und Sittenverderbnis in Italien und namentlich in der schon gegen Friedrich II. empörten Lombardei verantwortlich gemacht (113-120). Die drei Gerechten, die (121 ff.) als Überlebende aus besserer Zeit genannt werden, sind auch sonst als tapfere, ehrenfeste Ritter bekannt. Der Beiname Guidos von Castello aus Reggio d'Emilia (125 f.) erklärt sich aus dem Brauch der Franzosen, die Italiener schlechthin Lombarden zu nennen. Über Gaja, die Tochter Gherardos von Camino aus der Mark Treviso, gehen die Berichte auseinander. Nach glaubwürdigeren Angaben war sie durch ihre Liebeshändel berüchtigt, soll demnach hier (140) als neues Beispiel für die Entartung der Zeit ihrem trefflichen Vater gegenübergestellt werden.

Als der Rauch sich zu lichten beginnt (142 f.), muß der Büßer umkehren, weil er sich der Buße nicht entziehen darf und noch nicht reif ist, vor den Engel zu treten, der wenig weiter vorn zum nächsten Ringe hinaufweist (141-145).

Siebzehnter Gesang

Aufstieg zum vierten Ringe · Plan des Fegfeuers | Austritt aus dem Qualme · Gesichte von bestraftem Zorn · Der Engel des Friedens · Vom dritten zum vierten Kreise · Rast und Lehre: die Sünde als Abirrung des Liebestriebes nach Ziel und Maß

Beim Austritt aus dem Rauche gegen Sonnenuntergang (1-12) zeigt die Einbildungskraft, in der, ohne Sinneseindrücke, durch Einfluß der Sterne oder göttliche Fügung

Visionen hervorgerufen werden (13-18), neue Bilder. Es sind Beispiele bestrafter Zornwut: Prokne, die nach der Sage ihrem Gatten, dem Thrazierfürsten Tereus, um sich und ihre von ihm geschändete Schwester Philomela zu rächen, ihren Sohn Itys zur Speise vorsetzte und nach den lateinischen Dichtern in eine Schwalbe, nach den Griechen in eine Nachtigall verwandelt wurde (19 ff.); Haman, der, nach dem biblischen Buche Esther, auf den Juden Mardochai ergrimmt, den König Ahasver gegen dessen Volk aufbrachte und darüber durch die zur Königin erhobene Esther selbst zu Falle kam (25-30); Lavinias Mutter, die Latinerkönigin Amata, die sich in der Äneis auf die falsche Nachricht vom Tode des ihrer Tochter verlobten Turnus aus Zorn und Verzweiflung über deren Schicksal den Tod gibt (34-39).

Aus solchen Traumgesichten weckt den Dichter (40 ff.) das blendende Leuchten und die Stimme des Engels, der die Stiege zum vierten Ringe weist (47) und, die Seligpreisung der den sündigen Zorn (die ira mala der Moraltheologie im Gegensatz zum gerechten Zorn über das Böse) bezwingenden Friedfertigkeit singend, das dritte P auf seiner Stirne löscht (67-69). Gerade als der vierte Kreis, der Bußort der Trägheit (85 ff.), erreicht wird (76 ff.), bricht die Nacht an, und sogleich, wie vorausgesagt (62 f.; VII, 43 ff.), erlahmt die Kraft zu steigen (70-75). Während der Rast erläutert Vergil die Ordnung des Fegfeuers und, nach thomistischer Lehre, die Einteilung der Sünden (91 ff.).

Die Wurzel der menschlichen Willensneigungen, nicht allein jeder guten Regung, sondern auch aller bösen Lust, ist Liebe (103 ff.), die, allen Geschöpfen wie ihrem Schöpfer eigen (91 f.), entweder Naturtrieb oder Neigung des freien Willens sein kann (93). Diese »geistige« Neigung, im Gegensatz zu dem an sich unschuldigen (94) Naturtriebe, kann sündlich sein, indem sie sich entweder vom Guten weg auf sein Gegenteil richtet oder im Streben nach dem Guten nicht das rechte Maß hält, das heißt im Drang nach dem ewigen Guten träge, nach zeitlichem allzu gierig ist (95-102). Das Streben nach Bösem kann sich begrifflich weder gegen die eigne Person noch gegen Gott, also nur gegen den Nächsten richten (106-114) und äußert sich in Stolz (115 ff.), Neid (118 ff.) und Zorn (121 ff.), die in den drei schon durchwanderten unteren Kreisen gebüßt werden (124 f.). Die Liebe, die im Suchen und Ergreifen des ewigen Gutes (127 ff.) säumig war, die Trägheit, büßt in diesem vierten Ringe (130 ff.); die unmäßig nach irdischem Gute (133 ff.) trachtete (Geiz, Schlemmerei und Wollust), in den obersten drei Kreisen (136 ff.).

Achtzehnter Gesang

Vom Liebestrieb und freien Willen · Träge im Dauerlauf | Vierter Kreis · Neue Fragen: Naturtrieb und Verantwortung · Buße und Vermahnung der Trägen

Auf Dantes Rückfrage (13 ff.) nach dem Begriff der eben (XVII, 103 ff.) als Wurzel alles Guten und Bösen erkannten »Liebe« erklärt sie Vergil für die Neigung, die in der mit dem natürlichen Liebestrieb (XVI, 88 ff.; XVII, 93 f.) ausgestattenen Seele für einen bestimmten Gegenstand geweckt wird (19 ff.). Dadurch, daß ihr solch ein Gegenstand durch die Vorstellung zum Bewußtsein kommt (22 ff.), wird der »potentielle« Trieb (19) zur »aktuellen« Neigung (21, 25 ff.), zum tätigen Begehren, das dem Auftriebe des nach mittelalterlicher Anschauung stets seiner Heimat, der Sphäre zwischen Luft und Mondhimmel, zustrebenden Feuers gleicht (28 ff.). Solche Neigung ist – im Gegensatz zur epikureischen Lehre (17 f., 34 ff.) –, wenngleich die Liebe begrifflich nach dem Guten strebt, nicht unter allen Umständen gut (37 ff.). Der Urtrieb an sich, dessen Ursprung – ebenso wie der aller Erkenntnis a priori (55 f.) – Geheimnis bleibt, weil er der Seele – dem geistigen, aber durch den Körper an den Stoff gebundenen Wesen (49 f.) – eingeboren ist und nur in seinen Auswirkungen offenbar wird (51 ff.), ist weder gut noch böse (58 ff.). Aber das dem Menschen verliehene Unterscheidungsvermögen begründet in Verbindung mit der hier im Anklang an XVI, 73 ff. wiederum (70-74) betonten Freiheit des Willens seine Verantwortlichkeit für die Richtung, in der er jenem Triebe folgt, und damit den sittlichen Wert oder Unwert seines Tuns (61-66). Diese Verantwortlichkeit fordert und rechtfertigt nach der Erkenntnis der echten Philosophen (Aristoteles, Plato u. a.) das Sittengesetz (67 ff.). In der Frage der Willensfreiheit, die, mit der Entscheidung zwischen Determinismus und Indeterminismus zusammenhängend, dem Verstande unlösbar ist, wird indes wiederum Beatrice, der Vermittlerin der Offenbarung, das letzte Wort vorbehalten (46 ff.) und auf Paradies V, 19 ff. vorausgewiesen, wo sie den freien Willen die höchste Gabe Gottes nennt (73 ff.).

Gegen Mitternacht geht der Mond auf, der, wenige Tage nach Vollmond (Hölle XX, 127) in rückläufiger Bewegung, am Himmel den gleichen Bogen beschreibt wie die Sonne, wenn sie, im Winter, gegen Südwesten untergeht (76-81). Jetzt, nach der erschöpfenden Auskunft des zu Andes bei Mantua – nach damaliger Annahme dem heutigen Pietola (82 f.) – geborenen Vergil will unsren Dichter die Müdigkeit übermannen (85 ff.). Da sieht er die Büßer kommen (88-98), die sich hier wegen ihrer Trägheit in guten Werken in eiligem Laufe üben müssen, dem Rasen verzückter Bacchanten gleich (91 ff.). Beispiele löblicher Eile und bestrafter Trägheit werden in Rufen an der Spitze und am Ende des Zuges vor Augen geführt: Marias Gang zu Elisabeth (100); Cäsars

Eilmärsche im Kampf um das Imperium (101 f.); die Juden, die Moses in der Wüste nicht folgten und das Gelobte Land nicht zu sehen bekamen (133 ff.); diejenigen Gefährten des Äneas, von denen Vergil berichtet, daß sie in Sizilien zurückblieben und an der Eroberung Latiums keinen Anteil hatten (136 ff.).

Der Läufer, der, ohne stillzustehen (115 ff.), Vergils Frage nach dem Wege beantwortet, ist ein Abt (wahrscheinlich Gherardo II.) des alten Klosters San Zeno zu Verona. Er verheißt (121 ff.) dem damaligen Herrn von Verona, Alberto della Scala, dem – tatsächlich schon 1301 verstorbenen – Vater von Dantes Gastfreunden Bartolomeo und Cangrande, baldigen Tod und die Verdammnis, weil er zum Abt dieses Klosters wider das kanonische Recht seinen Bastard Giuseppe eingesetzt hatte, der überdies lahm und nach einer allerdings bestrittenen Überlieferung unfähig und lasterhaft gewesen sein soll (124 ff.). Als der Zug vorbeigeeilt, kann Dante, der ohnehin nach der Ordnung des Fegfeuers (VII, 43 ff.) mit Sonnenuntergang Rast machen mußte (XVII, 73 ff., 84) und erst bei Tagesanbruch weitersteigen kann (110), dem Schlaf, der ihn schon vorher (85 ff.) überfallen wollte, nicht mehr widerstehen und fällt aus hindämmernder Gedankenflucht in Träume (139 ff.).

Neunzehnter Gesang

Buße der Habsucht | Morgentraum von der schlimmen Sirene · Der Engel des Trostes · Fünfter Kreis · Geizige und Verschwender im Staube · Papst Hadrian V.

Auch die zweite der am Läuterungsberge verbrachten Nächte bringt einen Traum: wieder zur Morgenstunde, welche die Wahrträume zeitigt (IX, 16 ff.). Denn die Morgenkühle ist es, die auf den Einfluß der über Nacht die Sonnenwärme verzehrenden Erde und der nach damaliger Anschauung kalten Gestirne Mond und Saturn zurückgeführt wird (1-3). Das Zeichen aber, das die Geomanten, Zeichendeuter, die aus blind in den Sand getupften Punkten wahrsagten, fortuna magna nannten (4), gleicht dem Sternbilde, das die einander zugekehrten Teile des Wassermanns und der Fische bilden und das um jene Zeit kurz vor der Sonne aufging (5 ff.).

Der Traum zeigt in der Sirene, deren verführerischer Gesang die Seefahrer ins Verderben lockt und auch Odysseus betörte (19 ff.), das Sinnbild der aus unmäßiger Hingabe an die Güter der Zeitlichkeit (XVII, 133 ff.) fehlenden bösen Lust, die als Habgier, Schlemmerei und Wollust in den nun folgenden obersten Kreisen gebüßt wird (58 f.). Ihre Häßlichkeit, die (7 ff.) auf jene drei Laster hindeutet, erscheint der sich selbst betrügenden Genußsucht reizvoll (10 ff.). Aber der Mensch kann sich aus ihren Schlingen befreien (60), wenn die Vernunft, auf Mahnung der Tugend (25 ff.), ihre wahre Gestalt enthüllt (30 ff.).

So erweckt (34 ff.), folgt Dante seinem Führer: nach Westen (s. XV, 9), daher die Morgensonne im Rücken (39 f.). Nachdenklich vornübergebeugt wie ein zur Hälfte stehengebliebener gotischer Bogen, sinnt er der Bedeutung des Traumes nach (40 ff., 55 ff.), bis Vergil ihn, dessen Sinn erklärend, aus der Versunkenheit herausreißt (58 ff.). Indem er ihn mahnt, im Aufblick zum Himmel, zum wahren, dem ewigen Gute rüstig voranzuschreiten, gebraucht er wiederum ein Bild aus der in jener Zeit beliebten Falkenjagd (61 ff.): Das Federspiel, mit dem der das Auge zu Gott emporziehende Kreislauf des Sternhimmels verglichen wird, ist ein künstlicher Vogel, den der Falkner in der Luft schwingt, um den Falken zu locken; ehe dieser auffliegt, senkt er – eine bei vielen Vögeln zu beobachtende Bewegung – den Kopf auf die Fänge herab, um dann auf die Beute zu stoßen, von der er nach der Erlegung sein Teil erhält (64 ff.).

Nachdem der Engel zum Abschied vom Kreise der Trägen die Leidtragenden selig gepriesen hat (43-51), die, im Gegensatz zu jenen, im Streben nach dem Heile nicht Beschwerde noch Ungemach scheuen, erreichen die Wandrer den fünften Kreis (67 ff.). Hier liegen die Anbeter zeitlichen Gutes auf dem Angesicht am Boden (70 ff.) und bekennen mit den Worten des 119. Psalms (73 ff.) den Sinn dieser Buße, den einer von ihnen auf Dantes Frage (94 ff.) erläutert (115 ff.). Die Pein ihrer Lage, unbeweglich, das Gesicht im Staube, soll ihnen zu Gemüte führen, wie die unmäßige Hingabe an irdische Güter – Geiz und Habsucht sowohl wie Verschwendung (XXII, 49-54) – den Blick vom Himmel, vom ewigen Gute abzieht und ihre Liebe und Fähigkeit zu allem wahrhaft Guten lähmt (118-126). Der Hinweis auf die ausnehmende Härte dieser Buße (117) verrät wieder Dantes besonderen Abscheu gegen das schmutzige Laster des Geizes. Gemildert wird diese Härte (76 f.) durch die Hoffnung auf die nach vollendeter Läuterung winkende Seligkeit und durch das Bewußtsein, daß die Buße Gebot göttlicher Gerechtigkeit ist (Erläuterungen S. 495 f.).

Der Erklärer, den Dante, ohne sein zur Erde gewandtes Gesicht zu sehen, nach dem Klang seiner Antwort auf Vergils Frage nach dem Wege herausgefunden hatte (82 ff., 90), ist Papst Hadrian V. aus dem Hause der Fieschi von Genua, die sich nach ihren Besitzungen im Tale des bei Chiavari an der Riviera di Levante mündenden Küstenflusses Grafen von Lavagna nannten (100 ff.). Er wurde 1276 zum Papst gewählt und starb schon fünf Wochen nach der Wahl (103). Beispiele seiner Habsucht sind nicht überliefert.

Dantes Ehrenbezeigung verweist ihm der Schatten, indem er aus Christi Worte Matthäus XXII, 30 folgert, daß er unter den Auferstandenen nicht mehr Gemahl der Kirche, nicht mehr Papst sei (133-138).

Zur Fürbitte, die zu erwirken Dante sich (95 f.) erboten hatte, hält der Büßer unter seinen Anverwandten in Ansehung ihres Wandels nur eine Nichte für tauglich (142 ff.). Diese Alagia, die er im Gegensatz zu anderen, übel berufenen Gliedern seines Geschlechtes als tugendhaft gekannt hat, war die Gemahlin des in Hölle XXIV, 145 ff. erwähnten Moroello Malaspina, dessen Geschlechte Dante (VIII, 121 ff.) für die ihm gewährte Gastfreundschaft durch hohes Lob seinen Dank erstattet.

Zwanzigster Gesang

Hugo Capets Weheruf über sein Geschlecht | Fünfter Ring · Vorbilder in der Verachtung irdischen Gutes · Frankreichs Könige im Urteil ihres Ahnherrn · Abschreckende Beispiele der Habsucht · Das Beben des Berges

Obschon seine Wißbegier noch nicht gestillt, läßt Dante den auf seine Läuterung bedachten Büßer allein, dessen gerechtem Wunsche (XIX, 139 ff.) sein Wunsch, noch mehr zu hören, weichen muß (1-4). Die Haufen der Büßer sind hier, wie schon in dem entsprechenden Kreis der Hölle, besonders dicht (7 ff.; vgl. Hölle VII, 25). Habgier, die (10-15; vgl. Hölle I, 49 ff., 94 ff.) wieder im Bilde der nimmersatten Wölfin verflucht wird, reißt von allen Lastern die meisten Seelen ins Verderben (11 f.).

Auch in diesem Kreise werden gute und abschreckende Beispiele durch Rufe der Büßer selbst zum Bewußtsein gebracht, die guten bei Tageslicht, die bösen im Dunkel der Nacht (100 ff.). Da es tagt, hört Dante Marias Genügsamkeit preisen (19-24), die im Stalle zu Bethlehem den Heiland gebar; sodann die Unbestechlichkeit des Konsuls Fabricius, der die Geschenke des Königs Pyrrhus zurückwies (25 ff.); endlich die Freigebigkeit des heiligen Nikolaus, der, im vierten Jahrhundert Bischof von Myra in Kleinasien, nach der Legende durch heimliche Ausstattung drei Schwestern vor der Schande rettete, der ihr verarmter Vater sie preisgeben wollte (31 ff.).

Der Schatten, der diese Vorbilder anruft und der dann auf die von Dante (37 ff.) in Aussicht gestellte Fürbitte verzichtet (40 f.: wohl deshalb, weil von seinen Nachkommen keiner im Gnadenstande lebt), gibt sich als Hugo Capet zu erkennen, den Stammvater des französischen Herrscherhauses (49 ff.), deren letzte Glieder er, Gott zur Rache aufrufend (48) und die schon beschlossene herbeisehnend (94), als Schädlinge brandmarkt (43 ff.). Seine Angaben über den Ursprung des Geschlechtes und den Erwerb der Krone (52-60) sind sagenhaft. Dante unterscheidet auch nicht genau zwischen Hugo Capet und seinem Vater Hugo dem Großen und glaubt fälschlich, der letzte Karolinger habe ebenso wie der letzte Merowinger im Kloster geendet (53 f.). Auf geschichtliche Tatsachen gründet sich die vernichtende Anklage gegen die Raubpolitik seiner Nachkommen (43-96) seit dem Erwerbe der Provence (61), deren letzter Herrscher Raimond Berengar je eine seiner Töchter Ludwig IX. und Karl von Anjou zur Ehe gab. Dem letzteren wird (67 ff.) sein Eindringen in Italien, wo er, vom Papst gerufen, Manfred das staufische Königserbe entriß, sodann – mit blutiger Ironie Sühne genannt – die Ermordung Konradins und der – unbewiesene – Giftmord an Thomas von Aquino vorgeworfen. Von den beiden andren Karl ist der zweite (79 ff.) sein Sohn Karl II. (vgl. VII, 127 ff.; Paradies XIX, 127 ff.), der im Seekriege gegen Peter von Aragonien gefangen wurde und seine Tochter – man sagte, um einen ungeheuerlichen Kaufpreis –

dem alten Markgrafen von Este zur Ehe gab. Der erste (70ff.) ist Philipps des Schönen Bruder Karl von Valois, der im Jahre 1301 – also kurz nach dem für die Jenseitsfahrt angenommenen Zeitpunkt (70) –, vom Papste als Friedensstifter zwischen den Parteien nach Florenz entsandt, den Schwarzen zur Überwältigung und Vertreibung der Weißen verhalf (Erläuterungen S. 503 f.). Nach vergeblichem Versuch, das ihm vom Papste zu Lehen gegebene Sizilien zu erobern, muß er mit dem Spottnamen Senzaterra Italien verlassen (76). Da er sein Unrecht nicht bereut, wird er dafür in der Hölle Strafe leiden (77f.). Am schonungslosesten wird Philipp der Schöne selbst verurteilt: der Unterdrücker Flanderns (46ff.), der vertragsbrüchige Räuber der englischen Besitzungen auf dem Festlande (66), der zu Anagni (einst Alagna genannt; 86ff.) Hand an Bonifaz VIII. legen ließ und der gegen den Templerorden aus Gier nach dessen reichen Besitzungen wütete (91ff.). Die Gefangennahme und Beschimpfung des an den Folgen bald darauf verstorbenen Stellvertreters Christi gilt Dante trotz seiner Erbitterung gegen diesen Papst als ein Frevel, der alle andren in den Schatten stellt (85ff.). Er vergleicht ihn mit der Tötung des Heilands selbst (87ff.), den Anstifter, Philipp selber, mit Pilatus (92) und die Täter, Wilhelm von Nogaret, Philipps Kanzler, und Sciarra Colonna, mit den neben diesem auf Golgatha gekreuzigten Schächern.

Auf Dantes Frage nach der aus seinem Munde (19ff.) vernommenen Lobpreisung der Jungfrau Maria eingehend (97ff.), erklärt ihm der Büßer (100ff.) den oben erwähnten Brauch, tagsüber Vorbilder der Uneigennützigkeit anzurufen, und nennt die bösen Beispiele der Habgier, die zur Nachtzeit ausgerufen werden: Pygmalion, den König von Tyrus, der nach der Äneis den Gatten seiner Schwester Dido seiner Schätze halber ermordete (103ff.); König Midas, den die Gewährung seines Wunsches, durch bloße Berührung alles zu Golde zu machen, dem Hungertode nahe brachte (106ff.); Achan, der sich nach der Eroberung Jerichos durch Josua wider das göttliche Verbot Beutestücke aneignete und dafür mit den Seinen getötet wurde (109ff.); Ananias und Sapphira, die nach der Apostelgeschichte einen Teil des zur Verteilung bestimmten Erlöses ihrer Habe verheimlichten und mit jähem Tode bestraft wurden (112); Heliodor, den Kämmerer des Königs Seleukus, der nach Makkabäer II, Kapitel 3, bei dem Versuche, den Tempel zu Jerusalem zu berauben, von einem himmlischen Reiter niedergeritten ward (113); Polymnestor, den Thrazierkönig, der nach Ovid Priamus' jüngsten Sohn, den ihm anvertrauten Polydorus, aus Habgier umbrachte und durch Hekubas Rache zu Tode kam (114f.); endlich Crassus, Roms reichsten Mann, der im Kriege gegen die Parther fiel und dessen Haupte ihr König unter höhnenden Worten geschmolzenes Gold in den Rachen gegossen haben soll (116f.). In diesen sieben Beispielen sollen die sieben Frevel dargestellt sein, die Thomas von Aquino als Folgen der Habsucht nennt: Verrat, Ruhelosigkeit, Trug, Meineid, Falschheit, Unmenschlichkeit, Gewalttat.

Im Weitergehen erschreckt die Wanderer ein heftiges Beben, das die Büßer aller Ringe mit dem Lobgesange der Hirten zu Bethlehem ›Gloria in excelsis‹ begrüßen (124-141). Dante vergleicht es mit den Zuckungen der Insel Delos, die nach Ovid keinen festen Stand hatte, bis sie zur Geburtsstätte Apollos und Dianas bestimmt wurde (130ff.), der Gottheiten der Sonne und des Mondes, der beiden Augen des Himmels. Die Bedeutung des Bebens, über das der Dichter auf dem Wege eifrig nachsinnt (145 ff.), wird im folgenden Gesange aufgeklärt.

Einundzwanzigster Gesang

Eine erlöste Seele | Ein neuer Weggenosse · Das Beben des Berges beim Abschied eines Geläuterten · Der Dichter Statius, Vergils Jünger

Dantes Verlangen nach Erklärung des Bebens ist Durst nach Wahrheit, die nach dem Worte des Heilandes an das samaritanische Weib nur durch Gottes Gnade offenbart wird (1 ff.). Die Wandrer erfahren sie von einem Schatten, der sie einholt wie der Auferstandene die nach Emmaus wandelnden Jünger (7 ff.). Nachdem Vergil dessen Friedensgruß »Pax vobiscum« (13 ff.) mit dem üblichen Gegengruß »et cum spiritu tuo« erwidert und sich als einen vom ewigen Heile Ausgeschlossenen bekannt hat (18), erklärt er ihm auf seine verwunderte Frage (20 f.), daß er aus der Hölle komme (31), um Dante, dessen Lebensfaden die Parze noch nicht zu Ende gesponnen habe (25 ff.), der aber, wie die vom Schwerte des Engels auf seine Stirn gezeichneten P beweisen, zu den Erwählten gehöre (22 ff.), durch dieses Reich zu führen (31 ff.), dessen Wege die noch im Leibe gebundene Seele nicht wie die Schatten unmittelbar erkennen kann (28 ff.). Auf seine Bitte (34 ff.) erhält er dann zur Genugtuung seines Schützlings (37 ff., 73 ff.) die ersehnte Erklärung (40-72).

Das Beben des Läuterungsberges ist nichts Regelwidriges (40 ff.) und hat keinen natürlich-irdischen Grund. Atmosphärischen Störungen, dem Einfluß trockner und feuchter Dünste, dem nach Aristotelischer Lehre Niederschläge, Wind, Gewitter und Erdbeben entspringen – Thaumas (51), der Zentaur, war Vater der Iris, in der sich der Regenbogen verkörpert –, ist seine Höhe von der Pforte zum eigentlichen Fegfeuer an (48, 53 f.) nicht unterworfen (46-57). Hier gelten nur himmlische Einflüsse: es bebt – wohl ein Anklang an das Erdbeben bei Christi Abscheiden, das sich auch in der Heiligenlegende beim Aufflug der Seele wiederholt –, wenn eine Menschenseele nach vollendeter Läuterung zum Himmel, dem sie entstammt, zurückkehrt (44 f., 58 ff.). Diese Vollendung wird dadurch bezeugt, daß ihr Wille (die voluntas relativa nach thomistischem System), den bis dahin der magische Zwang der göttlichen Gerechtigkeit (Erläuterungen S. 479 f.) wider Willen zur Buße trieb, den Aufstieg zum Himmel wollen kann, den die voluntas absoluta von Anbeginn erstrebte (61-66). Wenn sie sich dann zum Aufstiege anschickt, ist jenes Beben ein Zeichen für die noch büßenden Seelen, ihr mit einem Gloria in excelsis den Abschiedsgruß nachzusenden (60).

Der Erklärer, eben der Geläuterte, dem der Abschiedsgruß galt, gibt sich als der lateinische Dichter (85 f.) Publius Statius zu erkennen, der unter Vespasian, zur Zeit der Zerstörung Jerusalems durch Titus (82 ff.), zu Rom lebte, eine Thebaïs und eine unvollendete Achilleïs hinterließ (91 f.). Nachahmer Vergils, wurde er im Mittelalter, das ihn infolge einer Verwechslung mit dem gleichnamigen Rhetor zu Toulouse heimisch glaubte (89), als sein Folger hoch geschätzt. Hier wird ihm ein begeistertes Lob des Vorbildes in den Mund gelegt (94 ff.), das Dante, angesichts des so Gepriesenen selbst, trotz seines stummen Schweigegebots (103 f.) ein Lächeln entlockt (109). Als er darauf Erlaubnis erhält, Vergil zu nennen (118 ff.), will der entzückte Jünger die Kniee seines Meisters umfassen, vergessend, daß beide wesenlose Schemen sind (130 ff.): ein Einwand, der hier wie II, 79 ff., im Gegensatz zu VII, 13 ff., betont wird, um in dem feinen Zuge dieser Selbstvergessenheit die Begeisterung des Schülers für sein Vorbild zum ergreifenden Ausdruck zu bringen.

Zweiundzwanzigster Gesang

Statius' Beichte | Der Engel der Gerechtigkeit · Aufstieg zum sechsten Kreise · Statius über Geiz und Verschwendung · Seine Bekehrung · Vergils Gefährten im Limbus · Der verbotene Baum · Vorbilder der Enthaltsamkeit

Der Wächter am Ausgange des fünften Kreises preist, im Gegensatz zu dem hier gebüßten Golddurst, den Durst nach Gerechtigkeit (4 f.). Nur den Durst (6); der Hunger wird, einer seltsamen Umdeutung dieser vierten Seligpreisung zuliebe, dem folgenden Engel vorbehalten (XXIV, 151 ff.).

Auf Vergils verwunderte Frage (19-24), wie sich mit seinem hohen Dichtergeiste das niedrige Laster des Geizes vertragen habe, erklärt ihm Statius, daß er hier nicht Geiz, sondern Verschwendung gebüßt habe, die, weil ebenfalls Mißbrauch irdischen Gutes durch strafbare, wenngleich entgegengesetzte Maßlosigkeit, hier wie in der Hölle im gleichen Kreise gesühnt werde (34-54). Von diesem Laster habe ihn ein Vers der Äneis bekehrt, der bekannte Ausruf: Auri sacra fames ... (40 f.), der den verruchten Hunger nach Gold als Wurzel alles Übels beklagt.* Sonst wäre er, wie so viele Mitschuldige, die ihre Sünde nicht als solche erkennen und deshalb nicht bereuen (46 ff.), der Verdammnis im vierten

* Nach dem Wortlaut von Dantes Übersetzung nehmen viele Ausleger an, er habe den Vers als Klage darüber verstanden oder dahin umgedeutet, daß die Menschheit nicht dem »heiligen«, das heißt dem maßvollen Hunger nach Gold huldige. Ungern traut man ihm diese Spitzfindigkeit zu. In jedem Falle sieht er darin einen Fluch auf Verschwendung sowohl wie auf Geiz, die beide der hemmungslosen Hingabe an irdisches Gut, dem »fluchwürdigen Goldhunger«, entspringen.

Höllenkreise verfallen gewesen, wo die – am Jüngsten Tage mit geschorenem Haar (47; vgl. Hölle VII, 56 f.) auferstehenden – Verschwender mit den Geizhälsen wie in einem Turnier (42) lastwälzend zusammenstoßen (Hölle VII, 25 ff.).

Vergil, der Dichter der Bucolica (Eklogen), fragt nun, durch welche Erleuchtung Statius, der doch in seiner Thebaïs, dem Liede vom brudermörderischen Zweikampf zwischen Jokastes Söhnen Eteokles und Polynikes (55 f.), mit Anrufung der Muse Klio heidnischer Götterlehre folgte (58), auf die Spur des Menschenfischers Petrus, das heißt zum Christentum, gelangt sei (61 ff.). Er bekommt die Antwort, daß er selbst seinem Jünger durch ein andres Dichterwort, ihm selber unbewußt, auch das Licht des Glaubens gebracht habe (66 ff.). Die von Statius angezogenen Verse aus der vierten ebenjener Eklogen: Iam redit et virgo … (70 ff.), – in Wirklichkeit vermutlich auf den neugeborenen oder erwarteten Sohn eines Gönners gedichtet – wurden im Mittelalter auf die Erlösung durch den Jungfrauensohn gedeutet und haben ihrem Dichter so den Ruf eines Propheten des Heilandes eingetragen. Diese Worte, bekennt Statius, ihre Übereinstimmung mit den Lehren der ersten Christen (79 ff.) und deren gottseliger Wandel (86 f.) hätten ihn schon vor Vollendung seiner Thebaïs vermocht, die Taufe zu nehmen (88 ff.). Doch habe er nicht gewagt, öffentlich den Glauben zu bekennen, und diese Säumnis nach dem Tode bei den Trägen im vierten Kreise büßen müssen (90 ff.).

Vergil berichtet dann auf Statius' Gegenfrage (97 ff.) über eine Anzahl seiner Gefährten im Limbus, die im vierten Höllengesange übergangen sind. Außer dem schon Vers 14 erwähnten Juvenal – dessen eine Satire Statius' Lob enthält, ihn aber als schlechten Geschäftsmann hinzustellen scheint und damit vielleicht Anlaß zu seiner Versetzung unter die Verschwender gegeben hat – sind dort um Homer (101 f.)

die älteren lateinischen Komiker Terentius, Plautus und Statius Cäcilius, der Polyhistor Varro*, der Satiriker Persius (97-100), von den griechischen Tragikern Euripides, der nur aus Aristoteles bekannte Antiphon, Agathon, der Schüler des Sokrates, und der Lyriker Simonides versammelt (106ff.). Ihnen sind die Gestalten aus Statius' Dichtungen gesellt: die thebanischen Königstöchter Antigone und Ismene; Deïphile, die Gattin des vor Theben gefallenen Tydeus; ihre Schwester Argia, die Braut des Polynikes (109 ff.); Hypsipyle, die lemnische Königstochter (Hölle XVIII, 92 f.), die, als Sklavin nach Nemea verkauft, die durchziehenden Belagerer zur Quelle Langia führte (112); die Seherin Manto, Tiresias' Tochter (vgl. jedoch Hölle XX, 52 ff., wo sie zu den Zauberern in die vierte Kluft Übelbuchtens versetzt wird: ein Widerspruch, den die Auslegung zu lösen vergeblich sich abmüht); Achills Mutter Thetis und die Töchter des Königs Lykomedes, unter denen sie ihn verbarg (113 f.).

In der fünften Stunde des Tages, gegen elf Uhr vormittags, als die Deichsel des Sonnenwagens noch aufwärts, zum Mittagskreise, weist (118 ff.: Mägde des Tages werden hier wie XII, 80f. die Stunden genannt, die Horen, die bei Ovid die Sonnenrosse führen), wird der sechste Kreis erreicht (117). Der Regel gemäß, hier überdies mit Billigung des kundigen Statius, wendet Vergil sich zur Rechten (121-126). Der Baum am Eingange, der durch Abnahme des Astwerks nach unten unersteiglich wird (131 ff.), soll mit seinen Früchten und dem frischen Wasser, das sein Laub benetzt (132, 136 ff.), den Büßern zur Verschärfung ihrer Buße Tantalusqualen wecken (141; XXIII, 67 ff.). Nach seiner Gestalt dem Baum der Erkenntnis im irdischen Paradiese verwandt (XXXII, 40f.), gleicht er auch in seiner Bestimmung dem,

* Manche Ausleger glauben hier den Dichter Terentino Varro, andre den von Horaz erwähnten Varius Rufus gemeint.

der am Ausgange des Ringes den Büßern wiederum seine Früchte zeigt und der dort geradezu für einen Ableger jenes verbotenen Baumes erklärt wird (XXIV, 103 ff., 116 f.).

Eine Engelstimme in seinen Zweigen deutet das Verbot und seinen Sinn an (141) und preist dann Vorbilder der Enthaltsamkeit: Maria bei der Hochzeit zu Kana, wo sie, nach Wein verlangend, nur an die Gäste dachte; die alten Römerinnen, denen der Weingenuß fremd war; den Propheten Daniel, der am Hofe Nebukadnezars die nach dem Gesetz Mosis unreine Speise vom Tische des Königs zurückwies und bei einfacher Kost stark und klug wurde; die Genügsamkeit des in Ovids Metamorphosen idyllisch geschilderten Goldnen Zeitalters; endlich Johannes den Täufer in der Wüste (142-154).

Dreiundzwanzigster Gesang

Buße der Gaumensünde | Sechster Kreis · Schlemmer, zu Haut und Knochen abgezehrt · Forese Donati, Dantes Zechgenoß

Die Worte des 51. Psalms, welche die Schlemmer singen (11), bekennen das Verlangen, die auf Erden zur Unmäßigkeit in Speise und Trank mißbrauchten Lippen durch Preis Gottes zu heiligen. Ihre Unenthaltsamkeit sühnen sie durch Fasten (64 ff.) und durch die Tantalusqual, die, bei jeder Begegnung mit einem der verbotenen Bäume (70 ff.; XXIV, 103 ff.), deren Früchte und das sie besprengende Wasser wecken (34 ff., 67 ff.). Dadurch sind sie zu Gerippen abgemagert, schrecklicher als der Thrazierkönig Eresichthon, der nach Ovid, von Ceres wegen Zerstörung eines ihr geweihten Haines mit unstillbarem Hunger bestraft, schließlich die eigenen Glieder benagte, und schlimmer als die

Einwohner des von Titus belagerten Jerusalem, vor dessen Fall nach Josephus in der furchtbaren Hungersnot eine vornehme Jüdin ihr eignes Kind verzehrt hat (22-30). Ihre Gesichter sind so eingefallen, daß die Umrahmung der Augenhöhlen deutlich das (gotische) M der Worte OMO DEI zeigt, die Mystiker im Menschenantlitz lesen wollten (32f.).

Der Büßer, den Dante trotz der Entstellung seiner Züge an der Stimme erkennt (43ff.), ist Forese Donati, sein Freund und Gefährte aus der Zeit lockeren Lebens. Von den gemeinsamen Ausschweifungen, die der Dichter ihm im Tone ernster Reue vorhält (115ff.), zeugt ein jugendlicher Sonettenwechsel, in dem die beiden einander böse Dinge nachsagen.

Forese fragt nach Dantes Schicksal und nach seinen Begleitern (49ff.), erhält aber zunächst keine Antwort, weil die Frage nach der Abzehrung dieser Büßer den Dichter allzusehr beschäftigt (58ff.). Sie ist ihm unbegreiflich (34-39), weil die Schatten ja keiner Nahrung bedürfen und der Reiz, den Früchte und Wasser auf sie üben, rein seelisch ist. Die Erklärung hierfür wird erst im übernächsten Gesange (XXV, 20-108) gegeben. Forese erläutert nur (61ff.) den Sinn ihrer Buße im allgemeinen, wie schon oben angegeben. Sie ist bei aller Bitterkeit süß (86), nicht Pein, sondern Wonne, weil die ewige Gerechtigkeit (Erläuterungen S. 479f.), die sie gebietet, den Reuigen die Sühne so erwünscht macht wie dem Heiland den Sühnetod am Kreuz (72ff.). Auf Dantes verwunderte Frage, wie der erst in der Todesstunde Bekehrte, den er noch im Vorfegfeuer vermutete (V, 130ff.), schon hier oben angelangt sei (76-84), bekennt der Büßer, daß er die Abkürzung seiner Wartezeit der Fürbitte seiner frommen Witwe verdanke (85ff.). Im Gegensatz zu ihrer Sittsamkeit schilt er die Zuchtlosigkeit ihrer Mitbürgerinnen, die weder bei den Barbaricini, einem verrufenen Stamme Sardiniens (94 ff.), noch bei Türken und Heiden ihresgleichen finde (103 ff.). Er sagt kirchliche Kleiderordnungen und Strafandrohungen voraus (97 ff.) und als Strafe des Himmels nahes Unheil (106 ff.), das in der Tat von 1302 an mit Bürgerkrieg, Bann und Interdikt, Hungersnot, Feuersbrunst und andrem vielfältig eintraf.

Der Wißbegier der Büßer, die über den Schatten seines lebendigen Leibes staunen (112 ff.), tut Dante endlich durch Bescheid über seine Person und seine Begleiter genug (115-133). Er berichtet dem Gefährten seiner Verirrungen von seiner Errettung aus diesem Sündenleben in der Nacht des letzten Vollmonds (118 ff., vgl. Hölle XX, 127 ff.; Diana, die Mondgöttin, ist die Schwester des Sonnengottes Apollo) durch Vergil, der ihn mit Fleisch und Bein durch die Hölle, das Reich des seelischen Todes (122 f.), geführt habe und durch die Ringe des Läuterungsberges, wo die Fehle der Zeitlichkeit durch Buße geheilt werden (125 f.), Beatrice entgegenführe.

Vierundzwanzigster Gesang

Forese Donati unter den Schlemmern | Foreses selige Schwester · Allerlei büßende Schwelger · Der Dichter Bonagiunta von Lucca · Seine Huldigung vor dem dolce stil nuovo · Forese sagt das Ende seines Bruders Corso, des Todfeindes der Weißen, voraus · Der zweite Baum · Der Engel der Enthaltsamkeit

Dante schließt den am Ende des vorigen Gesanges abgebrochenen Bericht, indem er den für eine entsühnte Seele langsamen Schritt des Statius mit der Rücksicht auf den Weggesellen erklärt (7 ff.); dann fragt er Forese nach seinen Leidensgefährten und nach seiner Schwester Piccarda (10ff.). Sie ist im Paradiese (13ff.), wo sie (Paradies III, 34ff.) im Himmel des Mondes erscheinen wird. Die Büßer sind, durch Fasten entstellt, wie Forese selber (XXIII, 43), unkenntlich, lassen sichs aber mit der ihnen allen eignen Demut gefallen, daß dieser ihre Namen nennt (16ff., 26f.). So werden gezeigt: der Notar Bonagiunta von Lucca (19f.), ein Dichter, den Dante in seinem Traktat De vulgari eloquentia wegen seiner unedlen Sprache tadelt; Papst Martin IV., zuvor Domherr in Tours, dem nachgesagt wurde, er habe die berühmten Aale aus dem Bolsener See in dem erlesenen Vernacciawein sieden lassen (20ff.); der Erzbischof Bonifazio dei Fieschi von Ravenna und zwei sonst nicht näher bekannte Edelleute, die als Helden beim Schmaus und beim Becher verrufen waren (28-33).

Mit dunklen Worten aus seinem von Hunger und Durst gequälten Munde (37ff.) weissagt der Lucchese, daß in seiner, dem Dichter sonst – wohl wegen ihrer im allgemeinen welfischen Haltung – unholden Vaterstadt eine im Jahre 1300 noch unvermählte Dame namens Gentucca dem Verbannten freundliche Aufnahme bereiten werde (43 ff.). Über diese Gentucca und ihre Beziehungen zu Dante hat sich nichts Sicheres ermitteln lassen. Die Frage nach der ersten Kanzone aus der Vita nuova (49-51) gibt Dante den Anlaß, in den unvergleichlichen Versen 52 bis 54 das Wesen seiner aus lebendiger Empfindung geborenen Dichtung zu bekennen, und Bonagiunta erkennt die Überlegenheit dieses dolce stil nuovo sowohl über die sizilianische Schule, der er selbst wie der »Notar« Jacopo da Lentini angehörte, als über die scuola dottrinale des Guittone von Arezzo (Erläuterungen S. 509) rückhaltlos an (55ff.). Der letztere wird auch im nächsten Kreise (XXVI, 124ff.) und schon in De vulgari eloquentia seines Ruhmes unwert gescholten, während Jacopo da Lentini dort für seine höfische Sprache ein Lob erhält. Die vielumstrittenen Worte der Verse 61/62 scheinen sagen zu wollen, daß keiner, so eifrig er spüren mag, einen andren Unterschied zwischen wahrer Dichtung und schulmäßiger Reimerei ausfindig machen könne als ebenjenen: ob Liebe, echte Empfindung sie eingegeben hat oder nicht.

Forese, ehe er den vorangeeilten Gefährten folgt (64-74), tröstet Dante, der ihm seinen Lebensüberdruß aus Verzweiflung über die unheildrohende Entwicklung der Dinge in seiner Vaterstadt bekennt (76-81), mit der Voraussage vom baldigen Tode seines Bruders Corso Donati, des Führers der Schwarzen, den unser Dichter vor allen für jenes Unheil verantwortlich macht (82 ff.). Der herrschsüchtige Parteigänger wurde im Jahre 1305 des Hochverrats angeklagt und verurteilt, sein bewaffneter Widerstand gebrochen, er selbst, auf der Flucht vom Pferde stürzend, getötet.

Nach Foreses Abschied (91 ff.) erscheint der von ihm schon anfangs (XXIII, 70 ff.) erwähnte zweite Baum (103 ff.), der wiederum mit seinen Früchten das Verlangen der hungernden Büßer reizt (106 ff.) und von der warnenden Engelsstimme in seiner Krone als Ableger des verbotenen Baumes in dem auf dem Gipfel des Berges gelegenen Garten Eden bezeichnet wird (116 f.). Dann führt die Stimme Beispiele bestrafter Unmäßigkeit an: die von Ixion mit einer Wolke gezeugten Zentauren, die auf Pirithous' Hochzeit in der Trunkenheit Streit begannen und mit Theseus' Hilfe erschlagen wurden (121 ff.), und die Juden, die Gideon vom Zuge gegen Midian ausschloß, weil sie zum Trinken am Wasser niedergekniet waren (124 ff.).

Der englische Wächter an der Stiege von diesem sechsten zum siebenten Kreise, wegweisend und mit seinem ambrosischen Fittich das vorletzte Mal auf Dantes Stirne löschend (145 ff.), singt den von seinem Vorgänger (XXII, 5 f.) ausgelassenen Teil der vierten Seligpreisung, den er in ein Lob der Mäßigkeit umdeutet, indem er das Hungern nach Gerechtigkeit als Hungern nach gerechtem Maße versteht (151 ff.).

Fünfundzwanzigster Gesang

Die Lehre vom Schattenleib | Dantes Zweifel und ihre Lösung durch Vergil und Statius · Ankunft im letzten Kreise · Das läuternde Feuer · Preis der Keuschheit

Der eingangs (1 ff.) angegebene Stand der Sonne und der »Nacht«, das heißt ihres Gegenpols am nächtlichen Himmel, zeigt, daß beim Aufstieg durch den engen Spalt aus dem sechsten zum siebenten Kreise am Läuterungsberge die Mittagsstunde, auf unsrer Halbkugel also Mitternacht, und damit der fünfte Tag der Wanderung vorüber ist. Da schon der Stier, das dem Widder (in dem die Sonne stand) folgende Sternbild des Tierkreises, im Meridian steht, ist es gegen zwei Uhr nachmittags. Im Steigen quält den Dichter der schon im vorletzten Gesange (XXIII, 34 ff.) angedeutete Zweifel (10 ff.), und von Vergil ermuntert, spricht er ihn aus, indem er fragt, wie der Hunger die keiner Nahrung bedürftigen Schatten so auszehren könne (19 ff.). Sein Führer hält ihm die Sage von Meleager vor, dessen Leben erlosch, als seine Mutter im Zorne ein von der Parze bei seiner Geburt ihr bezeichnetes Holzscheit verbrannte (22 ff.); daran und an den Bewegungen eines Spiegelbildes (25 ff.) zeigt er, daß auch ohne körperliche Einwirkung körperlicher Verfall möglich ist und daß auch ein körperloses Bild körperliche Vorgänge sichtbar machen kann. Auf sein Geheiß (28 ff.) gibt dann Statius, sein Eintreten für den eigentlich berufenen Lehrer entschuldigend (31 ff.), ausführliche Erklärung, die er, der Christ, auf die Seelenlehre der Scholastik stützt.

Durch die gestaltende Kraft des väterlichen Samens, der als Quintessenz des Herzblutes gilt (37ff.), empfängt der von ihm im Mutterleibe zum Leben erweckte Fötus alsbald die anima vegetativa und sensitiva und ähnelt in diesem Übergangszustande (53f.) zunächst der Pflanze, sodann dem niedersten, zuletzt dem voll entwickelten Lebewesen (52-60). Die anima intellectiva, durch die das Lebewesen zum Menschen wird (61f.), kommt von Gott unmittelbar. Sie ist nicht, nach der durch Thomas von Aquino widerlegten Lehre des Averroës, des Hölle IV, 144 erwähnten arabischen Aristotelikers – der, wie Vers 63 bezeugt, auf die Entwickelung der abendländischen Philosophie und noch auf Dante selbst starken Einfluß geübt hat –, ein bloßer Anteil am Weltintellekt (64ff.); sie wird nach der thomistischen Kreationslehre von Gott als solche für sich geschaffen und der Leibesfrucht eingehaucht (68ff.), um sich mit der anima vegetativa und sensitiva zur einheitlichen (IV, 5ff.) Menschenseele zu verbinden, der nun außer Leben und Empfindung auch Selbstbewußtsein eignet (73ff.).

Nach dem Tode (79) gelangt die Seele mit allen diesen Fähigkeiten (80f.), von denen die animalischen beim Mangel der Organe zunächst schlummern, die intellektuellen aber durch Befreiung vom Körper geschärft sind (82ff.), je nach Erwählung oder Verwerfung (85-87) entweder an das Ufer des Acheron (Hölle III, 122f.) oder an die Tibermündung, wo sie das Boot des Engels erwartet (II, 100ff.). Nun bildet – dies ist Dantes dichterische Erfindung – die gestaltende Kraft der Seele, wie sie zuvor die lebendigen Glieder schuf, in die sie umgebende Luft ausstrahlend, einen Schattenleib (88-102), der alle Organe des lebendigen Körpers wieder entwickelt (101f.) und daher auf alle äußeren Reize in gleicher Weise reagiert (103-107), mithin auch durch Hunger und Durst abgezehrt werden muß (108).

Im siebenten und letzten Kreise, wo die Wandrer nun anlangen, ist die Innenwand von einem Feuerschwall umgeben, von dessen Flammen nur der äußere Rand durch den daher wehenden Luftzug freigehalten wird (112 ff.). Der gefährliche Weg auf diesem schmalen Borde (115-120) soll wohl die Gefahr der Versuchung zu der hier gebüßten Sünde andeuten. Es ist die Wollust. Daher grüßt die Wandrer das Sonntagsmorgenlied (121), das um Herzensreinheit fleht. Wenn der Sang schweigt, rufen sich die Büßer Beispiele der Keuschheit zu: die Jungfräulichkeit Mariens, die, Hort aller Tugenden, wie immer, so auch hier an erster Stelle als Vorbild angerufen wird (127); Dianens Strenge, die, den herben Freuden der Jagd ergeben, ihre Nymphe Helice (Kallisto) verstieß, weil sie von Jupiter verführt war (130 ff.). Das Gebet jenes Liedes und die Mahnung an jene Vorbilder heilen den Seelenschaden der Unkeuschheit (138 f.).

Sechsundzwanzigster Gesang

Die Buße der Fleischessünden | Der siebente Kreis · Wollüstige in Feuersglut · Widernatürliche und zügellose Sinnlichkeit · Die Dichter Guinizelli und Arnaut

Der Schatten, den Dante rötlich (7) auf das im Strahl der Nachmittagssonne (4-6) verbleichende Feuer wirft, verrät den darin büßenden Schatten, daß er lebt (8-12). Während sie neugierig fragend herandrängen (13-24), begegnet ihnen ein zweiter Haufe, der nach rascher Liebesbezeigung mit lautem Rufe weitereilt (28-39): im Feuer die Glut ihrer Lüste büßend, müssen sie sich überdies durch keuschen Bruderkuß und durch die noch heißer brennende Selbstbeschämung (81) läutern, indem sie mit ihren Rufen die Art ihrer Sünde bekennen. Die Entgegenkommenden sind des widernatürlichen Lasters schuldig, das nach der von ihnen angerufenen, im Feuerregen zerstörten biblischen Stadt genannt wird (40, 76-80). Diese Verirrung wird von Sueton und andren auch Julius Cäsar nachgesagt, der mit Rücksicht auf seine Beziehungen zum König Nikomedes von Bithynien höhnisch Regina genannt und sogar auf seinem Triumphzuge – wo die Soldaten Narrenfreiheit genossen – mit solchem Spott bedacht worden sein soll (77 f.). Die erste Schar war natürlichem Triebe (82) ohne die dem Menschen gebotene Selbstbeherrschung (83 f.) ergeben und muß, weil dies ihn zum Tier entwürdigt, den Namen der schon Hölle XII, 12 f. erwähnten Mutter des Minotaurus rufen, die nach der Sage für einen Stier entbrannte (41 f., 85 ff.).

Der Büßer, der dies auf Dantes Frage (64 ff.) berichtet, nachdem dieser sich zum Staunen aller (67 ff.) als Lebender bekannt hat (55 ff.), gibt sich (92) als Guido Guinizelli zu erkennen: als der um die Mitte des 13. Jahrhunderts wirkende Bologneser Dichter, dem die italienische Lyrik die Abkehr von der geschraubten Pedanterie der scuola dottrinale und den Übergang zum dolce stil nuovo verdankt. Dante, der Vollender dieser Richtung, sieht ihn, seinen und seiner Kunstgenossen Vater im Minnesang (97 ff.), mit gleicher Freude, wie sie die Söhne der schon XXII, 112 erwähnten Hypsipyle beim Wiedersehen mit ihrer Mutter empfanden, die auf Geheiß ihres Gebieters Lykurg für den von ihr verschuldeten Tod seines ihrer Pflege befohlenen Kindes eben gerichtet werden sollte (94 ff.). Des Feuers wegen kann er ihn allerdings nicht mit der in Statius' Thebaïs bei der Schilderung dieses Wiedersehens erwähnten Umarmung (96) grüßen.

Das Lob, das Dante ihm auf seine Frage nach dem Grunde der ihm bezeigten Ergebenheit spendet (104-114), lenkt der tote Dichter mit der den Büßern eignen Bescheidenheit auf einen vor ihm schreitenden Leidensgefährten ab (115 ff.), der sich in den – im Urtext provenzalischen – Schlußversen (140 ff.) als der Troubadour Arnaut Daniel bekennt. Dante, der von beiden beeinflußt ist, läßt Guinizelli die dunkle, uns verstiegen und gekünstelt anmutende Dichtung des Provenzalen über alle andren Werke der Schule, selbst über die des Limousiners Giraut, erheben (118 ff.), dessen größerer Ruhm ebenso wie die frühere Überschätzung Guittones (XXIV, 55 ff.) als urteilsloses Nachsprechen landläufiger Meinung abgetan wird (121 ff.).

Beide, ehe sie in den Flammen verschwinden, flehen um Fürbitte (127 ff., 145 ff.); Guido wünscht ein Vaterunser ohne die letzten Bitten, die für den keiner Versuchung mehr unterworfenen Büßer ohne Bedeutung sind (131 f.; vgl. XI, 22 ff.).

Siebenundzwanzigster Gesang

Feuerprobe und Lossprechung | Die letzte Seligpreisung · Gang durchs Feuer · Die dritte Nacht im Purgatorium · Morgentraum · Aufstieg vom siebenten Kreis zum irdischen Paradiese · Freispruch des Entsühnten

Nach den Eingangsversen will die Sonne – zum sechsten Male seit dem Beginn der Handlung – über Golgatha, das heißt für den Meridian von Jerusalem, aufgehen. Während also in Spanien, an der Westgrenze des bekannten Erdkreises, Mitternacht, in Indien, an seinem Ostende, Mittag ist, steht sie, vom Läuterungsberge aus gesehen, dicht vor dem Untergange (3 ff.). Da erscheint, froh, weil die Engel sich nach dem Evangelium über jeden reuigen Sünder freuen, der Wächter dieses letzten Kreises, der hier, wo die Seelen sich von Sinnlichkeit läutern, die Seligkeit des reinen Herzens preist (6 ff.). Sein Befehl zum Durchschreiten des Feuers (10 ff.) gilt auch Dante selbst. Er muß die Buße dieser letzten Todsünde, deren er sich wohl, nächst der des Stolzes (XIII, 136 ff.), vor andren schuldig weiß, nicht allein schauend, wie in allen Kreisen, sondern körperlich miterleben.

Der Ernst dieser Prüfung, die statt des Engelsfittichs das letzte P zu löschen scheint, wird aufs stärkste betont. Kein Zureden der Führer (19 ff.), keine Mahnung an den Schutz in früheren Nöten (22 ff.; Hölle XVII, 94 ff.), keine Beruhigung über die Gefahr (25 ff.) kann Dantes Angst überwinden, die durch die grausige Erinnerung an den Feuertod Verurteilter geschärft wird (17 f.). Erst als Vergil ihn mit Beatrices Nähe lockt (35 f.), wirkt ihr Name wie der Thisbes auf den sterbenden Pyramus, der, nach Ovid, bei dessen Klange noch einmal das Auge aufschlägt, indes die Liebende die Götter bittet, daß der von seinem Blute gerötete Maulbeerbaum des zum Gedächtnis künftig purpurne Früchte tragen möge (37 ff.). Von den beiden Geleitern in die Mitte genommen, wagt er den heißen Gang (46 ff.), auf dem ihm Vergil durch die Hoffnung auf das baldige Erscheinen der Herrin Mut macht (52 ff.).

Durch das Feuer, nach der Stiege, die zum Gipfel führt, leitet, wie schon von dem Wächter (11) angekündigt, die Stimme eines zweiten Engels, der, Torhüter des irdischen Paradieses, mit den Worten, mit denen der Heiland nach dem Evangelium die Erwählten im ewigen Leben grüßt, die Kommenden empfängt und, zu rüstigem Steigen mahnend, aufwärts weist (55-63).

Der letzte Aufstieg, der scharf gen Osten führt (64 ff.) – seit dem Anstieg vom Strande (IV, 53) ist also der Berg zur Hälfte umkreist –, wird durch den Einbruch der Nacht unterbrochen, deren Dunkel jeden Fortschritt im Fegfeuer verbietet (67-75; vgl. VII, 43-60) und die Wandrer nötigt, auf Stufen der wieder in engem Felsspalt aufwärts führenden Stiege zu lagern (73-87). In dem schönen Bilde des Hirten, der, selbst ruhend, seine ruhende Herde schützt, wird anschaulich, wie Dante unter der Obhut seiner lagernden Geleiter unbesorgt zur Ruhe geht (76-86). Im Aufblick zu den in dieser Höhe größer und heller strahlenden Sternen (88 ff.) und in tiefen Gedanken entschlummert, hat Dante gegen Morgen wieder einen Wahrtraum (93 ff.). Ihm erscheint das anmutige Bild einer blumenpflückenden Frau: Rahels Schwester Lea (101), die im Gegensatz zu deren Beschaulichkeit, bei den Kirchenlehrern ein Sinnbild des tätigen Lebens (103-108), auf die Erscheinung von Beatrices Helferin Matelda (XXVIII, 37 ff.) vorausweist.

Bei Tagesanbruch, dessen Licht der seinem nächsten Ziele, dem Gipfel des Berges und dem dort gelegenen irdischen Paradiese, der Urheimat der Menschheit, sich nähernde Dichter mit ähnlicher Freude begrüßt wie ein Pilger, der auf der Heimkehr schon der Heimat nahe ist (109 ff.), brechen die Wandrer wieder auf. Beschwingt (121 ff.) durch die Hoffnung auf die von Vergil (115 ff.) verheißene süße Frucht der Buße, die Glückseligkeit des irdischen Paradieses, ersteigt Dante mit seinen Führern den Rest der Stiege. Oben, an der Schwelle des irdischen Paradieses angelangt, wird er aus der Lehre seines Meisters entlassen (127-142). Das irdische Paradies, als Garten Eden einst Heimat der seligen Unschuld, ist nach Dantes eigenen Worten (Erläuterungen S. 484 f.) Sinnbild der auf Erden durch Vervollkommnung in den vier weltlichen Tugenden erreichbaren Glückseligkeit. Dies Glück, die süße Frucht, die nach Vergils Wort (115 ff.) dem von allen sieben Hauptsünden Entsühnten hier, nach dem engen, steilen Wege der Buße, in Gottes Gnadenlichte (132 f.) zufällt, ist das Ziel, aber auch die Grenze, bis zu der die menschliche Vernunft, die Philosophie zu führen vermag (129, 130). Deshalb legt Vergil hier die Führerschaft nieder (139). Der durch ewiges und zeitliches Feuer (127f.) geläuterte, das heißt durch Miterleben der Höllenstrafen und der Bußen im Fegfeuer zu allen natürlichen Tugenden erzogene Wille seines Schützlings ist nun von selbst auf das Rechte gerichtet (131, 140) und bedarf keines irdischen, weder eines weltlichen noch eines geistlichen Führers mehr (142). Er darf nun der göttlichen Erleuchtung (136f.) harren, die ihn dem höheren Ziele des Gottschauens zuführen wird.

Achtundzwanzigster Gesang

Das irdische Paradies | Der Garten Eden · Matelda, seine Hüterin · Von Wind und Wetter und von den Flüssen im Paradiesesgarten

In der morgenfrischen Lieblichkeit des heiligen Haines, dessen Laub von stetig lindem Ostwind bewegt wird und von Vogelsang widerhallt (1-18), spiegelt sich das Glück der Unschuld, der geläuterten Tugend, das, wie schon gesagt, im irdischen Paradiese verkörpert ist. Das Rauschen seiner Kronen erinnert Dante an das Windessausen in den Pinien an der Meeresküste von Ravenna (19 ff.), dessen Klang dem Verbannten diese Terzinen eingegeben haben mag.

An einem Wasser, das, durchsichtig klar, von rechts nach links strömt (25 ff.), dem Lethefluß, wie sich später zeigt, sieht er sich dem Ebenbilde der im vorigen Gesange geträumten Lea gegenüber (37 ff.), einer Schönen, die im letzten Gesange (XXXIII, 118 f.), wie eine Altbekannte, von Beatrice mit dem Namen Matelda gerufen wird. Vermutlich hat eine der in der Vita nuova erwähnten Gespielinnen Beatrices den Namen getragen; denn weder zu der berühmten Markgräfin von Tuscien noch zur Schwester Mechthild von Magdeburg, die als ihre Taufpatinnen angesprochen werden, ist eine Beziehung zu erkennen. Ihre symbolische Bedeutung als Beatrices Vorläuferin und Helferin, als Trägerin der tätigen Liebe ist bereits in den Erläuterungen (S. 490 f.) dargelegt. Mit liebevoller Hilfsbereitschaft folgt in der Tat die anmutige Hüterin des irdischen Paradieses Dantes Ruf (52-60). Ihr Auge strahlt von Liebeshuld (43 ff.), heller, als das der Venus strahlte, als sie, nach Ovid, unversehens von Amors Pfeil geritzt (64 ff.), für Adonis entbrannte. In ihrer jungen Schönheit gleicht sie auf der blühenden Aue der Tochter der Ceres, die, ebenfalls nach Ovid, blumenpflükkend auf ihrer Frühlingswiese von dem Gotte der Unterwelt geraubt wurde, wobei sie die in ihr Gewand gesammelten Blüten fallen ließ (49 ff.). Die Trennung durch den schmalen Fluß erträgt Dante so schwer wie Leander die von seiner Hero durch die Fluten des Hellespont, den Xerxes mit dem zu Griechenlands Unterdrückung bestimmten Perserheere überschritt, ein Übermut, den er bei Salamis büßen mußte (70-75). Ihr Lächeln verträgt sich wohl mit der Würde des Ortes: es gilt der Herrlichkeit dieses Gotteswerkes, über die auch der Psalmist in dem Vers 80 angeführten Psalm jubelt (76 ff.).

Freundwillig erbietet sie sich, die Wunder ihres Reiches zu deuten (82 ff.). Dante kann Wind und Wasser, die er hier oben findet, nicht mit Statius' Angabe reimen, daß der Berg oberhalb des Einganges zum Fegfeuer weder Regen noch andre atmosphärische Störungen kenne (85 ff.; vgl. XXI, 46 ff.). Mateldas Antwort bestätigt ihm, daß die Gottheit, das höchste, einzig vollkommene Gut (92), um dem sündlos erschaffenen und bis zum Sündenfalle unschuldigen Menschen (91, 94 ff.) als Vorschmack des ewigen Friedens (93) ein allen Wirkungen irdischer Dünste entrücktes, von Wind und Niederschlägen unberührtes Heim zu schenken (97 ff.), diese Bergeshöhe über den Bereich jener Wetterschwankungen hinausragen ließ (100 ff.). Was hier oben wehe und im Walde rausche, sei das stete Kreisen der Atmosphäre, die, in dieser freien Höhe nicht mehr wie unten von Widerständen gehemmt (105-107), mit allen Himmeln dem Kreislauf des primum mobile folge (103 ff.). Dies Kreisen erkläre auch das Vorkommen von Pflanzen ohne erkennbare Aussaat auf der übrigen Erde, da die Luft die vegetative Kraft der von ihr berührten Gewächse aufnehme und auf ihrem Kreislauf über den ganzen Erdball verbreite (109-120).

Die Gewässer des Paradieses werden nicht von Niederschlägen gespeist wie die bald überquellenden, bald versiegenden Erdenflüsse (121-123), sondern fließen stetig durch ein Wunder Gottes, und zwar aus einer Quelle nach zwei Seiten (124 ff.). Der Arm, an dem die Wandrer stehen, ist der in der Unterwelt (Hölle XIV, 136) vermißte Lethefluß, dessen Wasser das Bewußtsein jeder Schuld auslöscht; ein Trunk aus Eunoë, dem jenseitigen Strome, weckt – eine Erfindung Dantes – die Erinnerung an alles Gute (127 ff.). Beides vereint, macht die Seele zur himmlischen Seligkeit bereit (131 f.).

Als die Erklärerin hinzufügt, daß es eine Ahnung des wahren Paradieses sei, die sich in den Träumen der alten Dichter vom Goldnen Zeitalter verrate (139-144), lächeln die beiden Begleiter Dantes, deren eigne Träume so gedeutet werden, voller Verständnis (146 f.).

Neunundzwanzigster Gesang

Der Siegeszug der Kirche | Die sieben Leuchter · Die Vorläufer aus dem Alten Bunde · Der Wagen mit dem Greifen · Sein Geleit und Gefolge

Mit den Worten des 32. Psalms (3) preist Matelda das Glück der Sündentilgung, das Wunder, das die Wasser des eben von ihr erwähnten, vor ihr fließenden Letheflusses wirken. Dann geht sie, zierlichen Schrittes, stromauf, und Dante folgt ihr am andren Ufer (4-9). Nach wenigen Schritten, bei einer Krümmung des Flusses, wenden sie sich gen Osten (10 ff.). Es ist die Richtung, in der Dante, die Abendsonne im Rücken, zum Gipfel aufgestiegen (XXVII, 65 f.) und in das irdische Paradies eingedrungen war, bis er sich am Lethe, der Strömung entgegen (7; vgl. XXVIII, 26), nach rechts gewandt hatte. Sie muß daher zur Mitte des Waldes führen, wo offenbar die Doppelquelle der Paradiesesflüsse gedacht ist.

Der mystische Zug, der jetzt naht und der in seiner Gesamtheit die mit ihren Heilsgütern dem Büßer entgegenkommende Kirche Christi im Sinnbilde darstellt, kündigt sich durch blitzartiges Leuchten und überirdisch süße Klänge an (16-23), deren Reiz dem Dichter den Verlust des Paradieses durch Evas Ungehorsam und Lüsternheit nach der Frucht vom Baume der Erkenntnis (27) erbitternd zum Bewußtsein bringt (23-30). Licht und Ton nähern sich, werden immer heller und deutlicher. Erst lassen sich singende Stimmen unterscheiden (36), dann die Worte des Gesanges (51). Als Quelle des Lichtes, von dem bald (34 f.) die ganze Luft zu flammen scheint, werden sieben Leuchter erkennbar (50). Ehe sie so nahe waren, daß alle Einzelheiten deutlich wurden (46 ff.), hatten sie nach dem trüglichen Allgemeineindruck, dem »sensibile commune«, wie goldene Bäume ausgesehen.

Vor der Schilderung des tiefen Mysteriums (42) werden noch einmal die Musen angerufen, Urania, die himmlische, voran (37 ff.). Die Bilder des Zuges entleiht Dante teils der Apokalypse, teils den Propheten, insonderheit dem Hesekiel (100-105), teils auch kirchlicher Überlieferung. Ihre Deutung ist vielfach umstritten.

Ohne Zweifel verkörpert der Siegeswagen (106 ff.), der nicht nur die der gefeiertsten römischen Triumphatoren, sondern auch den nach Phaëthons Sturz zur Rettung der gefährdeten Erde verbrannten Sonnenwagen überstrahlt (115-120), die Kirche Christi; der Greif, der ihn zieht (108), halb Löwe, halb Adler, halb golden, halb in den Farben des Menschenleibes (113 f.), den Gottmenschen Christus selbst. Die vier Tiere mit sechs Flügeln (92 ff.), die ihn umgeben (106), sind die bekannten Sinnbilder der vier Evangelien, welche die kirchliche Überlieferung der Apokalypse und diese – die Zahl der Flügel von vier auf sechs vermehrend (104 f.) – der Vision des Ezechiel entlehnt hat (100 ff.). Die Augen auf ihren Flügeln, die auf göttliche Erleuchtung deuten, vergleicht Dante nach seiner Gewohnheit, biblische Bilder mit denen der antiken Mythologie in Parallele zu stellen, mit den hundert allsehenden, abwechselnd wachenden und schlummernden Augen des Argus, des Wächters der Io, mit denen Juno, nach seiner Tötung durch Merkur, das Gefieder ihrer Pfauen schmückte (95 f.). Die vierundzwanzig Ältesten, die vorangehen, im weißen Gewande der Wahrheit, mit der heilig-reinen Lilie bekränzt (64 ff., 83 f.), bezeichnen (nach Hieronymus' Auslegung der Apokalypse) die Bücher des Alten Testaments. Ihre Lobpreisung (85 ff.), obwohl an den Englischen Gruß anklingend, kann nicht wohl der Jungfrau Maria gelten, von der nirgend die Rede ist, sondern scheint die Huldigung einzuleiten, die der ganze Chor (XXX, 10 ff., 19 ff.) Beatrice darbringt. Die Greise, die den vier Tieren folgen (133 ff.) und die statt mit Lilien mit Blüten in der Farbe der Liebe bekränzt sind (146 ff.), bedeuten die übrigen Schriften des Neuen Testaments: die Apostelgeschichte des Arztes Lukas (136 ff.), die Briefe Pauli, der von der Kirche mit dem Schwerte, durch das er zu Tode kam, dargestellt wird (139 ff.), die vier kleineren Briefe (142) und die Offenbarung Johannis, das Buch der Traumgesichte, von dem seherisch erleuchteten Apostel nach der Überlieferung im hohen Alter verfaßt (143 f.).

Die Tänzerinnen zu beiden Seiten des Wagens (121 ff.) sind die Tugenden: rechts die theologischen, durch ihre Farben als Liebe, Hoffnung und Glaube gekennzeichnet; links, in fürstlichem Purpur (130 ff.), die moralischen Kardinaltugenden. Deren Reigen führt die Klugheit mit ihren drei, Vergangenheit, Gegenwart und Zukunft erforschenden Augen (132). Jene folgen abwechselnd dem Glauben und der Liebe, von denen nach der Kirchenlehre eins das andre weckt, während die letztere, »die größeste unter ihnen«, stets den Ton angibt (127 ff.).

Die sieben Leuchter, die den Zug anführen (43-50), sollen wohl, nach der Apokalypse, den siebenfachen Geist Gottes, die sieben Streifen, die sie in den Farben des Regenbogens, so weit das Auge trägt, hinter sich lassen (74-81), dessen Wirkungen, die sieben Gaben des Heiligen Geistes bedeuten. Delia (78) ist die Mondgöttin, die auf Delos geborene Diana. Daß jene Streifen von den zum Himmel ragenden Flügeln des Greifen nicht geschnitten werden (111), scheint die Einheit zwischen der Gottnatur des Sohnes und dem Geiste zu betonen. Wenn sie dabei in 3 + 1 + 3 geteilt werden (109 ff.), so erklärt sich dies wohl ebenso wie die Siebenzahl überhaupt und der Abstand von zehn Schritten zwischen den beiden äußersten der Streifen (80 f.) aus der vom Mittelalter übernommenen jüdischen Zahlensymbolik, nach der die Zahl 3 die Gottheit, 4 die Welt, 7 die heilige, 10 die vollkommene Zahl bedeutete. Auch für die zwei Räder des Wagens, für dessen Deichsel, für die beiden Flügel des Greifen und andres sind verschiedene Deutungen vorgeschlagen worden. Sie sind durchweg unsicher in ihrer Begründung und für den Sinn des Ganzen ohne wesentlichen Belang.

Als der Wagen Dante gerade gegenüber ist, wird dem Zuge durch einen Donnerschlag bedeutungsvoll Halt geboten (151 ff.).

Dreißigster Gesang

Die Erscheinung Beatrices | Willkomm der Heiligen und Engel · Ahnung des Liebenden · Vergils Abschied · Gruß und Rüge der seligen Herrin

Die sieben Leuchter, denen am Schlusse des vorigen Gesanges der ganze Zug im Anhalten wie zuvor im Voranschreiten folgte, werden in den Eingangsversen dem Siebengestirn verglichen (1-6), dem Sternbilde des Kleinen Bären, das den Polarstern enthält. Wie dieser dem irdischen Schiffer, so weist der in jenem Siebengestirn des höchsten Himmels (des Empyreums, des Sitzes der Gottheit) nach obiger Deutung verkörperte Geist Gottes der in dem nachfolgenden Siegeszuge dargestellten Kirche der Christenheit die Richtung, unfehlbar und stetig: denn er geht nicht unter wie unsre Sternbilder und kennt keine Umwölkung, wenn nicht der menschliche Blick durch eigne Schuld getrübt wird.

Die Erscheinung Beatrices, der beseligenden Herrin, der Angelpunkt, auf den unser Gedicht vom ersten Gesange an mit immer neuen Verheißungen hinzielt, ist auch der Mittelpunkt dieses feierlichen Aufzuges. Die Feier gipfelt in der Huldigung, die ihr, in der das Gottschauen, das letzte Ziel der Kirche, verkörpert scheint, hier in deren Siegeszuge dargebracht wird. Die vierundzwanzig Greise, die schon die Lobpreisung im vorigen Gesange (XXIX, 85 ff.) gerufen hatten, grüßen sie jetzt, auf den Halt gebietenden Donnerschlag (XXIX, 152 f.) rückwärts dem Wagen zugewandt (7-9), mit dem Ruf aus dem Hohenliede (10 ff.), der nach der Überlieferung der Braut Christi gilt. Der anstimmende ist wohl derjenige, der dies biblische Buch verkörpert. Auf dem Wagen selber sich erhebend, stimmt eine blumenstreuende Engelschar mit der Begrüßung ein, die den Heiland selber zu Jerusalem empfing, und fügt als klassische Ergänzung den Gruß des Anchises aus der Äneis hinzu (16-21).

Beatrice, in die Farben der drei christlichen Tugenden gekleidet, um die Stirn das Laub des Friedens (31 ff.), zeigt sich noch verschleiert. Aber an der geheimnisvoll mächtigen Wirkung ihrer Nähe (34-42) erkennt sie der Liebende. Im Innersten erschüttert, wird er noch durch Vergils Verschwinden (49 ff.) betroffen, der ohne Abschied vom Schauplatz abgetreten ist und über dessen Verlust selbst die wiedergewonnenen Freuden des von Eva verscherzten Paradieses den treuen Jünger nicht zu trösten vermögen (52 ff.): seine Wange, vom Höllenruß zu Beginn (I, 121-129) im Tau des Ufers gesäubert, wird von Tränen naß.

Ein Verweis wegen dieser ihm nachgeweinten Tränen (55 ff.) ist das erste Wort, das Dante von der Ersehnten zu hören bekommt. Er soll die Tränen für einen triftigeren Grund aufsparen (57): für die Reue über seine Schuld, die zu büßen der Säumige jetzt endlich den heiligenden Weg zum Läuterungsberge gefunden hat, obgleich er den Platz unter den Seligen des irdischen Paradieses noch nicht verdient (74 f.). So mahnt die Herrin, gebieterisch, mit der herben

Strenge einer strafenden Mutter (70 ff., 79 ff.), nachdem sie ihn bei seinem Namen angerufen hat, den der Dichter nach den Regeln der Poetik ohne diesen zwingenden Grund nicht hätte nennen dürfen (63).

Im Gewissen getroffen, erstarrt der so Verklagte, und erst die Fürbitte der Engel, die den erlösunghoffenden Anfang des 31. Psalms singen (83 f.), löst diese Starre in neue Tränen, wie auf dem Apennin der Schnee schmilzt, wenn der Schirokko die von der slawonischen Küste wehende Bora ablöst (85-99). An diese Fürbitter richtet die Anklägerin nun ihr Wort, aber nicht, um sie zu treffen, die im ewigen Lichte von Gottes Allwissenheit alle Vorgänge der Zeitlichkeit schauen (103 ff.), sondern um den Beschuldigten zu zerknirschen (106 ff.).

Die Anklage lautet auf Untreue, das heißt symbolisch, wie schon in den Erläuterungen (S. 485) gesagt und in der Erläuterung zum folgenden Gesange dargelegt, auf Abkehr vom Ewigen durch Verstrickung in Lockungen und Nöte dieser Welt. Im »neuen Leben« (115), in der Zeit seiner Liebe zu Beatrice, die in der Vita nuova so überschrieben wird, habe Dante, durch diese Jugendliebe recht geleitet (121 ff.), vermöge der Anlagen, die er der Sternengunst und Gottes Gnade verdankte, das Allerhöchste verheißen (109-117). Nach ihrem Tode am Ende der ersten Jugend, habe er sich andren Einflüssen ergeben und sei dadurch auf Abwege geraten (124-132). Da keine Mahnung ihn von diesem Irrwege habe zurückrufen können (133 ff.), sei als einzige Rettung die Entsendung zu den Verdammten unter Vergils Führung geblieben (136-141). Für solchen Abfall wird vollwertige Reue gefordert, ehe Entsühnung gewährt werden kann (142 ff.).

Einunddreißigster Gesang

Generalbeichte und letzte Entsühnung | Verhör und Geständnis, Rüge und Zerknirschung · Das Bad im Lethefluß · Aufnahme des Entsühnten · Die Enthüllung

Nachdem schon die an die Engel gerichteten Worte am Schlusse des vorigen Gesanges tief in Dantes Gewissen geschnitten haben, richtet Beatrice jetzt (1-6) die Spitze der Anklage gegen den Beschuldigten selbst und verlangt sein Bekenntnis. Von Scham und Reue vernichtet, kann er erst auf die Mahnung, daß er noch nicht im Lethewasser Vergessen seiner Schuld getrunken habe (11 f.), ein kaum hörbares Geständnis ablegen (13 ff.) und die Frage (22 ff.) beantworten, was ihn zum Abfall von der Liebe verführt habe, die sie einst in seinem Herzen geweckt hatte und deren Ziel war, ihn zu Gott zu führen.

Er bekennt, daß es »die Dinge dieser Zeitlichkeit mit ihrer trügerischen Lust« gewesen sind (34 ff.).

Das ist die Schuld, die, Anlaß der Jenseitsfahrt (XXX, 136-141), schon, in der Verirrung im finstren Walde (Hölle I, 1 ff.) verkörpert war und, als Untreue gegen Beatrice, jetzt am Ende des Sühneganges, vor dem Aufflug zu den Sternen mit so unerhörter Feierlichkeit gerügt, bekannt und gesühnt wird. Schon die Wucht der Anklage verbietet die Annahme, daß nichts als die Untreue des Liebenden im eigentlichen Sinne gemeint sei. Wenngleich der stets vom persönlichen Erleben ausgehende Dichter auch an dergleichen Selbstvorwürfe gedacht haben wird – die Verse 28 ff., 59 zum Beispiel sind wohl nicht rein allegorisch gemeint –, so kann doch Liebessünde, die schon im obersten Ringe des Berges gebüßt wird, nicht als solche Gegenstand dieser Generalbeichte sein. Dantes Schuld ist im symbolischen Sinne Untreue an der in Beatrice verkörperten Idee. In der Annahme, daß Beatrice die Gottesgelahrtheit, die Offenbarung, das Kirchenregiment bedeute, wird diese Untreue vielfach als Abwendung vom Offenbarungsglauben zugunsten philosophischer Spekulationen gedeutet. Diese Auslegung beruft sich auf den zweiten Traktat von Dantes Convivio, wo die donna gentile, die ihn in der Vita nuova seine abgeschiedene Herrin eine Zeitlang vergessen läßt, für das Sinnbild der Philosophie erklärt wird. Aber die hier verklagte Untreue ist von der Neigung zur donna gentile allzu verschieden, als daß sie jener gleichgesetzt und damit allegorisch zur Hingabe an die Philosophie gestempelt werden dürfte. Eine solche Deutung ist überdies unvereinbar mit Dantes Auffassung von der Philosophie und ihrem Verhältnis zu Theologie und Offenbarung. Niemals, weder in der Commedia noch im Convivio, zwischen denen überhaupt bemerkenswerter Einklang herrscht, erscheint die weltliche als Widerpart der göttlichen Weisheit, sondern stets als deren willfährige und willkommene Helferin. Untreue gegen Beatrice, die Herrin des Gottschauens, ist nichts andres als Abkehr von der Liebe zu Gott, dem höchsten Gute, und Hingabe an die vergänglichen Dinge der Zeitlichkeit. So wird Dantes Schuld in seiner Beichte und Beatrices Anklage (22 ff., 34 ff., 55 ff.) ausdrücklich genannt. Liebe zur Welt, Mangel an Gottesliebe, so heißt in der Commedia überall (siehe namentlich das System der Todsünden XVII, 97-102, 127-137) die Wurzel der Sündhaftigkeit. Diese Wurzel und Summa aller Sünde ist es, die hier nach Löschung aller einzelnen Sündenmale noch getilgt werden muß.

Das Geständnis mildert in den Augen des allwissenden himmlischen Richters die Strafbarkeit (37-42). Aber zur Warnung vor neuen Lockungen der – wie schon XIX, 7-33 im Bilde der Sirene dargestellten – bösen Lust (44 f.) wird dem Bekenner nochmals (47 ff.) die Schuld seiner Untreue und als erschwerender Umstand sein reifes Alter, seine bärtige Männlichkeit (61 ff., 68, 74 f.) vorgehalten. Als er sein Auge, das vor Scham sich nicht aufzublicken getraut (70 ff.), zu ihr erheben muß, trifft ihn ihr Anblick, schon unter dem Schleier und aus der Ferne weit schöner als ihre bereits auf Erden unvergleichliche Schönheit (82 ff.), so tief, daß Reue ihm die Besinnung raubt (85 ff.).

Reue erlangt Vergebung. Beim Erwachen aus seiner Ohnmacht wird der Zerknirschte von Matelda in der alles Schuldbewußtsein tilgenden Flut Lethes gebadet und getränkt (91 ff.). Unter den Klängen des Psalmwortes, das in der Kirche nach dem Sündenbekenntnis beim Sprengen des Weihwassers gesprochen wird (97 ff.), endet hier die symbolisch-sakramentale Handlung, die an der Pforte des Fegfeuers (IX, 94 ff.) begann.

Am seligen Ufer (97) wird der nun völlig Entsühnte von den Tugenden in Obhut genommen (103 ff.). Die vier weltlichen bekennen in ihrem Sange (106-108), daß sie, die hier als tanzende Jungfrauen (Nymphen) erscheinen, die aber zugleich in dem Viergestirn am südlichen Himmelspol (I, 23 ff.) verkörpert sind, Beatrice, das heißt der Gotteserkenntnis, schon vor deren Erscheinung auf Erden gedient haben. Der Sinn ist, daß diese Tugenden ihre Heimat im Himmel, die Stätte ihres Wirkens auf Erden haben und daß sie schon vor der Offenbarung durch Christus den Willen Gottes tun lehrten. Sie führen ihren Schützling vor das Angesicht ihrer Herrin (109), die sich hier wiederum als Trägerin des Gottschauens erweist: indem ihr Auge, seit ihrem letzten Worte ständig auf den Greifen gerichtet (79 ff., 120), ihn bald als Löwen, bald als Adler spiegelt (121-126), zeigt es sich fähig, das Geheimnis der zwei Naturen des Gottmenschen zu enträtseln. Voll Sehnsucht (118 ff.) blickt Dante zu ihrem – noch verschleierten – Auge auf, schon entzückt von der Wonne des Gottschauens, das nach dem Bibelworte hungern macht, die davon genießen (127 ff.). Zu dem ersehnten Anblick der bisher noch durch den Schleier verhüllten neuen, das heißt jenseitig verklärten Schönheit Beatrices verhilft dem getreuen Jünger erst die Fürbitte der drei christlichen Tugenden (133 ff.), die ihn auch kraft ihrer göttlichen Erleuchtung (111) zur Aufnahme ihres Bildes befähigen müssen (110).

Hier am Ziele, als die Beseligende den Schleier fallen läßt, verstummt der Dichter. Er weiß, hier wie anderwärts, den tiefsten Eindruck nicht packender wiederzugeben als durch das stammelnde Bekenntnis, daß Wort und Reim versagt (139 ff.).

Zweiunddreißigster Gesang

Christi Kirche in Weltnot | Kirche und Weltreich · Der verbotene Baum · Anfechtungen, Verderbnis und Entführung des Kirchenregiments

Seit Beatrices Tod nach ihrem Blicke sich sehnend, kann sich Dante kaum von ihm losreißen, als ein Ruf seiner drei Führerinnen sein Auge wieder dem Zuge der Kirche zuwendet (1-9). Erst allmählich kann der von Beatrices noch hellerem Lichte Geblendete (10-15) dessen Gestalten wahrnehmen und die Bewegung erkennen, zu der sie sich anschicken. Wie ein Reitertrupp angesichts des Feindes, den Schild am linken Arme, den Bannerwagen in der Mitte, eine Rechtsumkehrtschwenkung macht (19 ff.), so wendet die Prozession sich rückwärts, indem zuerst die vierundzwanzig Greise mit den sieben Leuchtern an der Spitze nach der Kehrtschwenkung an dem Wagen vorbeiziehen, der, auf der Stelle wendend, ihnen folgt (16-27). Sie alle wenden sich der Morgensonne zu (18), nach Osten, woher sie den Wandrern entgegengekommen waren (XXIX, 12, 59f.), gegen die Mitte des – durch Evas Schuld verlassenen (31f.) – Paradieswaldes. Nachdem sich auch die Tänzerinnen zu beiden Seiten des Wagens in Bewegung gesetzt haben (25), folgt ihnen Dante mit Statius und Matelda am rechten Rade, das bei der Rechtsschwenkung den inneren, engeren Bogen beschreibt (28-30).

Was nun mit dem Wagen geschieht, soll augenscheinlich die Entwicklungen und die Schicksale der christlichen Kirche oder der Christenheit bis zu Dantes Zeit im Bilde zeigen.

Der gewaltige kahle Baum (38ff.), unter dem Halt gemacht und der mit der vorwurfsvollen Anrufung Adams begrüßt wird (37), kann nur der Baum der Erkenntnis des Guten und Bösen sein, auf den schon bei der Begegnung mit dem zweiten seiner Ableger im vorletzten Bußkreise (XXIV, 116f.) hingewiesen wurde. Darüber hinaus ist nach einleuchtender, wenngleich umstrittener Deutung der verbotene Baum des Paradieses Sinnbild der durch Gottes Strafandrohung geschützten, Gut und Böse scheidenden Rechtsordnung im allgemeinen und – vielleicht an den das Babylonische Reich bedeutenden Baum in Nebukadnezars Traum bei Daniel anklingend – das der gottgewollten Staatsordnung, des heiligen Weltreichs im besondren. Das Lob des Greifen, daß er die verbotene Frucht meide (43ff.), hebt demnach rühmend hervor, daß der Heiland, der dem Kaiser geben hieß, was des Kaisers ist, keine Eingriffe seiner Kirche in die auf göttliches Recht gegründeten (48) Befugnisse der weltlichen Macht gewollt habe. Die Anschirrung des Wagens mit der ihn lenkenden Deichsel an den Stamm des Baumes dagegen (49ff.) deutet auf die Verbundenheit der

Kirche und des sie leitenden Papsttums mit dem Weltreich zu einträchtigem Wirken für das Heil der Menschheit in der gemeinsamen Hauptstadt Rom, wo sie unter seinen Schutz gestellt ist. Dafür schenkt sie dem in heidnischer Gottesferne verdorrten (39, 60) Reiche durch Bekehrung seiner Völker neue Blüte, wie auf Erden die Knospen aufbrechen, wenn die Sonne, bei Frühlingsanfang, in dem auf die Fische im Tierkreise folgenden Zeichen des Widders steht (52 ff.). Die rötlichviolette Farbe der Blüten (58 f.) soll vielleicht auf das Kleid der Bischöfe deuten, die nach der Bekehrung die Völker des Reiches zum Heile führten. Daß die Deichsel des Wagens vom Holz des Baumes stammen soll (51), läßt sich nur so erklären, daß sie, das Sinnbild des Kirchenregiments, hier mit dem Kreuze Christi, auf das dieses sich gründet, gleichgesetzt wird. Nach einem apokryphen Evangelium soll nämlich ein Zweig vom Baume der Erkenntnis mit der Verheißung erlösungbringender Frucht auf Adams Grab gepflanzt worden und dort zum Baume erwachsen sein, der nach jahrhundertelanger Unfruchtbarkeit das Holz zum Kreuze des Erlösers hergegeben habe.

An diesem Wendepunkt wird der Betrachter durch ein geheimnisvolles Lied des heiligen Chores (61 ff.) in Schlummer gesungen. Sein Entschlummern kann er so wenig schildern wie Ovid oder ein andrer das des hundertäugigen Argus, den Merkur auf Jupiters Geheiß, um die von ihm bewachte Io zu befreien, durch die Erzählung von der Verwandlung der Nymphe Syrinx einschläferte und erschlug (64 ff.). Er berichtet nur sein Erwachen auf Mateldas Ruf (71 f.) und vergleicht es (73-81) mit dem der drei Jünger auf Tabor aus ihrer Verzückung bei der Verklärung des Heilands (den die Kirche in dem Apfelbaum – Vers 73 ff. – des Hohenliedes versinnbildlicht glaubt). Wie sie, auf seinen Ruf, der schon Tote erweckt hat (78), zu sich kommend, Christum wieder allein und in irdischer Gestalt erblickten (79 ff.), so sieht Dante die Ecclesia triumphans, die Idee der Kirche, wie sie im Siegeszuge des 29. Gesanges dargestellt war, in deren irdische, mit Mängeln behaftete Erscheinung, in die Ecclesia militans verwandelt. Ihr Stifter, der Gottmensch, ist gen Himmel aufgefahren, mit ihm, was nicht von dieser Erde ist (89 f.). Sie selbst steht zwar noch unter der Obhut der in Beatrice verkörperten Offenbarung (94 ff.), im Schutz des römischen Weltreiches (86 f.), umgeben von allen Tugenden, in deren Händen nun die unvergänglichen Gaben des göttlichen Geistes liegen (97 ff.). Aber schon beginnen ihre Anfechtungen, deren warnende Bilder Dante gezeigt werden, damit er sie seiner Zeit vorhalten soll, wenn er von dieser kurzen Pilgerfahrt zur Erde zurückkehrt, um einst die ewige Seligkeit zu erlangen (100-105).

Die erste Gefahr, der Angriff des Adlers (109-117), scheint die Verfolgung der Christen durch die heidnischen Kaiser zu bedeuten, ein Verlust auch für das Reich (113 f.), dessen Blüte (59 f.) die christlichen Bürger waren. Im Bilde des Fuchses, der in der Bibel die falschen Propheten darstellt und dessen Magerkeit den Mangel an rechter Seelenkost verrät (118 ff.), sind wahrscheinlich die Irrlehren der Ketzer versinnbildlicht, die durch die in Beatrice verkörperte Gotteserkenntnis überwunden werden (121 ff.). Die Bürde der sodann vom Adler gespendeten Federn (124 ff.), die dem Schiff der Kirche, wie die Stimme ihres Herrn aus den Wolken beklagt (127 ff.), zum Verhängnis wird, ist die Erwerbung des Kirchenstaates, der als frommes (138) Geschenk Kaiser Konstantins galt, mit dessen Besitz aber nach Dantes Überzeugung (Hölle XIX, 115 ff.) die Verweltlichung der Kirche anhebt. Nachdem der Drache der Unterwelt, in der Apokalypse und auch sonst in der Bibel regelmäßig das Bild des Satans, dem Bau der Kirche ein Stück des Bodens entrissen hat (130 ff.) – wohl die grundlegende Tugend der Demut; andre denken an die abgespaltene Kirche des Orients oder das an den Islam verlorene Heilige Land –, nimmt der irdische Besitz und das Streben nach weltlicher Macht immer mehr überhand, bis das eigentliche Wesen der Kirche ganz darunter verschwindet (136-141). Schließlich wird sie selbst mit den sieben Häuptern und zehn Hörnern des apokalyptischen Tieres – hier wohl in bewußtem Gegensatz zu Hölle XIX, 106 ff. Sinnbilder der sieben Todsünden, die teils eins, teils zwei der Zehn Gebote verletzen – zum Bilde des höllischen Widersachers (142-147).

So erscheint Dante die Kirche seiner eignen Zeit. Die Hure, die nun an Beatrices Stelle auf dem Wagen thront, mit dem Riesen buhlend, von seiner Eifersucht mißhandelt und schließlich entführt (148-160), ist offenbar das Papsttum des beginnenden 14. Jahrhunderts, das in unwürdiger Abhängigkeit von der Krone Frankreichs keinen Schritt, keine Annäherung an eine andre, zumal an die kaiserliche Macht wagen durfte (154 ff.), das die Gewalttat von Anagni (155 f.) dulden mußte und schließlich die Babylonische Gefangenschaft der Kirche, die Entführung der Sedes apostolica von Rom nach Avignon erlebte (157 ff.).

Dreiunddreißigster Gesang

Bereitung zum Sternenfluge | Deutung der Gesichte und letzte Lehren · Bad und Tränkung im Flusse Eunoë

Mit den Eingangsworten des Psalms, der den Fall Jerusalems beweint, klagen die sieben Tugenden über die Verderbnis der Kirche (1 ff.). Beatrice tröstet sie mit dem Abschiedswort des Heilands an seine Jünger (10 ff.): sie verheißt die Wiederkehr des in ihr verkörperten, jetzt der Kirche verlorengegangenen Geistes, der auf das Göttliche schaut. Dann ordnet sie die Zurückgebliebenen wieder zum Zuge (13 ff.), und nicht mehr strafend, sondern mit fürsorglicher Güte (18-33) erklärt sie ihrem »Bruder«, was er im Bilde gesehen hat.

Die Papstkirche, vom Satan verderbt (34; vgl. XXXII, 130 ff.), hat mit der Trennung von Rom aufgehört, zu Recht zu bestehen (35). Aber die Schuldigen, die geistlichen und weltlichen Machthaber, deren Ränke die Zerrüttung von Kirche und Reich verursacht haben, werden die göttliche Vergeltung erfahren, der sie sich durch keinen Sud (Suppe) entziehen können (36); damit ist nach Ansicht der meisten Ausleger auf den Aberglauben angespielt, daß ein Mörder sich durch Genuß einer Suppe oder dergleichen auf dem Grabe des Erschlagenen vor der Blutrache schützen könne; vielleicht auch auf das Gerücht von der Ermordung Kaiser Heinrichs VII. durch eine vergiftete Hostie. Der in Vers 37 ff. verheißene Rächer soll als Erbe des Adlers – ebenso wie wahrscheinlich der Rüde im ersten Höllengesange – ein Kaiser sein, der durch Wiederherstellung des Imperiums der Verderbnis im geistlichen wie im weltlichen Regiment (44 f.) steuern wird. Das wiederum der Apokalypse nachgebildete Zahlzeichen DXV – meist umgestellt als Dux (Führer, Herzog) gedeutet – wird, wie das Bild des Rüden, vielfach, aber nicht überzeugend, auf geschichtliche Persönlichkeiten (Heinrich VII., Cangrande della Scala, Ludwig den Bayern) bezogen. Auf jeden Fall ist auch diese Weissagung ein Bekenntnis der Zuversicht auf Erneuerung des heiligen Weltreiches. Hier wird sie schon zu Lebzeiten des Dichters erwartet (49 ff.). Aber Beatrice selbst nennt ihre Verheißung ein schweres Rätsel und vergleicht sie (46 f.) denen der Sphinx und Themis in Ovids Metamorphosen. Die Göttin Themis hatte dem um Nachkommenschaft flehenden Deukalion geraten, die Gebeine seiner Mutter (Steine aus der Erde) hinter sich zu werfen. Das Rätsel der Sphinx löste Ödipus, der Lajade (Dante schreibt [49] nach einer falschen Lesart des Ovid Najaden), zum Heile Thebens, aber zum Schaden seiner Äcker und Herden (51), die daraufhin von einem Ungeheuer heimgesucht wurden.

Dante soll Mahnung und Verheißung den Mitlebenden verkünden und ihnen deuten, was ihm von den Schicksalen des Imperiums und seiner Bedeutung für Gottes Heilsplan im Bilde des verbotenen Baumes gezeigt worden ist (52 ff.). Dessen Beraubung durch den Riesen, der den Wagen entführt – das heißt die Auflösung des heiligen Weltreiches durch Überführung der Kurie aus seiner Hauptstadt Rom in französische Gewalt –, wird (57) als zweiter Sündenfall der Menschheit dem Genusse der verbotenen Frucht im Paradiese an die Seite gestellt, den Adam bis zur Erlösung durch Christus in der Hölle büßen mußte (61 ff.). Seine Verletzung – die Störung der in Gottes Heilsplan vorgesehenen Staatsordnung – wird als tätliche Beleidigung des Herrgotts verdammt (58 ff.), seine Unverletzlichkeit – die Unantastbarkeit des Imperiums – an dem erhabenen, der Ersteigung wehrenden Wuchse kenntlich (65 f.; vgl. XXII, 133 ff.), mit dem den ersten Menschen gegebenen Verbot seiner Frucht in sinnbildlichen Zusammenhang gebracht (71 f.).

Diese »moralische« Bedeutung des göttlichen Verbotes und dessen Gerechtigkeit hätte Dante schon am Sinnbilde erkennen müssen, wenn nicht die Hingabe an nichtige Erdendinge seinen Geist gegen die Einsicht verhärtet und verfinstert hätte, wie das Wasser des toskanischen Flusses Elsa alle darin versenkten Gegenstände mit einer Kalkhülle umgibt, wie die Maulbeere, nach der schon XXVII, 37 ff. erwähnten Sage durch Pyramus' Blut dunkel gefärbt wurde (64-72). Weil aber diese Trübung des Blicks für die himmlischen

Wahrheiten auch nach Sühnung jener Abkehr vom Ewigen, die sie verschuldete, zunächst – wohl bis zur Tränkung aus Eunoë (100 ff.) – noch fortdauert (73 ff.), können diese Wahrheiten, die irdischer Schulweisheit unerreichbar sind (85 ff.), dem Himmelspilger, der sie – wie einen zum Zeugnis erreichten Zieles nach damaliger Wallfahrersitte mit Palmen umwundenen Pilgerstab – heimbringen soll, nur im Bilde geboten werden (76 ff.). Wenn er sich jenes Abfalls jetzt nicht mehr entsinnen kann (91 ff.), so erweist sich darin bereits die Kraft des Lethewassers (94 ff.), und die Vergessenheit selber zeigt, nach dem Gesetz von Ursache und Wirkung, daß das Vergessene eben seine Sünde war (97 ff.).

Der sechste Tag der Wanderung geht zu Ende. Während auf unsrer Halbkugel Mitternacht ist, tritt für die Antipoden auf dem Läuterungsberge die Sonne in den je nach dem Stande des Beschauers wechselnden Mittagskreis, wo sie, nach dem Schatten auf der Sonnenuhr zu urteilen, langsamer vorzurücken scheint (103 ff.). Zu dieser Stunde hält die Spitze des Zuges an der Quelle, der, alsbald sich teilend wie die Paradiesesflüsse Euphrat und Tigris in der Genesis, Lethe und Eunoë entspringen (106-114). Dante fragt aufs neue nach den Gewässern, weil ihm Mateldas Auskunft (XXVIII, 121 ff.) entfallen ist, nicht durch den Trank aus Lethe, da sie ohne Fehle war (122 f.), sondern durch die seelischen Erschütterungen, die er seither erlebt hat (124 ff.). Auf Beatrices Geheiß führt ihn die stets hilfsbereite Gefährtin nun zum Flusse Eunoë (127-135). Sein Wasser heilt endlich auch jene in den Versen 67 ff. und 73 ff. beklagte, nach Vergebung und Vergessenheit der Sünde zurückgebliebene Trübung und weckt durch Besinnung auf alles Gute (XXVIII, 128 f.), durch die Gewißheit der Gnade die Seele zu neuem Leben (128 f., 142 ff.). So erneut und geläutert, fühlt sie sich bereit zum Aufstiege in das himmlische Paradies (145).

Erläuterungen zum Paradies

Erster Gesang

Aufschwung | Anrufung Apolls · Aufflug von der Erde · Feuersphäre und Sphärenharmonie · Vom Streben der Seele nach der ihr bestimmten Heimat

Zu Beginn des dritten und letzten Liedes erhebt sich der Anruf der Gottheit (1-36) zu höchster Feierlichkeit. Die Wunder des Paradieses, zumal des höchsten Himmels, wo die das All bewegende Kraft Gottes, des Zieles unsrer Sehnsucht (8), und sein Licht in ganzer Fülle strahlen (4 f.), kann weder der menschliche Geist festhalten noch seine Sprache ausdrücken (5 ff.). Um nur ein schwaches Bild davon zu geben (10 ff., 23 f.), bedarf der Dichter der Hilfe nicht nur der Musen, wie bisher, sondern auch des Sängergottes selbst (13 ff.), der im Tempel von Cirrha (36) auf dem zweiten Gipfel des Parnasses thront (16 f.) und dessen Lied selbst die Flöte des Marsyas im Wettstreit besiegt hat, des kunstreichen Satyrs, der zur Strafe für sein Erdreisten geschunden wurde (19 ff.). Mit solcher Hilfe, dank der Erhabenheit des Stoffes (27), hofft er auf den Kranz der Daphne, der von Apollo geliebten (15, 25 f.) Nymphe des Peneios (31), die auf der Flucht vor seinem Werben in den Lorbeerbaum verwandelt wurde: auf den Lorbeer, dessen Verleihung seit der Abwendung der Herrscher wie der Dichter von hohen Zielen (28 ff.) eine seltene Freude geworden ist (31 ff.). Bescheidenen Sinnes aber erwartet er – bis heute vergebens! – einen Nachfolger, dessen höhere Kunst der auf Cirrha verehrte Gott segnen werde (34 ff.).

Der Aufflug beginnt unter den günstigsten Sternen (40 ff.).

Es ist Frühlings-Tagundnachtgleiche: wie zur Zeit der Schöpfung (Hölle I, 37ff.) geht die Sonne im Zeichen des Widders auf, dort, wo in dieser Jahreszeit Tierkreis, Äquator und Äquinoktialkolur in einem Punkte den Horizont schneiden, so daß diese vier Kreise zusammen drei Kreuze bilden (37-42). Während so für den Läuterungsberg der Tag anbricht – zwischen dem Ende des zweiten (Fegfeuer XXXIII, 103 ff.) und dem Beginn dieses dritten Liedes liegt der Nachmittag und eine Nacht –, sinkt auf unsrer Halbkugel der Abend (43 ff.) des siebenten Tages nach dem Erwachen im finstren Walde.

Beatrice wendet (46ff.) sich der aufgehenden Sonne zu, und ihr Blick zieht den Dantes nach sich, mit der gleichen Naturgewalt (49 ff.), wie ein zurückgeworfener Lichtstrahl, einem heimkehrenden Pilger gleich, nach jenseits geschnellt wird. Wenngleich das Auge hier, in der Heimat des schuldlosen Menschengeschlechts, den Sonnenstrahl länger als auf Erden ertragen kann (55 ff.), so muß der Sterbliche das seine doch bald wieder abwenden und richtet es von neuem auf seine Herrin (65 f.). Die Verdoppelung der Lichtfülle (61 ff.) zeigt, daß der Aufflug begonnen hat und sich der Feuerzone nähert, die nach dem Weltbilde jener Zeit die Atmosphäre an der Grenze des Mondhimmels umgibt. Hier und weiterhin von Kreis zu Kreise ist es der Aufblick zum Himmel, der beide emporzieht. Beatrice blickt stet nach oben, das Auge ihres Jüngers hängt an dem ihren (64 ff.), und so schweben sie, in zeitloser Schnelligkeit (X, 37 ff.), von Kreis zu Kreise. Es ist, wie in den Versen 124 ff. und im nächsten Gesange (II, 19 ff.) ausgesprochen, das Sehnen nach der Gottheit und nach ihrem Sitze, der wahren Heimat der Menschenseele, das die zu ihr Aufblickenden ihr zuführt.

Beim Eintritt in die Feuerzone (79 ff.) vernimmt Dante die Harmonie der Sphären (76ff.): den Einklang, den nach der von Plato aufgenommenen Pythagoreischen Lehre die nach musikalischen Gesetzen gestimmten Himmelskörper bei ihrer von dem Streben nach Annäherung an die im Empyreum thronende Gottheit eingegebenen Kreisbewegung (76 f.) ertönen lassen. Er kann sich den Klang so wenig erklären wie die Helle (82 ff.); denn er hat den Aufflug von der Erde nicht bemerkt, sondern hat nur das unbeschreibliche Gefühl, den Grenzen des Menschlichen enthoben zu sein (70 ff.), wie in Ovids Metamorphosen der Fischer Glaucus, der nach dem Genuß eines Krautes zum Meergott wurde (67 ff.). Wie Paulus bei seiner Entzückung fragt er sich, den visionären Charakter seiner Schilderung andeutend, ob er im Leibe sei oder ob nur seine Seele dies erlebe: der Teil des Menschen, der zuletzt erst kurz vor der Geburt (Fegfeuer XXV, 68 ff.) der voll entwickelten Leibesfrucht von Gott eingehaucht wird (73 ff.).

Beatrice, die in seinen Gedanken liest (85), erklärt ungefragt, was ihn staunen macht: er ist der Erde entrückt und fliegt, schneller, als der Blitz aus der ihm eignen Feuersphäre herabschießt, dem Himmel, der Heimat der Seele, zu (91 ff.). Die Frage, wie ein solcher Flug durch die leichte Luft und das noch leichtere Feuer entgegen der Schwerkraft möglich sei (97 ff.), beantwortet sie, nach scholastischer Lehre, mit einem Hinweis auf die Ordnung des Alls. Nach dieser Ordnung, die in ihrer Einheitlichkeit, vernunftbegabten Geschöpfen erkennbar, dem Wesen der Gottheit, des letzten Zieles aller Dinge, entspricht (103-108), hat alles Geschaffene seinen ihm bestimmten Platz und wird von seinem Naturtriebe immer wieder dahin als zu seinem Ziele hingezogen (109-114). Wie das Feuer aufwärts, seiner Sphäre nächst dem Monde zustreben muß; wie die Lebewesen von ihrem Instinkt geleitet werden; wie die Schwerkraft die Erde zusammenhält (115 ff.): so zieht den Menschen (118 ff.)

dieser eingeborene Trieb zum Sitze der Gottheit, dem ewig ruhenden Empyreum, das den am schnellsten kreisenden aller Himmel, das primum mobile, einschließt (121-126). In seiner Sündhaftigkeit freilich dem Bildwerke gleichend, dessen grober Stoff die Idee des Künstlers nur unvollkommen wiedergibt (127 ff.), kann er sich kraft freien Willens (132) diesem Triebe entgegen von der Lust an Erdendingen niederziehen lassen (130-135). Die von ihren Fehlen gereinigte Seele aber, wie die Dantes nach der letzten Entsühnung, muß mit derselben Naturgesetzlichkeit, die Wasser bergab fließen läßt (136 ff.), dem Feuer gleich aufwärts, zur himmlischen Heimat streben (139 ff.).

Zweiter Gesang

Empfang im Mondhimmel | Auslese der Leser · Ankunft im Monde · Die Mondflecken · Vom Walten des göttlichen Geistes in den Gestirnen

Der Anrufung Apollos im ersten Gesange folgt hier (1-15) eine Mahnung an die Leser. Von denen, deren Verständnis bis hierher, durch Hölle und Fegfeuer, noch zu folgen vermochte (1), werden nur wenige fähig sein, in die tieferen Geheimnisse des Paradieses einzudringen: Nur diejenigen, die von jeher nach dem Ewigen getrachtet haben (10 ff.), dürfen es sich zutrauen. Sie werden hier größere Wunder zu hören bekommen als die Argonauten, deren Führer auf den Rat der zauberkundigen Medea mit feuerschnaubenden Stieren pflügte (16 ff.). Denn in diesem letzten Teile werden die letzten Geheimnisse des Christenglaubens offenbar, gegen die alle Wundergeschichten der Heidenwelt verblassen.

Kraft der Sehnsucht nach dem Göttlichen, die dem Menschen eingeboren ist (19ff.; vgl. I, 124ff.), vermöge des Aufblicks der Seligen gen Himmel und Dantes zu ihrem Angesichte (22; vgl. I, 64 ff.) führt der Himmelsflug pfeilschnell zum ersten Ziel, dem Monde (25-30). Wolkig und fest zugleich, läßt das Gestirn sie ohne Spaltung in sein Inneres eindringen (31-36). Dies Wunder weckt von neuem (I, 73 ff.) die Frage, ob der Dichter leibhaftig den Flug gemacht hat; denn nach irdischem Naturgesetz kann ein und derselbe Raum nicht zugleich zwei verschiedene Körper fassen (37 ff.) Im Paradies aber wird selbst das größere Wunder der Vereinigung göttlicher und menschlicher Natur in Christo begreiflich, und zwar durch bloße Anschauung, wie auf Erden die Erkenntnisse, die a priori erfaßt werden (40-45).

Auf Dantes Frage nach der Natur der Mondflecken, in denen der Volksglaube (Hölle XX, 124ff.) Kain mit dem Dornbusche sieht (49ff.), mahnt Beatrice vorweg zur Vorsicht beim Urteil in übersinnlichen Dingen, da selbst die Sinneswahrnehmung hier nicht zur Erkenntnis verhelfe (52-57). Sodann widerlegt sie die Ansicht, die Dante hier (59f.) und, Averroës folgend, schon in seinem Convivio äußert: die dunkel erscheinenden Stellen des Gestirns beständen aus minder dichtem Stoffe. Solch dünnerer Stoff, belehrt sie ihn, könne unmöglich den ganzen Mondkörper durchdringen, sonst müßte bei Sonnenfinsternissen, wenn die Sonne gerade hinter ihm steht, das Sonnenlicht hindurchscheinen (79). Bilde er aber nur eine Schicht (76ff.), so würde die darunter folgende Lage dichteren Stoffes trotz größerer Entfernung (91ff.) das Licht ebenso hell zurückwerfen wie die dichteren Teile der Oberfläche (85 ff.); das beweise der Versuch mit drei ungleich weit entfernten Spiegeln (94-105).

Überhaupt könne die Verschiedenheit des Lichtes, hier so wenig wie bei den an Helle und Farbe verschiedenen Sternen des Fixsternhimmels (64), auf Unterschieden des Maßes beruhen. Sie entspringe Wesensunterschleden, wie sich bei den Sternen in der grundsätzlichen Verschiedenheit ihrer Einwirkung auf die Erdendinge zeige (70 ff.).

Wie diese Wesensverschiedenheit der Kräfte sich im Weltall aus dessen ewiger Einheit in Gott entfaltet, das wird, nach Widerlegung der irrigen Ansicht (106 ff.), durch Darlegung der wahren (110 f.) im letzten Teile des Gesanges (112-144) dargetan. Übereinstimmend mit ihrer Lehre im vorigen Gesange (I, 103 ff.), aber in umgekehrter Richtung vorgehend, entwickelt sie Beatrice aus dem bereits in den Erläuterungen (S. 498 f.) wiedergegebenen Weltbilde der Scholastik.

Der Fixsternhimmel (115, 130) teilt und verteilt die aus dem ruhenden Empyreum (112) durch das primum mobile (113 f.) auf ihn ausgestrahlte, durch die ihn bewegenden Intelligenzen (127-132) ihm übermittelte göttliche Kraft auf die einzelnen Planeten (116 f., 136 ff.). So muß jeder von diesen, nach Verschmelzung der empfangenen Teilkraft mit seinem eignen Wesen (139 ff.), in bestimmter, besondrer Richtung wirken (118 ff.), gleichwie die Seele in den verschiedenen körperlichen Organen verschiedene Wirkungen äußert (133 ff.). Ihr Wirken ist zugleich Leuchten, weil es Gott, dem Quell allen Lichtes, entstammt (142 ff.). Aber je nach dem Anteil, den sie von seiner Kraft empfingen, und nach deren Verbindung mit ihrer eigenen Materie sind Licht und Wirkung der Sterne verschieden (145 ff.). Auf solchen Unterschied im Wesen, im »Formalprinzip«, sind auch die dunklen Stellen auf der Mondscheibe zurückzuführen (147 f.).

Dritter Gesang

Die Seligen des Mondhimmels | Die unterste Stufe der Seligkeit · Unerfüllte Gelübde · Wunschlose Zufriedenheit der Seligen · Piccarda Donati und die Kaiserin Konstanze

Im Begriff, Beatrice für ihre Belehrung zu danken (1 ff.), sieht Dante die ersten Seelen des Paradieses erscheinen: blasse Schemen, die er zuerst für Spiegelbilder hält (10 ff.), bis er, sich umkehrend, seines Irrtums gewahr wird, eines Irrtums, entgegengesetzt der Täuschung Narzissens, der nach Ovid sein Spiegelbild im Bache für körperhaft hält und sich darein verliebt (17 f.). Die Erscheinungen sind Seelen solcher, die Gelübde verletzt haben (30, 55 ff.). Obschon ihr – mehr oder weniger entschuldbares – Vergehen gesühnt ist, erscheinen sie deshalb auf der untersten Stufe, im Himmel des wandelbaren Mondes. Aber sie freuen sich dessen, ohne alles Verlangen nach höherem Range, in vollem Einklang mit Gottes Willen, gegen den sich aufzulehnen den von Liebe allein geleiteten Seligen unmöglich ist und dessen Gerechtigkeit, wie in den Erläuterungen (S. 479 f.) dargelegt, überall den Willen magisch zwingt.

So bescheidet (43 ff., 70 ff.) Dantes Fragen Piccarda, die Schwester seines Freundes Forese Donati (Fegfeuer XXIV, 10 ff.), die in jugendlichem Alter in den Orden der heiligen Klara (97 ff.) eingetreten, von ihrem Bruder Corso aber, Dantes Feinde (Fegfeuer XXIV, 82 ff.), aus dem Kloster entführt und vermählt worden war (106 ff.). Entgegen einer Legende, nach der sie auf ihr Gebet um Bewahrung ihrer Jungfräulichkeit alsbald nach der Heirat erkrankt und unberührt gestorben sein soll, nimmt Dante offenbar an, daß sie sich widerwillig, aber ohne wirksamen Widerstand der

Gewalt gefügt habe (108; IV, 73-87). Die Kennzeichnung der Entführer (106) scheint auf den Übernamen »Malfami« anzuspielen, den die gewalttätige Sippe der Donati im Volksmunde führte.

Ehe sie mit einem Ave Maria verschwindet (121 ff.), zeigt und nennt die Verklärte ihrem Freunde die strahlendste unter ihren Gefährtinnen (109 ff.). Es ist die Kaiserin Konstanze, Gemahlin Heinrichs VI. und Mutter Friedrichs II., des zweiten und des letzten der drei großen Hohenstaufen, die wie Wettersturm über Italien hingefahren sind (118 ff.). Dante folgt der von päpstlich-welfischer Seite verbreiteten und lange geglaubten Verleumdung, daß sie, die Erbin Siziliens, Nonne gewesen und zur Ehe mit dem Kaiser aus dem Kloster entführt worden sei (112 ff.). Aber im Gegensatz zu der Böswilligkeit der Verleumder bezeugt er, daß sie im Innern dem Gelübde die Treue gewahrt habe (115 ff.).

Zu Beatrice gewandt, kann Dante das Leuchten ihres Blickes zunächst nicht ertragen (127 ff.). Auch weiterhin strahlt sie, von Himmel zu Himmel, in immer schönerem Glanze, und das Auge des Sterblichen muß sich immer von neuem an das immer blendendere himmlische Licht gewöhnen.

Vierter Gesang

Zweifel und ihre Lösung | Die Wohnung der Seligen und der Ort ihrer Erscheinung · Von Platos Seelenlehre · Vom absoluten und bedingten Willen

Nach Piccardas Auskunft bedrängen zwei Fragen Dante mit gleicher Wissenssorge, so daß er sich zu keinem Worte entschließen kann (10). Nach dem bekannten Sophisma von Buridans Esel und den (1-6) angeführten sinnentsprechenden Gleichnissen scheint diese Unentschlossenheit naturnotwendig aus der Freiheit des Willens zu folgen, also weder Lobes noch Tadels wert (7 ff.). Wie der Prophet Daniel den dem Nebukadnezar entfallenen Traum, um des willen er seine ratlosen Zeichendeuter hatte töten wollen, hellsehend erkannte und deutete (13 ff.), so löst Beatrice ungefragt die beiden Zweifel: 1. Wie kann der durch fremde Gewalt erzwungene Bruch eines Gelübdes das Verdienst des Gezwungenen schmälern (19 ff.)?

2. Bestätigt die Erscheinung der Wankelmütigen auf dem wandelbaren Monde die von Plato im Timäus vorgetragene Lehre, nach der jede Seele auf den Stern, von dem sie bei der Geburt herabstieg und dessen Stempel sie trägt, mit dem Tode zurückkehrt (22 ff., 52 ff.), und zwar je nach ihrem Verdienst auf kürzere oder längere Zeit (33)?

Die zweite Frage wird zuerst beantwortet, weil sie der Rechtgläubigkeit Gefahr bringt (26 f.), während der erste Zweifel im Grunde dazu angetan ist, den Glauben, nämlich das Vertrauen in Gottes unfehlbare, wenngleich unerforschliche Gerechtigkeit zu stärken (64-69). Die Seelen, so lautet die Erklärung, weilen gar nicht im Monde, sondern erscheinen hier nur, um bildlich – wie auch Bibel und Kirche Gott selbst, Raphael (48) und die andren Erzengel in menschlicher Gestalt vorstellen und abbilden – den niederen Grad ihrer Seligkeit begreiflich zu machen (37 ff.). Ihren Sitz haben sie wie alle Seligen – wenngleich verschiedenen Ranges nach dem Maße des Gottschauens, wie die Beschreibung der Himmelsrose im vorletzten Gesange lehren wird – im Empyreum, am Throne der Gottheit (28-36). Platos Seelenlehre also – auf deren Umdeutung Dante die auf abgöttische Gleichsetzung deutende Benennung der Sterne nach den Heidengöttern zurückführt (61 ff.) – ist irrig, wenn sie wörtlich zu nehmen ist und nicht etwa, ebenfalls bildlich, nur den guten oder schlimmen Einfluß der Gestirne auf die

Menschenseele ausdrücken will (55-60). Dann läßt sie unser Dichter bedingt, unbeschadet der Willensfreiheit, gelten (60; vgl. Fegfeuer XVI, 67 ff.). Er macht sich das Bild selber zu eigen, indem er die Seligen (Erläuterungen S. 486) auf den Sternen erscheinen läßt, deren Einfluß auf Erden, heilsam oder heilsgefährdend, ihr Wesen bestimmt hatte.

Auf die erste Frage wird die Schuld der beiden dem Kloster entführten Nonnen damit begründet, daß sie der Gewalt nicht alle Kraft unbeugsamen Willens entgegengesetzt, sondern aus Furcht sich ihr gefügt haben (73-87). Nach thomistischer Lehre ist verantwortlich, wer einer Sünde, obwohl sie der absolute Wille nicht will, mit relativem, durch Furcht oder andre Rücksicht bestimmtem Willen zustimmt (100-114), wie zum Beispiel der Muttermörder Alkmäon (103; vgl. Fegfeuer XII, 49 ff.).

Was Beatrice, die Gottgeliebte (118), lehrt, ist Ausfluß göttlicher Wahrheit (115 ff.), befruchtend wie Sonnenschein und Regen für den Geist, der in ihr Frieden und sichere Zuflucht findet (124-127). Daß dem Menschen die Wahrheit erkennbar sei (128 f.), ist thomistische Lehre im Gegensatz zur stoischen. Da der Zweifel nichts andres ist als Keim der Wahrheit (130 ff.), wagt Dante noch eine Frage: nach der Möglichkeit eines Ersatzes für unerfüllte Gelübde (136 ff.). In Erwartung der Antwort steht der Frager wiederum (wie III, 127 ff.) von dem neuen Glanze im Auge seiner Herrin geblendet (139 ff.).

Fünfter Gesang

Von der Heiligkeit des Gelübdes · Aufstieg zum Merkur | Beatrice erklärt das blendende Leuchten ihres Auges als Wirkung des Gottschauens, kraft dessen der Schauende selbst in das Wesen der Gottheit eindringt und so von ihrer

Liebe und ihrem Lichte erfüllt wird (1-6). Auch Dantes Geist wird bereits von diesem Lichte erhellt, dessen Schau Liebe weckt und von dem auch alle irdische, vielfach freilich mißleitete Liebe nur ein Widerschein ist (7-12).

Auf seine letzte Frage (IV, 136 ff.), ob man für unerfülltes Gelübde gültig Ersatz leisten könne (13 ff.), unterscheidet sie nach scholastischer Dialektik zwischen dem Gelübde als solchem und seinem Gegenstande (43 ff.). Das erste, ein Pakt des Menschen mit Gott, in dem der freie Wille sich selbst zum Opfer bringt (28 ff.), ist unwandelbar (31 und 46 ff., wo auf 31 verwiesen wird); denn die Willensfreiheit, das kostbarste Geschenk des Schöpfers, das den Menschen, mit den Engeln zugleich, über die vernunftlose Kreatur erhebt, hat nicht ihresgleichen, was für dies Opfer Ersatz leisten könnte (19-31). Was immer der Mensch Gutes tun kann, geschieht kraft derselben Willensfreiheit, die ihm, insoweit sie im Gelübde Gott geweiht ist, nicht mehr gehört, und gleicht daher in diesem Falle der Wohltätigkeit mit geraubtem Gut (32 f.). Der Gegenstand des Gelübdes kann, wie schon im mosaischen Gesetze zugelassen (49 ff.), bedingungsweise durch einen andren ersetzt werden (52 ff.); aber nur mit priesterlicher Genehmigung (55 ff.; vgl. Fegfeuer IX, 117 ff.) und nur durch ein wertvolleres Opfer (58 ff.). Die Wandlung ist also ausgeschlossen, wenn der Gegenstand – wie die von Piccarda und Konstanze gelobte Jungfräulichkeit – einzigartig im Werte ist (61 ff.).

Beatrice mahnt, Leistung und Erfüllung des Gelübdes gleich ernst zu nehmen (64 ff.). Sie warnt vor unbedachtem Gelöbnis, dessen Erfüllung – wie Jephthas, des Richters in Israel, und Agamemnons Opfer ihrer Töchter (66-71) – noch verwerflicher sein kann als der Bruch; sie verklagt den Wankelmut, der sich durch allerlei Lüste von dem durch die Heilige Schrift und die Kirche vorgeschriebenen Heilswege ablenken und zu leichtfertigen Ausflüchten verführen läßt: einen Wankelmut, über den selbst der Jude, im Bewußtsein seiner Gesetzlichkeit (49 ff.), zu spotten berechtigt ist (72-84).

Nach dieser Belehrung aufs neue zu der im Äquator stehenden Sonne, also nach oben, zum Empyreum, dem Ursprung alles Lebens und aller Bewegung, aufblickend (86 f.), erhebt die Selige sich mit ihrem Schützling pfeilschnell (91 ff.) zum zweiten Himmelskreise, dem des Merkurs, der, nächster Nachbar der Sonne, in ihrem Strahlenkreise auf Erden schwer zu erkennen ist (129). Wieder leuchtet in der höheren Sphäre ihre Schönheit noch heller, so daß nicht nur Dante, der menschlicher Wandelbarkeit unterworfene Sterbliche, beseligt wird, sondern selbst der Stern ihr Lächeln widerstrahlt (94-99). Auch die seligen Geister, die auf das ankommende Paar in Gestalt heller Lichter herzueilen, wie Fische auf einen in ihren Teich fallenden Brocken (100 ff.), und von denen sich einer zur Auskunft erbietet (115 ff.), strahlen von himmlischer Freude, die durch Dantes Kommen (105) und durch seine Frage (130 ff.) noch erhöht wird. Von Gottes Licht erhellt (118 ff.), empfinden sie das Glück des Kömmlings, den sie mit diesem Lichte erleuchten können, als Erhöhung ihrer eignen Wonne, und das Maß dieser Wonne gibt sich überall im Paradiese (IX, 70) in der Helligkeit des Leuchtens zu erkennen.

Sechster Gesang

Kaiser Justinian über Roms Adlerflug | Auf dem Planeten Merkur, dessen Einfluß das öffentliche und Geschäftsleben beherrscht, zeigen sich Seelen, die auf Erden – wie die Insassen des Fürstentals im Fegfeuer – über geschäftlicher Tätigkeit, zumal über Herrscher- und Staatsdienerpflichten, meist aus Verlangen nach Ruhm und Ehre, ihr Seelenheil vernachlässigt hatten (112-117). Auch sie sind, wie Piccardas Gefährten im Monde (III, 70ff.), mit ihrem Range zufrieden: ja, das Bewußtsein, daß er ihrem Verdienste genau entspricht, und die Freude an solchem Walten der göttlichen Gerechtigkeit erhöhen ihre Seligkeit (118-126).

Die eine dieser Seelen, die Dante gegen Ende des vorigen Gesanges begrüßt hatte, ist der oströmische Kaiser Justinian (10), der Herrscher von Byzanz, wohin Konstantin der Große den römischen Reichsadler von Rom (gegen den ostwestlichen Kreislauf des Himmels) entführt hatte, nachdem sein erster Träger Äneas auf der sagenhaften Fahrt von Troja nach Italien den umgekehrten Weg gegangen war (1-6). Justinian ist berühmt durch die in seinem Auftrage vorgenommene Kodifikation des römischen Rechtes im Corpus juris civilis und durch die Siege seiner Feldherren Belisar und Narses über Vandalen und Goten. In dem Glaubensstreit über die zwei Naturen Christi war er anfangs geneigt, den Monophysiten Zugeständnisse zu machen (13 ff.), bekannte sich aber auf den Widerspruch des römischen Bischofs Agapetus zur Lehre des Konzils von Chalzedon. So ist er nach Dantes Auffassung durch diesen Papst zum rechten Glauben, der ihm jetzt im Himmel so einleuchtend ist wie in der Logik der Satz vom Widerspruch, bekehrt (16-21) und auf diese Bekehrung hin durch göttliche Eingebung zu seinem Gesetzeswerke berufen worden (11 f., 22 f.): eine Berufung, die durch die siegreiche Kriegführung seiner Feldherren ihm bestätigt scheint (25 ff.).

Um Dante die Würde des römischen Kaisertumes und die Schuld seiner Widersacher sowohl wie seiner falschen Freunde darzutun (31 ff.), zeigt ihm der Gesetzgeber – ganz dem Gedankengange in der Monarchia entsprechend –, wie Gottes Fügung den römischen Adler zur Weltherrschaft berufen habe. Zeugnis ist ihm die lange Reihe der als Gottesurteile zu wertenden Siege Roms und die seine Erwähltheit beweisende Hochherzigkeit seiner Helden: von dem latinischen Königssohne Pallas an, der, für Äneas kämpfend, fiel (34 ff.), bis auf Karl den Großen, der die den Papst bedrängenden Langobarden schlug und das weströmische Kaisertum erneuerte (94 ff.). Aus der sagenhaften Königszeit, von der Gründung der Stadt (dem Raube der Sabinerinnen) bis zur Vertreibung des Tarquinius (dem Tode der Lucretia), werden die siegreichen Kämpfe gegen Latiner, Sabiner und Etrusker, namentlich der Zweikampf der Horatier mit den Curiatiern erwähnt (40 ff.); aus der Zeit der Republik die mit den Galliern und König Pyrrhus von Epirus (43 ff.), die Taten der römischen Heerführer in den italischen Kriegen, insonderheit des vom Pfluge zum Diktator berufenen Quinctius Cincinnatus, dessen Beiname von seinem wirren Haupthaar stammen soll, und des Manlius Torquatus, der seinen eignen Sohn wegen Ungehorsams im Felde zum Tode verurteilte (46 ff.), der Sieg über die Karthager (als Bewohner Afrikas, wie alle Afrikaner zu Dantes Zeit, Araber genannt: 49 ff.), die Triumphe der jugendlichen Feldherren Scipio und Pompejus (52 f.) und die Vernichtung der Catilinarier, bei der das auf Dantes Geburtsort Florenz herabschauende Fäsulä, das heutige Fiesole, zerstört worden sein soll (53 f.). Noch höher werden, aus der Zeit um Christi Geburt (55 ff.), die Erfolge der beiden Begründer des Imperiums gerühmt: die Siege Cäsars, dem die Stimmen der Römer Konsulat, Diktatur und Imperatorentitel übertrugen (57), im Gallischen (58 ff.) und Bürgerkriege (61-72) und die Taten des Augustus in Krieg und Frieden (73-81). Die für die Menschheit bedeutsamste Tat der römischen Staatsgewalt aber ist, unter Tiberius (82-87), die Verurteilung Christi, mit der sie, die rechtmäßige Richterin, Vollstreckerin der von Gottes Gerechtigkeit beschlossenen Sühne für Adams Sündenfall wurde (88 ff.). Denselben Sühnetod mußte sie dann, unter Titus, durch die Zerstörung Jerusalems an den Juden rächen (91 ff.): ein scheinbarer Widerspruch, der im nächsten Gesange nach scholastischer Lehre aufgeklärt wird (VII, 19-51).

Nach alledem ist es die gottgewollte Staatsordnung, gegen die sich die Feinde des Imperiums auflehnen (97 ff.): sowohl die Gibellinen, die unter Mißbrauch des kaiserlichen Feldzeichens ihre ungerechten Händel ausfechten (101-105), wie die Welfen und ihr Beschützer Karl von Anjou (100, 106 ff.). Dieser wird vor dem Angriff auf die Kaisermacht gewarnt, für den noch seinen Sohn Robert, den Gegner Heinrichs VII., die Strafe treffen werde, und vor der Hoffnung, daß der Kaiseradler je den bourbonischen Lilien weichen, das heißt das Reich an die Krone Frankreichs fallen werde (107-111).

Ein Gegenstück zu dem großen Kaiser ist der von ihm (127 ff.) vorgestellte Gefährte seiner Seligkeit, der schlichte Romieu de Villeneuve, Rat des Grafen Raimond Berengar von der Provence. Nach der Überlieferung soll er als Pilger an dessen Hof gekommen sein, ihm dann, zu den höchsten Ämtern berufen, unschätzbare Dienste geleistet und namentlich die Ehen seiner vier Töchter mit den Königen Ludwig dem Heiligen von Frankreich, Heinrich III. von England, Richard von Cornwallis und Karl von Anjou gestiftet haben. Auf Verdächtigungen seiner Neider hin von dem Grafen zur Rechenschaft gezogen, habe er ihm den über alles Erwarten vermehrten Kronschatz ausgeliefert, dann aber, obwohl seine Verleumder hart bestraft wurden, den Hof verlassen, um als Bettler sein Leben zu beschließen (129-142).

Siebenter Gesang

Vom stellvertretenden Opfer Christi | Nachdem die Seele Justinians, der – als Kaiser und Gesetzgeber oder als Herrscher und als einer der Seligen – im Glanze zweier Kronen strahlte (6), mit Lobgesang im Reigen der Seligen entschwunden ist (1-9), löst Beatrice die Frage, die seine Worte (VI, 88 ff.) geweckt hatten (10 ff.) und die sie, während Dante aus Ehrfurcht zu reden zögert (13 ff.), in seiner Seele liest (19 ff.). Er fragt sich, wie die Vollziehung der von Gottes Gerechtigkeit verhängten Kreuzesstrafe selbst die Strafe des gerechten Gottes verdienen kann (20 f.). Als Antwort wird ihm, im wesentlichen nach der Schrift Cur Deus homo des Anselm von Canterbury, das tiefe Geheimnis vom stellvertretenden Opfer Christi offenbart (24-120).

Sein Kreuzestod war gerecht (40 ff.), insofern der Gekreuzigte die menschliche Natur angenommen hatte (31 ff.), die, vollkommen erschaffen, in ihrer Gesamtheit durch Adams Sündenfall in Schuld und Verdammnis gefallen war (25-39). Er war zugleich schwerstes Unrecht, das Vergeltung heischte (49 ff.), insofern er Gottes Sohn, den auch als Mensch, wie Adam vor dem Falle (35 f.), sündlos Reinen, traf (43 ff.). Dies Gottesopfer aber war zur Erlösung unerläßlich, weil der Mensch aus eigner Kraft hinreichende Sühne unmöglich leisten konnte (101 f.). Die Vorzüge, die Gott in seiner schöpferisch in die Welt ausstrahlenden und in allen seinen Werken widerscheinenden Liebe (64 ff.) ihm wie allen unmittelbar (67, 70) geschaffenen Wesen verliehen hatte: Unsterblichkeit, Freiheit, Gottähnlichkeit und Gottgefälligkeit (67-75), hatte er durch den Sündenfall verloren (79 ff., 85 ff.). Um sie wieder zu erlangen, mußte er entweder Vergebung erhalten oder Genugtuung leisten (88 ff.). Dadurch aber, daß er, nach dem Wort der Schlange, sein wollte wie Gott, hatte er sich so sträflich überhoben, daß keine denkbare Demütigung das Maß dieser Überhebung erreicht und damit vollwertige Genugtuung geboten hätte (97-102). So war die Wiedergewinnung jener Vollkommenheiten nur durch Vergebung aus Gottes Güte möglich (103 ff.). Diese um so herrlicher zu offenbaren (106ff.), hat er nach seinem unerforschlichen, nur dem, der die ganze Macht der Liebe erfahren, begreiflichen Ratschluß (58ff.), die Wege der Gnade und Gerechtigkeit zugleich einschlagend (105, 110-114), in seinem Sohne sich selbst zum Opfer gebracht. Dadurch wurde nicht allein ein unvergleichlicher Beweis seiner Gnade, sondern zugleich seiner Gerechtigkeit eine Genugtuung ohnegleichen gegeben (112-120).

Im Anschluß an das Vers 67ff. Gesagte erläutert Beatrice (121-148) den Unterschied zwischen den unmittelbar erschaffenen und daher unvergänglichen Dingen und denen, die nur der Materie nach urgeschaffen sind (136), Gestaltung und Leben aber, wie die vier Elemente und alles, was aus ihnen entsteht (124ff., 133ff.), geschaffenen Wesen (135), nämlich dem Einfluß der Sterne, verdanken (137f.). Zu den letzteren gehört auch die anima sensitiva der Tiere und Pflanzen (139ff.). Die anima intellectiva des Menschen dagegen ist ebenso wie die Engel und die Himmel (130ff.) unmittelbar erschaffen und daher unsterblich (142ff.), desgleichen sein Fleisch, dessen Auferstehung durch die unmittelbare Erschaffung Adams und Evas im Paradiese gewährleistet ist (145ff.).

Achter Gesang

Im Himmel der Venus | Der Stern der Liebe · Karl Martell von Anjou und das Königshaus von Neapel · Vererbung und Einfluß der Gestirne

Nur an der noch strahlenderen Schönheit seiner Herrin merkt Dante, daß er mit ihr in pfeilschnellem Fluge zum dritten Himmel aufgestiegen ist (13 ff.). Es ist der Kreis der Venus, die, als Morgen- oder Abendstern, stets der Sonne nahe bleibt (11 f.) und von den Völkern des Altertums nach der Liebesgöttin benannt wurde: der Tochter Diones, der Mutter des Cupido, der in der Äneis, in der Gestalt von Äneas' Sohn Ascanius, mit seinen Liebkosungen Dido in Liebe zu dessen Vater entflammt (1-10). Diese Vergötterung wird (1 ff.; vgl. IV, 61 ff.) als Heidenwahn abgetan; von dem sinnliche Liebe weckenden Einfluß des Gestirns ist Dante selbst überzeugt und läßt daher die Seelen hier erscheinen, die ihr ergeben waren.

Im Lichte des Sternes erscheinen sie wie hellere Funken, die in hellem Feuerbrande hin und her zucken, wie die führenden Stimmen im Sängerchor über denen, die den Grundton halten, auf und nieder steigen (16 ff.). Je nach dem Grade ihrer Seligkeit, ihres Gottschauens kreist ihr Reigen mehr oder minder schnell (20 f.). Sein Kreisen folgt dem Kreislauf ihrer Sphäre, der sich wiederum nach dem des primum mobile, des von den Seraphim bewegten, alle andre Bewegung (Erläuterungen S. 498 f.) regelnden höchsten der kreisenden Himmel, richtet (26 f.). In diesem Kreislauf, in der ewigen Dauer und in dem der Liebe zu Gott entspringenden Antriebe entspricht der Reigentanz jener Lichtgeister dem der Intelligenzen, die dies dritte Himmelsrund bewegen. Es sind die

»Fürstentümer« (34), die Engel des drittletzten Ranges, die Dante in der ersten Kanzone seines Convivio mit den hier (37) wiedergegebenen Eingangsworten anruft.

Mit Berufung hierauf grüßt ihn einer von den Geistern, die ihm in Windeseile mit Hosianna entgegenstieben (22-31), und erbietet sich mit der den Seligen eigenen Freundwilligkeit zu seinen Diensten (32-39). Vor Freude, seinen Wissensdurst stillen zu können, noch heller leuchtend (46 ff.; vgl. V, 106 ff., 131 f.), gibt er sich auf Dantes von Beatrice stillschweigend gestattete Frage (40-45) zu erkennen (49 ff.).

Karl Martell, der älteste, früh verstorbene (49) Sohn Karls II. von Anjou, war unsrem Dichter, vermutlich von einem Besuch in Florenz her, bekannt und befreundet (55). Sein früher Tod, meint er, habe ihn gehindert, dem Freunde seine Gunst zu bezeigen (56 f.). Überhaupt werde daraus allerlei Unheil erwachsen (50 f.). In der Tat wurden Karl Martells Nachkommen aus der Thronfolge im Königreich Neapel durch seinen jüngeren Bruder Robert verdrängt, der (76 ff.) als schlechter Herrscher hingestellt wird und Dante schon als Widersacher Kaiser Heinrichs VII. unheilvoll erscheinen mußte.

Karl Martell war als Erbe seiner Mutter bereits zum König von Ungarn gekrönt (64 ff.) – ohne freilich die Herrschaft antreten zu können, die erst seinem Sohne zufiel – und hatte als Sohn seines Vaters Anwartschaft auf die Provence (58 ff.) und das Königreich Neapel (61 ff.). Wenn nicht die blutige Sizilianische Vesper im Jahre 1282 der das Land aussaugenden Gewaltherrschaft der Anjous ein Ende gemacht hätte (73 ff.), wäre seinen Nachkommen, den Enkeln seines Vaters Karl II. und seines Schwiegervaters Rudolf von Habsburg (72), auch die Krone von Sizilien zugefallen, der Insel, deren Ostküste am Fuße des Ätna – in dessen Schwefelrauch die Alten den Atem des darunter begrabenen Giganten Typhoeus sahen – der Schirokko (Eurus) zu peitschen pflegt (67-72).

Warnend hält der tote Königssohn die furchtbare Lehre jenes Aufstandes (76 ff.) seinem Bruder vor, der, wie erwähnt, nach dem Tode des Vaters die Krone Neapels an sich riß. Er schilt ihn einen Knauser und verheißt seiner Herrschaft ebenfalls ein schlimmes Ende, wenn er sich nicht hüte und wenigstens andre Diener wähle als die habgierigen armen Ritter aus Spanien, die er sich von dort, wo er als Jüngling gefangensaß, nach Neapel mitgebracht haben soll (77-84).

Dantes Urteil über Robert von Neapel, der von dem Chronisten Villani und von Boccaccio als weiser Herrscher gerühmt und von dem – ihm freilich zu Dank verpflichteten – Petrarca hoch gepriesen wird, scheint durch die schon erwähnte Parteinahme des Königs gegen Heinrich VII. beeinflußt. Wenn seinem Geiz die Freigebigkeit seines Vaters Karl II. gegenübergestellt wird, so wird dieser anderwärts noch schärfer verurteilt: jene seine einzige Tugend sei mit tausend Fehlern gepaart, namentlich mit schimpflicher Habgier (XIX, 127 ff.; Fegfeuer VII, 127 ff.; XX, 79 ff.).

Nach Versicherung seiner Zuneigung, die der Selige, ebenso wie seine, Dantes, Freude über deren Erkenntnis, in Gottes Lichte lesen könne (85 ff.), wirft der Dichter die Frage nach der Möglichkeit solcher Gegensätze zwischen Vater und Sohn auf (91 ff.). In der Erwiderung (94 ff.) wird dargelegt, wie das Naturgesetz der Vererbung durch Gottes Vorsehung mittels des Einflusses der Gestirne (97 ff.) abgewandelt werde (133 ff.). Dieser Einfluß ist nach seinem vorbedachten Heilsplane geregelt, so daß er alles zu dem darin vorgesehenen Ziele lenken muß (97-105). Das zeigt sich in ihrem planvoll heilbringenden Wirken. Wäre es planlos und daher zerstörend, so würde dies die Fehlbarkeit der bewegenden Engel und damit ihres Schöpfers selbst verraten (106-111). Das ist undenkbar. Nach thomistischer Lehre ist die Natur in dem, was notwendig (114), das heißt dem Zufall entrückt ist (Erläuterungen S. 498 f.), also auch in den Sternen und ihrem Wirken, der Unvollkommenheit der Materie nicht unterworfen und daher unfehlbar. Da nun, wie Aristoteles nachweist (120), das gesellschaftliche Zusammenleben der Menschen Verschiedenheit ihrer Befähigungen verlangt (115-123), so muß nach jenem Heilsplan der Lauf der Sterne (127 f.) solch unterschiedliche Anlagen wecken: einer wird zum Gesetzgeber, einer zum Krieger, einer zum Priester, einer zum Künstler geboren (124 ff.), und zwar oft ohne Rücksicht auf die Abstammung, wie die Verschiedenheit der Zwillingsbrüder Jakob und Esau, die des Romulus von dem namenlosen Verführer seiner Mutter Rhea Silvia beweist (129 ff.).

Die Lehre schließt – vermutlich eine neue Anspielung auf Robert von Anjou, den König, dem die Gaben und Neigungen eines Theologen und Kanzelredners nachgesagt wurden – mit der Rüge, daß die Welt zu ihrem Schaden bei der Berufswahl die persönliche Veranlagung außer acht zu lassen pflege (139-148).

Neunter Gesang

Die Jünger der Venus | Karl Martells verschwiegene Weissagung · Cunizza da Romano, die begnadigte Sünderin · Ihr Fluch über die Mark Treviso · Folquet von Marseille und sein Minnedienst · Rahab von Jericho · Strafrede wider die heilvergessenen Hirten

Karl Martell, der von seiner Gemahlin Clementia eine Tochter gleichen Namens hatte – diese, die Gemahlin Ludwigs X.

von Frankreich, nicht die schon im Jahre 1301 verstorbene Mutter, scheint im Vers 1 ff. angeredet zu sein –, weissagt seinen Nachkommen Unheil und ihren Bedrängern Vergeltung (2-6). Augenscheinlich zielt diese erste Vorhersage auf den bereits in den Bemerkungen zum vorigen Gesange (VIII, 50 f.) erwähnten Thronraub seines Bruders. Die zweite spielt vielleicht auf den Tod zweier Anjous in der Schlacht bei Montecatini gegen die Gibellinen an, soll aber darüber hinaus wohl allgemein die Hoffnung auf die rächende Nemesis ausdrücken. Wie überall, wo nicht ex eventu prophezeit wird, hüllt sich der Dichter in Dunkel und läßt sich, wie er zu tun liebt, die Wiedergabe von Einzelheiten untersagen (4).

Es naht eine zweite Seele (13 ff.): Cunizza, von Romano, einer Burg bei Bassano in der Mark Treviso (25 ff.), stammend, Schwester Ezzelinos, des furchtbaren Schwiegersohnes Kaiser Friedrichs II., dessen Schreckensherrschaft sich bis Padua und Brescia erstreckte (29 f.). Sie war als Heldin vieler Liebesabenteuer, unter andrem mit dem Minnesänger Sordello (Fegfeuer VI, 61 ff.), aber auch als Wohltäterin, namentlich für die Opfer ihres grausamen Bruders, bekannt. Freimütig gesteht sie ihre Nachgiebigkeit gegen den Einfluß des Liebessterns (33): ohne Reue, denn nach der Entsühnung im Lethe kann ihr Gewissen sie nicht mehr strafen, und die Meinung der Welt, der die Begnadigung einer so großen Sünderin unbegreiflich ist, ficht sie nicht an (34 ff.).

Der Ruhm ihres Nachbarn (37 ff.) gibt ihr Anlaß, die Verworfenheit ihrer engeren Landsleute zu schelten und ihnen Unheil zu weissagen (43 ff.): die blutige Niederlage der 1314 gegen den kaiserlichen Vikar Cangrande della Scala aufständischen Paduaner am Bacchilione (46 ff.); die Ermordung Riccardos da Cammino, des Gewalthabers von Treviso, beim Schachspiel durch einen gedungenen Meuchelmörder

(49 ff.); die vor andren Vergehen der Strafe im geistlichen Gefängnis von Malta (einem Turm bei Bolsena oder bei Viterbo) würdige Untat des Bischofs Alessandro Novello von Feltre, der politische Flüchtlinge aus Ferrara, die sich zu ihm gerettet hatten, ergreifen ließ und zur Hinrichtung auslieferte (52-60). Die Wahrheit und Gerechtigkeit dieser Voraussagen zeigt sich in dem Spiegel, in dem die Seligen Gottes Richterspruch lesen: im Antlitz der »Throne« (61 ff.), der Engel des dritten Ranges, durch die, nach Gregor dem Großen, Gott, zu Gerichte sitzend, seine Urteile fällt.

Auf Cunizza folgt (67 ff.) der von ihr (37 ff.) gerühmte Nachbar. Dante hält ihm vor, daß er sein Inneres, also auch seine Wißbegier, im Spiegel von Gottes Lichte sehe (73 ff.) und daher, ohne seine Frage abzuwarten, die Stimme zur Antwort erheben solle (76-81). Seine holdselige Stimme klinge ja im Chor der Engel mit, unter der Führung der Seraphim, ihrer höchsten Ordnung, deren Name von dem hebräischen Worte für Feuer hergeleitet wird und deren Bild bei den Propheten mit sechs Flügeln gemalt wird (77 f.). Mit umständlicher Umschreibung bezeichnet darauf der Selige zunächst die Lage seiner Heimatstadt, des im Bürgerkriege von den Cäsarianern in blutigem Kampfe (93) eingenommenen Marseille. Auf dem nördlichen Ufer des Mittelmeeres – des größten Binnenmeeres der Alten Welt, das sich (nach damaliger Meinung) 90 Längengrade in westöstlicher Richtung erstreckt, so daß der (astronomische) Horizont des einen Endes den Meridian des andren bildet (82-87) – zwischen dem Ebro und dem ligurischen Küstenflusse Magra, liegt es dem algerischen Hafenplatze Bougie annähernd auf gleichem Längengrade gegenüber (88-92). Dann gibt er sich als der Minnesänger Folquet zu erkennen, der nach einer in Frauendienst und höfischem Treiben verbrachten Jugend, angeblich in Trauer über den Tod seiner Dame, ins Kloster ging, später Bischof von Toulouse wurde und sich bei der Verfolgung der Albigenser unheilvoll hervortat.

Auch er bekennt offen (95 ff.), daß er unter dem Einfluß der Venus bis ins reife Alter der Liebe ergeben gewesen sei: mehr als Dido, die, Witwe des Sichäus, aus Liebe zu Äneas, dem Witwer der Krëusa, den Tod suchte (97 ff.); als die Thrazierin Phyllis, die sich nach der Sage aus Enttäuschung über das Ausbleiben ihres Verlobten Demophoon erhängte und in einen Mandelbaum verwandelt wurde (100 ff.); als Herakles, dem die Leidenschaft für die kriegsgefangene Iole durch das Nessushemd, das seine eifersüchtige Gattin ihm sandte, den Tod gebracht hat (101 f.). Aber keiner dieser Seligen spürt Reue. Sie freuen sich vielmehr des Einflusses ihres Sternes; denn sie sehen den Zusammenhang des Alls, sehen, wie Gottes Vorsehung die Wirkung der Sterne so bedacht hat, daß letztlich alles zum Heile dienen muß, auch die von der Venus eingeflößte Liebesneigung, die nach Läuterung von irdischen Schlacken in der Ewigkeit zu einer um so glühenderen Liebe für das wahre, höchste Gut wird (103-108).

Als letzte Jüngerin der Venus wird Rahab genannt, die Dirne von Jericho, die Josuas Kundschafter aufnahm, verbarg und flüchtete (115 ff.). Als Siegesmal (Palme) für die dadurch ermöglichte Einnahme der Stadt, den ersten mit betenden Händen (122 f.) im Gelobten Lande erfochtenen Sieg, ist sie bei Christi Höllenfahrt (120; vgl. Hölle IV, 52 ff.) erlöst und als erste, zum höchsten Range, in den Himmel der Venus aufgenommen worden (115-125).

Die Venus ist der letzte der drei Planeten, deren Bahn der Erdschatten berührt (118 f.), deren Einfluß daher, Neigung zu irdischem Gute weckend, das Seelenheil gefährdet und diejenigen, die ihm nachgegeben hatten, auch wenn erwählt, auf die untersten Stufen der Seligkeit beschränkt (Erläuterungen S. 485 f.).

Die Erwähnung des Heiligen Landes gibt Folquet das Stichwort zu einer Strafrede (126 ff.) wider die Kirchenfürsten, die Palästinas Befreiung aus der Gewalt der Ungläubigen vergessen und, Wölfe statt Hirten, nur nach Reichtümern trachten: den Florentiner Gulden mit der Lilie, dem Wappen der dem Satan, dem ersten Neide gehörigen Vaterstadt Dantes (127-132). Ihre weltliche Gesinnung zeige sich schon darin, daß sie die Theologie vernachlässigen und sich nur mit dem Kirchenrecht beschäftigen (133 ff.). Daher seien die Dekretalen des Corpus juris canonici vom eifrigen Lesen an den Rändern abgegriffen und mit Glossen bedeckt (134 f.). Diese »Dekretalisten«, gegen die sich Dante auch in seiner Monarchia und in dem Briefe an die italienischen Kardinäle wendet, haben in der Tat unter den Pontifikaten von Bonifaz VIII. und Clemens V. eine große Rolle gespielt, wie die von diesen Päpsten vorgenommene Vermehrung der Dekretalensammlung um den Liber sextus und die sogenannten Clementinen bezeugt.

Die in den letzten Versen (139 ff.) verheißene Befreiung Roms von solchem Unwesen soll nach Ansicht einiger Ausleger auf die Verlegung der Kurie nach Avignon zielen. Aber diese Entfernung war nichts weniger als eine »Befreiung«. Wahrscheinlich will Dante im Gegenteil und ganz allgemein die Zuversicht auf die Reinigung der Kirche von ihren Weltmachtgelüsten aussprechen, wie er sie (vgl. die Bemerkungen zu Hölle I, 101 ff.; Fegfeuer XXXIII, 40 ff.) von der Wiederherstellung des Imperiums erhofft.

Zehnter Gesang

Die Sonne und die weisen Lehrer des Glaubens | Die Wunder des Sonnensystems · Ankunft in der Sonne · Der Reigen seliger Lichter · Meister der Gottesgelahrtheit · Ein himmlisches Glockenspiel

Im Begriff, seinen Flug zur Sonne zu berichten, lenkt der Dichter den Blick seiner Leser (7 ff.) auf den Punkt des Himmels, wo sie eben ihren Stand hat (28 ff.). Dieser ist um die Frühlings-Tagundnachtgleiche – die Zeit der Jenseitsfahrt (Hölle I, 38 ff.) – im Sternbilde des Widders, von wo sie, bis zur Sommer-Sonnenwende täglich früher aufgehend, in einer Spirale, die sie im Zusammenwirken der täglichen und jährlichen Bewegung (scheinbar) am Himmel beschreibt, zum Wendekreis des Krebses emporsteigt (31 ff.). Dort, im Widdergestirn, schneidet der Tierkreis mit den Planetenbahnen den Himmelsäquator, die Bahn der täglichen Himmelsumdrehung (9). An dieser Kreuzung soll der Schauende die Weisheit des dreieinigen Weltschöpfers – Vater = Allmacht, Sohn = Weisheit, Geist, beider Emanation = Liebe (1 ff.) – bewundern (10 ff.), der sich an seiner Schöpfung selber freut, so daß er sie dauernd im Auge, unter seiner fürsorglichen Leitung behält (12). Die Neigung dieser beiden Kreise gegeneinander nämlich, der Winkel, den die Ebene der Planetenbahnen zu der des Äquators bildet (13 ff.), die sogenannte Ekliptik, bedingt die mannigfache Stellung der Sonne und der Planeten zu den verschiedenen Punkten der Erdoberfläche, die ihres Lichtes und ihres Einflusses bedürfen (15). Dieser Neigung verdanken wir also die Mannigfaltigkeit in der Wirkung der Gestirne, die sich sonst gegenseitig beeinträchtigen würden (16 f.), sowie den Wechsel der Jahreszeiten, von dem alles Leben auf der Erde abhängt (17 f.). Schon eine Veränderung ihres Winkels würde das heilsame Gefüge dieser Wirkungen stören (19 ff.).

Wieder sieht Dante sich, ohne vom Aufstieg etwas zu spüren, am nächsten Ziele, im Himmel der Sonne, angelangt (34 ff.). Daß er diese Eile der Beschwingtheit seiner Führerin, der Herrin des Gottschauens, verdankt, wird hier besonders hervorgehoben (37 ff.). Denn in diesem hellsten aller Sterne erscheinen, sein Licht mit dem ihren unbeschreiblich überstrahlend (40 ff.), die Lehrer der Gotteserkenntnis, die selbst das tiefste aller Geheimnisse, die Dreieinigkeit Gottes, vor Augen haben (49 ff.). Dantes Dankbarkeit gegen Gott, die Gnadensonne des Alls (53), läßt ihn Beatrices einen Augenblick vergessen (55-60). Aber diese Vergessenheit zu dessen Gunsten, den zu schauen und zu offenbaren Ziel ihres ganzen Wesens ist, bereitet ihr Genugtuung (61), und der Glanz ihres freudigen Lächelns teilt seine Hingabe wieder zwischen dem Herrgott und seiner Verkünderin (62 f.).

Zwölf dieser Lichter schließen sich mit Singen, das, schöner noch als ihr Leuchten, mit Worten nicht zu schildern ist (66, 70 ff.), dem leuchtenden Hof des Mondes gleich (67 ff.), um Dante und Beatrice zum Kreise und drehen sich um sie wie Zirkumpolarsterne (die langsamsten im Kreisen des Himmels) um den Pol, dreimal im Reigen (76 ff.).

Sobald das Kreisen Halt gemacht hat (79 ff.), begrüßt einer der Seligen Dante, dessen Himmelfahrt ihn als Begnadeten und zur einstigen Aufnahme ins Paradies Berufenen kennzeichnet (82 ff.), und gibt willig (88 ff.) Bescheid auf seine unausgesprochene Frage (91 ff.), indem er sich und seine Gefährten nennt. Er selbst, Bruder des Dominikanerordens (94 ff.), ist Thomas von Aquino (99), der Meister der Scholastik, dessen Lehre Dante selber vor allen folgt. Nach ihm selbst der zweite ist der Kölner Dominikaner Albrecht von Lauingen, genannt Albertus Magnus, sein eigner Lehrer (97 ff.); der dritte Gratian, der Vater des Kirchenrechts, dessen Schrift Discordantium canonum concordia, ein Versuch, geistliches und bürgerliches Recht in Einklang zu bringen (104 f.), als Decretum Gratiani den ersten Teil des Corpus juris canonici bildet; 4. Petrus Lombardus, der Vorläufer des Albertus Magnus, der sein dogmatisches Werk in der Vorrede bescheidentlich dem Scherflein der Witwe vergleicht (106 ff.); 5. König Salomo, der Verfasser des Hohenliedes, den die Heilige Schrift, die Wahrheit selbst (113), den Weisesten aller nennt (109 ff.); 6. Dionysius Areopagita, der von Paulus bekehrte Athener, dem das vom Mittelalter als Offenbarung angesehene Buch über die Hierarchie der Engel zugeschrieben wurde (115 ff.); 7. (wahrscheinlich) Paulus Orosius, der Verfasser einer geschichtlichen Schrift wider das Heidentum, den sein Zeitgenosse Augustin als Mitkämpfer erwähnt (118 ff.); 8. Boëthius, Kanzler Theoderichs des Großen, der, des Verrats verdächtigt und zum Tode verurteilt, im Kerker das berühmte und für Dante bedeutsame Buch vom Troste der Philosophie geschrieben hat und in San Pietro in Ciel d'oro zu Pavia bestattet wurde (124 ff.); 9. Isidorus von Sevilla, der berühmte spanische Theologe aus dem 7. Jahrhundert, und 10. Beda venerabilis, der gelehrte Brite aus dem 8. Jahrhundert (130 f.); 11. Richard von Sankt Viktor, magnus contemplator genannt, im 12. Jahrhundert mit seinem Ordensbruder Hugo aus dem Kloster Sankt Viktor bei Paris Haupt der mystischen Richtung (131 f.); endlich 12. zu seiner Linken, Siger von Brabant (133 ff.), der an der Pariser Sorbonne in der Rue de Feurre (137) Philosophie und Logik lehrte. Seine Lehre wurde wegen averroistischer Irrtümer angefochten, die von Thomas von Aquino widerlegt und von der Kirche verdammt worden sind. Er selbst ist vor dem Urteil der geistlichen Behörde, wie es scheint, durch Mörderhand, gestorben. Daß Dante die Bedenken gegen seine Rechtgläubigkeit gekannt hat, bezeugt Vers 138. Wenn er ihn gleichwohl unter die erlauchten Lehrer des Glaubens versetzt, so will der treue Sohn seiner Kirche, der sich überall streng an deren Lehre hält, sicherlich nicht den Averroismus verteidigen oder gar verherrlichen. Die auffallende Wertung will aus dem Gedanken der Verklärung alles Irdischen im Lichte der Ewigkeit verstanden sein. Dort lösen sich, wie die Bilder dieser drei Gesänge vor Augen führen, alle Widersprüche, alle Gegensätze gleichen sich aus. Wie die irdische Liebe dort zur himmlischen wird (IX, 32ff., 103ff.), so wird der Drang nach göttlicher Wahrheit, auf Erden in Gefahr zu irren, im Paradiese zum untrüglichen Gottschauen. Und dies Schauen ist hier um so vollkommener, je ernster und eifriger dort das Streben war, unbeschadet etwaiger Irrungen, sofern sie nur nicht ketzerischer Mißachtung der Offenbarung entsprangen. Solch heiligen Ernst muß Dante in dem Forschen des in seinen Anfängen hoch gefeierten Denkers erkannt haben. In dieser Überzeugung erkühnt er sich, den kundbaren Averroisten – der allerdings auf den Nachweis seiner Heterodoxie hin zum Widerruf bereit gewesen sein soll – den Leuchten geistlicher Weisheit zu gesellen und ihn gerade durch seinen Gegner und Überwinder rühmen zu lassen.

Alle diese Meister der Gottesgelahrtheit schlingen nach der Aufzählung, einem Glockenspiel vergleichbar, das zur Morgenandacht ruft, von neuem mit himmlischem Gesange einen Reigen um Dante und seine Herrin (139-148).

Elfter Gesang

Lob des heiligen Franz | Im Lichte der göttlichen Offenbarung, das ihn hier, im Kreise der seligen Glaubenslehrer, erleuchtet, kommt dem Dichter die Nichtigkeit alles irdischen Wissens und Strebens zum Bewußtsein (1-12).

Nachdem der am Ende des vorigen Gesanges geschilderte Tanz der seligen Lichter zur Ruhe gekommen (13 ff.), klärt Sankt Thomas (16ff.) von den beiden Zweifeln, die er in Dantes Seele liest (19 ff.) und die durch seine Worte in den Versen 96 und 114 des vorigen Gesanges geweckt worden sind (25 f.), den ersten auf. Jenes Wort (X, 96) sprach der Regel des heiligen Dominikus, wenn sie treu befolgt wird, heilbringende Wirkung zu. Thomas will deshalb diesen Stifter seines Ordens preisen. Er tut es mittelbar, indem er das Lob des heiligen Franziskus von Assisi verkündet, dessen Wirken das gleiche Ziel hatte (40 ff.): die Leitung der Christenheit in Treue zu ihrem Seelenbräutigam durch Stärkung von Liebe und Glauben (28-36). Die Liebe entflammt das Beispiel Franziskus', des Pater seraphicus; den Glauben stärkt die cherubinische Weisheit des heiligen Dominikus (37 ff.; von den hebräischen Wörtern für Glut und Weisheit werden die Namen jener beiden höchsten Ordnungen der Engel hergeleitet). Das wechselseitige Lob ihrer Ordensheiligen Franziskus und Dominikus an deren Namensfesten ist ein alter Brauch der beiden Bettelorden.

Sankt Franziskus ist geboren zu Assisi, dessen älterer Name Ascesi zu dem sinnbildlich bedeutsamen Wortspiel Vers 52 ff. Anlaß gibt. Es liegt am Fuße des Monte Subasio, der von dem Tupino, einem Nebenfluß des Tiber, und dem bei Gubbio, nahe der Einsiedelei des heiligen Ubaldus entspringenden Chiascio eingeschlossen wird und dessen

Winde von Süden durch die Porta Sole nach Perugia eindringen (43-46), während jenseits, am rauhen Osthange, die erst von den Peruginern, sodann vom Könige von Neapel hart bedrängten Städte Nocera und Gualdo liegen (47f., das Joch, um das sie klagen, soll wohl diese Bedrückung, nicht das rauhe Bergesjoch sein, an dem ihre Feldmark liegt). Sohn des reichen Kaufherrn Pietro Bernardone, entsagte er, zu dessen Unwillen, allem irdischen Besitz und vermählte sich in feierlicher Handlung der Armut (55-63): ihr, die, von Christus geboten und ihm bis zum Tode getreu (70ff.), seit seinem Tode verachtet war (64ff.), obwohl sie – wie das Beispiel des armen Fischers Amyclas zeigt, der nach Lucan im Bürgerkriege furchtlos die Stimme des an seine Türe pochenden allgefürchteten Cäsar vernahm (67ff.) – auch im Leben Sicherheit verleiht. Als sein Beispiel Nachahmung fand (76ff.), gab er seinen Jüngern, zu deren ersten die drei Vers 79 bis 84 Genannten gehörten, die Ordensregel, die von Innozenz III. vorläufig und von Honorius III. endgültig bestätigt wurde (91-99). Seine Missionsreise nach Afrika blieb erfolglos (100ff.). In der Wildnis des Monte Alvernia sich kasteiend, empfing er die Stigmatisierung (106ff.) und starb zwei Jahre später im Kreise seiner Ordensbrüder, die er zum Festhalten an der Armut ermahnte und die den Sterbenden auf bloßer Erde niederlegen mußten (109-117).

Ihm stellt Thomas den Stifter seines eignen Ordens, den heiligen Dominikus, an die Seite (118ff.). Aber er schilt die Dominikaner, seine Brüder, weil sie in der Mehrzahl, nach kirchlichen Würden und andren irdischen Vorteilen lüstern, seine Regel mißachten und dadurch Schaden an ihrer Seele nehmen (124-132). Auf diese Absplitterung der Brüderschaft von dem Heiligen und seinem Gebote (137) sollte das im letzten Verse wiederholte Wort des vorigen Gesanges (X, 96) in seiner Bedingtheit, mit seinem Hinweis auf das Abirren vom Wege bereits hinzielen.

Zwölfter Gesang

Zweiter Kreis der Glaubenslehrer | Der Doppelregenbogen himmlischer Lichter · Bonaventura, der Franziskaner, und seine Gefährten · Lob des heiligen Dominikus und Rüge der entarteten Nachfolger des heiligen Franz

Gesang und Tanz des seligen Reigens, die mit Sankt Thomas' letztem Worte wieder einsetzen (1 ff.), werden alsbald von einem Kreise neuer Lichter begleitet (4 ff.), der den ersten umschließt wie im doppelten Regenbogen der äußere den inneren Ring (10 ff.). Der zweite scheint ein Widerschein des ersten, dem Widerhall der Stimme vergleichbar, in dem die in Ovids Metamorphosen wegen ihrer hoffnungslosen Liebe zu Narziß verwandelte Nymphe Echo lebt (13 ff.). Der Regenbogen, in Junos Botin Iris (11) verkörpert, ist nach der Genesis das Siegel des Versöhnungsbundes, den Gott nach der Sintflut mit den Menschen gemacht hat (16 ff.).

In diesem zweiten Kreise erscheinen zwölf andre Kirchenlehrer, zum Teile Anhänger des heiligen Franz. Dessen Nachfolger Bonaventura ist ihr Wortführer (28 ff., 127 ff.). Er preist, mit Thomas' Loblied auf seinen Heiligen wetteifernd (110 f., 142 ff.), dessen Gefährten im Kampfe für die Kirche (31-45): Dominikus, den Stifter des Ordens, dem jener angehörte.

Sankt Dominikus war geboren zu Calaroga (Calahorra) im kastilischen Reiche, dessen Wappen im viergeteilten Schilde kreuzweise je zweimal den Turm und den Löwen zeigt (52 ff.). Es liegt in Europas Südwesten, woher der Zephir weht (46 ff.), von Mittelitalien gesehen etwa gegen Nordwesten, in der Himmelsrichtung, wo im Sommer, wenn die Tage lang sind, die Sonne, vor allen Menschen der Alten Welt sich bergend, im Ozean untergeht (49 ff.). Die Mutter des Heiligen soll vor ihrer Entbindung von der Geburt eines Hundes mit einer Fackel im Maule geträumt haben (60); seiner Taufpatin erschien er im Traume mit einem Stern an der Stirne (61 ff.). Himmlischer Eingebung zufolge wurde er, als »dem Herrn eigen«, Dominikus getauft (67 ff.), wie schon die Namen seiner Eltern: Felix und Johanna (die Gnadenreiche), vorbedeutungsvoll scheinen (79 ff.). Schon als Säugling soll er in betender Haltung am Boden gefunden worden sein: ein Vorzeichen, daß er sich, nach dem ersten Rate Christi im Evangelium (der Antwort an den reichen Jüngling) der Armut weihen wollte (74-78). In der Theologie, nur auf das ewige Heil, die wahre Gotteserkenntnis bedacht, nicht, wie neuerdings Brauch bei den Jüngern der Wissenschaft*, auf weltliche Vorteile, erwarb er sich in Kürze tiefe Gelehrsamkeit (82 ff.). Dem Dienst der Kirche sich weihend (86 ff.), verlangte er vom Päpstlichen Stuhl, der trotz der Unwürdigkeit seiner damaligen, der apostolischen Armut abgeneigten Inhaber den Gnadenschatz der Kirche gültig verwaltet (88 ff.), weder Pfründen

* Von den in Vers 83 als Beispielen der nach Irdischem trachtenden Gelehrsamkeit Genannten ist der erste der Kardinal von Ostia, Heinrich von Susa, namhafter Kenner der Dekretalen und Schriftsteller über kanonisches Recht. In dem zweiten sieht ein Teil der Ausleger den ebenfalls als Kanonisten bekannten Rechtsgelehrten Taddeo Pepoli von Bologna, ein andrer den zu Dantes Zeit hochberühmten Arzt Taddeo d'Alderotti. Wahrscheinlicher ist, daß Dante den ersten gemeint hat und dem heiligen Eifer des Dominikus nicht die gewinnbringenden Wissenschaften der Juristerei und Medizin als solche gegenüberstellen wollte, sondern den »Dekretalismus«, der (IX. 134 ff. u. Bem. dazu) über dem Studium des Kirchenrechts die Gottesgelahrtheit vernachlässigte und den er a. a. O. und auch sonst als verderbliche Zeiterscheinung geißelt.

noch Anteil an geistlichen Einkünften und Almosen (91 ff.), sondern die Bestätigung seines Predigerordens als Kämpfers für das Evangelium, die Saat, aus der ja der Glaube aller der hier beseligten Lehrer erwachsen ist (94 ff.). Mit glühendem Eifer machte er sich darauf mit seinen Anhängern an die Ausrottung der Ketzerei (97-105).

Wie Thomas, so beklagt auch der Franziskaner Bonaventura den Verfall seines Ordens (112 ff.), von dessen Brüdern viele der mit dem biblischen Gleichnis vom Unkraut im Weizen (118 ff.) bezeichneten Verdammnis verfallen sind. Im besonderen scheint Dante auf die sogenannten Spiritualen zu zielen, die Eiferer für rigorose Verwirklichung des franziskanischen Armutideals im Orden und in der Kirche, die, nachdem sie sich unter heftigen Kämpfen vom Orden getrennt hatten, als Ketzer verdammt wurden. Obwohl unser Dichter mit ihnen das Streben der Kirche und ihrer Fürsten nach Besitz und weltlicher Macht bekämpft, verwirft er die Richtung dieser Anhänger Ubertinos da Casale wegen ihrer Maßlosigkeit ebenso wie die ihrer Gegner, der Konventualen, die unter der Führung des Ordensgenerals Matteo d'Acquasparta für Abschwächung der Regel, namentlich für weitgehende Zulassung weltlichen Besitzes eintraten (124 ff.).

Der Sprecher nennt sodann sich selbst und seine Gefährten. Sankt Bonaventura, genannt Doctor seraphicus, Ordensgeneral von 1256 an, war in seinen Schriften Hauptbegründer der franziskanischen Mystik, kann also mit Fug sich rühmen, daß er auch als Kardinal und Ordensleiter sich geistlichen Dingen mehr als weltlicher Sorge gewidmet habe (127 ff.). Franziskaner wie er sind auch die beiden Vers 130 Genannten, die mit den XI, 83 f. Erwähnten zu den frühesten Anhängern des Stifters gehörten. Hugo von Sankt Viktor (133) war gleich seinem im ersten Kreise (X, 131 f.)

erschienenen Ordensbruder Richard einer der namhaftesten Mystiker. Petrus Comestor oder Mangiadore (134), Kanzler der Universität Paris im 12. Jahrhundert, war berühmt durch ein Geschichtswerk, in dem er biblische und Weltgeschichte in Parallele stellt; Petrus von Lissabon, als Johann XXI. Papst im Jahre 1276, hinterließ zwölf Bücher Summula logicae (134f.). Der Prophet Nathan predigte König David Buße; der Kirchenvater Chrysostomus, als Kanzelredner berühmt, war im 4. Jahrhundert Erzbischof von Byzanz (136). Anselm von Canterbury (137) ist mit seiner Schrift Cur Deus homo einer der Begründer der Scholastik, Donatus (137f.) der berühmte Grammatiker des 4. Jahrhunderts, Hrabanus Maurus (139) im 9. Jahrhundert Erzbischof von Mainz und Verfasser theologischer Schriften. Joachim de Fiore endlich (140f.), Gründer und Abt des Klosters Floris in Kalabrien, hatte gegen Ende des 12. Jahrhunderts durch seine Schriften, in denen er aus der Bibel und namentlich aus der Apokalypse den künftigen Verlauf der Menschheitsgeschichte, unter andrem die baldige Ankunft des Antichrists, vorhersagt, den Ruf eines Propheten gewonnen, einen Ruf, der nach seinem Tode und gerade zu Dantes Zeit durch ihm untergeschobene, inzwischen erfüllte Weissagungen über die Folge der Päpste bis zu Bonifaz VIII. und andres befestigt wurde.

Dieser Abt Joachim ist im Kreise der heiligen Glaubenslehrer eine ebenso auffallende Erscheinung wie der im inneren Ringe an gleicher, letzter Stelle genannte Siger von Brabant (X, 133ff.). Auch seine Rechtgläubigkeit ist nichts weniger als einwandfrei. Seine Trinitätslehre wurde verworfen, seine Lehre vom Dritten Reiche, von dem das neutestamentliche Reich des Gottessohnes und seiner Kirche ablösenden Zeitalter des Heiligen Geistes, welche die oben erwähnten spiritualen Franziskaner auf ihre umwälzenden kirchlichen

Reformideen ausdeuteten, bei deren Verdammung für bedenklich und gefährlich erklärt. Seine Aufnahme unter die Meister geistlicher Weisheit soll augenscheinlich den gleichen Gedanken bezeugen, der oben (zu X, 133), im Hinblick auf jenen Siger, entwickelt worden ist: die Überzeugung von der Verklärung irdischer Unvollkommenheit im Reiche des Ewigen. Auch Joachims Lob wird gerade dem Überwinder der auf seine Lehre sich berufenden Spiritualen, dem Franziskanergeneral Bonaventura, in den Mund gelegt.

Vergebens hat man sich bemüht, in der Anordnung der beiden Kreise ein System zu finden. Der erste mit Richard von Sankt Viktor kann nicht, wie einige wollen, als Gruppe scholastischer Dogmatiker, der zweite mit Anselm von Canterbury nicht als die der Mystiker gelten. Bewußt scheinen Vertreter aller Zeiten und aller Richtungen bunt gemischt zu sein: zum Zeugnis, daß hier, im Lichte der ewigen Wahrheit, alle Widersprüche sich lösen, was auch die brüderliche Eintracht der beiden Chorführer im wechselseitigen Lobe ihrer Ordensstifter bekräftigt (142 ff.).

Dreizehnter Gesang

Von vollkommener Weisheit | Um das Bild der ihn umringenden Lichter anschaulich zu machen, stellt der Dichter sich eine Konstellation der (nach damaliger Zählung) fünfzehn Sterne erster Größe (4 ff.) mit den sieben des Großen (7 ff.) und den beiden dem Pole nächsten des Kleinen Bären (10 ff.) vor. Er ordnet diese 24 leuchtenden Sterne zu zwei konzentrischen (16) Kreisen, die, in der Form der Korona, des Kranzes der nach Ovid im Tode unter die Sterne versetzten Ariadne (13 ff.), sich gleichlaufend und mit gleicher Geschwindigkeit (XII, 6) um den gleichen Mittelpunkt drehen, so, daß der eine ein wenig zurückbleibt und seine Lichter zwischen denen des andren hindurchscheinen (17 f.). Dann, meint er (19 ff.), könnte dieser Doppelkreis von 24 Sternen eine Vorstellung des ihm hier erschienenen Gesichtes geben; freilich nur ein schwaches Schattenbild, weil die himmlische Wirklichkeit unsrer Vorstellung so unerreichbar ist wie das Kreisen des primum mobile dem trägen Lauf der Chiana, des bei Arezzo mündenden, versumpften Nebenflusses des Arno (22 ff.). – Als das Kreisen dieser Ringe anhält und zugleich der begleitende Gesang endet, der nicht Heidengötter, sondern die von den seligen Glaubenslehrern vornehmlich verehrten Geheimnisse der Dreieinigkeit und der Menschwerdung des Gottessohnes preist (25 ff.), beginnt Sankt Thomas (31 ff.) mit der Lösung der zweiten Frage, die er in Dantes Seele gelesen hat (34 ff.; vgl. X, 114; XI, 26): die Frage, wie Salomo, der fünfte Stern des inneren Kreises, der Weiseste aller genannt werden könne (46 ff.), ein Vorzug, der doch dem erstgeschaffenen Adam (37 ff.) und dem Gottmenschen Christus (40 ff.) zukomme. Thomas bestätigt, daß diese beiden allein im Besitze vollkommener Erkenntnis gewesen seien, und weist aus der schon von Beatrice (II, 112 ff.; VII, 64 ff.) entwickelten scholastischen Weltlehre nach, daß der Vollkommenheit überhaupt nur fähig sei, was, wie diese beiden, von Gott unmittelbar geschaffen ist. In allem, was nicht unmittelbar geschaffen, sondern von der Natur erzeugt ist (VII, 133 ff.), in den »zufälligen«, vergänglichen Dingen (63 ff.) kommt die göttliche Idee, die sich in der Welt und allen ihren Gebilden widerspiegelt (52 ff.), nur unvollkommen zum Ausdruck (67 ff., 76 ff.). Denn der an sich unvollkommenen Materie (67) dieser Dinge wird die göttliche Kraft erst durch das Wirken der neun Engelchöre und den Einfluß der von ihnen bewegten Sternhimmel übermittelt (58-63). Diese aber können in keiner denkbaren Konstellation die Schöpferkraft, die auf sie verteilt ist, in ihrer Gesamtheit (73 f.) auf eines dieser Erdenwesen ausstrahlen (67 ff.). So konnte Vollkommenes nur entstehen, wo der dreieinige Gott – die erste Macht, das Licht des Wortes und die Liebe (55 f., 79 ff.) – unmittelbar schaffend wirkte: bei der Erschaffung des ersten Menschen und bei der Geburt des Heilands durch die Jungfrau (82 ff.). Mit der Erkenntnis dieser beiden kann sich daher keine messen, auch Salomos Weisheit nicht (85 ff.). Nur an Herrscherweisheit war jener ohnegleichen (103 ff.). Solche seinem Amte gebührende Weisheit, nicht unfruchtbares Wissen in Metaphysik, Dialektik und Geometrie (97-102), habe er sich im Traume, als Gott ihn um seine Wünsche fragte, erbeten (95 f.). Nur diese Weisheit sei mit dem ihm erteilten Lobe (X, 114) gemeint, wie schon das auf einen erhabenen Herrscher deutende Wort »erheben« zeige (106 ff.).

So löst sich der scheinbare Widerspruch zwischen dem Preise von Salomos unvergleichlicher Weisheit und der Lehre, daß Adams und Christi Erkenntnis unerreichbar sei (110 f.). Diese Antinomie gibt Anlaß zur Warnung vor vorschnellem Urteil (112 ff.). Falsches Vorurteil, das sich, einmal gefaßt, wegen des Widerwillens der Eigenliebe gegen das Eingeständnis des Irrtums nur schwer wieder ausrotten lasse, sei schlimmer als Unwissenheit (115-123) und trage an vielen Irrlehren Schuld (124 ff.). Den Vers 125 genannten griechischen Philosophen wirft Dante wahrscheinlich Widersprüche mit Aristotelischen Lehrmeinungen, dem ersten vielleicht auch einen Scheinbeweis für die Quadratur des Kreises vor. Die beiden Vers 127 erwähnten, in den Trinitätsstreitigkeiten des 3. und 4. Jahrhunderts von der Kirche verdammten Lehrer gelten ihm als Hauptvertreter der Ketzerei, die den Sinn der Bibel entstellt wie eine Schwertklinge – durch Verstümmelung oder durch Verzerrung beim

Spiegeln in ihrer unebenen Fläche – ein Menschenantlitz (128 f.). Vor allem warnt Thomas, vielleicht im Hinblick darauf, daß unter den damaligen Theologen gerade über die Erwählung oder Verwerfung Salomos lebhaft gestritten wurde, vor dem Aburteilen über die Seligkeit oder Verdammnis des Nächsten, über die niemand Sicheres wissen kann (130-142).

Vierzehnter Gesang

Abschied von der Sonne und willkomm auf dem Mars | Salomo über die Auferstehung des Fleisches · Der dritte Lichterkranz der seligen Weisen · Ankunft im Mars · Das Kreuz Christi

Wie Wasserwellen in einem runden Gefäße bald von innen nach außen, bald von außen nach innen wogen, wenn es, am Rande oder im Mittelpunkte, erschüttert wird (1 ff.), so klingt zwischen dem Doppelring der Lichter und den in der Mitte stehenden Gästen Rede und Gegenrede (4 ff.). Nach Sankt Thomas beginnt Beatrice und erbittet Lösung einer Frage, die eben in Dantes Seele aufsteigen will (10 ff.): wie sich die Lichtgestalt der seligen Geister mit der Auferstehung des Fleisches verträgt (13-18).

Nachdem die selige Schar mit Tanz und Gesang, die Dreieinigkeit preisend, die Freude ihrer Hilfsbereitschaft bekundet (19-33), beantwortet König Salomo, das schönste Licht des inneren Kreises (34 f.; vgl. X, 109 ff.), nach der Lehre des Aquinaten die Frage. Das Leuchten der Seligen – wie sich immer wieder zeigt – ist Ausdruck ihrer Liebe; diese entspricht dem Gottschauen, ihrer Seligkeit, die wiederum nach Verdienst und Gnade bemessen ist (40 ff.). Durch Wiedervereinigung mit dem Leibe werden die abgeschiedenen

Geister erst vollkommen (Hölle VI, 109 ff.) und dadurch größerer Gnade teilhaftig (43 ff.); diese spendet tieferes Gottschauen (46-49), und damit wächst die Liebe (49 f.). Also müssen sie nach Auferstehung des Fleisches noch heller strahlen (50 f.), indes der verklärte Leib das ihn umgebende Licht noch überglänzt (52-57). In gleichem Maße wird aber auch die Sehkraft des leiblichen Auges wachsen, so daß es diese Fülle von Licht ertragen und sich daran erfreuen kann (58 ff.).

Nach einem freudigen Amen der solche letzte Vollkommenheit für sich und ihre Lieben ersehnenden Schar (61-66) dämmert noch ein dritter Strahlenkreis auf, mit neuen Lichtern – andren Leuchten der Weisheit, deren Namen verschwiegen bleiben –, zunächst undeutlich wie nach Sonnenuntergang die ersten Sterne, bald aber in blendender Helle (67-78). Als Dantes geblendetes Auge sich Beatrice zuwendet, strahlt deren Antlitz wieder in schönerem, unfaßlichem Glanze (79 ff.). Das Augenlicht ihres Schützlings stärkend (82), bezeugt er, wie immer, den Aufstieg zum höheren Kreise: dem Himmel des Mars, den sein rötliches Licht verrät (83-87) und in dem die Kämpfer, Helden und Blutzeugen des Glaubens sich zeigen.

In der stummen Sprache des Herzens sein Dankgebet an Gott richtend (88 ff.), sieht Dante alsbald das Rund des Sternes von zwei sich schneidenden Lichtstreifen geteilt, die, gleich der ihrem Ursprunge nach unerforschten Milchstraße aus großen und kleinen Lichtern bestehend, ein griechisches (gleicharmiges) Kreuz bilden (94-102): das Symbol des Christenglaubens und im besondren das Zeichen der für ihn kämpfenden Kreuzfahrer. An diesem Kreuze erscheint das Bild des Gottessohnes, das in Wort und Gleichnis nicht zu beschreiben ist, das aber denen, die das Kreuz – zumal als Kreuzfahrer – auf sich nehmen und ihm nachfolgen, in diesem Himmel der Glaubensstreiter selbst zu Gesicht kommen soll (103-108). Die das Kreuz bildenden Lichter sind von einem Ende jedes Balkens zum andren gleich Sonnenstäubchen in steter Bewegung und leuchten am hellsten, wo ihre Wege sich kreuzen (109-117). Dazu singen diese Gottesstreiter ein Preislied auf den siegreich Auferstandenen, von dem Dantes sterbliches Ohr nur wenige Worte versteht, dessen süßer Klang ihn aber, mit dem Gesehenen zugleich, zu nie gekannter Liebeswonne hinreißt (118-129). Außer Vergleich bleibt jedoch Beatrices Schönheit (130 ff.), die, wie die Himmel selbst, die Urbilder aller Schönheit (133 ff.), je höher, um so schöner strahlt (139), hier im Mars aber ihrem Sänger noch nicht zu Gesichte gekommen war (135; vgl. XV, 32 ff.).

Fünfzehnter Gesang

Dantes Ahn, der Kreuzfahrer | Die Freundwilligkeit, mit der die Seligen, um seiner Bitte Raum zu geben, einhellig ihren Gesang unterbrechen (1-5), bringt dem Dichter die Hilfsbereitschaft dieser Heiligen zum Bewußtsein (7 ff.), mahnt ihn aber zugleich an die thomistische Lehre, nach der die ewige Verdammnis gerechte Strafe der zeitlichen Sünde ist, weil diese, um flüchtiger Lust willen, sich von der Gemeinschaft solcher ewigen Liebe scheidet (10 ff.).

Das Licht, das, einer Sternschnuppe gleich, die Kreuzesbalken entlang herabschießt (13-24), um Dante, wie Anchises bei Vergil seinen ins Schattenreich hinabgestiegenen Sohn Äneas, väterlich zu begrüßen (25 ff.), birgt die Seele seines Ururgroßvaters. Freudig preist der Ahnherr die unvergleichliche Gnade Gottes, die seinem Nachkommen schon vor dem Tode den Himmel erschlossen hat (28 ff.). Diese Begrüßungsworte sind lateinisch gesprochen. Ihnen folgt (37f.) eine klangvolle Anrede, die dem Sterblichen ihrem Wesen nach unverständlich bleiben muß (39ff.), bis sich das himmlische Entzücken seiner Fassungskraft anpaßt (43ff.) und ein Lob der Dreieinigkeit hören läßt (47ff.). Schon lange hat sich der Verklärte auf die Ankunft seines Nachkommen gefreut, die er im Lichte von Gottes unwandelbarem Ratschluß, dem Buche, auf dessen weißen Blättern die schwarze Schrift nie geändert wird, längst gelesen hat (49ff.). Obwohl er dort im Spiegel, wie alle Seligen, Dantes Gedanken liest (55-63), will er dessen Frage hören, um sich am Klange seiner Stimme freuen zu können (64-69). Von der jetzt (34ff.; vgl. XIV, 133ff.) in neuem Glanze strahlenden Beatrice durch stummes Lächeln ermuntert (70ff.), entschuldigt der sich zunächst, daß er, der Sterbliche, dessen Vermögen nicht wie bei den Gott schauenden Seligen dem Wünschen entspricht, den im Herzen empfundenen Dank für den väterlichen Empfang nicht voll zum Ausdruck bringen könne (73-84). Dann fragt er nach dem Namen des Vorfahren (85ff.) und erhält Auskunft über dessen Person, seine Sippe und seine Zeit (88ff.).

Dantes Ahnherr Cacciaguida hat erweislich im 12. Jahrhundert zu Florenz gelebt. Auch sein Vers 91ff. erwähnter, nach dem lombardischen, wahrscheinlich ferraresischen Geschlecht seiner, Cacciaguidas, Gattin (137f.) genannter Sohn Alaghiero, Dantes Urgroßvater, dessen Name Familienname der Sippe wurde (91f., 138), ist dort bis 1201 urkundlich nachgewiesen. Dante glaubt ihn, wohl nach einer ungenauen Familienüberlieferung, früher verstorben: in der Mahnung zur Fürbitte für den im ersten Ringe des Fegfeuers Büßenden (95f.) heißt es, daß er im Jahre der Jenseitsfahrt (1300) schon mehr als hundert Jahre dort weile (92f.). Über die beiden Vers 136f. erwähnten Brüder des Ahnherrn wissen wir nichts. Von sich selbst berichtet er, daß er zu

Florenz, auf brünstiges Gebet zur Mutter Gottes, geboren und im Baptisterium San Giovanni getauft worden sei (130-135). Er habe unter Kaiser Konrad Kriegsdienste getan, sei von ihm zum Ritter geschlagen worden und in dessen Feldzuge gegen die Sarazenen – die dank der Untätigkeit der Päpste wider das Recht im Besitz des Heiligen Landes blieben – für den Glauben gefallen (139-148). Mit diesem Feldzuge kann wohl nur der zweite Kreuzzug Konrads III. im Jahre 1147 gemeint sein. Allerdings ist nicht bekannt, daß ihm Florentiner Heeresfolge geleistet hätten. Im Jahre 1038 aber, in das der Heereszug Konrads II. gegen die Sarazenen in Unteritalien fiel, war Cacciaguida nach der Angabe im folgenden Gesange (XVI, 34 ff.) noch nicht geboren.

In dies Stück Familiengeschichte ist ein hohes Lob der guten alten Zeit eingeflochten. Zu Cacciaguidas Lebzeiten war Florenz noch von der alten Stadtmauer umschlossen (97), die von der Sage auf die Neugründung der Stadt durch Karl den Großen zurückgeführt wurde und die gegen Ende des 12. Jahrhunderts niedergelegt worden ist. In ihrem Zuge lag die heute Badia genannte Benediktinerabtei, deren Glokkenturm mit seinem Gebetsläuten noch zu Dantes Zeit der Zeitweiser der Stadt war (98). Damals herrschten Eintracht und schlichte Ehrbarkeit (99). Selbst die Vornehmsten gingen einfach gekleidet (100 ff., 112 ff.). Die Töchter heirateten nicht vor der Zeit und verlangten keine übermäßige Aussteuer (103 ff.). Man prahlte nicht mit unnütz prunkvollen Bauten (106 ff.). Florenz wollte darin noch nicht Rom, die Hauptstadt der Welt, überbieten, was zu seinem Falle führen muß (109 ff.): Montemalo, heute Monte Mario, ist die Höhe, auf der Rom dem von Norden kommenden Wandrer sichtbar wird, wie Florenz vom Ucellatojo, dem Vogelsberge, der nach alten Angaben zu Dantes Zeit mit Mauern und Türmen befestigt war. Die Frauen widmeten sich dem Haushalt und der Kinderzucht, die Männer vernachlässigten sie noch nicht, um im Auslande Geschäften und Abenteuern nachzugehen, und sie selber waren gewiß, in der Heimaterde ihr Grab zu finden, weil die Verbannung der politischen Gegner noch nicht üblich geworden war (117-126). Galante Damen und Rechtsverdreher wie die beiden Vers 127 genannten Zeitgenossen Dantes waren damals so unerhört wie zu deren Zeit Männer und Frauen altrömischen Schlages (128 f.).

Sechzehnter Gesang

Florenz in alten Tagen | Angesichts des ritterlichen Vorfahren will sich in dem Sprossen ein Ahnenstolz regen, der im Reiche der Vollkommenheit nicht wie auf Erden verzeihlich ist (1-6). Wahrer Adel muß, weil auf persönlichem Werte ruhend, täglich neu verdient werden (7 ff.).

Unter dem Eindruck seiner Ritterwürde redet Dante den Ahnherrn mit Ihr an (10): eine Ergebenheit, die er sonst außer Beatrice nur wenigen hochstehenden oder besonders verehrten Personen bezeigt (Hölle X, 51 und 94 ff., 63; XV, 30 ff.; Fegfeuer VIII, 121 ff.; XIX, 131; XXVI, 112). Nach damaliger Annahme soll die Anrede zuerst in Rom, beim Sturz der Republik, den Cäsaren gegenüber gebraucht worden sein, während sie im Mittelalter gerade dort außer Übung gekommen war (10 ff.). Beatrice lächelt über diese Förmlichkeit, wie in dem (schon Hölle V, 127 ff. erwähnten) Ritterroman von Lanzelot vom See die Dame von Malehaut mit Hüsteln die Liebeserklärung des Helden an die Königin Ginevra vermerkt (13 ff.). Auf diese leise Rüge seiner Eitelkeit geht Dante später (XVII, 13 ff.) zum Du über.

Auf die Frage nach Abkunft und Geburtsjahr, nach dem damaligen Umfange von Florenz, der Stadt Johannes' des

Täufers (Hölle XIII, 143 ff.), und nach ihren führenden Geschlechtern (22-27) klingt aus dem in seiner Freundwilligkeit heller (28 ff.) strahlenden Lichte die Antwort, in altertümlicher (lateinischer oder altitalienischer) Sprache (33), die aber hier – wie schon im vorigen Gesange, abgesehen von den Begrüßungsworten (XV, 28-30) – in das übliche Volgare übertragen wird.

Sein Geburtsjahr setzt Cacciaguida (34-39) 580 Marsjahre nach Christi Verkündigung, das heißt nach der damals schon ziemlich genau bekannten Umlaufsdauer des Planeten etwa auf das Jahr 1090 an; die Lage seines elterlichen Hauses bestimmt er an der inneren Grenze des Sestiere di San Pietro, des östlichsten Stadtviertels, das beim Wettrennen am Jahresfeste des Täufers als letztes erreicht wurde (40 ff.). Nicht weit davon, nahe der oben genannten Badia, liegt Dantes eigenes Geburtshaus. Was ihn über die Herkunft seiner Vorfahren schweigen läßt (43 ff.), ist wohl die Scheu, von neuem den schon in den Eingangsversen gerügten Ahnenstolz zu verraten. Dante war überzeugt, aus »Roms geweihtem Samen« (Hölle XV, 74 ff.) zu stammen, will sich dies aber hier nicht ausdrücklich bezeugen lassen.

In der damals von der Arnobrücke, wo der mehrfach erwähnte Torso des Mars stand, bis zum Baptisterium San Giovanni reichenden Stadt wohnte zu Cacciaguidas Lebzeiten, nach der Zahl der Waffenfähigen gerechnet, nur ein Fünftel der Bevölkerung, die sie um 1300 hatte (46 ff.). Aber die Einwohnerschaft war noch reinblütig, nicht vermischt mit der benachbarter Ortschaften (49 ff.), deren Eingemeindung seither, ebenso wie die Einbürgerung fremder Schloßherren (64 ff.), Einheitlichkeit und Eintracht gestört (67 ff.) und das Emporkommen übler Glücksritter gefördert hatte (55 ff.). Die beiden zuerst (56) Gescholtenen, Baldo von Aguglion und Fazio von Signa, Dantes politische Feinde, waren bestechliche Richter, auf deren einen schon die Rüge Fegfeuer XII, 105 zielt; wer der Vers 61 ff. erwähnte Emporkömmling aus Simifonte war, ist nicht festzustellen. Der durch die Machtgier der Kirchenfürsten verschuldete Verfall der Kaisermacht wird auch für diese Zustände verantwortlich gemacht (58 ff.).

Von den zur Zeit des Kreuzfahrers blühenden Geschlechtern hat ein großer Teil inzwischen den Niedergang erfahren, der, wie das Beispiel verödeter Städte zeigt, allem Irdischen bevorsteht (73-87). Die Vers 88 bis 93 Aufgezählten waren durchweg zu Dantes Zeiten ausgestorben, vertrieben oder verarmt. Die Ravignani (97) sind das Geschlecht des im vorigen Gesange genannten Bellincion Berti, dessen eine Tochter, die Hölle XVI, 37 gerühmte Gualdrada, dem Grafen Guido vermählt war, während die den beiden andren entsprossenen Zweige der Adimari und Donati den Zunamen Bellincione annahmen (98 f.). Ihr festes Haus an der Porta San Pietro hatten die Cerchi erworben, die rasch zu Reichtum gelangten Häupter der weißen Partei, deren Einzug wegen dieser für Dantes eignes Schicksal verhängnisvollen, Vers 94 fellonia gescholtenen Parteiung schon oben (65 f.) beklagt wurde und deren Vertreibung im Bilde des in Seenot zum Auswerfen der Ladung genötigten (Staats-)Schiffes (94 ff.) vorausgesagt wird. Auch die Vers 100 bis 141 erwähnten edlen Geschlechter – goldner Schwertgriff (101) war Vorrecht der Ritterschaft – waren zu Dantes Zeit großenteils erloschen oder herabgekommen. Den Balken mit Feh (103) führten die Pigli im Wappen, die goldenen Kugeln (110 f.) die mächtigen, später aber (Hölle XXVIII, 106 ff.) in den Parteikämpfen vernichteten Lamberti. Das stolzeste der alten Geschlechter waren die Uberti, die von dem durch Farinatas Hochmut geweckten Haß ihrer Gegner vertrieben wurden (109 f.; vgl. Hölle X, 76 ff.). Die jetzt des Fasses halber, das heißt wegen Verfälschung des Salzmaßes, erröten müssen (105), sind die Chiaramontesi (Fegfeuer XII, 105); die Vers 115 ff. so verächtlich als gewalttätig, feig und käuflich, überdies als Emporkömmlinge gekennzeichnete Sippe war die dem Dichter verfeindete der Adimari (Hölle VIII, 31 ff.). Patrone des Bistums und daher zur Verwaltung seiner Güter während der Sedisvakanz berufen (112) waren die Visdomini und Tosinghi. Von dem Hause der Pera – eine Überraschung für Dante, zu dessen Zeit jenes Geschlecht schon vergessen war – wird der Name der alten Porta Peruzzi hergeleitet (124 ff.). Mehrere der vornehmsten Geschlechter, die Pulci, Nerli und andre, leiteten ihren Adel von dem durch Otto III. zum Markgrafen von Toskana eingesetzten Hugo von Andeburg her, dem »gran barone«, dessen Todestag in der von ihm gestifteten Badia, wo noch heute sein Grabmal zu sehen, am Tage des Apostels Thomas feierlich begangen wurde (127 ff.). Sie führten sämtlich sein Wappen, den rotweiß längsgestreiften Schild, jedoch mit verschiedenen Abweichungen: mit goldener Einfassung zum Beispiel die della Bella, deren Sproß Giano della Bella es später mit den Popolanen hielt (131 f.) und durch die Ordinamenti di giustitia von 1293 der Adelsherrschaft ein Ende machte.

Die ruhestörenden neuen Nachbarn im Borgo dei Santi Apostoli (134 f.) sind die schon oben (65 f.) als unerwünschter Zuzug gekennzeichneten Buondelmonti, ihre Gegner aus gerechter Empörung (136 ff.) die Amidei. Auf den Zwist dieser beiden Häuser, auf den Treubruch Buondelmontes, der zugunsten einer Donati, von deren Mutter verleitet, seine Braut aus dem Hause der Amidei verließ (140 f.), und auf seine Ermordung durch deren Anhänger führte die Überlieferung (137 f.; vgl. Hölle XXVIII, 108) die Parteikämpfe in Florenz zurück; daher der Wunsch, Buondelmonte wäre vor dem Einzuge auf dem Wege von seinem Stammschlosse im val di Greve (65) nach der Stadt in dem Flüßchen Ema ertrunken (142 ff.). Aber seine Tat, sein Tod und die daraus entstehende Zwietracht scheint dem Dichter vom Geschick vorherbestimmt, ein Zoll an den Grimm des alten Stadtpatrons Mars, dessen Torso noch auf der Arnobrücke stand (145 ff.; vgl. Hölle XIII, 143 ff.), eben an der Stelle, wo die Bluttat geschah.

Vor dieser Entzweiung herrschte Friede und Gerechtigkeit (148 ff.) in Florenz: sein Banner war noch nie – wie später nach der Schlacht von Monte Aperti – zum Spott von siegreichen Feinden am umgekehrten Lanzenschafte im Staube geschleift worden und zeigte noch die weiße Lilie im roten Felde, während nach Ausbruch der Bürgerkriege die vertriebenen Welfen zur Unterscheidung von ihren Gegnern die Lilie rot im weißen Felde führten, wie sie das Stadtwappen noch heute zeigt.

Siebzehnter Gesang

Die Weissagung des Ahnherrn | Dante vergleicht sich im Eingange (1 ff.) mit Phaëthon, der bei Ovid seine Mutter nach seiner angezweifelten Herkunft von Apollo befragt, um nach deren Bestätigung von dem göttlichen Vater die Lenkung des Sonnenwagens zu erbitten, die ihm – eine Warnung für allzu willfährige Väter – zu seinem Unheil gewährt wird. Die Auskunft, die Dante verlangt, ist die ihm von Vergil (Hölle X, 130 ff.) verheißene Aufklärung der dunklen Andeutungen, die er über seine Zukunft auf der Fahrt durch Hölle und Fegfeuer (Hölle X, 79 ff.; XV, 61 ff.; Fegfeuer XI, 140 ff.) mehrfach zu hören bekommen hat und deren Bedeutung er kennen möchte, um sich gegen die drohenden Schicksalsschläge, sowenig sie seinen Mut erschüttern können, zu wappnen (19-27). Obgleich die Seligen auch diesen Wunsch in seiner Seele lesen, muß er ihn noch aussprechen, wie nach der Kirchenlehre Gottes Gnade erbeten sein will (4-12).

Der Ahnherr antwortet nicht vieldeutig wie die alten Heidenorakel, sondern mit klaren Worten (31 ff.). Er bestätigt (37-45) die von dem Frager (13-18) ausgesprochene Zuversicht, daß er im Angesicht des Allwissenden die Zukunft voraussehe, und zwar nicht nur das, was – zum Beispiel nach mathematischen Gesetzen (15) – mit Notwendigkeit eintreten muß und auch dem Menschengeiste klar ist, sondern auch das nur Mögliche, das – ausschließlich im Bereich der irdischen Materie (37 f.) – dem Walten des Zufalls unterliegt. Dabei verwahrt er sich gegen die – logisch zwingende – Folgerung, daß solche Allwissenheit, daß die subjektive Gewißheit des Künftigen dessen objektive Gewißheit, das ist seine Notwendigkeit, voraussetze, den Zufall also und den Indeterminismus überhaupt ausschließe (40). In dem Gleichnis vom Schiffe, dessen Fahrt nicht durch den Blick des Zuschauers vorwärtsgetrieben wird (41 f.), soll dies mit scholastischer Dialektik durch den – das eigentliche Problem freilich gar nicht berührenden – Einwand widerlegt werden, daß das Wissen um ein Geschehen nicht dessen Ursache, sondern seine Folge ist. Sodann (46-99) folgt die erbetene »Glosse« (95) zu jenen dunklen Andeutungen, die Weissagung der Schicksale, die bereits in den Erläuterungen (S. 503 ff.) berichtet sind: die Verbannung infolge Zusammenstoßes mit dem Papste (46 ff.), das Zerwürfnis mit den Leidensgefährten (61 ff.), die Aufnahme bei den Scaligern zu Verona (70 ff.). Alle diese Erlebnisse, die der Dichter des Paradieses schon hinter sich hatte, läßt er sich hier von seinem Vorfahren voraussagen. Seine ungerechte, auf falscher Beschuldigung beruhende Verbannung vergleicht er mit der des Hippolytos, der von seiner Stiefmutter Phädra bei seinem Vater Theseus verleumdet worden war (46ff.). Als Anstifter gilt ihm der simonistische (51) Papst, mit dem die Schwarzen ihre Ränke längst gesponnen hatten (49ff.). Über die moralische Ächtung, die bei der Urteilslosigkeit der Menge mit jeder, auch mit ungerechter Verurteilung verbunden ist (52), tröstet er sich mit der Hoffnung auf Vergeltung, die als Gottesurteil seine Unschuld bezeugen werde (54, 97ff.) und die er in dem bereits erlebten schrecklichen Ende seiner Hauptgegner Bonifaz VIII. und Corso Donati (Fegfeuer XX, 85ff.; XXIV, 82ff.) erblicken konnte. Wie in der erschütternden Klage (55-60) das unendliche Leid der Verbannung, so zittert, leidenschaftlicher noch als die Empörung über die Unbill der Gegner, in den Versen 61 bis 69 die Erbitterung über seine Leidensgefährten, denen er – mit welchem Rechte, muß dahingestellt bleiben – alle Schuld an dem Zerwürfnis und an ihren geradezu mit Genugtuung (65ff.) berichteten Mißerfolgen zuschiebt, sich rühmend, daß er ihrem Bunde den Rücken gekehrt habe und keiner der Parteien hörig sei (69).

Dem gastlichen Hause der Scaliger, deren Wappen die Leiter (scala) und darüber, spätestens seit Cangrandes Reichsvikariat, den Kaiseradler zeigt (72), erweist der Dichter in hohem Lobe dankbar seine Huldigung (70ff.), sowohl dem »gran Lombardo«, wahrscheinlich Bartolomeo della Scala, der ihn 1304 aufgenommen zu haben scheint, als vor allem dessen 1291 geborenen, 1312 zur Regierung gelangten jüngeren Bruder, seinem vornehmsten Gönner Cangrande (76ff.). Dem im Zeichen des Mars Geborenen, der bei seinem ersten Besuche noch im Knabenalter stand, werden Großmut und Tapferkeit nachgerühmt, die ihn durch große Taten berühmt machen und sich schon zeigen sollen, ehe er zur Herrschaft kommt: noch vor dem Jahre 1312, in dem Kaiser Heinrich VII. auf seinem Römerzuge vom Papste Clemens V., dem zu Villandran in der Gascogne geborenen früheren Erzbischof von Bordeaux, im Stiche gelassen wurde (82 ff.). Die Verse 89/90 scheinen die Erwartnng auszudrükken, daß er den Feinden des Kaisers unrecht Gut abnehmen und bedrängte Anhänger freigebig unterstützen werde, wie es Vers 88 Dante selbst verheißen wird. Auch die geheimnisvolle Weissagung Vers 91 ff. soll wohl Hoffnungen dieser Art noch über das Erreichte hinaus andeuten. Der Anklang von Vers 84 an Hölle I, 103 hat dazu verleitet, beide Verheißungen in Zusammenhang zu bringen und in Cangrande den Veltro, den Retter Italiens und der Welt, zu vermuten. Wie schon bei der Erläuterung jener Stelle dargelegt, sprechen gewichtige Gründe gegen diese Deutung. Bei schärferem Zusehen unterscheidet sich diese wohlabgewogene Huldigung vor dem mächtigen Wohltäter auch nach Wesen und Tonfall allzusehr von der wirklich visionären Verheißung des ersten Höllengesanges, als daß beide das gleiche Ziel im Auge haben könnten.

Die ihm bevorstehende Bedrängnis macht Dante bedenklich, ob er sich nicht die letzte Lebensmöglichkeit verscherzen werde, wenn er sich mit Aufdeckung aller der auf seiner Jenseitsfahrt ihm offenbarten Schändlichkeiten die Angegriffenen und ihre Angehörigen zu Feinden mache (109-117). Besorgt aber, durch Unterdrückung der Wahrheit die Wirkung seines Gedichts und damit seinen Nachruhm zu gefährden (118 ff.), fragt er den einsichtigen, rechtschaffenen und wohlgesinnten Ahnherrn um Rat (103 ff.). Dieser ermahnt ihn, ohne alle Rücksicht auf die Folgen die Wahrheit zu sagen und die Großen am wenigsten zu schonen, weil Wort und Beispiel, je bekannter Person und Gegenstand, um so wirksamer seien (124-142).

Achtzehnter Gesang

Jupiter und der Adler der Gerechtigkeit | Die Gottesstreiter im Mars · Aufstieg zum Jupiter · Der Stern der Gerechtigkeit · Das Bild des Adlers · Fluch über die Wechsler im Tempel des Herrn

Während Cacciaguida, in sein Gottschauen versunken, schweigt (1 ff.), sinnt Dante seiner unheilverkündenden, wenngleich durch Hoffnung auf Vergeltung, Rechtfertigung und Nachruhm »versüßten« Weissagung nach (1-3), bis Beatrice ihn mahnt, die Sorge auf Gott zu werfen, den Rächer aller Unbill, dem sie selbst mit ihrer Fürbitte so nahe ist (4 ff.). Von der immer strahlenderen, nicht allein unbeschreiblichen, sondern der Erinnerung gar nicht mehr vorstellbaren Schönheit (8 ff.) ihres Antlitzes, in dem Gottes seliges Licht sich spiegelt (16 ff.), wendet er sich auf ihre eigne Mahnung (20 f.) wieder dem Ahnherrn zu. In der Freude seiner Hilfsbereitschaft gleichfalls heller strahlend (22 ff.), zeigt dieser ihm die vornehmsten der hochberühmten Gefährten seiner Seligkeit in diesem fünften der ewigen, von Gottes Lichte belebten Himmel (28 ff.) und nennt deren Namen, wie ihre Lichter blitzgleich von den Armen des Kreuzes auffliegen (34 ff.). Außer den Gottesstreitern des Alten Bundes, Josua und Judas Makkabäus, sind es durchweg Bekämpfer der Moslemin: Karl der Große, zugleich Schirmherr der Kirche gegen die Langobarden, sein Paladin Roland, der im Kampf gegen die Mauren in Spanien fiel, Wilhelm von Orange und sein Gefolgsmann Rainouard, Helden der provenzalischen Rittersage, Gottfried von Bouillon, der Anführer des ersten Kreuzzuges, Robert Guiscard, der nach Vertreibung der Sarazenen das Normannenreich in Unteritalien gründete (37-48).

Wie Cacciaguidas Licht sich singend in den Reigentanz der Gefährten mischt (49 ff.), geht der Aufstieg vom Mars zum Jupiter in der gewohnten wunderbaren Weise vor sich: gedankenschnell, durch die Kraft von Beatrices Blick, deren wiederum verklärte Schönheit (55 ff.) zugleich mit der Wandlung des roten Marslichtes in das weiße des Jupiters (64-69) dem Dichter zeigt, daß er auf diesem, dem sechsten Planeten, angelangt ist und mit ihm den größeren Bogen seines Himmelskreises beschreibt (61 ff.).

Jupiter, das Gestirn des Götterkönigs, die stella temperata (68), zwischen dem glühenden Mars und dem kalten Saturn die rechte Mitte haltend, ist der Stern der Gerechtigkeit (115 ff.), der Herrschertugend. Diesen seinen Einfluß bezeugen die hier erscheinenden Seligen, indem ihre Lichter in lebenden Buchstaben, einen nach dem andren bildend, den Eingangsspruch der Weisheit Salomonis darstellen (70-93): Habt Gerechtigkeit lieb, ihr Regenten auf Erden! So deutet Dante die Schrift, von der Muse erleuchtet, die hier (82 ff.) wiederum angerufen wird.

Der letzte Buchstabe M (gotisch 𝔐) bleibt stehen (94 f.) und wird zunächst durch neue Lichter, die sich ihm zu Häupten sammeln (97 ff.), zur Form einer heraldischen Lilie 𝔐 ergänzt (112 f.). Ein Teil von ihnen erhebt sich dann wieder, sprühend wie Funkenflug, aus dem alter Aberglaube künftigen Gewinn weissagen wollte (100 ff.). Indem die übrigen die Verbindung herstellen (112 ff.), wandelt sich das Ganze so in einen heraldischen Adler 𝔐, der, als Wappen des Römischen Reiches, der gottgewollten Staatsordnung, Dante als Hort und Sinnbild des Rechtes gilt.

Angesichts dieses Bildes der Gerechtigkeit und Kaisermacht – das, von Gott selbst gestellt, kein Abbild der Natur, sondern unmittelbar seinem Schöpfergedanken entsprungen ist (109 ff.) – erfleht Dante Gottes Gericht über die

Ungerechtigkeit der ihrem berufenen Herrscher entfremdeten Welt (118 ff.). Den an solcher Gesetzlosigkeit – dem Qualm, der die Strahlen Jupiters, des Sternes der Gerechtigkeit, trübt (120) – schuldigen Hirten der Kirche, deren Macht- und Habgier dem Treiben der von Christus aus dem Tempel zu Jerusalem vertriebenen Wechsler verglichen wird (121 ff.), wünscht er die Rache des Himmels und bittet die verklärten Gerechten um Fürbitte für die durch jenes böse Beispiel mißleitete Christenheit (124 ff.). Er hält dem Papste vor, daß er Bann und Interdikt als Waffe in seinen politischen Kämpfen mißbrauche (127 ff.) und – wie von Johann XXII. tatsächlich überliefert – sie verhänge, um an der Wiederaufhebung Geld zu verdienen (130). Auf die Drohung mit dem Zorn der Apostelfürsten (131 f.) läßt er ihn schnöde erwidern, daß er von diesen, die er (136) geringschätzig Polo und il pescatore nennt, nichts wissen wolle, sondern nur von Johannes, dem in der Wüste lebenden (134), nach Salomes Tanz von Herodes enthaupteten (135) Täufer, – das heißt von den Florentiner Goldgulden, deren Schauseite das Bild dieses Stadtpatrons zeigte.

Neunzehnter Gesang

Gerechtigkeit und Gnadenwahl | Dantes alter Zweifel: Verdient unverschuldeter Unglaube Verdammnis? · Gottes Gerechtigkeit und menschliche Einsicht · Christenglaube und Seligkeit · Ein Fürstenspiegel

Die im Bilde des Adlers vereinigten Seligen, von deren himmlischer Freude er so hell erstrahlt (1 ff.), fühlen sich so sehr als Einheit in diesem Sinnbilde der bürgerlichen Gemeinschaft aller Menschen, des um seiner Gerechtigkeit und Tugend willen von allen gepriesenen, aber von keinem der derzeitigen Machthaber nachgeahmten Römischen Reiches (13-18), daß sie mit *einer* Stimme (19 ff.) und in der ersten Person Singularis sprechen (10 ff.). Von ihnen, die vor andren Himmlischen, nicht minder klar als die schon im Venushimmel (IX, 61 f.) als deren Spiegel gerühmten »Throne« (die Engel des dritten Kreises), Gottes Gerechtigkeit erkennen (28 ff.), hofft Dante Lösung des schon lange (Hölle IV, 46 ff.) und schmerzlich an seiner Seele nagenden Zweifels (25 ff., 31 ff.): wie sich die Verdammnis der untadligen und ohne ihre Schuld ungläubigen Heiden mit der göttlichen Gerechtigkeit vertrage (70-78).

Der Zweifel, den die Seligen in seiner Seele lesen (32 f.), wird nicht gelöst, sondern mit den Worten des Apostels Paulus (79 ff.) zur Ruhe verwiesen. An Luzifers Fall, der, statt auf göttliche Erleuchtung zu warten, Gott gleich sein wollte (46 ff.), zeigt sich die unendliche Erhabenheit von Gottes Ratschluß über allen erschaffenen Verstand (40-51) und damit die Unergründlichkeit seiner Gerechtigkeit für den Blick des Menschen (52-63), der, im Fleische von Unverstand und Lüsten getrübt, die Wahrheit nur sehen kann, wo sie Gott ihm offenbart (64 ff.). Angesichts dieser seiner Offenbarung sind Zweifel und Grübeln vom Übel (82 ff.). Da Gott das höchste Gut ist, kann sein Wille nicht anders als gut und gerecht sein; der Begriff der Gerechtigkeit besteht darin, daß etwas seinem Willen entspricht; mithin kann dieser sein Wille unmöglich dem Maßstabe der menschlichen Gerechtigkeit, eines von ihm selbst erst abgeleiteten Begriffes, unterworfen sein (86-90).

Zur Seligkeit führt nur der Glaube an Christum, der indes nach thomistischer Lehre schon vor seiner Menschwerdung als fides futuri adventus möglich war (103 ff.; vgl. XX, 118-129). Aber Christen, die den Heiland nur mit dem Munde bekennen, sind schlimmer als Heiden (106 ff.). Als Beispiele dienen die Fürsten der damaligen Christenheit, deren Laster und Schändlichkeiten in dem apokalyptischen Buche des Gerichts zum Staunen der minder verworfenen Heiden einst zu lesen sein werden (112 ff.).

Kaiser Albrecht I. wird die Verheerung Böhmens im Jahre 1304 vorgeworfen (115 ff.); Philipp dem Schönen von Frankreich, der auf der Eberjagd durch einen Sturz mit dem Pferde ums Leben kam, die Münzverschlechterung im Kriege mit Flandern (118 ff.); Englands und Schottlands Herrschern die dauernden Grenzstreitigkeiten, die unter den beiden ersten Edward und Robert Bruce tobten (121 ff.); Wenzel von Böhmen (Fegfeuer VII, 100 ff.) und dem Könige von Kastilien (vermutlich Ferdinand IV.) unkriegerische Üppigkeit (124 ff.); Karl von Anjou, dem Lahmen (Ciotto), der als Herrscher von Neapel die Krone von Jerusalem trug, neben einem (I) Vorzug – wahrscheinlich dem der Freigebigkeit (VIII, 82) – tausend (M) Fehler (127 ff.); Friedrich II., dem Könige von Sizilien, der Ätna-Insel, an deren Küste in der Äneis Anchises stirbt, Geiz und Feigheit (130; vgl. Fegfeuer VII, 118 ff.). Welche Fehler seinem Bruder Jakob II. von Aragonien (s. Fegfeuer a. a. O.), seinem Oheim Jakob von Mallorca und den Königen von Portugal und Norwegen (136-139) zur Last gelegt werden, ist angesichts des im allgemeinen günstigen Urteils der Chronisten schwer zu erraten. Der Fürst des Bosnien und Dalmatien umfassenden Rasciens hatte wegen Nachprägung venezianischer Groschen gegen Ende des 13. Jahrhunderts Händel mit Venedig (140 f.). Ungarn wird seine Mißregierung – vermutlich die Verdrängung Karl Martells von Anjou und seines Sohnes durch Andreas III., dem jener Sohn von Dantes Freunde erst nach dessen Tode (1310) folgte (siehe S. 703) –, Navarra die drohende Vergewaltigung durch Philipp den Schönen, den Gemahl der navarresischen Erbtochter, vorgehalten

(142 ff.) und als warnendes Beispiel (145 ff.) die Knechtung Zyperns und seiner Hauptstädte (146) durch den grausamen Heinrich II. von Lusignan vor Augen geführt, der ebenfalls in die Reihe der oben aufgezählten schlimmen Herrscher gehöre (148).

Zwanzigster Gesang

Vorbilder königlicher Gerechtigkeit | Der Sang der Gerechten und die Sprache ihres Adlers · Sechs gerechte Herrscher · Zwei christgläubige Heiden im Paradies · Unergründlichkeit der Gnadenwahl

Sobald der Adler schweigt, beginnen die in seinem Bilde vereinten Seelen, heller leuchtend, einen Sang, dessen erhabene Worte der sterbliche Sinn nicht bewahren kann (7-15). Das Erstrahlen der Lichter und die Ablösung der einen Stimme durch die vielen erinnert an das Aufblitzen der Sterne nach Untergang der Sonne (1 ff.), von der sie nach mittelalterlicher Anschauung ihr Licht erhalten (6).

Bald vereinigen sich die einzelnen Stimmen wieder zur Sprache des Adlers (16-30), der nun die Namen der vornehmsten der mit ihren Lichtern seine Gestalt bildenden gerechten Herrscher nennt: die Lichter, die in und über seinem Auge leuchten (31 ff.). Es sind:

1. König David, der für sein Verdienst an der Dichtung der Psalmen – die freilich, vom Heiligen Geiste eingegeben, nicht lediglich sein Werk sind – hier belohnt wird (37-42);

2. Kaiser Trajan, dessen Gerechtigkeit sein Fegfeuer X, 73 ff. geschildertes Gericht über die Tötung des Sohnes der Witwe beweist und den nach der Legende Papst Gregors des Großen Gebet aus der Hölle erlöste, so daß er nun Verdammnis sowohl wie Seligkeit kennt (43-48);

3. König Hiskia, dessen Leben nach der Bibel auf sein Gebet um fünfzehn Jahre verlängert wurde, ohne daß Gottes Ratschluß eine Wandlung erfuhr, der nach thomistischer Lehre Gebet und Gebetserhörung im voraus gesehen hatte (49-54);

4. Kaiser Konstantin, dem das aus seiner – vermeintlichen – Schenkung des Kirchenstaates entstandene Unheil (Hölle XIX, 115 ff.; Fegfeuer XXXII, 124-129) nicht zugerechnet wird, wegen der guten Absicht, in der er, den Sitz der Reichsgewalt nach dem griechischen Byzanz verlegend, Rom, die Hauptstadt der Welt, dem geistlichen Hirten überlassen haben soll (55-60);

5. der Normannenkönig Wilhelm der Gute, vortrefflicher Herrscher von Sizilien und Apulien, die nach ihm (XIX, 127-135) unter Karl II. von Anjou und Friedrich II. von Aragonien seufzten (61-66);

6. der in Vergils Äneis wegen seiner Gerechtigkeit gepriesene Trojaner Ripheus, der als Heide besondren Anlaß hat, die in ihrer ganzen Tiefe freilich selbst den Seligen nicht erkennbare Gnade Gottes zu preisen (67-72).

Froh, daß er so heilbringende Wahrheit spenden konnte (73 ff.), liest der Adler, das Bild der gottgewollten Weltordnung (76 ff.), in Dantes Seele (79 ff.) auch ohne seinen verwunderten Ausruf (82 f.) sein Staunen über die Aufnahme zweier Heiden in dies selige Reich (100 ff.). In freudiger Hilfsbereitschaft noch heller strahlend (84 ff.), erklärt er ihm diese Ausnahme (88 ff.). Zunächst wird die Erhörung von Gregors Fürbitte für Trajan nach dem evangelischen Spruche Vers 94 und der Lehre vom bedingten Willen Gottes erläutert, dessen Ratschluß durch Liebe und Hoffnung aus Gnaden verwandelt werden könne (95-99). Mit Hilfe der Dogmen von der fides implicita und dem baptisma poenitentiae, das heißt von der Möglichkeit eines Glaubens an die künftige Erlösung und eines Ersatzes der Taufe durch innere Heiligung (105, 122-129), wird sodann festgestellt, daß beide tatsächlich als Christen gestorben seien (103). Trajan sei auf Gregors Fürbitte ins Leben zurückgerufen worden, um sich alsbald – was in der Hölle unmöglich – zum Glauben an den Heiland zu bekehren (106-117). Ripheus, ein im Kampfe gefallener Trojaner, dessen Redlichkeit Vergil rühmt, sei um dieser Gerechtigkeit willen mit dem Glauben an den kommenden Erlöser begnadigt worden, wobei ihm anstatt der Taufe die drei christlichen Tugenden: Glaube, Liebe und Hoffnung (die Jungfrauen, die im Siegeszug der Kirche [Fegfeuer XXIX, 121 ff.] zur Rechten des Wagens erschienen), zugerechnet worden seien (118-129). Diese nur beiläufig in der Äneis erwähnte – gerade darum freilich jeder Deutung fähige – Person als Beispiel für die Möglichkeit einer Bekehrung zum Christenglauben vor Christi Ankunft zu wählen, mag Vergils Wort »Dis aliter visum« Anlaß gegeben haben, das Dante wohl auf Entfremdung von den Heidengöttern hinzudeuten schien.

Mit nochmaligem Hinweis auf die Unergründlichkeit der Gnadenwahl (130ff.) und mit der evangelischen Mahnung: »Richtet nicht!« (133) schließt das Sinnbild der ewigen Gerechtigkeit, während die beiden zur Seligkeit erwählten Heiden durch rhythmisches Spiel ihrer Lichter ihre Freude bekunden (142ff.). Die letzte Belehrung von Vers 67 an verrät wiederum den brennenden Wunsch unsres Dichters, einen mit der Kirchenlehre zu vereinbarenden Ausweg aus dem seit dem Besuch im Limbus der Hölle (Hölle IV, 43 ff.; vgl. Fegfeuer III, 40ff.) ihn bedrückenden Zwange zur Verdammung der gerechten Heiden zu finden. In Vers 134f. scheint die leise Hoffnung angedeutet, daß es außer den Möglichkeiten, die er in der thomistischen Lehre finden konnte, noch andre Wege zu ihrer Erlösung gebe.

Einundzwanzigster Gesang

Saturn · Die Himmelsleiter und die Heiligen der Betrachtung | Aufstieg und Empfang auf dem letzten Planeten · Die Jakobsleiter und die Seelen der Beschaulichen · Petrus Damiani · Nochmals die Unergründlichkeit der Gnadenwahl · Weheruf über die entartete Geistlichkeit

Die Ankunft in dem siebenten und letzten Planetenhimmel erfährt Dante nur aus dem Munde seiner Herrin (13). Nicht wie sonst verrät es sich in ihrem Lächeln (4), das mit jeder Annäherung an den Sitz der Gottheit heller erstrahlte. Dantes unvorbereitetes Auge hätte dessen abermals verklärten Glanz ebensowenig ertragen wie Semele den von ihr erbetenen Anblick des donnernden Jupiter, an dem sie verbrannte (4-12). Auf ihr Geheiß (16 ff.), froh, ihr zu gehorchen, so schwer er sich von ihrem Anblick losreißt (19 ff.), wendet er sich zu den Gesichten auf diesem neuen Sterne, dem Spiegel (18) göttlichen Lichtes.

Saturn, damals im Zeichen des Löwen stehend, dessen Hitze nach astrologischen Begriffen seine eigne Kälte mildert (13 ff.), ist der erdfernste der in jener Zeit bekannten Planeten, sein Taufpate der uralte Weltherrscher des Goldnen Zeitalters (25 ff.). So zeigen sich hier die Weltflüchtigen, die als Einsiedler oder Klosterbrüder, bedürfnislos wie jene Urzeit, in Entsagung und Beschaulichkeit ihre Seelen zu Gott erhoben hatten (XXII, 46 ff.). Diese erdentrückten, in Gott versenkten Seelen erscheinen auf einer Himmelsleiter, die, an Jakobs Traum zu Bethel erinnernd, von diesem höchsten der Planetenhimmel bis zum Empyreum, dem Sitz der Gottheit, ragt (28 ff.; XXII, 68 f.). Deren goldne Sprossen herab strömt die Schar ihrer Lichter Dante entgegen und sprüht vor ihm auseinander wie ein hin und wider schwirrender Vogelschwarm (34 ff.).

Den Seligen, dessen Leuchte, in Liebe hell erstrahlend, ihm am nächsten kommt (43 ff.), fragt Dante, nachdem Beatrice, seinen verhaltenen Wunsch erkennend, ihn dazu ermuntert hat (49 ff.), nach dem Grunde seiner Annäherung und nach der Ursache, warum hier, im Reiche der Beschaulichkeit, der durch alle andren Himmel tönende Lobgesang schweige (55-60). Auf die zweite Frage erhält er zur Antwort, daß sein sterbliches Ohr dem Klange des Singens auf diesem höchsten der Wandelsterne so wenig wie sein Auge dem Lächeln Beatrices gewachsen sei (61 ff.). Die erste Frage beantwortet der Verklärte dahin, daß er ihm zuliebe so weit herabgestiegen sei (64 ff.). Gottes Vorsehung, der im Himmel alles aus freier Liebe folge, habe ihn unter so vielen, die nicht minder willfährig seien, dazu ausersehen (67-72). Auf die erneute Frage, warum gerade er berufen worden (76 ff.), kann auch er nur den Spruch von der Unergründlichkeit der Gnadenwahl wiederholen und vor dem Grübeln über dies Geheimnis warnen, das nicht den von Gottes eignem Lichte erleuchteten Seligen, nicht den höchsten Engeln, geschweige dem kurzsichtigen Menschengeiste begreiflich ist (83-102).

Nunmehr nach seinem Namen gefragt, gibt der Sprecher sich zu erkennen. Petrus Damiani aus Ravenna, Bruder und Abt im Kamaldulenserkloster von Fonte Avellana unter dem Monte Catria im umbrischen Apennin (106 ff.), war im 11. Jahrhundert, selber durch strenge Askese ausgezeichnet (113 f.), einer der Vorkämpfer der cluniazensischen Bewegung für Reinigung der Kirche, die er – in scharfem Gegensatz zu seinen Folgern, wie Dante selbst – von der Kaisermacht (Heinrich III.) erhoffte. Nach wichtigen Diensten, die er der Kurie geleistet hatte, wurde er von Papst Stephanus X.

zum Kardinal ernannt (124 ff.), kehrte aber nach Ausführung der ihm gewordenen Aufträge ins Kloster zurück. Er nannte sich demütig Petrus Peccator (122). Was diese gerade in Briefen aus Fonte Avellana gebrauchte Benennung mit einem Aufenthalt in einem der Mutter Gottes geweihten Heiligtum am Ufer der Adria (123) zu tun hat, ist nicht zu ermitteln. Die alten Ausleger beziehen die Angabe auf das Kloster Santa Maria in Porto bei Ravenna, das indes erst nach seinem Tode gegründet worden ist. Dessen Stifter Pietro degli Onesti wird dort auf seinem Grabmal und auch anderwärts ebenfalls Petrus peccans genannt. Daß der in Ravenna heimische Dichter die beiden verwechselt habe, ist schwer zu glauben. Aber keiner der vielen Versuche, die Terzine – auch bei andrer Lesart und Interpunktion – anders zu deuten, bietet eine befriedigende Lösung des Rätsels.

Der Streiter gegen die Verweltlichung des Klerus beklagt den Niedergang seines Klosters (118 ff.) sowie die Üppigkeit und Prunksucht der Prälaten im Gegensatz zu der Armut der Apostel Petrus und Paulus (126-135). Mit donnerndem Rufe stimmt der selige Chor ihm zu, während die Lichter, sprühend und kreisend, heller aufleuchten (136 ff.).

Zweiundzwanzigster Gesang

Vom Saturn zum Zwillingsgestirn | Der Ruf nach Gottes Rache · Sankt Benedikt, der Ordensgründer, über den Verfall der Klosterzucht · Aufstieg zum Fixsternhimmel · Die Zwillinge, Dantes Himmelszeichen · Rückblick zur Erde

Den Ruf, den die Seligen am Schlusse des vorigen Gesanges erheben (XXI, 140 ff.) und der Dante erschreckt hat (1 ff.), erklärt Beatrice, seinen Schrecken mit dem Hinweis auf die Heiligkeit des Himmels beschwichtigend (7 ff.), als ein von gerechtem Eifer eingegebenes Gebet um Gottes Gericht über die verwahrloste Geistlichkeit (13 ff.). Den Vollzug, der genau zur rechten Zeit geschehen wird, soll der Dichter selbst noch erleben (15 ff.); vielleicht ist an die Gefangennahme und den Tod Bonifaz' VIII. gedacht.

Das hellste der Lichter, denen der Dichter sich auf Geheiß seiner Herrin zuwendet (19 ff.), gibt sich, ungefragt (25-36), als der Vater des mittelalterlichen Mönchstums und Begründer des Benediktinerordens, Benediktus von Nursia, zu erkennen, dessen berühmtes Kloster Montecassino am Hange des Berges liegt, auf dem er nach der Legende ein Heiligtum des Apollo durch ein Wunder zerstört und dessen Verehrer bekehrt hatte (37-45). Unter den übrigen Seligen, die sämtlich heiliger Betrachtung zuliebe der Welt entsagten (46 ff.), werden neben den der Regel treuen Benediktinermönchen zwei Führer der mönchischen Bewegung im Morgen- und Abendlande genannt: Makarius – wohl der von Alexandria, der ältere der beiden ägyptischen Wüstenheiligen dieses Namens – und Romuald, der Stifter des Kamaldulenserordens (49 ff.).

Dantes Wunsch, ihn von Angesicht zu sehen (58 ff.), vertröstet der Heilige auf das Empyreum, den höchsten Himmel, der, ohne räumliche Grenzen, in ewiger Ruhe liegt und wo alles Unvollkommene Vollendung erfährt (61-67). Dorthin führt die Himmelsleiter, auf der diese Seligen erscheinen: dieselbe, die Jakob zu Bethel im Traume sah (68 ff.). Angesichts dieses Sinnbildes des erdabgewandten, himmelwärts gerichteten Lebens frommer Betrachtung, der sich keiner mehr ergeben will (73 ff.), erhebt Sankt Benedikt gegen die Ordensleute zu Dantes Zeit die gleiche Anklage, die Petrus Damiani (XXI, 126 ff.) gegen die hohe Geistlichkeit gerichtet hat (74 ff.). Die Einkünfte der Kirche – nach strenger Auffassung ihr nur in Verwahrung gegeben und den Armen gehörig (82 ff.) – werden, ein Vergehen, ärger als Wucher, an Nepoten, Dirnen und dergleichen vergeudet (79-84), die frommen Absichten der Apostel und Ordensstifter durch Nachgiebigkeit des Fleisches gegen irdische Gelüste allerwegen ins Gegenteil verkehrt (85-93). Gegen dies Unwesen kann nur ein Wunder Gottes helfen, der ja sogar die Wasser des Jordans und des Roten Meeres vor Josua und Moses weichen hieß (94 ff.).

Als der Sprecher verstummt und verschwunden (97 ff.), schwebt Beatrice mit ihrem Sänger in überirdisch schnellem Fluge die Himmelsleiter empor zum Fixsternhimmel (100 ff.). Schneller, als man den Finger, fast eh er drinnen, aus der Flamme zieht (109 ff.), ist er erreicht, und zwar das im Tierkreise auf das Zeichen des Stieres folgende Zwillingsgestirn (110 f.), das Sternbild, dessen Einfluß die Astrologen geistige Gaben zuschreiben und in dem bei Dantes Geburt die Sonne stand (112-117). Von dessen Macht erbittet er sich Kraft zur Vollendung seines Werkes (121 ff.).

Ehe er hier den Siegeszug Christi erblicken darf (130 ff.), läßt ihn Beatrice einen Rückblick auf die mit ihr zurückgelegte Strecke tun (127 ff.). Er übersieht nun das ganze Planetensystem: Größe, Abstand, Bahn und Schnelligkeit aller sieben Wandelsterne (146-150). Er sieht die Sonne (Hyperions Sohn Apollo), deren Strahl sein Auge jetzt ertragen kann, Majas Sohn Merkur, Diones Tochter Venus, Jupiter, Saturn, seinen Vater, und Mars, seinen Sohn (142-146). Er sieht den Mond – Diana, Latonas Tochter, ist Mondgöttin – ohne die beim Aufstieg bemerkten und II, 49 ff. erklärten Flecken (139 ff.): denn diese Zeichen der verschiedenartigen, von den oberen Himmeln zur Weiterleitung auf die Erde übernommenen Kräfte sind nur von der Erdseite her, wohin diese Kräfte wirken, sichtbar. Von der Erde sieht er die ganze Oberfläche (153), will sagen: die bekannte und bewohnte Halbkugel mit dem Mittelpunkt Jerusalem, in dessen Meridian nämlich (XXVII, 79 ff.) das Zwillingsgestirn jetzt eben stand. Gleichwohl erscheint ihm diese »Scholle«, um deren Besitz die Menschen so heftig streiten (151 ff.), von hier lächerlich klein, ein Anblick, der ihn mahnt, alles Irdische gering zu schätzen und sich ganz dem Ewigen hinzugeben (133-138).

Das Bild wie der Gedanke, daß neben der erhabenen Gesetzmäßigkeit des Alls menschliches Trachten zur Belanglosigkeit herabsinkt, scheint dem in Ciceros Res publica geschilderten Traum des Scipio entnommen.

Dreiundzwanzigster Gesang

Christi Siegeszug im Fixsternhimmel | Beatrices Erwartung, Erstrahlen und Lächeln · Der Christ und sein Gefolge · Maria, vom Engel gekrönt · Apostel und Heilige

Während auf jedem der sieben Planeten die Seelen erscheinen, die im Leben – zu ihrem Heil oder Gebrechen – den Einfluß dieses Sternes erfahren hatten, zeigt sich im Fixsternhimmel, der die von der Gottheit ausgehende Kraft noch ungeteilt empfängt, um die verschiedenen Einzelkräfte an die Planeten weiterzugeben, die von ihrem Heiland angeführte Gemeinschaft der Heiligen, die sämtlich, gleichviel, von welchem Stern beeinflußt, durch seine Erlösertat zur Seligkeit gereift sind (19 ff.).

Von Beatrice mit Spannung erwartet (1-12), erscheint im Zenit, in der Himmelsgegend, wo uns der Lauf der Sonne langsamer vorkommt (11 f.; vgl. Fegfeuer XXXIII, 103 ff.), der Siegeszug Christi und seiner Heiligen: über einem Schwarm kleinerer Sterne eine große Leuchte, von der alle – wie, nach mittelalterlicher Annahme, die Sterne von der

Sonne – ihr Licht empfangen (25-30). Den Anblick des Erlösers (37 ff.), dessen göttliches Wesen aus jener Leuchte strahlt (31 ff.), kann Dantes Auge noch nicht ertragen. Dagegen erträgt es, durch jene Lichterscheinung gestärkt, nunmehr das Lächeln Beatrices (46 ff.), deren Schönheit sich schon beim Nahen des Zuges (22 ff.) neu verklärt gezeigt hatte. In seiner Verzückung außer sich (40 ff.), wie nach einem Traume, von dem nur ein unbestimmter, mächtiger Eindruck geblieben ist (49 ff.), vermag der Dichter den Reiz dieses Lächelns so wenig wie den Eindruck des Geschehenen (45) in Wort und Reim zu fassen (55 ff.). Mit der Wendung, daß diese menschliche Unvollkommenheit sich bei der Schilderung des Paradieses mehr als einmal fühlbar mache (61 ff.), bereitet er darauf vor, daß gegen Ende dieses Liedes die Erhabenheit der Gesichte wieder und wieder durch die Versicherung des Unvermögens, sie zu begreifen, im Gedächtnis zu behalten und mit Worten wiederzugeben, dem Leser eingeprägt wird.

Von dem Zuge, auf den Beatrice (70 ff.) den in ihren Anblick Versunkenen hinweist, ist der Gottessohn, dessen Leuchte das sterbliche Auge geblendet hatte (33), bereits entschwunden (85 ff.). Vom Empyreum her, zu dem er sich erhoben, erhellt sein Strahl die Lichtgeister seines Gefolges, wie der Strahl der dem Beschauer durch eine Wolke verdeckten Sonne durch einen Wolkenriß die Landschaft vor dessen Augen bescheint (79-84). Beatrice weist unter ihnen Maria, die mystische »Rose« der Litaneien, und die »Lilien«, deren Duft den rechten Weg leitet: die Apostel, die Zeugen des wahren Glaubens (73 ff.). Inbrünstig gibt sich Dante, von jeher Verehrer der Heiligen Jungfrau, dem Anblick ihres Lichtes hin (88 ff.). Die Gottesmutter, von Gabriel, dem Verkündigungsengel, in Gestalt eines Flammenreifs gekrönt (94 ff.) und mit Lobgesang (103-108) umkreist, folgt ihrem Sohne und entschwindet (118 ff.) dem Auge, das nicht einmal bis zur Grenze des nächsten Himmels reicht, des primum mobile, das, dem Empyreum am nächsten, von Gottesliebe zu schnellstem Kreisen angetrieben wird (112-117). Ihr huldigend (110 ff., 121-129), bleiben die Heiligen Alten und Neuen Bundes zurück, die als gutes Erdreich für den Samen des Reiches Gottes nach dem evangelischen Gleichnis reiche Frucht für die himmlischen Scheuern getragen (130 ff.) und im Bann des Erdenlebens sich durch Entsagung einen Schatz im Himmel erworben hatten (133 ff.); unter ihnen die Apostel und an deren Spitze Petrus, dem die Schlüssel des Himmelreiches übertragen sind (139).

Vierundzwanzigster Gesang

Die Prüfung im Glauben | Der Willkomm der heiligen Lichter · Beatrices Bitte · Sankt Peters Fragen und Dantes Bekenntnis · Belobigung des Prüflings

Auf Beatrices Bitte, ihrem Schützling aus dem Schatze des ihnen eigenen Gottschauens mitzuteilen (1-9), bezeigen die Seligen ihre liebevolle Bereitwilligkeit durch Aufleuchten ihrer Lichter, während das Kreisen ihrer verschiedenen Runden – hier ähnlich wie am Schlusse des zehnten Gesanges dem Gange eines Uhrwerks verglichen – in seiner größeren oder geringeren Schnelligkeit wieder den Grad ihrer Seligkeit verrät (10-18). Aus dem Ringe der hellsten Lichter, in dem die Apostel sich finden, zeigt sich das größte, die Seele Sankt Peters, Beatrices Bitte willfährig (19-33) und wird von ihr ersucht, Dante im Glauben zu prüfen: nicht als ob sein Glaubensstand ihm unbekannt wäre; nur um ihm Gelegenheit zu rühmendem Bekenntnis zu geben (34-45).

Als erstes wird von dem Prüfling eine Begriffsbestimmung des Glaubens verlangt (52 ff.), die er mit dem bekannten Worte (64 ff.) des dem Apostel Paulus (61 ff.) zugeschriebenen Hebräerbriefes – nach dem Text der Vulgata – gibt. Auf eine Rückfrage (67 ff.) sucht er dann mit thomistischer Dialektik den Widerspruch zwischen den Begriffen substantia (Wesenheit: 64) und argumentum (Beweis: 65) zu schlichten: Der Glaube ist Substanz des Geglaubten, weil es ohne ihn seiner Unfaßlichkeit halber für den Verstand gar nicht vorhanden wäre (70-75); er ist zugleich Argument, weil aus ihm auf dies Vorhandensein geschlossen wird (76 ff.).

Nachdem er die Frage nach dem Besitz des so zur Zufriedenheit des Fragers (79 ff.) gekennzeichneten Glaubens bejaht hat (86 ff.), beantwortet er die Frage nach dessen Quelle (88 ff.). Es ist die Heilige Schrift Alten und Neuen Testaments (92 ff.); und was sie als Gottes Wort erweist (97 ff.), sind die Wunder, die auf natürlichem Wege unmöglich wären (100 ff.). Auf den Einwand, dieser letzte Beweis sei eine petitio principii, da die Tatsächlichkeit der Wunder eben durch die Schrift selber bezeugt werde (103 ff.), erklärt es Dante (106 ff.) für das größte aller Wunder, wenn ohne jene Wundertaten, nur durch das strenge Vorbild seiner unscheinbaren Verkünder (109 ff.), das Christentum ausgebreitet und die – nun so entartete (111) – Kirche gegründet worden wäre.

Zum Schlusse wird die Frage nach Inhalt und Wurzel des Glaubens (122 f.) beantwortet. Dem Apostel, der sogleich, ein Zeichen fester Gläubigkeit, Christi Grab betrat, während der jüngere Johannes, obschon zuerst angekommen, draußen stehenblieb (124 ff.), bekennt Dante mit Worten, die an das Athanasianische Bekenntnis anklingen, seinen Glauben an Gott und Dreieinigkeit (130 ff., 139 ff.), das heißt an die Lehre, aus der sich der gesamte Christenglaube ergibt (145 ff.). Als Quelle solchen Glaubens werden neben den schon Vers 92 f. genannten biblischen Schriften (136 ff., 143 f.) auch Natur und Metaphysik angeführt (133 ff.). Nach diesem Abschluß bezeugt Sankt Peter, der schon die einzelnen Antworten gebilligt hat (67, 79 ff., 118 ff.), dem Prüfling seine Zufriedenheit, indem sein Licht ihm, dreimal um ihn kreisend, das Haupt krönt, während sein Sang ihn segnet (148-154).

Fünfundzwanzigster Gesang

Bewährung in Hoffnung | Die Hoffnung des Verbannten · Die Prüfung durch den Apostel Jakobus · Dantes Zuversicht · Begriff und Quell der Hoffnung · Ihr himmlisches Ziel · Der Apostel Johannes · Neugier und Blendung

Nicht von ungefähr wird dieser Gesang, der von der Hoffnung handelt, mit den ergreifenden Versen eingeleitet, in denen die letzte, schwache irdische Hoffnung des in der Verbannung alternden Dichters aufleuchtet: die Hoffnung auf Rückkehr in die geliebte Heimat, die der Ruhm seiner Dichtung ihm erwirken soll, zugleich mit der Dichterkrönung, die er nirgend als in Florenz, im Baptisterium, wo er getauft, entgegennehmen wollte (1-12).

Nach kirchlicher Überlieferung wird die theologische Tugend der Hoffnung, wegen einiger Gottes Gnade preisender Stellen in dem Jacobusbriefe (29 f., 76 f.), vornehmlich durch den Apostel Jakobus den Älteren vertreten: ihn, der mit Petrus und Johannes zugleich – die als Träger von Glauben und Liebe gelten – bei der Verklärung, bei der Auferweckung von Jairi Töchterlein und in Gethsemane von Jesu besonderen Vertrauens gewürdigt wurde (32 f.). Nach der Legende hat er Spanien bekehrt und ist nach seinem

Märtyrertode an dem berühmten Wallfahrtsorte Santiago de Compostela in der spanischen Provinz Galicien bestattet worden (17f.).

Nachdem sein Licht aus dem Kreise der Apostel zu dem Sankt Peters grüßend herabgeschwebt (13-27), setzt er auf Beatrices Bitte (28 ff.) Dantes Prüfung fort. Auf sein Geheiß (34 ff.) hebt dieser die vor soviel Glanz zunächst niedergeschlagenen Augen (27) zu den hohen Aposteln – nach dem Psalmwort »zu den Bergen« (38 f.) – auf. Dann wird er nach der Hoffnung gefragt, der Tugend, die, selbst Sproß des Glaubens (XXIV, 74), vermöge der Dankbarkeit für das erhoffte Heil die dritte der theologischen Tugenden, die Liebe, weckt (45). Von den drei Fragen nach ihrem Begriff, ob und woher er ihrer teilhaftig sei (46 f.), wird die zweite, die der Befragte nicht ohne Selbstlob beantworten konnte (62), an seiner Stelle von Beatrice bejaht (52 ff.): Daß dem Lebenden die Paradiesschau zuteil wird, beweist die Kraft seiner Hoffnung (55 ff.).

Den Begriff der Hoffnung gibt Dante selbst nach Petrus Lombardus (67 ff.). Als Quellen gibt er wieder die heiligen Schriften an (70 ff.), vornehmlich Davids neunten Psalm (71 ff.) und die vorerwähnten Stellen des Jakobusbriefes (76 f.). Auf die weitere Frage des Apostels, der noch im Paradiese, wo doch alle Hoffnung erfüllt ist, für diese seine Vorzugstugend glüht (82 ff.), nennt er als Gegenstand der Hoffnung das von der Heiligen Schrift verheißene Ziel der Seele: die himmlische Seligkeit (88 ff.). Er belegt dies durch die seinerzeit auf die Auferstehung von Seele und Leib gedeutete Stelle Jesaja 61, 7 (91 ff.) und durch das Gesicht von den Auserwählten des Lammes in der Offenbarung Sankt Johannis (94 ff.).

Den von Dante (73) angeführten Psalm singend (97 ff.), bekunden die Seligen ihre frohe Zustimmung. Dann gesellt sich dem Reigen der beiden Apostel ein drittes Licht, so strahlend, daß es, in das von Mitte Dezember bis Mitte Januar die ganze Nacht am Himmel leuchtende Sternbild des Krebses versetzt, während dieses Monats auch die Nacht zum Tage machen würde (100 ff.). Dies Licht, das sich grüßend naht (103 ff.), ist nach Beatrices Worten (112 ff.) der Apostel Johannes, der beim Abendmahl an der Brust Jesu lag und dem er, der Pelikan, wie er seines Blutopfers wegen genannt wird, am Kreuze seine Mutter anbefahl.

Wie der Beobachter einer partiellen Sonnenfinsternis wird Dante nach einem forschenden Blicke in das gleißende Licht geblendet (118 ff.). Er will, wie sich aus der Zurechtweisung Vers 122 ff. ergibt, die Wahrheit der auf den Schluß des Johannesevangeliums gestützten Überlieferung ergründen, daß der Evangelist nicht gestorben, sondern leiblich gen Himmel entrückt worden sei. Johannes verneint dies (123): sein Leib ruhe im Grabe bis zum Jüngsten Tage, an dem alle von Gott Erwählten im Paradiese aufgenommen sein werden (124 ff.); körperlich gen Himmel gefahren seien nur Christus und Maria, deren Lichter eben emporgeschwebt sind (127 ff.; vgl. XXIII, 85 ff., 120).

Als Dante nach dem Verstummen des Apostels, mit dem zugleich Reigen und Gesang aufhören (130 ff.), sich wieder zu Beatrice wendet, wird er mit Schrecken gewahr, daß er infolge der Blendung das Augenlicht verloren hat (136 ff.). Sinnbildlich wird dies meist als Strafe für das übereifrige Spähen aus neugieriger, von dem Apostel (122 ff.) mit leiser Rüge abgewehrter Erwartung gedeutet. Aber Johannes' Worte zu Beginn des nächsten Gesanges, sein Hinweis auf die innere Erleuchtung (XXVI, 4 ff.) und die Heilung des bekehrten Paulus (XXVI, 12) deuten ebenso wie später die Schärfung der wiedergewonnenen Sehkraft (XXVI, 79) noch auf einen tieferen Sinn: auf die Notwendigkeit, das

Auge des Geistes nach innen zu richten, ehe es für die ewige Wahrheit aufgetan wird.

Sechsundzwanzigster Gesang

Bekenntnis der Liebe | Johannes' Frage und Tröstung · Die Liebe zu Gott als dem höchsten Gut; ihre Wurzeln in Philosophie, Offenbarung und Erlebnis · Beatrices Blick macht wieder sehend · Adam, der Erstgeschaffene

Als Ersatz für das Licht der geblendeten Augen gewährt Johannes innere Erleuchtung, indem er durch seine Fragen dem Prüfling Gelegenheit gibt, über das Wesen der vornehmsten unter den christlichen Tugenden Rechenschaft abzulegen. Zugleich verheißt er Heilung durch Beatrices Blick, auf die Geschichte von Pauli Bekehrung deutend, der, von der Erscheinung des verfolgten Heilands geblendet, durch Ananias' Handauflegen wieder sehend wurde (1-12).

Als ersten und letzten Gegenstand aller Liebesneigung – einer Begriffsbestimmung bedarf es hier nicht – nennt Dante Gott, das erste Gut, in dem die Seligen ihr Genügen finden (16 ff.). Nach dem Grunde befragt (22 ff.), beruft er sich wiederum auf Philosophie und Offenbarung (25 ff.). Die Philosophie lehrt: Was gut ist, weckt Liebe; dem höchsten Gute also gebührt die höchste Liebe (28-36). Daß aber Gott das höchste Gut ist, diese Wahrheit (35) lehrt der Philosoph – wahrscheinlich ist Aristoteles gemeint –, der ihn als das erste Ziel alles Strebens der unsterblichen Wesen (Intelligenzen und Menschen) erweist (37 ff.). Gott selber lehrt es in seinem Wort an Moses (40 ff.), wo er sich als Hort aller Güte zu erkennen gibt; und Johannes bestätigt es zu Beginn seiner Schrift (43 ff.): wohl der Apokalypse, wo das Wort vom A und O (17) steht. Auf nochmalige Frage (46 ff.) des Evangelisten, dessen symbolisches Zeichen der Adler ist (54), bekennt der Befragte (55 ff.), daß auch Natur und Erfahrung, im Einklang mit jener Erkenntnis (61 f.), durch Dankbarkeit von irdischer und sündiger Lust hinweg (62 f.) zur Liebe des Gottes führen, der das Weltall geschaffen, ihm selbst das Leben gegeben, in Christo für ihn den Tod erlitten und allen Gläubigen die ewige Seligkeit verheißen hat (58 ff.). Auch die Nächstenliebe entspringt dieser Gottesliebe, insofern sie im Nächsten das von Gott ihm eingepflanzte Gute liebt (64 ff.).

Unter dem beifälligen Lobgesang aller Seligen (67 ff.) erhält Dantes Auge durch Beatrices Blick, wie ein von hellem Lichtstrahl Erwachender, die Sehkraft zurück (70 ff.), und zwar eine erhöhte Sehkraft (79), die auch weiterhin durch immer neue Erleuchtung immer helleres Licht ertragen lernt (XXX, 58 ff.).

Zunächst noch bestürzt und ungewiß (73 ff.), sieht er alsbald in einem vierten Lichte Adam (80 ff.), den vollkommen geschaffenen Menschen, der nach der Erlösung durch Christus in den ursprünglichen Stand der Unschuld zurückgekehrt scheint.

Der Vater aller Menschen, der somit in jeder Ehe Vater beider Gatten ist (93) und der als einziger erwachsen ins Leben trat (91 f.), liest in Gottes Lichte (106 ff.) Dantes verschwiegene Fragen (95 f., 103 ff.) und zeigt durch flackerndes Leuchten in seiner Strahlenhülle seine Freude, ihm Bescheid geben zu können (97 ff.). Er belehrt ihn (109 ff.) über den Zeitpunkt seiner Erschaffung, über die Dauer seines Aufenthaltes im Paradiese, über den eigentlichen Grund seiner Strafbarkeit und über seine, die erste menschliche Sprache (109-114). Die Schuld beim Sündenfalle bestand – nach thomistischer Lehre – nicht sowohl im Genuß der verbotenen Frucht an sich als vielmehr in dem Ungehorsam und der Überhebung (115 ff.; vgl. VII, 100 f.), Gott dadurch gleich werden zu wollen, in der Sünde des Stolzes also, die auch Luzifer zu Falle brachte. Die Sprache des Paradieses war nicht, wie Dante nach verbreiteter Ansicht noch in seiner Schrift De vulgari eloquentia annimmt, das Hebräische, sondern eine Ursprache, die schon vor der babylonischen Sprachverwirrung in Vergessenheit geraten war (124 ff.). Wie schon in jener Abhandlung dargetan, ist die besondere Sprache nicht, wie die Fähigkeit zu sprechen an sich, dem Menschen angeboren, sondern von seinem Geschmack abhängig, der unter dem Einfluß der Gestirne, wie das Laub am Baume, ständig wechselt (127-132, 136 ff.). In jener Ursprache soll Gottes Name – nach De vulgari eloquentia der erste Begriff, für den der Mensch ein Wort gefunden hat – noch nicht wie im Hebräischen El, sondern I gelautet haben (133-136). Ob das letztere Zeichen die Zahl Eins, den Anfangsbuchstaben von Jehova oder ein kabbalistisches Symbol bedeuten soll, läßt sich nicht bestimmen. In dem auf dem Gipfel des Läuterungsberges gelegenen (110 ff., 139) Paradiese weilte Adam, vor und nach dem Sündenfalle, nur von Sonnenaufgang bis zur ersten Nachmittagsstunde (139 ff.). Sein Lebensalter erreichte nach der Genesis 930 Jahre (121 ff.). Da, nach Eusebius, die Welt 5200 Jahre vor Christi Geburt erschaffen sein soll, muß er von seinem Tode bis zur Erlösung durch Christi Höllenfahrt – 32 Jahre nach dessen Geburt – 5200 + 32 − 930 = 4202 Jahre im Limbus der Hölle geweilt haben (118 ff.).

Siebenundzwanzigster Gesang

Sankt Peters Strafrede und Beatrices Anklage | Lobgesang der Seligen · Sankt Peters Rügespruch wider seine Folger · Aufstieg zum neunten Himmel · Das primum mobile · Beatrices Klage über die Verderbnis der Zeit

Nachdem Adams Bericht in jauchzendem Lobgesang auf die Dreieinigkeit Widerhall gefunden (1 ff.), beginnt Sankt Peter, dessen Licht sich, zugleich mit dem der übrigen Seligen, vor Zorn rötet (13 ff., 19 ff., 28 ff.), während Beatrice Scham und Unwillen an den Tag legt (31 ff.) und der Himmel sich wie bei Christi Tode verfinstert (35 f.), mit immer drohenderer Stimme (37 ff.) eine Strafrede gegen seine Nachfolger. Sie richtet sich vor allem gegen den im Jahre 1300, dem für die Jenseitsfahrt angenommenen Zeitpunkt, auf seinem Stuhle sitzenden Papst Bonifaz VIII., dessen Einsetzung er nach göttlichem Rechte als ungültig ansieht (22 ff.): nicht nur wegen seiner Unwürdigkeit, sondern weil der von ihm erwirkte Verzicht seines Vorgängers Cölestin V. vielfach für unzulässig und nichtig angesehen wurde. Er hat durch seine Ränke und seine blutigen Händel Rom, den Friedhof der Märtyrer, zur Freude des Satans geschändet (25 ff.). Im Gegensatz zu den Zielen der ersten, nach der Legende sämtlich als Märtyrer gestorbenen römischen Bischöfe (40-45) mißbrauchen die derzeitigen Päpste das Regiment der Kirche, der Braut Christi, um Schätze zu sammeln (42). Sie teilen die Christen in Böcke und Schafe, nicht nach Verdienst, sondern nach der politischen Haltung als Gibellinen und Welfen (46 ff.). Sie führen Krieg gegen gute Christen unter dem Feldzeichen der päpstlichen Schlüssel (49 ff.). Sie verkaufen Ablässe und andre Privilegien, die sie mit dem Petri Bild tragenden Siegel der Kurie beglaubigen (52 ff.). Sie besetzen alle geistlichen Ämter mit Unwürdigen und Verderbern der Christenheit (55 f.).

In der Form einer Voraussage (58 ff.) werden auch die späteren, von 1305 bis 1334 regierenden Päpste, denen der Beginn des Exils von Avignon zur Last fällt, Clemens V. aus Villandran in der Gascogne und Johann XXII. aus Cahors als solche gebrandmarkt, die sich am Gute der aus dem Blut der Märtyrer erwachsenen Kirche mästen wollen. Dann aber wird die baldige Rettung der römischen Kirche durch die göttliche Vorsehung verheißen, die schon das Römische Reich in der furchtbaren Bedrängnis durch Hannibal zu bewahren gewußt hat (61 ff.).

Mit dem Auftrage, Verheißung und Rüge auf Erden zu verkünden (64 ff.), schließt Sankt Peter seine Strafrede. Dann entschwindet sein Licht, zugleich mit den übrigen, in strahlendem Fluge, Schneeflocken gleich, die, statt zu fallen, aufwärts schweben (67-75).

Als Dante auf Geheiß seiner Herrin noch einmal zur Erde hinabschaut, erkennt er, daß er mit dem Zwillingsgestirn einen Viertelkreis um das Himmelsrund beschrieben hat (79 ff.), und zwar in der ersten Zone: die alten Geographen unterschieden auf der Erde sieben bewohnbare Zonen (Klimate), deren erste etwa vom 12. bis zum 20. Breitengrade reichte; in der entsprechenden Himmelszone steht das Zwillingsgestirn. Vom Meridian Jerusalems, von dem aus er bei der Ankunft (XXII, 151 ff.) die ganze bewohnte Erdoberfläche sah, ist er bis zum westlichen Horizont gelangt, der auf der Erde durch Gades (Cadix) bezeichnet wird. Darüber hinaus sieht er nun im Westen die Atlantis, den Weg von Odysseus' letzter Fahrt (82 f.; vgl. Hölle XXVI, 106 ff.). Ostwärts müßte er hier, vom Meridian von Gades, am Horizont Jerusalem erblicken können; dort ist es aber Nacht, weil dort die nächst dem Stier, im Widder stehende Sonne schon vor seinem Zwillingsgestirn untergegangen ist (85 ff.), und deshalb kann er nicht ganz bis zur phönizischen Küste sehen, wo Europa von Jupiter geraubt wurde (83 f.).

Durch den Blick seiner abermals über alle Schönheit in Natur und Kunst verklärten Herrin (91-96) wird Dante vom Zwillingsgestirn, dem Neste der Leda (98), deren von Jupiter in Schwanengestalt gezeugte Söhne die Zwillinge Kastor und Pollux waren, zum nächsten Himmel erhoben (97 ff.): zum Kristallhimmel oder primum mobile, der ohne Sterne ein gleichförmig durchsichtiger freier Raum ist (100 ff.). Dieser neunte Himmel, der nur noch von dem Empyreum, dem ruhenden Sitze der Gottheit, umschlossen wird, empfängt unmittelbar aus dieser ursprünglichen Quelle Kraft und Bewegung (106-114). Seine Geschwindigkeit, durch das Streben aller seiner Teile, Gott zu nahen, unbeschreiblich schnell, regelt die Umlaufszeiten aller andren (115 ff.) und bestimmt damit den Begriff der Zeit als solcher (118 ff.).

Diese Erklärung gibt auch Beatrice Anlaß, über die Verwahrlosung der Menschheit zu klagen, die, in irdische Lüste versenkt, den Blick zu diesen Höhen nicht erheben kann (121 ff.). Alles wird schlimmer mit den Jahren (124-135), wie das Antlitz des Sonnengottes im ersten Aspekt seiner Tochter Luna – beim Dazwischentreten des Mondes – sich verfinstert (136 ff.; die dunklen Worte haben vielfach verschiedene Deutung erfahren). Wie schon mehrfach, wird die Entartung auf das Fehlen eines Weltherrschers zurückgeführt (139 ff.). Auch Beatrice schließt mit der Hoffnung auf Wandel zum Guten (142-148), der unter furchtbaren Erschütterungen (144) eintreten und nicht ewig auf sich warten lassen wird (142 ff.: durch die Zeitverschiebung infolge des Fehlers im Julianischen Kalender, der das Jahr um den hundertsten Teil eines Tages zu kurz annahm, wäre ohne die Gregorianische Reform der 1. Januar in jedem Jahrhundert um einen Tag gegen Wintersende, im Laufe der Jahrtausende also einmal bis zum Frühlingsanfang vorausgerückt worden).

Achtundzwanzigster Gesang

Der Kristallhimmel und die Engel Gottes | Neun Kreise um einen Mittelpunkt · Das Abbild des Weltalls · Die Ordnungen der Engel

Dante sieht im Spiegel von Beatrices Auge ein Licht aufblitzen, und nach dem Urbilde dieser Spiegelung sich umwendend, erblickt er das Zeichen, das den neunten, den Kristallhimmel, ziert (4-15): einen leuchtenden Punkt kleinsten Umfanges, aber von allerhöchster Lichtstärke (16-21), von neun kreisenden Lichtringen umgeben, deren innerster an Umfang dem Lichthofe des Mondes bei sehr dunstigem Himmel gleicht, während der siebente schon die Größe eines zum Kreise geschlossenen Regenbogens erreicht (22 ff., 31 ff.). Der Mittelpunkt, so klein wie strahlend, ist das Bild der Gottheit, die, außerhalb von Raum und Materie, Urquell aller Kraft ist (41 f.). Die Kreise sind die neun Ordnungen der Engel, der Intelligenzen, welche, die von Gott empfangene Kraft von Stufe zu Stufe weitergebend (127 ff.), die neun Himmel bewegen. Je näher der Gottheit, um so größer sind Kraft und Liebe, Helligkeit und Eile (34-39), die dem Wunsche entspringt, sich dem Gegenstande ihrer Liebe, dem Mittelpunkte möglichst zu nähern (44 f., 100 ff.). Diese Abstufung gilt gleichermaßen wie für die Beweger für die von ihnen bewegten Himmel selbst, mit dem Unterschiede, daß bei diesen, im All, die Gottheit nicht im Zentrum, sondern in dem alles umschließenden Empyreum ihren Sitz hat und deshalb Kraft und Geschwindigkeit nach außen statt nach innen zunehmen (49 ff.). Dem äußersten, umfangreichsten und zugleich schnellsten der Himmel, dem primum mobile, entspricht der innerste, kleinste, aber ebenfalls schnellste und leuchtendste Engelkreis, der Kreis der Seraphim, die jenen bewegen, und so fort. Der Unterschied ist aber belanglos (73 ff.), weil es bei den körperlosen Intelligenzen nicht auf den räumlichen Umfang ankommt, der nur in der materiellen Welt für den Reichtum an Heilskräften maßgebend ist (64 ff.; s. a. Erläuterungen S. 494 f.).

So beantwortet Beatrice (58-78) die Frage ihres über den scheinbaren Widerspruch verwunderten Schützlings (46-57). Unter Funkensprühen ihrer Flammenkreise stimmen die sämtlichen Engelchöre einen Lobgesang auf die Gottheit an, die ihnen für alle Ewigkeit ihren Platz im All anweist (88-96). Die Billionenzahl der Funken, größer als jene, die sich bei steter, für jedes der 64 Felder des Schachbretts wiederholter Verdoppelung ergibt (92 f.), soll die unendliche Menge der Engel versinnbildlichen. Dann beginnt die Belehrung über die Rangordnung der Engel (98 ff.). Ihre neun Ordnungen werden in drei Gruppen geteilt, deren jede einem ewig grünen, von keinem Herbste – wenn die Sonne in der Waage und folglich der dieser entgegengesetzte Widder am nächtlichen Himmel steht – entblätterten Zweige verglichen wird (115 ff.). Die Namen: Seraphim, Cherubim, Throne; Herrschaften, Kräfte, Mächte; Fürstentümer, Erzengel, Engel (98-126), sind außer den schon im Alten Testament erwähnten Seraphim, Cherubim, Erzengeln und Engeln bekanntlich den Paulinischen Briefen entnommen. Ihre Reihenfolge wird etwas abweichend von Dantes eigner Zählung im Convivio angegeben. Jetzt hält er sich an die Schrift De coelesti hierarchia (130 ff.; vgl. X, 115 ff.), die als Werk des von Paulus bekehrten Dionysius Areopagita galt. Da dieser von seinem nach dem Korintherbriefe in den Himmel entrückten Meister die Wahrheit erfahren haben konnte (138f.), sieht Dante seine Angaben als unanfechtbar an und meint, der Kirchenvater Gregor der Große, der die Reihenfolge etwas anders angibt, werde sich im Paradies inzwischen selbst von seinem Irrtum überzeugt haben (133 ff.).

In diese Aufzählung ihrer Ordnungen wird die Lehre vom Wesen und Walten der Engel eingeflochten. Die schnellste Bewegung der ersten Kreise entspringt der Liebe zu Gott, dem Wunsche, sich ihm, dem leuchtenden Mittelpunkte, nach Kräften zu nähern (100 ff.). Diese bewegende Kraft wird dann von Kreis zu Kreis weitergegeben (127 ff.). Der Rang der Engel aber, das Maß ihrer Seligkeit hängt von der Kraft ihres Gottschauens ab (106 ff.). Aus diesem erst erblüht, eine Reihenfolge, die von der thomistischen Lehre betont wird (XIV, 49 ff.), die Liebe (111). Das Schauen aber wird nach dem Verdienste bemessen, das guter Wille mit Hilfe der göttlichen Gnade erwirbt (112 ff.).

Neunundzwanzigster Gesang

Von Erschaffung, Walten und Zahl der Engel | Die zeitliche Einheit der Schöpfung · Luzifers Fall · Denken und Schauen der Engel · Ihre Zahl und Unterschiede · Rüge der eitlen Lehrer und possenhaften Prediger

Einen Augenblick – nicht länger, als Sonne und Vollmond (Apollo und Diana, Latonas Kinder) im Zeichen von Widder und Waage, zur Zeit der Tagundnachtgleiche, wie in den gleichschwebenden Schalen einer im Zenit hängenden Waage, auf- und untergehend zugleich am Horizonte stehen (1-6) – steht Beatrice in schweigender Betrachtung jenes Punktes (7 ff.; vgl. XXVIII, 16 ff.), des Sinnbildes der Gottheit, in deren Lichte sie Dantes unausgesprochene Fragen über das Wesen der Engel liest, um sie ungefragt zu lösen (10 ff.).

Erschaffen sind die Engel nach Sankt Hieronymus, Gregor von Nazianz und andren vor der Welt (37 ff.), nach Augustin, dem Petrus Lombardus und Thomas von Aquino zustimmen, mit ihr zugleich. Beatrice erklärt die letztere Ansicht für richtig und beruft sich, Sankt Thomas folgend, außer auf die Bibel (40 ff.) – nach der Gott »am Anfang«, also vor allem andren, Himmel und Erde schuf – auf den Vernunftschluß, daß vor Erschaffung der Himmel die Engel, ihre Beweger, zwecklos in der Schöpfung gestanden haben würden (43 ff.). Gott hat – nicht um seiner selbst willen, sondern rein aus mitteilender Güte, damit seine Liebe aus liebenden Geschöpfen widerstrahle (13 ff.) – die Welt, die vor dem Sündenfalle ohne Fehl war (24, denn Gott sahe, daß »alles sehr gut« war), vor aller Zeit, deren Lauf erst mit dem ersten Schöpfungstage beginnt (19 ff.; vgl. XXVII, 118 ff.), einheitlich in *einem* Akt erschaffen (20-30). So sind alle Klassen erschaffener Wesen gleichzeitig entstanden (22): die creatura rationalis (die Engel), die creatura corporalis (die Elemente, die Pflanzen- und Tierwelt) und diejenigen, in denen Geist (forma) und Materie sich verbinden (die Menschen; vgl. Fegfeuer XVIII, 49 f.). Der höchste Platz und Rang ist der ersten Gruppe angewiesen, den Engeln, deren Wesen reines Wirken (actus) ist; die zweite, auf Empfangen dieser Wirkung (potentia) beschränkt, hat den untersten Platz, den in der Welt unter dem Monde; zwischen beiden stehen die Himmel, die zugleich Empfänger und Spender göttlicher Kräfte sind (XXVIII, 127 ff.), also potentia und actus in sich vereinen (31-36).

Der Fall der aufrührerischen Engel (49 ff.) wird auf Luzifers Stolz zurückgeführt (55 ff.), der Gott gleich sein wollte, statt sich mit der ihm von seiner Gnade zugemessenen Erkenntnis zu begnügen, wie die Treugebliebenen, die zum Lohne erleuchtet wurden und keiner Versuchung mehr ausgesetzt sind (58-63). Ihr Beispiel zeigt, wie die Annahme der Gnade an sich verdienstlich ist (64 ff.).

Die Zahl der Engel ist nicht nur in Worten nicht auszudrücken, sondern dem menschlichen Verstande unfaßbar, die in Daniels Vision genannte Zahl (tausend mal tausend und zehntausend mal zehntausend) nur eine Umschreibung der für Gott allein zählbaren Unendlichkeit (130-135). Alle schauen Gott, aber das Maß ihres Schauens ist verschieden und danach auch die Glut ihrer Liebe abgestuft (136-141; vgl. XXVIII, 106 ff.). So spiegeln sie alle in verschiedener Weise die Herrlichkeit Gottes, der dabei selber stets der gleiche bleibt (142 ff.).

Noch schärfer als die Ansicht des Hieronymus über die Erschaffungszeit der Engel (37 ff.) wird die von den meisten Kirchenlehrern, bedingt auch von dem Aquinaten vertretene Meinung verworfen (70-81), die den Engeln außer Denken und Wollen auch Erinnerungsvermögen zuschreibt. Nach Dantes Überzeugung bedürfen sie dessen nicht, weil sie in Gottes Lichte Vergangenes, Gegenwärtiges und Zukünftiges zugleich erblicken (76 ff.). Im Anschluß an diese Abfertigung werden die Philosophen und Theologen gescholten, die aus eitlem Geltungsbedürfnis, selbst wider besseres Wissen, ihre traumgleichen Einfälle vorbringen (82 ff.). Am heftigsten geht es über die Kanzelredner her (88 ff.), die, um ihr Licht leuchten zu lassen (94 ff.), statt des Evangeliums von Christo Spitzfindigkeiten wie die müßige Frage nach der astronomischen Ursache der – als Wunder unerklärlichen – Sonnenfinsternis bei Christi Tode vorbringen (97 ff.) oder gar auf der Kanzel Witze reißen, um die Zuhörer zum Lachen zu bringen (115 ff.). Sie sind so zahlreich wie die Träger der Vers 103 genannten, in jener Zeit zu Florenz überaus häufigen Rufnamen und haben großen Zulauf bei dem leichtgläubigen Volke, das nicht merkt, wie der Teufel aus ihnen spricht (118-123). Aber die Beichtkinder, wenngleich aus Unwissenheit irregehend, sind um ihr Seelenheil betrogen (106 ff.); denn Lehre und Ablaß dieser falschen Priester sind wertlos wie falsches Geld und dienen nur, ihnen und ihrem üblen Anhang (Dirnen und Tagedieben) reiche Einkünfte zu sichern (124 ff.; das Schwein, mit dem Sankt Antonius, der Einsiedler, abgebildet wird, bedeutet eigentlich den ihn versuchenden Teufel, gab aber Anlaß, die in Klöstern gehaltenen und vom Ertrage der Almosen gemästeten Schweine porci di Sant' Antonio zu nennen).

Dreißigster Gesang

Empyreum und Himmelsrose | Aufstieg zum höchsten Himmel · Beatrices letzte Verklärung · Der Lichtstrom und seine Verwandlung · Die Himmelsrose · Kaiser Heinrichs Platz unter den Seligen

Das Leuchten des Engelreigens erbleicht wie die Sterne am Zenit, wenn die Sonne dem Aufgange naht (4-13): dann steht sie um etwas mehr als 90 Längengrade (nach damaliger Annahme 5100 toskanische Meilen) weiter östlich im Mittag, und da, wo sie aufgehn will, fällt der Erdschatten fast in horizontaler Richtung (1 ff.). Dies Erblassen ist ein Zeichen, daß der Dichter wiederum emporgestiegen ist, diesmal zum höchsten der Himmel, dem Empyreum. Das kündet auch Beatrices Verklärung an, die diesmal jeden Ausdruck übersteigt (16-33), und ihr Wort bestätigt es (38 ff.). Sie verheißt ihm hier den Anblick der Engel sowohl wie der Seligen; letztere sollen ihm hier in ihrer menschlichen Gestalt erscheinen, die sie leiblich erst am Jüngsten Tage annehmen (43 ff.; vgl. XXII, 58-62).

Neues Licht blendet sein Auge, stärkt es aber eben dadurch, wie schon öfters, für den Anblick des helleren Glanzes, der seiner wartet (46-60). Nun sieht er, was ihm verheißen, zunächst in Gestalt eines Lichtstromes, aus dem Funken zu den blühenden Ufern hin und wider sprühen (61-69). Sobald aber seine Augen durch Berührung mit dem Strome abermals erhellt sind (73 ff. 85 ff.), zeigt sich in diesem schattenhaften Spiegelbilde (76 ff.) das Urbild: der Fluß rundet sich zum Lichtsee, die Funken und Blumen enthüllen sich als Engel und Selige (89-96), und letztere scharen sich um den Lichtsee, der die Sonne an Umfang übertrifft (104 f.), auf amphitheatralisch aufsteigenden Sitzreihen, die ihn in Gestalt einer ungeheuren Rose umgeben (109-117).

Der Lichtsee ist der Widerschein der Gottheit selbst, deren Glanz, aus der Höhe niederstrahlend, von der Oberfläche des nächstunteren Himmels, des primum mobile, gespiegelt wird (100-108). Daß ihr Licht dem sterblichen Auge zunächst als Strom erscheint, soll wohl dessen Befangenheit in der Zeitlichkeit andeuten, wo alles im Flusse ist, während die Kreisform, als die vollkommenste, in sich geschlossene Linie, Sinnbild der ruhenden Ewigkeit sein mag. Durch den Trunk vom Lichte hat Dantes Auge dergestalt sub specie aeternitatis sehen gelernt. Danach gibt es für ihn in diesem immateriellen Himmelskreise auch keinen Raum, keine Nähe und Ferne mehr; gleich hell steht alles zugleich vor seinem Blick, kraft unmittelbarer göttlicher Erleuchtung, nicht durch den von einem körperlichen Medium vermittelten Lichtstrahl (118-123; vgl. XXXI, 19 ff., 77 f.).

Beatrice führte Dante in diesen Lichtkreis selbst, in den Kelch der Himmelsrose hinein und zeigt ihm die Seligen, die, in ihren aus der apokalyptischen Vision bekannten weißen Kleidern (124-129), fast alle Sitze besetzen (131 f.), ein Zeichen, daß – nach der Überzeugung jener Zeit – das Ende der Welt nahe ist, und zugleich ein Zeugnis für die Verderbnis der Welt, in der nur noch wenige erwählt sind. Mit ihrem letzten Worte (133 ff.) weist die Herrin auf den Platz, der dem Kaiser Heinrich VII. († 1313) bestimmt ist, und verkündet Papst Clemens V., dessen Zweideutigkeit den Mißerfolg von Heinrichs Romfahrt wesentlich verschuldet hat, den Tod und die Verdammnis im Kreise der Simonisten, als Nachfolger Bonifaz' VIII., des Gaëtani aus dem jenerzeit Alagna genannten Anagni (142 ff.; vgl. Hölle XIX, 82 ff.).

Einunddreißigster Gesang

Erscheinung des heiligen Bernhard | Der Anblick der Himmelsrose · Abschied von Beatrice und Sendung Sankt Bernhards · Marias Glorienschein

Versunken steht Dante in den Anblick der Himmelsrose und der himmlischen Heerscharen: der durch Christi Blut erlösten Seligen und der Engel, die zwischen ihnen und dem göttlichen Lichte droben hin und wider schweben (1-18). Sein Auge erblickt alles zugleich, kein Vordergrund verdeckt, was dahinter liegt (19-24), denn hier gelten die Gesetze der Optik nicht (XXX, 121 ff.). So empfängt er durch Intuition das Gesamtbild, noch ehe er Einzelheiten erkennt (52 ff.). Wie ein nordischer Barbar – die Nymphe Helice und ihr Sohn sind die Sternbilder des Großen und Kleinen Bären, die im Norden stets hoch am Himmel stehen – vor den Wundern Roms zur Zeit seines höchsten Glanzes gestaunt haben mag (31 ff.), so staunt er, der Sterbliche, der Bürger der lasterhaften Stadt Florenz (37 ff.), vor der liebevollen Würde der seligen Schar, in deren Heiligtum er sich, wie ein Pilger in der Kirche des Wallfahrtsortes, voll Entzückens umschaut (40-51). Angesichts dieses Himmelsheeres, dessen Blicke sich in Gottes Lichte vereinigen (25 ff.), ruft der Dichter dies dreimal glühende Licht, die Dreieinigkeit, um Beistand in den Nöten seiner verirrten Zeit an (28 ff.).

Als er sich dann fragend an Beatrice wenden will (55 ff.), sieht er an ihrer Stelle einen heiligen Greis von gütigem Ansehn (58 ff.), der sich auf die hastige Frage des Enttäuschten als ihr Abgesandter und Vertreter in der Führung zu Gottes Throne bekennt (64 ff.). Er zeigt sie ihm hoch oben in der Himmelsrose, wo sie, mit der Aureole der Auserwählten gekrönt (71 f.), den ihr zukommenden Platz eingenommen hat (67 ff.). Zum Abschiede dankt ihr Jünger ihr in tiefer Ergriffenheit für ihre Leitung, die ihn, den Knecht der Sünde, zur Freiheit geführt hat, und erbittet ihren Schutz vor neuen Anfechtungen (79-90).

Der neue Führer ist der heilige Bernhard von Clairvaux (102), der Kreuzprediger und Ordensgründer, als Vorbild mystischer Betrachtung (109 ff.; XXXII, 1 f.) und vor allem als glühender Verehrer der Jungfrau Maria bekannt. So erscheint er hier als Vermittler ihrer Fürbitte, die zur Erreichung des letzten Zieles unerläßlich ist (100 ff.; XXXII, 145 ff.). Schon hier weist er Dante, der ihn anstaunt wie ein Hinterwäldler, ein Pilger aus fernen Landen, das Antlitz des Heilandes auf dem heiligen, Veronika genannten Schweißtuche (103 ff.), auf die Himmelskönigin hin (115 ff.). Sie thront auf der obersten Staffel, der aufgehenden Sonne gleich alles überstrahlend (118-129), einem goldenen Friedensbanner vergleichbar (128): die Oriflamme war bekanntlich die französische Kriegsfahne. Wie sie, von singenden Engeln umspielt, das Entzücken aller zu ihr aufblickenden Seligen, vor allen Sankt Bernhards ist, so blickt auch Dante hingerissen zu ihr empor, unfähig, ihre Schönheit mit Worten auch nur anzudeuten (130-142).

Zweiunddreißigster Gesang

Die Sitze der Seligen | Heilige des Alten und Neuen Bundes · Die unschuldigen Kinder · Die Gnadenwahl · Maria und die Großen des Himmelreiches

Ohne den Blick von der innig verehrten Himmelskönigin abzuwenden, erklärt Sankt Bernhard Einteilung und Besetzung der Himmelsrose (1 ff.). Ihre Reihen sind in zwei gleiche Halbrunde geteilt, von denen je eins den Gläubigen des Alten und des Neuen Bundes eingeräumt ist: denen, die an den kommenden (XX, 105, 122 ff. u. Bem. dazu), und denen, die an den bereits erschienenen Heiland geglaubt haben (19-27). Die beiden Hälften werden durch senkrechte Linien getrennt. Zu Häupten der einen steht Mariens Thron (29 ff.), ihr gegenüber sitzt Johannes der Täufer, Christi Wegbereiter, der nach Buße in der Wüste und Märtyrertod durch dessen Höllenfahrt aus dem Limbus erlöst worden ist (31 ff.). Unter ihm folgen die Heiligen der christlichen Kirche (34 ff.), unter Maria Frauen des Alten Testamentes: als erste Eva, deren Sündenfall die Menschheit bis zur Erlösung durch Marias Sohn vom Heile ausschloß (4 ff.); dann Rahel (7), neben der im neutestamentlichen Halbkreis die der Beschaulichen (Fegfeuer XXVII, 104 ff.) innerlich verwandte Beatrice sitzt (9; vgl. Hölle II, 102); weiter, nach den beiden andren Patriarchenfrauen und der Heldin von Bethulien, Ruth, die Urahne Davids, des Sängers der Bußpsalmen (10 ff.), und andre. Während die Reihen der Seligen Alten Bundes gefüllt sind, zeigt die andre Seite noch einige – wenige (XXX, 131 f.) – leere Bänke (22-27). Die gleiche Größe beider Teile läßt den göttlichen Ratschluß erkennen, daß die Erwählten aus dem Neuen denen aus dem Alten Bunde an Zahl genau gleichkommen sollen, eine Symmetrie, deren Gerechtigkeit Dante bewundert (37 ff.).

Die untere Hälfte aller Sitzreihen ist von den unschuldigen Kindern eingenommen (40-48). Da diese vor Erlangung des Unterscheidungsvermögens gestorben sind (44 f.), können sie weder größeres noch geringeres noch überhaupt eignes Verdienst haben (42, 73). Ihre Aufnahme und der verschiedene Rang, den sie zu Dantes Erstaunen (49) einnehmen, kann also, da der Zufall im Himmel keine Statt hat (52-57), nur Folge der Gnadenwahl sein, die sie schon vor der Geburt erwählt und in verschiedenem Maße erleuchtet hatte (58-75). Als Beispiel dienen die schon im Mutterleibe streitenden Zwillingsbrüder Jakob und Esau, die von Anbeginn, wie durch ihre Haarfarbe, so durch Jehovas Gnade und Ungnade unterschieden waren (67-72). Die Ursache dieser Gnadenwahl aber – das wird hier (66) zum dritten Male bekräftigt – ist Gottes unerforschliches Geheimnis. Vorbedingung der Seligkeit der unschuldigen Kinder war bis zu Abraham der Glaube (24) der Eltern, von da an die Beschneidung, seit der Ankunft Christi die Taufe (76-84).

Um das Auge für den Anblick des Gottessohnes zu bereiten, muß Dante nun zu dem ihm ähnlichsten Antlitz Marias aufblicken (85 ff.), die er wiederum (XXIII, 94-108) von dem Engel Gabriel umschwebt sieht (94 ff.), dem Verkündigungsengel, der von allen am reichsten begnadet ist (109 ff.). Neben Maria sitzen die Väter der Menschheit und der Kirche Christi: Adam zur Linken, rechts, im neutestamentlichen Halbkreise, Petrus (118-126); neben diesem Johannes der Evangelist, der nach der Legende die ersten Christenverfolgungen überlebt hat (127 ff.), neben jenem Moses (130 ff.); ihnen gegenüber, neben Johannes dem Täufer, Anna, die

Mutter der Jungfrau Maria (133 ff.), und die heilige Lucia, Dantes Beschützerin (136 ff.; vgl. Hölle II, 97 ff.; Fegfeuer IX, 52 ff.). Mit der Begründung, daß die Frist des »Traumes« ablaufe – hier, gegen den Schluß, wird der visionäre Charakter der Jenseitsfahrt unzweideutig ausgesprochen –, und mit dem seltsamen Bilde von dem Tuche, das dem Schneider ausgeht, wird die Aufzählung abgebrochen (139 ff.).

Ehe der Pilger sich zum höchsten Ziele, zur Anschauung der Gottheit selbst, erheben kann, muß die Kraft dazu von der höchsten und mächtigsten Fürsprecherin erbeten werden; denn wer sich auf Flügeln des eignen Geistes so hoch erheben will, kommt zu Falle (142-150).

Dreiunddreißigster Gesang

Vor Gottes Angesicht | Gebet zur Gottesmutter · Das Kraftzentrum der Welt · Anblick der Dreieinigkeit · Das Endziel: Hingabe an Gottes Liebe

An Dantes Stelle erfleht Sankt Bernhard, ihr Getreuer, die Fürbitte der Jungfrau und Mutter, der mächtigsten und gütigsten Himmelskönigin, für den letzten Schritt der langen Fahrt vom Höllengrunde bis hierher: um Kraft, Gott selbst zu schauen, und um Schutz vor neuer Anfechtung des so gewonnenen Heiles (1-39). Beatrice und alle Seligen stimmen ein; Maria winkt Gewährung und blickt fürbittend zum göttlichen Lichte auf (38-45).

Das Gebet wird erhört; wie von Beginn des Himmelsfluges immer wieder geschah, wächst Dantes Sehkraft stufenweise (52 ff., 79 ff., 112 ff., 140 ff.) bei dem Blick in immer strahlendere Helle, eben durch die Wirkung dieser Helle selbst, wie die Versenkung in Gott die Fähigkeit mehrt, ihn zu erkennen. Im Gegensatz zu irdischem Lichte würde dieses himmlische gerade das kleinmütig fliehende Auge geblendet haben (76 ff.). Wenn es ihm aber standhält, kann es sich nicht mehr losreißen von der Vollkommenheit des höchsten Gutes, das aller unsrer Wünsche Ziel ist (100 ff.). So schaut Dante, von Staunen gebannt, in diese Wunderwelt, wundervoller als alle Heidenwunder, selbst die der Argonautensage (94-99; s. II, 16 ff.). Aber was er schaut, übersteigt nicht allein die Ausdrucksfähigkeit menschlicher Worte, sondern menschliches Fassungsvermögen überhaupt, so daß das Gedächtnis versagt; nur durch immer wiederholtes Bekenntnis der Unaussprechlichkeit kann der Dichter der geheimnisvollen Erhabenheit dieser Gesichte Ausdruck geben (55 ff., 106 ff., 121 ff.). Wie von einem Traume bleibt ihm nur der unbestimmte Eindruck beseligender Empfindung (58 ff.); der Gegenstand selbst ist ihm entfallen, wie Schnee vor der Sonne vergeht, wie nach der Äneis die auf Blätter geschriebenen Weissagungen der cumäischen Sibylle beim Öffnen der Tür zu ihrer Höhle im Winde verwehen (65 f.). Selbst von dem, was das Gedächtnis festzuhalten vermochte, kann er nur einen kleinen Teil, stammelnd wie ein Säugling, wiedergeben (106 ff.); nur einen Funken dieses ewigen Lichtes, wie er sich betend wünscht (67-75), möchte er zur Ehre Gottes der Nachwelt vor Augen führen.

Was sich in Worten sagen läßt, ist dies: in dem ewigen Lichte zeigt sich, »was die Welt im Innersten zusammenhält«. Hier sieht der unwiderstehlich gefesselte Blick (97-102) den Mittelpunkt des Alls, in dem alle Fäden zusammenlaufen, alle Gegensätze zwischen Wesentlichem und Zufälligem, Notwendigem und Möglichem sich ausgleichen, in dem deren innerer Zusammenhang begründet ist und wo zur Vollkommenheit geeint ist, was in der Welt der Zeitlichkeit sich als Stückwerk zerstreut findet (85-93, 103 ff.).

Das geschärfte Auge (112 ff.) erkennt schließlich in diesem göttlichen Lichte – ohne daß dessen ewig unwandelbares Wesen sich verändert hätte (109 ff.) – das Bild der Dreieinigkeit, in Gestalt dreier an Größe gleicher dreifarbiger Kreise (115 ff.). Wie der Sohn vom Vater, der Geist von beiden ausgeht, so strahlt hier, regenbogengleich, der zweite das Licht des ersten, der dritte das der beiden andren wider (118 ff.). In dem zweiten erscheint dann, in seinem eignen, himmlischen Lichte, eine Menschengestalt: das Bild des menschgewordenen Gottessohnes (127-132).

Vergebens bemüht sich der Verstand, dies höchste und tiefste Geheimnis zu ergründen; das Wesen der dreieinigen Gottheit, die Idee des Gott-Menschen (137 f.) sind der Vorstellung unerreichbar (133-139, 142). Eine letzte, blitzartige Erleuchtung (140 f.) zeigt, daß dies Wunder nicht mit der Vernunft, sondern mit inbrünstiger Hingabe des Willens erfaßt sein will. Damit, daß der Wille sich alsbald folgsam und liebend der göttlichen Liebe ergibt (143 ff.), ist das Ziel der mystischen Wanderung erreicht.

NACHWORT

Dante und die Göttliche Komödie

Mit Beatrice fing alles an, Beatrice steht für das »Incipit vita nova«, vor dem es, wie der junge Dante in Kap. I seiner »Vita Nuova« bekennt, im Buch seiner Lebenserinnerungen »wenig zu lesen gibt«. Im Frühjahr 1274, kurz vor Vollendung seines neunten Lebensjahres, begegnet in Florenz ein Knabe aus dem niederen Adel der Stadt dem Mädchen Beatrice, Tochter des Folco Portinari, die gerade am Beginn ihres neunten Jahres steht. Und Dante, so berichtet später Boccaccio, »empfing, obwohl er noch ein Knabe war, ihr Bild mit solcher Innigkeit in seinem Herzen, daß er von jenem Tage an sich in seinem ganzen Leben nicht mehr davon trennte«. Neun Jahre später sieht man sich wieder; doch bereits 1290 stirbt Beatrice, die mit Simone de' Bardi verheiratet war. Zutiefst erschüttert verfaßt der junge Florentiner ein Erinnerungsbuch auf die geliebte Frau, die er nach ihrem Tod zu einer transfigurierten, himmlischen Gestalt, zu einer Gnadenmittlerin umdeutet, welche ihm den Zugang zu einem neueren, höheren Leben eröffnet. Dieses Buch mit dem Titel »Vita Nuova«, »Neues Leben«, beschließt Dante mit dem feierlichen Versprechen, zu Ehren der himmlischen Beatrice demnächst einmal so zu dichten, wie noch nie für eine Frau gedichtet wurde. So entstand die Idee einer »Göttlichen Komödie«.

1. Die ersten Jahre des Dichters. Gesellschaftliche Stellung seiner Familie. Grundlagen seiner Bildung.

Dante wird 1265 im Zeichen der »Gemelli« (Tierkreiszeichen Zwillinge), also Ende Mai/Anfang Juni, in San Martino del Vescovo in Florenz geboren. Voller Stolz hat Dante später die Abstammung seiner Familie aus dem »heiligen Samen« eines alten Römergeschlechts hergeleitet, das in der Gründerzeit Florenz kolonisierte (vgl. Inf. 15,73-78). Ausführlich würdigt er im 15. und 16. Gesang seines Paradiso Leben und Taten des Urahns Cacciaguida, der, von Konrad III. zum Ritter geschlagen, als Glaubenskämpfer während des zweiten Kreuzzugs in Heiligen Landen den Tod fand. Die glorreiche Vergangenheit des Urahnen und der von Dante an seinem Beispiel herausgestellte Adel des Blutes und der Gesinnung stehen in einem gewissen Gegensatz zu den eher bescheidenen Verhältnissen, in die Dante hineingeboren wurde. Die Familie der Alighieri gehörte dem kleinen Stadtadel an und stand politisch, wie der größte Teil des niederen Adels und des Bürgertums, auf seiten der Guelfen, der republikanischen Partei, und damit in Opposition zu den kaisertreuen Ghibellinen, der Partei der feudalen Großgrundbesitzer. Dantes Vater, ein gewisser Alighiero di Bellincione d'Alighiero, war ein ausgesprochen durchschnittlicher Mann, der kaum Spuren von sich hinterließ. Er muß zumindest zeitweise wucherische Geldgeschäfte betrieben haben; das war eine der Sünden, die Dante in seiner »Commedia« besonders scharf brandmarkte. Einige Dokumente aus der Mitte des Jahrhunderts weisen ihn als »Richter« und »Notar« aus; im Jahr 1283 war er bereits verstorben. Die gesellschaftliche Stellung wie auch die finanzielle Ausstattung der Familie waren bescheiden. Die Mutter, Bella, von der man wenig weiß, starb vor 1278 und vielleicht bald nach der Geburt Dantes, so daß dieser im frühen Alter Halbwaise wurde. Alighiero heiratete nochmals und zeugte mit Dantes Stiefmutter drei weitere Kinder; auch er stirbt, als Dante noch fast im Kindesalter stand. Alles weist darauf hin, daß diese Familiensituation, in Verbindung mit der bescheidenen gesellschaftlichen Stellung und dem geringen wirtschaftlichen Einkommen der Familie (eine Schwester war mit einem »banditore del commune«, also einem Gemeindeherold, verheiratet, die andere, Tana, mit einem Geldverleiher) im Leben des jungen Dante zu Konflikten und Frustrationen führte, aber auch zu träumerischem, kompensierendem Ehrgeiz und dem Wunsch, möglichst früh Ruhm zu erwerben. Trotz der genannten wirtschaftlichen Schwierigkeiten vermochte der junge Dante Alighieri das Leben eines städtischen Edelmanns zu führen, der sich dem Studium der Wissenschaften und dem Kriegshandwerk widmete. Schon früh diente er in der Reiterei seiner Stadt; in der Schlacht bei Campaldino (1289) kämpfte er zu Pferd auf seiten der Guelfen gegen das ghibellinische Arezzo. Gleichzeitig pflegte er freundschaftliche Beziehungen zu den jungen Edelleuten der Stadt, u. a. zu dem ernsten und tiefgründigen Guido Cavalcanti, seinem ersten Freund. Auch eine standesgemäße Heirat wurde vorbereitet: Bevor der Vater starb, hatte er vertraglich die Ehe Dantes mit Gemma di Manetto Donati vereinbart, einer Adligen, deren Familie allerdings den Höhepunkt ihrer Geltung hinter sich hatte.

Über die frühe Jugend Dantes bis etwa 1280/82 wissen wir recht wenig, auch von seinen ersten Bildungserlebnissen. Dantes Knabenjahre fallen in eine Blütezeit universitärer und scholastischer Bildung, die durch die geduldige Reformarbeit der Bettelorden vorbereitet worden war. Mit der kirchlich orientierten Zentralisierung und Reformierung des Wissens boten diese Orden gerade den führenden Schichten der Stadtrepubliken wichtige Bildungsmöglichkeiten an. Zugleich wurde in der ganzen Romania ein breiter Strom nationalsprachlicher, laizistischer Literatur wirksam, durch welche gerade die realistischen, naturwissenschaftlichen bzw. empirischen Themen und Tendenzen einen rasch zunehmenden Einfluß ausübten. Diese Tendenzen, verbunden mit demonstrativer Anhäufung enzyklopädischen Wissens und mit stark satirischem Einschlag fanden einen exemplarischen Ausdruck in den 18000 Versen des zweiten Teils des Rosenromans von Jean de Meung, dessen Entstehung in die Knabenzeit Dantes fiel (zwischen 1275 und 1280). Jean de Meung setzte an die Stelle abstrakter, idealisierender Allegorien praktische bürgerliche Lebensweisheit, forderte den Praxisbezug der Wissenschaften und sorgte für Realismus auch im Themenbereich der Liebe, indem er die Frau als Gegenstand nicht mehr der Verehrung, sondern der Lust darstellte. Sollte Dante wirklich der Verfasser des »Fiore« sein (dazu unten S. 784), so wäre er nicht nur Leser, sondern auch Nachdichter des »Rosenromans« gewesen. Der gleichen realistischen Tendenz sind auch die sinnschweren Dichtungen des um etwa zehn Jahre älteren Freundes Guido Cavalcanti (nach 1255-1300) zuzuordnen, der in seinen Liedern die Liebe einer empirischen und sezierenden Analyse unterzog; oder etwa die lebensnahe, zeitkritische Lyrik eines Guittone d'Arezzo (1230/35-1294), der in der Jugendzeit Dantes sich als Literaturpapst der Toskana gerierte. Auf der anderen Seite schrieben idealistische Autoren wie etwa Guido Guinizelli (um 1230-1276), ein anderer Freund Dantes, der sich um die Reform und Verfeinerung einer höfisch-religiösen Liebeskonzeption bemühte, die sich dann unter Mitwirkung Dantes und anderer zur Programmatik des »dolce stil nuovo«, des »süßen neuen Stils« entwickelte; oder etwa der asketische Jacopone da Todi (um 1230-1306), der größte Mystiker der italienischen Literatur, der in leidenschaftlichen und aggressiven Texten die Verderbnis seiner Zeit anprangerte.

2. Frühe Studien und erste künstlerische Versuche

Über die Ausbildung des jungen Dante bis zu seinem 15. oder 17. Lebensjahr weiß man sehr wenig. Es ist sehr wahrscheinlich, daß er ersten Unterricht von den Franziskanern erhielt, in deren Kloster Santa Croce, das in der Nähe des Hauses der Alighieri bei San Martino del Vescovo lag, Knabenschulen eingerichtet waren. Es läßt sich heute nicht mehr entscheiden, ob Dante eine Zeitlang Novize bei den Franziskanern war wie Francesco Buti, einer der frühen Kommentatoren der Commedia, berichtet, oder ob er als Externer dem Elementarunterricht der Franziskaner folgte; ebenso bleibt offen, ob sein erster Lehrer ein Geistlicher oder ein Laie, etwa ein gewisser »Romanus doctor populi sancti Martini«, gewesen ist. So oder so wird er mit einer mehr oder weniger identischen, nämlich der damals üblichen Grundausbildung ausgestattet worden sein. Dazu gehörte an erster Stelle das Studium der lateinischen Grammatik, aber auch die Lektüre lateinischer literarischer Texte. Zum obligatorischen Bildungskanon der Zeit gehörten u. a. Donat und Priscian, die mit Sicherheit zu den ersten Autoren gehörten, die Dante kennenlernte. Das Grammatiklehrbuch des aus dem vierten Jahrhundert stammenden Rhetors und Grammatikers Aelius Donatus zerfiel in eine in Frage und Antwort verfahrende »Ars minor« für Anfänger und in eine »Ars maior« für Fortgeschrittene und war jahrhundertelang für die Schule grundlegend. Das große Grammatiklehrbuch des Priscianus (6. Jahrhundert), die berühmten »Institutiones grammaticae«, waren das umfangreichste Werk auf diesem Gebiet und für das Mittelalter das maßgebende Lehrbuch der lateinischen Sprache.

Das Lehrbuch des Priscian war für das Bildungsbedürfnis des jungen Dante auch deswegen wichtig, weil es zahlreiche Zitate älterer lateinischer Autoren, darunter auch der lateinischen Klassiker, enthielt und daher zugleich als einführende Anthologie der lateinischen Literatur dienen konnte. Häufiger als jeden anderen lateinischen Schriftsteller zitiert der Grammatiker Vergil, und so ist es sehr wahrscheinlich, daß Dante seinen später heiß geliebten und hoch verehrten Publius Vergilius Maro zuerst im Zitatenschatz des Priscian kennenlernte. Zum Lektürekanon der Schulen gehörten weiterhin Texte wie die »Disticha« bzw. »Dicta Catonis«, ein in Versen geschriebenes Handbüchlein der Vulgärethik aus dem 3. Jahrhundert n. Chr., der sogenannte »Aesopus latinus«, eine Sammlung von Prosafabeln aesopischen oder anderen Ursprungs aus dem 4. oder 5. Jahrhundert, die um 400 in lateinische Distichen gefaßten aesopischen Fabeln des Avianus oder etwa die seinerzeit viel gelesene Ekloge des Theodulus (10. Jahrhundert), ein auf Harmonisierung der christlichen mit der heidnischen Kultur bedachtes Lehrgedicht, in dem Christentum und Heidentum allegorisch als Alethia und Pseustis auftreten und sich dem Schiedsspruch der Phronesis, der Weisheit, später auch Sophia genannt, unterwerfen. In bezug auf die Auswahl der Schulautoren ist zu beachten, daß das Mittelalter den Begriff des »Klassischen« nicht kannte. Alle Auctores, die ursprünglich nach ihrer moralischen Wirkung ausgewählt wurden, galten als gleichwertige und zeitlose Autoritäten, gleichviel, ob sie in der Kaiserzeit, der Spätantike oder im 10. nachchristlichen Jahrhundert schrieben. Es ist jedoch sehr wahrscheinlich, daß auch zu Dantes Schullektüre neben weiteren christlichen Schriftstellern wie Juvencus, Prudentius und Boethius auch Fragmente und Auszüge der lateinischen »Klassiker« Vergil, Cicero, Horaz, Sallust, Ovid und Lukan gehörten. Wenn man bedenkt, daß der junge Dante seine ersten Kenntnisse in einer Klosterschule erwarb, wird deutlich, daß schon bei diesem ersten Kontakt mit den Bildungsinstituten seiner Zeit die beiden Motivationen im Mittelpunkt standen, die ihn sein ganzes Leben hindurch bestimmen werden: die christliche Lehre und das Studium der lateinischen Kultur, vorzugsweise ihrer großen Autoren.

Von größter Bedeutung für Dantes Bildungsweg war die relativ frühe Begegnung mit dem Dichter, Notar und Rhetoriker Brunetto Latini (um 1220-1295), einem führenden Vertreter der rasch an Gewicht gewinnenden Laienbildung. Von ihm stammt u. a. die zu jener Zeit berühmte und von Dante zitierte »Rettorica«, ein Rhetoriklehrbuch, das im wesentlichen aus einer Übersetzung von siebzehn Kapiteln aus Ciceros »De inventione« besteht. Dante verdankt Brunetto außerordentlich viel; neben den verschiedensten Wissensinhalten, darunter auch solchen aus dem Bereich der französischen Kultur und Literatur, war es vor allem die Kunst des Redens und Schreibens, darunter auch die sogenannte »ars dictaminis«, die Kunst des Abfassens lateinischer Briefe im offiziellen Stil, die Dante von ihm erlernte. Neben umfassender Bildung auf allen wichtigen Gebieten vermittelte Brunetto dem jungen Dante vor allem ein vertieftes Verständnis der lateinischen klassischen Autoren. Später hat Dante in seinem »Inferno«, in das er Brunetto wegen der Sünde der Päderastie einordnen mußte, die Erinnerung an die »liebe und gute väterliche Gestalt« wachgerufen und ihn nachdrücklich als denjenigen gewürdigt, der ihm »nach und nach jene Bildung und Fähigkeiten vermittelte, die dem Menschen zeitlosen Ruhm verschaffen« (Inf. 15,82-85).

Von Bedeutung für den jungen Dante war auch die Freundschaft mit dem Dichter und Philosophen Guido Cavalcanti, dem »ersten Freund«, die 1283 begann, doch bald wegen unüberbrückbarer Divergenzen in den Grundfragen des christlichen Glaubens ein verfrühtes Ende fand. Ein wichtiges Erlebnis, ebenfalls noch in die achtziger Jahre fallend, muß für Dante der Aufenthalt in Bologna gewesen sein, wo er sich 1286 oder 1287 aufhielt. Über die Gründe und Umstände dieser Reise weiß man kaum etwas. Sollte Dante studienhalber dorthin gegangen sein, so ist es wahrscheinlich, daß er weniger die berühmte juristische Fakultät als vielmehr die dortigen nicht weniger berühmten und hochspezialisierten Rhetorikschulen besucht hat. Es gibt Anzeichen dafür, daß Dante in dieser Zeit ein freizügiges Leben geführt hat. In die Zeit zwischen 1285 und 1290 fällt wahrscheinlich die Entstehung zweier allegorisch-didaktischer Dichtungen, des »Detto d'amore« mit 480 paarweise gereimten Siebensilblern und des aus 232 Sonetten bestehenden »Fiore«; doch ist die Verfasserschaft Dantes vor allem im ersteren Falle bis heute nicht gesichert. Konkreteres weiß man über Dantes Leben in Florenz in jenen achtziger Jahren, die für die Stadt eine relative politische Stabilität brachten. Er führte ein standesgemäßes, unbeschwertes Leben im Kreis junger, meist adliger Intellektueller, in einem Ambiente höfisch verfeinerter Umgangsformen, anspruchsvoller aristokratischer Literatenzirkel und ehrgeiziger, ja elitärer kultureller und dichterischer Interessen und Zielsetzungen. Dichten und daneben auch Malen und Musizieren gehörte unter den jungen Adligen der Stadt zum guten Ton. Für die meisten von ihnen war das Dichten eine angenehme oder eitle Nebenbeschäftigung; für Dante wurde es alsbald zum authentischen Ausdruck seiner Gefühle und zu einem unverzichtbaren, experimentierenden Instrument seines Erkenntniswillens. Bedenkenswert ist, daß Dante von vor 1283 bis etwa 1304, dem Beginn der Arbeiten an »De Vulgari Eloquentia« und am »Convivio«, in der Lyrik den ihm gemäßen dichterischen Ausdruck suchte und fand.

3. Das politische Leben in Florenz und das Engagement Dantes

Die Auseinandersetzungen im Florenz der neunziger Jahre waren gekennzeichnet durch den Machtkampf zweier politischer Stadtparteien, nämlich zwischen den papsttreuen Republikanern, den sogenannten schwarzen Guelfen oder »Neri« und den auf Unabhängigkeit vom Papsttum bedachten, im Prinzip kaiserlich orientierten sogenannten weißen Guelfen, den »Bianchi«. Die in sich heterogene und nach außen hin eher moderat auftretende Partei der Weißen verfolgte zwei Hauptlinien: einmal die Aufrechterhaltung der politischen Unabhängigkeit der Stadt, insbesondere gegenüber den weltlichen, territorialen Ansprüchen des Papstes; zum andern die Entwicklung einer vorzugsweise regionalen, stadtnahen Handelspolitik. Die wesentlich homogener gefügte Gruppe der Schwarzen drängte auf die Eröffnung immer neuer Märkte und auf eine ungehemmte wirtschaftliche Expansion. Zur Erreichung dieser Ziele versicherte man sich des Beistandes der wichtigsten politischen Machtfaktoren, nämlich der Kurie und des französischen Königshauses der Anjou, die in Neapel Fuß gefaßt hatten. Überwiegend wirtschaftliche Interessen lagen also einem Streit zugrunde, der auf seinem Höhepunkt praktisch ein Kampf von Bankkonsortien war und der sich aus heutiger Sicht als ein schwer durchschaubarer Interessenklüngel darstellt, bei dem sich alles ums Geld drehte – eine Tatsache, die vor allem Dante ins Auge stach und ihn veranlaßte, das zunehmend materialistische Denken seiner Stadt anzuprangern. In der wichtigsten Phase der politischen Betätigung Dantes, d.h. von 1295 bis in die ersten Jahre des neuen Jahrhunderts, wird der Kampf zwischen Schwarzen und Weißen ständig hin und her wogen: 1295-1296 Vorherrschen der Weißen, 1296-1299 Vorherrschen der Schwarzen, 1299-1301 Vorherrschen der Weißen, 1301-1307 Vorherrschen der Schwarzen.

Dantes konkrete politische Tätigkeiten im Dienste seiner Vaterstadt müssen etwa in der Zeit der Schlacht von Campaldino (1289) begonnen haben. Was aber im einzelnen geschah und von welchen konkreten Motivationen er geleitet wurde, darüber wissen wir wenig. Alles in allem spiegeln Dantes politische Entscheidungen die Haltung eines Intellektuellen, der übergeordnete (und zum Teil unrealistische) Ideale vor Augen hatte, wie z.B. die Freiheit der Kommune, insbesondere vor den weltlichen Ansprüchen des Papstes, die Errichtung einer geistlichen, allen weltlichen Interessen entsagenden Kirche und die Wiedereinsetzung des Kaisertums als der gottgewollten weltlichen Ordnungsmacht. Allerdings gab es da auch ein paar handfeste Gründe für Dante, sich auf die Seite der Weißen zu schlagen. Eine der wichtigen weißen Familien, die Portinari, waren seine Nachbarn; und die nicht minder mächtigen weißen Cerchi hatten 1280 mit dem Grundbesitz der Grafen Guidi praktisch das gesamte Viertel Porta San Piero erworben, in dem auch das Haus Dantes stand. 1295 verschaffte sich Dante durch Einschreibung in die Zunft der Ärzte und Apotheker den Zugang zu den »Consigli«, den kommunalen Regierungsgremien, und war danach Mitglied in mehreren Räten der Stadt. Am 12. Juni 1300 wurde er für ein Bimester, und zwar für die Zeit vom 16. Juni bis 15. August, zum Prior gewählt. Nach erneutem Streit zwischen Bianchi und Neri beschloß er am 24. Juni, die Anführer beider Seiten, darunter bei den Weißen auch Guido Cavalcanti, zu verbannen. Zwei Monate lang war es vor allem Dante, der unerschrokken den Ansprüchen der Kurie trotzte, welche sich u. a. auf die Vakanz des kaiserlichen Thrones und auf das Recht der Vertretung der kaiserlichen Macht durch die Kirche berief und die oberste Verfügungsgewalt über die Stadt einforderte, angeblich mit dem Ziel, diese zu befrieden. Zwei Monate lang widerstand Dante den listigen Winkelzügen des päpstlichen Legaten, des Kardinals Matteo d'Acquasparta. Am 27. Juni wiesen die Prioren dessen Forderung nach Übertragung der obersten Verfügungsgewalt zurück. Erbittert durch den zähen Widerstand der Signoria, ermunterte der Papst schon am 22. Juli seinen Legaten, mit Exkommunikationen, Amtsenthebungen, Güterkonfiszierungen und Kreditentzug gegen die politischen Repräsentanten vorzugehen. Dante entging nur dadurch der Exkommunikation, daß der Legat, aus welchen Gründen auch immer, mit der Anwendung all dieser Strafinstrumente bis Ende September wartete, bis zu einem Zeitpunkt also, zu dem Dante nicht mehr im Priorat war. Nachdem aber auch das neue Priorat die Forderungen der Kurie zurückgewiesen hatte, verhängte der Kardinal den Bann über die politische Führung und das Interdikt (Wirtschaftsbann) über die Bürgerschaft und verließ die Stadt.

Inzwischen wurde die Lage der Weißen in Florenz immer kritischer, denn schon rückte das Heer des Karl von Valois auf die Stadt zu, der von Bonifaz herbeigerufen worden war, nicht nur um Sizilien zu erobern, sondern auch um zunächst die widerspenstigen Weißen in der Toskana zu unterwerfen. In dieser heiklen Situation beschloß die Stadt, drei Botschafter, unter ihnen Dante, zu Bonifaz zu senden, um Möglichkeiten und Bedingungen eines Kompromisses zu erkunden. Dante kam Ende Oktober in Rom an und hatte nun Gelegenheit, den großen Pontifex und seinen Hof aus der Nähe kennenzulernen – und zwar länger, als ihm lieb war. Denn der Papst schickte zwei der Botschafter wieder zurück mit der Mahnung, die Stadt möge sich unterwerfen, und behielt ihn, Dante, den er am meisten zu fürchten hatte, bei sich. Auf diese Weise entzog er den Weißen im entscheidenden Augenblick eine ihrer wichtigsten Führergestalten. Am 1. November 1301 zog Karl von Valois als päpstlicher Friedensstifter in die Stadt ein. Doch es gelang ihm nicht, die Stadt zu befrieden, und er unternahm auch keinerlei Anstrengungen dazu. Sofort begannen die Schwarzen ihren Versuch, die Regierung zu stürzen, und wurden dabei unterstützt durch weitere vor der Stadt wartende Schwarze, die am 5. November unter Corso Donati widerrechtlich in die Stadt eindrangen. Eine lange Reihe von Plünderungen, Morden und Brandschatzungen setzte ein. Die Weißen, denen es nicht gelang, einen geschlossenen Widerstand zu organisieren, wurden schon in den ersten Novembertagen gestürzt: am 7. November und den folgenden Tagen wurden die amtierenden Prioren ihres Amtes enthoben und durch Schwarze ersetzt. Wie es scheint, war das Haus Dantes eines der ersten, das der Rachsucht der Schwarzen anheimfiel. Dante hat wahrscheinlich Florenz danach nicht mehr betreten; er hielt sich in Rom und Siena auf. Zunächst wurde er pauschal des Betrugs, der Erpressung, des Friedensbruchs sowie des Widerstands gegen den Papst und gegen Karl von Valois angeklagt und aufgefordert, sich in Florenz zu verantworten. Als dies nicht geschah, erreichte ihn am 27. Januar 1302 in Siena die erste Verurteilung zur Zahlung einer Geldstrafe, zweijähriger Verbannung und lebenslänglichem Ausschluß von allen politischen Ämtern. Nachdem Dante auf diese Verurteilung nicht reagiert hatte, erhielt er am

10. März 1302 einen zweiten Richterspruch, der ihn dazu verurteilte, bei lebendigem Leibe verbrannt zu werden.

4. Das Exil und die letzten Jahre

So beginnen für Dante die langen Jahre des Exils, die ihm vielerlei Entbehrungen und Demütigungen auferlegen, die ihn aber dennoch oder wahrscheinlich gerade deswegen zur vollen Entfaltung seiner Persönlichkeit wie seines dichterischen Könnens führen, die aus dem Florentiner einen Weltbürger machen und ihm die Vollendung einer einmalig großen und schönen Dichtung bescheren. Ruhelos durchwanderte er die Halbinsel, nach seinen eigenen Worten »durch fast alle Gegenden, in denen diese Sprache gesprochen wird, ein Pilger, fast ein Bettler«; wie »ein Schiff ohne Segel und ohne Steuer, das vom trockenen Wind der schmerzlichen Armut an die verschiedensten Häfen, Mündungen und Gestade getragen wird« (Convivio I, iii, 4-5). Stets angewiesen auf die Gastfreundschaft und das Wohlwollen der Fürsten, die ihn aufnahmen, mußte er erfahren, »wie stark nach Salz / schmeckt in der Fremde das Brot und welch schwerer Weg es ist, / in fremdem Hause aus und ein zu gehen«, wie er später im Paradiso (17, 58-60) formuliert.

Im November 1308 war Heinrich VII. in Deutschland zum König gekrönt worden; Klemens V. hatte ihn im folgenden Jahr als römischen Kaiser anerkannt und zugesagt, ihn in San Pietro zu krönen. Kein Wunder, daß Dantes lange gehegten Hoffnungen von einer weltumfassenden Friedensordnung, garantiert durch zwei von Gott eingesetzte Mächte, nämlich Kaisertum und Kirche, wieder aufflammten, verbunden mit der Aussicht auf Verbesserung seiner persönlichen Verhältnisse. Leidenschaftlich plädierte er für die Anerkennung Heinrichs und forderte »alle Könige und Fürsten und Herren und Städte und Völkerschaften Italiens« auf, sich der gottgewollten Autorität des Kaisers zu unterwerfen (Epistola V). Im März/April 1312 war Dante sehr wahrscheinlich in Pisa, wo seit dem 6. März der Kaiser residierte, und hier schrieb er wahrscheinlich seine »Monarchia«, ein politisches Traktat, das mit juristischen und theologischen Argumenten für eine Trennung der weltlichen und der geistlichen Macht plädiert, dabei insbesondere die Legitimation der gottgewollten römischen Monarchie unterstreicht und die Utopie einer universalen, auf den beiden von Gott eingesetzten Gewalten beruhenden Friedensordnung entwirft: Dante schrieb die »Monarchia« in erster Linie, um dem in Italien vielfach angefochtenen Friedensfürst theoretische und argumentative Unterstützung zukommen zu lassen. Tatsächlich wurde Heinrich am 26. Juni 1312 in Rom unter dem Schutz seines Heeres von Stellvertretern des Papstes zum Kaiser gekrönt; doch schon im nächsten Monat vollführte der wankelmütige Klemens V. unter dem Druck der französischen Krone und des in Rom weilenden Robert von Anjou eine Kehrtwendung und forderte Heinrich auf, die Stadt zu verlassen und mit Robert Frieden zu schließen. Heinrich wandte sich zunächst gegen Florenz, doch blieb die vierwöchige Belagerung der Stadt, an der Dante nicht teilnahm, ohne nennenswerte Ergebnisse. Als Heinrich sich nunmehr zum Entscheidungskampf gegen Robert von Anjou rüstete, starb er mitten in den Vorbereitungen in Buonconvento bei Siena am 24. August 1313.

Nach dem Zusammenbruch seiner politischen Hoffnungen kehrte Dante nach Verona zu Cangrande della Scala zurück und blieb dort für längere Zeit, bis etwa 1319. Nach einer ersten Amnestie vom September 1311, von der Dante ausgenommen war, gewährte Florenz im Mai 1315 den exilierten Weißen eine zweite Amnestie, doch unter unwürdigen Bedingungen (u.a. Zahlung einer Geldsumme), ein Ansinnen, das Dante in einem Brief an »einen florentinischen Freund« (Epistola XII) entrüstet zurückwies. Auch auf das wohl im September des gleichen Jahres erfolgende Angebot der Stadt, die Todesstrafe in lebenslängliches Exil umzuwandeln, ging Dante nicht ein. Im November erfolgte eine erneute Verurteilung Dantes zum Tode, die sich diesmal auch auf seine Söhne bezog. Im Winter 1319/20 finden wir Dante mit seinen Kindern in Ravenna zu Gast bei Guido Novello da Polenta. Hier empfing er zwei lateinische Eklogen des Dichters Giovanni del Virgilio, Grammatiklehrer an der Universität von Bologna, der ihn einlud, in diese Stadt zu kommen und seinen dichterischen Ruhm künftig in lateinischen Dichtungen zu verwirklichen. Dante antwortete darauf ebenfalls mit zwei lateinischen Eklogen in daktylischen Hexametern, die uns überliefert sind und die hohe Kunst seines dichterischen Ausdrucks auch in der lateinischen Sprache sowie seine Vertrautheit mit den Motiven und Figuren der bukolischen Dichtung und ihres großen Vorbilds, den »Bucolica« Vergils, belegen. Am 20. Januar 1320 hielt er in Verona auf einem akademischen Kongreß in der Kirche Sant'Elena einen Vortrag über Form und Verteilung von Wasser und Erde auf der Oberfläche der Erdkugel (ein Thema, das auch in der »Commedia« angesprochen wird); aus diesem Anlaß entstand sein letztes lateinisches Traktat, die sogenannte »Quaestio de acqua et terra« (der volle Titel lautet »De forma et situ duorum elementorum aque videlicet et terre«). Allerdings ist die Verfasserschaft Dantes sowohl in bezug auf diese Schrift wie auch hinsichtlich der Eklogen angezweifelt worden. Im Sommer 1321 nahm er an einer Gesandtschaft Guido Novellos nach Venedig teil. Auf der Rückreise von Venedig scheint er erkrankt zu sein; er starb am 13./14. September in Ravenna, wo er mit großen Ehren und mit riesigem Trauergefolge in einer Kapelle bei der Kirche San Pier Maggiore beigesetzt wurde.

5. Erste Dichtungen, die Lyrik und die »Vita Nuova«

Dante erlernte rasch die Kunst des Reimens und gelangte früh, noch fast im Knabenalter, in den Ruf, ein ausgezeichneter Dichter (»dicitore«) zu sein. Das älteste der Gedichte, die Dante später in die »Vita Nuova« aufnahm, wurde bereits 1283 geschrieben; mit Sicherheit noch wesentlich älter und damit eines der ältesten Gedichte Dantes überhaupt ist das Sonett »Savete giudicar vostra ragione«, mit dem Dante, noch ganz im Stil Guittones, auf ein Sonett Dante da Maianos antwortete. Wie der Gedankenaustausch mit Dante da Maiano zeigt, war der junge Alighieri sehr bald in der Lage, Korrespondenzen in metrischer Form, überwiegend in Sonettform, mit anderen Dichtern der Stadt zu führen, um, wie unter Adligen und Gebildeten üblich, auf diese Weise poetische, philosophische oder psychologische Fragen zu erörtern. Zu den frühesten dichterischen Arbeiten Dantes gehören möglicherweise auch zwei allegorisch-didaktische Paraphrasen einiger Teile des »Rosenromans«, die im gleichen Manuskript anonym überliefert wurden und zwischen 1285 und 1290 datierbar sind. Die Kritik führt die beiden Texte unter den Titeln »Detto d'Amore« und »Fiore« und ist heute nach langem Hin und Her überwiegend der Meinug, daß beide Texte Dante zuzuschreiben seien, wobei sie sich außer auf sprachliche und stilistische Kriterien auch darauf stützt, daß der Verfasser des »Fiore« sich als »ser Durante« bezeichnet. Das Fragment des »Detto d'Amore« besteht aus 480 paarweise gereimten Siebensilblern, die stilistisch stark an den »Tesoretto« Brunetto Latinis erinnern. Der bedeutsamere und originellere Text ist der in toskanischem Volgare verfaßte »Fiore«, dessen 232 Sonette in allegorischer und lehrhafter Manier, aber auch mit vielen satirischen und freizügigen Akzenten, vom Kampf eines Liebenden um eine schöne »Blume« handeln, welche als Symbol für die geliebte Frau und insbesondere für ihre Jungfräulichkeit steht. Auch wenn sich bedeutende Philologen wie G. Contini autoritär für eine Verfasserschaft Dantes ausgesprochen haben, so bleiben diesbezüglich bis heute bei beiden Texten, vor allem beim »Detto d'Amore«, erhebliche Zweifel bestehen.

Sehr früh und spätestens seit seiner Bekanntschaft mit Guido Cavalcanti wurde für Dante das Dichten zu einem experimentierenden Erkenntnisinstrument. Beseelt vom Ernst dieses Anspruchs und von der Überzeugung der notwendigen Übereinstimmung von Inhalt und Form kritisierten Dante und seine Freunde Cavalcanti, Guido Guinizzelli, Lapo Gianni und einige andere den vorherrschenden, von Guittone d'Arezzo geprägten Stil als roh und ungeschliffen. Guido Guinizzelli war es, der mit seinem berühmten, programmatischen Gedicht »Al cor gentil rempaira sempre amore« (»Im edlen Herzen findet Liebe stets den ihr gemäßen Ort«) die Zeichen für eine Wende in Stil und Geschmack setzte. Mit ihm und mit den Freunden entwickelte Dante in kurzer Zeit ein neues Konzept und eine neue Praxis des Dichtens, das seinen programmatischen Ausdruck etwa in der Kanzone »Donne ch'avete intelletto d'amore« (»Frauen, die ihr versteht, was Liebe ist«) fand. Dante hat dieses Lied später im 24. Gesang seines Purgatorio als Beginn seiner eigenen lyrischen Neuorientierung und als Beginn des Dichtens im »dolce stil nuovo« hervorgehoben und die Poetik des »süßen neuen Stils« knapp und treffend als Einheit von

Inhalt und Form, von seelischer Intuition und adäquatem sprachlichem Ausdruck gekennzeichnet (vgl. Purg. 24,49-54). Fühlen, Erkennen und Dichten gingen in den Texten der Stilnovisten eine neue Verbindung ein, die hohe, ja elitäre Anforderungen an ihre Leser stellte und darum auch nur eine minoritäre und elitäre Zustimmung finden konnte. Zwangsläufig löste somit die neue Schule einen starken Selektionsprozeß zugunsten eines verfeinerten Bildungsideals und eines neuen Geistesadels aus, der auch dem Bürgertum offenstand. Dantes Lyrik entstand in gut zwei Jahrzehnten von 1283 bis in die ersten Jahre des Exils und umfaßt insgesamt 88 Gedichte, die ihm mit Sicherheit zugeteilt werden können. Von diesen hat Dante 31 in die »Vita Nuova« und drei in sein »Convivio« aufgenommen. Die übrigen 54 Gedichte wurden von ihm nie geordnet oder in einer eigenen Ausgabe veröffentlicht, sondern waren lediglich auf einzelnen verstreuten Manuskripten in Umlauf. Boccaccio erstellte eine erste relativ organische Sammlung dieser Dichtungen; 1527 erschien eine erste gedruckte Teilausgabe; 1965 hat G. Contini in einer kritischen Ausgabe das Textkorpus von Dantes Lyrik geordnet. Neben den 88 Gedichten Dantes gibt es rund 30 weitere Dichtungen, die ihm nicht mit Sicherheit zuzuweisen sind. Zu den schönsten unter den frühesten Texten Dantes stammt das schon erwähnte Sonett »Guido, i' vorrei che tu e Lapo ed io«, das eine phantastische Seefahrt der Dichterfreunde und ihrer Frauen auf dem Schiff des Zauberers Merlin imaginiert und dabei Phantasie und Lebensfreude des jungen Dichters und seinen ungemein eleganten, beschwingten Stil kundtut. Andrerseits schrieb der junge Dante unter dem Einfluß Guido Cavalcantis ernste, ja teilweise düstere Gedichte, die im Stil des Freundes die schmerzende und zerstörende Wirkung der Liebe und den Zusammenhang zwischen Liebe und Tod thematisieren, in ihrem bohrenden Ernst und der Negativität ihrer Sprache jedoch den Freund zum Teil übertreffen. Die meisten dieser Dichtungen, vor allem die ernsteren unter ihnen, hat Dante nicht in die »Vita Nuova« aufgenommen.

Das weitaus wichtigste Erlebnis der Jugend Dantes, sowohl hinsichtlich seiner seelischen Tiefenwirkung wie auch in bezug auf die literarischen Folgen, war die Begegnung mit einer gewissen Bice, Tochter eines Folco Portinari, später verheiratet wahrscheinlich mit einem Simone di Geri dei Bardi. Dante sah Bice zum ersten Mal 1274, »fast zu Beginn ihres neunten Lebensjahres und fast am Ende meines neunten Lebensjahres«, wie er später sagt. Wegen ihrer engelhaften Erscheinung und der Glückseligkeit (beatitudo), die von ihr ausstrahlte, »wurde sie von vielen Beatrice genannt« und auch Dante wird sie von der ersten Begegnung an so nennen. 1283, als genau neun Jahre seit der ersten Begegnung verflossen waren, empfing er, in der neunten Stunde des Tages, den ersten Gruß der jungen Frau: »Sie grüßte mich überaus tugendvoll, so daß es mir schien, als sähe ich allen Glanz der Glückseligkeit.« Das Erlebnis dieses Grußes löste in Dante eine große seelische Unruhe aus und setzte zugleich Energien frei. Dante schreibt jetzt das erste der später von ihm in die »Vita Nuova« aufgenommenen Gedichte und beginnt damit den psychisch und künstlerisch schwierigen Weg einer philosophisch-stilnovistischen Verfeinerung und theologisch-mystischen Vertiefung seiner Liebeslyrik, an dessen Ende die Gnadenmittlerin Beatrice, also die Beatrice der »Commedia« stehen wird. Darum finden wir auch bei Dante in der Folgezeit nicht mehr das bei seinen minnesingenden Dichterkollegen vorherrschende Klagen um die abweisende Härte der Geliebten oder das ständige Flehen um Erhörung und Gewährung der Gunst; Beatrice wird als eine göttliche Verkörperung der Tugend und des Seelenadels besungen, als »ein Wunder der Trinität«. So lebte Dante einige Jahre im Bann einer Frau, die immer stringenter als eine Gestalt idealer Vollkommenheit seine Gedanken und Gefühle beherrschte, und schon früh muß ihn die Furcht beschlichen haben, daß ein so gottähnliches Geschöpf wahrscheinlich nicht für ein längeres Erdenleben bestimmt sei. So konnte der Tod des Vaters der Beatrice am 31. Dezember 1289 nur als dunkles Vorzeichen gedeutet werden; und tatsächlich starb Beatrice nur wenige Monate später am 8. Juni 1290, in dem Jahr des 13. Jahrhunderts, »in dem die vollkommene Zahl (d.h. die Zehn) neunmal vollendet wurde«. In der ganzen Stadt löste ihr Tod tiefste Trauer aus; Dante indes sah darin bei aller Betroffenheit ein religiöses, ja eschatologisches Geschehen, nämlich die Himmelfahrt der glückseligen Beatrice, ihre Heimkehr ins Reich Gottes in die Nähe der Maria, der sie in ihrem kurzen Erdenleben so ähnlich war. Vielleicht waren es gerade die auffallende Trauer und der Schmerz des jungen Dichters um die Heimgegangene, die das Interesse einer anderen edlen Frau aus dem Kreis um Beatrice auf ihn lenkte; fest steht, daß Dante nach dem Tod der Beatrice für kurze Zeit eine nicht näher zu bestimmende Beziehung zu einer anderen Frau, der »donna gentile« bzw. »donna pietosa« hatte. Schon bald jedoch siegte die Erinnerung an die glorreiche Beatrice über die flüchtige Zuwendung, und zurück blieb der Dichter, erneut von Schmerz betroffen und von einer Trauer, die durch das Bewußtsein seiner Untreue und durch das Gefühl der Reue vertieft wurde. In diesem Zustand des Schmerzes und der Erneuerung der alten Treue zu Beatrice muß Dante den Entschluß gefaßt haben, Leben und Erscheinung der Beatrice in feierlicher Form zu würdigen, und zwar durch eine Auswahl der zu Lebzeiten Beatrices auf deren Lob verfaßten Gedichte, deren Entstehung und tiefere Bedeutung in einem beigefügten Prosakommentar erläutert werden sollten.

So entstand, nach herrschender Meinung 1292/93, in rückschauender und zugleich reuig-mystifizierender Perspektive die »Vita Nuova«, das »Neue Leben«, deren vielsinniger Titel auf einen Neubeginn nicht nur im Leben, sondern auch im literarischen Schaffen des Dichters und darüber hinaus auf einen generellen Abschied von einer frühen, vorbereitenden Stufe und auf den Beginn einer neuen, philosophischen, wissenschaftlichen und bildungsmäßigen Orientierung des Dichters verweist. Das »dem ersten Freund«, also Guido Cavalcanti gewidmete Werk ist ein sogenanntes Prosimetrum, d. h. eine Mischung von Vers und Prosa, eine Form, die Dante von Boethius, aber auch von Martianus Capella, Bernardus Silvestris oder Alanus ab Insulis kannte oder kennen konnte. Nur die Prosatexte wurden neu verfaßt; alle Gedichttexte stammen aus dem zurückliegenden Jahrzehnt, wurden aber, mit der einen oder anderen kleinen Korrektur, in eine stilistisch und inhaltlich orientierte Reihenfolge gebracht. Unter den ausgewählten 31 Dichtungen finden wir 25 Sonette, 4 Kanzonen, eine Ballade und eine Stanze. Die eingeschobene Prosa erläutert die Gedichttexte in Entstehung, Intention und Inhalt und hat darin eine ähnliche Funktion wie die »razos« der provenzalischen Minnesänger. Darüber hinaus aber baut Dante mit seiner Prosa ein erzählerisches Kontinuum auf, welches das kleine Büchlein auch strukturell in die Nähe eines Bekenntnisromans rückt. Das Bekenntnishafte der Schrift kommt unübersehbar in der autobiographischen Ich-Erzählform zum Ausdruck. Diese kannte Dante aus den »Confessiones« des Augustin, aus dem »Roman de la Rose« oder auch aus dem »Tesoretto« Brunetto Latinis; auch Boethius hatte seine »De consolatione philosophiae«, eine der wichtigsten Lektüren Dantes, in der ersten Person, wenn auch ohne erzählerisches Kontinuum geschrieben.

Inhaltlich ist die »Vita Nuova« ein persönliches Erinnerungsbuch, eine »Biographie der Innerlichkeit« (Hugo Friedrich), Autobiographie einer ethischen und religiösen Entwicklung, deren höchst individuelle Erfahrungen im mittelalterlichen Sinne exemplarisch verstanden werden als authentischer Ausdruck des Universalen, d. h. der göttlichen Wahrheit. Der autobiographische Charakter des Werkes, die inhaltliche Mittelstellung eines fühlenden und erleidenden Ichs und der strukturelle Aufbau dieses Ichs zum zentralen Protagonisten der »Handlung«, ist somit nicht, wie immer wieder geschehen, als Individualismus im modernen Sinne mißzuverstehen, als memoirenhafte Selbstdarstellung oder gar als schlichte Egozentrik. Erfahrungen und Haltungen des Protagonisten werden thematisiert, insoweit in ihnen Allgemeingültiges zum Ausdruck kommt: Der Weg des Autors von der Erfahrung sinnlicher Liebe (»amore«) zur Anschauung der göttlichen, körperlosen Liebe, der »carità«, figuriert in typischer Form den christlichen Weg der Vervollkommnung und damit christliche Wahrheit schlechthin. In dieser Perspektive »erzählt« das Ich seinen inneren Weg, der von der ersten Begegnung mit der neunjährigen Beatrice (Kap. II) und dem Empfangen des ersten Grußes (Kap. III) über die Begegnung mit einer andern edlen Frau und das Verweigern des Grußes durch Beatrice (Kap. X), dessen Wirkung u. a. als »fiamma di carità«, als Flamme christlicher Liebe, gekennzeichnet wird (Kap. XI), in rasch aufeinanderfolgenden Stufen der idealisierenden Meditation zu der Einsicht führt, daß der Anblick der transfigurierten Beatrice auf ihn zerstörerisch, ja tödlich wirken muß (Kap. XIV): An die Stelle der leiblichen Anwesenheit der Herrin muß die geistige treten, und der Dichter kann seine Erfüllung (»beatitudine«) darin finden, die geistige Beatrice in dichterischer Sprache zu besingen (»... è tanta beatitudine in quelle parole che lodano la mia donna«; Kap. XVIII). Damit ist bereits die Notwendigkeit der Abwesenheit der Beatrice, d.h. ihres Todes, innerlich begründet, des Todes, der vielfältig und früh im Text präludiert wird, so etwa im achten Kapitel, wo vom Ableben einer »donna giovane«, einer jungen Frau aus der Umgebung Beatrices, berichtet wird; dann vor allem durch das Hinscheiden des Vaters in Kap. XXII und durch die Vision des kranken Dichters in Kap. XXIII. Der tatsächlich eintretende Tod wird sehr kurz, beinah flüchtig erwähnt (Kap. XXVIII); einmal, weil die innere Notwendigkeit und die Bedeutung des Todes bereits vorwegnehmend interpretiert wurden, zum anderen, weil jedes anekdotische Detail das heilsgeschichtliche, symbolische und figurative Gewicht dieses Geschehens gemindert hätte. So wie hier in bezug auf den Tod hat der Dichter durchgehend in Sorge um die monumentale heilsgeschichtliche Wirkung und Ausstrahlung des Geschehens jedes erzählerische Detail, jede Konkretisierung der Personen, Sachen und Lokalitäten vermieden. Unverrückt steht die Dynamik eines seelischen Werdens im Blickpunkt, nur leicht aufgelockert durch den Wechsel von »erzählenden« Passagen, lyrischen Gedichten und gliedernd-erklärenden Kommentaren. Es hängt mit diesem hohen Abstraktionsgrad der Darstellung zusammen, daß der Text oft sinndunkel oder vieldeutig wirkt. Einzelne Bilder, Symbole und Szenen bleiben schwer deutbar, nicht wenige Passagen harren bis heute noch einer zuverlässigen Deutung. Ohne Zweifel ist vieles bewußt verschleiert, anderes versteckt angedeutet worden. Religiöser Mystizismus und die Aura persönlicher Geheimnisse durchziehen den Text, der unter diesem Aspekt nur für Eingeweihte bestimmt zu sein scheint, für Initiierte, die die Schule des »dolce stil nuovo« und die der mystischen Versenkung durchlaufen haben. Vieles von den Bildern, Farben und Tonlagen der

Heiligenlegenden und der Wundererzählungen ist in diesen Text eingegangen, insbesondere aus den Hagiographien der Franziskanerinnen, von denen einige, wie Umiliana de Cerchi und Giuliana Falconieri, in der Welt der Beatrice lebten. All dies und das Gewicht, das die (schwer deutbaren) Träume und Visionen im Text haben, darf nicht darüber hinwegtäuschen, daß Dante weniger als Träumer und Visionär, sondern vielmehr als konkret motivierter und exakt komponierender Dichter am Werk ist. Seine konkrete künstlerisch-literarische Absicht lag zunächst einmal darin, das 1292/93 vorliegende Korpus von ca. 60 Dichtungen, die meisten davon auf das Beatrice-Erlebnis bezogen, zu ordnen, Wesentliches von Unwesentlichem zu trennen und sich selbst über seine Beziehung zu Beatrice und über die eigentliche Bedeutung der auf sie bei verschiedenen Gelegenheiten verfaßten Lieder klarzuwerden. Der dezidierte Wunsch, mit sich selbst und mit dem Erlebnis Beatrice, das ihn an den Wurzeln seiner Persönlichkeit getroffen hatte und im Begriff war, ihn von Grund auf zu erneuern, ins klare zu kommen, ging Hand in Hand mit der Absicht, das neue Werk auch in eine klare Form zu gießen und es nach strengen kompositorischen Merkmalen aufzubauen.

Auch in den Jahren nach der Fertigstellung der »Vita Nuova« hat Dante noch Gedichte geschrieben. Wohl bald nach dem Prosimetrum entstand die berühmte Tenzone mit Forese Donati, ein scherzhaftes Streitgespräch bestehend aus drei Sonetten Dantes und ebenso vielen Antwortsonetten des Freundes. Die Sonette Dantes, die die besseren sind, verspotten scherzhaft Donati als schlechten Ehemann, Säufer und Dieb in einem überaus derben, anzüglichen Stil, der bereits auf entsprechende Passagen des »Inferno« vorausweist. In den neunziger Jahren des 13. Jahrhunderts entstanden auch eine Gruppe von lehrhaften Gedichten, in denen die Philosophie oft in der Gestalt einer liebenden und anziehenden Frau erscheint und in denen Dante seinen Erkenntnisdrang, aber auch die Schwierigkeiten des Wissenserwerbs thematisiert. Zu den Lehrgedichten dieser Art gehören die beiden Kanzonen »Voi che 'ntendendo il terzo ciel movete« und »Amor che ne la mente mi ragiona«, die Dante in sein »Convivio« aufnahm, und weitere, die Erkenntnis reflektierende Texte wie etwa die Ballade »Voi che savete ragionar d'amore«; während ein weiteres, ebenfalls in das »Convivio« eingegangenes Lehrgedicht »Le dolci rime d'Amor ch'i' solía« über den Seelenadel (»gentilezza«) nachsinnt. Ungefähr zeitgleich mit diesen lehrhaften Dichtungen entstehen auch weitere Liebesgedichte. Aber die Frau, die in diesen Gedichten erscheint, ist nicht mehr die milde, idealisierte Gestalt früherer stilnovistischer Dichtungen, sondern erscheint vielmehr in ihrer vollen sinnlichen und körperlichen Schönheit, zugleich aber auch als ein bedrohliches, unerreichbares Wesen, das unüberwindliche Schranken aufbaut. Zu den bekanntesten Texten dieser Gruppe gehören die sogenannten »rime pietrose«, die Petrosen, die so heißen, weil sie einer »nova donna«, einer unnahbaren Frau, »eiskalt wie Schnee im Schatten« und »härter als Stein« (»più dura che petra«) gewidmet sind, die immer wieder mit der Metapher »petra« (»Stein«) angesprochen wird. In ihnen rekurriert Dante auf den dunklen Dichtungsstil (»trobar clus«) des Arnaut Daniel und versucht sich in schwierigsten metrischen Konstruktionen: auf diese Weise entstanden zwei Kanzonen, eine Sextine, und, als technische Neuheit, eine doppelte Sextine. Neben einigen Briefsonetten, einige davon an Cino da Pistoia, entstanden im genannten Zeiraum auch eine größere Zahl von allegorisch-moralisierenden Gedichten, in denen Dante Ungerechtigkeiten und Mißstände seiner Zeit anprangert und bisweilen einer utopischen Sehnsucht nach einem allgemeinen Zustand der Gerechtigkeit und des Glücks nachgeht. Dazu zählen die um 1305 entstandene allegorische Kanzone »Tre donne intorno al cor mi son venute«, die für den nicht mehr geschriebenen letzten Traktat des »Convivio« vorgesehen war, das Sonett »Se vedi li occhi miei di pianger vaghi«, eine an Gott gerichtete Bitte um Gerechtigkeit, die zeitkritische Kanzone »Doglia mi reca ne lo core ardire« und neben weiteren Texten auch die von der italienischen Kritik sogenannte »canzone montaniana«, das vielleicht 1307/08 in der Einsamkeit des Casentino entstandene Gedicht »Amor, da che convien pur ch'io mi doglia«, in dem der Dichter seine Einsamkeit und Hilflosigkeit im Exil, die Abwesenheit einfühlsamer Frauen sowie die gegenwärtige Verwahrlosung seiner Heimatstadt (»leer von Liebe und ohne jedes Mitgefühl«) beklagt. Dies dürfte denn auch eines der letzten Gedichte Dantes gewesen sein, der um diese Zeit wahrscheinlich bereits mit den Arbeiten an seiner »Commedia« begonnen hatte.

6. Divina Commedia: Entstehung und Motivation

Die Fragen nach dem Beginn, dem zeitlichen Verlauf der Arbeit und dem Zeitpunkt der Veröffentlichung der drei Cantiche können bis heute nicht mit Sicherheit beantwortet werden. Unter den zahlreichen, hier nicht zu diskutierenden Datierungsvorschlägen kommt aus Gründen, die weiter unten noch dargelegt werden, von vornherein denjenigen die größere Wahrscheinlichkeit zu, die den Beginn der Niederschrift Dantes möglichst früh ansetzen. Als insgesamt plausible Datierung kann angenommen werden, daß das Inferno zwischen 1304 und 1307, das Purgatorio von 1308/1309 bis 1312/1313 und das Paradiso zwischen 1316 und 1320 geschrieben wurden. Bei der Auswertung der im Text enthaltenen Hinweise auf zeitliche Daten hat die Kritik auch der Möglichkeit einer späteren Überarbeitung von bereits geschriebenen Teilen Rechnung getragen, wodurch die Datierungsfragen nicht erleichtert werden.

Die innere Entstehungsgeschichte der »Commedia« hat, wie schon eingangs angedeutet, ihren ideellen Ausgangspunkt im Schlußkapitel der »Vita Nuova«. Dort, im 42. Kapitel des um 1292/93 geschriebenen Prosimetrums, hatte der junge Dante angekündigt, zu einem späteren Zeitpunkt ein herausragendes Werk zu Ehren der Beatrice zu verfassen. Das Versprechen war zu ernst, zu feierlich, auch an zu exponierter Stelle gegeben, als daß Dante es in den folgenden Jahren hätte vergessen können. Der Vorsatz, demnächst »in würdigerer Weise von ihr zu handeln«, und zwar auf der Grundlage eines bis dahin erworbenen ungewöhnlichen Wissens, weist darauf hin, daß das künftige Werk sowohl hinsichtlich seiner Form und der Verwendung der Kunstmittel als auch inhaltlich in bezug auf Bedeutung und Würde der behandelten Themen einen Höhepunkt darstellen sollte. Zugleich entstand unter dem Druck der Leiden und Erfahrungen des Exils, die Dante den politischen und moralischen Niedergang weiter Teile Italiens, aber auch die Bedrohung der gottgewollten Friedensordnung in Europa vor Augen führten, der Wunsch, mahnend auf seine Zeitgenossen, auf Fürsten, Städte und Völkerschaften einzuwirken und zur Umkehr zu bewegen. In diesem Sinne heißt es in der »Epistola ad Canem Grandem« programmatisch: »Ziel des ganzen Gedichts ... ist es, die Lebenden aus dem Zustand des Elends in diesem Leben hinwegzubewegen und sie hinzuführen in den Zustand der Glückseligkeit.« Und was konnte in christlicher Sicht die Zeitgenossen stärker aufrütteln als eine eindringliche und zugleich künstlerisch vollendete Darstellung des Schicksals der Menschen nach dem Tode, eine Vergegenwärtigung des »status animarum post mortem«? In der Perspektive dieser gesellschaftlichen, didaktischen und zugleich eschatologischen Motivationen war es nahezu zwangsläufig, die ursprüngliche Konzeption einer Vision der Beatrice im Paradies durch die drei nach christlicher Lehre vorstellbaren Jenseitsreiche der Verdammnis, der hoffnungsvollen Läuterung und der ewigen Glückseligkeit zu erweitern. Eng verbunden mit diesen gesellschaftlichen Zielsetzungen war freilich auch das Bedürfnis Dantes, sich durch ein herausragendes Kunstwerk Ruhm und Autorität zu verschaffen.

7. Grundzüge des Werkes

Die »Commedia« umfaßt insgesamt 14 233 Verse, die sich auf die drei Cantiche Inferno, Purgatorio, Paradiso mit insgesamt 100 Gesängen verteilen. Das Inferno umfaßt 34 Gesänge mit insgesamt 4720 Versen, das Purgatorio 33 Gesänge mit 4755 und das Paradiso ebenfalls 33 Gesänge mit 4758 Versen. Der Umfang der Gesänge, also die Zahl ihrer Verse, schwankt zwischen einem Minimum von 115 Versen (Inf. 6 und 11) und einem Maximum von 160 Versen (Par. 32). Das Versmaß ist der Elfsilber (»endecasillabo«), das Strophenmaß ist die gereimte Terzine, deren mittlerer Reim als erster und dritter Reim der folgenden Strophe wiederkehrt (Reimschema a-b-a, b-c-b, c-d-c, usw.). Der Mittelpunkt des ganzen Gedichts ist der 7.117. Vers (Purg. 17,125). Der Mittelpunkt der ersten Cantica liegt im 18. Gesang zwischen Vers 66 und 67, der der zweiten Cantica im 106. Vers des 17. Gesanges, und der der dritten Cantica ebenfalls im 17. Gesang zwischen Vers 83 und 84. Alle hier referierten Grundmaße beruhen auf exakten, weitläufigen mathematischen Berechnungen des Dichters und tragen Symbolcharakter (dazu sogleich).

Gegenstand der Dichtung ist der Mensch unter dem Gesetz der christlichen Heilsgeschichte, seine Entscheidung zwischen Gut und Böse, zwischen Heil und Verdammnis, d.h. letztlich die Beziehung zwischen Schöpfer und Geschöpf. Grundlage menschlicher Verantwortung, menschlichen Verschuldens wie menschlichen Verdienstes ist der freie Willensentscheid und der im Menschen tätige zentrale Liebestrieb, der sich auf gute und auf schlechte Ziele richten kann und damit Tugend oder Sünde begründet. Die inhaltlich zentrale Lehre des »liberum arbitrium« und der Liebe als Grundregung der menschlichen Seele wird im Zentrum des Gedichts, d.h. im 16., 17. und 18. Gesang der mittleren Cantica dargelegt. Zentraler Protagonist der Dichtung ist der Wanderer Dante (zu unterscheiden von dem Dichter Dante), der auf der Grundlage und unter dem Schutz eines besonderen, durch Beatrice vermittelten göttlichen Gnadenprivilegs die Möglichkeit und den Auftrag erhält, den Zustand der Seelen nach dem Tode in toto, d.h. durch Erwanderung aller Jenseitsreiche, kennenzulernen; darüber hat der Dichter den Lebenden zu berichten. Die »Commedia« ist der dichterische Bericht über die Jenseitsreise des Protagonisten, vorgetragen in der ersten Person, eine Art Ich-Erzählung somit. Dabei ist zu beachten, daß dieser Wanderer nicht nur Beobachter und Berichterstatter ist. Er ist vielmehr eine aktive, dynamische Persönlichkeit, die in ständigem intensivem Sehen, Erkennen, Erschaudern, Bangen und Hoffen eine gewaltige, hochdramatisierte, das Menschenmaß fast sprengende Entwicklung durchläuft, die von der Dunkelheit und Verstrickung des Sündenwaldes in Inf. 1 bis zur höchsten Läuterung und mystischen Gottesschau in Par. 33 führt. Es ist gerade dieser persönliche Läuterungsweg, der dem Gedicht Einheit, Dynamik und Dramatik verleiht. Der Läuterungsweg seinerseits wird parallelisiert durch einen kaum minder dynamischen, weil meist im lebhaften Frage-und-Antwort-Spiel lebendig dargestellten Bildungsweg des Wanderers, einem schrittweise sich vollziehenden globalen Wissenserwerb, der praktisch das ganze um 1300 verfügbare Wissen aktualisiert. Neben Fragen der Theologie, der Eschatologie und der christlichen Ethik sind vor allem auch das kosmographische, astronomische, naturwissenschaftliche und zeitgeschichtliche Wissen im Werk lebendig aufgearbeitet worden.

Zeitpunkt der fiktiven Wanderung ist das (als Lebensmitte geltende) 35. Lebensjahr des Wanderers, also das Jahr 1300. Aufgrund von werkinternen Indizien hat man erschließen wollen, daß die fiktive Reise insgesamt acht Tage, und zwar vom 7. bis 14. April, dauert. Wichtigstes Leitmotiv und zentraler Begriff des Gedichts ist die Liebe (»amore«) in ihren vielgestaltigen Ausprägungen. Dementsprechend ist es auch die göttliche Beatrice, die den Wanderer durch Vergil aus dem Sündenwald heraus durch die Hölle bis an die Pforten des irdischen Paradieses auf der Spitze des Läuterungsberges führen läßt (Inf. 1-Purg. 27), um ihn sodann von dort selbst bis in den zehnten Himmel des Paradiso (Purg. 28-Par. 30) zu geleiten. Neben diesen beiden wichtigsten Führern, von denen der eine, der Heide, als Inbegriff des Wissens, der andere als weibliche Verkörperung der göttlichen Liebe und Gnade erscheint, gibt es noch weitere Gestalten, die als Führer bzw. Wegbereiter tätig werden. So Cato, der am Fuße des Läuterungsberges Vergil und Dante behilflich ist (Purg. 1), Lucia, die den schlafenden Wanderer bis an die Pforte des inneren Purgatorio trägt (Purg. 9), Statius, der in den oberen Rängen des Läuterungsberges sich Vergil und Dante zugesellt (Purg. 21-

Purg. 33), Matelda, die Dante über den Lethe-Fluß ins irdische Paradies geleitet (Purg. 28 und 29), und schließlich Bernhard, der Dante am Ende des Weges zur mystischen Gottesschau vorbereitet (Par. 31-33). Insgesamt sind es somit sieben Wegbereiter, die dem Wanderer bei der Erfüllung seiner göttlichen Sendung zur Seite stehen.

Mit der Gestaltung einer visionären Jenseitsreise stellt sich die »Commedia« in eine reiche Tradition mystischen, prophetischen und apokalyptischen Schrifttums, deren bekannteste und am häufigsten interpretierte Texte die Apokalypse des Johannes und das sechste Buch der Aeneis (mit dem Gang des Aeneas in die Unterwelt) waren. Bekannt waren eine große Zahl teils heidnischer, teils christlicher Visionen, so z. B. der von Macrobius um 400 kommentierte »Traum des Scipio« (»Somnium Scipionis«) des Cicero, eine von dem neutestamentlichen Bericht über die Himmelfahrt des Paulus ausgehende anonyme »Visio Pauli«, oder das (wahrscheinlich weitverbreitete) mohammedanische »Libro della Scala«. Hinzu trat eine umfangreiche Literatur von Jenseitsreisen wie z. B. die in der Mitte des 12. Jahrhunderts entstandene »Visio Tundali«, die vom visionären Gang eines irischen Ritters durch die Hölle zu den Gefilden der Seligen erzählt, oder etwa die vermutlich im 10. Jahrhundert entstandene »Navigatio Sancti Brendani«, die von einem irischen Abt Brendan berichtet, der zu Schiff über die Grenzen der bekannten Welt ins Jenseits vorstößt und dort denkwürdige Dinge sieht. Diese und ähnliche Texte wurden meist in mehrere Nationalsprachen, auch ins Italienische, übertragen und immer wieder überarbeitet und paraphrasiert. Über diese vorhandenen Jenseitsvorstellungen des Mittelalters geht Dantes »Commedia« indes weit hinaus. Der Kosmos seiner Jenseitsreiche ist konkret, total und anschaulich zugleich und schon deswegen mit den fragmentarischen und mehr oder weniger fabelhaften früheren Jenseitsreisen nicht vergleichbar. Bei der detaillierten und anschaulichen Gestaltung seines Jenseitskosmos kamen Dante für seine Zeit weit überdurchschnittliche, recht präzise kosmographische Kenntnisse zustatten, die er sich (auch dies stellt eine bemerkenswerte autodidaktische Leistung dar) durch das Studium einschlägiger Schriften erworben hatte. Abgesehen von der auch von Dante geteilten ptolemäischen Grundannahme, daß die Erde unbeweglich im Mittelpunkt der Welt stehe und Sonne, Mond und Planeten sich um sie herumbewegen, sind die meisten Vorstellungen Dantes ziemlich modern und richtungweisend gewesen. Er hatte zum Beispiel, was zu seiner Zeit keineswegs selbstverständlich war, eine konkrete Vorstellung von der Kugelgestalt der Erde, wie wir u. a. aus mehreren Stellen des »Convivio«, aber auch aus Purg. 22,134 wissen, wo er die Erde einen »globo« nennt. Vor allem aus Alfraganus und Gherardo di Cremona hatte er, wie u. a. aus dem »Convivio« hervorgeht, recht präzise Angaben über Umfang und Durchmesser bzw. Radius der Erdkugel und war auch selbst imstande, diese Maße zu errechnen. Mit der Kugelgestalt der Erde ging die Vorstellung von der sphärischen Form des Universums mit einer antipodisch angeordneten Nord- und Südhälfte einher. All diese Kenntnisse gingen in die Gestaltung des Jenseitskosmos Dantes ein, der jedoch, und dies darf nicht übersehen werden, in erster Linie als eine literarische Fiktion der exemplarischen Veranschaulichung der christlichen Ethik verpflichtet ist, d.h. der Darstellung der aus göttlichem Richterspruch resultierenden komplexen Hierarchie unterschiedlicher eschatologischer Einordnungen der Seelen im Jenseits als einer nicht realen, nicht empirisch erfahrbaren Welt.

Wie sehen diese an realen kosmographischen Gegebenheiten orientierten, doch grundsätzlich der dichterischen Einbildungskraft entsprungenen und den Kategorien der christlichen Ethik unterworfenen Jenseitswelten Dantes aus? Das Zentrum des gesamten Jenseitskosmos fällt zusammen mit dem Zentrum der Erdkugel. Auf deren nördlicher, von Erde bedeckter Hemisphäre öffnet sich unter der Erdoberfläche ein riesiger, zum Erdzentrum hin spitz zulaufender Trichter, die Hölle, auf deren konzentrischen, nach unten enger werdenden Ringen die Verdammten angeordnet sind. Im untersten Loch des Höllentrichters steckt, in ewigem Eis (als dem Ausdruck größter Gottesferne) eingefroren, der Kopf des Luzifer, dessen Körper nach seinem Sturz aus dem Himmel in die südliche Hemisphäre fiel. Aus Furcht vor ihm verlagerte sich die Erde der Südhälfte auf die nördliche Seite der Erdkugel, während die Südhälfte ganz vom Meer zugedeckt wurde. Der Höllentrichter befindet sich somit unter der bekannten und bewohnten Welt, die von den Säulen des Herkules im Westen bis zum Ganges im Osten reicht und in deren Mittelpunkt Jerusalem liegt. An den Antipoden Jerusalems liegt auf der südlichen Hemisphäre der von Meer umgebene Läuterungsberg, ein steil aufragender, konischer, d.h. nach oben spitz zulaufender Inselberg, auf dessen wiederum konzentrischen, sich nach oben verengenden Ringen alle die Seelen angeordnet sind, die durch Läuterung das ewige Heil erreichen können. Auf der Spitze des Läuterungsberges liegt der Garten des irdischen Paradieses. Um den Erdball wölben sich sphärisch und konzentrisch sieben Planetenhimmel (deren mittlerer der Sonnenhimmel ist), darüber als achter der Fixsternhimmel, als neunter Himmel das Primum Mobile, das alle unter ihm liegenden Sphären in Bewegung setzt. Alle neun beweglichen Himmelsstufen, in denen die Seligen entsprechend ihrer Vollkommenheit und Gottesnähe angeordnet sind, werden umwölbt von einer unbeweglichen zehnten Sphäre, dem Empyreum, dem Sitz der Gottheit und seiner wiederum hierarchisch geordneten Engelsscharen. Schon dieser knappe Abriß der Jenseitswelt Dantes macht deutlich, daß seine Jenseitstopographie in erster Linie einem ethisch motivierten Ordnungsgedanken entspringt.

Ebenso wie in bezug auf ihre Form, ihre Thematik und auf die Gestaltung fiktiver Jenseitsreiche erweist sich die »Commedia« auch in gattungstheoretischer und stilistischer Hinsicht als ein schwer einzuordnendes, weil herausragendes, einzigartiges Werk, auf das traditionelle Begriffe und Kategorien kaum anwendbar sind. Ist Dantes Gedicht etwa eine »Komödie«, wie der von Dante selbst gewählte Titel »Commedia« andeuten könnte? Dante hatte indes, wie wir u. a. aus der »Epistola ad Canem Grandem« entnehmen können, diesen Titel deshalb gewählt, weil nach der Definition der aristotelischen Poetik die Komödie ein Werk ist, das unglücklich beginnt und glücklich endet. Eben dies sah Dante in seinem Werk als gegeben an: »Und so ist es ganz klar, daß das vorliegende Werk Komödie (»Commedia«) genannt wird. Denn wenn wir auf seinen Stoff schauen, so ist er am Anfang schrecklich und häßlich, weil er in der Hölle spielt, am Schluß aber glücklich, wünschenswert und angenehm, weil vom Paradiese handelnd ...« Bei dieser Einordnung seines Werkes als Komödie hatte Dante allerdings noch eine weitere aristotelische Bestimmung im Auge, nämlich die, daß die Ausdrucksweise (»modus loquendi«) der Komödie einfach und bescheiden (»remissus et humilis«) sein müsse; auch dieses Kriterium erschien ihm in seinem Werk erfüllt, weil es in der Volkssprache, dem »volgare« verfaßt war, in dem auch das einfache Volk miteinander spricht. Offensichtlich ist, daß in moderner gattungstheoretischer Terminologie Dantes Werk nicht als Komödie bezeichnet werden kann und ebensowenig als Tragödie oder Epos oder lyrisches Gedicht. Es wurde bereits angedeutet, daß die darstellerische Grundhaltung des Werkes die eines prophetisch-visionären Berichts in der ersten Singularis ist. Diese erzählende Grundhaltung des Werks wird indes variiert und bereichert durch die unterschiedlichen Ton- und Stillagen nahezu aller bekannter Gattungen. Ruhig voranschreitende epische Passagen wechseln mit solchen höchster dramatischer Spannung oder verhaltener Komik, wehmütige, elegische Stimmungen mit satirischer oder gar sarkastischer Aggressivität, Szenen der menschlichen Begegnung, der Freude und des Wiedererkennens wechseln mit abstrakten gottesgelehrten Dialogen und theoretischen, traktatartigen Passagen im scholastischen Stil oder mit der sensiblen und realistischen Darstellung von Einzelschicksalen. Alle Stilarten werden aktualisiert: vom derbsten Ausdruck der unflätigen Gaunersprache über die Tonlagen weltlicher Liebeslyrik bis zur geistlichen Hymne und zur gesungenen Liturgie des Paradiso. Auch in dieser Hinsicht hat die »Commedia« als eine Summe alles in sich aufgenommen, und ragt zugleich einzigartig aus allem heraus.

Dies gilt mutatis mutandis auch für die von der mittelalterlichen Bibelexegetik entwickelte Lehre vom drei- oder vierfachen Schriftsinn, die neben dem wörtlichen Sinn einen allegorischen, einen moralischen und einen anagogischen Sinn unterschied. Im Brief an Cangrande zitiert Dante diese Terminologie und nimmt für sein Werk in Anspruch, daß es durch Polysemie bzw. »mehrere Sinne« gekennzeichnet sei, unterläßt jedoch jede konkrete Erörterung der einzelnen Schriftsinne in bezug auf sein Werk. Es kann ihm nicht entgangen sein, daß Bedeutungsdichte, Beziehungsvielfalt und Konnotationsreichtum seiner Dichtung nicht mit den mageren Schulkategorien der Exegeten zu erfassen waren.

Der Jenseitskosmos Dantes ist dreigeteilt und entfaltet sich in drei Dimensionen in einer sphärischen Räumlichkeit. In der Fiktion Dantes sind die Jenseitsreiche Teil der Schöpfung und damit durchdrungen von dem Ordnungswillen des Schöpfers, dessen Kraft lichtförmig das gesamte Universum durchwirkt, vom Empyreum bis hinab in die dunkelste, fast lichtlose Hölle. Alles Licht, das in Dantes Jenseits scheint, ist nicht physischer, sondern metaphysischer Natur. Da zudem die Seelen aller drei Bereiche dem gleichen dogmatischen und ethischen Prinzipien unterworfen sind, gibt es auch im Aufbau der Jenseitsreiche eine Anzahl von Analogien und Entsprechungen.

Hölle | Die Dantesche Hölle verfügt über insgesamt neun Ringe, in denen die Verdammten büßen. Je tiefer und je enger der Ring, desto schwerer die Sünde und die daraus resultierende Bestrafung. Der eigentlichen Hölle hat Dante die sogenannte Vorhölle vorangestellt, in die der Wanderer nach Durchschreiten des Höllentors gelangt. Dieser Vorraum ist den lauen Seelen vorbehalten, die weder gut noch böse waren und daher nicht bestraft werden können. Alle übrigen Seelen werden von dem Fährmann Charon über den obersten der Höllenflüsse, den Acheron, geschifft und dann je nach Verschulden in einen der neun Ringe verbracht. Der erste Höllenkreis, der sogenannte »Limbus«, ist der Ort der ungetauften Seelen, z. B. der ungetauften Kinder, aber auch der schuldlosen Nichtchristen. Homer, Horaz, Vergil, Lukan, Ovid und viele andere antike und heidnische Dichter und Philosophen haben hier ihren Ort. Die Strafsystematik der übrigen Höllenbereiche wird im 11. Gesang in Grundzügen dargelegt. Danach sind die Sünder in zwei aristotelisch-thomistische Grundkategorien eingeteilt, nämlich in solche, die wegen der Sünde der »incontinentia«, der Maßlosigkeit, und solche, die wegen der Sünde der »malitia«, d. h. der vorsätzlichen Bosheit, verurteilt sind. Hinzu tritt als dritte Grundkategorie die der »feritas« (italienisch »matta bestialitade«), die einen schweren Fall der »malitia« darstellt und im untersten, neunten Kreis der Hölle gesühnt wird. Die Sünden aus Maßlosigkeit werden in den Kreisen zwei bis fünf bestraft: Wollust, Schlemmerei, Geiz, Verschwendung, Zorn und Trägheit. Unterhalb des fünften Ringes beginnt die innere Hölle, die »città di Dite«, in der die schwereren Sünden der »malitia« gesühnt werden. Im sechsten Ring büßen die Ketzer, die nach mittelalterlicher Anschauung als Leugner Gottes und der Unsterblichkeit der Seele sich gegen die christliche Weltordnung und gegen die menschliche Gesellschaft wandten und somit unter dem Gesichtspunkt der »malitia« zu bestrafen waren. Im siebten Ring büßen in drei Gruppen die Gewalttätigen, die »violenti«, die gegen den Nächsten, gegen sich selbst oder gegen Gott und die Natur Gewalt übten; d. h. Mörder, Räuber und Tyrannen, Selbstmörder und Verschwender, sowie Gotteslästerer, Sodomiten und Wucherer. In den wiederum vielfach untergliederten Ringen acht und neun sind die Betrüger und Verräter untergebracht. Im achten Ring, in der »Malebolge«, büßen die Betrüger, die durch kein besonderes Vertrauensverhältnis ihren Opfern verpflichtet waren wie z. B. Kuppler, Verführer, Schmeichler, Dirnen, Heuchler, Diebe, Fälscher usw. Im untersten neunten Höllenkreis des Kozytus büßen die Betrüger bzw. Verräter, die ein bestehendes Vertrauensverhältnis verletzt haben, in vier Gruppen: Verräter an Verwandten, am Vaterland (politische Verräter), an Tischgenossen und an Wohltätern. Zuallerunterst büßen die drei Erzverräter Judas, Brutus und Cassius, die in den drei Mäulern des Luzifer stecken (Inf. 34).

Alle Strafen der Hölle entspringen dem Grundprinzip der

»Vendetta«, der göttlichen Rache, die in alle Ewigkeit andauert. Bei den Strafformen folgt Dante im wesentlichen der mittelalterlichen Idee des »contrappasso«, der replikartigen, angemessenen Bestrafung, die im Prinzip Gleiches mit Gleichem vergilt: Dem Dieb wurde die Hand, dem falschen Zeugen die Zunge abgehackt usw. Dante hat jedoch die Grundidee des »contrappasso« vielfältig erweitert und verfeinert, indem er sich für den Strafmodus vielfältige Analogien oder auch Kontraste in bezug auf die jeweilige Sünde bzw. sündige Handlung ausdachte. So büßen etwa die von ihrer Leidenschaft getriebenen Liebessünder im ewigen Wirbel des Höllensturmes (Inf. 5), die Mörder im kochenden Blutstrom des Phlegeton (Inf. 12), die Kuppler werden in ständigem Lauf umhergepeitscht (Inf. 18), die Schmeichler und Dirnen stecken bis zum Kopf im Kot (Inf. 18), die Simonisten kopfunter in Felslöchern, als würden sie dort nach Gold scharren (Inf. 19), die Wahrsager tragen, weil sie zuweit in die Zukunft schauen wollten, das Haupt nach hinten gekehrt und müssen stets rückwärts gehen (Inf. 20) und so fort. Außer den Verdammten gibt es in Dantes Hölle eine große Zahl von Gestalten aus der antiken oder christlichen Mythologie, die verschiedene Funktionen im wohlgeordneten Strafsystem der Hölle wahrnehmen. Charon fährt die Seelen über den Acheron. Am Eingang zum zweiten Ring sitzt Minos als Höllenrichter, der mit der Anzahl der Windungen seines gekringelten Schwanzes die Zahl des Ringes angibt, in den der ankommende Sünder zu transportieren ist. Im dritten Ring wacht der Höllenhund Cerberus; im vierten Pluto; im fünften Ring fährt der Fährmann Flegiàs (Phlegyas) über den Styx zur Höllenstadt Dite; im siebten Ring wachen Minotaurus und eine Schar von Centauren über den Strafvollzug. Auf dem Rücken des Ungeheuers Gerione (Geryoneus) gleiten Dante und Vergil vom siebten in den achten Ring hinunter; und in der neunten, untersten Stufe finden sie schließlich die Riesen Nembrot (Nimrod), Fialte (Ephialtes), Briareo (Briareus) und Anteo (Antaeus). Hinzu tritt eine große Schar von Teufeln, Hunden, Schlangen und anderen folternden und zwickenden Unwesen, darunter auch die Harpyen in Ring VII.

Mit Ausnahme des Limbus, des ersten Ringes, dessen Seelen unter der unerfüllbaren Sehnsucht nach Gott leiden, sind alle Strafen physischer Natur. Der eigentliche Schrecken der Danteschen Hölle besteht jedoch in der Ewigkeit der vollzogenen Rache: die Leidenschaften der Sünder bestehen in alle Ewigkeit fort, unaufhörlich gefolgt von ständig neuer, unerbittlicher Bestrafung.

Läuterungsberg | Zählt man den untersten Bereich des Vorpurgatoriums und den obersten des irdischen Paradieses hinzu, so besteht auch der Läuterungsberg Dantes aus insgesamt neun Stufen. Er erhebt sich als höchster Berg der Erde an den Antipoden Jerusalems im Meer der südlichen Halbkugel in der symbolbestimmten Weise, daß Jerusalem, das Erdzentrum mit Luzifer und das irdische Paradies auf der Spitze des Berges in einer Schnittlinie liegen. Der Wanderer Dante gelangt aus der Hölle zur Insel, indem er einen schmalen Gang durchsteigt, der von den Füßen Luzifers zum Gestade des Inselbergs führt. Die zu läuternden Seelen indes werden durch einen Engel auf einem Schiff von der Tibermündung über das Meer herbeigefahren. Am Fuß des Berges liegt das Vorpurgatorium (Purg. 2-8), an dessen Hängen die Seelen lagern, die erst am Ende ihres Lebens Buße taten und daher eine bestimmte Zeit warten müssen, bevor sie ihren Läuterungsweg im Berg beginnen. Dazu gehören die Seelen der Exkommunizierten, der Säumigen, der eines gewaltsamen Todes Verstorbenen und die der säumigen

Fürsten, die in einem gesonderten Tal untergebracht sind. Durch ein von einem Engel bewachtes Tor gelangt man in den eigentlichen Läuterungsberg, dessen Einteilung in sieben Stufen in der Mitte der Cantica, im 17. Gesang, erläutert wird. Danach kann der Liebestrieb, »Ursprung jeder Tugend und jeder Handlung, die Strafe verdient«, grundsätzlich entweder im Ziel oder im Maß irren. Aus den Verirrungen im Ziel ergeben sich Hochmut, Neid und Zorn (die Ringe I-III), aus den Verfehlungen im Maß ergeben sich bei einem Zuwenig die Trägheit (Ring IV), bei einem Zuviel Geiz bzw. Verschwendung, Schlemmerei und Wollust (Ringe V-VII). Die Sünden der Ringe III-VII entsprechen somit in umgekehrter Reihenfolge den Sünden der Inferno-Ringe II-V. Grundsätzlich gilt für den Läuterungsberg, daß die Sünden um so leichter werden, je höher der Ort der Buße liegt. Auf der Spitze des Berges befindet sich das irdische Paradies, der Garten Adams und Evas, mit den Flüssen Lethe und Eunoe; von hier aus steigen die Seelen gereinigt und geläutert ins himmlische Paradies auf.

Der Modus der Bestrafung und der Buße unterliegt auch im Purgatorio dem Prinzip des »contrappasso«, d.h., die Buße steht in einer motivierten, psychischen Entsprechung zur Sünde. So werden etwa die Stolzen von schweren Steinen niedergebeugt, den Neidischen sind die Augen zugenäht, die Zornigen schreiten in dunklem Rauch, die Trägen hetzen in eiligem Lauf daher. Es gibt also auch im Purgatorio eine physische Bestrafung, doch diese wird freiwillig angenommen und erleichtert durch die Gewißheit der Erlösung. Somit gibt es auch keinen Strafzwang, der wie im Inferno durch andere den Sündern auferlegt und überwacht werden müßte. Die körperliche Bestrafung geht im Purgatorio einher mit einer ebenfalls der Idee des »contrappasso« unterworfenen positiven Form der Buße, der Meditation, die sich entweder in Gebeten und Gesängen, oder in der Betrachtung von Tugendbeispielen vollzieht, die der Sünde des Büßers entgegengesetzt sind. Mit diesem meditativen Charakter des Läuterungsweges hängt es zusammen, daß die zweite Cantica sich sehr viel stärker als das Inferno der Form des Lehrgedichts (und damit dem Paradiso) annähert. Eine große Zahl von Belehrungen ist an meist symbolhaft ausgewählten Stellen eingefügt, als wichtigste die Lehre vom Liebestrieb und vom freien Willensentscheid (Purg. 15-18) sowie die Lehre von der Zeugung des Menschen und der Entstehung des Schattenleibes der Seelen nach dem Tode (Purg. 25). Hinzu treten etwa die geographisch-kosmologische Belehrung im vierten, die Lehre von der Fürbitte im sechsten, die Erklärung des Erdbebens im 21. Gesang und vieles andere mehr. Auf politische Themen kommt Dante, wie nicht anders zu erwarten, häufiger zu sprechen als im Inferno: Zahlreiche Stellen handeln von Kirche und Staat und beklagen den Niedergang Italiens, die Verderbnis der Heimatstadt Florenz, das unsittliche Treiben der weltlichen Fürsten oder die Entartung der Kirche. Generell gilt, daß der Wanderer im Purgatorio stärker persönlich beteiligt ist und den Seelen näher steht als im Inferno. Während er dort von wenigen Ausnahmen abgesehen die Sünder aus Distanz, ja mit zunehmender Abneigung und zuletzt Abscheu betrachtet, nimmt Dante hier aktiv, und teilweise sogar körperlich, am Bußgeschehen teil, so z. B. wenn er mit den Neidischen durch den Rauchgürtel oder mit den Wollüstigen durch das Feuer schreitet. Er unterwirft sich mit den Büßenden den Gesetzen des Berges und teilt mit ihnen die symbolische Handlung des Aufsteigens, das auch ihn, den Wanderer, zur Schau des Paradieses führen soll.

Eine unübersehbar eigene, lyrisch-wehmütige Tönung bekommt die zweite Cantica durch zahlreiche, liebevoll gestaltete Begegnungen des Jenseitswanderers mit Freunden, meist Dichtern und Künstlern aus seiner glücklichen Florentiner Zeit, durch die der Dichter in oft gefühlsbetonter Weise Erinnerungen an seine Jugend und an seine Heimat wachruft. So begegnet er dem Freund und Musiker Casella im Vorpurgatorium (Purg. 2), dem Miniaturenmaler Oderisi da Gubbio im 11. Gesang, dem Dichterfreund Forese Donati, der mit ihm einst Sonette wechselte (Purg. 23), dem Lyriker Bonagiunta da Lucca, mit dem er über die toskanische Lyrik spricht (Purg. 24), schließlich Guido Guinizzelli, den Dante als Lehrmeister und »Vater« seiner Dichtkunst preist (Purg. 26). Überhaupt spielt die Erörterung von Dichtung und Dichtungstheorie eine große Rolle in der zweiten Cantica, wo in Gestalt von Arnaut Daniel und Sordell auch die provenzalische Lyrik gewürdigt wird (Purg. 26 und Purg. 6/7) und in deren oberen Gesängen (21 ff.) zwischen Vergil und Statius mehrfach Fragen des Dichtens und des Dichterruhmes erörtert werden. Zum lyrisch-stimmungsvollen Charakter des Purgatorio trägt auch die Kunst Dantes bei, die an sich asketisch-nüchternen Bußlokalitäten des Berges als eindrucksvolle Szenarien lebendig zu machen. Mit sparsamer, aber geschickter Verwendung von Licht, Schatten und Farbe gelingt es ihm, unvergeßliche, halb jenseitige, halb diesseitige Landschaften zu schaffen, so etwa das im ersten Morgenlicht erschimmernde schilfbewachsene Ufergestade der Insel, die stille, mit unzähligen Blumen bedeckte Mulde des Fürstentals, das sich dem Wanderer im Schein der Abendsonne darbietet, oder der herrliche, von Flüssen durchzogene Garten des irdischen Paradieses auf der Spitze des Berges. Dort begegnet, nachdem sich Vergil, der Führer durch Hölle und Läuterungsberg, verabschiedet hat (Purg. 27), der Wanderer seiner Beatrice wieder (Purg. 30-33), um gemeinsam mit dieser von dort in das himmlische Paradies aufzusteigen.

Paradies | Wie das Purgatorio, so umfaßt auch das Paradiso Dantes insgesamt 33 Gesänge und weist darüber hinaus auch in seinem allgemeinen Aufbau eine gewisse Analogie zu dem der zweiten Cantica auf. Wie diese, hat auch das Paradiso eine Art Vorstufe, die aus der Mond-, Merkur- und Venussphäre gebildet wird, und entsprechend dem irdischen Paradies des Purgatorio auch eine oberste abschließende Zone, nämlich das Empyreum, Sitz der Gottheit und letzter Ort aller Seligen, das eigentliche himmlische Paradies. Die Fiktion des himmlischen Jenseits kennt somit im Unterschied zu den beiden anderen Jenseitsreichen, insgesamt zehn Stufen, die wieder zugleich Aufbaustufen des dichterischen Textes sind. Insgesamt wird Dantes Himmel vorgestellt als eine große, kreisende Gesamtsphäre, deren einzelne Sphären bzw. Himmelsstufen in ständiger, gleichgerichteter und konzentrischer Bewegung stehen, eine bewußte dichterische Vereinfachung der Dante bekannten Abweichungen der Planetenbewegungen. Lediglich die oberste, alle anderen umfassende Sphäre ruht in sich; von hier aus strahlt das Licht Gottes, stufenmäßig geringer werdend, auf den Kosmos herab. Dies hat zur Folge, daß die einzelnen Sphären von unten nach oben, d. h. mit zunehmender Nähe zum Schöpfer, heller und vollkommener werden. Der vom Läuterungsberg mit Beatrice in schnellem Flug aufsteigende Wanderer gelangt zunächst in die drei Sphären des Vorhimmels, denen noch eine gewisse irdische Trübung anhaftet, d. h. deren Seelen eine geringere Vollkommenheit aufweisen. So ist in den Seelen des Mondhimmels der Wille zum Guten relativ schwach ausgeprägt (es sind die Seelen derer, die ihre Gelübde nicht erfüllten); umgekehrt ist in den Seelen des Merkurhimmels die Liebe zu irdischen Gütern, insbesondere zu Ruhm und Ehre, noch zu stark; und in ähnlicher Weise sind die Seelen des Venushimmels noch zu stark in dem Gedanken an körperliche Liebe befangen. Die folgenden drei Stufen des Sonnen-, Mars- und Jupiterhimmels sind der Bereich der guten aktiven Seelen, d. h. der erste Bereich des reinen Paradieses. Der Sonnenhimmel ist die Sphäre der Weisheit; hier erscheinen die Seelen der Weisheitslehrer, unter ihnen Albertus Magnus, Thomas von Aquin und Bonaventura. Der Marshimmel ist die Sphäre der Glaubenskämpfer und Märtyrer, wo dem Wanderer u. a. die Seele des Urahns Cacciaguida entgegentritt; der sechste oder Jupiterhimmel ist die Stufe der »gerechten und frommen« Seelen. Der folgende Saturnhimmel ist der Ort der kontemplativen Seelen und als solcher die Überleitung zu den drei obersten Himmelsstufen: Im achten oder Fixsternhimmel gestaltet Dante den Triumph Christi, d. h. die Erscheinung Christi in der Schar aller erlösten Seelen, das Auftreten der Apostel und die drei Glaubensprüfungen, denen sich der Wanderer unterziehen muß. Im neunten Himmel, dem Primum Mobile oder Kristallhimmel, beschreibt er die neun Engelhierarchien; im Empyreum schließlich, dem Sitz Gottes und letztem Wohnort aller Seelen, gestaltet Dante die Vision der Himmelsrose und, als höchstes und abschließendes Erlebnis der Jenseitsreise, die mystische Schau Gottes.

Die Beschreibung der Himmelsrose auf der zehnten Stufe ist ein Beispiel für den extremen Kunstwillen Dantes, auch irrationale, metaphysische Zusammenhänge durch Umsetzung in symbolhafte Formen und Figuren noch bildhaft und anschaulich zu gestalten. Obwohl die Ordnung der Himmelsrose nicht mehr rational nachvollziehbar und allein dem unerforschlichen Walten der göttlichen Gnade unterworfen ist, leuchtet das ethisch und eschatologisch Wesentliche in Dantes Darstellung bildhaft und unvergeßlich auf. Wie in einem riesigen Amphitheater, dessen Ränge nach oben hin immer weiter werden, sind die Seligen des Empyreums versammelt. Die meisten Sitze auf diesen Rängen sind bereits besetzt; ein Zeichen, daß die Endzeit nahe ist. Der gesamte Bereich der Rose wird durch zwei Trennungslinien, eine vertikale und eine horizontale, aufgeteilt. Durch die Vertikale werden die Seelen derer, die vor Christus lebten von den Seelen derer getrennt, die nach Christi Geburt lebten. Auf der einen Seite erscheinen Maria (oben sitzend), darunter Eva, Rachel, Sarah, Rebecca, Judith und Ruth; auf der anderen Seite Johannes der Täufer, Franziskus, Benedikt, Augustin und andere. Die Zahl der Seligen auf beiden Seiten ist gleich. Durch die horizontale Linie, die die Stufen der Rose in der Mitte (d.h. in mittlerer Höhe) durchtrennt, wird ein unterer Teil ausgesondert, in dem die Seelen der getauften, unschuldigen Kinder versammelt sind. Adam und Petrus werden zur Linken und Rechten Marias sichtbar, neben Petrus der Evangelist Johannes, neben Adam Moses usw. Auf einem großen Sitz schließlich sieht der Wanderer eine Krone: Es ist der Platz, den Heinrich VII. einnehmen wird.

Dem Streben nach Anschaulichkeit und Eindringlichkeit entspringt auch die Neigung Dantes, die Scharen der Seligen zu Kollektivwesen, zu Chören, Reigen oder symbolhaften Figuren zusammenzufassen, in denen zugleich die innige Gemeinschaft der Seelen und die Übereinstimmung ihres Willens in Gott sinnfällig wird. So treten im Sonnenhimmel zwei Zwölferreigen der Weisheitslehrer auf, die den Wanderer singend umkreisen; im Marshimmel bilden die Seligen singend ein riesiges Kreuz mit gleichen Armen, an dem Christus sichtbar wird; im Jupiterhimmel formen die Seligen wiederum singend die Inschrift »Diligite iustitiam, qui iudicatis terram« und sodann die Gestalt eines Adlers, der das Kaiserreich bzw. die weltliche Macht symbolisiert; im Saturnhimmel wird die Himmelsleiter sichtbar, die Jakob im

Traum erschien, Symbol der vita contemplativa, auf der die Seligen auf und niedersteigen; und das schönste und eindringlichste Kollektivsymbol der Seligkeit bilden schließlich die Scharen des Empyreums in der Gestalt einer vielblättrigen Rose. Zur Anschaulichkeit des Paradiso trägt bei, daß auch hier noch die Vorstellung der menschlichen Gestalt grundsätzlich gewahrt bleibt. Die Seligen erscheinen in ihrem Schattenleib, in dem, wie Statius bereits im 25. Gesang des Purgatorio erklärt hatte, die sinnlichen und intellektuellen Fähigkeiten der Lebenszeit erhalten bleiben (also auch Gesicht und Gehör); und die Seelen des Paradiso sind wie die des Purgatorio stets Individualseelen, erfüllt von der Sehnsucht nach dem Leibe, der ihnen nach dem Jüngsten Gericht zuteil werden und zugleich ihre Seligkeit steigern wird (Par. 14, 13 ff.). Jede einzelne Seele ist somit individuell erkennbar und ansprechbar. Ein geschickter und raumschaffender Kunstgriff Dantes war auch, die Scharen der Seelen, die eigentlich alle im Empyreum ihren Ort haben, symbolisch in verschiedenen Sphären auftreten zu lassen: dies geschieht, wie im Text angedeutet wird, um sie in ihrem unterschiedlichen Maß an Glückseligkeit dem menschlichen Geist überhaupt faßbar zu machen (Par. 4, 28-39).

Zu den strategischen Maßnahmen, die aller physischen Gegenständlichkeit enthobene Lichtwelt des Paradieses auffaßbar zu machen und sie zugleich dem Gesetz einer dynamisch-hierarchischen Steigerung zu unterwerfen, gehört nicht zuletzt die überaus sorgfältige Auswahl und Anordnung der im Paradiso auftretenden Gestalten und der meist mit deren Schicksal sinnreich verbundenen Lehrstükke. Alle Seelen strömen dem von unten aufsteigenden Wanderer gleichsam aus dem Empyreum entgegen. Die warme Zuneigung, die der Schauende allen Seelen gegenüber empfindet, kommt am deutlichsten in den Begegnungen mit einzelnen Gestalten zum Ansdruck, deren Auswahl natürlich auch auf der persönlichen Wertung des Dichters beruht. So tritt ihm im Mondhimmel die seiner florentinischen Welt entstammende Piccarda Donati entgegen, die Schwester des Forese und des Corso Donati, welch letzterer die Schwester gewaltsam an der Erfüllung ihres Gelübdes, der Welt zu entsagen, gehindert hatte; und danach die Kaiserin Konstanze, die nach einer zeitgenössischen (unzutreffenden) Version ebenfalls gewaltsam an der Erfüllung ihres Klostergelübdes gehindert und Heinrich VI., dem Sohn Barbarossas, zur Frau gegeben wurde. Daraus entwickelt sich zwangsläufig ein Lehrgespräch über die Natur der Gelübde und über die Willensfreiheit des Menschen; hinzu tritt noch die Erklärung der Mondflecken, ein Problem, das die Zeit Dantes sehr beschäftigte. Im Merkurhimmel, dem Ort der aktiven, nach Ruhm und Ehre strebenden Seelen, gibt Kaiser Justinian einen Überblick über die römische Geschichte, die im Flug des Adlers symbolisiert wird. Der Rede Justinians wird an dieser Stelle die Lehre vom Erlösungswerk Gottes zur Seite gestellt, das ja durch das Römische Reich vorbereitet worden war. Im Venushimmel entwickelt Dante, exemplifiziert an dem Jugendfreund Karl Martell, an der leidenschaftlichen Liebesheldin Cunizza da Romano (die zugleich eine Gegengestalt zu Francesca da Rimini darstellt) und an dem Troubadour Folquet von Marseille, der vom Sänger weltlicher Liebe zum Glaubenskämpfer wurde, die Lehre von der irdischen und himmlischen Liebe, tiefsinnig ergänzt durch die Lehre von der Erbsünde, der Veranlagung des Menschen und der göttlichen Vorsehung. Im Sonnenhimmel, dem Ort der Weisheit, treten dem Wanderer die beiden großen Weisheitslehrer Thomas von Aquin und Bonaventura entgegen, die über zwei aktive Mönchsorden und deren Gründer, die Heiligen Franziskus und Dominikus, belehren. Daran knüpfen Erörterungen über die Ausstrahlung der göttlichen Weisheit, über die Weisheit Salomons und die Auferstehung des Leibes an.

Besonders stark beteiligt sind Wanderer und Dichter im Marshimmel, dem Ort der Glaubenskämpfer. Hier tritt der Urahn Cacciaguida auf, der über das Schicksal von Florenz und das Schicksal des Dichters spricht und den Ruhm Dantes voraussagt. Im Jupiterhimmel, dem Ort der gerechten Seelen, wird, am Beispiel der Gestalten des Trajan und des Ripheus, die Lehre von der göttlichen Gerechtigkeit, d. h. von der Gnadenwahl Gottes, dargelegt. Daran knüpft im siebten oder Saturnhimmel, dem Sitz der kontemplativen Seelen, die Lehre von der Unergründlichkeit des göttlichen Ratschlusses, der Prädestination, an. Im Fixsternhimmel, Ort des Triumphes Christi, prüfen die Apostel Petrus, Jakobus und Johannes den Wanderer über Glauben, Hoffnung und Liebe, die Grundlehren des christlichen Dogmas; darauf folgen Belehrungen Adams über das irdische Paradies und die ersten Menschen. Der neunte oder Kristallhimmel entwickelt die für das Mittelalter ungemein wichtige Lehre von den Hierarchien der Engel, während der oberste und zehnte Himmel die Stufe der irrationalen, mystischen Versenkung darstellt, in der der Anblick der Himmelsrose und das Gebet des Mystikers Bernhard auf die mystische Schau der dreieinigen Gottheit vorbereiten.

So stellt sich Dantes Paradiso dar als das große Lehrgedicht, in dem er das Letzte und Tiefste gestaltet hat, was er in geschichtlich-politischer, ethisch-moralischer und in eschatologisch-kosmologischer Hinsicht zu sagen hatte. Nicht zuletzt ist das Paradiso aber auch die große Beatrice-Dichtung, die Dichtung auf die transzendierte, transfigurierte Gestalt der Florentiner Jugendgeliebten und damit Einlösung des am Ende der Vita Nuova gegebenen Versprechens.

Auge in Auge mit der verwandelten Beatrice steigt der Wanderer in den Himmel auf; sie geleitet ihn von Stufe zu Stufe, beseitigt alle seine Zweifel und führt ihn zu immer größerem Wissen empor. Beatrice ist für ihn der Quell des Wissens und der göttlichen Wahrheit – zugleich aber auch lebendiger Ausdruck der göttlichen Gnade, deren Privileg das Gelingen der Jenseitsreise und damit zugleich die Wahrheit des Dichters und Propheten garantiert.

8. Der Ordo-Gedanke des Mittelalters und die Zahlenstruktur der Commedia

Dante rechnete, bevor er schrieb. Die Berücksichtigung dieser elementaren Tatsache ist eine der Grundvoraussetzungen für ein vertieftes Verständnis der »Commedia« und für eine konkrete Würdigung der von Dante geleisteten dichterischen Arbeit. Die allumfassende, vom Schöpfer herrührende und wieder zu ihm hinführende Strukturgesetzlichkeit allen Seins sah das christliche Mittelalter geoffenbart in dem Wort der Weisheit Salomons: »Omnia in mensura, numero et pondere disposuisti« (»Du hat alles nach Maß, Zahl und Neigung angeordnet«; 11,21). Dieser Satz, von Augustin bis ins Hochmittelalter und darüber hinaus immer wieder kommentiert und paraphrasiert, war für das Mittelalter eine Denkwirklichkeit. Augustin, dessen Schriften für die Zahlentheorie des Mittelalters grundlegend wurden, unterschied vier grundsätzliche Aspekte der Zahl. 1. Alles Geschaffene beruht auf Zahlen bzw. nur kraft der Zahl erhält das Geschaffene sein Sein. »Die Dinge haben eine Gestalt, weil sie zahlenhaft sind; nimm ihnen die Zahlen, und sie zerfallen in nichts« (De libero arbitrio II,42). Dinge haben also nur insoweit Sein, als sie zahlenhaft sind (ontologischer Aspekt der Zahl). 2. Alles, was der Mensch in der Schöpfung anschaut, wird von der Zahlenform gehalten, und nur durch diese ist es möglich, die Dinge zur erfassen. Die Zahl macht die Dinge rational erfaßbar und garantiert damit den Wahrheitsgehalt der Erkenntnis. In diesem Sinn kann Augustin (wie später Dante) von einem »lumen numerorum«, einem »Licht der Zahl« sprechen. Beide, Zahl und Weisheit, sind für ihn »ein und dieselbe Sache« und im Geheimnis des Schöpfers geborgen (De libero arbitrio, II,30): Das ist der erkenntnistheoretische Aspekt der Zahl. 3. Die auf Zahlen beruhende Form der Dinge ist aber auch der Ursprung unseres Gefallens und Ergötzens an den Dingen der Schöpfung. Alles was uns gefällt, ist zahlenhaft – in der »numerositas« der Dinge liegt ihre Schönheit begründet oder, anders formuliert: »Nichts ist zahlenmäßig geordnet, was nicht auch schön wäre« (De vera religione, 41,77). Im Zusammenhang mit diesem ästhetischen Aspekt der Zahl spricht Augustin auch des öfteren von Gott als dem »höchsten Künstler«, dem »summum artifex«, der »alle seine Werke mit dem Ziel der Schönheit angeordnet und zusammengefügt hat« (De vera religione 39,72). Der Menschenkünstler aber ist für Augustin auch in dieser Hinsicht ein Ebenbild Gottes: Auch der Menschenkünstler richtet sich nach dem ihm eingegebenen »Licht der Zahlen« und rührt »Hände und Werkzeug« so lange, bis die Übereinstimmung zwischen Form des Kunstwerks und dem ihm eingegebenen Licht der Zahlen hergestellt ist (De libero arbitrio II, 42). Sätze, die mit Sicherheit in Dante ein langes Nachdenken auslösten, war doch damit klargestellt, daß die zahlenhafte Struktur dem Künstler nicht nur das Sein und den Wahrheitsgehalt, sondern auch die Schönheit des Werkes verbürge. 4. Aus dem bisher Gesagten ergibt sich zwangsläufig der anagogische Aspekt der Zahl. Wenn es zutrifft, daß die gesamte Schöpfung auf Zahlen beruht, die letztlich ihren Ursprung im

»numerus sempiternus« des Schöpfers haben, dann tragen alle kraft Zahlengesetz geschaffenen und bestehenden Dinge »die offenkundigen Spuren der obersten Zahlen«, d. h. des Schöpfers, in sich. In diesem Sinne ist die Schöpfung ein unaufhörliches Winken der Gottheit, von der Schönheit der Dinge ausgehend das Wesen und die Größe des Schöpfers zu bedenken und so aufzusteigen zur Betrachtung Gottes als »fons et locus numerorum aeternorum« (wie der Titel des sechsten Buches von »De musica« lautet). Viele Texte der späteren Patristik, darunter solche von Beda Venerabilis, Hugo und Richard von Sankt Vktor, Albertus Magnus, Bonaventura und Thomas von Aquin, haben diese Überlegungen Augustins aufgegriffen und weiterentwickelt.

Nur vor dem Hintergrund der mittelalterlichen Zahlenspekulation, aus der hier nur einige der wichtigsten Gedanken angeführt wurden, kann man verstehen, was Dante überhaupt in seiner »Commedia« gemacht hat. Daß Dante konventionelle Symbolzahlen in seinem Werk verwendet, wie etwa die Drei, Symbol der Trinität, die Sieben als Symbol der Gaben des Heiligen Geistes bzw. der sieben Tugenden, oder die Elf als Symbol der Sünde, ist bereits in der knappen Charakteristik des Werkes sichtbar geworden. Ebenso die Tatsache, daß Dante diese Zahlensymbole auch als Aufbaumaße benutzt, sie also zur Zahlenkomposition verwendet: drei Cantiche enthält das Gedicht, sieben Stufen hat der Läuterungsberg, und die Anzahl der Himmelsstufen seines Paradiso entspricht der Zahl Zehn, Symbol der Vollkommenheit und darin gleichbedeutend mit der Zahl Hundert, der Anzahl aller Gesänge der »Commedia«. Indes ist Dante weit über solche relativ bekannten, auch von anderen mittelalterlichen Dichtern praktizierte Verfahren hinausgegangen. Auch auf diesem Gebiet der mittelalterlich-christlichen Zahlenpoetik zeigt sich die Eigenart Dantes, einerseits alle bekannten Inhalte und Techniken aufzugreifen, sie andrerseits aber so kreativ weiterzuentwickeln, daß fast eine neue Praxis entsteht. Neuere Forschungen zur »Commedia« haben ergeben, daß der gesamte Text der 14233 Verse des Gedichts in exakter Weise zahlenmäßig durchstrukturiert ist, angefangen vom wohlüberlegten Gesamtumfang der Dichtung über den Umfang der drei Cantiche und der einzelnen Aufbaustufen bis hinab zur Verszahl der einzelnen Gesänge und kleiner und kleinster Textabschnitte. Offensichtlich ist, daß Dante mit allen Rechnungsarten der Arithmetik und der Geometrie vertraut war, die er auf seinem »abacus«, der Rechenmaschine des Mittelalters, relativ leicht durchführen konnte, auch solche mit vier- oder fünfstelligen Zahlen etwa. Dante steigert und verfeinert indes seine zahlenpoetische Praxis u. a. dadurch, daß er weite Teile seines Wortschatzes zahlenmäßig durchstrukturiert, indem er konkret die Verwendung vieler für ihn wichtiger Wörter, wie z. B. amore, grazia, valore, virtù, aber auch fiamma, segno und viele andere (der Wortschatz Dantes ist in dieser Hinsicht noch nicht vollständig untersucht), im Text zahlenmäßig kontrolliert, und zwar sowohl hinsichtlich der Anzahl wie auch der Anordnung der Belege.

Vor allem erweitert und vertieft er seine zahlenpoetischen Möglichkeiten ganz erheblich dadurch, daß er sich auf das nur wenigen bekannte, kryptographische Verfahren der sogenannten »Gematrie« besinnt, das es erlaubte, sakrale Namen und Inhalte, aber auch persönliche Namen in Zahlenwerte umzurechnen und diese dann als Zahlen in den Text der »Commedia« einzuführen. Dante benutzte einerseits die Gematrien, die sich auf der Grundlage des griechischen Alphabets ergeben, dessen Buchstaben zugleich Zahlenzeichen sind (das sogenannte »gemeingriechische« oder »milesische« Berechnungssystem). Addiert man z. B.

die Zahlenwerte der Buchstaben des Wortes ΘΕΟΣ (Gott) so erhält man die Gleichung 9 + 5 + 70 + 200 = 284, eine sakrosankte Zahl, die Dante in seinem Text verwendet; auf die gleiche Weise erhält man etwa die Gematrie für griechisch MAPIA (Maria), die Zahl 152, oder den gematrischen Wert 300 des griechischen Buchstabens T, Symbol des Kreuzes Christi, usw. Andrerseits benutzte er ein weiteres gematrisches Berechnungssystem, das sogenannte »additive« oder »Thesis-System«, mit Sicherheit jünger als das zuvor erwähnte, das von dem Zahlenwert ausgeht, der den Buchstaben in der Reihenfolge des Alphabets zukommt, also a = 1, b = 2, c = 3 usw. Diesem praktisch auf jedes Alphabet anwendbaren Verfahren legte Dante sein italienisch-lateinisches Alphabet zugrunde und erhielt so für dessen Buchstabenreihe (ohne j und w, aber mit k!) die Umsetzung a – z = 1 - 24. Auf der Grundlage dieser Umsetzung errechnete Dante die Zahlenwerte der Namen Beatrice = 61, Bice = 19, Dante = 42, Dante Alighieri = 118 und viele andere Werte, die er in seinem Text tiefsinnig und einfallsreich verwendet. Als Summe all dieser zahlenbezogenen Berechnungen, Anordnungen und Strategien ergab sich der komplexe und sinnschwere Gesamtordo des Gedichts, das wie die Schöpfung Gottes auf Zahlenmaß beruhte – und zugleich viele persönliche Geheimnisse in sich einschloß. Dantes umfangreiche Arbeiten mit der Zahl haben mit Sicherheit die Abfassungszeit des Gedichts erheblich verlängert; sie beruhen zudem, was wichtiger ist, auf einer im voraus planenden Strategie, die es erforderlich machte, umfangreiche Berechnungen, Schemata, Tabellen und Wortlisten fertigzustellen, bevor der erste Vers geschrieben werden konnte.

Diese Strategie, die den Kern der dichterischen Arbeit Dantes, aber auch die innersten Motivationen seines Schaffens umfaßt, sei an einigen Beispielen dargestellt. Schon in der »Vita Nuova« finden wir, wie neueren Forschungen ergeben haben, gematrische Werte. Das 1292/93 entstandene Jugendwerk hat 42 Kapitel. Diese Einteilung, die sich zwangsläufig aus den vorhandenen Sinneinschnitten des Textes ergibt (die Urschrift Dantes ist verloren), erscheint zuerst im Erstdruck der »Vita Nuova« von 1576 und wurde zu Recht später von nahezu allen Herausgebern des Werkes übernommen. 42 aber ist die gematrische Umrechnung des Namens »Dante«. Somit trägt das frühe Werk den Namenszug des Dichters. Die »Vita Nuova« enthält 31 Gedichttexte; der mittlere und größte davon ist eine Kanzone. Hier wird der thematisch zentrale Übergang vom alten, todgeweihten Dante zu dem durch die Einwirkung Beatrices erneuerten Dante dargestellt, von Dante moriturus zu Dante novus. Die Kanzone umfasst 84 Verse, das entspricht zweimal dem Namen »Dante«. Aber neben weiteren, den Freunden und Dichtern gewidmeten Gematrien wie 82 = Cavalcanti (dem das Büchlein gewidmet ist), 126 = Guido Cavalcanti oder 132 = Guinizzelli realisiert Dante versteckt, aber unmißverständlich auch die Gematrie der verehrten Beatrice, indem er im sechsten Kapitel fast beiläufig darlegt, daß Beatrice in Florenz neben sechzig schönen Frauen die allerschönste und edelste gewesen sei, also die 61. – denn diese Zahl entspricht gematrisch dem Namen »Beatrice«. In keinem anderen als dem letzten und 42. Kapitel, das den Namenszug des Dichters abrundet, gibt Dante das feierliche Versprechen, zunächst nicht weiter von Beatrice zu handeln, sondern zu einem späteren Zeitpunkt und in würdigerer Form über sie so zu dichten, wie noch nie über eine Frau gedichtet wurde. In seinem Erinnerungsbuch an Beatrice instrumentalisiert Dante aber nicht nur gematrische Zahlen, sondern auch solche der konventionellen christlichen Zahlensymbolik bzw. Zahlen, die auf dieser aufbauen. Immer wieder, so etwa im 3., 12., 23. und 28. Kapitel legt Dante dar, daß eine ganz enge Beziehung zwischen Beatrice und der Neun bestehe. Und dann, im 29. Kapitel, identifiziert er geradezu die selige Verstorbene mit dieser Zahl und sagt, »daß sie eine Neun war, das heißt ein Wunder, dessen Wurzel ... einzig und allein die wunderbare Dreieinigkeit ist«. Beatrice ist also eine Neun, ein Wunder der Trinität und aus ihr hervorgegangen, so wie die Neun durch Quadrierung aus der Drei hervorgeht, dem Symbol der Dreieinigkeit. Die Drei und die Neun verbinden sich also im Geist des Dichters mit Beatrice.

Was aber macht Dante, wenn er beginnt, zum Ruhm der Beatrice seine »Commedia« zu schreiben? Die zentralen Begriffe in der Beziehung zwischen Dante und Beatrice sind ja »amore«, die Liebe, und dazu »Amor«, der Gott der Liebe. Wir stellen fest, daß Dante zu Beginn seiner »Commedia« 38 Verse schreibt und dann die erste Verwendung des Wortes »amore« in den 39. Vers legt. Das sind die Zahlen der Beatrice. Lesen wir weiter, so stellen wir fest, daß Dante insgesamt 19mal das Wort »amore« im Inferno verwendet. 19 aber ist nichts anderes als die Gematrie des Namens »Bice«, eine Kurzform von »Beatrice«, die unter den jungen Leuten in Florenz für Beatrice Portinari gebraucht wurde. Und weiter ergibt sich, daß auch der letzte amore-Beleg des Inferno auf einen 39. Vers fällt, nämlich auf Inf. 30,39. Berechnet man aber die textliche Entfernung der beiden Belege voneinander, so ergibt sich, daß die erste und letzte Verwendung von »amore« im Inferno eine Textspanne von genau 3993 Versen umschließen – ein Maß, daß nur aus den Zahlen der Beatrice erstellt ist und noch dazu einen im Mittelalter sehr beliebten Ziffernchiasmus bildet, also eine symbolhaft hervorgehobene Ziffernfolge. Dreimal gebraucht Dante »Amor« mit großer Initiale, und zwar im fünften Gesang der Hölle, wo von der Bestrafung der Liebessünder die Rede ist und die berühmte Episode der Francesca da Rimini erzählt wird. Zum letzten Mal gebraucht Dante »Amor« in Par. 28,12. Rechnet man nach, so zeigt sich, daß dies der 3900. Vers des Paradieses ist. Beatrice ist, was sich mit vielen weiteren Beispielen belegen ließe, an allen Ecken und Enden des großen Gedichts gegenwärtig, auch dann, wenn im Wortlaut des Textes nicht von ihr die Rede ist.

9. Die Maße des Gedichts und seiner drei Cantiche

Schon die wenigen hier ausgewählten Beispiele können den Gedanken nahelegen, daß die personbezogenen Zahlen auch für die Abmessungen der drei Cantiche und darüber hinaus des gesamten Gedichts *maßgebend* gewesen sein könnten. Diesbezügliche Untersuchungen führten zu erstaunlichen Ergebnissen. Es ergab sich, daß die erste Cantica auf dem Grundmaß 118, die zweite auf den Grundmaßen 39 und 118, die dritte auf den Grundmaßen 39 und 61 aufgebaut ist. Das Inferno beruht somit auf der Zahl Dantes, das Purgatorio auf den Zahlen Beatrices und Dantes, das Paradiso ausschließlich auf den Zahlen Beatrices. Im einzelnen ergibt sich: Das Inferno umfaßt insgesamt 4720 Verse; das ist das Produkt aus 40×118. Die Bedeutung der Zahl 118 ist für sich gesehen klar. Der andere Faktor, die 40, ist mit größter Wahrscheinlichkeit zu interpretieren als Symbol des Kreuzes (das Kreuz als »Siegeszeichen« Christi wird auch im vierten Höllengesang v. 54 erwähnt), hier überhöht durch Multiplikationen mit der vollkommenen Zehn. Das Purgatorio umfaßt insgesamt 4755 Verse, das sind (39×118)+153 Zeilen. Das Paradiso schließlich umfaßt 4758 Verse, das ist das Produkt aus 2×39×61. Diese Zahlen belegen nicht nur die Tatsache, daß Dante sein Werk auf persönlichen Zahlen aufbaut, sondern darüber hinaus auch eine unübersehbare Wertzuordnung. Die »eigene« Zahl 118 als die einer sündigen Kreatur hat Dante offensichtlich dem Inferno zugeordnet. Allerdings verbunden mit dem Zeichen des siegreichen Kreuzes Christi. Die Zahl 118 wird auch noch im Zwischenreich verwendet, das die Läuterung der Sünden mit dem Ziel der Erreichung des ewigen Heils thematisiert. Als zweiter Aufbaufaktor erscheint hier die Zahl der Beatrice, die ja auf der Höhe des Purgatorio, im irdischen Paradies, als Heilsmittlerin und Führerin in Erscheinung tritt. Daß diese Maße verbunden werden mit der aus Johannes 21,11 bekannten Zahl 153, die als Symbol der Auserwählten Gottes interpretiert wurde, ist gerade hier stark motiviert, da das gesamte Geschehen des Läuterungsberges auf der Zuversicht beruht, durch angemessene Sühne endlich in die Schar der Erlösten einzugehen. Daß im Paradiso schließlich neben dem Faktor zwei nur noch die Zahlen der Beatrice erscheinen, ist wiederum konsequent, denn im Reich der Seligen und des Allerhöchsten kann das Zeichen des sterblichen Dante nicht mehr maßgebend sein.

Diese Zahlen – auf die Erörterung aller Einzelaspekte muß hier verzichtet werden – führen noch einmal zum Schlußkapitel der »Vita Nuova« zurück und zu dem dort von Dante gegebenen Versprechen, dereinst zu Ehren von Beatrice eine große Dichtung zu verfassen. Das 42. Kapitel des Frühwerks, in dem wir den Motivationskern der »Commedia« zu suchen haben, zitiert in behutsamer, wenngleich letztlich wiederum eindeutiger Form, noch eine weitere, wichtige Zahl, eine Ziffernfolge, in der man schon das zentrale Strukturmaß bzw. das Bauhüttengeheimnis der späteren Werkarchitektur ablesen kann. Der Dichter beschließt sein feierliches Versprechen mit der Anrufung der »gebenedeiten« Beatrice, die glorreich in das Angesicht dessen schaut, »qui est per omnia saecula benedictus«, also in das Antlitz des Schöpfers, »der in alle Ewigkeit gelobt sei«. Das lateinische Zitat stammt aus dem 17. Vers des 71. Psalms und war im Mittelalter eine allbekannte, häufig gebrauchte Schlußformel. Die meisten Leser Dantes wußten, daß das Zitat aus Psalm 71,17 stammte. Warum aber Dante hier im Blick auf das versprochene spätere Werk die Ziffernfolge 7-1-1-7 vorführt, war freilich zum Zeitpunkt der »Vita Nuova« schwerlich zu erkennen. Das Geheimnis lüftet sich, sobald man die Maße der »Commedia« untersucht. Der Gedanke an die verklärte Beatrice und ihre Zahlen lag offensichtlich als frühes, vielleicht wichtigstes Grundmotiv der gesamten Werkkonzeption voraus und konnte sich, wie wir gesehen haben, von Anfang an, und das heißt schon vor Beginn der Niederschrift, in den gewählten und berechneten Abmessungen der Aufbauteile konkretisieren. Von daher ist die Vermutung naheliegend, daß auch der Gesamtumfang der 14233 Verse des Gedichts und dessen Mittelpunkt mit Beatrice und deren Zahlen zu tun haben könnten. Und in der Tat: Die Mitte der Dichtung fällt in den Vers Purg. 17,125; das ist der von Anfang an durchgezählte 7117. Vers der »Commedia«. Der Dichter hat also Gesamtumfang und Mitte nach den Zahlen ausgerichtet, die er im Zuge seines früheren Versprechens ankündigte; was besagt, daß er sich bereits zu diesem Zeitpunkt über viele, zumindest alle wichtigen Abmessungen seines Werkes im klaren gewesen sein muß.

Die auffallende chiastische Ziffernfolge der Zahl 7-1-1-7 ist also bewußt gewählt; willkommen war dem Dichter aber auch die sich ergebende Polysemie ihrer symbolischen Bedeutungen (Polysemie galt der mittelalterlichen Poetik als Vorzug, nicht als Mangel). Ohne Zweifel verweist die Zahl auch auf die »klassischen« Gehalte der Sieben, Zahl der

Gnade und des Heiligen Geistes, und der Eins, Symbol des Schöpfers; zugleich aber auch auf die 17 mit dem Symbolgehalt Gesetz und Gnade (»lex et gratia«); auf jene 17, die im Ziffernbild der Zahl 7-1-1-7 einmal in normaler, einmal in chiastischer Ziffernfolge (7-1) erscheint. Auch die Zahl des Gesangs, in den die Mitte fällt, ist die 17; von Inf. 1 an durchgezählt ist es übrigens der 51. Gesang, das entspricht dem Produkt aus 3×17. Zur Polysemie der Zahl 7117 gehört auch, daß 117 aus 3×39 hervorgeht. Eine mögliche und naheliegende symbolische Deutung der 7117 ist somit ihre Zerlegung in 7000 und 117 (= 3×39), also die Deutung als (durch Multiplikation mit 1000 überhöhtes) Symbol der Gnadengaben, in Verbindung mit dem Symbol der Beatrice und der Trinität (3×39). Dieses letztere Teilungs- und Deutungsschema ließe sich übrigens auch auf den nächsten Vers anwenden, den 7118. der Dichtung. 7000+118, das ist das Symbol der sieben Gaben des Heiligen Geistes und die Gematrie des vollen Dichternamens »Dante Alighieri«. Verbunden mit dem Symbol der Gnade steht somit die Signatur des Autors in der Mitte des Gedichts; genau gesagt ein Vers neben dem Symbol der Beatrice, die das Zentrum der Dichtung einnimmt.

Dantes Poetik war also stets eine Zahlenpoetik. Große Bereiche dieser ungewöhnlichen poetischen Praxis sind noch zu erforschen, viele Einzelfragen noch zu beantworten. Schon jetzt steht indes fest, daß die Beachtung von Dantes Berechnungen und Anordnungen einen tiefen Einblick in seine Arbeitsweise als Dichter, aber auch in die persönlichsten und wichtigsten Motive des Menschen Dante gestattet. Unübersehbar weisen bei sorgfältiger Lektüre Zahlen und Proportionen auf die Textpunkte, Begriffe und Ideen hin, die für Dante von besonderem bzw. »zentralem« Interesse waren. Darüber hinaus ermöglicht, ja erzwingt die Zahlenstruktur des Gedichtes eine synoptische Lektüre, d. h. eine Lesehaltung, die auch weit auseinanderliegende Elemente in den Blick faßt und interpretiert. Denn mit Hilfe seiner Pläne, Skizzen und Konkordanzen verfuhr auch der Dichter synoptisch und stimmte weit auseinanderliegende Passagen genau aufeinander ab. So können die Zahlen der »Commedia« für den modernen Interpreten Spuren sein, die an wichtige Punkte des Textes heranführen und viele Stellen geradezu aufschlüsseln. Mit den Zahlen verfügte der Dichter neben der Sprache über ein zweites Zeichensystem, in dem er das ausdrückte, was er nicht offen sagen wollte. Ohne Zweifel trägt die das ganze Gedicht untermauernde Dimension der Zahl entscheidend zur Bedeutungsdichte und zur Sinntiefe des Werkes bei. Nicht zuletzt die Zahlen und Proportionen waren es, mit denen der Dichter gemäß seiner Überzeugung seine »Commedia« als Teil der Schöpfung des »summum artifex« kennzeichnen und einordnen wollte, und nur die Zahlen garantierten für ihn den Wahrheitsgehalt, die Schönheit und die zeitlose Beständigkeit seines Werkes.

Manfred Hardt

INHALT

Von den beiden Ziffern bezieht sich
jeweils die erste auf den Text der Dichtung,
die zweite auf die Erläuterungen.

Die Hölle

Das Fegfeuer

Das Paradies

Anhang

Zu dieser Ausgabe

insel taschenbuch 2863: Dante, Die Göttliche Komödie. Aus dem Italienischen von Friedrich Freiherr von Falkenhausen. Der Text folgt der Ausgabe im insel taschenbuch 94, Dante, Die Göttliche Komödie, Insel Verlag Frankfurt am Main 1974, die auf der 1942 im Insel-Verlag Leipzig erschienenen Ausgabe beruht. Originaltitel: *La Divina Commedia.* Entstanden um 1307 bis 1321. Erstdruck 1472.

NF 67/1/6.01

NF 67/2/6.01